Schirmer

Die Rechnungslegung von Finanzderivaten bei Banken in Deutschland, Japan und USA

GABLER EDITION WISSENSCHAFT

Liane Schirmer

Die Rechnungslegung vor Finanzderivaten bei Banken in Deutschland, Japan und USA

Mit einem Geleitwort
von Prof. Dr. Dr. h.c. Peter Rütger Wossidlo

Springer Fachmedien Wiesbaden GmbH

Die Deutsche Bibliothek - CIP-Einheitsaufnahme

Schirmer, Liane:
Die Rechnungslegung von Finanzderivaten bei Banken in Deutschland, Japan und USA
/ Liane Schirmer Mit einem Geleitw. von Peter Rütger Wossidlo. - 1. Aufl..
(Gabler Edition Wissenschaft)
Zugl.: Bayreuth, Univ., Diss., 2000
ISBN 978-3-8244-7261-1 ISBN 978-3-663-08106-7 (eBook)
DOI 10.1007/978-3-663-08106-7

1. Auflage Oktober 2000

Lektorat: Brigitte Siegel / Sabine Schöller

www.gabler.de
www.duv.de

ISBN 978-3-8244-7261-1

Geleitwort

Die Bankpraxis setzt derivative Finanzinstrumente in zunehmendem Ausmaße sowohl zur Absicherung von wirtschaftlichen Risiken als auch zu Erzielung zusätzlicher Erträge aus dem Handel ein. Die gesetzlichen Vorschriften zur handelsrechtlichen Rechnungslegung dieser Instrumente in Deutschland hinken der Entwicklung hinterher. Die Bankpraxis reagiert auf dieses Vakuum an Gesetzesvorgaben mit einer Vielzahl unterschiedlicher Lösungen sowohl beim Bilanzausweis als auch bei der Bewertung und letztlich bei der Offenlegung des Engagements in Finanzderivaten. Frau Schirmer geht bei der Suche nach einer einheitlichen und gleichzeitig - gemessen an vergebenen Bewertungskriterien - besten Lösung für Deutschland von der Hypothese aus, daß diese dann zum Erfolg führt, wenn zugleich die Erfahrungen und Diskussionsergebnisse aus den Ländern mit den bedeutendsten Finanzmärkten in die Betrachtung einbezogen werden.

Konkret stellt sich die Verfasserin die Aufgabe, die Rechnungslegungsstandards zu derivativen Finanzinstrumenten im Jahresabschluß von Banken in den Ländern USA, Japan und Deutschland vergleichend zu analysieren, um Anregungen und Argumente für eine deutsche Regelungslösung zu finden, die den deutschen und internationalen Kapitalmärkten dient. Der komparatistische Teil dieser Arbeit stellt sehr detailliert die jeweils in den Vorbildländern geltenden Rechtsvorschriften neben das geltende Recht in Deutschland und ergänzt diese Übersicht mit der Diskussion zu den angedachten Schritten einer Weiterentwicklung in den betreffenden Staaten. Der Ländervergleich wird auf zwei Ebenen durchgeführt: Zum ersten wird versucht, die länderspezifischen Lösungen zusammenzutragen, die für die Kernprobleme der Rechnungslegung von Finanzderivaten entwickelt wurden. Die zweite Ebene befaßt sich vertiefend mit den Derivat-Grundformen Future, Forward, Option und Swap. Die Verfasserin kommt zu dem Schluß, daß sich in Deutschland die Rechnungslegungsvorschriften nicht nur von der Entwicklung in der Bankpraxis, sondern auch von der Fortentwicklung der Standards im internationalen Vergleich zusehends abkoppeln. Während das deutsche Recht nach wie vor am Prinzip der Nichtbilanzierung schwebender Geschäfte und am Imparitätsprinzip festhält und darüber hinaus auch keine gesicherten Rechtsgrundlagen zur Anerkennung von den in der deutschen Literatur heftig diskutierten Hedging-Strategien (Micro-, Macro-, Portfolio-, antizipativer Hedge) bereithält, haben sowohl Japan als auch die USA inzwischen feste Rechtsgrundlagen zur umfassenden Rechnungslegung derivativer Finanzinstrumente „on-balance" auf Basis der sog. Fair-value-Bewertung eingeführt.

Um verbesserte Regelungen für Deutschland vorschlagen zu können, analysiert Frau Schirmer die Divergenzen zwischen den geltenden Regelungen bzw. Vorschlägen zur Weiterentwicklung und versucht, für Deutschland die geeigneten Lösungen herauszuarbeiten. Die für die Bewertung erforderlichen Beurteilungskriterien werden aus den Anforderungen abgeleitet, die die Adressaten von Bankbilanzen stellen. Im wesentlichen sind das die Perspektiven der Anteilseigner und der Gläubiger. Im Endergebnis läuft die Wertung darauf hinaus, in Deutschland die Fair-value-Bewertung für die Rechnungslegung von Finanzderivaten de lege ferenda einzuführen, wobei gleichzeitig ein Ausweis „on-balance" mit dem besagten „Fair value" erfolgen sollte. Unrealisierte Fair-value-Wertveränderungen sollten erfolgswirksam in der GuV ausgewiesen werden. Sollten die unrealisierten Gewinne die drohenden Verluste übersteigen, dann sollte solch ein schwebender Nettogewinn nicht ausschüttungsfähig sein. Umfangreiche Hedge-Rechnungslegungsvorschriften erübrigen sich damit weitgehend.

Mit der Dissertation von Frau Schirmer liegt eine umfangreiche, ambitionierte Analyse eines sowohl praktisch als auch theoretisch wichtigen Bilanzierungsproblems vor. Die Stärken liegen im besonderen in der auf Vollständigkeit angelegten Erfassung und deskriptiven Darstellung der unterschiedlichen Konzepte und Argumentationen zur Rechnungslegung von Finanzderivaten in den Vergleichsländern. Die Arbeit spricht die Studenten mit den Schwerpunkten Controlling/Rechnungswesen, Risk Management und Bankbetriebslehre gleichermaßen an. Sie wird sich aber auch als Fundgrube sowohl für den Bankpraktiker als auch für all diejenigen Experten erweisen, die mit der Weiterentwicklung des positiven Rechts Deutschlands befaßt sind, also z. B. das Justizministerium, das Bundesaufsichtsamt für das Kreditwesen, die Bundesbank und die verschiedenen Bankenverbände.

Professor Dr. Dr. h. c. Peter Rütger Wossidlo

Vorwort

Die vorliegende Untersuchung wurde im Wintersemester 1999 unter dem Titel „Die Rechnungslegung derivativer Finanzinstrumente im Jahresabschluß von Banken - eine Betrachtung in Deutschland, Japan und USA“ von der Rechts- und Wirtschaftswissenschaftlichen Fakultät der Universität Bayreuth als Dissertation angenommen.

Mein Dank gilt all denjenigen, ohne deren Hilfe und Unterstützung diese Arbeit nicht hätte entstehen können.

Auch nochmals auf diesem Wege möchte ich meinem Doktorvater, Herrn Professor Dr. Dr. h. c. Peter Rütger Wossidlo sehr herzlich für seine jederzeitige Hilfe, seine hervorragende Betreuung, seine hochgeschätzten wissenschaftlichen Anregungen und die Möglichkeit, Zwischenergebnisse im Rahmen von halbjährlichen Doktorandenseminaren vortragen und mit ihm und Kommilitonen diskutieren zu können, danken. Herrn Professor Dr. Jochen Sigloch danke ich ebenfalls sehr herzlich für seine wertvollen Hinweise im Rahmen von Einzelgesprächen sowie für die bereitwillige Übernahme des Koreferates.

Zu großem Dank verpflichtet bin ich Herrn Professor Dr. Uwe Jäger für die vielen Diskussionen und Anregungen. Großen Dank schulde ich allen Personen, ohne deren Hilfe ich meine Literaturrecherchen in Tokio, Osaka und Kobe sowie in New York nicht so erfolgreich hätte durchführen können, insbesondere Herrn Professor Frederick Choi, Frau Arlene Cohen, Herrn Professor Trevor Harris, Herrn Heiwa Hasegawa, Herrn Professor Chitoshi Koga, Frau Dr. Harumi Ono, Frau Marika Pringsheim, Frau Annemarie Rummel, Herrn Professor Kenji Shiba, Frau Satomi Shimizu-Lorenz, Herrn Professor Mitsuo Terada.

Sehr herzlich danken möchte ich auch Herrn Dr. Klaus-Jürgen Scherr für seine Hilfe und sein Verständnis als Vorstandsvorsitzender meines Arbeitgebers der Sparkasse Kronach-Ludwigsstadt und als mein unmittelbarer Vorgesetzter. Ebenso danken möchte ich meiner Kollegin und Vertreterin Frau Claudia Kolb.

Überwältigend bleibt für mich jedoch der Beitrag meines Mannes Rudolf und das Verständnis meiner kleinen Tochter Sophia sowie die Hilfe und fortwährende Unterstützung durch meine Eltern. Meiner Familie widme ich diese Arbeit.

Liane Schirmer

Inhaltsübersicht

Inhaltsverzeichnis

2. Kapitel
Länderspezifische Grundlagen für die Rechnungslegung............... 13

3. Kapitel
Problemfelder der Rechnungslegung von derivativen Finanzinstrumenten bei Banken........ 63

Abbildungsverzeichnis

Abkürzungsverzeichnis

1. Abkürzungen im Text und in den Abbildungen

Abb.	*Abbildung*
Abs.	*Absatz*
AcSEC	*Accounting Standards Executive Committee*
AG	*Aktiengesellschaft*
AICPA	*American Institute of Certified Public Accountants*
AK	*Anschaffungskosten*
APB	*Accounting Principles Board*
ARAP	*Aktiver Rechnungsabgrenzungsposten*
Aufl.	*Auflage*
AV	*Anlagevermögen*
BaBiRiLiG	*Bankbilanzrichtlinien-Gesetz*
BADC	*Business Accounting Deliberation Council*
BAP	*Business Accounting Principles*
BFA	*Bankenfachausschuß*
BIS	*Bank for International Settlements*
BIZ	*Bank für Internationalen Zahlungsausgleich*
Bsp.	*Beispiel*
bzgl.	*bezüglich*
bzw.	*beziehungsweise*
c. p.	*ceteris paribus*
ca.	*circa*

COFRI	*Corporation Finance Research Institute*
CPA	*Certified Public Accountant*
d. h.	*das heißt*
DAX	*Deutscher Aktienindex*
dergl.	*dergleichen*
ders.	*derselbe*
DM / DEM	*Deutsche Mark*
DTB	*Deutsche Terminbörse*
E	*Exposure Draft*
e. V.	*eingetragener Verein*
EDV	*Elektronische Datenverarbeitung*
EG	*Europäische Gemeinschaft*
EHS	*Eibun-Horei-Sha (Codes Translation Institute)*
EITF	*Emerging Issues Task Force*
et al.	*et altera*
etc.	*et cetera*
EU	*Europäische Union*
evtl.	*eventuell*
EWG	*Europäische Wirtschaftsgemeinschaft*
f.	*folgende*
FASB	*Financial Accounting Standards Board*
FEI	*Financial Executives Institute*
ff.	*fortfolgende*
FIBOR	*Frankfurt Interbank Offered Rate*
FRA	*Forward Rate Agreement*
FRN	*Floating Rate Note*
FXA	*Forward Exchange Agreement*
GAAP	*General Accepted Accounting Principles*
GAO	*General Accounting Office*

ggf.	gegebenenfalls
GOB	Grundsätze ordnungsmäßiger Buchführung
GuV	Gewinn- und Verlustrechnung
G+V	Gewinne und Verluste
h. M.	herrschende Meinung
HGB	Handelsgesetzbuch
Hrsg.	Herausgeber
i. d. R.	in der Regel
i. V. m.	in Verbindung mit
i. Vgl.	im Vergleich
IAS	International Accounting Standard
IASC	International Accounting Standards Committee
IDW	Institut der Wirtschaftsprüfer
ISDA	International Swap Dealers Association
jBG	japanisches Börsengesetz
jHGB	japanisches Handelsgesetzbuch
JICPA	Japanese Institute of Certified Public Accountants
jKStG	japanisches Körperschaftssteuergesetz
KKG	Kigyo Kaikei Gensoku (gleiche Bedeutung wie BAP)
LCM	Lower of Cost and Market
LIBOR	London Interbank Offered Rate
m. E.	meines Erachtens
max.	maximal
Mio.	Millionen
MOF	Ministry of Finance
MTM	Mark to Market
No.	Number
Nr.	Nummer
NWP	Niederstwertprinzip

o. g.	*oben genannte/r/s*
o. J.	*ohne Jahr*
o. S.	*ohne Seite*
o. O.	*ohne Ort*
o. V.	*ohne Verfasser*
OBS	*off balance sheet*
OECD	*Organization for Economic Co-operation and Development*
OTC	*over the counter*
p. r. t.	*pro rata temporis*
PARAP	*Passiver Rechnungsabgrenzungsposten*
Qs and As	*Questions and Answers*
RAP	*Rechnungsabgrenzungsposten*
RechKredV	*Verordnung über die Rechnungslegung der Kreditinstitute*
S.	*Seite*
s. o.	*siehe oben*
s. u.	*siehe unten*
SAS	*Statement of Auditing Standards*
SEC	*Securities and Exchange Commission*
SFAC	*Statement of Financial Accounting Concepts*
SFAS	*Statement of Financial Accounting Standards*
sog.	*sogenannte/r/s*
SOP	*Statements of Position*
Tz.	*Textziffer*
u. a.	*unter anderem*
u. ä.	*und ähnliche*
u. U.	*unter Umständen*
UK	*United Kingdom*
US	*United States*
USA	*United States of America*

usw.	*und so weiter*
VAR	*Value at Risk*
Vgl.	*Vergleiche*
VO	*Verordnung*
Vol.	*volume*
WP	*Wertpapier*
z. B.	*zum Beispiel*
z. T.	*zum Teil*

2. Kurzbezeichnungen für Zeitschriften und Sammelwerke

BFuP	*Betriebswirtschaftliche Forschung und Praxis*
BI/GF	*Bankinformation / Genossenschaftsforum*
DStR	*Deutsches Steuerrecht*
RIW	*Recht der Internationalen Wirtschaft*
ZBB	*Zeitschrift für Bankrecht und Bankwirtschaft*
ZIR	*Zeitschrift für interne Revision*

„Asked to define *derivatives*, one chief financial officer joked, 'Any transaction this year that resulted in a loss.'."[1]

1. Kapitel
Einführung

1. Ausgangssituation und Problemstellung

Die Bemühungen zur internationalen Vereinheitlichung der Rechnungslegungsvorschriften nehmen in immer stärkerem Maße zu. Dies gründet auf der zunehmenden Globalisierung und der wachsenden Interdependenz der Finanzmärkte. Daher steht die Branche der Banken im weitesten Sinne wie keine andere Branche im besonderen Interesse dieser Anstrengungen.

Im europäischen Rechtsbereich sollte die EG-Bankbilanzrichtlinie, die in Deutschland mit dem Bankbilanzrichtlinie-Gesetz und der Verordnung über die Rechnungslegung für Kreditinstitute umgesetzt wurde, eine Vereinheitlichung der Bilanzierungsvorschriften für Banken zumindest soweit bringen, daß den an den Jahresabschlüssen interessierten Personen und Gruppierungen innerhalb der Mitgliedsländer der EG vergleichbare Einzel- und Konzernabschlüsse zur Verfügung gestellt werden.[2]

Das Ziel der globalen Vereinheitlichung der Rechnungslegungsstandards verfolgt das International Accounting Standards Committee (kurz IASC). Der Bankenbranche wurde auf dieser Ebene ebenfalls besondere Aufmerksamkeit gewährt, da von den bislang verabschiedeten International Accounting Standards (kurz IAS) lediglich ein einziger Standard ausschließlich für die Anwendung durch nur eine Branche - der Banken - erarbeitet wurde.

Hinsichtlich der vornehmlich von Banken gehandelten Finanzprodukte unternimmt das IASC ebenfalls Anstrengungen, um einheitliche, allgemein gültige Regelungen zu schaffen. Das Projekt 'Financial Instruments' wurde bereits 1988 initiiert und ist immer noch nicht vollständig abgeschlossen, da insbesondere der Bereich der Ansatz-, Bewertungs- und Hedging-Fragen zu einer weltweiten Diskussion führte.[3]

Diese lange Diskussionszeit zeigt sehr deutlich, daß gerade im Bereich der Vereinheitlichung von Rechnungslegungsvorschriften für Finanzprodukte z. T. sehr unterschiedliche Sichtweisen aufeinandertreffen. Es handelt sich hierbei um Produkte, die zumeist in den achtziger und neunziger Jahren geschaffen wurden und die zugleich durch ihre neuen Ausstattungsmerkmale bzw. der neuen Kombination von bekannten Ausstattungsmerk-

[1] Molvar, Roger; Green, James: The Question of Derivatives, Journal of Accountancy, 3/1995, S. 55
[2] Vgl. Göttgens, Michael; Schmelzeisen, Hans-Michael: Bankbilanzrichtlinie-Gesetz, Düsseldorf, 2. Aufl. 1992, S. 7 f.
[3] Vgl. KPMG: International Accounting Standards, Eine Einführung in die Rechnungslegung nach den Grundsätzen des IASC, Düsseldorf, 1995, S. 21

malen oftmals zu Problemen bei der Bilanzierung und Bewertung nach tradierter Rechnungslegung führten und führen. Insbesondere die unter dem Stichwort 'derivative Finanzinstrumente' geführten Produkte werfen Fragen in der Rechnungslegung auf, die heftig diskutiert werden.

Da für den Bankenbereich offensichtlich besondere Rechnungslegungsvorschriften notwendig sind und gerade die von den Banken gehandelten und verwandten derivativen Finanzprodukte besondere Schwierigkeiten bei der Rechnungslegung bereiten, erscheint es sinnvoll, sich intensiver mit der Frage auseinanderzusetzen, wie sich die Rechnungslegung von Derivaten bei Banken darstellt.

Unter dem Aspekt der Bemühungen zur weltweiten Vereinheitlichung der Vorschriften und der zunehmenden Globalisierung der Finanz- und damit auch der Bankenmärkte ist es an der Zeit, die Rechnungslegungsvorschriften für Derivate speziell für Banken in verschiedenen Ländern miteinander zu betrachten und hinsichtlich der Grundsatzprobleme zu vergleichen.

Die Auswahl der in den Vergleich einbezogenen Länder richtet sich nach der Überlegung, welche Länder auf den internationalen Finanzmärkten die wichtigsten Positionen einnehmen. Es sind dies die USA, Japan und Europa. Für Europa ist es - trotz aller Harmonisierungsbemühungen - noch nicht möglich, von einem System vollkommen einheitlicher Rechnungslegungsvorschriften zu sprechen, denn trotz umfangreicher Bemühungen zur Vereinheitlichung weichen die nationalen Vorschriften durch die Ausnutzung zahlreicher Wahlrechte bei der Umsetzung europäischer Richtlinien in die nationalen Gesetze z. T. noch erheblich voneinander ab. Insbesondere Deutschland, das der kontinentaleuropäischen Rechnungslegungsphilosophie zugeordnet wird, und Großbritannien, die beide auch aufgrund der Bedeutung ihrer Finanzmärkte von besonderem Interesse sind, nehmen innerhalb Europas weit voneinander entfernte Positionen ein. Da sich die englische Sichtweise aufgrund der anglo-amerikanischen Verbundenheit durch die Betrachtung der US-amerikanischen Vorschriften erfassen läßt, soll aus dem europäischen Bereich einzig Deutschland untersucht werden.

2. Zielsetzung und Aufgaben

2.1. Festlegung des Untersuchungsziels

Die Zielsetzung der Arbeit orientiert sich an den Fragen, die sich im Zusammenhang mit der oben beschriebenen Ausgangssituation stellen. Die Ziele erscheinen dabei vor dem Hintergrund, daß diese Arbeit einen Beitrag zur Diskussion in Deutschland liefern soll.

Zunächst ist die Frage zu beantworten, welche Regelungen in den betrachteten Ländern für die Bilanzierung von Derivaten bei Banken de lege lata und de lege ferenda vorhanden sind. Als Ausgangsbasis für alle weiteren Überlegungen muß also der Status Quo der Vorschriften bzw. Anwendungsprinzipien für die Rechnungslegung von Derivaten in Deutschland, Japan und USA dargestellt werden. Im Rahmen von synoptischen Vergleichen dieser Vorschriften können dann die Unterschiede bzw. das Potential für weiteren Vereinheitlichungsbedarf aufgezeigt werden.

Wichtiger noch als der Status quo erscheinen die Diskussionsrichtungen über Probleme mit der Bilanzierung von Finanzderivaten. Durch die Betrachtung der im jeweiligen Land wahrgenommenen Probleme und der damit verbundenen Lösungsvorschläge zeigen sich zum einen mögliche Lücken in der Perzeption von Problemen oder auch in den vorgeschlagenen Lösungsmöglichkeiten und zum anderen kann die Betrachtung der Diskussionsrichtungen anzeigen, ob sich eine stärkere weltweite Konvergenz in der Rechnungslegung für Derivate andeutet oder ob trotz aller Harmonisierungsbestrebungen ein Auseinanderdriften zu konstatieren ist. Festgestellt werden kann auch, wie sich Deutschland in dieser internationalen Harmonisierungsbestrebung wiederfindet.

Neben dem reinen deskriptiven Aufzeigen der Unterschiede ist die auf eine Wertung abzielende Frage zu stellen, welchen Lösungen (Rechnungslegungsvorschriften bzw. Problemlösungen) der Vorzug gegeben werden sollte.

Entsprechend den aufgeworfenen Fragen verfolgt diese Arbeit mehrere Zielsetzungen.

Zunächst soll die rein deskriptive Betrachtung der momentan gültigen Rechnungslegungsvorschriften und der aktuellen Diskussionen bzw. absehbaren Entwicklungen und Veränderungen in den untersuchten Ländern durchgeführt werden. Die jeweiligen Antworten der untersuchten Länder auf die grundlegenden Probleme und die relevanten Fragen werden im Rahmen von synoptischen Vergleichen gegenübergestellt.

In einem weiteren Schritt soll eine Wertung der vorgefundenen Unterschiede vorgenommen werden. Sie soll dazu beitragen, die Diskussion in Deutschland hinsichtlich der zukünftigen Richtung der Ausgestaltung der GOB und der gesetzlichen Rechnungslegungsvorschriften weiterzuführen.

Aus den Zielsetzungen ergeben sich somit zwei inhaltliche Hauptblöcke: der Vergleich bzw. darüber hinaus gehende Betrachtungen und die Wertung der vorgefundenen Unterschiede.

2.2. Erste Hauptaufgabe: Vergleich der Rechnungslegungsvorschriften

Vor der Durchführung des eigentlichen Vergleichs muß geklärt werden, in welchen Theorierahmen sich diese Arbeit einbettet und welche Anforderungen an die vergleichende Bewertung gestellt werden.

Es gibt eine ganz Reihe von Veröffentlichungen, die sich mit dem Thema des Vergleichs von Rechnungslegungsvorschriften bzw. -systemen befassen.[4] Dennoch hat sich noch keine übereinstimmende theoretische Basis herausgebildet. Ein großer Teil der Schriften, die zumeist in ihrem Titel die Bezeichnung 'Internationale Rechnungslegung' integrieren,

[4] So z. B. u.a.: Ordelheide, Dieter (Hrsg.): Transacc - Transnational Accounting, London, 1995; Gräfer, Horst; Demming, Claudia (Hrsg.): Internationale Rechnungslegung, Stuttgart, 1994; Küting, Karlheinz; Weber, Claus-Peter: Internationale Bilanzierung – Rechnungslegung in den USA, Japan und Europa, Berlin, 1994; Fröschle, Gerhart; Kroner, Matthias; Mandler, Udo: Internationale Rechnungslegung: US-GAAP, HGB und IAS, Bonn, 1994; Choi, Frederick; Mueller, Gerhard: International Accounting, Englewood Cliffs (New Jersey, USA), 2nd edition, 1992; Nobes, Christopher; Parker, Robert: Comparative International Accounting, New York (USA), 4th edition, 1995

beschränkt sich auf das bloße Nebeneinanderstellen der Vorschriften in den jeweils betrachteten Ländern. Da es aufgrund der Fülle der Informationen aus jedem einzelnen Land nicht möglich ist, sämtliche Informationen zu den Rechnungslegungsvorschriften in einem Vergleich wiederzugeben, muß zwangsläufig eine Selektion erfolgen. Die Frage, welche Bestandteile des jeweiligen Rechnungslegungssystems herausgegriffen und welche nicht einbezogen werden müssen, d. h. die Frage nach der Selektion, wird weder gestellt, noch wird erklärt, warum gerade die besprochenen Teile selektiert wurden bzw. warum welche Teile weggelassen wurden. Diese Vorgehensweise ist nicht nachvollziehbar und kann daher einem wissenschaftlichen Anspruch nicht genügen.

Grundsätzlich kann es für einen Vergleich verschiedene Ansätze geben; dies hängt davon ab, zu welchem Zweck, also unter welcher Zielsetzung der Vergleich durchgeführt wird. Zunächst dient der Vergleich der Informationsbereitstellung. Mit Hilfe dieser Informationen werden weitere Zwecke verfolgt. Mögliche Zielsetzungen sind u. a.:

a) Bildung der Basis für spätere Harmonisierungsüberlegungen;
b) Erkennen der Unterschiede zur besseren Analyse der Jahresabschlüsse von Unternehmen, die nach den Rechnungslegungsvorschriften des jeweils betrachteten Landes bilanziert haben; (hier: nur Ist-Situation wichtig);
c) Informationsbereitstellung für Unternehmen, die planen, Tochtergesellschaften in dem betreffenden Land zu errichten;
d) Interesse an der Lösung rechnungslegungsbezogener Fragen in anderen Ländern, um die eigene nationale Diskussion auf den Prüfstand zu stellen; (hier: Entwicklung und Argumente wichtig).

Es stellt sich die Frage, ob durch diese genannten unterschiedlichen Zielsetzungen, die jedoch keinen Anspruch auf Vollständigkeit erheben, auch tatsächlich andere Inhalte in den Vergleichsstudien bedingt würden.

Im Fall a) wären ausschließlich Informationen relevant, die die Abweichungen zwischen den betrachteten Ländern aufzeigen. Rost führt hierzu aus, daß das Ziel von Harmonisierungsbestrebungen die Reduktion der Anzahl der Unterschiede zwischen zwei Rechnungslegungssystemen ist. „Es hat daher zunächst eine Erfassung aller Unterschiede in der Behandlung der verschiedenen Jahresabschlußpositionen zwischen den Rechnungslegungssystemen zu erfolgen. Im Anschluß an diese Auflistung muß beurteilt werden, ob es sich um kompatible oder nicht-kompatible Rechnungslegungsunterschiede handelt, d. h., ob trotz unterschiedlicher Rechnungslegungspraktiken der Vergleich einer Jahresabschlußposition inhaltlich möglich ist. Diejenigen Rechnungslegungsunterschiede, die **nicht** kompatibel sind, d. h. eine Jahresabschlußvergleichbarkeit nicht zulassen, kommen dann potentiell für eine Harmonisierung in Frage.“ [5] Im Grunde genügt also bei dem Vergleich von Rechnungslegungsvorschriften mit dem Ziel der Schaffung einer Basis für Harmonisierungsbestrebungen der Ausweis nicht-kompatibler Rechnungslegungsvorschriften.

Im Fall b) ist die Darstellung der momentanen Ist-Situation eine wesentliche Grundvoraussetzung. Weitere Ausführungen sind insofern notwendig, damit der Leser in die Lage

[5] Rost, Peter: Der internationale Harmonisierungsprozeß der Rechnungslegung - Theorie, Praxis, Perspektiven - , Frankfurt/Main, 1991, S. 36 f.

versetzt wird, die im anderen Land angewandten Vorschriften zu verstehen. Grundsätzlich ist keine Erklärung notwendig, wie und warum sich diese Vorschriften entwickelt haben oder welche weitere zukünftige Entwicklung absehbar ist.

Im Fall c) dagegen ist es wichtig, daß auch Informationen bereitgestellt werden, die Aussagen über mögliche Entwicklungen in der Zukunft beinhalten, da die Errichtung einer Tochtergesellschaft normalerweise eine zumindest mittel- wenn nicht langfristige Investition darstellt. Entsprechend sind Informationen, die Zukunftseinschätzungen zulassen, von Interesse.

Im Fall d) ist es unentbehrlich, die genauen Gründe für die derzeitige Situation in dem betrachteten Land zu erfahren, um eine mögliche Übertragbarkeit ins eigene Land besser prüfen zu können. Es ist also eine historische Betrachtung der Entwicklung vonnöten, die erklärt, wie und warum sich die heutige Situation so gestaltet. Für den Vergleich ist die Darstellung des Status quo notwendig. So können u. U. im Ausland vorhandene und dort auch nicht (mehr) diskutierte Rechnungslegungsvorschriften Ideen für Antworten auf Fragen liefern, die in Deutschland derzeit (noch) problematisiert werden. Darüber hinaus ist eine Betrachtung der aktuellen Diskussion in dem jeweiligen Land von Interesse, um zum einen möglicherweise die Diskussion in Deutschland für Problembereiche anzustoßen, die hier als solche (noch) nicht in ihrer Tragweite erkannt sind und zum anderen die Argumente für und gegen mögliche Lösungen von auch in Deutschland diskutierten Fragen zu erfahren und so eventuell neue Perspektiven kennenzulernen.

Diese Arbeit steht unter dem Ziel, das in Fall d) beschrieben ist. Für diese Art des Vergleichs ist es unumgänglich, die Hintergründe und das Umfeld zu verstehen, die zu den momentan gültigen Rechnungslegungsvorschriften geführt haben und auch die Diskussionen über die Weiterentwicklung der Vorschriften bzw. die Problemlösungen für Friktionen im bestehenden System und für neu auftauchende Fragen aufzuzeigen. Es werden daher in dieser Arbeit die länderspezifischen Grundlagen für die Rechnungslegung bei Banken, d. h. vor allem die grundlegenden Rechnungslegungsphilosophien und darüber hinaus die einschlägigen Rechnungslegungsprinzipien in den drei Ländern erörtert, bevor die Rechnungslegung für derivative Finanzprodukte verglichen wird.

Neben der Offenlegung der Zielsetzung des Vergleichs ist es ebenso wichtig, die Form des Vergleichs bewußt auszuwählen. Nach Araki gibt es grundsätzlich zwei Formen: den Micro-Vergleich und den Macro-Vergleich. Der Macro-Vergleich beschäftigt sich mit einem Rechnungslegungssystem im Ganzen, wogegen der Micro-Vergleich sich vor allem mit spezifischen Rechnungslegungsfragen auseinandersetzt. Allerdings kann ein Micro-Vergleich nur dann verständliche Aussagen produzieren, wenn er als Teil der jeweiligen gesamten Rechnungslegungssysteme durchgeführt wird unter Berücksichtigung der besonderen sozio-kulturellen Hintergründe. Daher sollte ein Micro-Vergleich immer nur unter Einbettung in den Makro-Vergleich angestellt werden.[6] Im Rahmen dieser Arbeit wird ein Micro-Vergleich durchgeführt, da die Einzelvorschriften für konkrete Finanzprodukte bzw. die Diskussionen und Lösungsvorschläge für deren Rechnungslegungsprobleme miteinander verglichen werden. Die in Kapitel 2 dargelegten Hintergründe sind somit die notwendige Basis für den sich anschließenden Vergleich.

---

[6] Vgl. Araki, Kazuo: A Methodological Approach to Comparative Accounting, Englischer Redebeitrag für den deutsch-japanischen Workshop „Rechnungslegung und Analyse japanischer Unternehmen" am 10./11.10.1996 in Berlin, Redemanuskript S. 3

2.3. Zweite Hauptaufgabe: Konzeption zur Wertung der Vergleichsergebnisse

Das Ziel einer Wertung ist die Feststellung, welche der vorgefundenen Lösungen 'besser' ist als andere. Um diese Beurteilung durchführen zu können, werden Kriterien benötigt. Die Beurteilungskriterien können zum einen abgeleitet werden aus den Perspektiven, unter denen der Rechnungsabschluß einer Bank betrachtet wird. Es gibt eine Vielzahl von potentiellen Perspektiven, nach denen die Güte eines Jahresabschlusses einer Bank bzw. der zugrundeliegenden Rechnungslegungsvorschriften untersucht werden kann. Beispielhaft seien genannt die Anteilseigner, die Gläubiger, die Kunden der Bank, das Management, die Bankaufsicht etc.

Aus dieser Vielzahl von Perspektiven muß eine Auswahl getroffen werden, denn es können nicht alle potentiellen Perspektiven behandelt werden, da diese letztlich nicht endgültig eingrenzbar sind. Somit müssen die relevanten Perspektiven ausgewählt werden. Bei der Auswahl sind folgende Restriktionen zu beachten:

1. Mit der Auswahl soll weitgehende Redundanzfreiheit erzielt werden.
2. Es sollen möglichst gegensätzliche Standpunkte gewählt werden, um die gesamte Bandbreite des Beurteilungsspektrums aufzuzeigen.

Nachdem die geeigneten Beurteilungsperspektiven gefunden sind, muß in einem zweiten Schritt jeweils ein Raster der Ziele jeder Perspektive aufgebaut werden, wobei hier vor allem die Erfüllung des Vollständigkeitskriteriums eine Hürde darstellt.

Mit dem dritten Schritt muß eine Operationalisierung der Ziele in konkrete Kriterien erfolgen, mit deren Hilfe Aussagen über die Güte bzw. Vor- und Nachteilhaftigkeit der in den drei Ländern vorgefundenen Rechnungslegungsvorschriften getroffen werden können.

3. Abgrenzung des Untersuchungsgegenstandes

3.1. Eingrenzung des Untersuchungsfeldes

Für die Konzeption dieser Arbeit ist es notwendig, hinsichtlich einiger Begriffe Definitionen festzulegen, um Unschärfen und eventuelle Mißverständnisse zu vermeiden.

3.1.1. Untersuchungsfeld 'Rechnungslegung'

Zunächst muß geklärt werden, was im Rahmen der Ausführungen dieser Arbeit unter dem Begriff 'Rechnungslegung' subsumiert wird. Grundsätzlich soll gelten, daß sich dieser Begriff auf den Gesamtkomplex von Regelungen zum *Ausweis* der Finanzprodukte im Jahresabschluß (bestehend aus Bilanz und Gewinn- und Verlustrechnung) bezieht wie auch von Regelungen zur *Bewertung* der Finanzprodukte und auch von Regelungen zur *Offenlegung* (also Publizität) der Finanzprodukte (sowohl unter dem Bilanzstrich wie auch im Anhang bzw. sonstigen zusätzlichen Bestandteilen des jährlichen Rechenschaftsberichts einer Bank). Durch diese Festlegung wird die Abgrenzung zu dem Begriff 'Bilanzierung' deutlich, der hier ausschließlich auf die Regelungen zum Ausweis der Finanzprodukte in der Bilanz bzw. der GuV angewandt wird. Zum Vergleich soll hierzu die Definition wiedergegeben werden, die für den englisch-sprachigen Begriff für Rechnungslegung, also 'accounting' aufgestellt wurde: „Accounting has been defined as the process of identifying, measuring, and communicating economic information to permit informed judgements and decisions by users of the information ..." [7] Auch im US-amerikanischen Verständnis bezieht sich also 'accounting', was hier in der deutschen Übersetzung als 'Rechnungslegung' wiedergegeben wird, auf Ausweis, Bewertung und Offenlegung von Informationen, so daß mit der o. g. Definition eine Übereinstimmung mit den USA erzielt werden kann. Der gesonderte Begriff der 'Bilanzierung', der in Deutschland oftmals synonym mit dem umfassenderen Begriff der Rechnungslegung verwandt wird, hat keine Entsprechung im Englischen, da es keinen weiteren Begriff neben 'accounting' gibt. Im Japanischen finden die Begriffe 'kaikei' und 'keiri' Anwendung, die sowohl mit 'Rechnungslegung' als auch 'Bilanzierung' sowie 'Buchführung' übersetzt werden.[8] Es erscheint daher zulässig, auch für den japanischen Rechtsbereich mit dem Begriff 'Rechnungslegung' zu arbeiten, da ähnlich wie in Deutschland die Vermischung der beiden Begriffe 'Rechnungslegung' und 'Bilanzierung' auftritt und somit die oben angeführte Definition zu keinen fehlerhaften Informationen über die Vorschriften in Japan führen kann.

3.1.2. Untersuchungsfeld 'Derivative Finanzinstrumente'

Ein weiterer Begriff, der der Klärung bedarf, ist der Begriff 'derivative Finanzinstrumente', der zum Teil im Text abgekürzt wird durch den synonym verwendeten Ausdruck 'Finanzderivate' oder einfach 'Derivate'. Der Wortstamm kommt aus dem Lateinischen 'derivatio', was in der Übersetzung 'Ableitung' bedeutet. Dies weist darauf hin, daß sich bestimmte Eigenschaften der derivativen Finanzinstrumente aus anderen Finanzinstrumenten ableiten. So definiert Lamprecht[9] in Anlehnung an Rubinstein Finanzinstrumente dann als 'derivativ', wenn deren Zahlungsstrom bzw. Preis gänzlich von dem Preis bzw. Zahlungsstrom eines anderen, zugrundeliegenden Finanzmarkttitels determiniert wird.

In neueren Definitionen[10] wird berücksichtigt, daß neben tatsächlichen Finanzmarkttiteln auch andere Basiswerte (z. B. Referenzzinssätze oder Indices) herangezogen werden können, um darauf ein derivatives Finanzinstrument aufzubauen. An diese neuere und umfassendere Definition lehnt sich auch die hier verwendete Begriffsfestsetzung an. Als derivative Finanzinstrumente werden solche Instrumente klassifiziert, deren Werte sich aus dem Wert eines zugrundeliegenden Finanzmarkttitels, eines Kurses oder eines bezuggenommenen Index ableiten. Ausgegrenzt werden damit sog. 'commodity-based' Derivate, also solche, die sich auf Güter des Warenwirtschaftsverkehrs beziehen. Die wichtigsten Typen von Derivaten sind Optionen, Futures und Swaps. Diesen drei Typenfami-

[7] Choi, Frederick; Mueller, Gerhard: International Accounting, Englewood Cliffs (New Jersey, USA), 2nd edition, 1992, S. 8 mit einem Zitatverweis auf: American Accounting Association: A Statement of Basic Accounting Theory, 1966, S. 1

[8] Vgl. Hayashi, Yuji; Kikuya, Masato; Matsui, Yasunori: Accounting Terminology in English, Japanese, French and German, Tokio (Japan), 1994, S. 4; Blanz, Friedrich: Fachbegriffe Wirtschaft und Finanzen - Deutsch-Japanisch-Englisch / Japanisch-Deutsch-Englisch, Wiesbaden, 1993, S. 54

[9] Vgl. Lamprecht, Karl: Fragen zur Marktbewertung für derivative Finanzinstrumente, Österreichisches Bankarchiv, 2/1991, S. 71 unter Bezugnahme auf Rubinstein, Mark: Derivative Assets Analysis, The Journal of Economic Perspectives, Fall 1987, S. 73

[10] Vgl. Bullen, Halsey; Porterfield, Laura: Derivative Financial Instruments: Time for Better Disclosure, The CPA Journal, 7/1994, S. 18

lien lassen sich viele Variationen zuordnen, so z. B. die Caps/Floors und Collars der Hauptgruppe der Optionen und die Forwards der Hauptgruppe der Futures. Darüber hinaus gibt es Kombinationen aus den verschiedenen Produkten der Typenfamilien, so z. B. die Swaptions, die eine Kombination aus Swap und Option darstellen.

3.1.3. Untersuchungsfeld 'Banken'

Schließlich wird eine weitere Übereinkunft notwendig hinsichtlich des Begriffs 'Bank'. In Deutschland ist das Universalbankensystem installiert, das heißt, eine Bank ist berechtigt, sowohl das Zahlungsverkehrsgeschäft, das buchmäßige Einlagen- und Kreditgeschäft wie auch das Wertpapiergeschäft neben möglichen anderen Geschäften durchzuführen. In den USA und in Japan dagegen herrscht das Trennbankensystem, das heißt, es gibt Banken, die das Zahlungsverkehrsgeschäft und das buchmäßige Einlagen- und Kreditgeschäft abwickeln, die jedoch nicht berechtigt sind, Wertpapiergeschäfte zu betreiben. Daneben gibt es Wertpapierhandelshäuser, die nicht das übliche Bankgeschäft ausführen dürfen. Japan reflektiert derzeit sein Trennbankensystem und beabsichtigt - den Reformabsichten der Regierung zufolge - dieses Trennbankensystem aufzuheben. Auch in den USA werden Stimmen laut, das Trennbankensystem abzuschaffen.

In den Rechnungslegungsvorschriften wird in den USA und Japan nicht nach den beiden Typen von Geldinstituten - Banken und Wertpapierhäusern - differenziert, auch nicht im Falle spezieller Bankrechnungslegungsvorschriften. Aus diesem Grunde und da sich die deutschen Universalbanken im Ausland sowohl an Banken wie auch an Wertpapierhäusern orientieren müssen, wird im Rahmen dieser Arbeit der Begriff 'Bank' auch für den Bereich USA und Japan als Oberbegriff für die nach dem Trennbankensystem vorhandenen zwei Arten von Geldinstituten verwendet. Dies bedeutet, daß mit dem Ausdruck 'Bank' sowohl die Universalbank nach deutscher Auffassung wie auch die beiden Geldinstitutsarten in den USA und Japan angesprochen werden.

3.2. Verhältnis zu dem Begriff 'Internationale Rechnungslegung'

Die Literatur, die sich mit dem Vergleich von Rechnungslegungsvorschriften beschäftigt, wird oftmals unter dem Titel 'Internationale Rechnungslegung' veröffentlicht. Es stellt sich daher die Frage, wie sich die vorliegende Arbeit in diesen Literaturkreis einordnet. Hierzu ist eine Interpretation des Begriffs 'Internationale Rechnungslegung' nötig. In der Literatur gibt es folgende Ansätze:

1. Interpretation nach Gräfer/Demming[11]

Gräfer/Demming stellen Interpretationsansätze nebeneinander, verzichten aber darauf, diese selbst näher zu erläutern:

- Es handelt sich um die Suche nach einem international akzeptierten, homogenen System von Regelungen, also einer weltweit einheitlichen Rechnungslegungsphilosophie, die von verschiedenen Staaten angewandt werden kann.
- Es werden die verschiedenen, weltweit existierenden, unterschiedlichen Rechnungslegungssysteme dargestellt und dokumentiert.
- Es handelt sich um die Rechnungslegung international agierender Unternehmen, die ihre Produktionsfaktoren international beziehen und einsetzen, weltweit produzieren und ihre Waren und Dienstleistungen überall absetzen.

2. Interpretation nach Araki[12]

Im Gegensatz zu Gräfer/Demming, die lediglich mögliche Interpretationsaussagen nebeneinander stellen, deren Inhalte jedoch in keiner Beziehung zueinander stehen, klassifiziert Araki den Begriff in verschiedene, abgestufte Ebenen:

Erste Stufe: Internationales Privatrecht
Auf dieser Ebene bezieht sich die internationale Rechnungslegung auf die grenzüberschreitende Bilanzierung, d. h. des Buchungstransfers zwischen inländischer Konzernmutter und ausländischer Tochtergesellschaft. Diese Ebene beschäftigt sich mit verschiedensten Themen, so z. B. Fremdwährungsumrechnung, Konsolidierung internationaler Konzerne, Finanztransaktionen mit der ausländischen Tochter. Es handelt sich meist um Routineaufgaben einer internationalen Unternehmung und wird von Araki daher als 'praxisbezogen' bezeichnet.

Zweite Stufe: Auslandsrechtskunde
Diese Forschung beschäftigt sich mit dem Studium ausländischer Rechnungslegungsvorschriften in ausgewählten Ländern. Die internationale Rechnungslegung bezog ihre Forschung bisher auf diese Ebene, welche rein deskriptiven Charakter besitzt.

Dritte Stufe: Rechtsvergleichung
Die Hauptaufgabe des Rechtsvergleichs besteht darin herauszufinden, welche Konsequenzen die Aufstellung, die Änderung und die Abschaffung von Rechnungslegungsvorschriften nach sich ziehen. Mit anderen Worten mit dem Rechtsvergleich hinterfragt man, welche Funktionen bzw. Zielsetzungen die aktuellen Vorschriften erfüllen in der heutigen Gesellschaft, ob sie die Ziele in angemessener Weise unterstützen und ob andere Vorschriften diese Ziele bzw. Funktionen besser bzw. zu einem höheren Grad erreichen. Die Rechtsvergleichung ist somit funktionaler Natur.

---

[11] Vgl.: Gräfer, Horst; Demming, Claudia: Harmonisierung und Standardisierung der Rechnungslegung, in: Gräfer, Horst; Demming, Claudia (Hrsg.): Internationale Rechnungslegung, Stuttgart, 1994, S. 3

[12] Vgl. Araki, Kazuo: A Methodological Approach to Comparative Accounting, Englischer Redebeitrag für den deutsch-japanischen Workshop „Rechnungslegung und Analyse japanischer Unternehmen" am 10./11.10.1996 in Berlin, Redemanuskript S. 2

Vierte Stufe: Rechtsvereinheitlichung
Diese Stufe zielt auf die internationale Harmonisierung von Rechnungslegungsvorschriften ab. Obwohl es verschiedene Lösungen für eine Harmonisierung geben kann, ist es dennoch das erklärte Ziel, einen einheitlichen Standard zu schaffen, den jedes Land anwenden soll. Die Rechtsvereinheitlichung hat normativen Charakter.

Die vorliegende Arbeit ordnet sich in dem Schema von Araki im Vergleichsteil der dritten Stufe zu. Die Abschnitte der Arbeit, die sich mit der Wertung der vorgefundenen Unterschiede auseinandersetzen, sind der Stufe der Rechtsvergleichung zuzuordnen, wobei auch Hinweise für eine mögliche Rechtsvereinheitlichung entnommen werden können. Allerdings wird kein Vorschlag für einen internationalen Rechnungslegungsstandard erarbeitet, sondern ausschließlich Hinweise für die Diskussion in Deutschland bereitgestellt.

Da sich der Begriff 'internationale Rechnungslegung' somit sehr leicht fehlinterpretieren läßt bzw. eine Konkretisierung des Begriffs auf das jeweilige Untersuchungsziel vorgenommen werden muß, verzichtet die vorliegende Arbeit darauf, diesen Begriff zu verwenden. Dennoch hilft die Betrachtung des Begriffes und die Klassifikation dazu, diese Arbeit in die Ebenen der funktionalen und der normativen Aufgabenstellung einzuordnen.

3.3. Angrenzende Untersuchungsgebiete

Obwohl die Vorteilhaftigkeit bestimmter Regelungen in den einzelnen Ländern betrachtet wird, soll im Rahmen der Arbeit nicht die Anleitung dazu gegeben werden, wie Banken Vorteile aus der Ausnutzung von Rechnungslegungsunterschieden ziehen können. Daher wird nicht die Möglichkeit untersucht, wie sich die Banken Wettbewerbsvorteile verschaffen können, indem sie ihr Geschäft in ein anderes Land verlagern. Aus diesem Grund werden ebenfalls die Konzernrechnungslegungsvorschriften außer acht gelassen.

Es werden nur die handelsrechtlichen bzw. die Regelungen des Commercial Code und des Securities and Exchange Law in Japan und die FASB-Standards in den USA behandelt. Im folgenden wird der Einfachheit halber der verkürzte Ausdruck 'handelsrechtliche Jahresabschlüsse' verwandt, wobei ausdrücklich die o. g. Regelungen in USA und Japan eingeschlossen sind. Die möglicherweise abweichenden Regelungen des Steuerbilanzrechts werden nicht untersucht. In diesem Punkt schießt sich die Arbeit der Vorgehensweise der Gremien der internationalen Harmonisierungsbestrebungen für die Rechnungslegung an, die ebenfalls ausschließlich beim handelsrechtlichen Jahresabschluß ansetzen. Fragen der Prüfung werden ebenfalls nicht behandelt.

4. Gang der Untersuchung

Die Arbeit gliedert sich in fünf Hauptkapitel. Im Anschluß an die Einführung werden die länderspezifischen Grundlagen in Deutschland, Japan und USA für die Rechnungslegung bei Banken im Hinblick auf derivative Finanzinstrumente dargestellt. Hier soll zum einen ein Einblick gegeben werden in die unterschiedlichen Auffassungen der Aufgaben von handelsrechtlichen Jahresabschlüssen und zum anderen in die Unterschiede im Aufbau der Rechtsstruktur, die den Rahmen bildet für die Banken-Rechnungslegung. Außerdem beschäftigt sich dieses Kapitel mit den grundlegenden Bilanzierungs- und Bewertungsprinzipien in den betrachteten Ländern, die Einfluß nehmen auf die Rechnungslegung von Finanzderivaten.

Aufbauend auf diese Grundlagen werden im dritten Kapitel die Problemfelder besprochen, die sich bei der Rechnungslegung von Derivaten ergeben. Die Schwerpunkte der Betrachtung liegen bei der Frage nach dem geeigneten Zeitpunkt der Erfolgswirksamkeit der Ergebnisse aus den betrachteten Finanzgeschäften, der Problematik der Hedge-Rechnungslegung und der Berücksichtigung von verschiedenen Risikoarten bzw. der Bereitstellung von quantitativen und qualitativen Risikoinformationen. Die Ergebnisse dieser Betrachtung werden jeweils anhand von Synopsen miteinander verglichen.

Das vierte Kapitel ist der Betrachtung der konkreten Rechnungslegungsvorschriften für die einzelnen derivativen Finanzprodukte gewidmet. Es werden vor allem die Grundkonstruktionen der Derivate - also Futures und Forwards, Optionen und Swaps - untersucht.

Das fünfte Kapitel beschäftigt sich mit der Wertung der Vergleichsergebnisse. Hier werden ausgewählte Perspektiven als Beurteilungsstandpunkte herangezogen. Schließlich wird die Einzelbeurteilung zu einem Gesamturteil verdichtet, um dadurch in konzentrierter Form Anregungen für die Diskussion in Deutschland und damit letztendlich für die gesetzgebenden Organe bzw. die empfehlungsaussprechenden Institutionen zu geben.

2. Kapitel
Länderspezifische Grundlagen für die Rechnungslegung

„Da nationale Rechnungslegungskonzeptionen sowie die sich daraus ergebenden Grundsätze, Prinzipien und Vorschriften länderspezifische Antworten auf länderspezifische Bedürfnisse darstellen, ist deren Verständnis und korrekte Interpretation nur möglich, wenn man deren historischen Entstehungshintergrund und die Gesamtheit der Rahmenbedingungen und relevanten Einflußfaktoren kennt, die die Rechnungslegungssysteme gestaltet haben.“ [13]

1. Fundamentale Leitziele der Rechnungslegung sowie Aufgaben des Jahresabschlusses

In der vergleichenden Bilanzliteratur[14] werden meist folgende grundsätzliche Modelltypen für die Ausgestaltung von Rechnungslegungssystemen aufgezeigt:
- Das kontinentaleuropäische Modell
- Das anglo-amerikanische Modell
- Das lateinamerikanische Modell oder auch Modell für hochinflationäre Volkswirtschaften
- Das Modell in wenig industrialisierten Ländern
- Das Modell in Zentralverwaltungswirtschaftssystemen.

Dabei wird Deutschland dem kontinentaleuropäischen und die USA dem anglo-amerikanischen Modell zugeordnet. Japan wird aufgrund der historisch bedingten Prägung seiner Rechnungslegungsvorschriften durch Deutschland dem kontinentaleuropäischen Modell zugerechnet.[15]

Hinsichtlich des kontinentaleuropäischen und des anglo-amerikanischen Modells wird in der Literatur bescheinigt, daß sich das kontinentaleuropäische Modell an den Interessen des Gläubigers orientiert, wobei sich das anglo-amerikanische Modell an den Interessen des shareholders, also des Aktionärs/Anteilseigners bzw. Investors orientiert.

Diese beiden Perspektiven werden nach h. M. als gegensätzlich angesehen. Dem Anteilseigner wird das Interesse an kurzfristigen Einnahmezuwächsen unterstellt, wogegen dem Gläubiger ein größeres Interesse an langfristiger Kapitalerhaltung zugemessen wird.

---

[13] Haller, Axel: Wesentliche Ziele und Merkmale US-amerikanischer Rechnungslegung, in: Ballwieser, Wolfgang (Hrsg.): US-amerikanische Rechnungslegung - Grundlagen und Vergleiche mit dem deutschen Recht, Stuttgart, 2. Aufl. 1996, S. 4

[14] Vgl. hierzu u. a. Choi, Frederick; Mueller, Gerhard: Globalization of Financial Accounting and Reporting, Morristown (New Jersey, USA), 1993, S. 2; Gräfer, Horst; Demming, Claudia: Harmonisierung und Standardisierung der Rechnungslegung, in: Gräfer, Horst; Demming, Claudia (Hrsg.): Internationale Rechnungslegung, Stuttgart, 1944, S. 5 (wobei Gräfer/Demming im Hinblick auf das anglo-amerikanische Modell zwischen dem britischen und dem US-amerikanischen Modell differenzieren)

[15] Vgl. Rost, Peter: Der internationale Harmonisierungsprozeß der Rechnungslegung - Theorie, Praxis, Perspektiven - , Frankfurt/Main, 1991, S. 67

1.1. Primat des Gläubigerschutzes in Deutschland

Das Handelsrecht enthält zwar die gesetzlichen Bestimmungen für die Rechnungslegung, es konkretisiert aber nirgends explizit das Ziel, dem der Jahresabschluß eigentlich dient. Auch wenn im Rahmen der Begründungen zu handelsrechtlichen Gesetzentwürfen Angaben gemacht werden, warum die eine oder andere Bilanzvorschrift beschlossen wurde, so fehlt dennoch das grundlegende Zielsystem, aus dem die bestehenden Rechnungslegungsvorschriften abgeleitet werden könnten.[16] Auch wenn für Deutschland kein in sich geschlossenes Zielsystem existiert, so orientiert sich die Rechnungslegung an einigen vorherrschenden Einzelzielen, aus denen sich bestimmte Grundsätze ordnungsmäßiger Bilanzierung ableiten. Stellvertretend für die in vielen Literaturstellen dargestellte Meinung formuliert Busse von Colbe[17], daß die primäre Zielsetzung darin besteht, den steuer- und ausschüttbaren Gewinn nach dem Grundsatz des Gläubigerschutzes auf Basis des Vorsichtsprinzips zu ermitteln.

Der Gläubigerschutz manifestiert sich in dem Streben nach Kapitalerhaltung[18] oder anders ausgedrückt, der Erhaltung der Haftungssubstanz. Erster Bilanzadressat ist somit die Gruppe der Gläubiger mit der Zielsetzung der langfristigen Unternehmenserhaltung durch Ausschüttungsbegrenzung.

Auf der Basis dieser Leitzielphilosphie steht das Vorsichtsprinzip als übergeordneter Grundsatz ordnungsmäßiger Bilanzierung mit seinen Elementen Realisationsprinzip, Imparitätsprinzip und Prinzip vorsichtiger Schätzung. Es erscheinen daher Wahlrechte bei der Bilanzierung und Bewertung, die eine zusätzliche Kompetenzverlagerung der Ausschüttungsbemessung auf die Unternehmensführung bewirken, zumindest vertretbar, da sie zu einer verstärkten Erhaltung des Unternehmensvermögens beitragen und somit Gläubigerschutzinteressen unterstützen.[19]

Das Vorsichtsprinzip bedeutet, daß Aktiva eher zu niedrig und Passiva eher zu hoch bewertet werden können. „Daß mit einer solch vorsichtigen Bilanzierung auch die Bildung stiller Reserven verbunden sein kann, wird in einem angemessenen Umfang in Kauf genommen. Jenseits aller rechtlichen Erwägungen entspricht eine solche vorsichtige Bilanzierung auch bester kaufmännischer Tradition: Man stellt sich gegenüber Dritten nicht reicher dar als man ist, man schüttet keine Gewinne aus, die noch nicht endgültig reali-

---

16 Vgl. Coenenberg, Adolf: Jahresabschluß und Jahresabschlußanalyse; Landsberg a. Lech, 15. Auflage, 1994, S. 9

17 Vgl. Busse von Colbe, Walther: Zur Anpassung der Rechnungslegung von Kapitalgesellschaften an internationale Normen, Betriebswirtschaftliche Forschung und Praxis, 4/1995, S. 373 f. mit weiteren Literaturverweisen

18 Vgl. Strobl, Elisabeth: Matching Principle und deutsches Bilanzrecht, in: Ballwieser, Wolfgang et al. (Hrsg.): Bilanzrecht und Kapitalmarkt - Festschrift zum 65. Geburtstag von Professor Dr. Dr. h.c. Dr. h.c. Adolf Moxter, Düsseldorf, 1994, S. 409

19 Vgl. Kupsch, Peter: Ansatz und Bewertung von Rückstellungen im amerikanischen Jahresabschluß - eine vergleichende Betrachtung aus deutscher Sicht, in: Ballwieser, Wolfgang (Hrsg.): US-amerikanische Rechnungslegung - Grundlagen und Vergleiche mit dem deutschen Recht, Stuttgart, 2. Aufl. 1996, S. 109

siert sind, man zahlt kein haftendes Eigenkapital an die Einleger zurück oder jedenfalls solange nicht, bis alle Ansprüche Dritter befriedigt sind." [20]

Neben der Aufgabe der Ermittlung des ausschüttbaren Gewinns unter Beachtung des Ziels des Gläubigerschutzes und der langfristigen Kapitalerhaltung hat der Jahresabschluß in Deutschland die Aufgabe der Bereitstellung von Informationen für die am Unternehmen beteiligten Gruppen - also neben den Gläubigern vor allem auch die Eigenkapitalgeber, sowie Kunden, Lieferanten, Arbeitnehmer etc. . Coenenberg[21] setzt diese Aufgabe noch vor die Aufgabe der Regelung der Zahlungsbemessungsinteressen. Havermann[22] führt aus, daß das deutsche Aktiengesetz von 1965 und die europäischen Bilanzrichtlinien, die der deutsche Gesetzgeber in nationales Recht umsetzen muß, im Interesse einer stärkeren Berücksichtigung der Interessen der Investoren, die Aktionärsschutzinteressen gleichbedeutend neben die Gläubigerschutzinteressen gestellt hätten. Dennoch blieb bis heute das Vorsichtsprinzip das wichtigste Prinzip in der Rechnungslegungsphilosophie Deutschlands.

Als nächstes ist zu untersuchen, inwieweit sich für die Rechnungslegung von Banken besondere Ziele in Deutschland herausgebildet haben. Traditionellerweise hat der Stellenwert der Informationsfunktion für einen deutschen Bankjahresabschluß eine eher untergeordnete Bedeutung. Der Grund liegt darin, daß den Banken Bewertungs- und Bilanzierungsprivilegien vor dem Hintergrund des im deutschen Kreditwesen ausgeprägten Gedankens des Einlegerschutzes und der Kreditwirtschaft unter volkswirtschaftlichen Wohlfahrtsaspekten eingeräumt wurden. Hier sei insbesondere auf § 340 f HGB hingewiesen.[23] Dadurch wird bewirkt, daß die Banken umfangreichere Möglichkeiten haben, Reserven zu bilden und den Ausweis des ausschüttbaren Gewinns zu senken. Zusammenfassend läßt sich sagen, daß der Gesetzgeber von Banken eine erhöhte Beachtung des Vorsichtsprinzips und damit des Gläubigerschutzgedankens erwartet.

1.2. Dualismus aus Gläubiger- und Aktionärsschutz in Japan

Ähnlich wie in Deutschland sind die Ziele der Rechnungslegung in Japan nicht in offiziellen Regelungen festgelegt, sondern werden eher implizit aus den Regelwerken für die Rechnungslegung abgeleitet.

---

[20] Havermann, Hans: Internationale Entwicklungen in der Rechnungslegung, in: Ballwieser, Wolfgang et al. (Hrsg.): Bilanzrecht und Kapitalmarkt - Festschrift zum 65. Geburtstag von Professor Dr. Dr. h.c. Dr. h.c. Adolf Moxter, Düsseldorf, 1994, S. 661 f.

[21] Vgl. Coenenberg, Adolf: Jahresabschluß und Jahresabschlußanalyse, Landsberg a. Lech, 15. Aufl., 1994, S.11

[22] Vgl. Havermann, Hans: Internationale Entwicklungen in der Rechnungslegung, in: Ballwieser, Wolfgang et al. (Hrsg.): Bilanzrecht und Kapitalmarkt - Festschrift zum 65. Geburtstag von Professor Dr. Dr. h.c. Dr. h.c. Adolf Moxter, Düsseldorf, 1994, S. 662

[23] Vgl. Rohardt, Michael: Publizität von „zusätzlichen Angaben" im Jahresabschluß von Kreditinstituten vor dem Hintergrund einer Internationalisierung der Rechnungslegung, Die Wirtschaftsprüfung, 6/1996, S. 213 f.

Nach Arai[24] gibt es drei grundsätzliche Ziele der Rechnungslegung in Japan:

1. Ermittlung des Erfolgsgrades des Managements;

2. Berechnung des verfügbaren Einkommens des Wirtschaftsunternehmens (die Summe, die verfügbar ist für Dividenden und die Summe der Unternehmens-Ertragssteuern);

3. Bereitstellung von Informationen für die Investitionsentscheidungen für Aktionäre und Investoren.

Diese drei verschiedenen Ziele können den grundlegenden Gesetzestexten, die die Basis für das Rechnungslegungssystem in Japan darstellen, zugeordnet werden. Bei diesen drei Gesetzestexten handelt es sich um das Japanische Handelsgesetz (Japanese Commercial Code), kurz jHGB, das japanische Börsengesetz (Japanese Securities and Exchange Law), kurz jBG, und das japanische Körperschaftssteuergesetz (Japanese Corporate Income Tax Law), kurz jKStG. Das jHGB betont die Wichtigkeit des 1. und 2. Ziels, das jBG unterstützt das 1. und 3. Ziel, das jKStG das 2. Ziel.

Mit der Nennung des ersten Ziels verbindet Arai leider keine weiteren Ausführungen. Auch andere Literaturstellen[25], die diese drei von Arai genannten Ziele z. T. wörtlich zitieren, geben keine Erläuterungen zu den Hintergründen und zu deren Verständnis in Japan. Eine der ursprünglichen Aufgaben der Rechnungslegung ist es, Rechenschaft über Erfolg bzw. Mißerfolg der unternehmerischen Betätigung in kaufmännischer Weise abzugeben. Dieses erste von Arai genannte Ziel würde somit lediglich diese Kernaufgabe ausdrücken. Dieser Interpretation entgegenstehende Auslegungsauffassungen sind in der vorgefundenen Literatur nicht enthalten, ebensowenig jedoch auch wirkliche Erläuterungen.

Bisher wurde in Japan dem zweiten Ziel die bei weitem größte Bedeutung zugemessen.[26] Die Erklärung findet sich darin, daß die Dividendenausschüttung sowohl für die Aktionäre wie auch für das Management das Zentrum des Interesses darstellt im Hinblick auf das Wachstum und die Entwicklung des Unternehmens. Darüber hinaus stellt das Ziel der Ermittlung von ausschüttbaren Mitteln durch den Jahresabschluß des Unternehmens für den Staat die wichtigste Aufgabe dar, da der Staat Einnahmen in Form der Körperschaftssteuern erhebt.

Wie bereits erwähnt, wird der Bereich der Besteuerung aus der näheren Betrachtung ausgeschlossen. Im Hinblick auf die genaue Ausrichtung der in Japan derzeit als wichtigstes Ziel angesehenen Ermittlung von Ausschüttungszahlungen ist also das jHGB zu untersuchen.

Weber formuliert, daß die Rechnungslegung nach jHGB im wesentlichen der Ermittlung eines ausschüttungsfähigen Gewinns unter Gläubigerschutz- und Kapitalerhaltungsge-

---

[24] Vgl. Arai, Kiyomitsu: Accounting in Japan, IRBA (Institute for Research in Business Administration, Waseda University) Series No. 25, Tokio (Japan), 1994, S. 8 f.

[25] Z. B. Takita, Terumi; Yumoto, Kenji: Japan - Individual Accounts, in: Ordelheide, Dieter (Hrsg.): Transacc - Transnational Accounting, Vol. 1, London (UK), 1995, S. 1834

[26] Vgl. Arai, Kiyomitsu: Accounting in Japan, IRBA (Institute for Research in Business Administration, Waseda University) Series No. 25, Tokio (Japan), 1994, S. 9

sichtspunkten dient, womit das Ziel ähnlich wie in Deutschland gläubigerschutzorientiert sei.[27] Auch Brüggen sieht das japanische Handelsrecht vor allem vom Gedanken des Gläubigerschutzes geprägt.[28] Takita/Yumoto[29] fassen diese Zielrichtung des jHGB weiter. Nach ihren Ausführungen richtet sich das Hauptaugenmerk auf den **Schutz von Gläubigern und tatsächlichen (im Gegensatz zu potentiellen) Aktionären**. Daher konzentriert sich die Rechnungslegung gemäß jHGB auf die Errechnung von Gewinnen, die für eine Verteilung in Form von Dividenden verfügbar sind, unter der Prämisse der Aufrechterhaltung des Haftungsvermögens. Die Wichtigkeit der Berechnung der verteilbaren Gewinne durch die Rechnungslegung wird in der japanischen Literatur deutlich betont.[30]

Der alleinige Hinweis auf das oberste japanische Rechnungslegungsziel des vermeintlichen Gläubigerschutzes nach deutscher Prägung drückt nicht den wahren Umfang dieses Ziels aus. Vielmehr handelt es sich um eine Kombination aus Aktionärs- und Gläubigerschutz, wobei den Aktionären der ihnen zustehende Gewinn nicht vorenthalten werden soll, dieser aber die unbedingten Grenzen des Gläubigerschutzes und damit die Prämisse der Haftkapitalerhaltung einhalten muß. Dieser Aktionärsschutz grenzt sich allerdings deutlich ab vom Investorenschutz US-amerikanischer Prägung, da in Japan die 'tatsächlichen' Aktionäre geschützt werden sollen, wogegen sich in den USA - durch den absoluten Vorrang der Informationsoffenlegung (wie im folgenden Kapitel gezeigt wird) - der Jahresabschluß insbesondere auch an potentielle Investoren bzw. Aktionäre richtet. Eine Aussage zur Bilanzpolitik untermauert diese These: „Durch eine traditionelle Unterfinanzierung mit Eigenkapital ist die japanische Bilanzpolitik eher auf die Kapitalgeber ausgerichtet.“ [31]

Im Hinblick auf die obigen Ausführungen zu der Relativierung des absoluten Vorrangs des Gläubigerschutzes durch den Schutz der 'tatsächlichen' Aktionäre liegt die Vermutung nahe, daß auch das dritte von Arai genannte Ziel der Bereitstellung von Informationen für Investoren in Japan verstärkt an Bedeutung gewinnen wird.

Bisher wurde dieses Ziel als nicht so wichtig eingeordnet, da der Anteil der Privatanleger auf den Aktienmärkten in Japan noch relativ gering ist. Daher wurde in Japan bis vor kurzem bei der Weiterentwicklung von Rechnungslegungsvorschriften das Ziel der Bereitstellung von Informationen für Investoren als nicht sehr bedeutsam erachtet.[32] Es finden sich Ausführungen, daß die Jahresabschlüsse für Aktionäre und selbst für Banken

---

27 Vgl. Weber, Claus-Peter: Was kann Deutschland von Japan hinsichtlich der Rechnungslegung lernen?, Vortragsmanuskript zu einem Redebeitrag für den deutsch-japanischen Workshop „Rechnungslegung und Analyse japanischer Unternehmen“ am Japanisch-Deutschen Zentrum Berlin am 10./11.10.1996, S. 6

28 Vgl. Brüggen, Andreas: Japanische Rechnungslegung, in: Gräfer, Horst; Demming, Claudia (Hrsg.): Internationale Rechnungslegung, Stuttgart, 1994, S. 523

29 Vgl. Takita, Terumi; Yumoto, Kenji: Japan - Individual Accounts, in: Ordelheide, Dieter (Hrsg.): Transacc - Transnational Accounting, Vol. 1, London (UK), 1995, S. 1834 f.

30 Vgl. stellvertretend für viele: Kitamura, Keiko: Erneute Untersuchung des Anschaffungskostenprinzips - Rechnungslegung und Bewertung von Derivaten, Kigyo-kaikei (Rechnungslegung in den Unternehmen), 1/1995, S. 60

31 Küting, Karlheinz; Weber, Claus-Peter: Internationale Bilanzierung - Rechnungslegung in den USA, Japan und Europa, Berlin, 1994, S. 231

32 Vgl. Arai, Kiyomitsu: Accounting in Japan, IRBA (Institute for Research in Business Administration, Waseda University) Series No. 25, Tokio (Japan), 1994, S. 9

eine geringere Relevanz haben - jedenfalls im Vergleich zu den USA.[33] Empirische Untersuchungen haben ergeben, daß japanische Investoren im Vergleich weniger Rechnungslegungsinformationen bei ihrer Bewertung des Aktienkapitals nutzen als US-amerikanische Investoren.[34] Allerdings wurde in den letzten Jahren den Managern in Japan immer mehr bewußt, wie wichtig eine angemessene Informationsbereitstellung für den Kapitalmarkt ist, insbesondere aus einer internationalen Sicht der globalen Wirtschaft. Die vorrangige Orientierung an den Informationsinteressen der Aktionäre verbindet sich - wie bereits oben ausgeführt - mit dem jBG. Da sich nach h. M. die Informationswünsche der Investoren und damit auch der potentiellen Investoren nur in geringem Maße vereinbaren lassen mit den Zielen des jHGB, das die Prämisse des Gläubigerschutzes und der Haftkapitalerhaltung zu beachten hat, erwartet man vom jBG völlig andere Vorschriften als vom jHGB. Takita/Yumoto schreiben hierzu: „If one considers the main objective under the Securities and Exchange Law ... to be the provision of information for investment decision-making by shareholders and investors ..., one would expect different information requirements for potential investors, who are interested in how much profit a company normally earns, and the creditors and current shareholders, who are concerned about how much profit is available for distribution.“ [35] Offen ist, wie die Unternehmen mit den sehr unterschiedlichen Anforderungen, die sich aus den unterschiedlichen Zielen von jHGB und jBG erwarten lassen, umgehen. Bis 1974 hatte der Gesetzgeber keine Regelung geschaffen, welches der beiden Gesetze Vorrang hat. Seitdem gilt der Kompromiß, den handelsrechtlichen Jahresabschluß als Grundlage für den Börsenabschluß nach jBG heranzuziehen. Die Voraussetzung wurde hierfür mit den Artikeln 32 - 36 jHGB geschaffen, die alle Unternehmen dazu verpflichten, bei der Auslegung der handelsrechtlichen Vorschriften, die 'fairen Gepflogenheiten' der Buchführung und Bilanzierung zu beachten.[36] Diese Generalnorm wird in diesem Kapitel in Abschnitt 3.2. behandelt.

1.3. Primat des Investorenschutzes in den USA

Im Gegensatz zu Deutschland versuchen die für die Formulierung von Rechnungslegungsstandards in den USA zuständigen Institutionen (es handelt sich hierbei insbesondere um das Financial Accounting Standards Board, kurz FASB) einen kodifizierten konzeptionellen Rahmen zu erarbeiten, aus dem sich die einzelnen Rechnungslegungsregelungen ableiten. Hier werden die Zielsetzung des Rechnungslegungssystems in den USA sowie grundlegende Bilanzierungs- und Bewertungsgrundsätze festgelegt. Diese Statements of Financial Accounting Concepts (kurz SFAC) sollen die Transparenz der existierenden General Accepted Accounting Principles (kurz GAAP) erhöhen.[37] Genau genommen werden zwei Zielsetzungen mit dem Conceptual Framework verfolgt: Zum

---

[33] Vgl. Bloom, Robert; Long, Susan; Collins, Marilynn: Japanese and American Accounting - Explaining the Differences, Advances in International Accounting, Vol. 6, 1994, S. 269

[34] Vgl. Hall, Charles; Hamao, Yasushi; Harris, Trevor: A Comparison of Relations Between Security Market Prices, Returns and Accounting Measures in Japan and the United States, Journal of International Financial Management and Accounting, 1.5.1994, S. 47

[35] Takita, Terumi; Yumoto, Kenji: Japan - Individual Accounts, in: Ordelheide, Dieter (Hrsg.): Transacc - Transnational Accounting, Vol. 1, London (UK), 1995, S. 1835 f.

[36] Vgl. Brüggen, Andreas: Japanische Rechnungslegung, in: Gräfer, Horst; Demming, Claudia (Hrsg.): Internationale Rechnungslegung, Stuttgart, 1994, S. 523

[37] Vgl. Demming, Claudia: US-amerikanische Rechnungslegung, in: Gräfer, Horst; Demming, Claudia (Hrsg.): Internationale Rechnungslegung, Stuttgart, 1994, S. 244

einen dient es als ein die Ziele zusammenfassendes Fundament und als logische Begründung bestehender Rechnungslegungsgrundsätze und -praktiken und zum anderen soll es steuernd in die Zukunft wirken, indem es als Deduktionsbasis für neue Standards des FASB fungiert. Das Conceptual Framework ist dabei von Anfang an nicht als statisches, sondern als dynamisches und über die Zeit wandelbares Grundsatzsystem konzipiert.[38] Der FASB hat das erste Statement im November 1978 veröffentlicht, inzwischen existieren sechs SFACs.

In SFAC Nr. 1[39] werden drei Ziele festgelegt, unter denen die US-amerikanische Rechnungslegung steht:

1. Die Rechnungslegung soll Informationen bereitstellen, die für aktuelle und potentielle Investoren und Kreditoren und andere Nutzer nützlich sind für die rationale Entscheidungsfindung bzgl. Investitionen, Kreditvergabe u. ä. Die Informationen sollen verständlich sein für alle, die angemessene kaufmännische Kenntnisse besitzen und bereit sind, die Informationen mit der gebotenen Sorgfalt zu prüfen.

2. Die Rechnungslegung soll Informationen liefern, die den aktuellen und potentiellen Investoren und Kreditoren dazu verhelfen, die Beträge, die Zeitpunkte und das Risiko zukünftiger Einkommenszahlungen aus Dividenden oder Zinsen abschätzen zu können sowie die Einnahmen aus dem Verkauf, dem Einlösen (Rückkauf) oder der Fälligkeit von Wertpapieren oder Darlehen.

3. Die Rechnungslegung soll Informationen bereitstellen über die wirtschaftliche Basis des Unternehmens und die Auswirkungen von Geschäften, Ereignissen oder anderen Umständen, die diese wirtschaftliche Basis verändern.

Erste Bilanzadressaten in den USA sind demzufolge die momentanen und potentiellen Investoren bzw. Kreditoren und das wichtigste Ziel der Rechnungslegung besteht darin, Informationen als Entscheidungsgrundlage für diesen Adressatenkreis zu liefern. Ihrem Interesse, die in Zukunft zu erwartenden Zahlungsströme und die damit verbundenen Risiken abschätzen zu können, soll durch den Jahresabschluß Rechnung getragen werden.[40]

Diese erste und wichtigste Aufgabe der externen Rechnungslegung wird auch als 'decision usefulness' bezeichnet. Das financial reporting soll damit zu einer effizienten Funktionsweise des Kapitalmarktes und damit zu einer adäquaten Allokation knapper finanzieller Ressourcen beitragen. Grundsätzlich soll die Rechnungslegung die Informationsbedürfnisse sämtlicher am Unternehmen interessierter Personengruppen befriedigen, aber letztendlich konzentriert sich das FASB auf die Zielgruppe der Geldgeber, sprich der gegenwärtigen und zukünftigen Eigen- und Fremdkapitalgeber, da unterstellt wird, daß die Informationen, die für diese Personengruppe nützlich sind, auch allen anderen Interessenten, die gegenüber dem Unternehmen finanzielle Ansprüche irgendwelcher Art besit-

38 Vgl. Haller, Axel: Wesentliche Ziele und Merkmale US-amerikanischer Rechnungslegung, in: Ballwieser, Wolfgang (Hrsg.): US-amerikanische Rechnungslegung - Grundlagen und Vergleiche mit dem deutschen Recht, Stuttgart, 2. Aufl. 1996, S. 7 und 26

39 Vgl. FASB: Original Pronouncements, 1996/97 Edition, Accounting Standards as of June 1, 1996, Volume II, New York (USA), 1996, S. 1014 f.

40 Vgl. Demming, Claudia: US-amerikanische Rechnungslegung, in: Gräfer, Horst; Demming, Claudia (Hrsg.): Internationale Rechnungslegung, Stuttgart, 1994, S. 244 f.

zen, Nutzen stiften. Wichtigste Adressaten sind vor allem die Kapitalgeber, die selbst nicht die wirtschaftliche Macht besitzen, um von den Unternehmen die Informationen zu fordern, die sie für ihre Investitionsentscheidungen benötigen. Dies sind vor allem Publikumsaktionäre und Kleinanleger in Unternehmensanleihen. Da gemäß dem FASB alle Interessenten dem Unternehmen Einkommenserwartungen entgegenbringen, sollen diese durch den Jahresabschluß in die Lage versetzt werden, um im wesentlichen die Beträge, den Zeitpunkt und die Wahrscheinlichkeit zukünftiger Cash flows des Unternehmens und damit zusammenhängend die möglichen Einkommenszuflüsse an die Kapitalgeber bestimmen zu können. Der im Geschäftsjahr erwirtschaftete Gewinn wird als bester Indikator der zu erwartenden Cash flows gewertet. Somit ist die Ermittlung des Gewinns nicht ein Finalziel, sondern Instrumentalziel in Bezug auf die Erfüllung der Informationsfunktion des Jahresabschlusses.[41] Die Information über diesen Gewinn, der unter der Generalnorm der 'fair presentation' (siehe in diesem Kapitel Abschnitt 3.3.) ermittelt wird, welches als oberstes Rechnungslegungsprinzip deutlich vor dem Vorsichtsprinzip rangiert, versteht sich als Information über den erzielten Gewinn und nicht als Information über den ausschüttbaren bzw. verteilbaren Gewinn, denn in den USA sind an den erzielten Gewinn keine unmittelbaren Ansprüche auf eine Ausschüttung bzw. Verteilung abzuleiten. Wüstemann[42] argumentiert allerdings, daß die These falsch sei, daß die GAAP bei der Ausschüttungsbemessung in den USA gar keine Rolle spielen, auch wenn sie ebensowenig bindend für eine Gewinnverteilung sind; es sei vielmehr eine komplexe Wechselwirkung zu konstatieren. Die GAAP sind „in den einzelstaatlichen gesellschaftsrechtlichen Gesetzen für eine Gewinnverteilung in Form von Ausschüttungen für die Kapitalgesellschaften maßgeblich; die sogenannten tests, die gewährleisten sollen, daß Ausschüttungen nicht zu Lasten der Gläubiger vorgenommen werden, rekurrieren mittelbar wie unmittelbar auf das Vermögen (bzw. den Gewinn), der nach generally accepted accounting principles ermittelt wird.“ [43] Der Betrag selbst, der aus dem Ergebnis des laufenden Jahres mindestens oder höchstens an die Eigner ausgeschüttet werden darf, bemißt sich nach Grenzen, die überwiegend in Kreditverträgen vereinbart werden.[44] Eine Ausschüttungssperre, wie sie das deutsche Aktiengesetz vorsieht, ist in den USA jedoch unbekannt. Glaum/Mandler[45] erläutern, daß das Gesellschaftsrecht einiger US-Bundesstaaten auch dann Dividendenzahlungen zuläßt, wenn dadurch das Nominalkapital aufgezehrt wird, solange die Unternehmensliquidität nicht gefährdet ist.

Orientierungsmaßstab für die Rechnungslegung sind also die nicht unbedingt auf längere Zeit an das Unternehmen gebundenen Investoren, die neben einer Steigerung des Unter-

---

[41] Vgl. Haller, Axel: Wesentliche Ziele und Merkmale US-amerikanischer Rechnungslegung, in: Ballwieser, Wolfgang (Hrsg.): US-amerikanische Rechnungslegung - Grundlagen und Vergleiche mit dem deutschen Recht, Stuttgart, 2. Aufl. 1996, S. 9 f.

[42] Vgl. Wüstemann, Jens: US-GAAP: Modell für das deutsche Bilanzrecht?, Die Wirtschaftsprüfung, 11/1996, S. 422 und 427

[43] Wüstemann, Jens: US-GAAP: Modell für das deutsche Bilanzrecht?, Die Wirtschaftsprüfung, 11/1996, S. 421

[44] Vgl. Schildbach, Thomas: Rechnungslegungsideale, Bilanzkulturen, Harmonisierung und internationaler Wettbewerb, Betriebs-Berater, 51-52/1995, S. 2642

[45] Vgl. Glaum, Martin; Mandler, Udo: Rechnungslegung auf globalen Kapitalmärkten, Wiesbaden, 1996, S. 108; ausführlich zu der Frage der Ausschüttungsbegrenzung auch im Hinblick auf den in den USA beachteten Gläubigerschutz nimmt Wüstemann Stellung. Er weist nach, daß die Gerichte in den USA es für zulässig erachten, unrealisierte Gewinne auszuschütten; Vgl. Wüstemann, Jens: US-GAAP: Modell für das deutsche Bilanzrecht?, Die Wirtschaftsprüfung, 11/1996, S. 425

nehmenswertes an hohen laufenden Dividendenzahlungen interessiert sind.[46] Aus dieser strengen Investororientierung ergibt sich auch der geringe Umfang an Wahlrechten[47], da diese der Unternehmensleitung eine wesentliche Beeinflussung des Erfolgsausweises und der Eigenkapitalhöhe gestatten würden. „Aus Sicht der Anteilseigner mit eher kurzfristiger Beteiligungsabsicht begrenzen stille Reserven und auf deren Entstehung gerichtete Wahlrechte die Erreichung ihrer finanziellen Zielvorstellungen, während stille Lasten im Jahresabschluß toleriert werden können, da bei Auswertung der verfügbaren Rechnungslegungsinformationen wegen der umfangreichen Offenlegungsverpflichtungen unterstellt werden kann, daß ein Verkauf der Anteile vor Eintritt der Erfolgsminderung möglich erscheint.“ [48]

Hinsichtlich der steuerlichen Maßgeblichkeit ist festzuhalten, daß in den USA eine strikte Trennung zwischen handelsrechtlicher und steuerrechtlicher Gewinnermittlung existiert.[49] Handelsbilanz und Steuerbilanz sind in den USA in weitaus geringerem Maße miteinander verknüpft als nach deutschem Recht, die Bedeutung der Bilanzierung latenter Steuern ist daher entsprechend groß.[50] Schildbach[51] legt dar, daß die Maßgeblichkeit zwar auch in den USA vorhanden ist - sogar in der besonders problematischen Form der formellen Maßgeblichkeit im Rahmen der umgekehrten Maßgeblichkeit - jedoch in weit geringerem Rahmen als in Deutschland.

Diese Bilanzziele betten sich ein in ein entsprechendes Umfeld hinsichtlich Finanzmarktsituation und Bankenlandschaft. Traditionell hat die Kapitalmarktfinanzierung in den USA eine weit größere Bedeutung als in Deutschland oder auch in Japan.[52] Die nahezu ausschließliche Finanzierung der US-Firmen über Aktien- bzw. Bondmärkte wird möglicherweise auch durch das US-Trennbankensystem gefördert. Das deutsche Universalbankensystem mit der besonderen Ausprägung des Hausbankprinzips kommt in den USA

---

46 Vgl. Kupsch, Peter: Ansatz und Bewertung von Rückstellungen im amerikanischen Jahresabschluß - eine vergleichende Betrachtung aus deutscher Sicht, in: Ballwieser, Wolfgang (Hrsg.): US-amerikanische Rechnungslegung - Grundlagen und Vergleiche mit dem deutschen Recht, Stuttgart, 2. Aufl. 1996, S. 109

47 Vgl. Schildbach, Thomas: Rechnungslegungsideale, Bilanzkulturen, Harmonisierung und internationaler Wettbewerb, Betriebs-Berater, 51-52/1995, S. 2639; Schildbach führt aus, daß es durchaus eine Reihe von Wahlrechten in der US-amerikanischen Rechnungslegung gibt, die entgegen dem deutschen Recht, das nur die Legung von stillen Reserven ermöglicht, die in Krisenzeiten von den Managern auch wieder still aufgelöst werden könne, in beide Richtungen wirken, d. h. sowohl die Legung stiller Reserven wie auch die Bildung stiller Lasten ist möglich.

48 Kupsch, Peter: Ansatz und Bewertung von Rückstellungen im amerikanischen Jahresabschluß - eine vergleichende Betrachtung aus deutscher Sicht, in: Ballwieser, Wolfgang (Hrsg.): US-amerikanische Rechnungslegung - Grundlagen und Vergleiche mit dem deutschen Recht, Stuttgart, 2. Aufl. 1996, S. 109

49 Vgl. Haller, Axel: Wesentliche Ziele und Merkmale US-amerikanischer Rechnungslegung, in: Ballwieser, Wolfgang (Hrsg.): US-amerikanische Rechnungslegung - Grundlagen und Vergleiche mit dem deutschen Recht, Stuttgart, 2. Aufl. 1996, S.10 und Havermann, Hans: Internationale Entwicklungen in der Rechnungslegung, in: Ballwieser, Wolfgang et al. (Hrsg.): Bilanzrecht und Kapitalmarkt - Festschrift zum 65. Geburtstag von Professor Dr. Dr. h.c. Dr. h.c. Adolf Moxter, Düsseldorf, 1994, S. 663

50 Vgl. Mandler, Udo: Harmonisierung der Rechnungslegung: Bridging the GAAP?, Zeitschrift für Betriebswirtschaft, 6/1996, S. 722

51 Vgl. Schildbach, Thomas: Rechnungslegungsideale, Bilanzkulturen, Harmonisierung und internationaler Wettbewerb, Betriebs-Berater, 51-52/1995, S. 2640

52 Vgl. Mandler, Udo: Harmonisierung der Rechnungslegung: Bridging the GAAP?, Zeitschrift für Betriebswirtschaft, 6/1996, S. 719

nicht zum Tragen.[53] In Japan und Deutschland dagegen wird das benötigte Kapital von einigen wenigen Großbanken zur Verfügung gestellt.[54]

Abschließend ist festzuhalten, daß die Informationsfunktion des Jahresabschlusses eng mit der Funktion der Rechenschaftslegung über die Erfüllung der Verantwortung des Managements gegenüber den Kapitalgebern bezüglich der zur Verfügung gestellten Mittel verbunden ist.[55] Die Rechnungslegung verfolgt somit auch das Ziel, die bestehenden Informationsasymmetrien zwischen Aktionären und Management abzubauen.

2. Regelwerke und einflußnehmende Institutionen

2.1. Gesetzesbezogener Rahmen in Deutschland

In der deutschen Rechnungslegungsphilosophie steht das Bilanzrecht vor den Bilanzierungsgepflogenheiten. Dieses Bilanzrecht ist ein integraler Bestandteil des Handelsrechts, das in das positive Rechtssystem eingeordnet ist. Es geht zurück auf den Code Napoleon, der seinerseits seine Wurzeln im römischen Recht hat. Diese historische Basis erklärt, warum in Deutschland die gesetzesbezogene Betrachtungsweise eine dominante Rolle spielt und die Orientierung an einzelnen Entscheidungen bzw. an Usancen nur in geringem Umfang Einfluß nimmt. Die Bilanzierungsgepflogenheiten in Deutschland, die sog. 'Grundsätze ordnungsmäßiger Buchführung' (kurz GOB), können das Bilanzrecht, welches nicht alle Einzelheiten regeln kann, ausfüllen und ergänzen, es aber nie ersetzen.[56] Es handelt sich somit um ein allgemeingültiges, rechtsverbindliches Regelungssystem.

Das Bilanzrecht ist im dritten Buch des Handelsgesetzbuches (HGB) kodifiziert. Es enthält zunächst die grundlegenden Bilanzierungs- und Bewertungsgrundsätze für alle Kaufleute, dann ergänzende, strengere und detailliertere Regelungen für Kapitalgesellschaften und schließlich wiederum ergänzende Vorschriften für bestimmte Geschäftszweige, darunter auch speziell für Kreditinstitute. Diese Spezialvorschriften fußen auf dem am 1.1.1991 in Kraft getretenen 'Gesetz zur Durchführung der Richtlinie des Rates der Europäischen Gemeinschaften über den Jahresabschluß und den konsolidierten Abschluß von Banken und anderen Finanzinstituten' (kurz Bankbilanzrichtlinie-Gesetz, abgekürzt BaBiRiLiG). Dieses Gesetz sowie die am 15.02.1992 in Kraft getretene 'Verord-

---

53 Vgl. Glaum, Martin; Mandler, Udo: Rechnungslegung auf globalen Kapitalmärkten, Wiesbaden, 1996, S. 100; Ruffert, Dietmar: An der Rechnungslegung scheiden sich die „Kulturen", Sparkasse 4/1996, S. 166; Mandler führt hierzu weiter aus: „Trennbankensystem einerseits und hohe Wettbewerbsintensität im Kreditgewerbe andererseits führen dazu, daß kreditnachfragende US-Unternehmungen vergleichsweise häufig, je nach Marktkondition, ihr Kreditinstitut wechseln. Die US-Banken müssen daher größere Überwachungskosten tragen und in stärkerem Ausmaß auf Kreditsicherheiten zurückgreifen als dies im deutschen Markt gemeinhin üblich ist." Mandler, Udo: Harmonisierung der Rechnungslegung: Bridging the GAAP?, Zeitschrift für Betriebswirtschaft, 6/1996, S. 719

54 Vgl. Schwartz, Donald: The Future of Financial Accounting: Universal Standards, Journal of Accountancy, 5/1996, S. 21

55 Vgl. Glaum, Martin; Mandler, Udo: Rechnungslegung auf globalen Kapitalmärkten, Wiesbaden, 1996, S. 111; Haller, Axel: Wesentliche Ziele und Merkmale US-amerikanischer Rechnungslegung, in: Ballwieser, Wolfgang (Hrsg.): US-amerikanische Rechnungslegung - Grundlagen und Vergleiche mit dem deutschen Recht, Stuttgart, 2. Aufl. 1996, S. 10

56 Vgl. Havermann, Hans: Internationale Entwicklungen in der Rechnungslegung, in: Ballwieser, Wolfgang et al. (Hrsg.): Bilanzrecht und Kapitalmarkt - Festschrift zum 65. Geburtstag von Professor Dr. Dr. h.c. Dr. h.c. Adolf Moxter, Düsseldorf, 1994, S. 661

nung über die Rechnungslegung der Kreditinstitute (abgekürzt RechKredV) dienen der Angleichung des deutschen Rechts an das europäische Rahmenrecht. Das Erfordernis branchenspezifischer Sonderregelungen für die Rechnungslegung der Banken war angesichts ihrer einzel- und gesamtwirtschaftlichen Bedeutung, der ständig wachsenden Internationalisierung der Aktivitäten und der beträchtlichen nationalen Unterschiede in der Rechnungslegung auf europäischer Ebene weitgehend unstreitig.[57] Der deutsche Gesetzgeber ist somit - nicht wie der japanische Gesetzgeber bzw. die standard-festsetzenden Institutionen in den USA - nicht völlig frei in der Gestaltung der Rechnungslegung für Banken, sondern muß sich aufgrund der Vereinbarungen des EWG-Vertrages an europäisches Rahmenrecht halten.

Hinsichtlich der abgestuften Vorschriften des HGB ist eine klare Wertigkeitsfolge festgelegt. Dabei bilden die im Vierten Abschnitt des dritten Buches des HGB enthaltenen Spezialvorschriften für Banken grundsätzlich die Spitze der Normenhierarchie. Danach folgen die Spezialregelungen für große Kapitalgesellschaften. Soweit diese beiden Regelungsbereiche nicht Platz greifen, kommen schließlich die für alle Kaufleute gültigen Vorschriften des HGB zum Zuge.[58] Ergänzt und erläutert werden diese gesetzlichen Vorschriften durch Verordnungen wie z. B. die RechKredV.

Neben diesen rechtspositiven Vorschriften finden in der Rechnungslegungspraxis die nicht systematisch kodifizierten, jedoch vom Gesetzgeber explizit im HGB (§ 243 Abs. 1 HGB) erwähnten und damit für die Rechnungslegung relevanten 'Grundsätze ordnungsmäßiger Buchführung' Beachtung. Bei den GOB handelt es sich um allgemeingültige Normen und Prinzipien, die die vornehmliche Aufgabe haben, „die Lücken des sonst rudimentär normierten Bilanzrechts zu schließen und dessen Konkretisierung im Hinblick auf zu entscheidende Sachverhalte zu regeln.“ [59] Die GOB werden dann weiterentwikkelt, wenn in der Praxis neue Sachverhalte auftreten. Die GOB finden sich z. T. im Gesetz angeführt und dort konkretisiert, aber auch vor allem in außergesetzlichen Erkenntnisquellen, die der Kaufmann im Rahmen der Rechnungslegung beachten muß.[60] Auf diesem Wege findet z. B. die handelsrechtlich relevante höchstrichterliche Rechtsprechung Eingang in die Rechnungslegungspraxis. Außergesetzliche Erkenntnisquelle ist jedoch auch die sich in der Diskussion um Rechnungslegungsfragen herausgebildete herrschende Meinung, die sich niederschlagen kann in Bilanzrechtskommentaren, in wissenschaftlichen Veröffentlichungen und vor allem in der veröffentlichten Meinung verschiedener Standesorganisationen wie z. B. des Instituts der Wirtschaftsprüfer oder des Bundesverbandes deutscher Banken. Diese haben durch diverse Stellungnahmen zur Rechnungslegung von Derivaten zur Fortbildung der einschlägigen GOB beigetragen.

Die Bestandteile der externen Rechnungslegung (in der Gesamtzusammenfassung als Geschäftsbericht bezeichnet) von Banken unterscheiden sich in der Anzahl und Bezeichnung zunächst nicht von denen anderer Unternehmen. Es sind dies:

---

[57] Vgl. Krumnow, Jürgen et al.: Rechnungslegung der Kreditinstitute - Kommentar zum Bankbilanzrichtlinie-Gesetz und zur RechKredV, Stuttgart, 1994, Tz. 4, S. 4

[58] Vgl. Krumnow, Jürgen et al.: Rechnungslegung der Kreditinstitute - Kommentar zum Bankbilanzrichtlinie-Gesetz und zur RechKredV, Stuttgart, 1994, Tz. 31 und 33, S. 13 f.

[59] Euler, Roland: Das System der Grundsätze ordnungsmäßiger Bilanzierung, Stuttgart, 1996, S. 1

[60] Vgl. Baetge, Jörg: Bilanzen, Düsseldorf, 4. Auflage 1996, S. 65

- Bilanz mit Gewinn- und Verlustrechnung (beides wird unter der Gesamtbezeichnung 'Jahresabschluß' geführt)
- Anhang
- Lagebericht

2.2. Gesetzesbezogener Rahmen in Japan

Die Rechtstradition in Japan ist ausgerichtet nach dem römisch-deutschen Gesetzesrecht. Gesetze wie in Deutschland und nicht 'Standards' wie in den USA sind also die Grundlage für die Rechnungslegung.
Wie bereits erwähnt, basiert die Rechnungslegung auf drei Gesetzen (das japanische Handelsgesetzbuch, das japanische Securities and Exchange Law und das japanische Körperschaftssteuergesetz), weshalb man von einem 'Triangular Legal System' spricht. Das jHGB hat Gültigkeit für alle Gesellschaften, das jBG hat nur Gültigkeit für börsennotierte Gesellschaften.[61]

Dieses dreiachsige System von Rechnungslegungsvorschriften wird folgendermaßen dargestellt[62]:

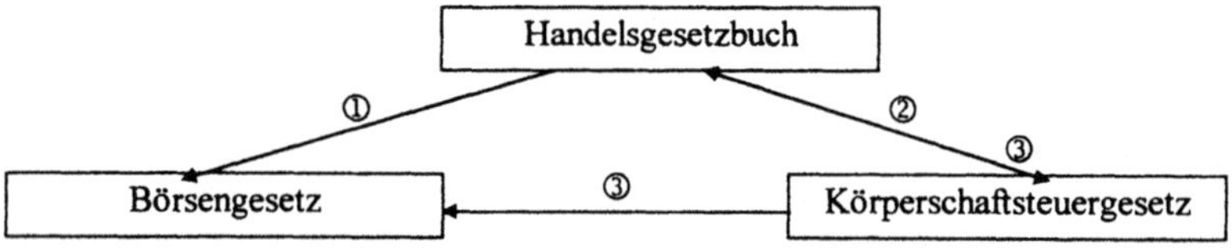

Abbildung 1: Triangular Legal System in Japan

① Die Bilanz- und GuV-Aggregate (Vermögen, Schulden, Kapital, Erträge, Aufwendungen) des Jahresabschlusses gemäß jBG werden grundsätzlich in Übereinstimmung mit den Rechnungslegungsvorschriften des jHGB bewertet.

② Das zu versteuernde Einkommen basiert auf dem Gewinnausweis des Jahresabschlusses gemäß jHGB.

③ Rechnungslegungsmethoden, die nicht gesondert im jHGB oder im jBG vorgeschrieben sind, werden übernommen gemäß den Rechnungslegungsvorschriften des Körperschaftssteuergesetzes.

Die Gründe, warum neben den üblichen Steuervorschriften für die Rechnungslegung noch zwei weitere, voneinander unabhängige Gesetze existieren, die beide starken Einfluß auf die Rechnungslegung von Unternehmen und Banken nehmen, finden sich in der historischen Entwicklung. In der Zeit der Industrialisierung zum Ausgang des 19. Jahr-

---

[61] Vgl. Weber, Claus-Peter: Was kann Deutschland von Japan hinsichtlich der Rechnungslegung lernen?, Vortragsmanuskript zu einem Redebeitrag für den deutsch-japanischen Workshop „Rechnungslegung und Analyse japanischer Unternehmen" am Japanisch-Deutschen Zentrum Berlin am 10./11.10.1996, S. 5

[62] Vgl. Arai, Kiyomitsu: Accounting in Japan, IRBA (Institute for Research in Business Administration, Waseda University) Series No. 25, Tokio (Japan), 1994, S. 39

hunderts wurde die Einführung eines modernen Rechnungslegungssystems notwendig. Vorbild für das 1899 erlassene HGB in Japan war das deutsche HGB von 1897. Der Erlaß des das jHGB erweiternde japanische Börsengesetz im Jahre 1948 war eine unmittelbare Folge der Besetzung Japans durch die USA. Japan sollte vor dem Hintergrund des von der USA angestoßenen Demokratisierungsprozesses der Wirtschaft die rechtlichen Voraussetzungen zur Entwicklung eines Kapitalmarktes ergreifen. Als Folge des US-amerikanischen Einflusses decken sich die Bestimmungen des jBG zum großen Teil mit den Vorschriften des US-amerikanischen Securities Exchange Act von 1934.[63]

In den Klassifikationen der weltweit angewandten Rechnungslegungssysteme wird Japan meist dem kontinentaleuropäischen Modell zugeordnet, da das jHGB eine Adaption des deutschen HGB darstellt.[64] Arai[65] führt hierzu aus, daß diese Aussage soweit stimmt, wie der rechtliche Rahmen von Japan angesprochen ist. Allerdings gehört die japanische Rechnungslegung auf dem Gebiet der Informationsoffenlegung gegenüber Investoren und anderen Jahresabschlußinteressierten eher zum anglo-amerikanischen Modell.

Diese drei Grundlagengesetze für die Rechnungslegung sind sehr eng miteinander verbunden und beeinflussen sich gegenseitig. Das jHGB steht dabei im Mittelpunkt und hat den Status als das fundamentale Gesetz. Daher wird der Gewinn in Einklang mit den Vorschriften des jHGB ermittelt und der steuerbare Gewinn gemäß Körperschaftssteuergesetz wird auf der Basis dieses handelsrechtlichen Gewinns berechnet. Im Jahresabschluß gemäß jBG werden alle Bilanz- und GuV-Aggregate (wie z. B. Vermögen, Schulden, Erträge und Aufwendungen) in Übereinstimmung mit den Regelungen des jHGB bewertet. Daher stimmt der Nettogewinn, der in der GuV gemäß jBG ausgewiesen wird, mit dem Nettogewinn, der in der GuV gemäß jHGB ausgewiesen wird, überein.[66]

Das jHGB und das jBG werden jeweils durch Durchführungsverordnungen ergänzt. Hier sind die 'Verordnung über Bilanz, GuV, Geschäftsbericht und Anlagen der AG' (sog. BilanzVO) zum jHGB und die 'Verordnung über Terminologie, Ausweis und Erstellung des Jahresabschlußberichtes' zum jBG zu nennen.[67]

Neben diesen gesetzlichen Vorschriften zur Rechnungslegung gibt es auch Rechnungslegungsgrundsätze, sog. 'Kigyo Kaikei Gensoku' (KKG) oder 'Business Accounting Principles' (BAP), die vom Business Accounting Deliberation Council (BADC) ausgearbeitet werden. Für die Erarbeitung der ersten KKG in Japan war die US-amerikanische Rechnungslegung in Form der GAAP Vorbild.[68] Der für die Erarbeitung der KKG zuständige

[63] Vgl. Brüggen, Andreas: Japanische Rechnungslegung, in: Gräfer, Horst; Demming, Claudia (Hrsg.): Internationale Rechnungslegung, Stuttgart, 1994, S. 517 und Küting, Karlheinz; Weber Claus-Peter: Internationale Bilanzierung - Rechnungslegung in den USA, Japan und Europa, Berlin, 1994, S. 212

[64] Vgl. Rost, Peter: Der internationale Harmonisierungsprozeß der Rechnungslegung - Theorie, Praxis, Perspektiven -, Frankfurt/Main 1991, S. 67

[65] Vgl. Arai, Kiyomitsu: Accounting in Japan, IRBA (Institute for Research in Business Administration, Waseda University) Series No. 25, Tokio (Japan), 1994, S. 4

[66] Vgl. Arai, Kiyomitsu: Accounting in Japan, IRBA (Institute for Research in Business Administration, Waseda University) Series No. 25, Tokio (Japan), 1994, S. 5

[67] Vgl. Küting, Karlheinz; Weber Claus-Peter: Internationale Bilanzierung - Rechnungslegung in den USA, Japan und Europa, Berlin, 1994, S. 212

[68] Vgl. Brüggen, Andreas: Japanische Rechnungslegung, in: Gräfer, Horst; Demming, Claudia (Hrsg.): Internationale Rechnungslegung, Stuttgart, 1994, S. 517 und Küting, Karlheinz; Weber Claus-Peter: Internationale Bilanzierung - Rechnungslegung in den USA, Japan und Europa, Berlin, 1994, S. 213

BADC ist der Unternehmensbeirat im Finanzministerium (Ministry of Finance, kurz MOF).[69] In der unten stehenden Übersicht werden die Institutionen gezeigt, die auf die Weiterentwicklung der Gesetze bzw. der KKG Einfluß haben:

Übersicht über die Institutionen mit Einflußnahme auf die Weiterentwicklung von Rechnungslegungsgesetzen und Rechnungslegungsgrundsätzen

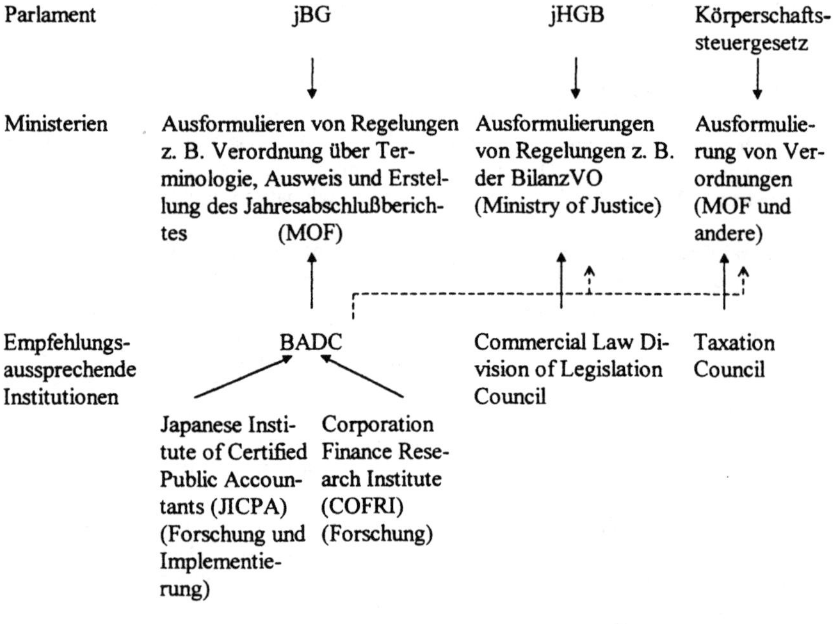

Abbildung 2: Rechnungslegungsinstitutionen in Japan[70]

Der BADC ist eine Institution des MOF und hat daher öffentlich-rechtlichen Status. Die vornehmliche Aufgabe des BADC ist es, Rechnungslegungsgrundsätze zu erarbeiten unter der Zielsetzung des jBG, also Verbesserung der Informationsoffenlegung des Jahresabschlusses als Grundlage für die Entscheidungen der Investoren.[71] Die Richtlinien des BADC in Form der KKG werden ergänzt durch Stellungnahmen des JICPA.[72]

[69] Vgl. Küting, Karlheinz; Weber Claus-Peter: Internationale Bilanzierung - Rechnungslegung in den USA, Japan und Europa, Berlin, 1994, S. 213

[70] Vgl. Arai, Kiyomitsu: Accounting in Japan, IRBA (Institute for Research in Business Administration, Waseda University) Series No. 25, Tokio (Japan), 1994, S. 38

[71] Vgl. Arai, Kiyomitsu: Accounting in Japan, IRBA (Institute for Research in Business Administration, Waseda University) Series No. 25, Tokio (Japan), 1994, S. 3

[72] Küting, Karlheinz; Weber Claus-Peter: Internationale Bilanzierung - Rechnungslegung in den USA, Japan und Europa, Berlin, 1994, S. 213; Bloom, Robert; Long, Susan; Collins, Marilynn: Japanese and American Accounting - Explaining the Differences, Advances in International Accounting, Vol. 6, 1994, S. 271

Das BADC ist, obwohl es vor allem das Ziel der Verbesserung der Informationsgrundlage für Investoren verfolgt, streng an die Vorschriften des jHGB gebunden. So ist es z. B. für das BADC unmöglich, KKG zu erlassen, die die Bewertung von Vermögensgegenständen wie marktgängige Wertpapiere oder andere Finanzinstrumente nach der Marktbewertungsmethode mit Realisation von schwebenden Gewinnen erfordern, selbst wenn dies dem Ziel der Versorgung mit nützlichen Informationen für Investitionsentscheidungen dienen würde, denn solch eine Regelung stünde im Gegensatz zu der grundsätzlichen Bewertungsvorschrift nach historischen Kosten nach jHGB.[73]

Exkurs: Aktuelle Diskussion um das Triangular Legal System

Das derzeit gültige System von gesetzlichen Regelungen für die Rechnungslegung ist in Japan daher nicht ganz kritiklos. Es wird als Hindernis empfunden, um z. B. das Mark-to-Market-Accounting für Finanzinstrumente in Japan einzuführen. Arai schlägt vor, daß das jBG aus diesem Triangular Legal System herausgelöst werden sollte oder daß die Rechnungslegungsregeln gemäß jHGB stark überarbeitet werden müßten, damit sie den Anforderungen des BADC genügen. Er weist allerdings auch darauf hin, daß die Durchführung dieser Vorschläge ebenfalls auf Widerstände stoßen würde: „However, either approach is very difficult because it requires changes in a legal system and way of thinking which has been in place for a long time.“ [74]

Da das japanische Rechnungslegungssystem quasi aus zwei Wurzeln entstanden ist, dem deutschen und dem US-amerikanischen Rechnungslegungsverständnis, und Japan die Einführung des MTM für Finanzprodukte angeht, erscheint bei Kenntnis der Dualität des Rechnungslegungssystems in Japan insbesondere in Deutschland beobachtenswert, welche Probleme Japan bei der Einführung der Marktwertrechnungslegung für Finanzprodukte im Rahmen seines Rechnungslegungssystems sieht und vor allem welche Lösungswege verfolgt werden.

Manche deutsche Autoren sehen aber gerade in dieser Dualität der handels- und börsenrechtlichen Rechnungslegung einen Vorteil. So wird vorgeschlagen, auch in Deutschland eine Trennung von allgemein geltenden und für börsennotierte Gesellschaften geltenden Vorschriften (zusätzliche Angaben und Erläuterungen) einzuführen.[75]

Ende des Exkurses

---

73 Vgl. Arai, Kiyomitsu: Accounting in Japan, IRBA (Institute for Research in Business Administration, Waseda University) Series No. 25, Tokio (Japan), 1994, S. 5 und 20

74 Arai, Kiyomitsu: Accounting in Japan, IRBA (Institute for Research in Business Administration, Waseda University) Series No. 25, Tokio (Japan), 1994, S. 29

75 Vgl. Weber, Claus-Peter: Was kann Deutschland von Japan hinsichtlich der Rechnungslegung lernen?, Vortragsmanuskript zu einem Redebeitrag für den deutsch-japanischen Workshop „Rechnungslegung und Analyse japanischer Unternehmen“ am Japanisch-Deutschen Zentrum Berlin am 10./11.10.1996, S. 9

Im Hinblick auf die Rechnungslegung bei Banken haben zusätzlich folgende Gesetze bzw. Regelungen Einfluß:
- Das Bankgesetz
- Verordnung des MOF bezüglich des Bankgesetzes
- Bank-Rechnungslegungsgrundsätze des BADC

Ähnlich wie in den USA ist in Japan das Trennbankensystem installiert; es lassen sich in der Literatur jedoch keine Hinweise finden, daß die Spezialvorschriften differenzieren zwischen Banken und Wertpapierhäusern.

Die Reihenfolge der Beachtung der Rechnungslegungsvorschriften für Banken ist genau vorgegeben. Zunächst müssen die speziellen Vorschriften des Bankgesetzes bzw. einschlägiger Verordnungen und die Bank-Rechnungslegungsgrundsätze beachtet werden. Wenn zu verschiedenen Fragen der Rechnungslegung keine Ausführungen gemacht sind, sind im nächsten Schritt das jHGB, das jBG und die allgemeinen Rechnungslegungsgrundsätze heranzuziehen. In Artikel 1- (1) der Bankrechnungslegungsgrundsätze ist festgehalten, daß die Bank-Jahresabschlüsse in Übereinstimmung mit den Vorschriften des jHGB erstellt werden müssen, so daß die speziellen Bank-Rechnungslegungsvorschriften das jHGB nicht ersetzen können, sondern lediglich genauere Vorschriften liefern.[76]

Die Bestandteile eines Bank-Jahresabschlusses unterscheiden sich nicht von den Bestandteilen des Jahresabschlusses von anderen Unternehmen, da sich auch Banken in diesem Punkt nach dem jHGB richten müssen, d. h. die speziellen Rechnungslegungsvorschriften für Banken sehen keine abweichenden oder zusätzlichen Dokumente im Vergleich zum jHGB vor.[77] Die Bestandteile[78] gem. Art. 281 (1) jHGB sind:
- Bilanz
- Gewinn- und Verlustrechnung
- Geschäftsreport
- Gewinnverwendungs- bzw. Verlustzuweisungsvorschlag
- Anhang zur Bilanz und zur GuV

Die Abrechnungsperiode wird von den nicht dem jBG unterliegenden Unternehmen und Banken meist gemäß dem japanischen Steuerjahr gewählt, das am 31. März endet.[79] Den Unternehmen, auf die das jBG anwendbar ist, ist das Rechnungsjahr mit Artikel 52 jBG vorgeschrieben: „The business year of securities companies shall run for one year from April 1 of each year to March 31 of the next following year.“ [80]

---

[76] Vgl. Inohana, Takao: Japan, in: Ernst; Whinney (Hrsg.): International Bank Accounting, London (UK), 2nd Edition 1987, S. 351

[77] Vgl. Inohana, Takao: Japan, in: Ernst; Whinney (Hrsg.): International Bank Accounting, London (UK), 2nd Edition 1987, S. 351

[78] Vgl. Nakane, Fukio et al.: The Commercial Code & The Audit Special Exceptions Law of Japan - Japanese Law in English Version - EHS Law Bulletin Series, Tokio, 1995, Article 281, S. II (JA101)

[79] Vgl. Küting, Karlheinz; Weber Claus-Peter: Internationale Bilanzierung - Rechnungslegung in den USA, Japan und Europa, Berlin, 1994, S. 233

[80] Mori, Toru (Translator), Akiya, Masayoshi (Publisher): Securities and Exchange Law - Law No. 25 of 1948 (As amended to 1992); Law on Foreign Securities Firms (Law No. 5 of 1971 (As amended to 1992), Capital Markets Research Institute, Tokio (Japan), 1993, Article 52, S. 106

Die börsennotierten Unternehmen bzw. Banken müssen diesen Jahresabschluß um etliche weitere Unterlagen ergänzen, damit sie die Offenlegungsanforderungen des jBG erfüllen. Es handelt sich um Verzeichnisse, Tabellen und Informationen, die z. B. die Veränderungen der wichtigsten Bilanz- und GuV-Positionen (Anfangsbestand, Zugänge, Abgänge, Endbestand) aufzeigen. Ein weiterer Unterschied zum handelsrechtlichen Jahresabschluß ist, daß an die Stelle des Gewinnverwendungs- bzw. Verlustzuweisungsvorschlags eine Ergebnisverwendungsrechnung tritt, da über die Verwendung des Gewinns bzw. die Zuweisung des Verlusts bereits in der Hauptversammlung entschieden wurde.[81]

2.3. Standards als regelgebender Rahmen in den USA

Die Erarbeitung von Rechnungslegungsvorschriften in den USA bettet sich in die angloamerikanische Rechtstradition ein, in der das 'common law' lediglich einen Rahmen vorgibt, innerhalb dessen sich das Einzelfallrecht (case law) entwickelt.[82] Das 'case law' wird geprägt durch richterliche Einzelfallentscheidungen.[83] Legislativ erlassene Gesetze spielen in den USA eine eher untergeordnete Rolle. Dies gilt auch für Rechnungslegungsstandards, die pragmatisch (induktiv) entwickelt werden, wobei man als Vorteil die Flexibilität und die Situationsbezogenheit der jeweils gültigen Standards sieht.[84]

Das System von Rechnungslegungsvorschriften war in den USA bis Anfang der 30er Jahre wenig entwickelt. Der Börsencrash von 1929 und die damit einhergehende Wirtschaftskrise zeigten auch die Notwendigkeit für Verbesserungen in der Rechnungslegung und der Publizität.[85] So wurde die Börsenaufsicht 'Securities and Exchange Commission' (kurz SEC) 1934 als Folge des Börsencrashs gegründet, der unter anderem durch unzureichende und manipulierte Berichterstattung der Wertpapieremittenten verursacht worden war. Hauptaufgabe der SEC war es von Beginn ihrer Tätigkeit an, dafür Sorge zu tragen, daß betrügerische Manipulationen im Zusammenhang mit dem Wertpapierhandel ausgeschlossen und Investoren im Hinblick auf ihre Anlageentscheidungen möglichst umfassend und zutreffend informiert werden.[86] Bereits in den 40er Jahren hat die SEC die Entwicklung von Rechnungslegungsnormen, insbesondere die materieller Art, auf den Berufsstand der Wirtschaftsprüfer übertragen. Dessen Dachorganisation, das 'American Institute of Certified Public Accountants' (kurz AICPA), hat eigene Ausschüsse mit dieser Aufgabe betraut, so insbesondere das 1973 gegründete FASB. Die vom FASB erarbeiteten Veröffentlichungen besitzen den sogenannten 'substantial authoritative support', wonach die SEC ausdrücklich die darin getroffenen Regelungen als GAAP anerkennt, so

---

[81] Vgl. Brüggen, Andreas: Japanische Rechnungslegung, in: Gräfer, Horst; Demming, Claudia (Hrsg.): Internationale Rechnungslegung, Stuttgart, 1994, S. 522

[82] Vgl. Fröschle, Gerhart; Kroner, Matthias; Mandler, Udo: Internationale Rechnungslegung : US-GAAP, HGB und IAS, Bonn, 1994, S. 4

[83] Vgl. Glaum, Martin; Mandler, Udo: Rechnungslegung auf globalen Kapitalmärkten, Wiesbaden, 1996, S. 104; Küting, Karlheinz; Weber, Claus-Peter: Internationale Bilanzierung - Rechnungslegung in den USA, Japan und Europa, Berlin, 1994, S. 64

[84] Vgl. Glaum, Martin; Mandler, Udo: Rechnungslegung auf globalen Kapitalmärkten, Wiesbaden, 1996, S. 104

[85] Vgl. Solomon, Lanny et al.: Accounting - The Foundation for Business Success, Cincinnati (Ohio, USA), 5. Aufl. 1996, S. 513

[86] Vgl. Glaum, Martin; Mandler, Udo: Rechnungslegung auf globalen Kapitalmärkten, Wiesbaden, 1996, S. 101 f.

daß ein Verstoß auch dementsprechend von ihr sanktioniert wird.[87] Die US-amerikanischen Rechnungslegungsvorschriften gründen sich daher allein auf Gesetze zum Schutz des Wertpapierhandels durch ausreichende und verläßliche Informationen der Anleger am Kapitalmarkt. Die von der SEC bzw. dem FASB geprägten Rechnungslegungsvorschriften gelten folgerichtig nur für etwa 14 000 börsennotierte Gesellschaften. Die Rechnungslegung der anderen richtet sich nach Gesellschafts- oder Kreditverträgen, ohne daß sich der Staat in die Details einmischt.[88]

Der ständig andauernde Prozeß des 'standard setting' ist durch einen starken Praxisbezug gekennzeichnet.

Der übliche Weg der Entstehung von GAAP ist ein vom FASB aktiv gesteuerter formalisierter Prozeß, durch den sog. 'Statements of Financial Accounting Standards' (SFAS) und ähnliche Verlautbarungen geschaffen werden. Auf diese SFAS kann die interessierte Öffentlichkeit durch Anhörungen und sonstigen Meinungsäußerungen einen wesentlichen Einfluß ausüben.[89] So werden neue, sogenannte 'proposed statements' veröffentlicht mit einer 'comment deadline', bis zu der jeder Interessierte schriftliche Kommentare zu dem proposed standard abgeben kann. Diese Kommentare wiederum sind öffentlich, können also von jedermann eingesehen werden. Im Anschluß an die comment deadline werden normalerweise sogenannte 'hearings' veranstaltet, bei denen ebenfalls interessierte Personen bzw. Institutionen öffentlich während vorgegebener Redezeiten Stellung nehmen können. Erst nachdem die statements diesen öffentlichen Diskussionsprozeß durchlaufen haben, während dessen durchaus tiefgreifende Änderungen möglich sind, werden sie als vollgültige SFAS durch das FASB verabschiedet.

Die Unabhängigkeit des FASB von den Ansprüchen und Interessen der Bilanzierenden wird gerade dadurch gefördert, daß dieser Prozeß des standard setting öffentlich erfolgt, aber auch dadurch, daß das FASB die fachlichen Auffassungen des American Institute of Certified Public Accountants (AICPA) zu beachten hat und schließlich auch dadurch, daß es unter der Rechtsaufsicht der SEC steht. „Wenngleich der privatwirtschaftlich organisierte FASB die normensetzende Instanz der US-Rechnungslegung ist, ist zu beachten, daß ihr diese Kompetenz durch Delegation von der SEC verliehen ist und im Prinzip jederzeit entzogen werden kann.“ [90]

Ziel dieses gesamten standard setting process ist, daß die standards möglichst nutzerorientiert und zeitnah auf aktuelle Probleme bei der Rechnungslegung eingestellt sind. Diese dynamische, marktbezogene Ausrichtung der GAAP wird aufrechterhalten durch die ständige Überprüfung der Normen auf ihre Adäquatheit, beurteilt anhand der Interessen

---

[87] Vgl. Küting, Karlheinz; Weber, Claus-Peter: Internationale Bilanzierung - Rechnungslegung in den USA, Japan und Europa, Berlin, 1994, S. 64 f.

[88] Vgl. Schildbach, Thomas: Rechnungslegungsideale, Bilanzkulturen, Harmonisierung und internationaler Wettbewerb, Betriebs-Berater, 51-52/1995, S. 2638

[89] Vgl. Haller, Axel: Wesentliche Ziele und Merkmale US-amerikanischer Rechnungslegung, in: Ballwieser, Wolfgang (Hrsg.): US-amerikanische Rechnungslegung - Grundlagen und Vergleiche mit dem deutschen Recht, Stuttgart, 2. Aufl. 1996, S. 21

[90] Glaum, Martin; Mandler, Udo: Rechnungslegung auf globalen Kapitalmärkten, Wiesbaden, 1996, S. 103

und Bedürfnisse der Adressaten der US-amerikanischen Rechnungslegung, also den Kapitalmarktanlegern.[91]

Zum besseren technischen Verständnis der Quellen für GAAP wird hier ein Überblick über die verschiedenen Arten von Standards bzw. sonstigen Veröffentlichungen gegeben. Das AICPA hat in seinem 'Statement of Auditing Standards' (SAS) Nr. 69 die Hierarchie der Rechtsquellen für die Rechnungslegung festgelegt.[92] Anhand dieser Hierarchie werden die Quellen für Rechnungslegungsvorschriften in den USA aufgezeigt:[93]

1) Kategorie A: Offiziell verabschiedete Rechnungslegungsstandards
   hierzu gehören:
   - FASB Statements and Interpretations
   - Accounting Principles Board (APB) Opinions[94]
   - AICPA Accounting Research Bulletins
2) Kategorie B: Anwendungs- und Prüfungsrichtlinien
   hierzu gehören:
   - FASB Technical Bulletins
   - AICPA Industry Audit and Accounting Guides, falls sie mit dem FASB abgeklärt sind
   - AICPA Statements of Position (SOP), falls sie mit dem FASB abgeklärt sind
3) Kategorie C: Praktische Hinweise
   hierzu gehören:
   - AICPA Accounting Standards Executive Committee (AcSEC) Practice Bulletins, falls sie mit dem FASB abgeklärt sind
   - Consensus positions des FASB Emerging Issues Task Force (EITF)
4) Kategorie D: Interpretationen und Usancen
   hierzu gehören:
   - AICPA accounting interpretations
   - Implementation guides ('Qs and As')[95], herausgegeben vom FASB
   - Rechnungslegungspraktiken, die vorherrschend sind und in weiter Verbreitung Anwendung finden
   - Nicht abgeklärte Veröffentlichungen aus den Kategorien B und C
5) Sonstiges
   Im Falle des Fehlens jeglicher Quelle im Rahmen der oben genannten Interpretationen und Umsetzungsrichtlinien können auch weitere Literaturstellen herangezogen werden.
   hierzu gehören: APB Statements, AICPA Issues Papers, AcSEC Practice Bulletins, FASB Statements of Financial Accounting Concepts, International Accounting Standards Committee Statements of International Accounting Standards, Governmental Accounting Standards Board Statements, Interpretations and Technical Bulletins, Technical Infor-

[91] Vgl. Haller, Axel: Wesentliche Ziele und Merkmale US-amerikanischer Rechnungslegung, in: Ballwieser, Wolfgang (Hrsg.): US-amerikanische Rechnungslegung - Grundlagen und Vergleiche mit dem deutschen Recht, Stuttgart, 2. Aufl. 1996, S. 22

[92] Vgl. Jensen, Daniel et al.: Advanced Accounting, New York (USA), 3rd Edition 1994, S. 554

[93] Vgl. zu den Kategorien Delaney, Patrick et al.: GAAP 1996 - Interpretation and Application of Generally Accepted Accounting Principles, New York (USA), 10. Aufl. 1996, S. 5 f.; Jensen, Daniel et al.: Advanced Accounting, 3rd Edition, New York (USA), 1994, S. 556

[94] Das APB war der Vorgänger des FASB. Es wurde 1959 gegründet und 1973 aufgelöst, da es seiner Aufgabe nicht mehr gerecht wurde. Heute haben jedoch Veröffentlichungen des APB noch Gültigkeit. Vgl. Demming, Claudia: US-amerikanische Rechnungslegung, in: Gräfer, Horst; Demming, Claudia (Hrsg.): Internationale Rechnungslegung, Stuttgart, 1994, S. 237

[95] steht als Abkürzung für „Questions and Answers"

mation Service Inquiries and Replies included in AICPA Technical Practice Aids, Veröffentlichungen von anderen 'professional associations' oder 'regulatory agencies', Handbücher zur Rechnungslegung und Zeitschriftenartikel

Für Banken gibt es in den USA keinen eigenständigen Regelungskreis mit speziellen Rechnungslegungsvorschriften. Trotzdem wurden einige Regelungen speziell für Banken erlassen (die allerdings bei der Betrachtung der Rechnungslegung von Finanzprodukten keine Rolle spielen). Andere Regelungen werden vornehmlich von Banken angewandt, da sie sich auf eben die Finanzprodukte beziehen, die vor allem Banken bzw. Wertpapierhäuser in ihrer Produktpalette haben.

Folgende Regelungen beziehen sich auf die in dieser Arbeit untersuchten derivativen Finanzprodukte bzw. schließen sie ein: SFAS 52 (Foreign Currency Translation), SFAS 80 (Accounting for Futures Contracts), SFAS 105 (Disclosure of Information about Financial Instruments with Off-Balance-Sheet Risk and Financial Instruments with Concentrations of Credit Risk), SFAS 107 (Disclosures about Fair Value of Financial Instruments), SFAS 115 (Accounting for Certain Investments in Debt and Equity Securities) (hier werden jedoch Broker und Wertpapierhändler explizit ausgeschlossen), SFAS 119 (Disclosure about Derivative Financial Instruments and Fair Value of Financial Instruments). Neben den SFAS gibt es etliche Consensus positions des FASB-EITF.

Die EITF hat einen besonderen Einfluß auf die Rechnungslegung von Finanzinstrumenten. Sie wurde 1984 geschaffen, um Rechnungslegungsprobleme schneller anzugehen und sehr aktuelle Handhabungshinweise zu geben. Die EITF richtet sich an alle Adressaten, die auch das FASB anspricht. In besonderer Weise wurde sie jedoch ein Gremium, das für die Bankenrechnungslegung viele Anregungen gegeben hat, denn mehr als die Hälfte all ihrer Veröffentlichungen seit ihrer Gründung beschäftigen sich mit Finanzinstitutionen, Finanzinstrumenten und off-balance-Geschäften.[96]

Die üblichen Jahresabschlußbestandteile bei Banken unterscheiden sich in ihrer Zusammensetzung nicht von denen anderer Unternehmen. Zu einem Jahresabschluß in den USA gehören[97]

- Income Statement (Gewinn- und Verlustrechnung)
- Cash-Flow Statement (Kapitalflußrechnung)
- Balance Sheet (Bilanz)
- Notes to Financial Statements (Anhang)
- Statement of Owners` Equitiy (Entwicklung des Eigenkapitals);

[96] Vgl. Schroeder, Harold; Swegle, Robert: United States, in: Ernst; Whinney (Hrsg.): International Bank Accounting, London (UK), 2nd Edition 1987, S. 56

[97] Vgl. Haller, Axel: Wesentliche Ziele und Merkmale US-amerikanischer Rechnungslegung, in: Ballwieser, Wolfgang (Hrsg.): US-amerikanische Rechnungslegung - Grundlagen und Vergleiche mit dem deutschen Recht, Stuttgart, 2. Aufl. 1995, S.18 f.; Glaum, Martin; Mandler, Udo: Rechnungslegung auf globalen Kapitalmärkten, Wiesbaden, 1996, S. 106

dazu können kommen[98]:

- Supplementary Information (Zusatzinformationen)
- Other Means of Financial Reporting (Weitere Mittel der Finanzrechnung)
- Other Information (Sonstige Informationen)

3. Die Generalnormen der Rechnungslegung

3.1. Die Generalnorm des § 264 HGB in Deutschland

Eine grundsätzliche Generalnorm, an der sich auch die nicht-kodifizierten GOB ausrichten, ist vom Gesetzgeber in § 264 Abs. 2 HGB ausformuliert. Danach hat der Jahresabschluß einer Kapitalgesellschaft unter Beachtung der Grundsätze ordnungsmäßiger Buchführung ein den tatsächlichen Verhältnissen entsprechendes Bild der Vermögens-, Finanz- und Ertragslage zu vermitteln. Über die Verankerung der Sondervorschriften für Kreditinstitute mittels des § 340 a Abs. 1 HGB in den Vorschriften für Kapitalgesellschaften gilt somit der § 264 HGB uneingeschränkt auch für Banken.

Mit dieser Generalnorm, über deren Stellenwert in der deutschen Literatur heftig diskutiert wird, verbindet - nach der Formulierung von Beine - die Anwender des deutschen Bilanzrechts „eine Art Haßliebe“ [99]. Sie wird - da sie über die Harmonisierungsbestrebungen in der europäischen Gemeinschaft als Übersetzung des ‘true and fair view’-Erfordernisses Eingang in das deutsche Bilanzrecht gefunden hat - als angelsächsischer Fremdkörper empfunden.[100] Prahl/Naumann[101] gehen dabei soweit, diese Generalnorm nicht als Grundsatz ordnungsmäßiger Buchführung anzuerkennen und sie daher von der Heranziehung zur Auslegung von Vorschriften des allgemeinen Bilanzrechts grundsätzlich auszuschließen. Wenn auch die h. M. soweit nicht geht, so herrscht Einigkeit darüber, daß diese Generalnorm im deutschen Bilanzrecht nicht über den Einzelvorschriften steht.[102] Insofern haben die einzelnen GOB nach der momentanen Rechtsauffassung in Deutschland ein weitaus größeres Gewicht auch bei der Beantwortung von offenen Fragen der Rechnungslegung von Derivaten als die Generalnorm. Insofern kommt der in Abschnitt 4.1. dieses Kapitels dargelegten GOB eine besondere Bedeutung zu. Allerdings stellt sich die Frage, inwieweit es den Zielen der Rechnungslegung entsprechen kann, sich von einer der in § 264 HGB entsprechenden Darstellung der Geschäfte mit derivativen Finanzinstrumenten zu weit zu entfernen, da gerade die strikte Einhaltung von einzelnen GOB bei Derivatgeschäften z. T. zu wirtschaftlich vollkommen unsinnigen Ergebnisdarstellungen führen würde. Unter diesem Aspekt wird als Hilfsmittel zur Weiterentwicklung bzw.

[98] Vgl. FASB: Original Pronouncements 1996/97 Edition, Accounting Standards as of June 1, 1996, Volume II, New York (USA), 1996, S. 1089

[99] Beine, Frank: Scheinkonflikte mit dem True and Fair View, Die Wirtschaftsprüfung, 14/1995, S. 467

[100] Vgl. Beine, Frank: Scheinkonflikte mit dem True and Fair View, Die Wirtschaftsprüfung, 14/1995, S. 467

[101] Vgl. Prahl, Reinhard; Naumann, Thomas: Zur Bilanzierung von portfolio-orientierten Handelsaktivitäten der Kreditinstitute, Die Wirtschaftsprüfung, 23/1991, S. 731

[102] Vgl. Streim, Hannes: Die Generalnorm des § 264 Abs. 2 HGB - Eine kritische Analyse, in: Ballwieser, Wolfgang et al. (Hrsg.): Bilanzrecht und Kapitalmarkt - Festschrift zum 65. Geburtstag von Professor Dr. Dr. h.c. Dr. h.c. Adolf Moxter, Düsseldorf, 1994, S. 397

Interpretation der in diesem Fall hinderlichen GOB oftmals wieder die Generalnorm herangezogen.

Zum unterschiedlichen Verständnis über die Wertigkeit der Generalnorm des § 264 HGB in Deutschland und des 'true and fair view' im vom angelsächsischen Recht bestimmten Raum wird im Exkurs zu Abschnitt 3.3. dieses Kapitels noch speziell eingegangen, da dies eine Basis für das bessere Verständnis der unterschiedlichen Rechnungslegungsauffassungen im Ländervergleich gibt.

3.2. Die Generalnormen des jHGB und des jBG in Japan

Es gibt im Prinzip zwei Quellen für eine Generalnorm der Rechnungslegung in Japan - das jHGB und das jBG.

Die Generalnorm der Rechnungslegung des japanischen Handelsrechtes findet sich in Artikel 32 des Handelsgesetzbuches. Hier heißt es:

„Article 32. Every trader shall prepare accounting books and balance sheets for making clear the conditions of business properties and profit and loss.
2. In construing the provisions concerning preparation of the books of account, authentic accounting practices shall be taken into consideration.“ [103]

Die Generalnorm des Artikel 32, Abs. 2 jHGB beschränkt sich auf die Ausführung, daß 'authentic accounting practices' beachtet werden müssen. Eine Konkretisierung dieser Norm unterbleibt im jHGB. Es lassen sich jedoch bestimmte Bewertungsgrundsätze in den konkreten Ansatz- und Bewertungsvorschriften zu den einzelnen Bilanzpositionen im allgemeinen Teil für alle Kaufleute in den 'Grundsätzen der Vermögensbewertung' in Artikel 34 jHGB und im speziellen Teil für Aktiengesellschaften in den Artikeln 281 - 287 jHGB herausfiltern.[104] Diese Generalnorm, die in ihrer Präzisiertheit hinter der deutschen Generalnorm des § 264 Abs. 2 HGB zurückbleibt, besagt zunächst nur, daß von zuverlässigen bzw. glaubwürdigen Rechnungslegungsmethoden Gebrauch gemacht werden soll und gilt für alle Unternehmen in gleichem Maße.

Für börsennotierte Gesellschaften jedoch kann im Zusammenhang mit dem jBG eine mit der deutschen vergleichbare Generalnorm ermittelt werden. Im jBG selbst finden sich keinerlei genaue Ausführungen zu der Qualität der Jahresabschlüsse, die gemäß Artikel 53 dem MOF vorgelegt werden müssen. In Artikel 193 jBG heißt es nur, daß die Bilanz, die GuV und andere Dokumente der Rechnungslegung in Übereinstimmung mit den Formvorschriften und Methoden erstellt werden müssen, die durch einen Erlaß des MOF festgelegt werden.[105] Diese Verordnung des MOF wurde vom BADC ausgearbeitet. Aus den Grundsätzen der Rechnungslegung (siehe Abschnitt 4.2. dieses Kapitels) nach

[103] Nakane, Fukio et al.: The Commercial Code & The Audit Special Exceptions Law of Japan - Japanese Law in English Version - EHS Law Bulletin Series, Tokio (Japan), 1995, Article 32, S. II (JA6)

[104] Vgl. Brüggen, Andreas: Japanische Rechnungslegung, in: Gräfer, Horst; Demming, Claudia (Hrsg.): Internationale Rechnungslegung, Stuttgart, 1994, S. 524

[105] Vgl. Mori, Toru (Translator), Akiya, Masayoshi (Publisher): Securities and Exchange Law - Law No. 25 of 1948 (As amended to 1992); Law on Foreign Securities Firms (Law No. 5 of 1971 (As amended to 1992), Capital Markets Research Institute, Tokio (Japan), 1993, Art. 193, S. 194

BADC gem. jBG wird induktiv eine Generalnorm abgeleitet, die stark an die deutsche Generalnorm erinnert. Diese aus den Grundsätzen abgeleitete Generalnorm wird als 'relative Wahrheit'[106] bezeichnet.

Die relative Wahrheit wird induktiv abgeleitet aus:
- Der Grundsatz der angemessenen und wahrheitsgemäßen Darstellung der Vermögens-, Finanz-, und Ertragslage des Unternehmens;
- Der Grundsatz der Bilanzklarheit;
- Der Grundsatz der Bewertungsstetigkeit.[107]

Takita/Yumoto[108] stellen die Ableitung der relativen Wahrheit differenzierter dar. Zunächst wurde die relative Wahrheit gebildet aus den Grundsätzen

a) 'true and fair reporting of the financial position' und

b) 'consistency'.

Da jedoch keine Einigkeit darüber erzielt werden konnte, ob dem Prinzip der Stetigkeit eine vorrangige Rolle zugeordnet werden soll, wurde dieses ersetzt durch das Prinzip 'orderly bookkeeping', das die Befolgung der Formvorschriften der japanischen Rechnungslegung widerspiegelt.

Eine explizite Ausformulierung einer Generalnorm im Gesetz oder in den vom BADC festgelegten Prinzipien fehlt also. Diese wird lediglich in der Sekundärliteratur abgeleitet. Es scheint, daß die vom BADC einzeln ausformulierten Rechnungslegungsgrundsätze die wichtigere Rolle übernommen haben und kein gesteigerter Bedarf für ein 'overriding principle' bzw. eine Generalnorm in Japan vermutet wird. Die vom BADC formulierten Rechnungslegungsgrundsätze werden in Abschnitt 4.2. dieses Kapitels dieser Arbeit näher besprochen. Die untergeordnete Bedeutung der relativen Wahrheit ist vergleichbar mit der Wertschätzung der Generalnorm in Deutschland.

3.3. Die Generalnorm der 'Fair presentation' in den USA

Die Ausformulierung einer Generalnorm findet sich in den SFAC, die ansonsten die grundlegenden Prinzipien für die Rechnungslegung enthalten, unter dem im Schrifttum gebräuchlichen Begriff 'Fair Presentation' in dieser Ausdrucksweise so nicht wieder. Hier wird als Ausgangspunkt das Ziel der 'Decision usefulness' genannt, aus dem sich jedoch direkt die beiden wichtigsten Rechnungslegungsprinzipien ableiten: 'Relevance' und 'Reliability' (siehe zur näheren Beschreibung dieser beiden Prinzipien Abschnitt 4.3.1. dieses Kapitels).

Der Begriff 'Fair Presentation' findet sich jedoch in dem Bestätigungsvermerk der US-amerikanischen Wirtschaftsprüfer, die testieren müssen, ob die Rechnungslegung des

---

106 Vgl. Brüggen, Andreas: Japanische Rechnungslegung, in: Gräfer, Horst; Demming, Claudia (Hrsg.): Internationale Rechnungslegung, Stuttgart, 1994, S. 525; Takita, Terumi; Yumoto, Kenji: Japan - Individual Accounts, in: Ordelheide, Dieter (Hrsg.): Transacc - Transnational Accounting, Vol. 1, London (UK), 1995, S. 1836

107 Vgl. Brüggen, Andreas: Japanische Rechnungslegung, in: Gräfer, Horst; Demming, Claudia (Hrsg.): Internationale Rechnungslegung, Stuttgart, 1994, S. 525

108 Vgl. Takita, Terumi; Yumoto, Kenji: Japan - Individual Accounts, in: Ordelheide, Dieter (Hrsg.): Transacc - Transnational Accounting, Vol. 1, London (UK), 1995, S. 1836

Unternehmens eine 'faire' Darstellung der wirtschaftlichen Lage des Unternehmens ist. Das Testat darf nur dann uneingeschränkt gegeben werden, wenn die zur Verfügung gestellten Informationen die beiden primären Qualitätsansprüche bezüglich der Entscheidungsnützlichkeit erfüllen. Daher werden die beiden primären Prinzipien 'Relevance' und 'Reliability' zu dem Oberbegriff 'Fair Presentation' zusammengefaßt und definieren diesen Begriff damit. Die Forderung nach 'Fair Presentation' bedeutet also, daß durch die Rechnungslegung entscheidungsrelevante und zuverlässige Informationen über die Unternehmenssituation zur Verfügung gestellt werden müssen. Die beiden Prinzipien bilden somit die Generalnorm der US-amerikanischen Rechnungslegung.[109]

Exkurs: Stellenwert der Generalnorm in Deutschland und in den USA

Die Frage nach dem Stellenwert der Generalnorm in der US-amerikanischen und der deutschen Rechnungslegung wird in der Literatur unterschiedlich beantwortet. Baetge/ Roß vertreten die Ansicht, daß ein wesentlicher Unterschied zwischen der deutschen und der US-amerikanischen Generalnorm darin bestehe, daß bei der Aufstellung eines Jahresabschlusses nach US-GAAP im Zweifel die Forderung nach 'fair presentation' zu beachten ist, während bei der Aufstellung eines Jahresabschlusses nach deutschem Recht die gesetzlichen Einzelvorschriften die Generalnorm außer Kraft setzen können. Somit hätte die Generalnorm in Deutschland einen geringeren Stellenwert als in den USA.[110]

Beine[111] untersucht das Verhältnis der Generalnorm gem. §§ 264 Abs. 2, 297 Abs. 2, 322 Abs. 1 HGB mit der Generalnorm des 'true and fair view' des englischen Rechtssystems. Es soll an dieser Stelle erlaubt sein, seine Schlußfolgerungen darzustellen, da aufgrund der Verwandtheit der Rechtssysteme und dem rechtssystematischen Ansatz von Beine auch Schlüsse auf das Verhältnis zwischen deutscher und US-amerikanischer Generalnorm möglich sind. Ausgehend von der Diskussion in Deutschland, in deren Rahmen von mancher Seite die Notwendigkeit und die Rangstellung dieser Generalnorm in Frage gestellt werden mit dem Hinweis, daß es sich im Verhältnis zum deutschen Rechnungslegungssystem um einen angelsächsischen Fremdkörper handelt, untersucht Beine die Frage nach der methodologischen Einordnung der Generalnorm und der inhaltlichen Interpretation. Er kommt nach ausführlichen Betrachtungen zu dem Ergebnis, daß die Vorbehalte gegenüber der Anwendung des true and fair view override im Sinne der englischen Konzeption keine Frage der Methodologie sein dürften. Hinsichtlich inhaltlicher Interpretationen führt Beine aus, daß true and fair zu bilanzieren heißt, den Erwartungen der Adressaten - und zwar sowohl bezogen auf die Erwartungen, die sich im Laufe der Zeit verändern, wie auch bezogen auf nationale Kriterien - gerecht zu werden. Da Deutschland sich nach allgemeiner Auffassung am Gläubigerschutz orientiert, bedeutet dies, daß, da der true and fair view nach den Erwartungen der Adressaten zu bestimmen ist, dieser auch eine Bilanzierung verlangt, die dem Gläubigerschutz Rechnung trägt.

---

[109] Vgl. Baetge, Jörg; Roß, Heinz-Peter: Was bedeutet „fair presentation"?, in: Ballwieser, Wolfgang (Hrsg.): US-amerikanische Rechnungslegung - Grundlagen und Vergleiche mit dem deutschen Recht, Stuttgart, 2. Aufl. 1996, S. 33 f.

[110] Vgl. Baetge, Jörg; Roß, Heinz-Peter: Was bedeutet „fair presentation"?, in: Ballwieser, Wolfgang (Hrsg.): US-amerikanische Rechnungslegung - Grundlagen und Vergleiche mit dem deutschen Recht, Stuttgart, 2. Aufl. 1996, S. 34 f.

[111] Vgl. Beine, Frank: Scheinkonflikte mit dem True and Fair View, Die Wirtschaftsprüfung, 14/1995, S. 467 - 475

Beine weist jedoch darauf hin, daß die Einführung des Gesellschafterschutzzweckes nicht erst ein Resultat der Übernahme englischer Einflüsse durch Umsetzung von Art. 2 der 4. EG-Richtlinie ist, sondern bereits mit dem Aktiengesetz von 1965 die einseitige Orientierung am Gläubigerschutz aufgegeben wurde. Anhand des Beispiels der Bilanzierung von gehedgten Bilanzpositionen zeigt Beine, daß die deduktive Ermittlung bzw. teleologische Auslegung der GOB zum gleichen Ergebnis führt wie die Anwendung der Generalnorm. Die Frage, inwieweit die Generalnorm des true and fair view die Auswahl eines Bewertungsprinzips (Anschaffungskostenprinzip oder Tageswertbilanzierung) vorentscheidet, beantwortet Beine, daß es allenfalls einen konzeptionsunabhängigen true and fair view für das Anschaffungskostenprinzip und einen für die Bilanzierung zu aktuellen Werten gebe. Sein Resümee lautet: „Die Annahme, daß eine konsequente Befolgung der Generalnorm eine Abkehr vom Anschaffungswertprinzip oder eine unvorsichtige, vorzeitige Gewinnvereinnahmung verlange, erweist sich als verfehlt. Die inhaltliche Konkretisierung des true and fair view richtet sich nach den gesetzlichen Wertungszusammenhängen und den durch Bilanzierungstraditionen geprägten Erwartungen der zu schützenden Adressaten. Von daher besteht auch nach der 4. und 7. EG-Richtlinie kein Bedarf zur Abweichung vom Anschaffungskostenprinzip.“ [112]

Die Grenzen der Anwendung der Generalnorm sieht Beine dort, wo nicht deutlich wird, welche Bilanzierungsweise true and fair ist, weil sich deren Auswirkungen auf die Vermögens-, Finanz- und Ertragslage widersprechen.

Nach diesen Ausführungen scheint es ohne große Sinnverluste möglich, im deutschen Bilanzrecht auf die Generalnorm zu verzichten. Dies zeigt einmal mehr die Stellung, die der Generalnorm im Schrifttum zugeordnet wird. Wenn eine Generalnorm so dehnbar wird, daß sie letztendlich die Rechtfertigung für jedes der ansonsten so gegensätzlichen Prinzipien wie ‘Anschaffungskostenprinzip’ und ‘Marktbewertungsprinzip’ liefert, erscheint sie inhaltslos oder nur insoweit zu gebrauchen, als daß sie aussagt, daß die geltenden Gesetze zu beachten sind. Einer solchen Bekräftigung bedürfen Gesetze jedoch normalerweise nicht. Daher scheint sich der Streit um die Relevanz der Generalnorm wohl nur darauf zu gründen, daß das anglo-amerikanische Rechtssystem, das die Rechnungslegungsvorschriften nicht aus Gesetzen, sondern aus dem Richterrecht bzw. den Statements von privatrechtlichen Institutionen ableitet, diese Bekräftigung und diese Aufforderung, die Rechnungslegungsgrundsätze im wohlverstandenen, ‘fairen’ Sinne zu beachten und zu interpretieren, eher benötigt, während die deutschen, nach positivem Recht in der Tradition des römischen Rechts gesetzten Vorschriften dieser Aufforderung weniger bedürfen.

Ende des Exkurses

4. Bilanzierungs- und Bewertungsprinzipien

4.1. Ausgewählte Prinzipien in Deutschland

Wie bereits ausgeführt, hat die Generalnorm in Deutschland keinen überragenden Stellenwert, so daß einzelne GOB einen bedeutenden Einfluß auf die Rechnungslegung von

---

[112] Beine, Frank: Scheinkonflikte mit dem True and Fair View, Die Wirtschaftsprüfung, 14/1995, S. 475

Derivaten nehmen. Die für die Derivatebilanzierung bedeutsamen Ansatz- und Bewertungsvorschriften werden nachfolgend erläutert.

4.1.1. Grundsatz der Einzelbewertung

Der Grundsatz der Einzelbewertung ist in § 252 Abs. 1 Nr. 3 kodifiziert. Danach sind Vermögensgegenstände und Schulden einzeln zum Abschlußstichtag zu bewerten. Dieser GOB ist auch auf schwebende Geschäfte anzuwenden.[113] Da gerade Derivate oftmals als Sicherungsgeschäfte mit einzelnen Grundgeschäften zu einer wirtschaftlichen Einheit zusammengefügt werden, erlangt der Einzelbewertungsgrundsatz in der Rechnungslegungsproblematik von Derivaten eine besondere Bedeutung.

Operationalisiert wird der Grundsatz der Einzelbewertung durch das Einzelveräußerbarkeitsprinzip und das Prinzip der selbständigen Bewertbarkeit. Gleichzeitig impliziert er das Saldierungsverbot.[114] Bevor also die Bewertung selbst durchgeführt werden kann, ist zunächst zu klären, was konkret als Gegenstand der Einzelbewertung anzusehen ist. Hier sollen die genannten Operationalisierungen weiterhelfen. „Trotzdem ist die Einzelbewertung aber auch nicht so zu verstehen, daß ein Vermögensgegenstand oder eine Schuld in ihre jeweiligen Bestandteile zerlegt werden muß; zu bewerten ist vielmehr die ungeteilte Einheit. Somit grenzt das Einzelbewertungsprinzip den zu bewertenden Vermögensgegenstand nach beiden Seiten, sowohl gegenüber größeren Bewertungseinheiten als auch gegenüber seinen Einzelbestandteilen ab.“ [115]

Nach Feststellung des der Einzelbewertung zu unterwerfenden Gegenstandes folgen zwei getrennte, aufeinanderfolgende Schritte der Wertfindung. Mit dem ersten Schritt sind die historischen Anschaffungs- bzw. Herstellungskosten des einzeln zu bewertenden Gegenstandes zu ermitteln und mit dem zweiten Schritt ist anschließend zu prüfen, ob das Vorsichtsprinzip - konkretisiert im Niederstwert- und Imparitätsprinzip - anzuwenden ist.[116] Der Grundsatz der Einzelbewertung zielt daher darauf ab, daß die Chancen und Risiken eines jeden Bewertungsgegenstandes für sich beurteilt werden bzw. er soll verhindern, daß Wertminderungen einzelner Gegenstände nicht mit Wertsteigerungen, die bei anderen Gegenständen eingetreten sind, verrechnet werden.[117]

Bei einer engen Anlehnung an den Gesetzeswortlaut und somit einer rein formalen Betrachtung dieses GOB wird zwar dem Objektivierungsgedanken Rechnung getragen, indem wirtschaftliche und funktionale Zusammenhänge gerade bei Hedge-Geschäften zwischen Derivaten und gesicherten Positionen ignoriert werden. Die Folge davon ist jedoch aufgrund des Imparitätsprinzips eine bei Hedge-Geschäften grundsätzlich überhöhte

---

[113] Vgl. Mauritz, Peter: Konzepte der Bilanzierung und Besteuerung derivativer Finanzinstrumente, Wiesbaden, 1997, S. 27; Scharpf, Paul; Luz, Günther: Risikomanagement, Bilanzierung und Aufsicht von Finanzderivaten, Stuttgart, 1996, S. 144 jeweils mit weiteren Literaturhinweisen

[114] Vgl. Euler, Roland: Das System der Grundsätze ordnungsmäßiger Bilanzierung, Stuttgart, 1996, S. 33 f.

[115] Walter, Robert: Portfolio-Bewertung im Risikocontrolling und im Jahresabschluß, Wiesbaden, 1995, S. 107

[116] Vgl. Baetge, Jörg: Grundsätze ordnungsmäßiger Buchführung, in: Küting, Karlheinz; Weber, Claus-Peter (Hrsg.): Handbuch der Rechnungslegung , Stuttgart, 3. Auflage, 1990, S. 219, RZ 145

[117] Vgl. Scharpf, Paul; Luz, Günther: Risikomanagement, Bilanzierung und Aufsicht von Finanzderivaten, Stuttgart, 1996, S. 145

Verlustantizipation, die der Generalnorm des § 264 HGB vollkommen entgegenläuft. In der deutschen Literatur wird daher die Diskussion geführt, welcher Lösungsweg aus der konfliktären Beziehung zwischen formaler Beachtung des Gesetzeswortlautes einerseits und wirtschaftlicher Abbildung der Situation andererseits verfolgt werden sollte. Gegen die formale Auslegung des Einzelbewertungsgrundsatzes wird argumentiert, daß es selbst unter strenger Beachtung des Vorsichtsprinzips nicht Zweck eines Jahresabschlusses sein könne, Verluste zu antizipieren, die aufgrund der Hedge-Konstruktion niemals eintreten können. Daher wird versucht, das Gesetz teleologisch auszulegen[118] und im Rahmen einer wirtschaftlichen Interpretation des Einzelbewertungsgrundsatzes die korrespondierende Bewertung von Hedge-Geschäften einzuordnen bzw. zu fordern.[119]

Die Diskussion in Deutschland verfolgt somit bisher den Weg, die Bildung von Bewertungseinheiten letztlich in den Grundsatz der Einzelbewertung durch dessen entsprechende Auslegung einzubeziehen. Eine Trennung dieser Bereiche und die Formulierung eigener GOB für Hedge-Konstruktionen, die neben den GOB für Nicht-Hedge-Geschäfte stehen, wird nicht verfolgt. Diese Lösung würde bedeuten, daß der Grundsatz der Einzelbewertung explizit nur noch einen eingeschränkten Gültigkeitsbereich hat. Bisher wird an der Allgemeingültigkeit dieses GOB nicht gezweifelt, sondern vielmehr die Lösung in seiner angepaßten Interpretation gesucht.

4.1.2. Grundsatz der Vorsicht

Der Grundsatz der Vorsicht ist nach deutschem Verständnis der bedeutendste Einzelgrundsatz im Rahmen der GOB und dient als Oberbegriff verschiedener Bewertungsprinzipien. Er verfolgt in erster Linie die Erfüllung des wichtigsten deutschen Rechnungslegungsziels, des Gläubigerschutzes. Der Gesetzgeber hat diesen Grundsatz in § 252 Abs. 1 Nr. 4 HGB kodifiziert. Danach muß der Bilanzersteller vorsichtig bewerten, insbesondere muß er alle vorhersehbaren Risiken und Verluste, die bis zum Abschlußstichtag entstanden sind, berücksichtigen. Gewinne sind dagegen erst zu berücksichtigen, wenn sie am Abschlußstichtag realisiert sind. Mit dieser Vorschrift soll verhindert werden, daß durch eine zu optimistische Schätzung - naturgemäß nur in den Bereichen, bei denen ein Schätzungs- und Ermessensspielraum vorhanden ist - ein Gewinn ausgewiesen wird, dessen Ausschüttung u. U. die Haftungssubstanz des Unternehmens beeinträchtigen könnte. Insbesondere bei der Rechnungslegung von Kreditinstituten kommt diesem Grundsatz höchste Priorität zu. Begründet wird die besondere Wertschätzung dieses GOB bei Banken mit dem Hinweis, daß es die vergleichsweise hohen Risiken, die Vertrauensempfindlichkeit und die besondere volkswirtschaftliche Stellung der Kreditinstitute es erfordern, dem Gläubigerschutzgedanken eine überragende Bedeutung zuzuordnen.[120]

---

[118] Vgl. Walter, Robert: Portfolio-Bewertung im Risikocontrolling und im Jahresabschluß, Wiesbaden, 1995, S. 108 ff.

[119] Vgl. Krumnow, Jürgen et al.: Rechnungslegung der Kreditinstitute - Kommentar zum Bankbilanzrichtlinie-Gesetz und zur RechKredV, Stuttgart, 1994, Tz. 94, S. 363

[120] Vgl. Krumnow, Jürgen et al.: Rechnungslegung der Kreditinstitute - Kommentar zum Bankbilanzrichtlinie-Gesetz und zur RechKredV, Stuttgart, 1994, Tz. 73, 74, 81, S. 356 f., 359

Der Grundsatz der Vorsicht ist der Oberbegriff für weitere Rechnungslegungsprinzipien und wird gleichzeitig durch diese operationalisiert[121]:

- Das Realisationsprinzip und daraus abgeleitet das Anschaffungskostenprinzip;
- Das Imparitätsprinzip und daraus abgeleitet das Niederstwertprinzip für Aktiva und das Höchstwertprinzip für Passiva sowie das Prinzip der Berücksichtigung drohender Verluste aus schwebenden Geschäften.

4.1.2.1. Realisationsprinzip

Das Realisationsprinzip bewirkt, daß Gewinne erst dann ausgewiesen werden, wenn sie realisiert sind. Die Realisation ist dann erreicht, wenn die Wertsteigerung oder Wertschöpfung durch einen Umsatzakt am Markt konkretisiert ist. Definiert wird der Realisationsmoment mit dem Zeitpunkt, in dem das bilanzierende Unternehmen seine vertraglichen Leistungen im wesentlichen erbracht hat, der Abnehmer die Leistung angenommen hat und der Anspruch auf die Gegenleistung (d. h. z. B. Bezahlung) entstanden ist. Erst ab diesem Zeitpunkt wird von einem 'quasisicheren' Gewinn ausgegangen.[122] Daher sind die betrieblichen Vermögensgegenstände nur mit maximal den Anschaffungs- bzw. Herstellungskosten anzusetzen, um eine erfolgsneutrale Bilanzierung der Vermögensgegenstände bzw. Schulden zu erreichen.[123] Marktwertsteigerungen dürfen somit erst erfolgswirksam vereinnahmt werden, wenn sie durch den Realisationsakt dokumentiert sind. Bei Dauerschuldverhältnissen, bei denen sich die Vertragserfüllung über mehrere Rechnungsperioden erstreckt, erfolgt die Gewinnrealisation pro rata temporis, d. h. bezogen auf die am Bilanzstichtag abgelaufene Vertragsdauer.[124] Insbesondere dieses Realisationsprinzip ist ohne den o. g. Einzelbewertungsgrundsatz nicht denkbar, da die Gewinnrealisationskriterien am Umsatz bzw. Vertragsablauf auf der Ebene des einzelnen Vermögensgegenstandes anknüpfen.[125]

---

[121] Vgl. Scharpf, Paul; Luz, Günther: Risikomanagement, Bilanzierung und Aufsicht von Finanzderivaten, Stuttgart, 1996, S. 149

[122] Vgl. Walter, Robert: Portfolio-Bewertung im Risikocontrolling und im Jahresabschluß, Wiesbaden, 1995, S. 99

[123] Vgl. Krumnow, Jürgen et al.: Rechnungslegung der Kreditinstitute - Kommentar zum Bankbilanzrichtlinie-Gesetz und zur RechKredV, Stuttgart, 1994, Tz. 84, S. 360; Bertsch, Andreas; Kärcher, Ralph: Derivative Instrumente im Jahresabschluß und in der Steuerbilanz, in: Eller, Roland (Hrsg.): Handbuch Derivativer Instrumente, Stuttgart, 1996, S. 655; Scharpf, Paul; Luz, Günther: Risikomanagement, Bilanzierung und Aufsicht von Finanzderivaten, Stuttgart, 1996, S. 151 f.; Coenenberg, Adolf: Jahresabschluß und Jahresabschlußanalyse, Landsberg a. Lech, 15. Aufl. 1994, S. 30

[124] Vgl. Bertsch, Andreas; Kärcher, Ralph: Derivative Instrumente im Jahresabschluß und in der Steuerbilanz, in: Eller, Roland (Hrsg.): Handbuch Derivativer Instrumente, Stuttgart, 1996, S. 655; Krumnow, Jürgen et al.: Rechnungslegung der Kreditinstitute - Kommentar zum Bankbilanzrichtlinie-Gesetz und zur RechKredV, Stuttgart, 1994, Tz. 85, S. 360

[125] Vgl. Naumann, Thomas: Bewertungseinheiten im Gewinnermittlungsrecht der Banken, Düsseldorf, 1995, S. 45

4.1.2.2. Imparitätsprinzip und Niederstwertprinzip

Das Imparitätsprinzip ergänzt das Realisationsprinzip, da es negative Wertveränderungen auch dann berücksichtigt, wenn diese vor der Realisation auftreten.[126] Verluste sind somit zu antizipieren, soweit sie vorhersehbar sind und der abgelaufenen oder früheren Geschäftsperioden zuzurechnen sind.[127] Diese ungleiche ('imparitätische') Behandlung zukünftiger negativer und positiver Erfolgsbeiträge darf nicht darüber hinwegtäuschen, daß sich dieses Prinzip nur auf Geschäfte beziehen kann, die bereits bis zum Bilanzstichtag eingeleitet worden sind, da nur aus solchen Geschäften Verluste bzw. Risiken am Bilanzstichtag bereits entstanden sein können.[128] Letztlich wird somit die Vorwegnahme eines in späteren Rechenperioden eintretenden negativen Erfolgsbeitrages vorgegeben, der auf Dispositionen oder latenten Ereignissen der abzuschließenden oder früheren Perioden beruht.[129] „Indem die Folgeperiode (1) Bestände von der Vorperiode übernimmt und (2) abgeschlossene Beschaffungs- und Lieferverträge erfüllen muß, übernimmt sie auch damit u. U. verbundene, nicht mehr zu korrigierende Fehldispositionen in Gestalt ungünstiger Beschaffungs- oder Absatzpreise. Von den Auswirkungen solcher erfolgsmindernder Dispositionen soll die Folgeperiode zu Lasten der Vorperiode befreit werden." [130] Das Imparitätsprinzip verhindert, daß Gewinne ausgewiesen und eventuell ausgeschüttet werden, die eigentlich zum Ausgleich negativer Erfolgsbeiträge in kommenden Perioden wieder benötigt werden. Somit wird dem Gedanken der Kapitalerhaltung bzw. des Gläubigerschutzes Rechnung getragen.[131]

Bei der Bilanzerstellung kommt das Imparitätsprinzip auf zwei verschiedene Arten zum Tragen. Zum einen verlangt es eine erfolgswirksame Herabsetzung des Buchwertes bei Aktiva, wenn der tatsächliche Marktwert niedriger ist als der Buchwert (Niederstwertprinzip).[132] Das Niederstwertprinzip tritt in zwei Formen auf. Für Bilanzpositionen des Umlaufvermögens gilt das strenge Niederstwertprinzip. Danach ist der Bilanzierende verpflichtet, zu jedem Bilanzstichtag diese Positionen auf den niedrigeren Marktpreis bzw. den niedrigeren beizulegenden Wert abzuwerten. Für die Positionen des Anlagevermögens gilt das sog. gemilderte Niederstwertprinzip, nach dem auf eine Abwertung verzichtet werden kann, wenn es sich voraussichtlich nur um eine vorübergehende Wertminderung handelt. Sollte die Wertminderung dagegen nachhaltig sein, so muß auch im Anlagevermögen eine Abwertung erfolgen.[133] Für die Passivseite gilt das Prinzip der Höchstwertzuschreibung.[134] Liegt der Bilanzstichtagswert einer Verbindlichkeit über den

[126] Vgl. Walter, Robert: Portfolio-Bewertung im Risikocontrolling und im Jahresabschluß, Wiesbaden, 1995, S. 101

[127] Vgl. Krumnow, Jürgen et al.: Rechnungslegung der Kreditinstitute - Kommentar zum Bankbilanzrichtlinie-Gesetz und zur RechKredV, Stuttgart, 1994, Tz. 82, S. 359

[128] Vgl. Beckmann, Reinhard: Zur Bilanzierung von Kurssicherungsgeschäften durch Termingeschäfte, RIW, 5/1993, S. 388

[129] Vgl. Walter, Robert: Portfolio-Bewertung im Risikocontrolling und im Jahresabschluß, Wiesbaden, 1995, S. 101

[130] Leffson, Ulrich: Die Grundsätze ordnungsmäßiger Buchführung, Düsseldorf, 6. Auflage 1992, S. 302

[131] Vgl. Baetge, Jörg: Bilanzen, Düsseldorf, 4. Auflage 1996, S. 196; Scharpf, Paul; Luz, Günther: Risikomanagement, Bilanzierung und Aufsicht von Finanzderivaten, Stuttgart, 1996, S. 161

[132] Vgl. Coenenberg, Adolf: Jahresabschluß und Jahresabschlußanalyse, Landsberg a. Lech, 15. Aufl. 1994, S. 32

[133] Vgl. Scharpf, Paul; Luz, Günther: Risikomanagement, Bilanzierung und Aufsicht von Finanzderivaten, Stuttgart, 1996, S. 162

[134] Vgl. Naumann, Thomas: Bewertungseinheiten im Gewinnermittlungsrecht der Banken, Düsseldorf, 1995, S. 47

Anschaffungskosten (z. B. bei Fremdwährungsverbindlichkeiten), so muß der höhere Wert passiviert werden.[135] Zum anderen sind wahrscheinliche Verluste aus schwebenden Geschäften durch die Bildung einer 'Rückstellung für drohende Verluste aus schwebenden Geschäften' erfolgsmindernd zu erfassen.[136] Dieser letzte Hinweis zur konkreten bilanziellen Anwendung des Imparitätsprinzips verweist auf einen weiteren Grundsatz im deutschen Rechnungslegungsverständnis - der Nichtbilanzierung von schwebenden Geschäften.

4.1.3. Grundsatz der Nichtbilanzierung von schwebenden Geschäften

Der Grundsatz der Nichtbilanzierung schwebender Geschäfte steht in engstem Zusammenhang mit der Rechnungslegung von Derivaten, da diese als schwebende Geschäfte eingestuft werden.

Eine Legaldefinition für schwebende Geschäfte gibt es allerdings nicht. In der Literatur[137] werden sie als zweiseitig verpflichtende Verträge beschrieben, die auf Leistungsaustausch gerichtet und von dem, der zu leisten hat, noch nicht erfüllt sind. Dauerschuldverhältnisse sind gleichfalls schwebende Geschäfte, wenn beide Vertragspartner verpflichtet sind, zukünftig weiterhin Leistungen zu erbringen. Ebensowenig wie es eine Legaldefinition des schwebenden Geschäfts gibt, gibt es direkte gesetzliche Bestimmungen zur bilanziellen Behandlung. Dieser GOB findet sich somit im Gegensatz zu den anderen bisher behandelten GOB nicht vom Gesetzgeber kodifiziert.

Er wird nur indirekt aus dem HGB unter Heranziehung des Grundsatzes der Vorsicht aus dem Zusammenspiel von Realisations- und Imparitätsprinzip abgeleitet. Der GOB bezieht sich ausschließlich auf den Nichtausweis der aus den schwebenden Geschäften erwachsenden gegenseitigen Ansprüche und Verpflichtungen, soweit nicht das Prinzip der Bildung einer Rückstellung für drohende Verluste greift. Mit diesen Geschäften in Verbindung stehende Zahlungen (z. B. Marginzahlungen bei Futures oder Optionsprämienzahlungen) werden beim Zahlenden und beim Zahlungsempfänger dagegen erfolgsneutral in der Bilanz erfaßt.

4.2. Prinzipien in Japan

4.2.1. Die sieben Schlüsselprinzipien des BADC im Überblick

Die Rechnungslegungsprinzipien knüpfen in Japan an die grundlegenden Ziele der Rechnungslegung an (vgl. Abschnitt 1.2. dieses Kapitels). Damit die drei grundlegenden Ziele (Messung des Erfolgsgrades der Managementleistung, Ermittlung des ausschüttungsfähigen Gewinns unter der Prämisse des Gläubigerschutzes, Informationsvermittlung als Ent-

---

[135] Vgl. Wöhe, Günter: Bilanzierung und Bilanzpolitik, München, 8. Auflage 1992, S. 359

[136] Vgl. Coenenberg, Adolf: Jahresabschluß und Jahresabschlußanalyse, Landsberg a. Lech, 15. Aufl. 1994, S. 32

[137] Vgl. Scharpf, Paul; Luz, Günther: Risikomanagement, Bilanzierung und Aufsicht von Finanzderivaten, Stuttgart, 1996, S. 165 f.; Bertsch, Andreas; Kärcher, Ralph: Derivative Instrumente im Jahresabschluß und in der Steuerbilanz, in: Eller, Roland (Hrsg.): Handbuch Derivativer Instrumente, Stuttgart, 1996, S. 656 f.

scheidungsbasis für Investoren) erreicht werden können, sind die Jahresabschlußersteller gehalten, sich an die 'Financial Accounting Standards for Business Enterprises' (Grundsätze ordnungsmäßiger Rechnungslegung bzw. Kigyo Kaikei Gensoku = KKG) zu halten, die von dem Business Accounting Deliberation Council (BADC) herausgegeben werden.[138]

Die KKG sind vom BADC als Grundregeln formuliert worden und beinhalten die Prinzipien der Bilanzwahrheit, der Bilanzklarheit, das Stetigkeitsprinzip, das Vorsichtsprinzip und das Prinzip der Einheitlichkeit bei der Aufstellung der Jahresabschlüsse für unterschiedlich vorgeschriebene Zwecke.[139]

In einigen englischen Literaturstellen[140] ist der gesamte Umfang dieser sogenannten 'Schlüsselprinzipien' wiedergegeben. Es handelt sich um sieben Grundaussagen zur Rechnungslegung:

1. Die Rechnungslegung sollte einen wahren und fairen Einblick in die wirtschaftliche Lage und den Geschäftserfolg der Unternehmung geben.
2. Die Rechnungslegung sollte auf genauen und formgerechten Buchführungsunterlagen basieren, die alle Transaktionen erfassen in Übereinstimmung mit den Grundsätzen der ordnungsgemäßen Buchführung.
3. Kapitalrücklagen und Gewinnrücklagen sollten getrennt aufrechterhalten und ausgewiesen werden.
4. Die Rechnungslegung sollte mit dem Mittel des Jahresabschlusses in klarer Weise die essentiellen Fakten gegenüber interessierten Adressaten in einer Weise darstellen, die die Adressaten bei ihrer Interpretation der wirtschaftlichen Situation der Unternehmung nicht in die Irre führt.
5. Die Rechnungslegungsprinzipien und -methoden sollten zwischen den Rechnungslegungsperioden stetig angewandt und nur dann gewechselt werden, wenn ausreichende Gründe vorliegen.
6. Die Rechnungslegung sollte in vernünftiger Weise vorsichtige Rechnungslegungsmethoden anwenden, um gegen mögliche ungünstige Einflüsse auf die wirtschaftliche Situation der Unternehmung vorzusorgen.
7. Wenn mehrere verschiedene Formen von Jahresabschlüssen erforderlich sind für Zwecke wie die Aktionärs-Jahreshauptversammlung, Bonitätsanalysen, Steuerrechnungslegung etc. sollte der Inhalt der Jahresabschlüsse aus einer einheitlichen und verläßlichen Buchführung erstellt werden und die Darstellung der Fakten sollte für jeden Zweck dieselbe sein und nicht für den jeweiligen Zweck oder die unterschiedlichen Adressaten (z. B. Aktionäre, Kreditgeber, Steuerbehörden) abgewandelt werden aufgrund von unternehmenspolitischen Überlegungen.

---

[138] Vgl. Takita, Terumi; Yumoto, Kenji: Japan - Individual Accounts, in: Ordelheide, Dieter (Hrsg.): Transacc - Transnational Accounting, Vol. 1, London (UK), 1995, S. 1835 f.

[139] Vgl. Küting, Karlheinz; Weber Claus-Peter: Internationale Bilanzierung - Rechnungslegung in den USA, Japan und Europa, Berlin, 1994, S. 213

[140] Vgl. Bloom, Robert; Long, Susan; Collins, Marilynn: Japanese and American Accounting - Explaining the Differences, Advances in International Accounting, Vol. 6, 1994, S. 271 f.; Takita, Terumi; Yumoto, Kenji: Japan - Individual Accounts, in: Ordelheide, Dieter (Hrsg.): Transacc - Transnational Accounting, Vol. 1, London (UK), 1995, S. 1836; Cooke, Terence; Kikuya, M.: Financial Reporting in Japan - Regulation, Practice and Environment, Oxford (UK), 1992, S. 100

So müssen die Jahresabschlüsse nach jHGB und jBG wenigstens dasselbe zur Verteilung verfügbare Ergebnis ausweisen. Hinsichtlich aller weiteren Forderungen nach Einheitlichkeit muß beachtet werden, daß der Jahresabschluß nach jBG dem allgemeinen Investor zur Verfügung gestellt wird (qua Veröffentlichung in einem allgemein zugänglichen Veröffentlichungsblatt), während der Jahresabschluß nach jHGB in der Aktionärs-Hauptversammlung offengelegt wird.[141] Daher wird die Regel nach der einheitlichen Basis der Rechnungslegung für verschiedene Zwecke relativ gesehen.

Wie bereits in Abschnitt 3.2. dieses Kapitels erwähnt wird aus den Punkten 1 (wahrer und fairer Einblick in die Finanzlage) und 2 (Beachtung der Formvorschriften der GOB) bzw. 5 (Stetigkeit) die Generalnorm der 'relativen Wahrheit' abgeleitet. Da jedoch die Beachtung der vom BADC herausgegebenen KKG nicht obligatorisch ist, tendieren japanische Unternehmen häufig dazu, den Stetigkeitsgrundsatz wenig zu beachten.[142]

Neben den besprochenen sieben Prinzipien der Rechnungslegung des BADC gibt es eine weitere Regel, die in Japan Beachtung findet: Der Grundsatz der 'Materiality'.[143]
Dieser Grundsatz wird nicht explizit in der Liste der Rechnungslegungsprinzipien des BADC genannt, wird aber in Japan aus den beiden vom BADC festgeschriebenen Prinzipien ' Prinzip der ordnungsgemäßen Buchführung' und ' Klare Darstellung der Fakten', wobei hier insbesondere auf den Punkt 'Übersichtlichkeit' abgestellt wird, abgeleitet. Ähnlich wie in den USA wird die Regel so interpretiert, daß Auslassungen oder Vereinfachungen erlaubt sind, wenn unwesentliche Sachverhalte betroffen sind. Unwesentlich sind Sachverhalte dann, wenn das Vorhandensein des Sachverhalts normal und die in Frage stehende Geldsumme unbedeutend ist. Die Grenze, ab welcher eine vereinfachte Darstellung oder die Weglassung der Information im Jahresabschluß nicht mehr erlaubt ist, wird gezogen anhand der Frage, ob durch die Anwendung des Grundsatzes der Materiality der Nutzen und die Verläßlichkeit der Informationen des Jahresabschlusses für das Verständnis und die Entscheidungsfähigkeit des interessierten Bilanzlesers geschädigt wird. Sollte dies der Fall sein, darf der Grundsatz keine Anwendung finden.

In den Rechnungslegungsvorschriften gibt es wenig Hinweise, was die quantitative Grenze für den Grundsatz der Materiality darstellt. Eine der wenigen Vorschriften ist die Vorschrift der 1%-Regel, nach der gem. jBG jeder Bilanzposten, der 1 % der Summe des gesamten Vermögens überschreitet, eigenständig ausgewiesen werden muß.[144] Diese Regel

---

[141] Westphal führt aus, daß die auf der Grundlage des jHGB erstellten Geschäftsberichte quasi die Normalform japanischer Geschäftsberichte darstellen. Diese HGB-Geschäftsbericht, die - zumindest im Fall der großen japanischen Banken - in ihrem Erscheinungsbild den Hochglanz-Geschäftsberichten westlicher Firmen gleichen, werden, wenn ein Interessent um Informationen über das Unternehmen bittet, diesem ausgehändigt. Die auf der Grundlage des jBG erstellten 'Wertpapierberichte' verzichten dagegen ganz auf gestalterische Elemente; diese werden dem MOF vorgelegt und bei der Wertpapierbörse eingereicht. Das MOF publiziert den Bericht, nachdem er dort eingesehen und kontrolliert wurde. - Vgl. Westphal, Thomas: Rechnungslegung und Analyse japanischer Unternehmen, Vortragsmanuskript zu einem Redebeitrag für den deutsch-japanischen Workshop „Rechnungslegung und Analyse japanischer Unternehmen" am Japanisch-Deutschen Zentrum Berlin am 10./11.10.1996, S. 5

[142] Vgl. Takita, Terumi; Yumoto, Kenji: Japan - Individual Accounts, in: Ordelheide, Dieter (Hrsg.): Transacc - Transnational Accounting, Vol. 1, London (UK), 1995, S. 1839

[143] Vgl. Brüggen, Andreas: Japanische Rechnungslegung, in: Gräfer, Horst; Demming, Claudia (Hrsg.): Internationale Rechnungslegung, Stuttgart, 1994, S. 525

[144] Vgl. Cooke, Terence; Kikuya, M.: Financial Reporting in Japan – Regulation, Practice and Environment, Oxford (UK), 1992, S. 177 f.

wirft auf der anderen Seite durchaus das Problem auf, daß die Übersichtlichkeit des Abschlusses durch möglicherweise zu viele Einzelinformationen leidet.

Der Grundsatz der Materiality soll letztendlich die Balance herstellen zwischen der Anforderung, alle Informationen zu liefern, die für eine Entscheidungsfindung seitens des Investors relevant sind und der Anforderung aus dem Grundsatz der Klarheit, daß die Bilanz durch zu viele nebensächliche Fakten den Blick auf das wesentliche verstellt.

Nachfolgend werden einige der Schlüsselprinzipien näher erläutert, sofern sie für die Rechnungslegung von Derivaten relevant sind.

4.2.2. Ausgewählte Schlüsselprinzipien

4.2.2.1. Wahrer und fairer Einblick in die wirtschaftliche Lage

Die Generalnorm in Japan wird 'relative Wahrheit' genannt, da man weiß, daß eine absolute Wahrheit mittels einer Rechnungslegung nicht erreicht werden kann. Die Wahrheit ist relativ für den Bilanzleser aus verschiedenen Gründen. Vor allem stellt sich die Frage, welcher Wertansatz gewählt werden soll.[145] Auch in Japan - vergleichbar mit den USA - wurden früher die Marktpreise als Referenzwert für die Bewertung der Vermögensgegenstände des Unternehmens herangezogen. Die Rechnungslegung wurde dann als wahr und fair angesehen, wenn die Vermögensgegenstände nach Marktpreisen im Jahresabschluß ausgewiesen wurden. Diese Marktbewertung wurde als geeignetes Mittel zur Aufrechterhaltung des Gläubigerschutzes angesehen. Nach Entstehung der Wertpapiermärkte in Japan trat - auch mit Einführung des jBG - der Investorenschutz als zweites Ziel in das Feld der Rechnungslegung. Bei Investoren unterstellt man, daß sie Informationen darüber erhalten möchten, welchen geschäftsbezogenen Gewinn das Unternehmen erwirtschaftet. Der geschäftsbezogene Gewinn wird als Überschuß über das investierte Kapital im Rahmen des Geld-Ware-Mehrgeld-Prozesses ermittelt. Unter diesem Aspekt wurde das Wertansatzkonzept der historischen Kosten in die Rechnungslegung eingeführt und Jahresabschlüsse, die diesem Wertkonzept folgen, gelten als Instrument, um einen wahren und fairen Einblick in die wirtschaftliche Lage des Unternehmens zu erhalten. Dieser Wertansatz nach historischen Kosten gilt bis heute in der japanischen Rechnungslegung.

Takita/Yumoto erklären: „In the past, assets were valued by current exit value in order to protecf creditors. Even in Japan, current value accounting, based on the Commercial Code, was once permitted, but by the 1974 revision, accounting was changed to the cost basis.“ [146] Nach den Grundsätzen der Vermögensbewertung in Artikel 34 jHGB für alle Kaufleute und den Artikeln 281 - 287 jHGB für Aktiengesellschaften werden die Gegen-

[145] Ein weiterer Grund, warum mittels eines Jahresabschlusses nicht die 'absolute Wahrheit' dargestellt werden kann, besteht darin, daß bei einer Periodenabrechnung immer Einschätzungen vorgenommen werden müssen, so z. B. bei der Festsetzung der Nutzungsdauer eines Vermögensgegenstandes zur Bestimmung des Abschreibungssatzes.

[146] Takita, Terumi; Yumoto, Kenji: Japan - Individual Accounts, in: Ordelheide, Dieter (Hrsg.): Transacc - Transnational Accounting, Vol. 1, London (UK), 1995, S. 1838

stände des Anlage- und Umlaufvermögens auf der Grundlage der historischen Kosten (Anschaffungskosten) bewertet.[147]

Nach heutigem Stand entspricht somit ein Jahresabschluß in Japan dann der Regel des 'true and fair reporting of the financial position', wenn er nach dem Bewertungsprinzip der historischen Kosten ausgerichtet ist.

Aus diesem Prinzip der wahren und fairen Darstellung der Unternehmenslage wird in Japan auch der Schluß gezogen, daß es nur **einen** 'relativ wahren' Rechnungsabschluß geben kann. Wie bereits erwähnt, verfolgen das jHGB und das jBG verschiedene Zielsetzungen, dennoch soll nur eine Bilanz mit GuV beiden Anforderungen genügen. Sowohl die Normen des jHGB wie auch der KKG, die eng an das jBG angebunden sind, basieren auf diesem Konsens.[148]

4.2.2.2. Klare Darstellung der Fakten

Die Darstellung der Fakten darf nicht zu Mißdeutungen führen, d. h. sie muß unzweideutig sein. Damit dieses Prinzip erfüllt wird, müssen die üblichen Regeln wie Beachtung des Bruttoausweises, Darstellung gemäß vorgeschriebener Bilanz- bzw. GuV-Kategoriezuordnung und Übersichtlichkeit eingehalten werden.

Die Regel der Übersichtlichkeit wird auch so interpretiert, daß Punkte, die in der Bilanz oder der GuV aufgrund ihrer Wesentlichkeit offengelegt werden sollten, nicht in die Anmerkungen 'verbannt' werden dürfen, wo sie nur der sehr interessierte Leser oder Bilanzanalyst finden kann. Ebenso sollten unerhebliche Punkte in die Bilanz nicht aufgenommen werden, damit diese nicht unübersichtlich wird.

Dennoch wird in Japan unter dem Prinzip der klaren Darstellung der Fakten die Informationsoffenlegung im Rahmen des Anhangs bzw. den Anmerkungen zum Jahresabschluß mit in die KKG einbezogen.

Damit die Wirtschaftlichkeit, Liquidität und die Sicherheitsspielräume (also Risiken) des Unternehmens besser beurteilt werden können, werden in den Anmerkungen detaillierte Erklärungen zu der Bedeutung oder den Grenzen der Aussagekraft der Zahlen in der Bilanz und der GuV gegeben. So sollen in den Anmerkungen u. a. die von der Unternehmung gewählten und angewandten Rechnungslegungsmethoden beschrieben werden. Außerdem sollen die Geschäfte, die nicht im Jahresabschluß enthalten aber wesentlich für das Erfassen der wirtschaftliche Situation des Unternehmens sind, in den Anmerkungen genannt werden.[149] Dies ist für Derivate, die auch in Japan als schwebende Geschäfte erachtet werden, von besonderer Bedeutung.

---

[147] Vgl. Brüggen, Andreas: Japanische Rechnungslegung, in: Gräfer, Horst; Demming, Claudia (Hrsg.): Internationale Rechnungslegung, Stuttgart, 1994, S. 524

[148] Vgl. Takita, Terumi; Yumoto, Kenji: Japan - Individual Accounts, in: Ordelheide, Dieter (Hrsg.): Transacc - Transnational Accounting, Vol. 1, London (UK), 1995, S. 1839

[149] Vgl. Takita, Terumi; Yumoto, Kenji: Japan - Individual Accounts, in: Ordelheide, Dieter (Hrsg.): Transacc - Transnational Accounting, Vol. 1, London (UK), 1995, S. 1840 f.

Sowohl im jHGB wie auch im jBG finden sich Anweisungen zu den Jahresabschlußanmerkungen. Gemäß jHGB muß von allen Unternehmen neben vielen anderen Angaben ein Hinweis gegeben werden, wenn bei marktgängigen Wertpapieren, die nach Anschaffungskosten bewertet werden, der Marktwert signifikant unter diesen liegt. Das jBG gibt vor, daß bei Anwendung des Niederstwertprinzips - unabhängig für welche Bilanzpositionen - diese Tatsache und die jeweiligen Abschreibungssummen offengelegt werden müssen. Speziell für Wertpapiere schreiben die KKG vor, daß über die Bewertungsmethode für Wertpapiere Informationen gegeben werden müssen.[150] Für Banken fordern die KKG grundsätzlich, daß die Anmerkungen für den Bilanzleser leicht verständlich in eine klare Beziehung zu den Jahresabschlußangaben gesetzt werden müssen. Konkret für die Wertpapier-Bilanzpositionen müssen Banken, wenn der Marktwert deutlich unter den Anschaffungskosten liegt, angeben, ob diese nach Niederstwertprinzip oder nach Anschaffungskosten bewertet sind.[151]

Dem Jahresabschluß, der gemäß jBG aufzustellen ist, müssen umfangreiche Unternehmensstatistiken beigefügt werden. Der handelsrechtliche Jahresabschluß wird um weitgefaßtes Informations- und Datenmaterial ergänzt, damit eine größtmögliche Offenlegung über die Situation des Unternehmens (bei Banken insbesondere die Risikosituation) erreicht wird.

4.2.2.3. Vorsichtsprinzip

Das Vorsichtsprinzip wird als Mittel verstanden, um gegen unerwünschte Entwicklungen der Finanzlage der Unternehmung vorzusorgen. Dennoch sieht die Regelung des BADC auch vor: „[T]he fair presentation of the financial position and the results of operations of a business enterprise should not be distorted through the application of excessively conservative accounting practices.“ [152]

Da das Vorsichtsprinzip nicht explizit im jHGB (wie in § 252 Abs. 1 Nr. 4 deutsches HGB) verankert ist, welches das Prinzip des Gläubigerschutzes beachtet, sondern vom BADC, der dem jBG und damit der Informationspflicht für Investoren verpflichtet ist, aufgestellt wurde, ist offensichtlich, daß sich in Japan das Vorsichtsprinzip nicht wie in Deutschland aus dem Gläubigerschutzgedanken ableitet. Takita/Yumoto erklären, daß das Vorsichtsprinzip eher einer konservativen Mentalität denn wirklicher kaufmännischer Umsicht entstammt.[153] Japan wird als konservatives Land angesehen, das aus dieser allgemeinen Mentalität heraus das Vorsichtsprinzip anwendet. So bestätigt Nakazato im Hinblick auf die Diskussion zur zukünftigen Einführung des Mark-to-Market Accounting in Japan, daß die Berater in den verantwortlichen Gremien wohl auch aus Traditionsgründen das Vorsichtsprinzip beibehalten. Er begründet die sehr zögerliche Einführung des Marktbewertungsprinzips: „The reason why the accounting profession has not vigo-

---

[150] Vgl. Cooke, Terence; Kikuya, M.: Financial Reporting in Japan – Regulation, Practice and Environment, Oxford (UK), 1992, S. 175 f., 179

[151] Vgl. Inohana, Takao: Japan, in: Ernst; Whinney (Hrsg.): International Bank Accounting, London (UK), 2nd Edition 1987, S. 368

[152] Bloom, Robert; Long, Susan; Collins, Marilynn: Japanese and American Accounting - Explaining the Differences, Advances in International Accounting, Vol. 6, 1994, S. 275

[153] Vgl. Takita, Terumi; Yumoto, Kenji: Japan - Individual Accounts, in: Ordelheide, Dieter (Hrsg.): Transacc - Transnational Accounting, Vol. 1, London (UK), 1995, S. 1847

rously promoted the transition to mark to market basis is not necessarily clear and can only be speculated. It may be, for example, that the members of the Council of Corporate Accounting *(BADC, Anmerkung des Autors)* were rather conservative, or the mark to market treatment is disadvantageous to the corporations (the non-performing assets will be disclosed?), etc. although the real reasons remain unknown.“ [154]

Wichtigster Bestandteil des Vorsichtsprinzips in Japan ist das Niederstwertprinzip (Lower of Cost and Market Value = LCM), das jedoch andere Ausprägungen besitzt als in Deutschland. Das Niederstwertprinzip ist im Gegensatz zum Vorsichtsprinzip im jHGB festgeschrieben. Dieses ist allerdings nicht an das grundsätzliche Vorsichtsprinzip wie in Deutschland gekoppelt, sondern steht für sich allein. Die Anwendung des Niederstwertprinzips ist für Kapitalgesellschaften in Art. 285 und 285-2 jHGB geregelt. Auf Basis der historischen Kosten als Wertobergrenze soll bei der Bewertung von sämtlichen Gegenständen des Anlage- und Umlaufvermögens, einschließlich der Wertpapiere des Anlage- und Umlaufvermögens, der Marktwert insoweit berücksichtigt werden, als jeweils der niedrigere Wert anzusetzen ist. Das japanische LCM ist durchgängig jedoch nur in zweifach gemilderter Form anwendbar. Ein Abweichen vom Wertansatz der historischen Kosten ist nur gestattet, wenn es sich um

a) eine wesentliche und
b) eine endgültige Wertminderung handelt.[155]

Falls Zweifel darüber bestehen, ob der Markwert eines Gutes endgültig oder nur vorübergehend unterhalb des Buchwertes bleibt, so ist nicht von einer endgültigen Wertminderung auszugehen. Wenn eine nur vorübergehende Wertminderung vorliegt, ist an dem Buchwert festzuhalten. Durch das Gebot der Endgültigkeit entfällt der Regelungsbedarf von Wertkorrekturen.[156]

Da der Fiskus den Ausweis unrealisierter Verluste ebenso wie Drohverlustrückstellungen prinzipiell nicht anerkennt, unterbleibt die Anwendung des Niederstwertprinzips in der Handelsbilanz selbst dann, wenn eine endgültige Wertminderung eindeutig feststellbar ist. Dieser Verstoß ist legal, da das MOF in diversen Verordnungen die Einbeziehung steuerlicher Bewertungsvorschriften ausdrücklich erlaubt, selbst wenn sie den KKG widersprechen.[157]

In die Konstruktion des zweifach gemilderten LCM fügt sich der Umstand ein, daß in Japan das Imparitätsprinzip, das in Deutschland unverzichtbar zum Vorsichtsprinzip dazugehört, keine Anwendung findet. Ein dem deutschen Imparitätsprinzip entsprechender

---

[154] Nakazato, Minoru: New Financial Instruments: the Japanese Perspective, Manuskript vom 16.01.1997 zur geplanten Veröffentlichung eines Artikels in: Tax Notes International, S. 7

[155] Vgl. Brüggen, Andreas: Japanische Rechnungslegung, in: Gräfer, Horst; Demming, Claudia (Hrsg.): Internationale Rechnungslegung, Stuttgart, 1994, S. 524; Bloom, Robert; Long, Susan; Collins, Marilynn: Japanese and American Accounting - Explaining the Differences, Advances in International Accounting, Vol. 6, 1994, S. 275

[156] Vgl. Brüggen, Andreas: Japanische Rechnungslegung, in: Gräfer, Horst; Demming, Claudia (Hrsg.): Internationale Rechnungslegung, Stuttgart, 1994, S. 525

[157] Vgl. Brüggen, Andreas: Japanische Rechnungslegung, in: Gräfer, Horst; Demming, Claudia (Hrsg.): Internationale Rechnungslegung, Stuttgart, 1994, S. 526 f.

Grundsatz bleibt sowohl in den KKG wie auch im jHGB explizit unerwähnt.[158] Insgesamt gesehen nimmt also das Vorsichtsprinzip in Japan eine wesentlich geringere Rangstellung ein als in Deutschland. Brüggen schreibt hierzu: „Die Vorwegnahme unrealisierter Verluste in der abzuschließenden Periode würde schließlich eine ungleiche (imparitätische) Behandlung unrealisierter positiver und negativer Erfolgsbeiträge zu Lasten einer periodengerechten Erfolgsermittlung darstellen und somit ebenfalls das den KKG zugrunde liegende Zielsystem konterkarieren.“ [159] Da in Japan eine breite Akzeptanz des bilanzpolitischen Ziels der Gewinnglättung herrscht, wird das Vorziehen von Gewinnen gebilligt.[160] Weit weniger streng als in Deutschland also wird in den KKG der Gebrauch des Realisationsprinzips gehandhabt.[161]

4.2.3. Spezielle Prinzipien für die Rechnungslegung von Derivaten

Neben diesen vom BADC aufgestellten ‘offiziellen’ Rechnungslegungsprinzipien finden weitere Regeln bei der Rechnungslegung und bei der Offenlegung von Finanzprodukten und -derivaten Anwendung. Da sie keine grundsätzliche Gültigkeit besitzen und vor allem, weil sie z. T. ganz speziell nur für die Rechnungslegung eines bestimmten Finanzderivats herangezogen werden, werden diese Prinzipien in ihrer japanischen Ausprägung bei der Behandlung der Rechnungslegung des jeweiligen Derivats ausführlich erklärt. Folgende Prinzipien werden bei der Rechnungslegung von Derivaten derzeit in Japan angewandt, ohne daß sie explizit in dem Prinzipienrahmen des BADC zu finden sind. Es handelt sich um den Grundsatz der Nichtbilanzierung von schwebenden Geschäften, das Settlement-Prinzip (dieses ist das auf Finanzderivate abgewandelte Realisationsprinzip) und den Grundsatz der Einzelbewertung. Es kommt das Marktbewertungsprinzip - die wörtliche japanische Übersetzung lautet ‘Preisbereinigungsprinzip’ - hinzu. Dieses fand bisher nur bei Angaben im Anhang Anwendung.

Da diese Grundsätze keine fundamentalen KKG sind, wird z. B. im Hinblick auf den Grundsatz der Nichtbilanzierung von schwebenden Geschäften - ähnlich wie in den USA - über die Übernahme der heutigen off-balance-Geschäfte on-balance diskutiert. Die Übernahme des Marktbewertungsprinzips aus dem Bereich der Offenlegung in die Bilanz selbst ist bereits beschlossen; die größte Hürde hierbei war der vom jHGB vorgegebene Grundsatz der Bilanzierung zu historischen Kosten. Die Einführung des Marktwertprinzips bei Derivaten ist in Japan aber dennoch leichter als in Deutschland zu vollziehen, da der Grundsatz der Vorsicht in Japan nicht soweit reicht, als daß er grundsätzlich die Bilanzierung noch nicht realisierter Gewinne nicht zuließe. Weiter ist das Realisationsprinzip - das zwar nach diversen Fundstellen in der Literatur[162] in Japan Gültigkeit hat - in

---

158 So bestätigt Brüggen, daß das Imparitätsprinzip nicht im jHGB kodifiziert ist. Vgl. Brüggen, Andreas: Japanische Rechnungslegung, in: Gräfer, Horst; Demming, Claudia (Hrsg.): Internationale Rechnungslegung, Stuttgart, 1994, S. 524

159 Brüggen, Andreas: Japanische Rechnungslegung, in: Gräfer, Horst; Demming, Claudia (Hrsg.): Internationale Rechnungslegung, Stuttgart, 1994, S. 526

160 Vgl. Bloom, Robert; Long, Susan; Collins, Marilynn: Japanese and American Accounting - Explaining the Differences, Advances in International Accounting, Vol. 6, 1994, S. 275

161 Vgl. Brüggen, Andreas: Japanische Rechnungslegung, in: Gräfer, Horst; Demming, Claudia (Hrsg.): Internationale Rechnungslegung, Stuttgart, 1994, S. 526

162 Vgl. Küting, Karlheinz; Weber Claus-Peter: Internationale Bilanzierung - Rechnungslegung in den USA, Japan und Europa, Berlin, 1994, S. 224; Brüggen, Andreas: Japanische Rechnungslegung, in:

den KKG aber nicht explizit genannt und besitzt keinen hohen Stellenwert. Hinzu kommt, daß das speziell für Derivate geltende Settlement-Prinzip als Spezialvorschrift leichter wieder geändert werden kann, so daß von dieser Seite der Einführung der Marktbewertung wenig entgegensteht.

Gräfer, Horst; Demming, Claudia (Hrsg.): Internationale Rechnungslegung, Stuttgart, 1994, S. 526 f.

4.3. Prinzipien in den USA

4.3.1. Rechnungslegungsprinzipien gemäß SFAC Nr. 2

Die grundlegenden Rechnungslegungsprinzipien leiten sich in den USA aus dem im SFAC Nr. 1 festgelegten obersten Ziel der Rechnungslegung in den USA ab, dem Ziel der 'decision usefulness' des Jahresabschlusses für den Investor.
Folgende Grafik hat das FASB im Rahmen des SFAC Nr. 2 veröffentlicht, um die Hierarchie der einzelnen Prinzipien deutlich zu machen:

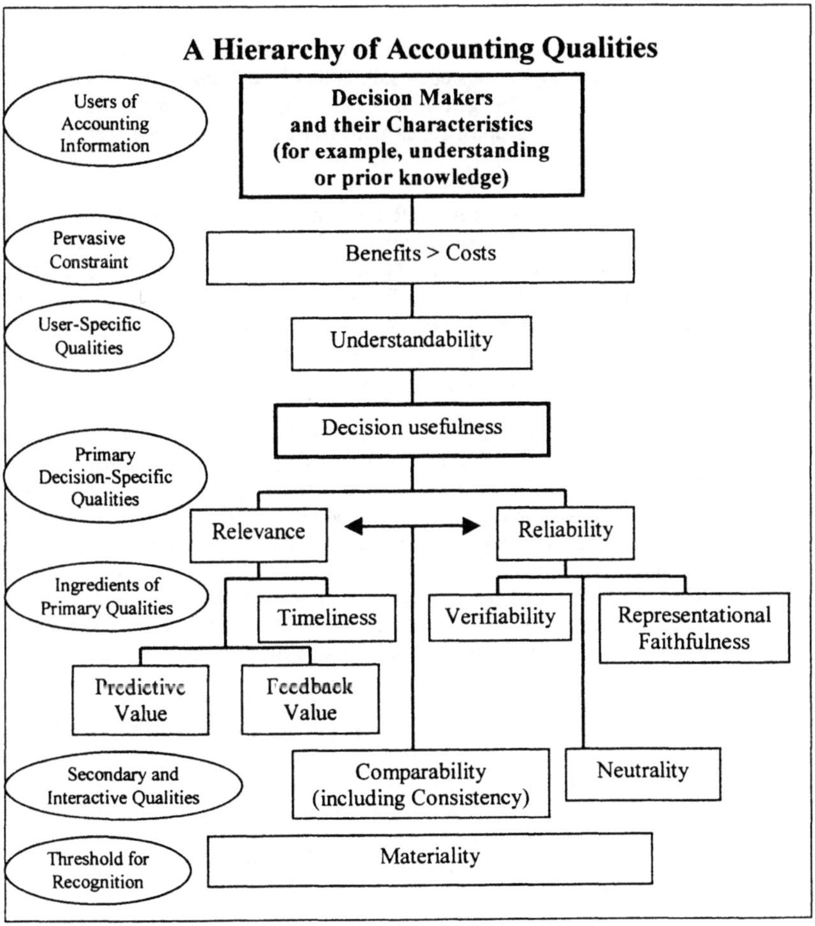

Abbildung 3: 'A Hierarchy of Accounting Qualities' (USA)[163]

[163] Vgl. FASB: Original Pronouncements 1996/97 Edition, Accounting Standards as of June 1, 1996, Volume II, New York (USA),1996, S. 1032

Das FASB beschreibt diese Hierarchie der wichtigsten Rechnungslegungsgrundsätze als Erklärungshilfe, die lediglich die Beziehungen zwischen den Prinzipien aufzeigen und die keine Gewichtung der einzelnen Grundsätze ausdrücken soll.[164] Das FASB unterscheidet die Anforderungen, die durch den Bilanzadressaten bestimmt werden (z. B. Understandability), von den Anforderungen, die informationsinhärent sind. So können Informationen für den Bilanzleser unnütz sein, wenn er sie nicht verstehen kann, auch wenn sie ansonsten relevant für eine Entscheidung sind und auch verläßlich. Daher darf der Grundsatz der Understandability nicht immer gleich gewertet werden, sondern muß - laut FASB - beurteilt werden im Zusammenhang mit der jeweiligen Gruppe von Entscheidungsträgern, also den Bilanzlesern.[165]

Obwohl die in Grafik 1 wiedergegebene Übersicht des FASB keine Wertung der einzelnen Rechnungslegungsprinzipien darstellen soll, unterscheidet das FASB zwischen primären und sekundären Anforderungen an den Jahresabschluß. So werden 'Relevance' und 'Reliability' als primäre Prinzipien klassifiziert. Diese beiden werden in weitere Komponenten zerlegt.

Relevance wird definiert als die Eigenschaft einer Information, die Entscheidung eines Jahresabschlußadressaten beeinflussen zu können. Damit eine Information relevant ist, muß sie rechtzeitig dem Investor zur Verfügung stehen, also bevor sie ihre entscheidungsbeeinflussende Wirkung verliert (Timeliness). Weiterhin muß sie einen 'Predictive value' (also die Eigenschaft, einen Aussagewert über zukünftige Ereignisse zu ermöglichen,) oder 'Feedback value' (also die Eigenschaft, einen Aussagewert über vergangene oder gegenwärtige Ereignisse zu ermöglichen) oder beides besitzen.

Reliability wird definiert als die Anforderungen an eine Information, daß sie in zumutbarer Weise frei von Fehlern und Willkür ist und das wiedergibt, was beabsichtigt war. Damit eine Information zuverlässig ist, muß sie zum einen 'Representational Faithfulness' besitzen, was das FASB auch interpretiert mit 'Validität', also dem Übereinstimmen zwischen Maßstab bzw. Beschreibung und dem Sachverhalt, der dargestellt werden soll. Zum anderen muß die Information verifizierbar sein ('Verifiability'), d. h. objektiv im Sinne von intersubjektiv nachprüfbar und zum dritten muß sie 'neutral' sein, d. h. die Information wird dargestellt ohne Willkür mit der beabsichtigt würde, eine vorbestimmtes Ergebnis zu erreichen oder ein bestimmtes Verhaltensmuster hervorzurufen (Neutrality).

Als sekundäres Rechnungslegungsprinzip klassifiziert das FASB die Vergleichbarkeit (Comparability), zu der die Stetigkeit (Consistency) hinzukommt. Gemäß dem Prinzip der Comparability müssen die Rechnungslegungsinformationen geeignet sein, sowohl einen zwischenbetrieblichen Vergleich des Unternehmens mit anderen Unternehmen als auch einen interperiodischen Vergleich des Unternehmens über gewisse Zeiträume hinweg mit sich selbst zu ermöglichen. Der Grundsatz der Consistency verlangt, daß ein Unternehmen im Zeitablauf für gleichartige Sachverhalte auch die gleichen Rechnungslegungsmethoden anwendet.[166]

---

[164] Vgl. FASB: Original Pronouncements 1996/97 Edition, Accounting Standards as of June 1, 1996, Volume II, New York (USA),1996, S. 1033

[165] Vgl. FASB: Original Pronouncements 1996/97 Edition, Accounting Standards as of June 1, 1996, Volume II, New York (USA),1996, S. 1021

[166] Vgl. FASB: Original Pronouncements 1996/97 Edition, Accounting Standards as of June 1, 1996, Volume II, New York (USA),1996, S. 1031 unter Heranziehung von Interpretationen von Baetge,

Schließlich setzt das FASB zwei Bedingungen zu den Rechnungslegungsprinzipien hinzu, die beide eher quantitativer als qualitativer Natur sind. So kann eine Information zwar nützlich sein und dennoch zu kostenaufwendig, als daß es gerechtfertigt wäre, sie bereitzustellen. Damit es sinnvoll ist, eine Information in die Rechnungslegung aufzunehmen, sollten die Vorteile der Zurverfügungstellung der Information die Kosten der Erstellung bzw. Beschaffung übersteigen (Beachtung des Prinzips der Cost-benefit-relationship). Die zweite Bedingung besteht in dem Grundsatz der 'Materiality' (Grundsatz der Wesentlichkeit). 'Materiality' definiert das FASB als das Wahrscheinlichkeitsmaß einer veränderten Beurteilung, die durch das Weglassen oder das fehlerhafte Darstellen einer Rechnungslegungsinformation erreicht wird, durch eine sachverständige Person, die sich auf die zur Verfügung gestellten Informationen verläßt.[167] Im Gegensatz zu den deutschen Vorschriften, in denen dieser Grundsatz dispers Erwähnung findet[168] und die bislang nicht durch quantitative Richtwerte weder seitens des Gesetzgebers noch durch den Berufsstand der Wirtschaftsprüfer untermauert wurden, hat jeweils zu verschiedenen Bereichen die SEC, das AICPA und das FASB Grenzen als quantitative Kriterien definiert.[169]

Neben den in der Grafik 1 gezeigten Rechnungslegungsprinzipien weist das FASB in SFAC Nr. 2 noch auf weitere Prinzipien hin. Im Zusammenhang zu den Ausführungen und Erläuterungen zu 'Representational Faithfulness' werden die Prinzipien 'Precision' (Klarheit), 'Effect of Bias' (Willkürfreiheit) und 'Completeness' (Vollständigkeit) herangezogen.[170] Diese entsprechen in ihrem Interpretationsgehalt im wesentlichen den deutschen Prinzipien.[171] Willkür wird dabei definiert als die Tendenz einer Bewertungsvorschrift, häufiger in eine Richtung zu führen als in eine andere, anstelle gleichmäßig für alle Richtungen offen zu sein. Willkürliche Bewertungsvorschriften bedeuten tendentiell eine konsequent zu hohe oder zu niedrige Wertbeimessung.[172] Diese Definition hat auch Auswirkungen auf die Beurteilung hinsichtlich der Anwendung des Vorsichtsprinzips.

Das FASB nimmt in SFAC Nr. 2 Stellung zum Vorsichtsprinzip ('Conservatism'). Die Existenz des Vorsichtsprinzips wird so erklärt, daß früher die Manager, Investoren und Wirtschaftsprüfer es vorzogen, mögliche Bewertungsfehler eher in die Richtung Unterschätzung als Überschätzung des Wertes auszugleichen. Das FASB räumt ein, daß es Raum in der Rechnungslegung gibt für das Vorsichtsprinzip, da Wirtschaftsaktivitäten

Jörg; Roß, Heinz-Peter: Was bedeutet „fair presentation“?, in: Ballwieser, Wolfgang (Hrsg.): US-amerikanische Rechnungslegung - Grundlagen und Vergleiche mit dem deutschen Recht, Stuttgart, 2. Aufl. 1996, S. 34

167 Vgl. FASB: Original Pronouncements 1996/97 Edition, Accounting Standards as of June 1, 1996, Volume II, New York (USA),1996, S. 1026, 1031

168 Vgl. Ossadnik, Wolfgang: Materiality als Grundsatz externer Rechnungslegung, Die Wirtschaftsprüfung, 2/1995, S. 34; Ossadnik gibt hier anhand von Schautafeln einen Überblick über die Textstellen des HGB, in denen Ermessensspielräume durch die Erwähnung des Wesentlichkeitsgrundsatzes eingeräumt werden.

169 Vgl. Ossadnik, Wolfgang: Materiality als Grundsatz externer Rechnungslegung, Die Wirtschaftsprüfung, 2/1995, S. 38 f.

170 Vgl. FASB: Original Pronouncements 1996/97 Edition, Accounting Standards as of June 1, 1996, Volume II, New York (USA),1996, S. 1039 f.

171 Vgl. Haller, Axel: Wesentliche Ziele und Merkmale US-amerikanischer Rechnungslegung, in: Ballwieser, Wolfgang (Hrsg.): US-amerikanische Rechnungslegung - Grundlagen und Vergleiche mit dem deutschen Recht, Stuttgart, 2. Aufl. 1996, S. 13

172 Vgl. FASB: Original Pronouncements 1996/97 Edition, Accounting Standards as of June 1, 1996, Volume II, New York (USA),1996, S. 1040

umgeben sind von Unsicherheit, aber es muß mit Sorgfalt angewandt werden. Da die Vorgehensweise, grundsätzlich Unterschätzungen eines anzusetzenden Wertes anstelle von Überschätzungen zuzulassen, Willkür nach sich zieht, steht das Vorsichtsprinzip im Konflikt mit wichtigen Rechnungslegungsgrundsätzen wie 'Representational Faithfulness', 'Neutrality' und 'Comparability'. Daher sollte das Vorsichtsprinzip nicht länger bedeuten, daß vorsätzlich Vermögen und Gewinne zu gering ausgewiesen werden. Das FASB fügt hier an: „The Board emphasizes that point because conservatism has long been identified with the idea that deliberate understatement is a virtue. The notion became deeply ingrained and is still in evidence despite efforts over the past 40 years to change it.“ [173] Nach Ansicht des FASB entwickelte sich dieses Prinzip, nach dem keine Gewinne jedoch alle Verluste antizipiert werden, in einer Zeit, als die Jahresabschlüsse kaum außerhalb der Unternehmung zur Verfügung gestellt wurden. Für die Banken, die die wichtigsten externen Bilanzadressaten waren, gereichte das Vorsichtsprinzip zum Vorteil, denn je niedriger die Vermögenswerte ausgewiesen wurden, desto höher waren die stillen Reserven, die als Sicherheit für die Kredite zur Verfügung standen. Das FASB führt weiter aus, daß, nachdem es übliche Praxis wurde, Informationen über periodische Einkünfte und über die Bilanz in breitem Umfang zu geben, es offensichtlich wurde, daß die wertmäßig zu gering angesetzten Vermögensbestandteile regelmäßig in späteren Perioden zu überproportional hohen Einkommen führten. Aus diesem Grunde sollen die Vermögensgegenstände zu einem 'fairen' und nicht zu einem ungerechtfertigt vorsichtigen Wert angesetzt werden. Für das Board steht diese Auffassung des Vorsichtsgedankens deutlich im Widerspruch zu den von ihm verabschiedeten Rechnungslegungsprinzipien. Gleichzeitig betont das FASB, daß ein Überschätzen der Werte bzw. Gewinne ebenfalls nicht in Einklang steht mit den Prinzipien, die nach SFAC Nr. 2 Anwendung finden sollen. Das Ziel der Bewertung in der Rechnungslegung besteht darin, den Leser des Jahresabschlusses in die bestmögliche Position zu versetzen, damit er sich seine eigene Meinung bilden kann über die wahrscheinliche Entwicklung und somit soll der wahrscheinlichste Wert, also ein 'fairer Wert' angesetzt werden ohne Beachtung des Vorsichtsprinzips. Dieses wird als Willkür erachtet, wobei dennoch eine gewisse begründete Skepsis bis zu einem vernünftigen Grad angebracht sei bei noch nicht abgeschlossenen Transaktionen.[174]

Diese Interpretation der Ablehnung des Vorsichtsprinzips seitens des FASB teilen auch Glaum/Mandler.[175] Die Wertstellung des Vorsichtsprinzips in der US-amerikanischen Rechnungslegung wird in der deutsch-sprachigen Literatur jedoch durchaus sehr differenziert beurteilt. Demming[176] vertritt die Ansicht, daß das Vorsichtsprinzip in der US-amerikanischen Bilanzierung eine nicht unwesentliche Rolle spielt. Haller dagegen relativiert die Bedeutung des Vorsichtsprinzips, da durch die zentrale Stellung der Informationsfunktion des Jahresabschlusses in den USA eine im Vergleich zur deutschen Rechnungslegung geringe Bedeutung des Vorsichtsprinzips bewirkt wird. Das Niederstwert-

[173] FASB: Original Pronouncements 1996/97 Edition, Accounting Standards as of June 1, 1996, Volume II, New York (USA),1996, S. 1042

[174] Vgl. FASB: Original Pronouncements 1996/97 Edition, Accounting Standards as of June 1, 1996, Volume II, New York (USA),1996, S. 1042 f.

[175] Vgl. Glaum, Martin; Mandler, Udo: Rechnungslegung auf globalen Kapitalmärkten, Wiesbaden, 1996, S. 109

[176] Vgl. Demming, Claudia: US-amerikanische Rechnungslegung, in: Gräfer, Horst; Demming, Claudia (Hrsg.): Internationale Rechnungslegung, Stuttgart, 1994, S. 248

prinzip ('principle of lower cost or market') auf der Aktivseite wird im Vergleich zu Deutschland restriktiver ausgelegt, ein Höchstwertprinzip auf der Passivseite fehlt.[177]

Neben diesen in SFAC Nr. 2 explizit beschriebenen Rechnungslegungsgrundsätzen des FASB finden sich in der Sekundärliteratur auch weitere Prinzipien, die in der US-amerikanischen Rechnungslegung Anwendung finden sollen. Demming[178] nennt das 'separate-identity-concept'; hiernach sind alle Vermögensgegenstände grundsätzlich einzeln zu bewerten, wobei jedoch Ausnahmen zur Bewertung gleichartiger Vermögensgegenstände (z. B. Wertpapiere) nicht nur zulässig, sondern geboten sind.

Ein weiteres Prinzip findet in der Literatur zu US-amerikanischen Rechnungslegungsprinzipien weite Verbreitung, das Prinzip des 'substance over form'.[179] Dieses Prinzip wirkt auf die inhaltliche und formelle Gestaltung des Jahresabschlusses und dessen Instrumente, da es besagt, daß nicht die Form der Darstellung der Information, sondern die Informationsgewährung an sich primär entscheidend ist. Das Wesentliche liegt aus amerikanischer Sicht in der Zurverfügungstellung entscheidungsrelevanter Daten. Die Frage, in welcher Form dies geschehen soll, spielt dabei eine untergeordnete Rolle.

4.3.2. Grundlegende Bewertungsmethoden gemäß SFAC Nr. 5

Gemäß SFAC Nr. 5[180] finden die fünf folgenden grundlegenden Bewertungsmethoden Anwendung:

- Historical costs (historical proceeds) (Historische Kosten und Erlöse)
- Current cost (Wiederbeschaffungskosten)
- Current market value (Aktueller Marktwert)
- Net realizable (settlement) value (Realisationswert)
- Present (or discounted) value of future cash flows (Barwert)

Nach **historischen Kosten** bzw. **historischen Erlösen** werden das Anlagevermögen (unter Berücksichtigung der Abschreibungen) und die Verbindlichkeiten, die aus Lieferverpflichtungen bestehen, bewertet.

Nach **Wiederbeschaffungskosten** werden manche Inventargüter bewertet. Hierzu wird auf die jeweiligen Einzelregelungen verwiesen.

---

177 Vgl. Haller, Axel: Wesentliche Ziele und Merkmale US-amerikanischer Rechnungslegung, in: Ballwieser, Wolfgang (Hrsg.): US-amerikanische Rechnungslegung - Grundlagen und Vergleiche mit dem deutschen Recht, Stuttgart, 2. Aufl. 1996, S. 15 und S. 18

178 Vgl. Demming, Claudia: US-amerikanische Rechnungslegung, in: Gräfer, Horst; Demming, Claudia (Hrsg.): Internationale Rechnungslegung, Stuttgart, 1994, S. 245

179 Vgl. Haller, Axel: Wesentliche Ziele und Merkmale US-amerikanischer Rechnungslegung, in: Ballwieser, Wolfgang (Hrsg.): US-amerikanische Rechnungslegung - Grundlagen und Vergleiche mit dem deutschen Recht, Stuttgart, 2. Aufl. 1996, S. 15 f.; Demming, Claudia: US-amerikanische Rechnungslegung, in: Gräfer, Horst; Demming, Claudia (Hrsg.): Internationale Rechnungslegung, Stuttgart, 1994, S. 245; Küting, Karlheinz; Weber Claus-Peter: Internationale Bilanzierung – Rechnungslegung in den USA, Japan und Europa, Berlin, 1994, S. 66

180 Hierzu und zu den kommenden Erläuterungen zu den einzelnen Kategorien vgl. FASB: Original Pronouncements 1996/97 Edition, Accounting Standards as of June 1, 1996, Volume II, New York (USA), 1996, S. 1082 ff.

Nach dem **aktuellen Marktwert** werden Investitionen in marktgängige Wertpapiere bewertet. Der aktuelle Markt ist dabei die Geldsumme, die erzielt werden kann durch den ordnungsgemäßen, marktüblichen Verkauf des Aktivum. Darüber hinaus nennt das FASB auch explizit spezielle Verbindlichkeiten, die nach dem aktuellen Marktwert bewertet werden - wie bspw. marktgängige Wertpapiere, z. B. die Verpflichtung des Stillhalters von Optionen, wenn er die zugrundeliegenden Wertpapiere nicht im Besitz hat. Im Hinblick auf den weiteren Verlauf der Arbeit sei an dieser Stelle angemerkt, daß in der aktuellen Literatur der Vorgang des Bewertens nach dem aktuellen Marktwert mit dem Begriff 'Mark-to-Market' (MTM) belegt wurde. Dieser Begriff wird auch im Rahmen dieser Arbeit verwandt und steht somit für die Anwendung des Marktwertprinzips.

Mit dem **Realisationswert** werden kurzfristige Forderungen und manche Inventargüter bewertet. Der Realisationswert ist der Nettorealisationswert, also die undiskontierte Geldsumme, die für die Hingabe des entsprechenden Aktivum in Empfang genommen wird abzüglich direkt zuzurechnender (Transaktions-)Kosten bzw. Gebühren, die im Rahmen des Erlöseinganges anfallen. Verbindlichkeiten, die die Zahlung von bekannten oder einschätzbaren Geldsummen zu einem unbekannten zukünftigen Zeitpunkt nach sich ziehen, zum Beispiel Garantie- bzw. Gewährleistungszahlungen, werden grundsätzlich nach ihrem 'net settlement value' bewertet, also nach der undiskontierten Geldsumme, von der erwartet werden kann, daß sie bezahlt werden muß, um die Verpflichtung zu begleichen einschließlich der direkt zurechenbaren Kosten für die Durchführung der Zahlung.

Mit dem **Barwert** werden langfristige Forderungen bewertet. Der Wertansatz der langfristigen Forderungen ist somit der Barwert der zukünftigen Cash flows, die dem Unternehmen aus dem Aktivum aller Voraussicht nach zufließen abzüglich des Barwertes aller Zahlungsabflüsse, die das Unternehmen tätigen muß, um die Zahlungseingänge zu erhalten. Langfristige Verbindlichkeiten werden auf gleiche Art und Weise bewertet.

Eine weitere Art von Wertansatz hat in die SFAS Eingang gefunden, ist jedoch (noch) nicht in den SFAC vertreten, da diese neue Art erst mit SFAS Nr. 107, welches im Dezember 1991 herausgegeben wurde, hinzugefügt wurde. SFAC Nr. 5 wurde bereits im Dezember 1984 verabschiedet. Zudem bezieht sich dieser Wert nach SFAS Nr. 107 (noch) nicht auf die Bewertung einer Position in der Bilanz bzw. in der GuV, sondern auf die Offenlegung von Informationen in Bezug auf Finanzinstrumente in den ergänzenden Bestandteilen des Jahresabschlusses. Dieses weitere Prinzip ist die Bewertung nach 'Fair value'. Nach SFAS 107 ist der Fair value eines Finanzinstrumentes die Geldsumme, zu der das Instrument in einem aktuellen Geschäft zwischen zwei zustimmenden Parteien transferiert werden könnte, also nicht unter Annahme eines Zwangs- oder Liquidationsverkaufes. Sofern ein notierter Marktpreis für das Instrument zur Verfügung steht, so entspricht der Fair value dem Produkt aus der Anzahl der Einheiten des Finanzinstrumentes mal dem notierten Marktpreis. Mit dieser Definition ist der notierte Preis für eine einzige Einheit im umsatzstärksten Markt die Basis für die Offenlegung des Fair value. Dies gilt selbst dann, wenn die Verkaufsorder über den gesamten Bestand eines Finanzinstrumentes im Besitz der Unternehmung oder der Rückkauf einer Gesamttranche einer Wertpapieremission die Marktpreisnotierung beeinflussen könnte oder wenn das normale Marktvolumen eines Geschäftstages nicht ausreichend ist, um die jeweilige Gesamtmenge des bei der Unternehmung im Besitz befindlichen Finanzinstrumentes aufzunehmen.[181] Das SFAS Nr. 107 bestimmt weiterhin, daß der Begriff 'Fair value' der Oberbegriff für die Begriffe (z. B. 'market value', 'current value', 'mark-to-marked') sein soll, die sich auf die Tageswertbewertung von Finanzinstrumenten beziehen.[182]

Exkurs: Historische Entwicklung des Fair value-accounting

SFAS Nr. 107 hat Gültigkeit für alle Unternehmen. Da es sich jedoch ausschließlich auf Finanzinstrumente bezieht, sind die Banken in den USA am meisten durch die Regelungen betroffen. Vor 1938 erfolgte die Rechnungslegung der Banken in den USA ebenfalls nach dem 'fairen Wert' bzw. dem Marktwert. Aus den Erfahrungen des finanziellen Zusammenbruchs im Rahmen der Wirtschaftskrise wechselte man in den USA 1938 von der Rechnungslegung nach Marktwerten zu der Rechnungslegung nach historischen Kosten. Die Rückkehr zu der Rechnungslegung nach Fair value wurde jetzt wiederum durch eine Krise verursacht, durch die Savings-and-Loan-Bankenkrise in den USA. Die Diskussion um die Wiedereinführung der Marktwertbewertung begann bereits Mitte der 70er Jahre und so wurde für manche Spezialfälle in der Rechnungslegung die Bewertung nach Marktwert wieder herangezogen. Die breite Anwendung des Fair-value-accounting in der Rechnungslegung stößt in den USA jedoch nicht auf ungeteilte Zustimmung. So hatte sich das Federal Home Loan Bank Board zu Beginn der 80er Jahre gegen die Ausweitung der Anwendung des Marktwertprinzips ausgesprochen. Mit der Herausgabe des SFAS Nr. 107 ist festgelegt, daß die Offenlegung von Informationen über Finanzinstrumente nach Fair value erfolgen muß. Das FASB zog im übrigen den Begriff 'Fair value' dem Begriff 'Market value' vor, um zu verhindern, daß sich die Vermutung ergeben könnte, das Statement bezöge sich nur auf Geschäfte mit Finanzprodukten, die auf aktiven Sekundärmärkten gehandelt werden.[183] Dieses SFAS Nr. 107, der sich nur auf die Offenlegung bezieht, war der erste Teil des gesamten Projekts 'Financial Instruments' des FASB.

Inzwischen ist ein Exposure Draft und darauf aufbauend eine erste Version eines zukünftigen SFAS seitens des FASB[184] veröffentlicht, die sich mit der Bewertung von Finanzprodukten im Rahmen der Bilanz bzw. der GuV beschäftigen. Mit diesem Propo-

---

[181] Vgl. FASB: Original Pronouncements 1996/97 Edition, Accounting Standards as of June 1, 1996, Volume I, New York (USA),1996, S. 1394

[182] Vgl. FASB: Original Pronouncements 1996/97 Edition, Accounting Standards as of June 1, 1996, Volume I, New York (USA),1996, S. 1394; Hierzu schreibt das FASB: „Generally accepted accounting principles already require disclosure of or subsequent measurement at fair value for many classes of financial instruments. Although the definition or the methods of estimation of fair value vary to some extent, and various terms such as market value, current value, or mark-to-market are used, the amounts computed under those requirements satisfy the requirements of this Statement and those requirements are not superseded or modified by this Statement."

[183] Vgl. Swenson, Dan; Buttross, Thomas: A Return to the Past: Disclosing Market Values of Financial Instruments, Journal of Accountancy, 1/1993, S. 71 f.

[184] Vgl. FASB: Exposure Draft - Proposed Statement of Financial Accounting Standards - Accounting for Derivative and Similar Financial Instruments and for Hedging Activities; Financial Accounting Series, No. 162-B, June 20, 1996 und FASB: Task Force Draft - Statement of Financial Accounting Standards No. 13X - Accounting for Derivative Instruments and for Hedging Activities, September 12, 1997 Version

sal[185] wird die Bewertung im Rahmen der Bilanz bzw. der GuV nach Fair value - jedoch **ausschließlich für derivative Finanzinstrumente** - angestrebt. Die genauen Ausführungen und Voraussetzungen zur Anwendung des Fair value-accounting für derivative Finanzinstrumente werden in dieser Arbeit jeweils bei der Untersuchung der Probleme der Rechnungslegung von derivativen Finanzinstrumenten bzw. der Rechnungslegung der einzelnen Instrumente selbst untersucht. Leider lag bei der Erstellung dieser Arbeit neben dem Exposure Draft nur eine erste, noch unvollständige Version des geplanten SFAS vor, so daß bei manchen Fragestellungen die Überlegungen aus dem Exposure Draft entnommen werden müssen. Da sich der Exposure Draft und die erste Version des SFAS in ihren wesentlichen, grundlegenden Annahmen bis auf wenige Ausnahmen (die im Rahmen dieser Arbeit behandelt werden) nicht unterscheiden, verlieren dadurch die Aussagen nicht an Aktualität. In der Diskussion im Vorfeld zu diesem Proposal zeigt sich erneut, daß es nach wie vor gegen das Fair value-accounting in den USA Widerstände insbesondere seitens der Banken, die von dem neuen Proposal gleichfalls besonders betroffen sind, gibt. Da dieser Proposal sich nun mit der Bewertung im Rahmen der Bilanz und der Gewinn- und Verlustrechnung beschäftigt, bezieht sich die Kritik der Banken insbesondere darauf, daß die Bewertung nach Fair value das 'income statement' berührt.[186] Weiterhin fürchten einige Banken, „that marking all their assets and liabilities to market would add volatility to their financial statements that would confuse investors."[187]

Eine weitere Auswirkung der Bewertung der derivativen Finanzinstrumente in der Bilanz besteht darin, daß damit automatisch die bislang als off-balance geltenden Derivate on-balance ausgewiesen werden. Da in den USA das Prinzip der Nichtbilanzierung von schwebenden Geschäften keine Gültigkeit besitzt, steht der Übernahme von - nach deutschem Verständnis - schwebenden Geschäften in die Bilanz nichts entgegen.

Ende des Exkurses

Neben der Festlegung der o. g. fünf Bewertungsprinzipien nimmt das FASB im Rahmen des SFAC Nr. 5 auch Stellung zu der Frage, wann Einnahmen und Erträge bzw. Ausgaben und Aufwendungen als ausweisbar im Jahresabschluß anerkannt werden, wann sie also in den USA als soweit realisiert gelten, daß sie in den Jahresabschluß Eingang finden müssen.

Einnahmen und Erträge werden dann ausgewiesen, wenn sie **realisiert oder realisierbar** sind. Realisiert sind sie, wenn die Güter (Produkte oder Dienstleistungen) oder andere Vermögensgegenstände gegen Bargeld oder gegen Ansprüche auf Bargeld ausgetauscht

[185] Mit dem Begriff 'Proposal' wird ein Oberbegriff konstruiert, der das gesamte Vorschlagswerk des FASB beschreiben soll, sowohl bestehend aus dem Exposure Draft wie aus der ersten Version des geplanten SFAS.

[186] So führt Donna Fisher, Director of tax and accounting, American Bankers' Association aus: „We're glad they're (das FASB, Anm. des Verfassers) rethinking their previous mark-to-market approach, and this seems to be a tiny step in the right direction." Und weiterhin: „What the FASB is doing is still fair value, they've simply limited the amount of fair value that you recognize. And it's still going through the income statement and we have for a very long time objected to that."; in: Fox, Justin: FASB Drops Mark-to-Market Plan for Derivatives Accounting; New Approach Also Criticized; American Banker, 16.01.1996, S. 2

[187] Fox, Justin: FASB Drops Mark-to-Market Plan for Derivatives Accounting; New Approach Also Criticized; American Banker, 16.01.1996, S. 2

sind. Realisierbar sind sie, wenn die entsprechenden Vermögensgegenstände die folgende Bedingung erfüllen: „readily convertible to known amounts of cash or claims to cash.“ [188] 'Readily convertible' sind die Vermögensgegenstände dann, wenn sie (i) in handelbare Einheiten aufgeteilt sind und (ii) notierte Preise auf einem aktiven Markt verfügbar sind, der die betreffende Menge der Vermögensgegenstände, die das Unternehmen im Besitz hat, schnell aufnehmen kann, ohne daß der Preis signifikant beeinflußt wird.

Damit Einnahmen als Erträge ausgewiesen werden dürfen, müssen sie eine zweite Bedingung erfüllen, sie müssen **'verdient'** (earned) sein. Einnahmen werden dann zu Erträgen, wenn das Unternehmen im wesentlichen alles erfüllt hat, um den berechtigten Anspruch auf die Erträge zu haben, die aus den Einnahmen entstehen. In Bezug auf Dauerschuldverhältnisse (also z. B. bei Zins- oder Mietgeschäften) gilt ebenso wie in Deutschland die Erfolgsrealisierung pro rata temporis.[189]

Aufwendungen und Verluste müssen im Jahresabschluß ausgewiesen werden, um den Verbrauch von wirtschaftlichen (Vor-)Leistungen aufzuzeigen oder das Auftreten oder die Entdeckung von Verlusten von zukünftigen wirtschaftlichen Leistungen während einer Periode. Grundsätzlich werden Aufwendungen und Verluste dann erfolgswirksam, wenn (i) die benötigten wirtschaftlichen Vorleistungen von einem Unternehmen aufgebraucht sind in dem Moment, wenn die Güter geliefert bzw. hergestellt sind, bzw. wenn die Dienstleistungen erbracht sind oder wenn (ii) bei in der Vergangenheit aktivierten Vermögensgegenständen abzusehen ist, daß sich die erwarteten daraus entstehenden Einkünfte reduzieren oder daß keine Einkünfte mehr entstehen werden.

Zum Fall (i): Die Aufwendungen aus dem Verbrauch von wirtschaftlichen (Vor-) Leistungen in einer Periode können entweder direkt anerkannt werden oder indem man sie der Periode zuordnet, in der die Einnahmen bzw. Erträgen eintreten.[190] Diese Methode der direkten Zuordnung von Aufwendungen zu Erträgen wird in der Literatur auch als 'Matching-Principle' bezeichnet.[191] Das FASB beschreibt in seinem Statement SFAC Nr. 5 im Groben den zulässigen Rahmen dieser Methode. Im SFAC Nr. 6 wird diese Methode dann in ihrer Anwendung ausführlich beschrieben im Zusammenhang mit den Methoden des 'Accrual Accounting' und des 'Deferral Accounting' (siehe den folgenden Abschnitt 4.3.3.).

Zum Fall (ii): Ein Aufwand bzw. ein Verlust wird dann erfolgswirksam, wenn deutlich wird, daß der in früheren Perioden angenommene wirtschaftliche Vorteil eines Vermögensgegenstandes sich reduziert hat oder völlig verloren gegangen ist oder daß Verbindlichkeiten eingegangen wurden oder sich erhöht haben, ohne daß dies wirtschaftliche Erfolge nach sich ziehen wird.[192]

---

[188] FASB: Original Pronouncements 1996/97 Edition, Accounting Standards as of June 1, 1996, Volume II, New York (USA),1996, S. 1101

[189] Vgl. FASB: Original Pronouncements 1996/97 Edition, Accounting Standards as of June 1, 1996, Volume II, New York (USA),1996, S. 1102, 1202

[190] Vgl. FASB: Original Pronouncements 1996/97 Edition, Accounting Standards as of June 1, 1996, Volume II, New York (USA),1996, S. 1102

[191] Vgl. Strobl, Elisabeth: Matching Principle und deutsches Bilanzrecht, in: Ballwieser, Wolfgang et al. (Hrsg.): Bilanzrecht und Kapitalmarkt - Festschrift zum 65. Geburtstag von Professor Dr. Dr. h.c. Dr. h.c. Adolf Moxter, Düsseldorf, 1994, S. 407 - 432

[192] Vgl. FASB: Original Pronouncements 1996/97 Edition, Accounting Standards as of June 1, 1996, Volume II, New York (USA),1996, S. 1102 f.

4.3.3. Periodengerechte Erfolgsermittlung gemäß SFAC Nr. 6

Das SFAC Nr. 6 hat eigentlich die Aufgabe, die Inhalte der Bilanz- und GuV-Positionen zu definieren. Mehrere Abschnitte beschäftigten sich jedoch mit der Frage nach der adäquaten Periodenzuordnung von periodenübergreifenden Zahlungsvorgängen bzw. bei Auseinanderfallen von Leistung und Zahlung. Es handelt sich also um die Interpretation des Realisationsprinzips nach US-amerikanischer Auffassung. Das FASB beschreibt drei Konstruktionen in der Rechnungslegung, um periodenübergreifende bzw. auseinanderfallende Vorgänge sinnvoll einteilen und zuordnen zu können. Die im Rahmen des SFAC Nr. 6 vorgestellten Methoden sind

- Accrual Accounting,
- Deferral Accounting und
- Matching (bzw. Matching-Principle).

Im engeren Sinne ist **Accrual Accounting** das Rechnungslegungsprinzip, das sich mit zukünftigen Bareinnahmen und Barzahlungen auseinandersetzt. Mit Hilfe des Accrual-Accounting werden zukünftige Barein- bzw. -auszahlungen erfolgswirksam vorgezogen. Übliche Beispiele hierfür sind die erfolgswirksame Behandlung von Käufen und Verkäufen von Waren auf Rechnung oder noch nicht bezahlte bzw. erhaltene Zinsen usw.

Im weiteren Sinne steht die Bezeichnung 'Accrual Accounting' auch als Oberbegriff für das Ziel, die Aufwendungen und Erträge in der Periode erfolgswirksam zu behandeln, in welcher sie sich im Unternehmen tatsächlich ereignen, also in der Periode, in der der Leistungsverbrauch bzw. die Leistungserstellung stattfindet. Es handelt sich also um eine Art 'Realisationsprinzip', jedoch unter vollkommen anderer Auslegung als in Deutschland. Ziel ist es, den Unternehmenserfolg in einer Periode bzgl. der erarbeiteten Leistung zutreffend darzustellen anstelle einer bloßen Auflistung der Bareinnahmen und Barauslagen. Das Accrual Accounting leitet sich also auch aus dem Grundsatz der Decision usefulness ab[193] und nicht aus dem Vorsichtsprinzip, wie dies in Deutschland der Fall ist. Die Komponenten des Accrual-Accounting in seiner Form als Oberbegriff sind das Deferral Accounting, 'Allocation'(Zuordnung) mit 'Amortization'(Abschreibung) sowie das Accrual Accounting im engeren Sinne.

Deferral Accounting bezieht sich auf vergangene Bareinnahmen und Barzahlungen - also mit Vorauszahlungen und Vorauseinnahmen. Es ist also der Rechnungslegungsprozeß, mit dem eine Verbindlichkeit in die Buchführung aufgenommen wird, die aus einer Bareinnahme resultiert oder mit dem ein Aktivum aufgenommen wird, das aus einer Barausgabe resultiert, jeweils mit erst später stattfindender Ertragswirksamkeit. Die Ertragswirksamkeit wird verschoben, bis der zukünftige wirtschaftliche Erfolg teilweise oder ganz realisiert oder verlorengegangen ist. Ein Beispiel hierfür sind vorweggezahlte Versicherungsprämien.

Allocation ist der Prozeß der Zuweisung oder Verteilung einer Summe gemäß eines Plans oder einer Rechenformel. Allocation beinhaltet die 'amortization', also die Abschreibung. Ein weiteres Beispiel für Allocation ist die Aufteilung der Kosten des Kaufs

---

193 Die gleiche Ansicht vertritt auch Haller, Axel: Wesentliche Ziele und Merkmale US-amerikanischer Rechnungslegung, in: Ballwieser, Wolfgang (Hrsg.): US-amerikanische Rechnungslegung - Grundlagen und Vergleiche mit dem deutschen Recht, Stuttgart, 2. Aufl. 1996, S. 14

eines 'Warenkorbs' auf die einzelnen erworbenen Vermögensbestandteile auf Basis ihrer relativen Marktwerte.

Matching von Aufwendungen und Erträgen ist die gleichzeitige Anerkennung von Aufwendungen und Erträgen, die direkt und gemeinsam aus derselben Transaktion oder Ereignissen herrühren. Normalerweise resultieren Transaktionen gleichzeitig sowohl in einen Ertrag wie auch in eine oder mehrere Aufwendungen. Die Erträge und die Aufwendungen sind somit miteinander direkt verbunden und dies erfordert die erfolgswirksame Anerkennung zum selben Zeitpunkt.[194]

Das konkrete Procedere ist dabei so festgelegt, daß die Ausgaben der Periode der zukünftigen Einnahmen zugeordnet werden sollen, wann immer dies vernünftig und praktikabel möglich ist.[195] Wann immer diese eindeutige Zuordnung nicht möglich ist, so kann die Periodenzuordnung - je nach Fallunterscheidung - entweder aufgrund eines 'systematic and rational allocation procedure' (z. B. Abschreibung) oder einfach in der Periode geschehen, in der die Ausgaben aufgetreten sind (z. B. weil die relevante Periode nicht bestimmbar ist oder weil sich der Aufwand nicht lohnt).[196]

Dieses Matching-Principle steht - vor allem aufgrund der möglichen Ermessensspielräume - in den USA in der Diskussion. Der Grund ist, daß durch das 'Matching' die aufwandswirksame Verrechnung von Kosten in die Zukunft aufgeschoben wird, obwohl diesen Kosten möglicherweise kein künftiger Ertrag gegenübersteht. Da die Ausgaben bis zu ihrer Verrechnung aktiviert bleiben, besteht die Befürchtung, daß die Bilanz zu einem 'Abladeplatz' für Kosten wird, die noch nicht zugeordnet werden konnten.[197]

---

[194] Vgl. FASB: Original Pronouncements 1996/97 Edition, Accounting Standards as of June 1, 1996, Volume II, New York (USA),1996, S. 1140 f.

[195] Vgl. Strobl, Elisabeth: Matching Principle und deutsches Bilanzrecht, in: Ballwieser, Wolfgang et al. (Hrsg.): Bilanzrecht und Kapitalmarkt - Festschrift zum 65. Geburtstag von Professor Dr. Dr. h.c. Dr. h.c. Adolf Moxter, Düsseldorf, 1994, S. 411

[196] Vgl. FASB: Original Pronouncements 1996/97 Edition, Accounting Standards as of June 1, 1996, Volume II, New York (USA),1996, S. 1142

[197] Vgl. Strobl, Elisabeth: Matching Principle und deutsches Bilanzrecht, in: Ballwieser, Wolfgang et al. (Hrsg.): Bilanzrecht und Kapitalmarkt - Festschrift zum 65. Geburtstag von Professor Dr. Dr. h.c. Dr. h.c. Adolf Moxter, Düsseldorf, 1994, S. 411 f.

3. Kapitel
Problemfelder der Rechnungslegung von derivativen Finanzinstrumenten bei Banken

Im Rahmen von Literaturstudien der Veröffentlichungen zu Fragen bei der Rechnungslegung von derivativen Finanzprodukten zeigt sich, daß einige Problemfelder in der Literatur in jedem der drei betrachteten Länder behandelt werden. Trotz der z. T. recht unterschiedlichen Rahmenbedingungen und Rechnungslegungsgrundsätze in Deutschland, Japan und den USA ergeben sich einige wiederkehrende Fragestellungen in jedem Land. Anhand dieser Probleme wird der Vergleich zwischen den drei betrachteten Ländern aufgebaut.

Neben diesen Problemfeldern, die in allen Ländern diskutiert werden, finden sich auch Fragestellungen, die nicht in jedem Land diskutiert werden. Auch diese werden aufgezeigt.

Eines der wesentlichsten Probleme, das sowohl in Deutschland wie auch in den USA und in Japan diskutiert wird, ist die Frage nach dem 'richtigen' Zeitpunkt für die Ertragsrealisation aus Derivatgeschäften. Eng damit im Zusammenhang steht das Problem der Berücksichtigung von Sicherungsgeschäften, welches in einem eigenen Abschnitt behandelt wird. Der letzte Problemkreis dieses Kapitels beschäftigt sich mit der Frage der Berücksichtigung des Risikos im Rahmen eines weiteren Abschnitts dieses Kapitels.

Zur schnelleren Lesbarkeit vor allem auch im Hinblick auf die im Kapitel 5 vorzunehmende Wertung werden die in diesem Kapitel vorgestellten grundlegenden Rechnungslegungsvorschriften und auch die weiterführenden Diskussionen in vergleichenden Synopsen zusammengefaßt. Jeweils im Anschluß an die einzelnen Abschnitte dieses Kapitels werden die Kernaussagen in einer Synopse im direkten Ländervergleich dargestellt. Nur die in diesem Kapitel behandelten grundlegenden Vorschriften werden einer Wertung unterworfen werden, da - siehe auch die Einführung zu Kapitel 4 - ausschließlich die Lösungsansätze für die grundlegenden Probleme die Basis für eine zukünftige umfassende Systematik der Rechnungslegung für Derivate bilden können. Vergleichende Synopsen werden daher auch nur im Rahmen dieses Kapitels beigefügt.

1. Zeitpunkt der Erfolgswirksamkeit

Die wichtigste und grundlegende Frage bei der Bilanzierung von Finanzgeschäften und insbesondere bei Derivaten bezieht sich auf die Wahl des Zeitpunktes, zu dem der Gewinn oder der Verlust aus einem Geschäft GuV-wirksam vereinnahmt werden soll.

Die Frage, wann ein Gewinn als realisiert zu betrachten ist, ist nicht neu. Fragen nach der angemessenen Gewinnvereinnahmung stellen sich z. B. auch bei der über mehrere Abrechnungsperioden dauernden Auftragsfertigung (z.B. Erstellung von Bauten), für die möglicherweise sogar auf der Zahlungsebene wirksame Abschlagszahlungen nach Fortschritt der Ausführung oder des Baus vereinbart sind. Hier ist eine anteilige Gewinnrealisation in der US-amerikanischen Rechnungslegung und auch in der japanischen Rechnungslegung mit Hilfe der sog. 'percentage of completion-method' möglich.

Bei der Rechnungslegung von Finanzprodukten und Derivaten stellt sich diese Frage jedoch wieder neu. Dies ist auf verschiedene Gründe zurückzuführen.

Zum einen handelt es sich bei den Wertpapieren und Derivaten - ganz allgemein gesprochen - um geldnahe Finanzprodukte. Im Normalfall, d. h. unter der Voraussetzung, daß ein liquider Markt für die Produkte vorhanden ist und daß das konkrete Produkt den notwendigen Grad an Standardisierung aufweist, daß es mit anderen Produkten auf dem Markt insoweit verglichen werden kann und somit die Zuordnung eines Marktpreises möglich ist, kann das Produkt ohne Probleme zu dem aktuellen Marktpreis in Geldmittel umgewandelt und damit der 'schwebende Gewinn' jederzeit 'realisiert' werden, wobei hier Gewinnrealisation bei Wertpapieren im herkömmlichen Sinne - also Umwandlung des Wertpapiers in frei verfügbare Barmittel - verstanden wird.

Zum anderen weist die Konstruktion einiger Derivate gewisse Besonderheiten auf, die Anlaß zur Diskussion um die Frage der Ertragsrealisation geben. Ein Beispiel hierfür sind die gemäß Wertentwicklung gutgeschriebenen bzw. nachzuschießenden Variation margins an der jeweiligen Terminbörse bei Kauf bzw. Verkauf eines Futures. So wurde auch in Deutschland diskutiert, ob es sich bei der Variation margin um eine ertragswirksame Einnahme oder Ausgabe handelt und von verschiedener Seite positiv entschieden.[198] Inzwischen hat sich in Deutschland jedoch als herrschende Meinung die Auffassung durchgesetzt, daß es sich bei den Variation margins nicht um einen erfolgswirksamen, sondern lediglich um einen liquiditätswirksamen Vorgang handelt.[199]

Ein anderes Produkt, bei dem sich die Frage nach dem Zeitpunkt der Realisation von Gewinnbeiträgen stellt, ist der Swap. Die Konstruktion des Swap bewirkt, daß über einen gewissen Zeitraum Zahlungen ausgetauscht werden. Bei jeder einzelnen Zahlung kann somit festgestellt werden, ob der Swap in dem betreffenden Zeitpunkt für den Bilanzierenden einen positiven oder negativen Erfolgsbeitrag gebracht hat. Nun ist zu fragen, ob bei jeder Zahlung der angenommene Gewinn sofort realisiert werden soll, oder ob erst bei Ablauf des Swap der Gesamtergebnissaldo aus dem Swap-Geschäft Erfolgswirksamkeit erlangen soll. Denn zumindest nach den deutschen Rechnungslegungsprinzipien, insbesondere dem Realisationsprinzip, müßte strenggenommen das Swap-Geschäft erst komplett abgewickelt sein, bevor der Gewinnsaldo aus dem Geschäft vereinnahmt werden darf.

Auch bei den Optionen tritt die Frage nach der Gewinnrealisierung auf. Nimmt man die vom Stillhalter vereinnahmte Optionsprämie, so stellt sich die Frage, ob diese sofort als Ertrag GuV-wirksam werden soll oder ob sie auf die Laufzeit der Option verteilt oder ob

198 Vgl. hierzu u. a.: Glaab, Wolfgang; Werneth, Cynthia; Zimmer, Manfred: Eurodollar Deposit Futures als Prüfungsgegenstand der Internen Revision, ZIR 1984, S. 162; diese führen aus: „Der Saldo (des Margin-Kontos, Anm. des Verfassers) ist bis auf die Initial Margin disponierbar und kann folglich vom Konto abgehoben werden. Im Ergebnis handelt es sich hier um „realisierte“ Gewinne und Verluste aus schwebenden Geschäften.“

199 Vgl. Menninger, Jutta: Financial Futures und deren bilanzielle Behandlung, Frankfurt am Main, 1993, S. 131; BFA: Stellungnahme 2/1993: Bilanzierung und Prüfung von Financial Futures und Forward Rate Agreements, Die Wirtschaftsprüfung 16/1993, S. 517 f.

sie erst bei Glattstellung der Option oder bei Verfall oder Ausübung seitens des Optionsberechtigten vereinnahmt werden soll.

Dies sind nur einige Beispiele, um die Problematik der Fragestellung nach dem Zeitpunkt der Gewinnrealisierung bei Derivaten zu verdeutlichen.

Ein weiterer Grund, sich mit der Frage der Gewinn- bzw. Verlustrealisierung von Derivaten auseinanderzusetzen besteht darin, daß bekanntermaßen insbesondere Derivate zur Absicherung anderer Geschäfte und damit anderer Bilanzpositionen herangezogen werden. Die Absicherung bewirkt, kurz gesagt, ein gegenseitiges Aufwiegen von Gewinnen und Verlusten. Um die wirtschaftliche Wirklichkeit sachgerecht abzubilden, muß damit auch die gleichzeitige Erfolgswirksamkeit von Gewinnen und Verlusten aus den beiden Positionen zugelassen werden. Während in den oben erwähnten Beispielen immer die Frage eines vorgezogenen Gewinnausweises im Vergleich zum strengen Realisationsprinzip im Raum steht, kann insbesondere bei der Problematik der Hedge-Bilanzierung auch das Problem auftreten, die Gewinnvereinnahmung aus dem Sicherungsgeschäft in die Zukunft zu verschieben, so z. B. bei der Konstruktion des antizipativen Hedge. Das gesamte Problem der Hedge-Bilanzierung ist somit sehr eng an die Frage des Zeitpunktes der Ertragswirksamkeit der durch das Hedging aneinandergekoppelten Positionen gebunden. Da es sich jedoch um einen sehr komplexen und weitergehenden Diskussionskreis handelt, wird die Frage nach der Hedge-Bilanzierung nicht im Rahmen dieses Gliederungspunktes behandelt, sondern in einem gesonderten Gliederungspunkt (siehe Abschnitt 2. dieses Kapitels) besprochen. An dieser Stelle soll jedoch deutlich gemacht werden, daß auch das Problem der Hedge-Bilanzierung durch die Frage des Zeitpunktes nach der Gewinnrealisierung getragen wird.

Die Frage nach dem 'richtigen' Zeitpunkt der Gewinnrealisation ist somit quasi eine Grundsatzfrage, aus der sich mögliche andere Fragestellungen ableiten lassen bzw. die Entscheidung, welcher Zeitpunkt als der 'richtige' angesehen wird, zieht möglicherweise Probleme in anderen Bereichen nach sich oder löst die Probleme in anderen Bereichen gleich mit.

Die Frage nach dem 'richtigen' Zeitpunkt der Gewinnrealisation kann nicht in absoluter Form beantwortet werden, sondern die Beantwortung hängt immer ab von den Rechnungslegungsprinzipien, in die sich die Diskussion um die Probleme der Bilanzierung von Derivaten einbettet. In den folgenden Abschnitten werden daher die in den betrachteten Ländern einschlägigen Rechnungslegungsprinzipien in ihrer Auswirkung auf die Frage nach dem Realisationszeitpunkt von Gewinnen und Verlusten aus Wertpapier- und Derivatgeschäften untersucht. Es wird dabei auf die in den vorgelagerten Kapiteln dargelegten einschlägigen Prinzipien der Rechnungslegung Bezug genommen.

1.1. Wertansätze in Deutschland

1.1.1. Wertansätze für Wertpapiere als Grundlage für die Wertansätze von derivativen Finanzinstrumenten

Bevor auf die explizite bewertungsbezogene Behandlung von Derivaten im Detail eingegangen wird, soll zunächst der umfassendere Rahmen der Bewertung von Wertpapieren bei Banken behandelt werden. In diesen Rahmen ist die Bewertung von Derivaten eingebettet und diese wird daher im zweiten Schritt behandelt.

1.1.1.1. Strenges und gemildertes Niederstwertprinzip

Für die Bewertung von Wertpapieren in der Bilanz bei Banken ist § 340 e HGB heranzuziehen. Danach sind Forderungen und Wertpapiere nach den für das Umlaufvermögen geltenden Vorschriften zu bewerten, es sei denn, daß sie dazu bestimmt werden, dauernd dem Geschäftsbetrieb zu dienen; in letzterem Falle sind sie nach den für das Anlagevermögen geltenden Vorschriften zu bewerten. Die Wertpapiere des Anlagevermögens sind zu differenzieren nach 'wie Anlagevermögen behandelte Wertpapiere' und 'wie Anlagevermögen bewertete Wertpapiere'. Unter 'wie Anlagevermögen behandelte Wertpapiere' versteht man solche, die dem Geschäftsbetrieb auf Dauer zu dienen bestimmt sind. Sie wären dem Anlagevermögen zuzurechnen, wenn in der Bankbilanz zwischen Anlagevermögen und Umlaufvermögen unterschieden würde. Bei den 'wie Anlagevermögen bewerteten Wertpapieren' handelt es sich um die Teilmenge der 'wie Anlagevermögen behandelte Wertpapiere', die tatsächlich nach den Bewertungsvorschriften des Anlagevermögens bewertet werden. Die Bewertungsvorschriften für das Anlage- und Umlaufvermögen finden sich in § 253 HGB. Grundsätzlich gilt, daß die Wertpapiere wie alle Vermögensgegenstände höchstens mit den Anschaffungskosten anzusetzen sind. Bei emittierten Wertpapieren gilt, daß diese zu ihrem Rückzahlungsbetrag anzusetzen sind. Bei den 'wie Anlagevermögen behandelten Wertpapieren' gilt das gemilderte Niederstwertprinzip. Das gemilderte Niederstwertprinzip begründet die Unterscheidung zwischen den Begriffen 'wie Anlagevermögen behandelte' und 'wie Anlagevermögen bewertete' Wertpapiere. Wird der Begriff 'wie Anlagevermögen bewertet' gebraucht, so wird damit diejenige Teilmenge des wie Anlagevermögen behandelten Bestandes gekennzeichnet, bei der die Bank bei vorübergehender Wertminderung auf die Niederstwertabschreibung nach § 253 Abs. 2 Satz 3 verzichtet hat.[200] Da der Begriff 'wie Anlagevermögen behandelte Wertpapiere' der umfassende Begriff ist, wird er in dieser Arbeit als Oberbegriff weiter verwendet werden.

Die Abgrenzung zu den nach den Vorschriften des Umlaufvermögens bewerteten Wertpapieren erfolgt nach institutsspezifischen Gesichtspunkten. Bei diesen Wertpapieren gilt das strenge Niederstwertprinzip, d. h. sie müssen immer bei einem niedrigeren Börsen- oder Marktpreis auf diesen am Bilanzstichtag abgeschrieben werden. Das Handelsrecht sieht darüber hinaus die Möglichkeit vor, daß Abschreibungen im Umlaufvermögen vorgenommen werden dürfen, „soweit diese nach vernünftiger kaufmännischer Beurteilung notwendig sind, um zu verhindern, daß in der nächsten Zukunft der Wertansatz dieser Vermögensgegenstände auf Grund von Wertschwankungen geändert werden muß.“ [201]

1.1.1.2. Faktisch ausgehöhltes Wertaufholungsgebot

Gemäß § 253 Abs. 5 darf dieser niedrigere Wertansatz (nach gemildertem bzw. strengem Niederstwertprinzip) sowohl für Vermögensgegenstände des Anlagevermögens wie auch

[200] Vgl. Krumnow, Jürgen et al.: Rechnungslegung der Kreditinstitute - Kommentar zum Bankbilanzrichtlinie-Gesetz und zur RechKredV, Stuttgart, 1994, Tz. 159, S. 223 f.

[201] § 253 Abs. 3, Satz 3 HGB

des Umlaufvermögens beibehalten werden, auch wenn die Gründe dafür nicht mehr bestehen. Nach § 280 Abs. 1 hat diese Vorschrift keine Gültigkeit für Kapitalgesellschaften, d. h. wenn die Gründe für die Abschreibung nicht mehr bestehen, so ist der Betrag dieser Abschreibung im Umfang der Werterhöhung zuzuschreiben. Grundsätzlich sind damit Zuschreibungen zulässig, wobei der ursprüngliche Anschaffungswert gemäß § 253 Abs. 1 Satz 1 HGB die Obergrenze des Wertansatzes darstellt. Da Kreditinstitute gemäß § 340 a Abs. 1 HGB an die Vorschriften für Kapitalgesellschaften gebunden sind, sind sie prima facie auch an das Wertaufholungsgebot gebunden. Die genaue Betrachtung von konkreten Fällen zeigt jedoch, daß letztendlich das Wertaufholungsgebot bei der Bewertung von Wertpapieren und bei Derivaten bei Banken nicht greift. Um die weiteren Ausführungen hinsichtlich der faktisch kaum möglichen Wertaufholung zu untermauern, muß an dieser Stelle zunächst die Klassifikation von Wertpapieren nach dem deutschen Rechnungslegungsrecht für Banken dargestellt werden.

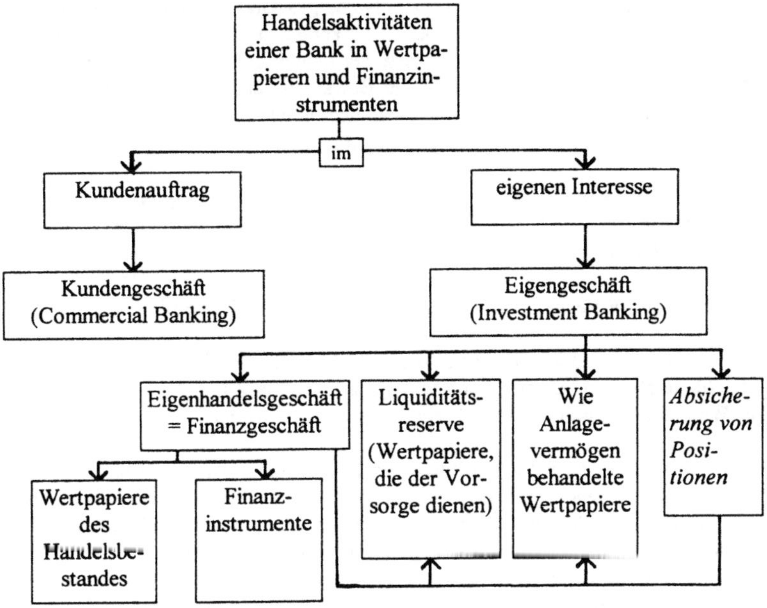

Abbildung 4: Einteilung der Handelsaktivitäten in Deutschland[202]

Im Hinblick auf die oben erwähnte faktisch kaum mögliche Wertaufholung wird die Untersuchung aufgeteilt auf die drei vom Gesetzgeber vorgegebenen Klassen von Wertpapieren. Hinsichtlich der **Liquiditätsreserve** ist in § 340 f Abs. 2 HGB explizit geregelt, daß § 280 nicht anzuwenden ist. Der niedrigere Wertansatz darf beibehalten werden, auch wenn eigentlich die Voraussetzungen für die Anwendung des Wertaufholungsgebotes gemäß § 280 HGB eingetreten sind.

[202] Vgl. Krumnow, Jürgen et al.: Rechnungslegung der Kreditinstitute - Kommentar zum Bankbilanzrichtlinie-Gesetz und zur RechKredV, Stuttgart, 1994, Tz. 21, S. 132 mit Tz. 4, S. 121 und Tz. 5, S. 122

Im Hinblick auf Wertaufholungen bei **Handelsbeständen** führt Krumnow aus: „Wertaufholungen bei Handelsbeständen *(im Originaltext fettgedruckt, Anm. des Verfassers)* von Kreditinstituten dürften nur in (sehr) seltenen Ausnahmefällen vorkommen, da im institutionalisierten Eigenhandel der Kreditinstitute die Handelsbestände mehr oder minder schnell umgeschlagen werden. Handelsbestände werden nur äußerst selten über zwei oder gar mehrere Bilanzstichtage hinweg gehalten. Eine unterlassene Zuschreibung kann sich begrifflich nur auf einen Bestand beziehen, der schon zu einem früheren Bilanzstichtag vorhanden war und auf den Abschreibungen vorgenommen wurden. Diese Zuordnung läßt sich derzeit bei i.d.R. mehrmals pro Tag umgeschlagenen Handelsbeständen nur in äußerst mühseliger und umfangreicher Kleinarbeit über einen so langen Zeitraum zurückverfolgen. Es dürfte den Kreditinstituten somit einige praktische Probleme *(im Originaltext fettgedruckt, Anm. des Verfassers)* bereiten, unterlassene Zuschreibungen überhaupt (summarisch) zu quantifizieren. Angesichts der im Kreditgewerbe bei der Wertpapierbewertung praktizierten Durchschnittsbewertung ist es ein i.d.R. nahezu unmögliches, auf jeden Fall aber überaus aufwendiges Unterfangen, das im übrigen nicht ohne gewisse Unterstellungen auskäme..." [203] Wenn man also auch in Deutschland unterstellt, daß der Gesetzgeber dem Bilanzersteller keinen unverhältnismäßig hohen und unvertretbaren Zeit- und Kostenaufwand zur Bewertung einzelner Bilanzpositionen zumutet, so kann man davon ausgehen, daß zumindest in der Praxis das Wertaufholungsgebot für Handelsbestände keine tatsächliche Bedeutung hat.

Hinsichtlich der **wie Anlagevermögen behandelten Wertpapiere** gibt es mehrere Gründe, warum die nach § 280 Abs. 1 HGB gebotene Wertaufholung in der Praxis kaum Anwendung finden kann.

a) Folgende drei Voraussetzungen[204] müssen kumulativ erfüllt sein:

- Abschreibung gemäß § 253 Abs. 2 Satz 3, § 254 Satz 1 HGB in einer Vorperiode;
- die Gründe für diese Abschreibung sind später weggefallen;
- der Wegfall der Abschreibungsgründe ist festgestellt worden.

Im Extremfall genügt die Nichterfüllung einer der oben genannten Gründe, um eine Zuschreibung nicht mehr zwingend erscheinen zu lassen. Basieren die Wertsteigerungen nicht auf dem Wegfall der ursprünglichen Abschreibungsgründe und haben diese weiter Bestand, so darf keine Zuschreibung stattfinden, auch wenn der Abschreibungsbetrag durch die Werterhöhung ganz oder teilweise kompensiert wird. Aufgrund dieser einengenden Voraussetzungen ist damit zu rechnen, daß Wertaufholungen äußerst selten durchgeführt werden.

b) In § 280 Abs. 2 HGB erlaubt der Gesetzgeber aufgrund einer Regelung mit faktisch umgekehrter Maßgeblichkeit, daß von der Zuschreibung nach dem Wertaufholungsgebot gemäß § 280 Abs. 1 HGB abgesehen werden kann, wenn der niedrigere Wertansatz bei der steuerrechtlichen Bilanzerstellung beibehalten werden kann und wenn es Voraussetzung für die Beibehaltung ist, daß der niedrigere Wertansatz auch in der Handelsbilanz beibehalten wird. Hinzu kommt, daß, wird das Wahlrecht nicht in Anspruch genommen

---

[203] Krumnow, Jürgen et al.: Rechnungslegung der Kreditinstitute - Kommentar zum Bankbilanzrichtlinie-Gesetz und zur RechKredV, Stuttgart, 1994, Tz. 114, S. 198

[204] Vgl. Krumnow, Jürgen et al.: Rechnungslegung der Kreditinstitute - Kommentar zum Bankbilanzrichtlinie-Gesetz und zur RechKredV, Stuttgart, 1994, Tz. 238, S. 272

und eine Wertaufholung durchgeführt, in der Folgebilanz nicht wieder auf den früheren zulässigen Wertansatz zurückgegriffen werden kann.[205] Dies bedeutet, daß, wenn einmal eine Zuschreibung aufgrund des Wertaufholungsgebotes durchgeführt wurde, eine erneute Abschreibung des entsprechenden Wertpapiers nicht wieder möglich ist - selbst wenn sich Gründe ergeben sollten, die für eine erneute Abschreibung sprechen.

c) Selbst der Hinweis aus § 280 Abs. 3 HGB, daß im Anhang der Betrag der im Geschäftsjahr aus steuerrechtlichen Gründen unterlassenen Zuschreibung anzugeben und hinreichend zu begründen ist, bewirkt - zumindest bei Banken - keine verstärkte Anwendung der Wertaufholung, um die Notwendigkeit der Anhangangabe und -begründung zu ersparen. Krumnow et al. begründen dies damit, daß Banken über unterlassene Zuschreibungen im Finanzanlagevermögen trotz fehlender expliziter Befreiung keine betragsmäßigen Angaben machen müssen. Eine solche Angabe würde das Saldierungswahlrecht nach § 340 c Abs. 2 HGB sowie die vorgenommenen Zuschreibungen, die im Anlagespiegel nicht gezeigt werden müssen, konterkarieren.[206]

Insgesamt spricht also sehr wenig dafür, daß das Wertaufholungsgebot bei Banken -zumindest bei der Bewertung von Wertpapieren, in welcher Klassifikationszuordnung auch immer - Anwendung findet.

1.1.1.3. Anwendung der Vorschriften auf derivative Finanzinstrumente

Schließlich ist noch zu klären, inwieweit die für Wertpapiere allgemein geltenden Bewertungsvorschriften speziell auf derivative Finanzinstrumente anzuwenden sind. Es muß also untersucht werden, in welche der genannten Klassen Derivate zugeordnet werden können.

1.1.1.3.1. Zuordnung von derivativen Finanzinstrumenten in die Kategorien des Wertpapiergeschäfts

Im Hinblick auf die Klasse der **Wertpapiere des Handelsbestandes** ist offensichtlich, daß der Gesetzgeber parallel zu dieser Klasse die Finanzinstrumente gesondert benannt hat. Die Finanzinstrumente werden daher nicht direkt in die Klasse der Wertpapiere des Handelsbestandes eingeschlossen, aber sie erhalten eine Position, die der Klasse der Wertpapiere des Handelsbestandes an der Seite steht und wie diese in die Gruppe der Eigenhandelsgeschäfte bzw. Finanzgeschäfte eingeordnet wird. Die Finanzinstrumente, die in die Gruppe der Eigenhandelsgeschäfte eingeordnet werden, erfahren dieselbe Handhabung wie die Wertpapiere des Handelsbestandes im Hinblick auf die Bewertung (strenges Niederstwertprinzip) und das Wertaufholungsgebot. Um diese Zuordnung in den Gesamtzusammenhang der Rechnungslegung bei Banken zu stellen, ist es notwendig, sich über den Zweck der Instrumente, die dem Eigenhandelsbereich zugeordnet werden, im Klaren zu sein. Allgemein sollen Instrumente, die dem Eigenhandelsbereich zugeordnet werden, zur Erzielung von Gewinnen durch die Ausnutzung von aktuellen oder zu er-

---

[205] Vgl. Krumnow, Jürgen et al.: Rechnungslegung der Kreditinstitute - Kommentar zum Bankbilanzrichtlinie-Gesetz und zur RechKredV, Stuttgart, 1994, Tz. 240, S. 273

[206] Vgl. Krumnow, Jürgen et al.: Rechnungslegung der Kreditinstitute - Kommentar zum Bankbilanzrichtlinie-Gesetz und zur RechKredV, Stuttgart, 1994, Tz. 242, S. 273

wartenden Preis-/Wertdifferenzen eingesetzt werden und dienen nicht der Aufnahme bzw. Anlage von Mitteln, der Liquiditätssteuerung, der aktiven Beteiligungspolitik oder der Verwirklichung bestimmter strategischer Ziele.[207]

Krumnow et al.[208] nennen explizit als Beispiele für Finanzinstrumente

- Optionen
- Futures
- Forward Rate Agreements
- Swaps
- Forderungen (z. B. Schuldscheindarlehen, sonstige handelbare (Buch-) Forderungen).

Im Hinblick auf die mögliche Zuordnung von Derivaten in die **Liquiditätsreserve** ist zunächst der Zweck dieser Wertpapierklasse zu untersuchen. Der Kauf von Wertpapieren, die nach dem Willen der Bank der Liquiditätsvorsorge dienen sollen, sowie deren Wiederveräußerung bei unmittelbarem Liquiditätsbedarf sind gerade aufgrund dieser Zweckbestimmung nicht dem Eigenhandel zuzuordnen. Maßgebliches Kriterium für die Zuordnung zur Liquiditätsreserve ist die Vorsorge gegen Liquiditätsrisiken, d. h. deren Vermeidung oder Begrenzung. Da Derivate dieser Zwecksetzung kaum gerecht werden können, ist zu erwarten, daß eine Zuordnung in diese Klasse - auch nach dem Willen des Gesetzgebers - schwerlich erfolgen kann. Krumnow et al. führen zwar aus, daß diese Entscheidung zwischen der Zuordnung von Wertpapieren zum Eigenhandelsbereich einerseits und der Zuordnung von Wertpapieren zur Liquiditätsreserve andererseits auch bei Finanzinstrumenten wie Schuldscheindarlehen und sonstigen handelbaren Buchforderungen notwendig ist, nennt aber explizit eben nur diese beiden Wertpapiergattungen.[209] M. E. trifft diese Aussage auf Finanzderivate nicht zu, da diese vor allem zu Zwecken des Hedging, des Trading (Eigenhandel) oder zu Spekulations- oder Arbitragezwecken eingesetzt werden. Letztlich hat der Gesetzgeber in § 340 f Abs. 1 HGB deutlich gemacht, daß in die Liquiditätsreserve Forderungen an Kreditinstitute und Kunden, Schuldverschreibungen und andere festverzinsliche Wertpapiere sowie Aktien und nicht festverzinsliche Wertpapiere einbezogen werden können. Diese Aufzählung ist abschließend zu verstehen. In § 7 Abs. 1 RechKredV[210] gibt der Gesetzgeber wiederum eine genaue und abschließende Aufzählung der Papiere, die als Wertpapier im Sinne des HGB zu erfassen sind. Hier sind Derivate nicht genannt, so daß de lege lata und de lege ferenda Derivate nicht der Klasse der Liquiditätsreserve zugeordnet werden können.

---

[207] Vgl. Krumnow, Jürgen et al.: Rechnungslegung der Kreditinstitute - Kommentar zum Bankbilanzrichtlinie-Gesetz und zur RechKredV, Stuttgart, 1994, Tz. 27, S. 135

[208] Vgl. Krumnow, Jürgen et al.: Rechnungslegung der Kreditinstitute - Kommentar zum Bankbilanzrichtlinie-Gesetz und zur RechKredV, Stuttgart, 1994, Tz. 4, S. 121

[209] Vgl. Krumnow, Jürgen et al.: Rechnungslegung der Kreditinstitute - Kommentar zum Bankbilanzrichtlinie-Gesetz und zur RechKredV, Stuttgart, 1994, Tz. 5, S. 122

[210] § 7 Abs. 1 RechKredV lautet: „Als Wertpapiere sind Aktien, Kuxe, Zwischenscheine, Investmentanteile, Optionsscheine, Zins- und Gewinnanteilscheine, börsenfähige Inhaber- und Ordergenußscheine, börsenfähige Inhaberschuldverschreibungen auszuweisen, auch wenn sie vinkuliert sind, unabhängig davon, ob sie in Wertpapierurkunden verbrieft oder als Wertrechte ausgestaltet sind, börsenfähige Oderschuldverschreibungen, soweit sie Teile einer Gesamtemission sind, ferner andere festverzinsliche Inhaberpapiere, soweit sie börsenfähig sind, und nicht festverzinsliche Wertpapiere, soweit sie börsennotiert sind. Hierzu rechnen auch ausländische Geldmarktpapiere, die zwar auf den Namen lauten, aber wie Inhaberpapiere gehandelt werden."

Hinsichtlich einer möglichen Klassenzuordnung zu den **wie Anlagevermögen behandelten Wertpapieren** ist zu beachten, daß einer Zuordnung von Derivaten zum einen deren übliche Zwecksetzung entgegenspricht (einer Daueranlageabsicht spricht z. B. auch entgegen, daß Derivate wie Optionen oder Futures sehr selten zur tatsächlichen körperlichen Lieferung führen, sondern meist durch Settlement ausgeglichen werden) und zum anderen, daß einer Zuordnung in diese Klasse ebenfalls die genaue Definition des Begriffs 'Wertpapier' gemäß § 7 Abs. 1 RechKredV entgegensteht. Hier darf nicht übersehen werden, daß Optionsscheine, die ihrem Charakter nach eine gewisse Nähe zu derivativen Finanzinstrumenten haben, durchaus der Klasse der wie Anlagevermögen behandelten Wertpapiere zugeordnet werden können.[211]

Eine 'indirekte' Zugliederung von Derivaten in jede der drei Wertpapierklassen erfolgt jedoch auf dem Umweg der Absicherung. Das Derivat wird dann der Klasse in der Form zugerechnet, als es als Sicherungsinstrument für eine zugrundeliegende Position verwendet wird, die grundsätzlich jeder der drei Klassen angehören kann. Entsprechend beeinflußt das Derivat zumindest die Bewertung der abzusichernden Position in der jeweiligen Wertpapierklasse. Die Rechnungslegungsfragen hinsichtlich Hedging werden in Abschnitt 2. dieses Kapitels näher untersucht.

1.1.1.3.2. Faktisch mögliche Wertansätze

Grundsätzlich gilt für Banken wie für alle anderen Unternehmen in Deutschland der Wertansatz zu historischen Kosten bei erworbenen Wertpapieren unter Beachtung des gemilderten bzw. strengen Niederstwertprinzips und bei Derivaten aufgrund der Zuordnung in den Bereich der Eigenhandelsgeschäfte, das strenge Niederstwertprinzip faktisch ohne das Gebot der Wertaufholung. Ansonsten ist bei Derivaten zu beachten, daß das Prinzip des Wertansatzes zu historischen Kosten im ursprünglichen Sinne nicht greift, da sie als 'schwebende Geschäfte' in der Bilanz überhaupt nicht ausgewiesen werden. Nur im Falle eines drohenden Verlustes ist eine entsprechende erfolgswirksame Vorsorge z. B. im Rahmen der Bilanzposition 'Rückstellung für drohende Verluste aus schwebenden Geschäften' zu treffen.
Zusammenfassend kann festgehalten werden, daß für Derivate sich die Bewertungsregeln aus den Vorschriften für die Wertpapierbewertung ableiten lassen, daß allerdings ein großer Unterschied hinsichtlich des Bilanzausweises existiert. Mit diesem Unterschied setzt sich das folgende Kapitel auseinander.

1.1.1.3.3. Unterschied zwischen Wertpapieren und derivativen Finanzinstrumenten bzgl. des Wertansatzes zu historischen Kosten

Ein derivatives Finanzinstrument wird nicht in die Bilanz aufgenommen aufgrund des Grundsatzes des Nichtausweises schwebender Geschäfte. Für schwebende Geschäfte gibt es allerdings keine Legaldefinition.[212] Nach herrschender Meinung werden schwebende

[211] Zu der Aufnahme von Optionsscheinen in diese Wertpapierklasse vgl. auch Krumnow, Jürgen et al.: Rechnungslegung der Kreditinstitute - Kommentar zum Bankbilanzrichtlinie-Gesetz und zur RechKredV, Stuttgart, 1994, Tz. 196 f., S. 250

[212] Vgl. Scharpf, Paul: Derivative Finanzinstrumente im Jahresabschluß unter Prüfungsgesichtspunkten - Erfassung, Abwicklung und Bildung von Bewertungseinheiten - , BFuP, 2/1995, S. 182; Elkart,

Geschäfte so definiert, daß es sich um zweiseitig verpflichtende Verträge handelt, die auf Leistungsaustausch gerichtet und von dem zur Sach- oder Dienstleistung Verpflichteten noch nicht vollständig erfüllt sind. Dabei kann es sich sowohl um Anschaffungs- wie auch um Veräußerungsgeschäfte handeln. Dauerschuldverhältnisse sind ebenfalls schwebende Geschäfte, wenn die beiden Vertragspartner zur Erbringung von Leistungen in der Zukunft (weiterhin) verpflichtet sind. Die derivativen Geschäfte in den bekannten Grundformen Optionen, Finanztermingeschäfte und Swaps fallen somit unter den Begriff der schwebenden Geschäfte. Es gibt keine direkten gesetzlichen Bestimmungen zur bilanziellen Behandlung dieser Geschäfte, d. h. der Grundsatz der Nichtbilanzierung der schwebenden Geschäfte läßt sich nur indirekt aus dem HGB entnehmen; dieser leitet sich - wie bereits in Kapitel 2. Abschnitt 4.1.3. erörtert - aus dem Vorsichtsprinzip ab. Ansprüche und Verpflichtungen aus schwebenden Geschäften sind somit nach GOB grundsätzlich nicht zu bilanzieren. Dieser Grundsatz, schwebende Geschäfte bis zur Erfüllung nicht in der Bilanz auszuweisen, bezieht sich jedoch auch nur auf diese Ansprüche und Verpflichtungen, nicht dagegen auf die aus diesen Geschäften resultierenden Zahlungen, die bis zur Beendigung des Schwebezustands geleistet werden, z. B. die upfront payments bei Swaps oder die Marginzahlungen bei Futures oder die Optionsprämien. Diese werden in der Bilanz erfolgsneutral erfaßt.[213] Insbesondere bei Swaps erscheint die Kombination aus der einerseits vorgegebenen Nichtbilanzierung des Geschäfts aufgrund seines Schwebezustands und andererseits der Ertragsvereinnahmung aufgrund der periodengerechten Zuordnung von Swapzahlungen gerade aus einem noch schwebenden Geschäft besonders beachtenswert. Wie bereits erwähnt gilt für diese schwebenden Geschäfte selbstverständlich das Imparitätsprinzip, so daß eine Verlustantizipation im Rahmen einer Rückstellung für drohende Verluste aus schwebenden Geschäften (§ 249 Abs. 1 HGB) grundsätzlich bei Vorliegen entsprechender Voraussetzungen jederzeit möglich ist.

1.1.2. Betrachtung des Grundsatzes des Nichtausweises von 'schwebenden Gewinnen'

Mögliche Gewinne über die ursprünglichen Anschaffungskosten bei Wertpapieren hinaus dürfen aufgrund des aus dem Vorsichtsprinzip abgeleiteten Imparitätsprinzips vor ihrer Realisierung, d. h. im Falle von Wertpapieren vor ihrer Liquidierung, nicht ausgewiesen und nicht vereinnahmt werden.[214] Ebenso dürfen bei Derivaten keine 'schwebenden Gewinne' vor ihrer Realisation vereinnahmt werden.

Wolfgang: Die Finanzinstrumente in der (externen) Rechnungslegung oder A Black Hole in the Balance Sheet, in: IDW (Hrsg.): Neuorientierung der Rechenschaftslegung – Bericht über die Fachtagung 1994 des Instituts der Wirtschaftsprüfer, Düsseldorf, 1995, S. 369

213 Vgl. zu den gesamten Ausführungen jeweils in Teilbereichen Scharpf, Paul: Derivative Finanzinstrumente im Jahresabschluß unter Prüfungsgesichtspunkten - Erfassung, Abwicklung und Bildung von Bewertungseinheiten - , BFuP, 2/1995, S. 182; Elkart, Wolfgang: Die Finanzinstrumente in der (externen) Rechnungslegung oder A Black Hole in the Balance Sheet, in: IDW (Hrsg.): Neuorientierung der Rechenschaftslegung – Bericht über die Fachtagung 1994 des Instituts der Wirtschaftsprüfer, Düsseldorf, 1995, S. 369; Bertsch, Andreas; Kärcher, Ralph: Derivative Instrumente im Jahresabschluß und in der Steuerbilanz, in: Eller, Roland (Hrsg.): Handbuch Derivativer Instrumente: Produkte, Strategien und Risikomanagement, Stuttgart, 1996, S. 656

214 Vgl. § 252 Abs. 4, 2. Halbsatz HGB

1.1.2.1. Grundsätzliche Überlegungen zur Bestimmung des Zeitpunktes der Gewinnrealisation

Hintergrund der Kodifikation der Gewinnrealisation im Zusammenhang mit dem Vorsichtsprinzip ist, den Ausweis unsicherer und somit indisponibler Gewinne zu verhindern.[215] Wesentlich hierbei ist die Frage nach dem Zeitpunkt der Gewinnrealisation im Verständnis des Rechnungslegungsrechts. „Folgt man der Auffassung, daß die Handelsbilanz vorrangig den entziehbaren Gewinn zu ermitteln bezweckt, so ist maßgeblich für den Gewinnausweis, wann der lieferungs- und leistungsbedingte Gewinn 'mit Quasisicherheit entstanden' ist, also verteilt werden kann.“ [216] Eine wesentliche Unterscheidung für die sich daraus ableitenden Grundsätze ordnungsmäßiger Gewinnrealisierung ist die Einteilung der Bankgeschäfte in den Bereich der Veräußerungsverträge und den Bereich der von Euler so benannten 'Nichtveräußerungsverträge'.[217] Diese Unterscheidung kann im Hinblick auf die Geschäftstätigkeit von Banken dahingehend konkretisiert werden, daß z. B. der Verkauf eines Wertpapiers oder eines Derivats dem Bereich der Veräußerungsverträge und die Überlassung einer Geldsumme im Rahmen eines Darlehensvertrages oder auch die Vereinbarung eines Swap-Vertrages dem Bereich der 'Nichtveräußerungsverträge' eingeordnet werden kann.

Grundsätzlich gilt in Deutschland als Realisationszeitpunkt von Gewinnen der Zeitpunkt der Leistungserbringung bzw. der Übergang der wirtschaftlichen Verfügungsmacht.[218]

Gewinnrealisation bei Veräußerungsverträgen bedeutet die Konkretisierung einer Wertveränderung durch einen Umsatzakt am Markt.[219] Im Falle von Wertpapieren / derivativen Finanzprodukten ist dies nach geltendem Recht auf den Zeitpunkt des Verkaufes und damit auf den Zeitpunkt der Entstehung des Anspruches auf Zahlungsempfang für den Verkaufspreis des Wertpapieres / Derivats zu beziehen. Der Zeitpunkt der Gewinnrealisierung ist also der Zeitpunkt der Aufgabe der rechtlichen Verfügungsmacht über das Wertpapier / Derivat bzw. der Zeitpunkt des Entstehens der rechtlichen und wirtschaftlichen Verfügungsmacht über den Anspruch auf Erhalt des Betrages, der als Preis für das Wertpapier / Derivat vereinbart wurde. Der Zeitpunkt des Zahlungseingangs für das verkaufte Wertpapier / Derivat ist für die Frage nach dem Zeitpunkt der Gewinnrealisation unerheblich. In entsprechenden Fällen könnte auch eine Forderung aus Wertpapierverkauf entstehen, wobei der in diesem Betrag enthaltene Gewinnanteil als Überschuß über die Anschaffungskosten bzw. den eventuell niedrigeren Buchwert in der Abrechnungsperiode, in der der Verkauf stattfand und nicht in der Periode, in der der Zahlungseingang erfolgt, ertragswirksam wird.

Während im Falle von Veräußerungsverträgen der handelsrechtliche Zeitpunkt der Gewinnrealisierung der Prüfung standhalten muß, ob der Verkäufer seinen Teil des Vertrages umfassend im Sinne von abschließend erfüllt hat, eignet sich dieses Prüfkriterium der

---

[215] Vgl. Euler, Roland: Grundsätze ordnungsmässiger Gewinnrealisierung, Düsseldorf, 1989, S. 68

[216] Euler, Roland: Grundsätze ordnungsmässiger Gewinnrealisierung, Düsseldorf, 1989, S. 70

[217] Vgl. Euler, Roland: Grundsätze ordnungsmässiger Gewinnrealisierung, Düsseldorf, 1989, S. 71 ff.

[218] Vgl. Bertsch, Andreas; Kärcher, Ralph: Derivative Instrumente im Jahresabschluß und in der Steuerbilanz, in: Eller, Roland (Hrsg.): Handbuch Derivativer Instrumente: Produkte, Strategien und Risikomanagement, Stuttgart, 1996, S. 656

[219] Vgl. Krumnow, Jürgen et al.: Rechnungslegung der Kreditinstitute - Kommentar zum Bankbilanzrichtlinie-Gesetz und zur RechKredV, Stuttgart, 1994, Tz. 84, S. 360

abschließenden Erfüllung nicht für den Bereich der Nichtveräußerungsverträge. Dauerschuldverhältnisse gelten erst mit dem Ende aller Haupt- und Nebenleistungsverpflichtungen als erfüllt. Der Gewinn dürfte somit erst mit Beendigung des gesamten Schuldverhältnisses ausgewiesen werden, was die wirtschaftlichen Sachverhalte völlig unzutreffend widerspiegeln würde. Um eine vernünftige Gewinnperiodisierung zu erreichen, muß an die sukzessiv fortschreitende Erfüllung geknüpft werden, wofür auch spricht, daß hiervon die periodische Fälligkeit der Vergütung abhängt. Somit erscheint die Vertragserfüllung als Realisationskriterium bei Dauerschuldverhältnissen geeignet, sofern man Erfüllen nicht im formalen Sinne des Erlöschens des Schuldverhältnisses, sondern als Erfüllung der vertraglichen Pflichten pro rata temporis definiert.[220] Dies gilt uneingeschränkt im Grundsatz auch für Derivate, denn so wird z. B. bei Zinsswaps der bis zum Bilanzstichtag rechnerisch entstandene Zinsanspruch als Zinsertrag realisiert. Der i. d. R. abweichende Zeitpunkt der Zahlung(en) ist für die Ertragsrealisation dagegen irrelevant. Die Forderung, Erträge des Geschäftsjahres unabhängig vom Zeitpunkt der Zahlungen im Jahresabschluß zu berücksichtigen, ist ausdrücklich auch im Grundsatz der zeitlichen Periodenabgrenzung enthalten.[221]

1.1.2.2. Probleme in der Anwendung auf derivative Finanzinstrumente

Die obenstehenden Ausführungen zu der Wirksamkeit des Realisationsprinzips in Verbindung mit dem Imparitätsprinzip gelten ebenso für die Bewertung von derivativen Finanzinstrumenten im Jahresabschluß. Im Hinblick auf Derivate ergeben sich jedoch einige Besonderheiten, die bei der Frage nach der Bewertung und der Erfolgsrealisierung beachtet werden müssen.

Zum einen handelt es sich um die Frage des zeitlichen Hinausschiebens der ertragswirksamen Vereinnahmung von Gewinnen, denn das Realisationsprinzip ist so zu interpretieren, daß Gewinne zwar nicht vor Realisation vereinnahmt werden dürfen, aber die ertragswirksame Vereinnahmung ohne besondere Gründe auch nicht zeitlich nach dem Realisationszeitpunkt auf spätere Abrechnungsperioden in die Zukunft verlagert werden kann. Es dreht sich um die Frage der Zulässigkeit der Bildung von Bewertungseinheiten, in denen zwar auf der einen Seite im Rahmen der handelsrechtlichen und GOB-bezogenen Möglichkeiten keine antizipativen Verluste ausgewiesen werden müssen, aber im besonderen Falle eines antizipativen Hedge auch bereits realisierte Gewinne in die Zukunft auf spätere Abrechnungsperioden verlagert werden dürfen. Es handelt sich also um die Problematik der Verrechnung unrealisierter Erfolgsbeiträge sowie die Abgrenzung von realisierten Erfolgsbeiträgen.[222] Diese Fragestellungen werden in Abschnitt 2 dieses Kapitels behandelt.

---

220 Vgl. Euler, Roland: Grundsätze ordnungsmässiger Gewinnrealisierung, Düsseldorf, 1989, S. 76 f.

221 Vgl. Bertsch, Andreas; Kärcher, Ralph: Derivative Instrumente im Jahresabschluß und in der Steuerbilanz, in: Eller, Roland (Hrsg.): Handbuch Derivativer Instrumente: Produkte, Strategien und Risikomanagement, Stuttgart, 1996, S. 656

222 Vgl. Zielke, Wolfgang: Internationale Aspekte der Bilanzierung derivativer Geschäfte im Jahresabschluß von Industrieunternehmen, in: Ballwieser, Wolfgang et al. (Hrsg.): Bilanzrecht und Kapitalmarkt - Festschrift zum 65. Geburtstag von Professor Dr. Dr. h.c. Dr. h.c. Adolf Moxter, Düsseldorf, 1994, S. 509 f.

Zum anderen wird in der deutschen Literatur gerade die Frage nach dem Realisationszeitpunkt von Gewinnen aus Derivatgeschäften, die nach deutschem Verständnis als 'schwebende Geschäfte' klassifiziert werden, sehr kontrovers diskutiert. Die Problematik bezieht sich darauf, inwieweit ein Abweichen von den üblichen (z.B. für Wertpapiere geltenden) Konventionen zum Gewinnrealisationszeitpunkt möglich bzw. eventuell sogar geboten ist. Hier wird das aus dem anglo-amerikanischen Bereich stammende Mark-to-Market-Bewertungsprinzip betrachtet, nach dem nach deutschem Verständnis 'unrealisierte Gewinne' ausgewiesen bzw. ertragswirksam vereinnahmt werden.

1.1.2.3. Einführung des Mark-to-Market als speziellen Grundsatz

1.1.2.3.1. Diskussion zu möglichen Problemen

Um den Stand der Diskussion in Deutschland zu diesem Thema etwas näher zu beleuchten, sollen im folgenden exemplarisch einige Aussagen in der Literatur wiedergegeben werden. Insbesondere die Entwicklung der Diskussion in Deutschland ist aufschlußreich. Während Prahl/Naumann noch 1991 vor einer Neuformulierung des Realisationsprinzips warnen, da eine generelle Mark-to-Market-Bewertung mit den geltenden deutschen Gewinnermittlungsvorschriften nicht übereinstimme[223], relativieren sie diese Aussage bereits 1992: „Es steht ... außer Frage, daß in der Bundesrepublik Deutschland eine generelle Mark-to-Market-Bewertung auch in der Bankbilanz nicht statthaft *(ab „generelle" im Original kursiv gedruckt, Anm. des Verfassers)* sein kann ... Über die Zulässigkeit der Mark-to-Market-Bewertung im Rahmen des Hedge-Accounting *(ab „Zulässigkeit" im Original kursiv gedruckt, Anm. des Verfassers)* als zunächst branchenbezogenen Grundsätze ordnungsmäßiger Buchführung mit spezifischen Gewinnermittlungsnormen kann man indes streiten ... Eine Übertragung auf andere bankgeschäftliche Tätigkeiten als den Handel kommt weder für das Hedge-Accounting auf Makro-Basis noch für den Portfolio-Ansatz in Betracht. Weder das Hedge-Accounting noch der Portfolio-Ansatz sind Instrumente, um die deutschen Rechnungslegungsvorschriften mit ihren vorsichtigen Gewinnermittlungsregeln quasi durch die Hintertür auszuhebeln *(ab „Weder" im Original kursiv gedruckt, Anm. des Verfassers)*; keinesfalls darf man im Umkehrverfahren die für Handelsaktivitäten als sachgerecht erkannt Mark-to-Market-Bewertung auf die gesamte Universalbank übertragen." [224] 1994 dagegen vertreten sie deutlich die Position, daß bei Bewertungseinheiten jeglicher Art (vor allem insbesondere im Hinblick auf die Portfolio-Betrachtung), das Mark-to-Market-Accounting auch in Deutschland eingeführt werden müsse: „Solche *(gemeint sind „ganze Portfolios", Anm. des Verfassers)* Bewertungseinheiten können aufgrund des häufigen Umschlagens von Grund- und Sicherungsgeschäften zudem nicht mehr auf Anschaffungskostenbasis dargestellt werden, sondern basieren auf einem Mark-to-Market-Ansatz, der sich durch das konsequente Durchbuchen aller Geschäfte nach weltweitem Vorbild auszeichnet. Flankiert werden muß das Mark-to-Market allerdings durch eine spezifische Risikovorsorge z. B. für potentielle Adressenausfall-, Rechtsdurchsetzungs- und Spreadrisiken, die in den USA direkt durch Rückstellungsbildung erfolgt. An dieser international bewährten Lösung führt zumindest über

[223] Vgl. Prahl, Reinhard; Naumann, Thomas: Zur Bilanzierung von portfolio-orientierten Handelsaktivitäten der Kreditinstitute, Die Wirtschaftsprüfung, 23/1991, S. 736

[224] Prahl, Reinhard; Naumann, Thomas: Moderne Finanzinstrumente im Spannungsfeld zu traditionellen Rechnungslegungsvorschriften: Barwertansatz, Hedge-Accounting und Portfolio-Approach, Die Wirtschaftsprüfung, 23/1992, S. 718

mittlere Frist kein Weg vorbei. Die aktuelle bilanzrechtliche Diskussion stellt sich diesen Herausforderungen nicht, sondern beschränkt sich auf eine nicht näher begründete Negation der sachlichen Notwendigkeit eines Mark-to-Market gestützten Ansatzes. Diese oftmals dogmatische Haltung gegenüber den drängenden Problemen des Tages ist der Sache nicht dienlich: Sie führt lediglich dazu, daß über die in der Praxis durchaus nicht seltene Bildung von (Makro-) Bewertungseinheiten der Mantel des Schweigens gehüllt wird." [225] Für die Einführung der Mark-to-Market-Bewertung setzt sich auch Kaltenhauser bereits 1993 deutlich ein.[226] Krumnow geht 1994 bereits davon aus, daß die sich widerspruchsfrei in das GOB-System einfügenden Rechnungslegungsgrundsätze für Handelsaktivitäten auch ein Mark-to-Market für nachhaltig gesicherte Bestände beinhalten.[227] Krumnow unterstreicht in seiner Argumentation die Notwendigkeit der Anwendung des Mark-to-Market für den Eigenhandelsbereich: „Für die Darstellung dieser durch Dynamik und hohe Umschlagshäufigkeit der Kassainstrumente und vor allem der Derivate gekennzeichneten Handelsaktivitäten bietet sich die im angelsächsischen Raum allgemein anerkannte „mark-to-market Bewertung" zumindest als ein möglicher, vielleicht sogar als der einzig sinnvolle, Ansatz an." [228] Krumnow untermauert diese Forderung weiter: „Der Mark-to-Market-Ansatz schafft eine über jegliche subjektiven Momente erhabene willkürfreie und nachvollziehbare Grundlage für einen internationalen Vergleich. Er ist frei von institutsindividuellen Entscheidungen über die Zusammensetzung von Bewertungseinheiten und unterliegt auch keinen eventuell denkbaren Zweifeln ertragslagebeeinflußter Änderungen. Durch den Mark-to-market-Ansatz erhielt insofern, entgegen einer zunächst zu erwartenden Einschätzung, die deutsche Rechnungslegung sogar ein Gütesiegel. Ohne diese Öffnung gegenüber den Investorinteressen geraten die deutschen Kreditinstitute sonst im weltweiten Konkurrenzkampf um den Engpaßfaktor Eigenkapital zusehends ins Hintertreffen. Einen unauflöslichen Widerspruch zur deutschen Zieldominanz des Vorsichtsprinzips und des Gläubigerschutzes riefe der Übergang zum Mark-to-market-Ansatz für die Handelsaktivitäten der Kreditinstitute nicht hervor. Es gilt vielmehr, bei Kreditinstituten zwischen der Mark-to-Market-Durchbuchung im Nettoertrag aus Finanzgeschäften und den Gläubigerschutzerwägungen eine Brücke zu schlagen." [229] Steiner/Tebroke/Wallmeier fordern 1995 deutlich die Einführung des Mark-to-Market-Accounting für die deutsche Rechnungslegung: „Zwischen der in Deutschland geführten Diskussion und der internationalen Entwicklung in diesem Bereich besteht eine Kluft, die durch das Anschaffungswertprinzip und insb. auch das Imparitätsprinzip nach deutschem Recht bedingt ist. Solange die Aufhebung des Imparitätsprinzips bei der Bewertung von Finanzinstrumenten nicht in Betracht kommt, richten sich Bestrebungen zur Weiterentwicklung des Hedge-Accounting in Deutschland fast zwangsläufig auf den (kompensatorischen) Portfolioansatz. Dieser Ansatz weist einen gangbaren Weg, die unerwünschten

[225] Prahl, Reinhard; Naumann, Thomas: Geheimniskrämerei um Bewertung ist nicht mehr zeitgemäß, Handelsblatt, 22.09.1994, S. B 9

[226] Vgl. Kaltenhauser, Helmut: Risiko-Management von derivativen Finanzprodukten, Zeitschrift für das gesamte Kreditwesen, 8/1993, S. 346

[227] Vgl. Krumnow, Jürgen: Die deutschen Rechnungslegung auf dem Weg ins Abseits? Ein Ausblick nach der vorläufig abgeschlossenen EG-Harmonisierung, in: Ballwieser, Wolfgang et al. (Hrsg.): Bilanzrecht und Kapitalmarkt - Festschrift zum 65. Geburtstag von Professor Dr. Dr. h.c. Dr. h.c. Adolf Moxter, Düsseldorf, 1994, S. 692

[228] Krumnow, Jürgen: Das derivate Geschäft als Motor des Wandels für das Bankcontrolling, Manuskript zum Vortrag im Rahmen des Symposiums „Erste Erfahrungen mit den neuen Rechnungslegungsvorschriften für Kreditinstitute" in Frankfurt, 19.09.1994, S. 15

[229] Krumnow, Jürgen: Anteilseigner und Investoren wollen mehr Transparenz, Handelsblatt, 28.11.1994, S. 26

Konsequenzen des Imparitätsprinzips abzuschwächen, indem unrealisierte Verluste nicht einzelgeschäftsbezogen, sondern auf Portfolioebene antizipiert werden. Ungeachtet dieser Möglichkeit sollte man in Deutschland die ablehnende Haltung zur Marktbewertung im Jahresabschluß kritisch überdenken. International ist die Marktbewertung für börsennotierte Wertpapiere und börsengehandelte Derivate heute bereits üblich.“ [230]

Gebhardt betrachtet 1996 die Akzeptanz der Marktbewertung unter dem Aspekt der Quasisicherheit näher. Er vertritt die Meinung, daß die Berücksichtigung der Marktwertänderung von Derivaten und anderen Finanzinstrumenten - zumindest soweit sie an liquiden Märkten gehandelt werden - bereits de lege lata einer zweckentsprechenden Auslegung des Realisationsprinzips entsprechen. Hierzu müssen die Erfolgsbeiträge jedoch problemlos realisierbar sein, da sie dann das Stadium der Quasisicherheit erreicht haben. „Es liegt der Gedanke nahe, die Verwendung von Marktwerten auf die Finanzinstrumente zu beschränken, für die zuverlässige und objektivierbare Marktwerte vorliegen. Diese Vorstellung könnte man weiter dergestalt operationalisieren, daß man Marktwerte nur aufgrund allgemein anerkannter Notierungen auf hinreichend liquiden Märkten akzeptiert. Finanzinstrumente, für die keine Marktwerte vorliegen, die diesen hohen Ansprüchen genügen, sollten dann weiterhin auf der Grundlage des Anschaffungswertprinzips imparitätisch bewertet werden.“ [231] Ergebnisse, die diesen hohen Ansprüchen bei der Marktbewertung genügen, können nach Gebhardt dann auch in die Ausschüttungsbemessungsgrundlage in vollem Umfange einfließen.

Brackert/Prahl/Naumann schließen an ihre Ausführungen zur vollen erfolgswirksamen Vereinnahmung von Ergebnisbeiträgen aus der Marktbewertung jedoch an: „In einem zweiten Schritt mag man sich fragen, ob man aus Gründen des Gläubigerschutzes und der Kapitalerhaltung gewisse Beträge als zurückbehaltungspflichtig deklariert. ... Die sich aus der Marktbewertung des ersten Schritts ergebenden Nettogewinne würden im zweiten Schritt um eine Money-at-Risk-Ziffer gekürzt.“ [232] Die Autoren begründen diesen Vorschlag auch damit, daß „die Reservierung risikogerechter Beträge jedenfalls zu einer erhöhten Akzeptanz der Marktbewertung in Deutschland beitragen“ [233] könnte. In anderen Literaturstellen wird jedoch noch deutlicher über die Möglichkeit der Ausschüttungssperre - und zwar ganz konkret für den die 'Nullinie der Aufrechnung von unrealisierten Verlusten mit unrealisierten Gewinnen' überschreitenden Gewinn - diskutiert bzw. vorgeschlagen. So z. B. von KPMG, die zunächst den Abzug risikogerechter Beträge von dem Ergebnis aus der Marktbewertung des Handelsbestandes bereits de lege lata als gerechtfertigt im Hinblick auf die Ausschüttungsbemessungsfunktion ansehen, welche aber für die andere Möglichkeit, nämlich die Festlegung von konkreten Ausschüttungssperren eine Gesetzesänderung als notwendig erachten.[234] Auch Sprißler bestätigt, daß eine Aus-

[230] Steiner, Manfred; Tebroke, Hermann-Josef; Wallmeier, Martin: Konzepte der Rechnungslegung für Finanzderivate, Die Wirtschaftsprüfung, 16/1995, S. 542

[231] Gebhardt, Günther: Probleme der bilanziellen Abbildung von Finanzinstrumenten, BFuP, 5/1996, S. 579

[232] Brackert, Gerhard; Prahl, Reinhard; Naumann, Thomas: Neue Verfahren der Risikosteuerung und ihre Auswirkungen auf die handelsrechtliche Gewinnermittlung, Die Wirtschaftsprüfung, 16/1995, S. 554

[233] Brackert, Gerhard; Prahl, Reinhard; Naumann, Thomas: Neue Verfahren der Risikosteuerung und ihre Auswirkungen auf die handelsrechtliche Gewinnermittlung, Die Wirtschaftsprüfung, 16/1995, S. 554

[234] Vgl. KPMG: Financial Instruments - Einsatzmöglichkeiten * Risikomanagement und Risikocontrolling * Rechnungslegung * Besteuerung, Frankfurt am Main, 1995, S. 146

schüttungssperre nicht mit geltendem Recht vereinbar ist. Laut Sprißler möchte auch das Bundesaufsichtsamt für das Kreditwesen sichergestellt haben, daß bei einer eventuellen Zulassung des MTM-Prinzips die bei der bilanziellen Höherbewertung anfallenden Gewinne nicht vorzeitig ausgeschüttet werden.[235]

Steiner et al. sprechen sich ebenfalls für eine Einführung der Marktbewertung in Deutschland aus - auch im Hinblick auf die internationale Entwicklung.[236] Sie weisen jedoch darauf hin, daß durch die bewußte Nichtausnutzung des Wahlrechts der EG-Bankbilanzrichtlinie, die Anwendung des MTM in Deutschland nicht zulässig ist: „Nach Art. 36 Abs. 2 der EG-Bankbilanzrichtlinie war es den EU-Mitgliedstaaten freigestellt, die Marktbewertung börsennotierter Wertpapiere gesetzlich vorzuschreiben. Der deutsche Gesetzgeber hat von dieser Möglichkeit aber keinen Gebrauch gemacht. Die Anwendung des Marking to Market ist damit in Deutschland weiterhin nicht zulässig." [237] Sie ergänzen die Befürwortung einer möglichen Einführung des MTM in Deutschland durch einen weiteren Vorteil im Hinblick auf die angeschlossene Problematik der Hedge-Rechnungslegung: „Da der Einzelbewertungsgrundsatz gewahrt bleibt, ist die Marktbewertung die am leichtesten objektivierbare Methode des Hedge-accounting. Sie zeichnet sich außerdem dadurch aus, daß sie den in der internen Performance-Messung und Risikosteuerung bevorzugten Wertmaßstab übernimmt und auf diese Weise eine Verknüpfung der internen mit der externen Rechnungslegung erleichtert." [238]

Gebhardt weist auf einen weiteren Aspekt hin, der jedoch im deutschen Schrifttum derzeit noch auf wenig Beachtung stößt, nämlich daß bei Einführung der Marktbewertung „für derivative Finanzinstrumente auch gegen den ... Grundsatz der „Nicht-Bilanzierung von schwebenden Geschäften" verstoßen wird".[239] Dies resultiert letztlich in der Erkenntnis, daß Derivate on-balance erscheinen, so wie dies in den USA inzwischen ausdrücklich vorgegeben wird im Rahmen des neuen FASB-Proposal.

Sprißler[240] untersucht in breiterem Rahmen die Vor- und Nachteile der Einführung einer MTM-Bewertung in Deutschland. Als Nachteile werden gesehen:

- Die Vereinnahmung unrealisierter Gewinne würde über die Ausschüttung und Besteuerung einen realen Zahlungsausfluß auslösen, welcher refinanziert werden muß.
- Die GuV würde sehr viel volatiler werden. Bisher wirkte das Anschaffungskostenprinzip stabilisierend bzw. nivellierend. Allerdings schreibt Sprißler quasi entschuldi-

235 Vgl. Sprißler, Wolfgang: Das Derivategeschäft und seine Bilanzierung bei deutschen Kreditinstituten, in: Ballwieser, Wolfgang (Hrsg.): Rechnungslegung - Warum und Wie, Festschrift für Hermann Clemm zum 70. Geburtstag, München, 1996, S. 386

236 Vgl. Steiner, Manfred; Tebroke, Hermann-Josef; Wallmeier, Martin: Konzepte der Rechnungslegung für Finanzderivate, Die Wirtschaftsprüfung, 16/1995, S. 542

237 Steiner, Manfred; Tebroke, Hermann-Josef; Wallmeier, Martin: Konzepte der Rechnungslegung für Finanzderivate, Die Wirtschaftsprüfung, 16/1995, S. 540

238 Steiner, Manfred; Tebroke, Hermann-Josef; Wallmeier, Martin: Konzepte der Rechnungslegung für Finanzderivate, Die Wirtschaftsprüfung, 16/1995, S. 539

239 Gebhardt, Günther: Probleme der bilanziellen Abbildung von Finanzinstrumenten, BFuP, 5/1996, S. 579

240 Vgl. Sprißler, Wolfgang: Das Derivategeschäft und seine Bilanzierung bei deutschen Kreditinstituten, in: Ballwieser, Wolfgang (Hrsg.): Rechnungslegung - Warum und Wie, Festschrift für Hermann Clemm zum 70. Geburtstag, München, 1996, S. 382 - 388

gend hinzu, daß diese Schwankungen vor dem Hintergrund sich permanent verändernder Marktverhältnisse international üblich und unvermeidlich sind.

Sprißler nennt jedoch auch weitere Vorteile:

- Das MTM ist einfach und transparent. Es gewährleistet eine willkürfreie, eindeutig nachvollziehbare und nachprüfbare Erfolgsermittlung.
- Es würde die derzeit noch stark institutsindividuell definierten Bewertungseinheiten überflüssig machen. M. E. fehlt aber bei diesem Argument - wie bei den meisten deutschen Literaturstellen, die dieses Argument vertreten - der Hinweis auf die nach wie vor zu findende Regelung für antizipative Hedges.
- Mit der Einführung des MTM würde sich Deutschland dem internationalen Weg anschließen und ein deutscher Sonderweg vermieden. Sprießler schreibt (m. E. zu recht): „Ist unsere „sophisticated" Diskussion über Mikro-, Makro- und Portfolio-Hedge im Ausland überhaupt noch nachvollziehbar? Es besteht hier die Gefahr, daß wir mit dieser Diskussion die Akzeptanz der deutschen Rechnungslegung, die derzeit ja sowieso nicht besonders gut ist, nicht gerade positiv befruchten." [241]
- Rechnungslegungsprinzipien sind auch Bestandteil des Wettbewerbs unterschiedlicher Systeme. Deutsche Banken stehen in Konkurrenz insbesondere mit Banken aus dem anglo-amerikanischen Bilanzierungs- und Bewertungsbereich. Sie würden einen gravierenden Nachteil erleiden, wenn sie nicht auch so bewerten dürfen wie diese Konkurrenz.
- Selbst Länder, die unserem Rechnungslegungsverständnis sehr nahe sind, haben das MTM-Prinzip eingeführt. Sprißler nennt Österreich (seit 1994) und die Schweiz (seit 1995). Hier könnte nach der ganz aktuellen Entwicklung auch Japan genannt werden. Nachdem diese Ländern den Weg nicht über die Bewertungseinheit sondern über die Übernahme des MTM im Handelsbereich bevorzugen, wird Deutschland wohl bald international und selbst in Europa im Abseits stehen.
- Die EG-Bankbilanzrichtlinie sieht in Form eines Mitgliedstaatenwahlrechts die Möglichkeit der Bewertung zu Marktwerten für Wertpapiere des Handelsbestands und damit auch für daraus abgeleitete Derivate vor. Der deutsche Gesetzgeber hat dieses Wahlrecht - im übrigen im vollen Einklang mit der seinerzeitigen Auffassung des Kreditgewerbes - nicht übernommen. Hier könnte im Zusammenhang mit der Überprüfung sämtlicher Mitgliedstaatenwahlrechte auf EG-Ebene 1998 das Mark-to-Market-Prinzip dann gleichermaßen in deutsches Recht Eingang finden.

Es gibt jedoch nach wie vor Skeptiker hinsichtlich einer umfassend eingeführten Mark-to-Market-Bewertung, so z. B. Scharpf: „Die zunehmend geforderte Mark-to-Market-Bewertung würde die angesprochenen Probleme vermutlich elegant lösen. Sie soll hier nicht pauschal abgelehnt werden, sie entspricht jedoch nicht der derzeit bestehenden Gesetzgebung. Bei der Bewertung von Portfolios wird sie bereits heute in bestimmtem Umfang angewendet. Solange der Gesetzgeber die einschlägigen Bilanzierungs- und Bewertungsvorschriften nicht entsprechend ändert oder sich entsprechende Grundsätze ordnungsmäßiger Bilanzierung herausgebildet haben, muß zunächst ein anderer Lösungs-

[241] Sprißler, Wolfgang: Das Derivategeschäft und seine Bilanzierung bei deutschen Kreditinstituten, in: Ballwieser, Wolfgang (Hrsg.): Rechnungslegung - Warum und Wie, Festschrift für Hermann Clemm zum 70. Geburtstag, München, 1996, S. 384

weg eingeschlagen werden.“ [242] Dieser Lösungsweg besteht nach Scharpf in GOB für die Bildung und Anerkennung von Bewertungseinheiten. Beine untersucht eine möglicherweise aus der Generalnorm des § 264 Abs. 2 HGB gebotene Anwendung der Mark-to-Market-Bewertung und kommt zu dem ablehnenden Schluß: „Darüber hinaus erscheint eine vermeintlich modernere Tageswertbilanzierung auch de lege ferenda nicht geeignet, den true and fair view inhaltlich zu erneuern. Für eine auf Individualschutz ausgerichtete, externe Rechnungslegung kommt es primär auf eine hinreichende Objektivierung an. Dem trägt eine durch Anschaffungspreise konkretisierte Bewertung ungeachtet der zu erwartenden Zwangsreserven eher Rechnung als eine aktuellere Bewertung mit Preisen, die entweder der Volatilität der Finanzmärkte oder unsicheren Schätzungen ausgesetzt sind.“ [243]

1.1.2.3.2. Lösungsansätze

Die Diskussion in Deutschland um den Realisationszeitpunkt von Gewinnen im Eigenhandelsgeschäft und insbesondere bei derivativen Finanzgeschäften ist also in vollem Gange. Dabei werden mehrere Lösungsansätze vorgeschlagen:

1) Beschränkung des Mark-to-Market-Accounting auf den in Deutschland anerkannten Bereich des Hedge-Accounting

Diesen Weg schlägt Scharpf vor. Die Vorgehensweise orientiert sich streng an dem derzeit in Deutschland vom Gesetzgeber vorgegebenen Rahmen bzw. den GOB, die sich bislang bezüglich der Anerkennung der Bildung von Bewertungseinheiten im Jahresabschluß herausgebildet haben. Teilweise wird eine Erweiterung der Anerkennung von Bewertungseinheiten z. B. auf den Portfolio-Hedge vorgeschlagen.

Der gesamte Bereich des Hedge-Accounting wird im Abschnitt 2 dieses Kapitels ausführlich erörtert.

2) Keine Veränderung der derzeitig gültigen Grenzen der Anwendung des Mark-to-Market-Accounting (entsprechend dem 1. Vorschlag), jedoch ergänzende Ausführungen zu den aktuellen Marktwerten von Wertpapieren und Derivaten, die sich im Handelsbestand der Bank befinden, im Anhang.

So schlagen beispielsweise Steiner/Tebroke/Wallmeier, die eigentlich eine Einführung des Mark-to-Market-Accounting im Rahmen der bilanziellen Bewertung fordern, zunächst diesen Weg vor, um unter dem heutigen gesetzlichen Rahmen die Nachteile im Hinblick auf die Informationslage für Investoren sofort zu verbessern. Sie führen aus: „Wenn Finanzinstrumente zu ihren Anschaffungskosten bilanziert werden, ist eine Aufstellung über die Marktwerte (dieses Wort im Original kursiv gedruckt, Anmerkung des Verfassers) der einzelnen Arten derivativer Geschäfte ... eine wichtige Zusatzinformation für die Jahresabschluß-Adressaten. Auf die Nominalbeträge bezogene Angaben reichen nicht aus, um die Risikointensität der Geschäfte zu beurteilen. Die Marktwerte sollten

[242] Scharpf, Paul: Derivative Finanzinstrumente im Jahresabschluß unter Prüfungsgesichtspunkten - Erfassung, Abwicklung und Bildung von Bewertungseinheiten - , BFuP, 2/1995, S. 184

[243] Beine, Frank: Scheinkonflikte mit dem True and Fair View, Die Wirtschaftsprüfung, 14/1995, S. 473

nach Restlaufzeiten der Instrumente gegliedert sein und für Kauf- und Verkaufspositionen getrennt ausgewiesen werden.“ [244]

3) Einführung des Mark-to-Market-Accounting für den gesamten Eigenhandelsbereich, wobei z. T. differenziert wird in die Zulassung dieser Bewertungsmethode nur für den Bereich der derivativen Finanzinstrumente oder auch für den Bereich der Wertpapiere des Handelsbestandes in Verbindung mit einer Ausschüttungssperre, um auf der einen Seite der verbesserten Information für den Investor Rechnung zu tragen und auf der anderen Seite die deutsche Zielsetzung des Gläubigerschutzes zu beachten.

Den Hinweis auf eine Ausschüttungssperre bringen Beine und Schildbach, beide jedoch eher kritisch. Beine weist darauf hin, daß eine Ausschüttungssperre nach geltendem Recht nicht aus den derzeitig gültigen deutschen Rechnungslegungsvorschriften ableitbar wäre, auch nicht aus der Generalnorm der § 264 Abs. 2 HGB. Die Forderung einer Ausschüttungssperre stelle eine Rechtsfortbildung dar, die jedoch allenfalls dem Richter, nicht aber dem Abschlußprüfer gestattet sei.[245] Schildbach beurteilt die in der deutschen Diskussion befindliche Möglichkeit der Einführung von Ausschüttungssperren folgendermaßen: „Ein Übergang auf eine der Varianten angelsächsischer Rechnungslegung würde dem Schutz durch einen vorsichtigen Gewinn den Boden entziehen. Welchen Schutz alternative Ausschüttungssperren bieten, läßt sich so lange nicht verläßlich beurteilen, wie solche Alternativen im Dunkel bleiben.“ [246]

Krumnow vertritt dagegen sehr offensiv die Einführung des Mark-to-Market-Accounting in Verbindung mit einer Ausschüttungssperre, wobei er jedoch gleichzeitig auf mögliche längerfristige Folgen hinweist. Krumnow gibt darüber hinaus auch bereits detaillierte Vorschläge über eine buchungstechnische Umsetzung der Ausschüttungssperre im deutschen Rechnungslegungsabschluß: „Verbindendes Element *(zwischen Mark-to-Market-Bewertung und Gläubigerschutz, Anmerkung des Verfassers)* könnte hierfür die gesonderte Betrachtung der als unrealisiert erachteten Erträge sein, wenn diese zwar mark-to-market bewertet voll in den Nettoertrag aus Finanzgeschäften einfließen, aber gleichzeitig im Wege einer „Ausschüttungssperre“ dem Gläubigerschutz bis zur Realisierung erhalten bleiben. Durch diesen Lösungsansatz wäre sichergestellt, daß deutsche Kreditinstitute zu einem Eigenhandelsergebnis gelangen, wie es dem Ergebnis der auf Investmentbanking-Aktivitäten spezialisierten Institute vergleichbar wäre. Das Argument, daß der einer Ausschüttungssperre unterliegende Teil der Erträge an späterer Stelle in der Gewinn- und Verlustrechnung ohnehin wieder zu kürzen ist bzw. daß der formale Doppelschritt eines Bruttoausweises im Eigenhandelsergebnis mit anschließender Kürzung per saldo zu keinem anderen Gesamtergebnis führe, läuft ins Leere: Nicht die Gesamt-GuV der Universalbank, sondern nur der Nettoertrag aus Finanzgeschäften stellt die Basis für einen Vergleich mit dem Investmentbanking dar. ... Angesichts des dringenden Handlungsbedarfs sind daher insbesondere Bilanzfachleute und Wirtschaftsprüfer aufgefordert, eingehendere Vorschläge für einen gangbaren Weg zur Mark-to-market-Bewer-

[244] Steiner, Manfred; Tebroke, Hermann-Josef; Wallmeier, Martin: Konzepte der Rechnungslegung für Finanzderivate, Die Wirtschaftsprüfung, 16/1995, S. 543 f.

[245] Vgl. Beine, Frank: Scheinkonflikte mit dem True and Fair View, Die Wirtschaftsprüfung, 14/1995, S. 473

[246] Schildbach, Thomas: Rechnungslegungsideale, Bilanzkulturen, Harmonisierung und internationaler Wettbewerb, Betriebs-Berater, 51-52/1995, S. 2642

tung von Handelsaktivitäten auch für die deutsche Rechnungslegung zu unterbreiten.“ [247] Krumnow weist aber auch - in Rückgriff auf Moxter - auf mögliche zukünftige Folgen der Einführung von ‘gläsernen und geschlossenen Taschen’ hin, nämlich auf die Erfahrung, daß gläserne Taschen kaum verschlossen zu halten sind.[248]

Mauritz, der konsequent die Marktbewertung für alle Finanzinstrumente de lege ferenda fordert, geht sogar soweit in Frage zu stellen, ob die Einführung einer Ausschüttungssperre notwendig ist.[249]

Diese letzten beiden Lösungswege zeigen indes, daß die zunächst aus dem Bereich der Fragestellung nach dem ‘richtigen’ Gewinnrealisationszeitpunkt bei Derivaten und den hier vorgeschlagenen Lösungswegen im Hinblick auf die Anwendung des Mark-to-Market-Accounting bereits schon extrapoliert wird. D. h., es wird überlegt, diese mögliche Lösung, die ursprünglich aus der Problematik der zur Sicherung eingesetzten Derivate stammt, auch wieder auf den gesamten Wertpapierbereich - und zwar auch unabhängig davon, ob dieses Wertpapier gehedgt ist - auszudehnen. Die Diskussion zeigt auch, daß von Seiten der Bank - hier Krumnow als Vertreter der Großbanken - die Einführung des Mark-to-Market-Accounting gefordert, wogegen von wissenschaftlicher Seite z. T. eine zögerliche Haltung gegen die Einführung eingenommen wird. Großbanken sehen sich also auch im Hinblick auf ihre Rechnungslegung internationalen Vergleichen von Investoren und Aktionären ausgesetzt, wobei das US-amerkanische Recht mit dem Primat der Investororientierung die Vorgaben gibt.

Trotzdem die Diskussion in Deutschland sehr lebhaft ist, ist von Seiten des Gesetzgebers bislang noch nichts greifbares unternommen worden, um bei Handelsgeschäften mit Derivaten die Marktwertbilanzierung gesetzlich zu verankern. Eine Marktbewertung von Derivaten, die möglicherweise bereits von Banken in Deutschland handelsbilanziell vorgenommen wird, steht so außerhalb der derzeit gültigen Gesetze.

Während allerdings noch 1994 kaum damit gerechnet wurde, daß der deutsche Gesetzgeber der Forderung nach der Marktbewertung der Handelsbestände bei Banken in nächster Zukunft nachgeben wird[250], schreiben Scharpf/Luz bereits 1996: „Presseberichten zufolge ist eine Gesetzesänderung bezüglich der Bewertung der Handelsaktivitäten der Kreditinstitute geplant. Diskutiert wird, ob § 340 e HGB um einen dritten Absatz ergänzt werden soll, der vorsieht, daß Kreditinstitute ihre **Handelsbestände zu Marktwerten bewerten** dürfen.“ [251] Hierzu liegt eine Initiative im Bundesjustizministerium zur auf den

---

[247] Krumnow, Jürgen: Anteilseigner und Investoren wollen mehr Transparenz, Handelsblatt, 28.11.1994, S. 26

[248] Vgl. Krumnow, Jürgen: Die deutsche Rechnungslegung auf dem Weg ins Abseits? Ein Ausblick nach der vorläufig abgeschlossenen EG-Harmonisierung, in: Ballwieser, Wolfgang et. al.(Hrsg.): Bilanzrecht und Kapitalmarkt - Festschrift zum 65. Geburtstag von Professor Dr. Dr. h.c. Dr. h.c. Adolf Moxter, Düsseldorf, 1994, S. 693 f. mit Zitathinweis auf: Moxter, Adolf: Der Einfluß von Publizitätsvorschriften auf das unternehmerische Verhalten, Köln, 1962; ders.: Anlegerschutz durch Rechnungslegung bei Kapitalgesellschaften, in: Gebauer, Wolfgang (Hrsg.): Öffentliche Finanzen und moderne Ökonomie, Festschrift für Karl Häuser, Frankfurt a. M., 1985, S. 257 - 272

[249] Vgl. Mauritz, Peter: Konzepte der Bilanzierung und Besteuerung derivativer Finanzinstrumente, Wiesbaden, 1997, S. 332 und 142 f.

[250] Vgl. Scheffler, Jan: Hedge-Accounting - Jahresabschlußrisiken in Banken, Wiesbaden, 1994, S. 133

[251] Scharpf, Paul; Luz, Günther: Risikomanagement, Bilanzierung und Aufsicht von Finanzderivaten, Stuttgart, 1996, S. 202

gesamten Handelsgeschäftsbereich einzuführenden Marktbewertungspflicht im Bankbilanzrecht vor.[252]

Obwohl der Druck der h. M. und der Wirtschaftsprüfer auf den Gesetzgeber zunimmt, kann heute dennoch keine Aussage darüber getroffen werden, ob bzw. wann eindeutige Regelungen in das geltende Recht aufgenommen werden.

1.2. Wertansätze in Japan

1.2.1. Fehlende Durchgängigkeit des Niederstwertprinzips

Wie bereits in Kapitel 2 Abschnitt 4.2. ausgeführt, ist die allgemeine Bewertungsbasis in Japan die Bewertung zu historischen Kosten. Der Ausweis von Gewinnen erfolgt nicht vor deren Realisation, d. h. das Realisationsprinzip hat einen ähnlich starken Einfluß auf die Rechnungslegung wie in Deutschland. Weiterhin kennt das japanische Rechnungslegungsrecht das Vorsichtsprinzip, welches sich vor allem im Niederstwertprinzip konkretisiert. Das Niederstwertprinzip tritt jedoch nur in zweifach gemilderter Form auf. Es muß sich um eine wesentliche und eine endgültige Wertminderung handeln. Sofern Zweifel an einer endgültigen Wertminderung bestehen, darf nicht abgeschrieben werden. Die Frage nach einer Wertaufholungsklausel, die vergleichbar wäre mit dem deutschen Recht, entfällt somit im japanischen Recht.

Weiterhin findet das Imparitätsprinzip grundsätzlich in der in Deutschland gebräuchlichen Form keine Anwendung. Die systematische ertragswirksame Verlustantizipation vor der Realisation des Verlustes erfolgt in Japan nicht. Grundsätzlich gilt in Japan für derivative Finanzinstrumente, daß sie zu den schwebenden Geschäften gerechnet werden, d. h. es erfolgt kein unmittelbarer Ausweis in der Bilanz. Die Bildung von Rückstellungen für drohende Verluste aus schwebenden Geschäften ist daher nicht üblich.

Die Einteilung der Wertpapiere in die in Deutschland verwendeten drei Klassen ist in dieser Form in Japan nicht vorgegeben. Es erfolgt lediglich die übliche Unterteilung in Anlagevermögen und Umlaufvermögen, bzw. im trading account und investment account. Das zweifach gemilderte Niederstwertprinzip ist in gleicher Art und Weise für die Wertpapiere sowohl des Umlaufvermögens wie auch des Anlagevermögens anzuwenden, wobei dieses aufgrund der zweifachen Milderung geringere Auswirkungen in der Praxis als in Deutschland zeigt. Diese Aussagen gelten grundsätzlich für alle Unternehmen wie auch für Banken.

Daneben gibt es für Banken spezielle Vorschriften für die Bewertung von einzelnen Wertpapierarten. Folgende Bewertungstabelle ist zu beachten:

[252] Vgl. Mauritz, Peter: Konzepte der Bilanzierung und Besteuerung derivativer Finanzinstrumente, Wiesbaden, 1997, S. 174

Wertpapierbewertungsvorschriften für Banken

Zuordnung	Kategorie	Bewertungsvorschrift
trading account	börsennotierte Wertpapiere	Lower of cost or market
	alle anderen, nicht-börsennotierten Wertpapiere	Historische Kosten oder Lower of cost or market
investment account	öffentliche Anleihe und andere Anleihen, die börsennotiert sind	Historische Kosten oder Lower of cost or market
	alle anderen Wertpapiere, sofern sie börsennotiert sind, wie z. B. Aktien, Wandelschuldverschreibungen, Aktienoptionsanleihen, mit Ausnahme der Aktien von Tochtergesellschaften	Lower of cost or market
	Aktien von Tochtergesellschaften	Historische Kosten
	alle übrigen Wertpapiere	Historische Kosten

Abbildung 5: Wertpapier-Bewertungsvorschriften in Japan[253]

Im Vergleich mit Deutschland ist in Japan die unumschränkte Gültigkeit des Niederstwertprinzips nicht gegeben. So dürfen bei Banken z. B. Wertpapiere im Anlagevermögen, die nicht börsennotiert sind, nie auf einen niedrigeren beizulegenden Wert abgeschrieben werden. Bei den nicht-börsennotierten Wertpapieren des trading account hat die Bank ein Wahlrecht zwischen der Bewertung nach historischen Kosten und dem Niederstwertprinzip, wobei dieses Niederstwertprinzip nach wie vor unter der zweifachen Anforderung der wesentlichen und endgültigen Wertminderung steht. Bei börsennotierten Papieren sowohl des investment wie auch des trading account gilt das Niederstwertprinzip, jedoch immer in doppelt gemildeter Form.

Die ertragswirksame Vereinnahmung von Gewinnen richtet sich bei den in der Tabelle aufgeführten Wertpapieren - wie in Deutschland - nach dem strikten Realisationsprinzip, d. h. erst bei Verkauf des Papiers kann der Gewinn bilanziert werden.[254]

1.2.2. Eigenständige Bewertungsprinzipien für derivative Finanzinstrumente bei Banken

Aus den Vorschriften für die Bilanzierung und Bewertung von Wertpapieren können - nicht wie in Deutschland - keine weiteren Vorschriften für die Bewertung von derivativen Finanzgeschäften in der japanischen Rechnungslegung abgeleitet werden. Es haben sich eigenständige Vorschriften für die verschiedenen Grundarten der Derivate herausgebildet, die im folgenden erörtert werden.

---

253 Vgl. Kuroda, Akio; Kotani, Masataka; Ogawa, Marie: Features and Problems of Bank Accounting System in Japan; Bank of Japan Monetary and Economic Studies, 7/1994, S. 43

254 Vgl. Otsuka, Muneharu: Die Rechnungslegung der Finanzprodukte - Schwerpunkt: Rechnungslegung des Trading bei Banken; Monatszeitschrift der Chiho-ginko, 2/1996, S. 9 f.

Nach derzeitig noch gültigem Rechtsstand gelten folgende Bewertungsprinzipien für die verschiedenen Basistypen von Derivaten:

		Banken		andere Unternehmen	
		Rechnungslegungsstandard	Offenlegungsvorschriften	Rechnungslegungsstandard	Offenlegungsvorschriften
Futures	währungsbezogen	Market-value-Prinzip	Market-value-Prinzip	Settlement-Prinzip	Market-value-Prinzip
	zinssatzbezogen	Settlement-Prinzip	Market-value-Prinzip	Settlement-Prinzip	Market-value-Prinzip
	aktienbezogen	Settlement-Prinzip	Market-value-Prinzip	Settlement-Prinzip	Market-value-Prinzip
Options	währungsbezogen	Market-value-Prinzip	Market-value-Prinzip*	Settlement-Prinzip	Market-value-Prinzip*
	zinssatzbezogen	Settlement-Prinzip	Market-value-Prinzip	Settlement-Prinzip	Market-value-Prinzip
	aktienbezogen	Settlement-Prinzip	Market-value-Prinzip	Settlement-Prinzip	Market-value-Prinzip
Swaps	währungsbezogen	Accrual-Prinzip	keine Vorschriften**	keine Vorschriften	keine Vorschriften
	zinssatzbezogen	Accrual-Prinzip	keine Vorschriften**	keine Vorschriften	keine Vorschriften

Abbildung 6: Bewertungsvorschriften für Derivate in Japan[255]

* Die Offenlegung des Marktwertes für Währungsoptionen wird nur für Optionen gefordert, die an einer Börse notiert sind.

** Mit einem am 3.7.1996 verabschiedeten Ministerialerlaß werden mit Wirkung für die Rechnungsabschlüsse, die ab dem 1.4.1998 aufgestellt werden, auch Swaps mit ihrem Fair value offengelegt.[256]

Der Unterschied zwischen den Vorschriften für Banken bei der Rechnungslegung von Derivaten und den Vorschriften für andere Unternehmen besteht darin, daß andere Unternehmen auch bei den Währungsfutures und Währungsoptionen das Settlement-Prinzip anwenden müssen, das bei Banken nur für Zins- / Aktienfutures und -optionen Gültigkeit hat.[257] Die Anwendung des Market-value-Prinzips bei Währungsfutures und -optionen

[255] Vgl. Kuroda, Akio; Kotani, Masataka; Ogawa, Marie: Features and Problems of Bank Accounting System in Japan; Bank of Japan Monetary and Economic Studies, 7/1994, S. 54; Federation of Bankers' Associations in Japan: Ansichten der Banken hinsichtlich der Rechnungslegung für derivative Finanzinstrumente; Arbeitspapier vom Juli 1995, Tokio (Japan), S. 6

[256] Vgl. Yoshii, Kazuhiro: Änderung der Offenlegung bei Derivatgeschäften, Keiri-jofo (Bilanzierungsinformation), 20.08./01.09.1996, S. 61

[257] Vgl. Narisawa, Kazumi: Future-Handel (Nr. 3 der Artikelserie „Rechnungslegung und Besteuerung von derivativen Finanzinstrumenten"), Zeikeitsushin, 1/1995, S. 235

bei Banken wurde mit einem Erlaß des MOF mit Wirkung für die Rechnungsabschlüsse, die ab dem 1.4.1990 aufgestellt sind, eingeführt.[258]

Die in der Grafik benannten Prinzipien beziehen sich ausschließlich auf die Frage des angemessenen Realisationszeitpunktes. Diese Prinzipien sollen in ihrer japanischen Interpretation im folgenden näher erläutert werden.

1.2.2.1. Mark-to-Market-Prinzip

Dieses von Kuroda et al. mit der Bezeichnung 'Market-value-Prinzip' übersetzte Rechnungslegungsprinzip in Japan lautet wörtlich übersetzt 'Wertbereinigungsprinzip' oder 'Preisbereinigungsprinzip' (NEARAI KIJYUN). Kuroda et al. setzen dieses Market-value-Prinzip dem Mark-to-Market-Prinzip gleich.[259] In der übrigen japanischen Literatur zeigt sich, daß in den Veröffentlichungen von 1994 und Anfang 1995 vor allem der japanische Begriff 'Preisbereinigungsprinzip' oder der aus dem Englischen übernommene Begriff 'Market-value-Prinzip' Verwendung findet und sich erst allmählich der Begriff 'Mark-to-Market-Prinzip' durchzusetzen beginnt. In der Literatur des Jahres 1996 findet sich ausschließlich der Begriff 'Mark-to-Market-Prinzip' (=MTM), so daß die Vermutung naheliegt, daß inhaltlich keine Unterschiede in Japan zugedacht sind, sondern sich der Sprachgebrauch innerhalb kurzer Zeit gewandelt hat. Beide Begriffe werden daher auch in dieser Arbeit synonym gebraucht.

Derzeit ist das Mark-to-Market-Prinzip in Japan ausschließlich für Banken bei der Bewertung von währungsbezogenen Derivaten in der Anwendung erlaubt. Für alle anderen Derivate dürfen Banken nur nach dem Settlement-Prinzip bewerten. Für andere Unternehmen ist die Anwendung selbst bei währungsbezogenen Derivaten untersagt. Lediglich in der Offenlegung im Rahmen des Anhang und der hier vorgeschriebenen Tabellen gemäß jBG wird auf breiter Basis das Market-value-Prinzip angewendet.

Market-value-accounting heißt in Japan also derzeit noch, daß Fremdwährungspositionen in jeglicher Form, also insbesondere auch bei Derivaten (wobei hier Währungsswaps ausgenommen sind), nach aktuellen Wechselkursen bewertet werden.[260]

Die Einführung des MTM-Prinzips bei Fremdwährungsgeschäften erfolgte im März 1990 mit einem Bank Accounting Standard des MOF unter dem Namen 'Revised Foreign Exchange Accounting Standard'. Zum besseren Verständnis muß gesagt werden, daß die Einführung des Market-Value-Prinzips für die Währungsrechnungslegung für Kassageschäfte, Futures und Optionen nicht unter dem Aspekt geschah, den ersten Schritt in Richtung einer allgemeinen Einführung des Market-value-Prinzips in Japan zu tun, sondern lediglich eine angemessene Regelung im Hinblick auf Fremdwährungsgeschäfte bei Banken angestrebt wurde.

---

258 Vgl. Komiyama, Satoshi: Off Balance Sheet Transaction, Tokio (Japan), 18.3.1996, S. 302

259 Vgl. Kuroda, Akio; Kotani, Masataka; Ogawa, Marie: Features and Problems of Bank Accounting System in Japan; Bank of Japan Monetary and Economic Studies, 7/1994, S. 52

260 Vgl. Kuroda, Akio; Kotani, Masataka; Ogawa, Marie: Features and Problems of Bank Accounting System in Japan; Bank of Japan Monetary and Economic Studies, 7/1994, S. 52

Um unterschiedliche Wertansätze zwischen den Banken zu vermeiden und somit jegliche Manipulationsmöglichkeit bei der MTM-Methode zu unterbinden, ist in Japan das sog. 'Reference Bank System' eingeführt, welches monatlich die wichtigsten Daten veröffentlicht (so z. B. Spreads zwischen Fremdwährungskassakurs und Fremdwährungsterminkurs, Volatilität von Währungsoptionen), welche die verbindliche Marktwertvorgabe für die Bewertung der entsprechenden Finanzinstrumente bei den Banken sind.[261]

1.2.2.2. Settlement-Prinzip

Das Settlement-Prinzip japanischer Ausprägung (wörtliche Übersetzung des japanischen Ausdrucks 'KESSAI KIJYUN' lautet 'Abrechnungsprinzip') versteht sich als Realisationsprinzip in absoluter Form. Es werden bis zum Zeitpunkt der 'Abrechnung' weder Gewinne noch Verluste ertragswirksam vereinnahmt, d. h. der gesamte Gewinn oder der gesamte Verlust erscheint in der Bilanz erst bei Beendigung des Geschäfts. Unabhängig davon, wie hoch sich der Verlust im Zeitpunkt des Jahresabschlusses aufgrund des aktuellen Börsenkurses des betreffenden Derivats beläuft, wird unter dem Settlement-Prinzip dieser Verlust bis zur Abrechnung nicht ausgewiesen.[262] Diese strikte Interpretation des Settlement-Prinzips bezieht sich darauf, daß durch die Beendigung des Geschäfts über die Befreiung von Risiken die Bedingungen der Realisierung[263] erfüllt sind. Als Beendigung eines Geschäfts mit derivativen Finanzinstrumenten kommen sowohl der normale Auslauf des Geschäfts zum festgesetzten Abschlußzeitpunkt wie auch eine mögliche vorzeitige Glattstellung durch ein Gegengeschäft (also Verkauf bei vorheriger Kaufposition oder Kauf bei vorheriger (evtl. leerer) Verkaufposition) in Frage. Zu beachten ist hierbei, daß derzeit in Japan das Schließen einer offenen Position mittels eines gegenläufigen Hedges nicht anerkannt wird.

Hinsichtlich des exakten Realisationszeitpunktes wurde auch in Japan diskutiert.
So wurde z. B. untersucht, ob der Gewinn oder der Verlust in der Periode gebucht werden soll, an dem das Geschäft abgeschlossen ist bzw. die Glattstellung durchgeführt wurde oder ob der Gewinn bzw. Verlust der Periode zugeschlagen werden soll, in der der tatsächliche Zahlungsvorgang stattfindet, welcher immer einige Betriebstage später (bei der Effektenbörse innerhalb von vier Betriebstagen und bei der Terminbörse bis zum nächsten Betriebstag) erfolgt. Dies wurde insbesondere unter dem Aspekt diskutiert, daß zwischen diesen beiden Terminen der Bilanzstichtag liegt. In der Literatur wurde empfohlen, daß die erfolgswirksame Vereinnahmung des Gewinns bzw. Verlusts während des Jahres aus Vereinfachungsgründen zum Zahlungszeitpunkt vorgenommen werden soll und falls dieser Zahlungszeitpunkt gerade den Bilanzstichtag überschreitet und der wirtschaftliche Geschäftsabschluß noch vor dem Bilanzstichtag war, muß darauf geachtet werden, daß der Gewinn bzw. Verlust noch im alten Rechnungsjahr erfolgswirksam ver-

---

261 Vgl. Ogawa, Marie; Kubota, Takashi: Bank Accounting and Market Valuation in Japan: An Overview of Accounting Issues of Financial Instruments; Bank of Japan Monetary and Economic Studies, 7/1995, S. 72, 79

262 Vgl. Otsuka, Muneharu: Die Rechnungslegung der Finanzprodukte - Schwerpunkt: Rechnungslegung des Trading bei Banken; Monatszeitschrift der Chiho-ginko, 2/1996, S. 9 f.

263 Vgl. Nishizawa, Sigeru: „Substance over Form“ and Accounting Recognition on Executory Contracts – especially on Future Contracts and Forward Contracts; Kaikei (Accounting), 3/1995, S. 96

einnahmt wird, wobei eine Forderung bzw. eine Verbindlichkeit hinsichtlich des ausstehenden Zahlungsvorgangs bilanziert wird.[264]

1.2.2.3. Accrual-Prinzip

Das Accrual-Prinzip bzw. Periodenabgrenzungsprinzip wird bei Derivaten vornehmlich bei Swaps angewandt. In der genaueren Beschreibung der Rechnungslegung für Optionen zeigt sich jedoch, daß auch hier die Accrual-Methode im Hinblick auf eine mögliche periodenbezogene Verteilung des Teils der Optionsprämie, die dem inneren Wert entspricht, diskutiert wird.

Accrual-Prinzip bedeutet somit nichts anderes, als daß die auf den Zeitanteil einer Periode anfallenden Aufwendungen bzw. Erträge dieser Periode anteilmäßig ertragswirksam zugeordnet werden.

1.2.2.4. Unabhängigkeit der Anwendung des jeweiligen Bewertungsprinzips von der wirtschaftlichen Zwecksetzung des Geschäfts

Diese Prinzipien gelten derzeit unabhängig davon, zu welchem Zweck des jeweilige Derivat eingesetzt ist. Ein in sich geschlossenes System von Rechnungslegungsstandards zur Anerkennung von geschlossenen Positionen, also das Hedge-Accounting, gibt es derzeit in Japan nicht. Ogawa/Kubota führen aus: „Hedge accounting is not yet applied because of costs of its implementation and anxiety about its abuse.“ [265] Lediglich bezogen auf spezielle Einzelfälle werden kompensatorische Bewertungen durchgeführt und geduldet, sind jedoch nicht obligatorisch.[266] Nähere Ausführungen hierzu finden sich in Abschnitt 2.2. dieses Kapitels. Grundsätzlich teilt man die Off-Balance-Geschäfte in die drei Kategorien[267] ein:

- Spekulationsgeschäfte,
- Hedge-Geschäfte und
- Handelsgeschäfte (unter Arbitragegesichtspunkten).

Diese drei möglichen Zwecksetzungen gelten auch für Derivat-Geschäfte, die eine Untergruppe der Off-Balance-Geschäfte darstellen. Die verschiedenen Zwecke bei Derivat-

---

264 Vgl. Narisawa, Kazumi: Future-Handel (Nr. 3 aus der Artikelserie „Rechnungslegung und Besteuerung von derivativen Finanzinstrumenten“), Zeikeitsushin, 1/1995, S. 235 f.

265 Ogawa, Marie; Kubota, Takashi: Bank Accounting and Market Valuation in Japan: An Overview of Accounting Issues of Financial Instruments; Bank of Japan Monetary and Economic Studies, 7/1995, S. 75

266 Hinweise auf die geringe Ausprägung von Hedge-Rechnungslegungsvorschriften in Japan gibt es sehr oft in der japanischen Literatur, mögliche Lösungsvorschläge werden daher intensiv diskutiert; nachstehend ist nur eine Auswahl der Literaturstellen genannt, die bestätigen, daß eine Hedge-Rechnungslegung in Japan noch nicht vorgeschrieben ist: Vgl. Daigo, Satoshi: Mark-to-Market und japanische Wirtschaft, Tokio (Japan), 14.07.1995, S. 187; Narisawa, Kazumi: Future-Handel (Nr. 3 der Artikelserie „Rechnungslegung und Besteuerung von derivativen Finanzinstrumenten“), Zeikeitsushin, 1/1995, S. 237; Kuroda, Akio; Kotani, Masataka; Ogawa, Marie: Features and Problems of Bank Accounting System in Japan; Bank of Japan Monetary and Economic Studies, 7/1994, S. 56; Komiyama, Satoshi: Off Balance Sheet Transaction, Tokio (Japan), 18.03.1996, S. 296

267 Vgl. Komiyama, Satoshi: Off Balance Sheet Transaction, Tokio (Japan), 18.03.1996, S. 7

geschäften sind bekannt, aber die Zuordnung eines einzelnen Derivatgeschäfts in eine der Kategorien hatte bis April 1998 noch keine Auswirkungen auf die Rechnungslegung bei Banken. Ab diesem Termin können nach bereits verabschiedetem Recht Derivate des Handelsgeschäftsbereichs allerdings auch in der Bilanz marktbewertet werden.

1.2.3. Diskussion der bisherigen Rechnungslegungsvorschriften

1.2.3.1. Infragestellung der Einordnung von derivativen Finanzinstrumenten als 'off-balance-Geschäfte' sowie der Bewertung zu historischen Kosten

Wie bereits oben erwähnt, werden derivative Finanzinstrumente auch in Japan als schwebende Geschäfte klassifiziert. Schwebende Verträge werden hier so definiert, daß die beiden Vertragsparteien die Rechte oder Pflichten aus dem Vertrag noch nicht in vollem Umfang erfüllt haben. Diese werden unterteilt in die Verträge, die sich im Stadium der vollständigen Nichterfülltheit befinden, in dem beide Vertragspartner noch keinerlei Teile der Vertragsinhalte erfüllt haben und in die Verträge, die sich im Stadium der Teilerfüllung befinden, in dem einer der Vertragspartner zwar bereits einen Teil des Vertragsinhalts erfüllt hat, der andere Vertragspartner jedoch noch gänzlich nicht erfüllt hat. Da sowohl nichterfüllte wie auch teilerfüllte Verträge als schwebende Geschäfte eingeordnet werden, fallen gleichermaßen die Derivatgeschäfte unter die schwebenden Geschäfte, bei denen z. B. Vorschußleistungen in Form von Margin-Zahlungen üblich sind.[268] Schwebende Geschäfte werden - wie in Deutschland - nicht in der Bilanz ausgewiesen. Jedoch finden Diskussionen in Japan statt, ob diese Denkweise im Hinblick auf derivative Finanzinstrumente noch gerechtfertigt ist. So wird bereits vereinzelt gefordert, die Derivate on-balance auszuweisen.[269] Allerdings befindet sich diese Diskussion noch so weit am Anfang, daß bislang keine konkreten Vorschläge außer der erwähnten allgemein gehaltenen Forderung eingebracht sind.

Derzeit steht die Rechnungslegung für derivative Finanzinstrumente in Japan insgesamt sehr stark in der wissenschaftlichen Diskussion. Der umfangreichste Diskussionskreis dreht sich um die Frage, inwieweit die derzeitige Rechnungslegung unter historischen Kosten bzw. das strikte Settlement-Prinzip beibehalten werden kann. Darüber hinaus wird erkannt, daß durch die jetzige Situation der Differenzierung der Anerkennung von 'schwebenden Gewinnen' und damit auch von 'schwebenden Verlusten' bei den Währungsfutures und optionen und der strikten Nichtanerkennung im Rahmen des Settlement-Prinzips bei allen übrigen Derivaten Ungleichgewichte in der Rechnungslegung auftauchen. Im folgenden soll zunächst ein Überblick über die Diskussion um die Frage nach der Beibehaltung des Prinzips der Bewertung nach historischen Kosten bzw. der allgemein gültigen Einführung des Market-value-Prinzips bei Banken gegeben werden. Danach werden die Lösungsvorschläge vorgestellt, die in Japan verfolgt werden und die sich inzwischen auch schon in einem Stadium der Rechtwerdung im Rahmen der Anpassung bisheriger Vorschriften des jHGB und der Rechnungslegungsstandards auf Basis des jBG befinden.

---

[268] Vgl. Nishizawa, Sigeru: „Substance over Form" and Accounting Recognition on Executory Contracts – especially on Future Contracts and Forward Contracts, Kaikei (Accounting), 3/1995, S. 93 f.

[269] Verfechter dieser Forderung sind z. B. Koga, Chitoshi: Accounting for derivatives, Tokio (Japan), 20.01.1996, S. 92 – 94; Andou, Hideki: Methode des on-balance-Ausweises, Kigyo-kaikei (Rechnungslegung in den Unternehmungen), 7/1996, S. 4 ff.

1.2.3.2. Bewertung zu historischen Kosten versus Bewertung zu Marktwerten

Die Diskussion in Japan um eine stärkere Übernahme des Market-value-Prinzips und damit der partiellen Abschaffung des Anschaffungskostenprinzips entwickelt sich bereits seit einigen Jahren. Japan befindet sich dabei im Zwiespalt zwischen der Meinung, daß das Anschaffungskostenprinzip Mängel hat und man deshalb zum Marktwertprinzip übergehen muß und der Überlegung, daß das Anschaffungskostenprinzip ein traditionelles Rechnungslegungsprinzip ist, weshalb man es nicht so schnell aufgeben sollte. Da in Japan i. Vgl. zu Deutschland und den USA das Anschaffungskostenprinzip kaum durch andere Bewertungsregeln aufgeweicht wird (nur zweifach gemildertes Niederstwertprinzip, keine Erfolgswirksamkeit von realisierbaren Gewinnen wie in den USA) und somit die damit verbundenen Schwächen besonders stark in den Vordergrund treten, steht dieses Prinzip entsprechend stark in der Kritik.

1.2.3.2.1. Überlegungen von Morita

Morita[270] stellt sich gegen die Forderungen mancher Veröffentlichungen, daß man sich grundsätzlich zwischen diesen beiden Prinzipien entscheiden müßte und daß eine Kombination aus beiden nicht möglich sein sollte. Er schlägt daher vor, folgende Aufteilung in Japan einzuführen:

- Anschaffungskostenprinzip bei materiellem Anlagevermögen
- Niederstwertprinzip bei Waren
- Niederstwertprinzip oder Marktwertprinzip bei Wertpapieren

Im folgenden wird dieser Vorschlag von Morita näher erläutert, da er die Richtung weist, in die die Diskussion um die Einführung des Marktwertprinzips bei Wertpapieren bzw. Derivaten einzuordnen ist.

Als Begründung für die Beibehaltung des Anschaffungskostenprinzips im Anlagevermögen wird die sogenannte 'Bindungsvermutung' angeführt, d. h. das investierte Kapital ist vom Markt 'abgeschnitten' und es bleibt im Unternehmen wie zum Zeitpunkt der Investition. Im Hinblick auf die Beibehaltung des Anschaffungskostenprinzips im Anlagevermögen wird festgestellt, daß dieses auch für die Wertpapiere, die dem Anlagevermögen zugeordnet sind, weiterhin Gültigkeit haben soll.

Die Einführung des Niederstwertprinzips für das Umlaufvermögen orientiert sich daran, daß sich mit der Bewertung von Waren die 'Bindungsvermutung' nicht vereinbaren läßt. Bei Waren ist die 'Veräußerungsvermutung' heranzuziehen, d. h. diese müssen sich am Marktwert orientieren. Das Marktwertprinzip identifiziert die Differenz zu den historischen Kosten als Verlust und auch als Gewinn. Die wichtigste Bedingung, damit Gewinn anerkannt werden kann, ist nach Morita jedoch die Realisation des Gewinns, d. h. der Gewinn wird nicht anerkannt, bevor er nicht realisiert ist. Das Marktwertprinzip für die Bewertung von Waren sollte daher so interpretiert werden, daß bei Überschreiten der hi-

[270] Morita, Tetsuya: Erneute Überprüfung der Rechnungslegung nach dem Anschaffungskostenprinzip; Kigyo-kaikei (Rechnungslegung der Unternehmung), 1/1995, S. 25 – 30

storischen Kosten diese und bei niedrigerem Marktwert dieser angesetzt wird, womit sich letztendlich das Niederstwertprinzip ergibt.

Bis hierher erscheint die Argumentationskette für die Umstrukturierung der Bewertungsprinzipien in der japanischen Rechnungslegung folgerichtig. Im Hinblick auf die Marktbewertung von Wertpapieren des Umlaufvermögens führt Morita weiter aus, daß die Papiere, bei denen bei einer Erhöhung des Marktwerts die Bedingung der Gewinnvereinnahmung erfüllt ist, nicht nach dem Niederstwert-, sondern mit dem Marktwertprinzip bewertet werden sollen. Hierzu gehören marktgängige Wertpapiere, die sich vorübergehend im Besitz befinden und die gegenüber den Wertpapieren des Anlagevermögens den Verkauf als Ziel haben.

Morita faßt die Vorschläge in folgender Übersicht zusammen:
1) bei der 'Bindungsvermutung': Anschaffungskostenprinzip
2) bei der 'Veräußerungsvermutung':
   a) Marktwertprinzip, wenn die Veränderung des Marktwertes die Bedingungen der Ertragsrealisierung erfüllt (Marktgängigkeit)
   b) Niederstwertprinzip, wenn die Veränderung des Marktwertes die Bedingungen der Ertragsrealisierung nicht erfüllt (keine Marktgängigkeit).

Diese letzte Argumentation erscheint nicht mehr ganz schlüssig. Es wird vor allem die Marktgängigkeit nicht näher spezifiziert.

1.2.3.2.2. Überlegungen von Ogawa/Kubota

Circa ein halbes Jahr nach den Vorschlägen von Morita erscheint ein Vorschlag von Ogawa/Kubota[271], der näher auf die Bewertung von Wertpapieren und Derivaten speziell bei Banken eingeht. Auch sie gehen davon aus, daß das Prinzip der Bewertung nach historischen Kosten zum einen nicht mehr den Anforderungen der Bilanzadressaten genügt und zum anderen die Banken daran hindert, flexibel auf die Markterfordernisse zu reagieren, beschränken sich aber in ihrer Betrachtung ausschließlich auf 'marketable financial assets' und schlagen für diese eine 'partial market valuation' vor, da sie ebenfalls - wie Morita - nicht dafür plädieren, das Marktwertprinzip für alle anderen Bilanzpositionen einzuführen. Als Punkte, die im Rahmen der Einführung des Marktwertprinzips für marktgängige Finanzinstrumente untersucht werden müssen, nennen die Autoren u.a.:

a) Bestimmung der Finanzpositionen, die marktbewertet werden sollen;
b) Entscheidung, ob die unrealisierten Gewinne oder Verluste Erfolgswirksamkeit im Rahmen der GuV erlangen sollten;
c) Regelung, wie der Fair value von Finanzpositionen im Rahmen einer Marktbewertung ermittelt werden soll.

Der letzte Punkt wird im Zusammenhang mit den unten vorgestellten Verordnungsvorschlägen der Beratungskommission für den Wertpapierhandel, Sonderarbeitsgruppe 'Derivate' des MOF behandelt, wobei dort dann auch der diesbezügliche Vorschlag von

[271] Vgl. Ogawa, Marie; Kubota, Takashi: Bank Accounting and Market Valuation in Japan: An Overview of Accounting Issues of Financial Instruments; Bank of Japan Monetary and Economic Studies, 7/1995, S. 69 – 85

Ogawa/Kubota dargelegt wird. Zu Punkt a) schlagen die Autoren als Lösung vor, daß die Finanzinstrumente mit hoher Marktgängigkeit nach Marktwertprinzip bewertet werden sollten und die anderen Finanzinstrumente, welche eine geringe Marktgängigkeit besitzen und unter dem Aspekt der langfristigen Investition gehalten werden, unter historischen Kosten bewertet werden sollen. Konkret lauten die Vorschläge:

a) alle Finanzinstrumente, die zu trading-Zwecken gehalten werden, einschließlich von Derivaten, sollten mit dem Marktwert bewertet und unrealisierte Gewinne und Verluste sollten erfolgswirksam vereinnahmt werden;
b) alle Finanzinstrumente, die sich zu langfristigen Anlagezwecken im Unternehmen befinden, sollten ebenso nach Marktwert bewertet werden, wobei die unrealisierten Gewinne und Verluste nicht erfolgswirksam in der GuV vereinnahmt, sondern als Eigenkapitalbestandteil bilanziert werden;
c) Finanzinstrumente, die nicht in a) und b) zuzuordnen sind oder für die es schwierig ist, einen relevanten Marktpreis zu ermitteln, sollen mit den historischen Kosten bewertet werden;
d) schließlich sollten die Finanzpositionen, die zu Hedging-Zwecken gehalten werden, nach der Hedge-Rechnungslegungsmethode behandelt werden, welche dazu führt, daß die Ergebnisse aus den Hedge-Positionen in derselben Periode erfolgswirksam werden.

Ogawa/Kubota begründen diese Vorschläge damit, daß Finanzinstrumente zu trading-Zwecken üblicherweise in sehr kurzen Zeitabständen gehandelt werden. Daher ist es notwendig, ihren Marktwert im Jahresergebnis auszuweisen, um die trading-performance für jede Rechenperiode messen zu können. Dagegen sollten die unrealisierten Gewinne oder Verluste aus langfristig gehaltenen Finanzinstrumenten nicht erfolgswirksam vereinnahmt werden, da die Bank nicht beabsichtigt, kurzfristige Gewinne oder Verluste zu realisieren. Allerdings können sie langfristig realisiert werden und daher sollten sie zu Informationszwecken in der Bilanz offengelegt werden. Dagegen sollten Instrumente, die in jedem Fall bis zur Fälligkeit gehalten werden, nicht marktbewertet werden, da sie bis zur Fälligkeit nie realisiert werden. Ebenso sollten Finanzinstrumente, deren Marktwert nur sehr schwierig zu ermitteln ist, nicht marktbewertet werden, da die Ergebnisse dann nicht mehr zuverlässig genug erscheinen.

Soweit zu den beiden Vorschlägen, die einen Einblick in die Diskussion um die Einführung des Marktwertprinzips in Japan und die verschiedenen, angedachten Lösungsmöglichkeiten geben sollen.

1.2.4. Übergang von den bisherigen Vorschriften auf das Marktbewertungsprinzip

1.2.4.1. Forderung nach Einführung des Marktbewertungsprinzips - Argumente der Banken

Grundsätzlich ist festzustellen, daß die Einführung des Marktwertprinzips von den großen Wertpapierhäusern mit Nachdruck gefordert wird.[272] Es stehen damit auch sehr

[272] Vgl. Kaizuka, Masaaki: Die Einführung des MTM beim Trading von Effektengesellschaften, Keieizaimu (Finanzmanagement), 11.03.1996, S. 22

pragmatische Gründe hinter der Einführung des Marktwertprinzips für Derivate in Japan. Bereits im Juli 1995 hat die Interessengemeinschaft der japanischen Banken ein Positionspapier[273] veröffentlicht, das mit Nachdruck die Einführung des Marktwertprinzips fordert.

Nach Ansicht der Federation of Bankers' Associations geben die derzeit in Japan gültigen Rechnungslegungsnormen die wirtschaftliche Realität des Handels mit Wertpapieren und Derivaten bei Wertpapierhäusern nicht richtig wieder. Daher sei die Einführung der Rechnungslegung nach aktuellem Tagespreis bezüglich des Trading eine vordringliche Aufgabe für die Wertpapierhäuser.

Begründet wird diese Forderung mit folgenden Argumenten:
- Die Marktteilnehmer sollen durch die Rechnungslegungsnormen die Markt- und Bonitätsrisiken richtig einschätzen können.
- Die Rechnungslegungsnormen dürfen nicht die Entwicklung von neuen Instrumenten behindern, die der Nachfrage des freien und wettbewerbsbezogenen Marktes angepaßt sind.
- Die im Derivativmarkt als Haupt-Market-Maker aktiven europäischen und US-amerikanischen Banken wenden die Rechnungslegung nach aktuellem Tagespreis an. Diese Derivatgeschäfte werden oftmals zwischen den Derivat- und Kassamärkten und über deren Grenzen hinaus gehandelt. Um es den Wertpapierhäusern in Japan zu ermöglichen, mit den europäischen und US-amerikanischen Banken zu konkurrieren und auch als Market-Maker auftreten zu können, ist es notwendig, daß die Rechnungslegungsnormen international angeglichen werden, um das Gleichgewicht der Wettbewerbsbedingungen zu erhalten bzw. zu sichern.
- Mit Wirkung ab 1997 wurde beschlossen, das BIS-market-risk-System zur Kontrolle von Trading-Geschäften einzuführen, welches ein dem Marktrisiko entsprechendes Eigenkapital fordert.[274] Aber aus dem Rechnungslegungssystem in Japan ist nicht ersichtlich, ob es sich bei den Gewinnen um kurz- und mittelfristige Preisdifferenzen oder um Zinserträge handelt. Dadurch wird die Zuordnung des Finanzergebnisses zu den Trading-Geschäften nicht erkennbar und eine wirkliche Kontrolle des Trading-Geschäfts ist nicht möglich. Bei der Einführung der Kontrolle nach dem BIS-market-risk-System werden sehr hohe Verwaltungskosten anfallen, da das System neu aufgebaut werden muß, was es aber um so notwendiger macht, bei der Einführung einer solchen Kontrolle über das Marktrisiko ebenfalls das Rechnungslegungssystem nach aktuellem Tagespreis einzuführen.
- Die Kunden der Banken und Wertpapierhäuser fordern in zunehmendem Maße neuartige und komplexe Geschäfte für ihre eigene Risikosteuerung, aber - da es bei derartigen Geschäften Probleme in der Rechnungslegung bei den Wertpapierhäusern gibt - gestaltet es sich immer schwieriger, den Kundenbedürfnissen zu entsprechen. Da andererseits bei den ausländischen Banken, bei denen die Rechnungslegung nach Marktwertprinzip bereits eingeführt ist, diese Probleme in der Rechnungslegung nicht entstehen, sind sie in der Lage, die Geschäfte anzubieten, die den Bedürfnissen der Kunden entge-

[273] Zum folgenden Textabschnitt siehe Federation of Bankers' Associations in Japan: Ansichten der Banken hinsichtlich der Rechnungslegung für derivative Finanzinstrumente; Arbeitspapier vom Juli 1995,Tokio (Japan), S. 6 – 13

[274] Dies wird auch bestätigt durch: COFRI: Bericht der Arbeitsgruppe „Publizität bei Kreditinstituten" des COFRI - Publizität des Derivat-Handels bei Kreditinstituten, COFRI-Letter Nr. 104, 16.05.1995, S. 3

genkommen. So beeinflußt also das Rechnungslegungssystem die internationale Wettbewerbsfähigkeit der Wertpapierhäuser und Banken in Japan sehr stark im Hinblick auf Derivat-Geschäfte.

Soweit zu den Argumenten der Federation of Bankers' Associations in Japan.

1.2.4.2. Probleme aufgrund der bisherigen Vorschriften

1.2.4.2.1. Kritik seitens des Ministry of Finance

Das Ministry of Finance hat auf diese nachhaltigen Forderungen der großen Wertpapierhäuser und auf die Ausführungen, wie sie z. B. Morita oder Ogawa/Kubota gaben, reagiert. Die Beratungskommission für den Wertpapierhandel des MOF, Sonderarbeitsgruppe 'Derivate', hat am 09.02.1996 einen Bericht unter dem Titel 'Einführung des Marktwertprinzips beim Handel in Wertpapierhäusern' vorgelegt. Durch die Einführung des Marktwertprinzips für den Handelsbereich der Wertpapierhäuser hofft man, die tatsächliche Lage des Handelsbereichs im Rechnungsabschluß darstellen zu können und somit den Marktteilnehmern (dieser Begriff wird ausdrücklich in dieser Form und nicht z. B. 'Investor' oder 'Aktionär' verwandt) die entsprechenden Informationen zur Verfügung zu stellen. Weiterhin zielt man darauf ab, durch diesen Schritt eine Verbesserung der Wettbewerbssituation für die japanischen Wertpapierhäuser im Vergleich zu den Wertpapierhäusern und Banken in Europa und den USA zu erreichen.[275]

Folgende Probleme werden in dem Bericht für die Rechnungslegung des Handelsgeschäfts von Wertpapierhäusern aufgrund der derzeitigen Vorschriften genannt[276]:

1) Im Falle des Hedgings von Wertpapieren durch ein Derivat-Geschäft fällt normalerweise der Zeitpunkt der ertragswirksamen Vereinnahmung von Gewinn und Verlust aus den beiden Positionen auseinander, da der Zeitpunkt der Realisation von Kassa- und Derivat-Handel unterschiedlich ist. Die tatsächliche wirtschaftliche Situation wird daher im Rechnungsabschluß nicht zutreffend wiedergegeben.

   Damit beläßt es die offizielle Ausführung in dem benannten Bericht. Grundsätzlich kann es drei Gründe geben, warum Gewinn und Verlust nicht zum selben Zeitpunkt ertragswirksam vereinnahmt werden.
   a) Das abgesicherte Wertpapier wurde nach dem Niederstwertprinzip bewertet und der Verlust somit bereits ausgewiesen, während der Gewinn aus dem Hedge-Geschäft erst bei dessen Realisation vereinnahmt wird.
   b) Es handelt sich um einen sog. Imperfect Hedge, bei dem der Zeitpunkt der Fälligkeit der abgesicherten Position nicht genau übereinstimmt mit dem Realisationszeitpunkt des Hedge-Geschäfts.

---

[275] Vgl. Kaizuka, Masaaki: Die Einführung des MTM beim Trading von Effektengesellschaften, Keiei-zaimu (Finanzmanagement), 11.03.1996, S. 22

[276] Vgl. zu den folgenden fünf Punkten Kaizuka, Masaaki: Die Einführung des MTM beim Trading von Effektengesellschaften, Keiei-zaimu (Finanzmanagement), 11.03.1996, S. 24 f. ; COFRI: Einführung des Marktpreisprinzips für Trading-Geschäfte bei Wertpapierhäusern, CORFI-Letter Nr. 121, 13.02.1996, S: 7 ff.; Amaya, Tomoko: Einführung des Mark-to-Market Accounting für das Trading-Geschäft von Finanzinstituten, Kinyu kyokumen (Finanzsituation), 19.02.1996, S. 23

c) Die Wertpapierabrechnung erfolgt im alten Jahr und die Abrechnung des Derivat-Geschäfts erfolgt aufgrund des Abrechnungszwischenraums von 3 Betriebstagen erst nach dem Rechnungsabschluß.

2) Um den tatsächlichen wirtschaftlichen Sachverhalt im Rechnungsabschluß darstellen zu können, müssen unter Kostenaufwand wirtschaftlich unsinnige Geschäfte durchgeführt werden, um den schwebenden Gewinn in einen realisierten Gewinn umzuwandeln, um ihn ausweisen zu können.

3) Ferner tritt das Problem auf, daß unter den derzeitigen Rechnungslegungsvorschriften eine Gewinnmanipulation ermöglicht wird. So wird ein schwebender Verlust bei Derivatgeschäften (mit Ausnahme von Währungsoptionen und -futures) nicht ausgewiesen, diese Geschäfte werden auch als schwebende Geschäfte weitergeführt. Der Gewinn kann dadurch manipuliert werden, daß nur die Geschäfte zum Ende der Rechnungslegungsperiode realisiert (also verkauft bzw. glattgestellt) werden, die einen schwebenden Gewinn besitzen und so dieser Gewinn vereinnahmt und ausgewiesen wird. Nach dem Jahresabschlußtermin wird u. U. das Geschäft erneut aufgenommen. Dieser Verkauf und die anschließende Wiederaufnahme ist unökonomisch im Hinblick auf die dadurch anfallenden Transaktionskosten.[277]

4) Die Wertpapierhäuser, die ein umfangreiches Handelsgeschäft durchführen, erfassen ihre eigenen Tradingpositionen im Rahmen ihres internen Risikomanagementsystems normalerweise mit den aktuellen Marktwerten. Bei der Bilanzierung ist jedoch das Anschaffungskosten- und Niederstwertprinzip vorgegeben, so daß die Wertpapierhäuser einem doppelten Verwaltungsaufwand ausgesetzt sind. Die Trennung der Informationen bezüglich des Risikomanagementsystems und der Bilanzierung sind nicht frei von dem Vorwurf, die Präzision und Verläßlichkeit der Information bezüglich des Risikomanagements zu gefährden.

5) Im Vergleich zu den Rechnungslegungsvorschriften in den westlichen Staaten zeigt sich, daß in den USA, England und Frankreich die Wertpapiere und Derivate zu Tradingzwecken nach dem Marktpreisprinzip bewertet werden, wobei der geschätzte Gewinn und Verlust in der jeweiligen Abrechnungsperiode ertragswirksam vereinnahmt wird. In Deutschland wird zwar das Niederstwertprinzip angewandt, jedoch mit der Ausnahme, daß Hedge-Positionen bis zu einem Portfolio-Hedge anerkannt werden und Schätzgewinne bis zur Höhe der Schätzverluste mit diesen verrechnet werden. Es wird daher befürchtet, daß die Nichteinführung des Mark-to-Market-accounting im internationalen Vergleich schwere Folgen für die Wettbewerbsfähigkeit von Japan haben könnte.

1.2.4.2.2. Weitere Kritik der einschlägigen Literatur

In der Literatur werden daneben noch weitere Kritikpunkte aufgeführt. Es handelt sich hier zum einen um den grundsätzlichen Hinweis, daß schwebende Verluste aus Derivatgeschäften bis zu ihrer Realisation - bis auf die Verluste aus Währungsfutures und -op-

---

277 Diese Kritik äußert auch: Nishikawa, Ikuo: Die Einführung des MTM - Die Hintergründe und Perspektiven, Keiei-zaimu (Finanzmanagement), 23.09.1996, S. 9

tionen - in der Bilanz nicht zu sehen sind. Insbesondere Otsuka[278] weist darauf hin, daß dadurch Anleger in ihren Investitionsentscheidungen fehlgeleitet werden könnten, auch wenn in den Tabellen, die im Anhang beizufügen sind, Angaben über die Gewinn- und Verlustsituation im Derivatgeschäft gemacht werden müssen.

Otsuka[279] verweist auch darauf, daß sich bei Banken das Risikomanagement normalerweise auf Marktwerte stützt (bzw. stützen sollte); da in der Rechnungslegung diese Wertkategorie jedoch bislang keine Rolle spielt, wird befürchtet, daß die Weiterentwicklung eines effizienten Risikomanagementsystems nicht gefördert bzw. evtl. sogar behindert wird.

Ein eher etwas volkswirtschaftlicher Kritikpunkt bezieht sich auf die möglichen negativen Auswirkungen auf die Derivatmärkte in Japan, wenn das Marktwertprinzip nicht eingeführt würde. Kuroda et al. geben hierzu ein Beispiel aus dem Bereich des Swap-Handels. Teilnehmer am Swap-Handel etablieren normalerweise - aus Gründen eines besseren Risikocontrollings - Handelslimite bei jedem individuellen Vertragspartner. Unter diesem Gesichtspunkt ist es, damit ein aktives Handeln ermöglicht wird, sehr wichtig, daß die Möglichkeit besteht, offenstehende Kontrakte vor ihrem ursprünglich vereinbarten Ablauf beenden zu können, um genügend Raum für den Handel im Rahmen der Limite zu schaffen. US-amerikanische Banken, die im Rahmen des Marktbewertungsprinzips agieren, stimmen der Beendigung von Verträgen zu, da ihre Gewinne und Verluste nicht dadurch berührt werden, ob sie der Beendigung zustimmen oder nicht. Japanische Banken dagegen sind sehr zögerlich, Beendigungen zu akzeptieren, da für sie das Market-value-accounting bei Swap-Transaktionen nicht erlaubt ist. Sie können also verhindern, daß Risiken und versteckte Gewinne bzw. Verluste offengelegt werden, indem sie dem Beendigungswunsch seitens ihrer Vertragspartner (also z. B. den Industriekunden) nicht nachgeben. Diese Situation hat zu verschiedenen Problemen an den Tokioter Märkten geführt, insbesondere in den Märkten, in denen japanische Banken die führende Rolle innehaben. So hat ihre zögerliche Haltung gegenüber dem Beendigungswunsch ihrer Kunden z. B. im Yen-Zinsswap-Markt, der von japanischen Banken dominiert wird, einen negativen Effekt auf die Entwicklung dieses Marktes genommen, indem es eine Hürde darstellt für eine reibungslose Abwicklung und für die Bildung von Marktpreisen.[280]

Einige der genannten Kritikpunkte sind nicht neu. Bereits am 25.05.1990 veröffentlichte die Beratungskommission für Unternehmensrechnungsführung des MOF einen Bericht unter dem Titel 'Offenlegung von Informationen über Termin- und Optionsgeschäfte im Jahresabschluß', in dem ähnliche Kritikpunkte angesprochen wurden. Als erste Maßnahme zur Lösung der Probleme wurden damals umfangreiche Vorschriften hinsichtlich der Publizität von Derivaten erlassen.

---

[278] Vgl. Otsuka, Muneharu: Die Rechnungslegung der Finanzprodukte - Schwerpunkt: Rechnungslegung des Trading bei Banken; Monatszeitschrift der Chiho-ginko, 2/1996, S. 9

[279] Vgl. Otsuka, Muneharu: Bedeutung der Einführung des MTM für das trading-Konto bei Kreditinstituten, Kigyo-kaikei (Rechnungslegung in den Unternehmungen), 4/1997, S. 19

[280] Vgl. Kuroda, Akio; Kotani, Masataka; Ogawa, Marie: Features and Problems of Bank Accounting System in Japan; Bank of Japan Monetary and Economic Studies, 7/1994, S. 55

1.2.4.3. Erster Schritt zur Problemlösung: Erweiterung der Offenlegungsvorschriften

Bislang galten die Publizitätsvorschriften für Finanzinstrumente nur bei Termingeschäften, Optionsgeschäften und Wertpapieren, wobei nur Instrumente einbezogen werden, die börsengehandelt sind. Der Grund liegt darin, daß als die wichtigste Voraussetzung für die Offenlegung in Japan die objektive Vergleichsmöglichkeit der Werte der offengelegten Instrumente mit Börsennotierungen erachtet wird. Alle OTC-Produkte - so auch Swaps - wurden in Japan im Rahmen der Publizitätsvorschriften somit nicht erfaßt.[281]

Nach bisher gültigem Recht sind folgende Informationen offenzulegen:

- In Bezug auf **Futures** werden Aufstellungen über die jeweils zugrundeliegenden Vertragssummen, die aktuellen Marktwerte und die unrealisierten Gewinne und Verluste vorgeschrieben; untergliedert werden die Aufstellungen in die verschiedenen möglichen Basiswerte Aktien, Anleihen, Zinssätze;
- In Bezug auf **Optionen** werden Aufstellungen über die jeweiligen aktuellen Marktwerte und die unrealisierten Gewinne und Verluste vorgeschrieben; die Aufstellungen werden untergliedert in die verschiedenen Basiswerte, auf die sich börsengehandelte Optionen beziehen können: Aktien, Zinssätze und jeweils in call bzw. put;
- In Bezug auf börsengehandelte **Wertpapiere** werden Informationen über die aktuellen Marktwerte und den schwebenden Gewinnen bzw. Verlusten offengelegt; diese werden untergliedert nach Wertpapieren, die dem Umlaufvermögen und denen, die dem Anlagevermögen angehören, sowie in Aktien und Obligationen;

Für alle gilt:

- Als Vergleichsmaßstab für die Angabe des aktuellen Marktpreises gilt die Kursnotierung an der Börse am Tag des Jahresabschlusses;
- Der auszuweisende schwebende Gewinn bzw. Verlust des jeweiligen Geschäfts ist der Differenzbetrag zwischen dem Vertragsbetrag bei einem Future bzw. dem Bilanzbuchwert bei einer Option (dies entspricht der bezahlten bzw. erhaltenen Optionsgebühr) oder bei einem Wertpapier und dem aktuellen Marktpreis.[282]

Mit den bislang gültigen Vorschriften zur Offenlegung der derivativen off-balance-Geschäfte war man noch nicht zufrieden. Es wurde auch kritisiert, daß keinerlei qualitativen Informationen vorgeschrieben waren. So wurde über den Verwendungszweck, den Risi-

[281] Vgl. Ishikawa, Kinya: Offenlegungsrahmen für den Derivate-Handel von Finanzinstitutionen, Keirijofo (Bilanzierungsinformation), 20.06.1995, S. 22 f.; COFRI: Offenlegung von Informationen zum Derivate-Handel bei Finanzinstitutionen - Bericht der Arbeitsgruppe „Publizität bei Finanzinstitutionen" des COFRI vom 15.05.1995 - Keiei-zaimu (Finanzmanagement), 12.06.1995, S. 34 f.; Yuichi, Ikeda: Die Ausweitung der Offenlegung des Derivat-Handels bei Unternehmen, Shoji-homu (HGB-Zeitschrift), 25.03.1996, S. 10; COFRI: Bericht der Arbeitsgruppe „Publizität bei Kreditinstituten" des COFRI - Publizität des Derivat-Handels bei Kreditinstituten, COFRI-Letter Nr. 104, 16.05.1995, S. 3

[282] Vgl. Takita, Terumi; Yumoto, Kenji: Japan - Individual Accounts, in: Ordelheide, Dieter (Hrsg.): Transacc - Transnational Accounting, Vol. 1, London (UK), 1995, S. 1934 ff.; Komiyama, Satoshi: Off Balance Sheet Transaction, Tokio (Japan), 18.3.1996, S. 298 f.; Vgl. zu Futures und Optionen in verkürzter Form Yuichi, Ikeda: Die Ausweitung der Offenlegung des Derivat-Handels bei Unternehmen, Shoji-homu (HGB-Zeitschrift), 25.03.1996, S. 10

kogehalt und das unternehmensinterne Kontrollsystem im Derivat-Handel nicht informiert.[283] Es wurden daher weitergehende Vorschläge einer vom MOF eingesetzten Forschungsgruppe vorgelegt.[284] Nach altem Recht müssen - wie bereits oben ausgeführt - nur Transaktionen mit Futures und Optionen offengelegt werden. Mit den neuen Regelungen wird gefordert, daß Informationen über den Zweck der Geschäfte und darüber, wie die Risiken gesteuert werden, offengelegt werden.[285] Am 3.7.1996 hat das Finanzministerium per Ministerialerlaß die Vorschläge der Forschungsgruppe weitgehend umgesetzt.[286] Dabei wurden zwei Phasen vorgegeben, in denen die Umsetzung seitens der Banken erfolgen mußte: In der ersten Phase, die für die Jahresabschlüsse in Kraft trat, die ab dem 1.4.1997 aufgestellt wurden, mußte zunächst der Wirtschaftsprüfer die Schätzung des Tageswertes für das trading-book prüfen. Dies war vorher seitens des Gesetzgebers nicht gefordert. In der zweiten Phase, die für die Jahresabschlüsse greift, die ab dem 1.4.1998 aufgestellt werden, müssen die Finanzinstitutionen die Tageswerte gemäß den untenstehenden Vorschlägen veröffentlichen. Es wird im Rahmen des Ministerialerlasses bekräftigt, daß, falls der aktuelle Marktpreis nur unter erheblichem Kostenaufwand zu beschaffen ist oder falls der Marktpreis offensichtlichen Verzerrungen unterliegt, der Fair value heranzuziehen ist, der aufgrund von logischen Berechnungsmodellen ermittelt werden kann unter Heranziehung von aktuellen Zinssätzen und anderen Marktwerten. Die erweiterte Offenlegung wird auch seitens des MOF unter das Ziel gestellt, daß zum einen das Vertrauen ausländischer Investoren erreicht und daß zum anderen eine 'gesunde Entwicklung' des japanischen Finanzmarktes unterstützt werden soll. Zum dritten soll auch eine verbesserte Risikokontrolle über die Finanzinstitutionen erreicht werden.[287]

Die erweiterten Offenlegungsvorschriften basieren auf einem Bericht der Forschungsgruppe vom 15.05.1995.[288] Die wichtigsten Inhalte dieses Bericht beziehen sich auf folgende Bereiche:

- Die Publizität soll auf alle Derivate ausgedehnt werden, d. h. auch OTC-Derivate und insbesondere Swaps werden zukünftig in die Offenlegung einbezogen.

- Folgende weitere Informationen, neben den bereits schon vorgeschriebenen, sollen offengelegt werden[289]:

[283] Vgl. Yuichi, Ikeda: Die Ausweitung der Offenlegung des Derivat-Handels bei Unternehmen, Shojihomu (HGB-Zeitschrift), 25.03.1996, S. 10

[284] Vgl. Kaizuka, Masaaki: Die Einführung des MTM beim Trading von Effektengesellschaften, Keieizaimu (Finanzmanagement), 11.03.1996, S. 26

[285] Vgl. Coopers & Lybrand: Derivative transactions, Accountancy - International Edition, 4/1996, S. 84

[286] Vgl. Yoshii, Kazuhiro: Änderung der Offenlegung bei Derivatgeschäften, Keiri-jofo (Bilanzierungsinformation), 20.08./01.09.1996, S. 61

[287] Vgl. o. V.: Accounting News - Die Neuregelung über die erweiterten Offenlegungsvorschriften für den Handel mit derivativen Finanzprodukten, Kigyo-kaikei (Rechnungslegung in den Unternehmungen), 9/1996, S. 11

[288] Vgl. zu den gesamten folgenden 3 Abschnitten: Ishikawa, Kinya: Offenlegungsrahmen für den Derivate-Handel von Finanzinstitutionen, Keiri-jofo (Bilanzierungsinformation), 20.06.1995, S. 22 – 27; COFRI: Offenlegung von Informationen zum Derivate-Handel bei Finanzinstitutionen - Bericht der Arbeitsgruppe „Publizität bei Finanzinstitutionen“ des COFRI vom 15.05.1995, Keiei-zaimu (Finanzmanagement), 12.06.1995, S. 33 – 39; COFRI: Bericht der Arbeitsgruppe „Publizität bei Kreditinstituten“ des COFRI - Publizität des Derivat-Handels bei Kreditinstituten, COFRI-Letter Nr. 104, 16.05.1995, S. 1 – 14

1) Quantitative Informationen
   - geschätztes Kontraktvolumen
   - Informationen über Kreditrisiken
   - Informationen über Marktrisiken
   - Informationen über den Fair value

   Derzeit sind in Japan die Informationen zu den aktuellen Marktwerten bei Derivaten auf börsengehandelte Optionen und Futures beschränkt. Dagegen wird in den USA zum Vergleich der Fair value sowohl für das trading-account wie auch für den non-trading-Bereich offengelegt. Unter dem Aspekt der besseren Beurteilung von Marktrisiken wird empfohlen, den Fair value zumindest für alle Geschäfte des trading-account (also auch für nicht börsengehandelte Produkte wie Swaps) offenzulegen.

2) Qualitative Informationen[290]

   Die qualitativen Informationen beziehen sich ebenfalls vor allem auf das Risikomanagement in der Bank und dies wird ausführlicher in Abschnitt 3.2. dieses Kapitels behandelt. Daneben werden jedoch auch explizit folgende Informationen gefordert:
   - Erläuterungen zur Situation und zu den Zielsetzungen im Handelsbereich der Finanzinstitution
   - erläuternde Informationen zu den quantitativen Informationen
   - Aussagen zur Bilanzierungspolitik im Derivat-Handel

3) Detaillierte Unterteilung der Positionen des Offenlegungsberichts

   Nach bisherigem Recht werden die Marktwertinformationen nach Zinsen, Währungen, Aktien und Anleihen unterteilt. Beim Optionshandel wurden sie zusätzlich unterteilt nach 'call' und 'put'. Ab April 1998 werden alle Marktwertinformationen weiter unterteilt nach Kauf- und Verkaufspositionen. Beim Swap sollen auch die Höhe der Einnahmen bzw. Ausgaben von Fixzinsen und variablen Zinsen angegeben werden.[291] Gleichzeitig wird darauf hingewiesen, daß durch eine zu detaillierte Unterteilung der Positionen die Übersichtlichkeit Schaden nehmen könnte, so daß die Finanzinstitution auch sinnvolle Zusammenfassungen vornehmen darf. Hier wird implizit auf die Beachtung der beiden Schlüsselprinzipien des BADC 'Klare Darstellung der Fakten' und 'Grundsatz der Materiality' hingewiesen.

Der Bericht der Forschungsgruppe legt fest, daß ihre Vorschläge lediglich der Mindestmaßstab sind, nach dem die Finanzinstitutionen in Japan ihre Offenlegung gestalten sollten. Es wäre wünschenswert, wenn die Banken darüber hinaus weitere Informationen in ihren Geschäftsberichten geben. Einige Banken hatten bereits ihren Geschäftsbericht per März 1995 auf diese neuen Regeln ausgerichtet. Es wurde erwartet, daß sich weitere

[289] Diese werden an dieser Stelle nur stichwortartig erwähnt, da sie vor allem unter dem Aspekt der verbesserten Risikotransparenz stehen und diese Problemstellung ausführlich in Kapitel 3 Abschnitt 3.2. behandelt wird.

[290] Vgl. zu dem 2. Abschnitt: Yuichi, Ikeda: Die Ausweitung der Offenlegung des Derivat-Handels bei Unternehmen, Shoji-homu (HGB-Zeitschrift), 25.03.1996, S. 11

[291] Vgl. Yuichi, Ikeda: Die Ausweitung der Offenlegung des Derivat-Handels bei Unternehmen, Shoji-homu (HGB-Zeitschrift), 25.03.1996, S. 11

Banken im März 1996 anschließen.[292] Wie bereits eingangs erwähnt, traten die Vorschriften in ihrer ersten Phase ab April 1997 und in ihrer zweiten Phase ab April 1998 dann verbindlich für alle Banken in Kraft.

Die Frage, ob die Offenlegungsvorschriften ausreichend sind, wird in Japan immer wieder diskutiert. Auf der einen Seite ist man bemüht, die Publizitätsvorschriften weiter zu verfeinern, um ein umfangreiches Informationssystem im Jahresabschluß von Banken zu errichten. So vertritt die oben zitierte Forschungsgruppe die Ansicht, daß die 'gesunde' Entwicklung des Derivatmarktes in Japan auch dadurch unterstützt wird, indem die Finanzinstitutionen umfangreiche Offenlegungspflichten erfüllen müssen, denn dadurch werde der Derivate-Handel der betreffenden Finanzinstitution vom Markt geprüft.[293] Auf der anderen Seite wird jedoch auch darauf hingewiesen, daß Erweiterung der Offenlegungspflichten nicht immer nur vorteilhaft ist. Takemoto von der Bank of Japan gibt hierzu einige interessante Ausführungen: „ ... Japanese banks have tended to disclose very little information in their public documents, preferring to give information directly to particular individuals. However this lack of transparency had led to the 'Japan premium' which made borrowing more expensive. Better disclosure would ... make borrowing cheaper, lead to better management and perhaps enable regulators to spot difficulties earlier. The crisis in the banking sector as a result of housing loans had resulted in more openess by banks.“ [294] Takemoto fügt jedoch auch hinzu: „More disclosure was not, automatically a good thing... There was, for example, the problem of a run on a bank caused by disclosure of difficulties. Such a run would probably lead to failure when otherwise prudent management would have enabled the bank to survive.“ [295] Diese Aussage bezieht sich nun nicht auf die Offenlegung von Finanzderivaten, aber dennoch zeigt sie, daß die Zurückhaltung bei manchen Offenlegungsfragen in Japan sehr wohl überlegt ist.

1.2.4.4. Zweiter Schritt zur Problemlösung: Einführung des Marktbewertungsprinzips für das trading-book bei Banken

1.2.4.4.1. Vorschlag des Ministry of Finance

Nachdem der erste Schritt getan war im Hinblick auf die Verbesserung der Informationslage für die Investoren in Bezug auf den Handel von derivativen Finanzinstrumenten bei Banken, wurde mit dem oben erwähnten Bericht der Beratungskommission für den Wertpapierhandel, Sonderarbeitsgruppe 'Derivate', auch von Seiten des MOF ein Vorschlag unterbreitet, wie die Bewertung nach Mark-to-Market-Prinzip bei der Rechnungslegung für Finanzinstrumente für den Handelsbereich insgesamt und damit auch für die derivativen Finanzinstrumente, die dem Handelsbereich zugeordnet werden, bei Banken in Japan gestaltet werden kann.

[292] Vgl. COFRI: Offenlegung von Informationen zum Derivate-Handel bei Finanzinstitutionen - Bericht der Arbeitsgruppe „Publizität bei Finanzinstitutionen“ des COFRI vom 15.05.1995, Keiei-zaimu (Finanzmanagement), 12.06.1995, S. 38

[293] Vgl. COFRI: Offenlegung von Informationen zum Derivate-Handel bei Finanzinstitutionen - Bericht der Arbeitsgruppe „Publizität bei Finanzinstitutionen“ des COFRI vom 15.05.1995 - Keiei-zaimu (Finanzmanagement), 12.06.1995, S. 34

[294] o. V.: Bankers' forum on disclosure, World Accounting Report, 8-9/1996, S. viii

[295] o. V.: Bankers' forum on disclosure, World Accounting Report, 8-9/1996, S. viii

Zunächst weist die Kommission des MOF auf die Probleme bei der Einführung des Mark-to-Market-Accounting in Japan hin. Das größte Problem besteht darin, daß durch den ertragswirksam vereinnahmten 'schwebenden Gewinn' prima facie zahlungswirksame Vorgänge wie z. B. Dividendenausschüttungen ausgelöst werden können, was nicht in Einklang zu bringen ist mit den Primärzielen der Rechnungslegung nach japanischem Recht. Zum anderen wird die Möglichkeit der Gewinnmanipulation befürchtet, die durch willkürliche Schätzungen des Tageswertes des betreffenden Derivats entstehen könnte.[296] Diese Problempunkte werden in dem Bericht allerdings mit Gegenargumenten[297] relativiert, die sich auf die 'Besonderheiten des Handelsgeschäfts bei Banken' beziehen:

- Es kann die Existenz eines Marktes vorausgesetzt werden, in dem jederzeit Verfügungen hinsichtlich der Finanzinstrumente getroffen werden können, so daß die Wahrscheinlichkeit für die Realisierung eines schwebenden Gewinns oder Verlusts äußerst hoch anzusetzen ist.
- Der Marktpreis des Finanzinstruments kann durch Zinsen oder Aktienpreise objektiv und 'gerecht' berechnet werden.
- Es ist (z. B. aufgrund einer zuverlässigen und geprüften EDV-Technik) möglich, eine sichere Organisations- und Kontrollstruktur zu gewährleisten, die die objektive Zuordnung der Finanzinstrumente und die objektive Bewertung sicherstellen.

Diese Argumente können die Probleme in Bezug auf die Manipulierbarkeit der Gewinn- und Verlustschätzungen lösen. Im Hinblick auf die Ausschüttung schwebender Gewinne helfen sie nicht weiter. Es wird nach wie vor auch seitens der Kommission als sehr problematisch angesehen, wenn schwebende Gewinne ausgeschüttet würden. Daher will man die Nettogewinne, die die schwebenden Verluste aus trading-Geschäften übersteigen, aus dem für die Dividendenausschüttung verfügbaren Gewinn ausschließen. Unter diesen Voraussetzungen hat die Kommission empfohlen, daß eine Sonderregelung in die betreffenden Gesetze eingeführt werden soll, um nach dieser Regelung das Marktwertprinzip für das trading bei Banken zu implementieren. Folgende Bedingungen[298] müssen dabei erfüllt werden:

1) Um Manipulationen, wie z. B. einerseits die ausschließliche Anwendung des Mark-to-Market-Accounting bei Geschäften mit inhärentem schwebenden Gewinn durch die Zuordnung dieser Geschäfte in das trading-account und andererseits die Nichtanwendung des Mark-to-Market-Accounting bei Geschäften mit geschätztem Verlust durch

[296] Vgl. Kaizuka, Masaaki: Die Einführung des MTM beim Trading von Effektengesellschaften, Keiei-zaimu (Finanzmanagement), 11.03.1996, S. 25; COFRI: Einführung des Marktpreisprinzips für Trading-Geschäfte bei Wertpapierhäusern, CORFI-Letter Nr. 121, 13.02.1996, S: 9; auf das Problem der Gewinnausschüttung aus schwebenden Gewinne weist auch Otsuka, Muneharu: Die Rechnungslegung der Finanzprodukte - Schwerpunkt: Rechnungslegung des Trading bei Banken; Monatszeitschrift der Chiho-ginko, 2/1996, S. 10 f. mit einem ausführlichen Beispiel hin

[297] Vgl. Kaizuka, Masaaki: Die Einführung des MTM beim Trading von Effektengesellschaften, Keiei-zaimu (Finanzmanagement), 11.03.1996, S. 25f.; COFRI: Einführung des Marktpreisprinzips für Trading-Geschäfte bei Wertpapierhäusern, CORFI-Letter Nr. 121, 13.02.1996, S: 9 f.; Amaya, Tomoko: Einführung des Mark-to-Market Accounting für das Trading-Geschäft von Finanzinstituten, Kinyu kyokumen (Finanzsituation), 19.02.1996, S. 24 f.

[298] Zu den gesamten folgenden sechs Punkten vgl. Kaizuka, Masaaki: Die Einführung des MTM beim Trading von Effektengesellschaften, Keiei-zaimu (Finanzmanagement), 11.03.1996, S. 26 f.; COFRI: Einführung des Marktpreisprinzips für Trading-Geschäfte bei Wertpapierhäusern, CORFI-Letter Nr. 121, 13.02.1996, S. 11 ff.; Amaya, Tomoko: Einführung des Mark-to-Market Accounting für das Trading-Geschäft von Finanzinstituten, Kinyu kyokumen (Finanzsituation), 19.02.1996, S. 24 f.

die Zuordnung dieser Geschäfte in den Bereich 'Sonstige Geschäfte', vorzubeugen, ist eine strikte, kontrollierte Trennung des trading-accounts von den sonstigen Geschäften vorzunehmen. Hierzu müssen Ministerialerlasse mit konkreten Vorschriften ergehen.

2) Es ist notwendig, daß ein System bei den Banken verwendet wird, nach dem der Marktwert objektiv geschätzt werden kann, um eine Gewinnmanipulation durch subjektive Wertschätzungen zu vermeiden. Dieses System muß geprüft werden. Bei vielen Finanzprodukten ist es möglich, den 'Fair value' durch Marktpreise an der Börse, Marktpreise im Computer-Handel oder über theoretische Rechenmodelle festzulegen.

3) Bei den Wertpapierhäusern und Banken wurden auch bisher bereits Verbesserungen und Verstärkungen des internen Kontrollsystems durchgeführt. Hinsichtlich der Einführung des Marktwertprinzips in der Rechnungslegung ist ein noch präziseres Kontrollsystem notwendig, um die in den Punkten 1) und 2) genannten möglichen Gewinnmanipulationen zu verhindern oder um objektive Marktwerte der verschiedenen Finanzprodukte zu bestimmen. Mit der Implementierung des Marktwertprinzips werden sich daher für die betreffende einzelne Bank die Sach-, Verwaltungs- und Personalkosten erhöhen. Nicht alle Banken werden sofort in der Lage sein, die notwendigen Maßnahmen zur Errichtung eines solchen Kontrollsystems zu ergreifen. Deshalb soll die Einführung des Marktwertprinzips auf die Banken beschränkt bleiben, die nachweisen können, daß sie das benötigte Kontrollsystem installiert haben. Die übrigen Banken und Wertpapierhäuser werden aufgefordert, sich mit entsprechenden Maßnahmen ebenfalls auf die Übernahme des Marktwertprinzips vorzubereiten.

4) Um diese ersten drei Punkte verwirklichen zu können, müssen die Verantwortlichkeiten für trading- und non-trading-Geschäfte klar getrennt sein und das entsprechende Funktionssystem muß die korrekte Erfassung des Marktwertes und die strikte Trennung in der Rechnungslegung gewährleisten. Dies muß insgesamt durch die interne Revision und die externe Prüfung kontrolliert und überprüft werden.

5) Das Stetigkeitsprinzip wird im Rahmen der Rechnungslegung als wichtig erachtet und daher sollen die Banken, die das Marktwertprinzip einführen werden, dieses für die Zukunft beibehalten, d. h. ein Zurückwechseln in das momentane System, das dann noch Gültigkeit haben wird für die Banken und Wertpapierhäuser, die die Anforderungen an das interne Kontrollsystem noch nicht erfüllen, ist nicht erlaubt.

6) In der zu entwerfenden Gesetzesänderung bzw. -ergänzung ist zu berücksichtigen, daß der Netto-Schätzgewinn (also der Betrag, um den die schwebenden Gewinne die schwebenden Verluste übersteigen) aus der Marktbewertung des trading-account von dem für die Dividendenausschüttung zur Verfügung stehenden Gewinn abgezogen wird.

7) Im Körperschaftsteuergesetz ist festgelegt, daß der noch nicht realisierte Schätzgewinn nicht zu dem zu versteuernden Einkommen hinzugerechnet wird. Dennoch ist es wünschenswert, wenn die noch nicht realisierten Gewinne und Verluste insgesamt in voller Höhe anerkannt und in die Berechnung des zu versteuernden Einkommens einbezogen werden. Diese Problematik muß mit den Steuerbehörden abgeklärt werden.

1.2.4.4.2. Umsetzung in Gesetzesrecht

Die Umsetzung dieser Vorschläge erfolgte im Rahmen von Gesetzesänderungen, wobei diese Ausnahme von den Rechnungslegungsvorschriften des jHGB im Rahmen des Banking Law bzw. des jBG ausformuliert ist.[299] Am 21.06.1996[300] wurde vom japanischen Parlament das Gesetz verabschiedet, auf dessen Grundlage die Ergänzungen der betroffenen Gesetze vorgenommen werden konnten. So wurden z. B. die Ergänzungen des Banking Law, die notwendig waren, um die o. g. Vorschläge des Berichts der Beratungskommission für den Wertpapierhandel, Sonderarbeitsgruppe 'Derivate', umzusetzen, im Herbst 1996 vorgenommen.[301] Die neue Gesetzeslage hat Gültigkeit für die Jahresabschlüsse, die ab dem 1. April 1997[302] aufgestellt werden, d. h. - da der Jahresabschluß üblicherweise zum 31.3. eines Jahres aufgestellt wird - daß die ersten Jahresabschlüsse unter dieser neuen Regelung zum 31.3.1998 erstellt sind. Dies steht im Zusammenhang mit der Übernahme der BIS-Vorschriften (Bank for International Settlements) hinsichtlich des Marktrisikos mit Wirkung zum März 1998.[303] Im Hinblick auf die steuerliche Anerkennung zeichnet sich ab, daß der 6. Punkt des Berichts bei den Steuerbehörden weiterverfolgt wird und die Anerkennung des Mark-to-Market-Accounting auch für die Ermittlung des zu versteuernden Einkommens angestrebt ist.[304]

Es wird in Japan geschätzt, daß derzeit nur einige wenige große Banken und Wertpapierhäuser die erforderlichen Systemvoraussetzungen vorhalten, die sie in die Lage versetzen, die Erlaubnis des MOF zu erreichen, das Mark-to-Market accounting einzuführen. Übrigens wurde bereits vor Inkraftsetzung errechnet, daß die internationale 'capital-debt ratio', die von der BIS vorgegeben wird, nur von 89 Finanzinstitutionen in Japan erreicht wird.[305] In Anbetracht der derzeit vehement auftretenden Schwierigkeiten[306] bei den japanischen Banken ist damit zu rechnen, daß diese Zahl mit Sicherheit nach unten angepaßt werden muß.

---

299 Vgl. o.V.: MOF: Introduction of Mark to Market Valuation in 1997 for Trading Accounts for Banks, Nikkin, 26.1.1996, o. S.

300 Vgl. Otsuka, Muneharu.: Bedeutung der Einführung des MTM für das trading-Konto bei Kreditinstituten, Kigyo-kaikei (Rechnungslegung in den Unternehmungen), 4/1997, S. 18; Yamada, Tatsumi: Bedeutung der Einführung des MTM beim trading-Konto von Banken, Kigyo-kaikei (Rechnungslegung in den Unternehmungen) 11/1996, S. 25

301 Vgl. Nakazato, Minoru: New Financial Instruments: the Japanese Perspective, Manuskript vom 16.01.1997 zur geplanten Veröffentlichung eines Artikels in: Tax Notes International, S. 9

302 Vgl. Otsuka, Muneharu: Bedeutung der Einführung des MTM für das trading-Konto bei Kreditinstituten, Kigyo-kaikei (Rechnungslegung in den Unternehmungen), 4/1997, S. 18; Morikawa, Yasuo: Die Beeinflussung der Bewertungsmaßstäbe der Rechnungslegung durch die Einführung des MTM, Kigyo-kaikei (Rechnungslegung in den Unternehmungen), 11/1996, S. 18; Coopers & Lybrand: Bank accounting rules, Accountancy - International Edition, 3/1996, S. 86; o. V.: Einführung des Marktwertprinzips im Handel, Keiei-zaimu (Finanzmanagement), 26.02.1996, S. 3

303 Vgl. o. V.: MOF: Introduction of Mark-to-Market Valuation in 1997 for Trading Accounts for Banks, Nikkin, 26.1.1996, o. S.

304 Vgl. Nakazato, Minoru: New Financial Instruments: the Japanese Perspective, Manuskript vom 16.01.1997 zur geplanten Veröffentlichung eines Artikels in: Tax Notes International, S. 9 f.

305 Vgl. o. V.: MOF: Introduction of Mark to Market Valuation in 1997 for Trading Accounts for Banks, Nikkin, 26.1.1996, o. S.

306 Vgl. o. V.: Banken arbeiten hart an der Bewältigung der Problemkredite, Handelsblatt, 24.11.1997, S. 20

Dennoch wird diese Gesetzesentscheidung als bahnbrechend angesehen und es wird in der Literatur[307] vermutet, daß die Entscheidung wesentlichen Einfluß nehmen wird zum einen auf die zukünftige Ausgestaltung von Rechnungslegungsvorschriften für Finanzprodukte im allgemeinen und zum anderen auch dazu führen könnte bzw. sollte[308], daß die Regelungen über die Branche der Banken hinaus auf alle Unternehmungen ausgedehnt wird.

Folgende Regelungen beinhaltet das im Juni 1996 verabschiedete Gesetz:

Die Banken und Wertpapierhäuser, die eine Genehmigung vom Finanzministerium erhalten, bewerten Derivate und Wertpapiere, die dem trading account zugeordnet sind, mit dem Marktwert. Zunächst definiert das Gesetz noch einmal, was unter 'trading' zu verstehen ist. Es handelt sich um das Durchführen von Käufen und Verkäufen von Wertpapieren und Derivaten in schneller zeitlicher Abfolge, um aus kurzfristigen Marktpreisschwankungen oder aus Arbitragemöglichkeiten Gewinne zu erzielen.[309] Aufgrund einer so entstehenden Kette von schnell ablaufenden Geschäftsprozessen verliert die durch einen Umsatzprozess erzeugte Gewinnrealisation an Bedeutung und dies rechtfertigt die Anwendung des Marktwertprinzips.[310]

Es wird erkannt, daß die genannte Definition kein Attribut des jeweiligen Finanzinstruments an und für sich ist, sondern daß es von der Absicht der Bank abhängt, ob das einzelne Geschäft dem trading-Konto zuzuordnen ist.[311]

---

307 Vgl. Otsuka, Muneharu: Bedeutung der Einführung des MTM für das trading-Konto bei Kreditinstituten, Kigyo-kaikei (Rechnungslegung in den Unternehmungen), 4/1997, S. 18 und 22; Koga, Chitoshi: MTM als Rechnungslegungsmaßstab für das trading-Konto, Kigyo-kaikei (Rechnungslegung in den Unternehmungen), 4/1997, S. 24, 27 ff.; Yamada, Tatsumi: Bedeutung der Einführung des MTM beim trading-Konto von Banken, Kigyo-kaikei (Rechnungslegung in den Unternehmungen), 11/1996, S. 29

308 Dies fordert insbesondere: Nishikawa, Ikuo: Die Einführung des MTM - Hintergründe und Perspektiven, Keiei-zaimu (Finanzmanagement), 23.09.1996, S. 14 f.

309 Vgl. Yoshida, Mikihiro: Änderung der Verordnung zum Bankgesetz - Einführung des MTM beim Tradinggeschäft der Banken, JICPA-Journal, 5/1997, S. 13; Otsuka, Muneharu: Bedeutung der Einführung des MTM für das trading-Konto bei Kreditinstituten, Kigyo-kaikei (Rechnungslegung in den Unternehmungen), 4/1997, S. 19; Yamamoto, Hajime: Rechnungslegung nach MTM zum Zeitpunkt der Beantragung der Genehmigung seitens der Banken, Kigyo-kaikei (Rechnungslegung in den Unternehmungen), 4/1997, S. 32 f.

310 Vgl. Nishikawa, Ikuo: Die Einführung des MTM - Hintergründe und Perspektiven, Keiei-zaimu (Finanzmanagement), 23.09.1996, S. 10

311 Vgl. Nishikawa, Ikuo: Die Einführung des MTM - Hintergründe und Perspektiven, Keiei-zaimu (Finanzmanagement), 23.09.1996, S. 10

Im einzelnen sind folgende Vorschriften erlassen:[312]

1. Banken dürfen trading-Konten einrichten, wenn sie eine Genehmigung durch das MOF erhalten.
2. Die Banken, die ein trading-Konto eingerichtet haben, müssen die hier zugeordneten Wertpapiere und Derivate mit dem Marktwert bewerten, die geschätzten Gewinne und Verluste ausweisen und gegenseitig aufrechnen.
3. Der die geschätzten Verluste übersteigende Gewinn wird direkt in das bilanzielle Kapital eingestellt, d. h. vom verteilbaren GuV-Ergebnis abgezogen.

Die Punkte 2 und 3 werden von Katagi[313] näher erläutert. Die unrealisierten Gewinne und Verluste aus dem trading-Konto werden in der GuV als Aufwendungen bzw. Erträge offengelegt und in einem weiteren Schritt wird der die Verluste übersteigende Gewinn vom GuV-Ergebnis abgezogen und als Kapitalkomponente in die Bilanz eingestellt. Hierbei wird argumentiert, daß dadurch zum einen das Ziel erreicht, die Erfolgssituation der Bank offenzulegen und zum anderen gleichzeitig der Gläubigerschutz aufrechterhalten wird.

Zu Punkt 3 ist zu beachten, daß diese Regelung nicht durchgreift auf die Positionen, die auch bisher schon zu Marktwerten zu bewerten waren, nämlich die Fremdwährungspositionen. Die Vorschriften zur Rechnungslegung bei Fremdwährungspositionen werden durch das neue Gesetz nicht tangiert, d. h. die Umrechnungsgewinne bzw. -verluste wurden bisher erfolgswirksam vereinnahmt und diese Regelung bleibt auch so bestehen.[314] Im Umkehrschluß bedeutet dies, daß Derivate (mit Ausnahme von Swaps), deren Basiswert fremdwährungsbezogen ist, weiterhin auch marktbewertet werden, daß hier aber ein Nettogewinn sofort voll erfolgswirksam wird.

Diese grundlegenden Regelungen des Gesetzes sind inzwischen durch einen Ministerialerlaß[315] erläutert worden:

1. Nicht amtlich notierte Wertpapiere und Derivate müssen mit einem dem Marktwert entsprechenden Preis (Fair value) bewertet werden.
2. Derivate und Wertpapiere, die dem trading-account zugerechnet sind, werden grundsätzlich mit dem Tag des Vertragsschlusses eingebucht.

---

[312] Vgl. Shimizu, Tsuyoshi: Einflußnahme der Einführung von MTM bei dem trading-Konto von Banken auf die Rechnungsprüfung, Kigyo-kaikei (Rechnungslegung in den Unternehmungen), 4/1997, S. 45; Yamamoto, Hajime: Rechnungslegung nach MTM zum Zeitpunkt der Beantragung der Genehmigung seitens der Banken, Kigyo-kaikei (Rechnungslegung in den Unternehmungen), 4/1997, S. 32; Koga, Chitoshi: MTM als Rechnungslegungsmaßstab für das trading-Konto, Kigyo-kaikei (Rechnungslegung in den Unternehmungen), 4/1997, S. 23 f.; Yamada, Tatsumi: Bedeutung der Einführung des MTM beim trading-Konto von Banken, Kigyo-kaikei (Rechnungslegung in den Unternehmungen), 11/1996, S. 25 f.; Morikawa, Yasuo: Die Beeinflussung der Bewertungsmaßstäbe der Rechnungslegung durch die Einführung des MTM, Kigyo-kaikei (Rechnungslegung in den Unternehmungen), 11/1996, S. 19

[313] Vgl. Katagi, Haruhiko: Einführung des Tageswertprinzips in das HGB, Zeikeitsushin 3/1997, S. 162 f. und S. 165

[314] Vgl. Yoshida, Mikihiro: Änderung der Verordnung zum Bankgesetz - Einführung des MTM beim Tradinggeschäft der Banken, JICPA-Journal, 5/1997, S. 16 f.

[315] Vgl. Shimizu, Tsuyoshi: Einflußnahme der Einführung von MTM bei dem trading-Konto von Banken auf die Rechnungsprüfung, Kigyo-kaikei (Rechnungslegung in den Unternehmungen), 4/1997, S. 45

3. Es ist untersagt, die Derivate und Wertpapiere, die dem trading-account angehören, in ein anderes Konto (z. B. in das Konto für Wertpapiere des Anlagevermögens oder das 'banking account') umzuwidmen und auch der umgekehrte Fall ist nicht erlaubt.[316]

Im Hinblick auf die Berechnung der Marktwerte bzw. Fair value gibt das MOF vor, daß bei börsengehandelten Effekten und Derivaten die Abschlußnotierung an der Börse herangezogen wird. Diese können den Börsenzeitungen oder ähnlichen Informationsmedien entnommen werden.[317] Bei nicht-börsengehandelten Effekten und Derivaten wird für Zins- bzw. Währungsforwards sowie Swaps vorgegeben, daß zunächst die Zinsstruktur-Kurve (yield-curve) abgebildet wird und die daraus errechneten Cash-flows abdiskontiert werden. Bei OTC-Optionen ist darüber hinaus die Volatilität zu berücksichtigen - das MOF nennt hier mögliche Berechnungsmodelle (z. B. Black-Schooles-Optionspreismodell), welche herangezogen werden können.[318] Sollte eine Bank eine Änderung in ihrem Wertermittlungsverfahren vornehmen wollen oder die Methode ganz wechseln wollen, so muß sie das vorher dem MOF mitteilen. Sofern diese Änderung kurz vor der Erstellung des nächsten Jahresabschlusses durchgeführt werden soll, so bestehen beim MOF Bedenken, ob dies nicht eine Maßnahme zur Bilanzmanipulation darstellt. Auch häufige Änderungen werden unter dem Gesichtspunkt der Stetigkeit der Anwendung einer gewählten Bewertungsmethode als problematisch angesehen.[319]

Weiterhin wurde durch den Ministerialerlaß geregelt, welche Anforderungen das MOF an die Banken stellt, die eine Genehmigung zur Errichtung eines trading-accounts beantragen:[320]

1. Die Abteilung, in der die Geschäfte für das trading-account getätigt werden (Handelsabteilung), muß von der Abteilung, in der die Abwicklung bzw. Verbuchung der Geschäfte und die Bestimmung der Marktwerte erfolgt (Abwicklungsabteilung), streng getrennt sein. Innerhalb des trading-accounts werden alle Geschäfte nach MTM bewertet; die Bank hat kein Wahlrecht, bestimmte Geschäfte, die dem trading-account zugerechnet sind, von dieser Bewertungsmethode auszunehmen. Die Bank hat allerdings die Entscheidungsfreiheit, welche Derivat- bzw. Wertpapiergeschäfte sie dem trading-account zuordnen will.

[316] Dieser Punkt 3 wird besonders hervorgehoben durch: Yamamoto, Hajime: Rechnungslegung nach MTM zum Zeitpunkt der Beantragung der Genehmigung seitens der Banken, Kigyo-kaikei (Rechnungslegung in den Unternehmungen), 4/1997, S. 33

[317] Vgl. Shimizu, Tsuyoshi: Einflußnahme der Einführung von MTM bei dem trading-Konto von Banken auf die Rechnungsprüfung, Kigyo-kaikei (Rechnungslegung in den Unternehmungen), 4/1997, S. 46

[318] Vgl. Yoshida, Mikihiro: Änderung der Verordnung zum Bankgesetz - Einführung des MTM beim Tradinggeschäft der Banken, JICPA-Journal, 5/1997, S. 17; Shimizu, Tsuyoshi: Einflußnahme der Einführung von MTM bei dem trading-Konto von Banken auf die Rechnungsprüfung, Kigyo-kaikei (Rechnungslegung in den Unternehmungen), 4/1997, S. 46

[319] Vgl. Yoshida, Mikihiro: Änderung der Verordnung zum Bankgesetz - Einführung des MTM beim Tradinggeschäft der Banken, JICPA-Journal, 5/1997, S. 17

[320] Vgl. Yoshida, Mikihiro: Änderung der Verordnung zum Bankgesetz - Einführung des MTM beim Tradinggeschäft der Banken, JICPA-Journal, 5/1997, S. 15; Shimizu, Tsuyoshi: Einflußnahme der Einführung von MTM bei dem trading-Konto von Banken auf die Rechnungsprüfung, Kigyo-kaikei (Rechnungslegung in den Unternehmungen), 4/1997, S. 48; Yamamoto, Hajime: Rechnungslegung nach MTM zum Zeitpunkt der Beantragung der Genehmigung seitens der Banken, Kigyo-kaikei (Rechnungslegung in den Unternehmungen), 4/1997, S. 32 f.

2. Bei Antragstellung auf Zulassung zur Errichtung eines trading-accounts muß Erläuterung beigefügt sein, mit welcher konkreten Methode die Bank die Bestimmung des Marktwertes bzw. des Fair value durchführen wird.
3. Die zur Berechnung der Marktwerte bzw. Fair value verwendeten Unterlagen müssen für die Jahresabschlußprüfung bereitgestellt werden, damit jederzeit nachvollzogen werden kann, wie die konkrete Einzelwertermittlung vorgenommen wurde.
4. Die Geschäftsbücher für das trading-account und die restlichen Geschäftsbücher müssen deutlich getrennt voneinander verwaltet werden. Ebenso muß eine organisatorische Trennung des Personals, welches im Bereich des trading-accounts arbeitet, von dem übrigen Personal erfolgen.

Im Hinblick auf intern abgewickelte Geschäfte zwischen dem trading-account und den übrigen Geschäftsbereichen ordnet der Ministerialerlaß an, daß die Bank darauf achten muß, daß diese nur zu Preisen durchgeführt werden, wie sie auch mit einem externen Dritten abgeschlossen würden. Grundsätzlich weist das MOF jedoch darauf hin, daß - unter dem Aspekt der Vermeidung von Gewinnmanipulationen - von einem internen Geschäftsverkehr abgesehen werden sollte. Auch hier wird noch einmal betont, daß eine bloße Umwidmung von Geschäften zwischen trading-account und anderen Geschäftskonten nicht erlaubt ist.[321]

Grundsätzlich wird durch den Ministerialerlaß vorgegeben, daß über jegliche Änderung des Systems, welches seitens der Bank eingeführt wurde, um die Voraussetzungen für die Genehmigung zur Bewertung nach MTM zu erfüllen, immer das MOF in Kenntnis gesetzt werden muß.[322]

Diesem gesamten Regelungssystem ist immanent, daß bei späterer Nichterfüllung der Voraussetzungen die Genehmigung seitens des MOF auch wieder entzogen werden kann. Dies wird so durch die Literatur bestätigt.[323] Zu den Auswirkungen einer Entziehung der Genehmigung werden keine Ausführungen gegeben. M. E. ist die Entziehung einer einmal erteilten Genehmigung in der Praxis kaum vorstellbar, denn dies würde letztlich bedeuten, daß alle im trading-book enthaltenen Geschäfte im Rahmen des nächsten Jahresabschlusses wieder zu Anschaffungskosten und damit in weiten Teilen gar nicht mehr bilanziell bewertet würden. Vorteile aus einer solchen Sanktion sind für keinen der Beteiligten vorstellbar.

In der Literatur wird dieses vor kurzem verabschiedete Gesetz zum einen - wie bereits erwähnt - als bedeutender Schritt im Rahmen der Ausrichtung des gesamten Rechnungslegungssystems auf eine marktnähere Bewertung gesehen. Zum anderen wird begrüßt, daß sich Japan damit dem internationalen Trend der Harmonisierung der Rechnungslegungsstandards auf Marktwertbasis anschließt.[324]

---

321 Vgl. Yoshida, Mikihiro: Änderung der Verordnung zum Bankgesetz - Einführung des MTM beim Tradinggeschäft der Banken, JICPA-Journal, 5/1997, S. 16

322 Vgl. Yamamoto, Hajime: Rechnungslegung nach MTM zum Zeitpunkt der Beantragung der Genehmigung seitens der Banken, Kigyo-kaikei (Rechnungslegung in den Unternehmungen), 4/1997, S. 33

323 Vgl. Yamamoto, Hajime: Rechnungslegung nach MTM zum Zeitpunkt der Beantragung der Genehmigung seitens der Banken, Kigyo-kaikei (Rechnungslegung in den Unternehmungen), 4/1997, S. 33 f.

324 Vgl. Koga, Chitoshi: MTM als Rechnungslegungsmaßstab für das trading-Konto, Kigyo-kaikei (Rechnungslegung in den Unternehmungen), 4/1997, S. 24

1.2.4.4.3. Kritik an dem Vorschlag des Ministry of Finance

Im Hinblick darauf, daß das Marktbewertungsprinzip ausschließlich für Banken eingeführt wird, gibt es Bedenken, die z. B. von Kuroda et al. geäußert werden. Sie befürchten, daß durch die Einführung der neuen Regelungen die Bank-Rechnungslegung sehr viel komplizierter und schwieriger zu verstehen sein wird und dadurch ein gewisses Mißtrauen gegenüber Bankbilanzen entstehen könnte. Außerdem darf nicht übersehen werden, daß in den letzten Jahren Nichtbanken zunehmend an solchen Finanzgeschäften teilnehmen. Durch die Einführung des Marktwertprinzips nur für Banken bei Transaktionen, die Nichtbanken in völlig gleicher Art und Weise durchführen, wird die Gleichbehandlung gleicher Geschäfte in der Rechnungslegung zwischen verschiedenen Branchen aufgehoben. Dadurch wird der Entstehung unterschiedlicher Kosten bzw. Erträge aus ansonsten gleichen Geschäften Vorschub geleistet. Darin wird eine Gefahr für die Entwicklung der Finanzmärkte gesehen. Es sollte daher sehr sorgfältig darauf geachtet werden, daß in der Rechnungslegung gleiche Geschäfte sowohl bei Banken wie bei Nichtbanken gleich behandelt werden.[325] Diese Hinweise erscheinen um so bedeutungsvoller, als mit dem Bericht der Beratungskommission für den Wertpapierhandel, Sonderarbeitsgruppe 'Derivate' die Besteuerung der schwebenden Gewinne angestrebt wird.

In der sich an die Veröffentlichung des Berichts anschließenden Diskussion ergeben sich noch weitere Kritikpunkte. Ein wesentlicher Hinweis bezieht sich auf die Frage, ob der Vorschlag, die schwebenden Gewinne und Verluste zwar auszuweisen aber einen möglichen schwebenden Nettogewinn-Überschuß aus dem für die Dividendenausschüttung zur Verfügung stehenden Gewinn auszuschließen, ein sinnvoller Weg ist. Konkret müßte damit Artikel 290 Abs. 1 jHGB ergänzt werden. Dadurch wird die derzeit schon umfangreiche Berechnung, um vom Bilanzgewinn zum verteilungsfähigen Gewinn zu gelangen, noch länger und komplizierter. Es wird befürchtet, daß die Aussagekraft des Bilanzgewinns im Hinblick auf die Zahlungsbemessungsfunktion zunehmend leidet.[326] Dies gilt um so mehr, als nur Gewinne und Verluste aus währungsbezogenen Derivaten - mit Ausnahme von Swaps - sofort erfolgswirksam werden und die Wertgewinne und -verluste aus allen anderen Derivatgeschäften vom verteilungsfähigen Ergebnis abgezogen werden. Es wird durch diesen Hinweis zwar nicht das gesamte Vorhaben der Einführung des Marktbewertungsprinzips in Frage gestellt, jedoch die genannte Schwachstelle wird gesehen und aufgezeigt. Lösungsvorschläge, um diesen Mangel zu beheben, konnten zum Zeitpunkt der Erstellung dieser Arbeit in der japanischen Literatur noch nicht aufgefunden werden. Trotz dieser Kritik wurde letztlich die bemängelte Regelung durch die Legislative umgesetzt.

---

[325] Vgl. Kuroda, Akio; Kotani, Masataka; Ogawa, Marie: Features and Problems of Bank Accounting System in Japan; Bank of Japan Monetary and Economic Studies, 7/1994, S. 41

[326] Vgl. Andou, Hideki: Methode des on-balance-Ausweises, Kigyo-kaikei (Rechnungslegung in den Unternehmungen), 7/1996, S. 6, 10; Katagi, Haruhiko: Einführung des Tageswertprinzips in das HGB, Zeikeitsushin, 3/1997, S. 165

1.3. Wertansätze in den USA

Auch in den USA wurde der Weg beschritten, zunächst die Fragen bei der Offenlegung von Finanzinstrumenten bzw. speziell von Finanzderivaten zu klären und erst in einem zweiten Schritt sich mit den Problemen der bilanziellen Bewertung dieser Produkte auseinanderzusetzen.

1.3.1. Einschlägige SFAS

Folgende SFAS widmen sich verschiedenen Fragen der Rechnungslegung im Zusammenhang mit Finanzinstrumenten:

- SFAS 52: Foreign Currency Translation
Hier werden u.a. Forward Exchange Contracts behandelt.

- SFAS 80: Accounting for Futures Contracts
Weite Teile dieses SFAS beschäftigen sich mit Hedge-Kriterien.

- SFAS 105: Disclosure of Information about Financial Instruments with Off-Balance-Sheet Risk and Financial Instruments with Concentrations of Credit Risk
Wie bereits ausführlich im Titel benannt, behandelt dieses Statement vor allem die Offenlegung des Risikos aus dem Geschäft mit Finanzinstrumenten.

- SFAS 107: Disclosures about Fair Value of Financial Instruments
Im Gegensatz zu SFAS 105 bezieht sich dieser SFAS auf die umfassende Offenlegung von Finanzinstrumenten und nicht nur auf die Offenlegung des Risikos.

- SFAS 119: Disclosure about Derivative Financial Instruments and Fair Value of Financial Instruments
Dieser SFAS beschäftigt sich speziell mit der allgemeinen Offenlegung von Geschäften mit Finanzderivaten, wobei besonders auf die Unterscheidung nach der jeweiligen Zwecksetzung des Einzelgeschäfts abgestellt wird.

All diese SFAS sind in ihrer Gültigkeit nicht speziell auf die Branche der Banken eingeschränkt, müssen also von jedem Unternehmen beachtet werden, das Geschäfte mit den jeweiligen Finanzinstrumenten tätigt. Da sich die Geschäftstätigkeit von Banken auf den Einsatz und Handel dieser Produkte konzentriert, finden die genannten SFAS vor allem im Bankbereich Anwendung.

Am 20. Juni 1996 wurde in Ergänzung der oben aufgeführten bereits verabschiedeten und gültigen SFAS ein Exposure Draft des FASB unter dem Titel 'Accounting for Derivative and Similar Financial Instruments and for Hedging Activities' veröffentlicht, der nach eingehenden Diskussionen zu einer ersten Version eines SFAS unter dem veränderten Titel 'Accounting for Derivative Instruments and for Hedging Activities' (veröffentlicht am 12. September 1997) führte. Dieser bislang noch nicht verabschiedete Vorschlag des FASB setzt sich nun in einer umfassenden Form mit der bilanziellen Bewertung speziell von derivativen Finanzinstrumenten auseinander. Der neue SFAS soll die bisherigen SFAS 105 und 119 vollkommen ersetzen und SFAS 107 ergänzen. Nähere Informationen zu Ergänzungen anderer SFAS bzw. inwieweit SFAS 80 ebenfalls ersetzt wird, enthält die vorliegende erste Version des neuen SFAS nicht, da diese Punkte - wohl aus redaktionellen Gründen - erst in folgenden Versionen des neuen SFAS berücksichtigt werden sollen. Der Exposure Draft hatte hier vorgesehen, daß auch SFAS 80 völlig durch den neuen SFAS ersetzt werden soll und daß SFAS 52 und 107 ergänzt werden sollen, wobei SFAS 107 solche Ergänzungen erfahren sollte, daß er in Einklang steht mit den Bewertungsregeln des neuen SFAS. Weiterhin sollten die Teile des SFAS 105, die sich speziell mit der Offenlegung der Konzentration von Kreditrisiken auseinandersetzen, in den SFAS 107 aufgenommen werden, wodurch erst der komplette Wegfall des SFAS 105 ermöglicht werden sollte.

Die USA befinden sich somit - ähnlich wie Japan - derzeit in einer Übergangssituation, wobei immer noch nicht genau abzuschätzen ist, inwieweit der aktuell vorliegende Exposure Draft bzw. die darauf aufbauende erste Version des neuen SFAS noch Änderungen erfahren wird, da auch zu dieser ersten Version das FASB zu Stellungnahmen aufgefordert hat und somit zu weiteren Änderungen Bereitschaft signalisiert. Die Diskussionen scheinen sich aufgrund ihrer Intensität und Komplexität ungeplant in die Länge zu ziehen, denn mit dem Exposure Draft war angedacht, daß der endgültige SFAS so rechtzeitig verabschiedet würde, daß er Gültigkeit erlangen sollte für die Geschäftsjahre, die nach dem 15. Dezember 1997 beginnen. Mit der ersten Version des neuen SFAS wurde die Gültigkeit um ein Jahr auf den 15. Dezember 1998 verschoben.

1.3.2. Rechnungslegungsvorschriften für Wertpapiere

Im Gegensatz zu Deutschland und Japan läßt sich in den USA die Rechnungslegung für Derivate nicht mit der Rechnungslegung für Wertpapiere in Verbindung bringen oder sie gar daraus ableiten. Da jedoch die Bilanzierung von Finanzderivaten oftmals nicht unabhängig gesehen werden kann von der Bilanzierung von herkömmlichen Finanzinstrumenten (vor allem in Bezug auf das Hedge accounting), sollen an dieser Stelle die für Wertpapiere geltenden Bilanzierungs- und Bewertungsregeln vorgestellt werden, nicht zuletzt auch im Hinblick darauf, die Unterschiede zwischen der Bewertung von herkömmlichen Wertpapieren und Finanzderivaten offenzulegen.

Die Bilanzierung von Wertpapieren ist in SFAS 115 (Accounting for Certain Investments in Debt and Equity Securities, May 1993) geregelt. Der SFAS 115 bezieht sich ausschließlich auf die Bilanzierung von Wertpapieren und schließt Derivate nicht ein. Obwohl dieser Rechnungslegungsstandard nicht eingeschränkt ist auf die Anwendung durch Finanzinstitutionen, wird in der Einleitung verdeutlicht, daß er vor allem unter dem Aspekt erarbeitet wurde, die Bilanzierung von Gläubigerwertpapieren, die von Finanzinstitutionen gehalten werden, besser zu regeln.[327] Der SFAS nimmt eine Einteilung der Wertpapiere in drei Kategorien vor:

- Held-to-Maturity Securities
- Trading Securities
- Available-for-Sale Securities.

[327] Vgl. FASB: Original Pronouncements 1996/97 Edition - Accounting Standards as of June 1, 1996, Volume I, New York (USA), 1996, S. 1549

- Held-to-Maturity Securities

„Held-to-Maturity securities are reported on the balance sheet at amortized cost, which is the carrying value that results from using effective-interest amortization." [328] Dies bedeutet, daß diese Wertpapiere grundsätzlich zu historischen Kosten eingebucht werden. Die üblichen Zinserträge werden als solche periodengerecht vereinnahmt. Sollte das Wertpapier exakt zu pari gekauft worden sein, ergeben sich über die Laufzeit bis zur Fälligkeit keine Veränderungen in der bilanziellen Bewertung. Wird das Wertpapier über oder unter pari gekauft, wird es ebenfalls zum Kaufzeitpunkt zu historischen Kosten netto eingebucht und über die Laufzeit bis zur Fälligkeit wird die Differenz zum Nominalwert nach Effektivzinsmethode bei dem ursprünglich angesetzten Wert zu historischen Kosten pro rata temporis erfolgswirksam vereinnahmt und der Bilanzwert sukzessive angeglichen.[329] Unrealisierte Gewinne und Verluste aufgrund von Marktwertschwankungen werden bei dieser Wertpapierkategorie nicht berücksichtigt.

- Trading Securities

Trading Securities werden definiert als Wertpapiere, die zu dem Zweck gekauft und gehalten werden, um sie in naher Zukunft wieder zu verkaufen, so daß sie sich nur kurzfristig im Eigentum des Unternehmens befinden. Durch diese kurzfristige Abfolge von Käufen und Verkäufen sollen Gewinne aus Marktpreisschwankungen erzielt werden.[330] Diese Wertpapiere werden mit dem Fair value bewertet. Unrealisierte Gewinne und Verluste werden erfolgswirksam vereinnahmt.[331]

- Available-for-Sale Securities

Die Gruppe der Available-for-Sale Securities ist eine Residualgröße, denn SFAS 115 definiert, daß die Wertpapiere, die weder als Trading noch als Held-to-Maturity Securities klassifiziert werden, in die Gruppe der Available-for-Sale Securities eingeordnet werden. Unrealisierte Gewinne und Verluste werden nicht in der GuV ausgewiesen, sondern als Nettobetrag in einer separaten Komponente des Eigenkapitals bis zu ihrer Realisation eingestellt.[332] Damit sind sie als nicht für die Ausschüttung gedacht ausgewiesen.

Unter bestimmten Voraussetzungen, die im SFAS 115 genau ausgeführt sind, können Wertpapiere von einer Kategorie in eine andere umklassifiziert werden, ohne daß es Auswirkungen dahingehend hat, daß alle Wertpapiere dieser Kategorie als nicht mehr dieser Kategorie zugehörig erachtet werden. Ausführliche Regelungen gibt das FASB bei Umwidmungen insbesondere für die Behandlung von unrealisierten Erfolgsbeiträgen vor. Wird z. B. ein Wertpapier dem trading account entnommen und in eine andere Kategorie

---

328 Solomon, Lanny, et. al: Accounting - The Foundation for Business Success, Cincinnati (Ohio, USA), 5. Aufl. 1996, S. 679

329 Vgl. Solomon, Lanny, et. al: Accounting - The Foundation for Business Success, Cincinnati (Ohio, USA), 5. Aufl. 1996, S. 679 f.

330 Vgl. FASB: Original Pronouncements 1996/97 Edition - Accounting Standards as of June 1, 1996, Volume I, New York (USA), 1996, S. 1551

331 Vgl. Delaney, Patrick, et al.: GAAP 1996 - Interpretation and Application of Generally Accepted Accounting Principles, New York (USA), 10. Aufl. 1996, S. 119

332 Vgl. FASB: Original Pronouncements 1996/97 Edition - Accounting Standards as of June 1, 1996, Volume I, New York (USA), 1996, S. 1551; hier wird auch darauf verwiesen, daß SFAS 109 (Accounting for Income Taxes) regelt, wie die unrealisierten Gewinne und Verluste, die in der separaten Komponente des Eigenkapitals ausgewiesen werden, in steuerlicher Hinsicht behandelt werden sollen.

eingestellt, so soll der unrealisierte Gewinn oder Verlust, der ja bereits erfolgswirksam wurde, nicht wieder aus der GuV storniert werden.[333]

Dieser explizite Hinweis zeigt sehr deutlich, daß in den USA weiterhin unterschieden wird zwischen realisierten und unrealisierten Gewinnen und Verlusten. Ein Gewinn bzw. Verlust ist in den USA ebenfalls erst bei Verkauf des Wertpapiers tatsächlich realisiert. Nur durch den Wertansatz des Fair value und der rechnungslegungsbezogenen Definition von Gewinnen und Verlusten, wenn sie 'realized' oder 'realizable' sind, werden unrealisierte Gewinne und Verluste bei der Klasse der trading securities als realisiert ausgewiesen. Die Standard Setters in den USA sind sich bewußt, daß es sich nach wie vor um unrealisierte Gewinne und Verluste handelt, aber sie haben sich für die bilanztechnische Umwidmung dieser Gewinne und Verluste zu den realisierten Gewinnen und Verlusten entschieden.

Die bilanzielle Bewertung und damit die Einflußnahme der Festsetzung des Zeitpunktes der Gewinn- bzw. Verlustvereinnahmung auf den bilanziellen Gewinn läßt sich in folgender Übersicht zusammenfassen:

Kategorie	**Definition**	**Bewertungsmaßstab / Ausweis in der Bilanz**	**Erfolgswirksamkeit entfalten**
Held-to-Maturity	Feste Absicht, die Wertpapiere bis Endfälligkeit zu halten	Anschaffungskosten bzw. 'Amortized cost'	Zinsen; Realisierte Gewinne und Verluste
Trading	Kurzfristiger Kauf und Verkauf	Fair value	Zinsen; Realisierte Gewinne und Verluste; Unrealisierte Gewinne und Verluste
Available-for-sale	Weder held-to-maturity noch trading securities	Fair value; Unrealisierte Gewinne und Verluste werden in einer Eigenkapitalkomponente ausgewiesen	Zinsen; Realisierte Gewinne und Verluste

Abbildung 7: Wertpapier-Bewertungsvorschriften in den USA[334]

Darüber hinaus ist im SFAS 115 die Berücksichtigung von Wertminderungen der Wertpapiere geregelt, die in die Klasse der 'available-for-sale' oder 'held-to-maturity' zugeordnet wurden. Obwohl das Vorsichtsprinzip in den USA einen geringen Stellenwert besitzt, ist für die Wertpapiere der genannten Klassen eine Art 'strenges Niederstwertprinzip' eingeführt. Voraussetzung ist, daß die Wertminderung nicht temporärer Natur ist, d. h. es muß abzusehen sein, daß die Wertminderung dazu führt, daß bei Endfälligkeit des Wertpapiers die ursprünglich festgelegte Nominalsumme nicht eingenommen werden

333 Vgl. FASB: Original Pronouncements 1996/97 Edition - Accounting Standards as of June 1, 1996, Volume I, New York (USA), 1996, S. 1552

334 Vgl. Delaney, Patrick, et al.: GAAP 1996 - Interpretation and Application of Generally Accepted Accounting Principles, New York (USA), 10. Aufl. 1996, S. 117

wird.[335] Wenn ein derartiger endgültiger Wertverlust eintritt, heißt dies: „... the cost basis of the individual security shall be written down to fair value as a new cost basis and the amount of the write-down shall be included in earnings (that is, accounted for as a realized loss). The new cost basis shall not be changed for subsequent recoveries in fair value. Subsequent increases in the fair value of available-for-sale securities shall be included in the separate component of equity ...; subsequent decreases in fair value, if not an other-than-temporary impairment, also shall be included in the separate component of equity.“ [336] Im Vergleich zu Deutschland kommt hier also ausschließlich das strenge Niederstwertprinzip zur Anwendung, welches in den USA so definiert wird, daß es sich um eine vollkommen endgültige Wertminderung handeln muß. Die Wertminderung wird dabei auch nicht bezogen auf den ansonsten relevanten Wert 'Fair value' und damit auf Wertminderungen durch Marktwertveränderungen (z. B. dauerhafte Marktzinsveränderung), sondern auf die Unmöglichkeit den Nominalwert am Ende der Laufzeit zu vereinnahmen. Überraschend ist hierbei, daß bei einem späteren Wiederanstieg der Wertminderung dies in der Bilanzbewertung - zumindest bei den held-to-maturity Wertpapieren - nicht berücksichtigt wird. Dies läuft der ansonsten eher ablehnenden Haltung gegenüber dem Vorsichtsprinzip entgegen. Eine Begründung für diese Regelung wird weder in dem SFAS selbst - auch in dem ansonsten sehr ausführlich erklärenden Anhang zum SFAS - noch in Kommentaren zu den FASB-Statements gegeben.

1.3.3. Rechnungslegungsvorschriften für derivative Finanzinstrumente

Für die bilanzielle Bewertung von Finanzderivaten ist - wie bereits oben kurz erwähnt - noch kein Standard offiziell verabschiedet. Die Rechnungslegung war bisher nicht geregelt. Es stellt sich um so mehr die Frage, wie Finanzderivate bisher in den USA bilanziert wurden. Literaturaussagen zufolge finden offensichtlich unterschiedliche Methoden Anwendung. In vielen Fällen werde streng einzelbewertet nach Fair value, in anderen Fällen fände die Hedge-Rechnungslegung Anwendung.[337] Da die Bilanzierung von Finanzderivaten nicht geregelt ist, hat sich die EITF in einigen Issues Papers mit diversen Einzelproblemen der Rechnungslegung von Derivaten beschäftigt, aber ein in sich geschlossenes Konzept zur bilanziellen Behandlung liegt erstmals mit dem neuen FASB-Proposal vor. Die derzeit gültigen Hinweise zur Rechnungslegung von Derivaten zeigen ein zersplittertes Bild von vielen Einzelregelungen, wobei die wichtigsten an dieser Stelle genannt werden:

- Die Bilanzierung von währungsbezogenen Derivaten ist in SFAS 52 vom Dezember 1981 geregelt. Explizit beschrieben werden hier nur die **Währungs-Forwards**. Die Anwendung der Vorschriften des SFAS 52 werden ausdrücklich aber auch für **Währungsswaps und -futures** zugelassen.[338]
- **Währungsoptionen** dagegen werden von dem SFAS 52 nicht abgedeckt; für diese Derivatart gibt es bislang lediglich diverse EITF Issues Papers, die sich mit Einzelfra-

[335] Vgl. FASB: Original Pronouncements 1996/97 Edition - Accounting Standards as of June 1, 1996, Volume I, New York (USA), 1996, S. 1552

[336] FASB: Original Pronouncements 1996/97 Edition - Accounting Standards as of June 1, 1996, Volume I, New York (USA), 1996, S. 1552

[337] Vgl. Delaney, Patrick, et al.: GAAP 1996 - Interpretation and Application of Generally Accepted Accounting Principles, New York (USA), 10. Aufl. 1996, S. 126

[338] Vgl. FASB: Original Pronouncements 1996/97 Edition - Accounting Standards as of June 1, 1996, Volume I, New York (USA), 1996, S. 506

gen auseinandersetzen, so z. B. 'Hedging Foreign Currency Risk with Purchased Options' (EITF. 90-17) oder 'Hedging Currency Risk with Complex Options and Similar Transactions' (EITF. 91-4).[339]

- Die Rechnungslegung für Derivate, die auf anderen Bezugswerten basieren, werden wiederum in anderen Quellen geregelt. **Futures**, mit Ausnahme von Währungsfutures, werden in SFAS 80 ausführlich behandelt. In diesem SFAS werden jedoch explizit die Forwards ausgeschlossen. Für **Forwards** finden sich ebenfalls derzeit nur Regelungen für Detailfragen im Rahmen von EITF Issues Papers, so z. B. 'Accounting for Forward Contracts and Purchased Options to Acquire Securities Covered by Statement 115' (EITF. 96-11) oder 'Derivative Instruments Containing both a Written Option-Based Component and a Forward-Based Component' (EITF. 95-11).[340]
- Die genannten EITF. 96-11 und EITF. 95-11 beschäftigen sich neben Forwards auch mit **Optionen** und sind für die hier betrachteten Optionen auch die wichtigsten Hinweise für die Rechnungslegung. Darüber hinaus gibt es eine Vielzahl von EITF Issues Papers, die sich mit Rechnungslegungsfragen für Aktienoptionen beschäftigen, die im Rahmen dieser Arbeit jedoch nicht näher untersucht werden sollen.
- Auch für **Swaps** finden sich derzeit nur Einzelregelungen in diversen EITF Papers, so z. B. 'Interest Rate Swap Transactions' (EITF. 84-36; EITF. 88-8).[341]

1.3.4. Bisheriges Grundverständnis zur bilanziellen Behandlung von derivativen Finanzinstrumenten

Die Regelungen zu den einzelnen Derivaten werden im Kapitel 4 dieser Arbeit näher untersucht. Eine umfassende Regelung, die sich aus allgemeinen Bilanzierungsgrundsätzen ableitet, ist zur Zeit in den USA somit noch nicht vorhanden. Im Hinblick auf die Frage der erfolgswirksamen Vereinnahmung von Gewinnen und Verlusten bzw. Erträgen und Aufwendungen kann aufgrund des derzeitigen Regelsystems für den Bereich der Derivate keine allgemeingültige Aussage getroffen werden. Es wird daher an dieser Stelle auf die Rechnungslegungsprinzipien verwiesen, die im Kapitel 2 Abschnitt 4.3. bereits erläutert wurden. Grundsätzlich ist bei der Frage nach dem Zeitpunkt der Erfolgswirksamkeit von Gewinnen und Verlusten bzw. Erträgen und Aufwendungen zu unterscheiden, ob es sich um Wertveränderungen des betreffenden Finanzinstruments (z. B. aufgrund von Marktwertänderungen) handelt oder um laufzeitbezogene Entgelte bzw. Zahlungen. Im Hinblick auf **Marktwertänderungen** ist bei den US-amerikanischen Standards geregelt, daß, wenn diese realisiert oder realisierbar sind, erfolgswirksam vereinnahmt werden.[342] Für Derivate ist also wie für Wertpapiere des trading accounts eine bilanzielle Gewinn- und Verlustvereinnahmung daher nicht erst im Zeitpunkt des tatsächlichen Verkaufes gegeben, sondern bereits dann, wenn aufgrund von Wertänderungen des Finanzinstruments durch einen möglichen Verkauf dieser potentielle Gewinn und Verlust vereinnahmt werden könnte. Diese Regelung drückt sich in dem für Wertpapiere zunächst allgemein gül-

---

339 Vgl. FASB: Original Pronouncements 1996/97 Edition - Accounting Standards as of June 1, 1996, Volume II, New York (USA), 1996, S. T-306

340 Vgl. FASB: Original Pronouncements 1996/97 Edition - Accounting Standards as of June 1, 1996, Volume II, New York (USA), 1996, S. T-163

341 Vgl. FASB: Original Pronouncements 1996/97 Edition - Accounting Standards as of June 1, 1996, Volume II, New York (USA), 1996, S. T-409

342 Vgl. Kapitel 2 Abschnitt 4.3.2.

tigen Wertansatz des 'Current market value'[343] aus. Im Rahmen der Erklärung des Current market value in SFAC Nr. 5 wird z. B. die Bewertung der Verpflichtung des Writers einer Call-Option vorgeschrieben, sofern er nicht im Besitz der veroptionierten Wertpapiere ist. Die generelle Anwendung des Current market value im Rahmen der bilanziellen Bewertung wird jedoch bislang nicht umfassend vorgegeben. Es steht daher anzunehmen, daß aufgrund des Fehlens eines gültigen Standards die bilanzielle Behandlung von Derivaten in den USA von der vollständigen Nichtberücksichtigung - mit Ausnahme der in Details geregelten Einzelfragen und der noch gesondert behandelten Frage im Falle von Hedging-Positionen - bis zur Aufnahme in die Bilanz zu Marktwerten reicht. Diese letztere Alternative ist auch dadurch möglich, daß in den USA das Prinzip der Nichtbilanzierung von schwebenden Geschäften keine Gültigkeit besitzt. In den USA werden Derivate deswegen als off-balance-Produkte gesehen, weil bei Vertragsabschluß oftmals noch keine Zahlungen anfallen. Darüber hinaus ist zu beachten, daß aufgrund der geringen Bedeutung des Vorsichtsprinzips in den USA keine einseitige Berücksichtigung - wie in Deutschland - von drohenden Verlusten vorgenommen wird.

In Hinblick auf den Zeitpunkt der Erfolgswirksamkeit von laufzeitbezogenen Entgelten von Finanzinstrumenten kommt bei Realisierung hinzu, daß die Erträge 'verdient' sein müssen.[344] Hier kommen als Bewertungsmethoden die in Kapitel 2 Abschnitt 4.3.3. ausgeführten Methoden 'Accrual Accounting', 'Deferral Accounting' und 'Matching-Principle' in Frage. Diese spielen zum einen eine Rolle bei der Frage der erfolgswirksamen Vereinnahmung des Cash flows z. B. bei Swaps und vor allem auch bei der in Abschnitt 2 dieses Kapitels näher behandelten Fragen des Hedgings.

Diese grundlegenden Bewertungsprinzipien und -methoden geben zwar derzeit in den USA Hinweise, wie man bei der bilanziellen Bewertung und damit bei der Frage nach dem Zeitpunkt der Erfolgswirksamkeit von Gewinnen und Verlusten aus Derivatgeschäften verfahren könnte, ein klärender und umfassender einheitlicher Rechnungslegungsstandard steht jedoch aus.

1.3.5. Kompensation der Defizite in der bilanziellen Behandlung durch umfangreiche Offenlegung

Dem FASB war durchaus seit langem bekannt, daß in diesem Bereich Defizite im Regelwerk der SFAS vorhanden sind, aber die Diskussion um die 'richtige' bilanzielle Bewertung benötigte auch in den USA geraume Zeit. So hat das FASB das Projekt 'Financial Instruments', das die Bewertung, Bilanzierung und Offenlegung von Finanzprodukten und insbesondere auch von off-balance-sheet-Produkten regeln sollte, bereits im Mai 1986 auf seine Arbeitsliste gesetzt und erst im Juli 1996 wurde der bereits erwähnte Exposure Draft für die bilanzielle Bewertung von Finanzderivaten vorgelegt, wobei es wiederum mehr als ein Jahr dauerte, um daraus eine erste unvollständige Version eines SFAS zu erstellen. Es war dagegen auch in den USA offensichtlich leichter, einen Konsens im Hinblick auf die Offenlegung von Finanzderivaten zu finden als für die bilanzielle Bewertung. Es ist zu beachten, daß bei der Offenlegung (wie in Kapitel 2 Abschnitt 4.3.1. ausgeführt) die Zurverfügungstellung entscheidungsrelevanter Daten das oberste

343 Vgl. Kapitel 2 Abschnitt 4.3.2.

344 Vgl. Kapitel 2 Abschnitt 4.3.2.

Ziel ist und die Frage, in welcher Form dies geschehen soll, spielt nur eine untergeordnete Rolle. Im Gegensatz zur noch nicht offiziell verabschiedeten Regelung der bilanziellen Behandlung von Derivaten ist die Offenlegung bereits genau geregelt im Rahmen der SFAS 105 (vom März 1990), 107 (vom Dezember 1991) und 119 (vom Oktober 1994). Folgende Festlegungen sind in diesen Statements im Hinblick auf den Gewinn- und Verlustausweis getroffen:

SFAS 105 beschäftigt sich ausschließlich mit der Offenlegung des Kredit- und Marktrisikos von Finanzinstrumenten, und zwar konkret mit dem off-balance-Risiko. Da der Behandlung des Risikos in dieser Arbeit ein eigenes Kapitel gewidmet ist (Abschnitt 3 dieses Kapitels) wird an dieser Stelle nicht näher auf die Vorschriften eingegangen, vor allem auch unter dem Aspekt, daß der SFAS 105 keinen unmittelbaren Beitrag liefert zu der Frage des Zeitpunktes der Realisation bzw. Offenlegung von Gewinnen und Verlusten in der Rechnungslegung. SFAS 107 beschreibt die Art und Weise der Offenlegung des Fair value von Finanzinstrumenten.

1.3.5.1. Allgemeine Offenlegungsvorschriften für Wertpapiere und derivative Finanzinstrumente (SFAS 107)

Hinsichtlich der Abgrenzung der einzubeziehenden Finanzinstrumente bezieht sich SFAS 107 auf SFAS 105. Hier werden als Finanzinstrumente neben den Derivaten und Wertpapieren z. B. auch Schuldscheine, Darlehen, Handelskonten oder Avale bzw. Bürgschaften definiert.[345]

Alle diese Finanzprodukte werden zum Fair value offengelegt. Wie bereits im Kapitel 2 Abschnitt 4.3.2. ausgeführt ist der Fair value der Überbegriff für 'Marktwert', 'aktueller Wert' oder 'Mark-to-market-Methode'. Während das FASB den Begriff des 'Market value' in früheren Statements verwendete, ist dieser Begriff in SFAS 107 erstmals durch den des 'Fair value' ersetzt worden. Beide Begriffe stehen für den am Markt erzielbaren Preis eines Finanzinstruments. Aufgrund der Kritik, daß der Market value ausschließlich als der Wert für börsengehandelte, nicht aber für Over-the-Counter gehandelte Finanzinstrumente verstanden werden könnte, wurde der Begriff des Fair value eingeführt.[346] Das FASB verdeutlicht dennoch, daß notierte Marktkurse - sofern vorhanden - nach wie vor die beste Einschätzung des Fair value eines Finanzinstruments darstellen. Sollten Kurse nicht verfügbar sein, so kann auf Bewertungstechniken wie z. B. Optionspreismodelle, Barwertmethode etc. zurückgegriffen werden.[347] In den Erläuterungen wird auf die möglichen Methoden der Schätzung des Fair value genauer eingegangen. So wird u. a. für die Bewertung von Optionen das Black-Scholes-Modell explizit genannt.

An dieser Stelle läßt sich zusammenfassen, daß neben der in SFAS 115 vorgegebenen erfolgswirksamen Vereinnahmung von unrealisierten Gewinnen und Verlusten bei den Wertpapieren des trading accounts und dem Ausweis von unrealisierten Gewinnen und

345 Vgl. FASB: Original Pronouncements 1996/97 Edition - Accounting Standards as of June 1, 1996, Volume I, New York (USA), 1996, S. 1251

346 Vgl. Pfeffer, Andreas: Publizitätspflichten für derivative Finanzinstrumente nach US-GAAP, Die Wirtschaftsprüfung, 12/1995, S. 412

347 Vgl. FASB: Original Pronouncements 1996/97 Edition - Accounting Standards as of June 1, 1996, Volume I, New York (USA), 1996, S. 1394

Verlusten in einem Sonderposten des Eigenkapitals bei den Available-for-sale Wertpapieren, die unrealisierten Gewinne und Verluste aller Finanzinstrumente (also neben Wertpapieren (selbstverständlich auch für held-to-maturity Wertpapiere) auch Darlehen, Schuldscheine, Avale und Derivate) im Rahmen der Offenlegung ausgewiesen werden müssen.

Obwohl die Form der Offenlegung nicht detailliert vorgeschrieben wird, verlangt das Board, daß der Fair value zusammen mit dem Buchwert in einer Art und Weise ausgewiesen wird, daß deutlich wird, ob der Fair value und der Buchwert eine Vermögensposition oder eine Verbindlichkeit darstellt und an welcher Stelle der Buchwert in die Bilanz eingegangen ist. Die Offenlegung muß mindestens eine Unterscheidung vornehmen zwischen Finanzinstrumenten zu trading-Zwecken (deren unrealisierte Gewinne und Verluste erfolgswirksam sind) und Finanzinstrumenten zu allen übrigen Zwecken.[348]

Es werden im Rahmen der Offenlegung also nicht die Wertpapiere ausgeklammert, die bereits in der Bilanz aufgrund ihrer Zuordnung in das trading account nach Fair value bewertet wurden. Es muß jedoch in der Offenlegung erkennbar sein, welche Teile der Finanzinstrumente bereits in der Bilanz nach Fair value bewertet wurden und für welche Teile das Wertveränderungspotential in der Bilanz bzw. in der Gewinn- und Verlustrechnung noch nicht berücksichtigt ist.

1.3.5.2. Spezielle Offenlegungsvorschriften für derivative Finanzinstrumente (SFAS 119)

Speziell und ausschließlich für Derivate wurde im SFAS 119 die Offenlegung detailgenauer geregelt. Der SFAS 119 ist somit die Spezialvorschrift für die Offenlegung für Derivate, die sich jedoch in die Rahmenvorschrift des SFAS 107 eingliedert. Es werden ganz konkret die Derivatarten Future, Forward, Swap und Option genannt. Explizit ausgeschlossen werden alle on-balance Forderungen und Verbindlichkeiten, selbst wenn sie ihren Wert von anderen Basiswerten ableiten (z. B. indexgebundene Anleihekonstruktionen). Ebenfalls ausgeschlossen werden Finanzinstrumente, die in der Bilanz vermerkt sind, und in deren Konstruktion ein Derivat eingebunden ist (z. B. Optionsanleihen).

Bei der Offenlegung des Fair value der Derivate muß unterschieden werden zwischen den Instrumenten
a) für Handelszwecke (trading purposes)
b) für Zwecke, die nicht Handelszwecke sind (purposes other than trading).

Bei der Klasse der Derivatgeschäfte zu Handelszwecken werden auch die Geschäfte eingeschlossen, deren unrealisierte Gewinne oder Verluste erfolgswirksam vereinnahmt werden.[349]. Dies deutet darauf hin, daß nicht ausgeschlossen wird, daß einige der Produkte bereits im trading account gemäß SFAS 115 in der Bilanz ausgewiesen sind. Im Hinblick auf die im Rahmen dieser Arbeit behandelten Derivatarten kann dies z. B. durch

---

348 Vgl. FASB: Original Pronouncements 1996/97 Edition - Accounting Standards as of June 1, 1996, Volume I, New York (USA), 1996, S. 1394 und 1675

349 Vgl. FASB: Original Pronouncements 1996/97 Edition - Accounting Standards as of June 1, 1996, Volume I, New York (USA), 1996, S. 1673

anerkannte Hedging-Positionen zwischen dem Derivat und einer Wertpapierposition im trading account entstehen.

Für Derivate zu trading-Zwecken müssen offengelegt werden:

a) Der durchschnittliche Fair value[350] in der abgeschlossenen Rechenperiode sowie der dazu gehörige Fair value zum Stichtag des Jahresabschlusses - aufgeteilt in Vermögens- und Verbindlichkeitenpositionen;
b) Die Nettogewinne und -verluste aus den trading-Aktivitäten der abgelaufenen Periode aufgegliedert nach Derivatarten, Geschäftsaktivitäten, Risikoarten oder anderen Kategorien, die konsistent sind mit der Managementorganisation dieser Aktivitäten. Außerdem muß erläutert werden, wo sich in der GuV die trading-Gewinne und -Verluste wiederfinden.[351]

Die Erklärung, warum neben dem Jahresend-Fair value auch der durchschnittliche Fair value der Periode ausgewiesen werden muß, ist darin zu sehen, daß mit dieser Information der Risikograd, den das Unternehmen bereit war während des Jahres einzugehen, abgeschätzt werden kann.[352]

Die Ausführungen unter b) deuten darauf hin, daß eine Zuordnung für den Leser möglich sein sollte zwischen der Einteilung der Offenlegungsinformationen in verschiedene Gesichtspunkte und der Einteilung im Jahresabschluß, in dem die aus abgewickelten Derivatgeschäften realisierten Gewinne und Verluste ausgewiesen werden.

Im Rahmen der Offenlegung der Derivate, die unter anderen als trading-Zwecken stehen, wird gefordert[353]:

a) Eine Beschreibung der Zielsetzungen für das Eingehen des betreffenden Derivatgeschäfts sowie die zur Erreichung der Zielsetzung verfolgten Strategien in Bezug auf die benutzten Derivatarten;
b) Eine Beschreibung, wie jede Derivatart im Jahresabschluß einbezogen wird einschließlich der Art des Bilanzausweises (bzw. die Gründe, wenn sie nicht in der Bilanz ausgewiesen wird) und deren Bewertung sowie eine Angabe, wo sich die betreffenden Gewinne oder Verluste in der GuV wiederfinden, wenn das Instrument in die Bilanz aufgenommen ist.

---

350 Im Hinblick auf die Durchschnittsberechnung der Fair value wird gemäß SFAS 119 empfohlen, diese auf Tagesbasis durchzuführen. Es bleibt dem Bilanzersteller jedoch unbenommen, auch größere Zeitintervalle zu wählen für die Durchschnittsermittlung, wobei kein großzügigeres Intervall gewählt werden sollte, als dasjenige mit dem kürzesten Intervall, welches für andere Zwecke (z. B. für Managementreports) im Unternehmen verwandt wird. Pfeffer merkt hierzu an: „Gerade bei Banken darf davon ausgegangen werden, daß für Zwecke des Management-Reportings und für Meldungen and die Bankaufsichtsbehörden die Ermittlung des Fair values auf täglicher Basis kein Problem darstellt." - Pfeffer, Andreas: Publizitätspflichten für derivative Finanzinstrumente nach US-GAAP, Die Wirtschaftsprüfung, 12/1995, S. 414

351 Vgl. FASB: Original Pronouncements 1996/97 Edition - Accounting Standards as of June 1, 1996, Volume I, New York (USA), 1996, S. 1674

352 Vgl. Woodward, Steven, et al.: FASB 119 & Derivative Financial Instruments: Disclosure & Fair Value, National Public Accountant, 1/1996, S. 20

353 Vgl. FASB: Original Pronouncements 1996/97 Edition - Accounting Standards as of June 1, 1996, Volume I, New York (USA), 1996, S. 1674

Der Bilanzleser soll also vor allem qualitative Informationen erhalten.

Dennoch wird durch diese Spezialvorschrift die allgemeine Vorschrift des SFAS 107 nicht außer Kraft gesetzt, sie wird jedoch nicht wie im Fall der Derivate des trading-account näher detailliert. Dies bedeutet, daß die Derivate des non-trading-account ebenfalls mit dem Fair value offengelegt werden, jedoch nur im Rahmen der Detailgenauigkeit wie für alle übrigen Finanzinstrumente.

Durch den Rückgriff von SFAS 119 auf Vorschriften des SFAS 105, wobei Veränderungen bzw. Ergänzungen vorkommen, ergibt sich die Offenlegung weiterer quantitativer Informationen. Im Ergebnis muß für alle Derivate (sowohl des trading- wie auch des non-trading-account) das Kontraktvolumen ausgewiesen werden.[354] Auch im Rahmen dieser Informationen muß unterschieden werden nach trading und non-trading Derivaten.

Zusammenfassend kann man festhalten, daß sowohl die Derivate des trading-account wie auch den non-trading-account mit dem Fair value ausgewiesen werden müssen, wobei der Detaillierungsgrad der Informationen bei den Derivaten des trading-account durch die Spezialvorschriften des SFAS 119 stark erhöht wird. Für die Derivate des non-trading-account kommen dagegen spezielle qualitative Informationen hinzu. Für beide Derivatkategorien müssen quantitative Informationen über die Kontraktsummen offengelegt werden, wobei sich die Vorschriften hinsichtlich des Detaillierungsgrades nicht unterscheiden.

Im Hinblick auf die umfassenden Offenlegungsregeln der genannten SFAS gibt es Stimmen, die sich gegen eine zu weitgehende Informationsoffenlegung wenden. Hier wird vor allem das Argument angeführt, daß zu viele Informationen den Bilanzleser eher verwirren und die Risikosituation verschleiern.[355]

1.3.6. Vorschläge des geplanten neuen Statement

Aus den bisherigen Ausführungen wird deutlich, daß in den USA das Problem der einheitlichen Regelung der bilanziellen Bewertung von Finanzderivaten erst noch gelöst werden muß. Wie bereits erwähnt, liegt seit Mitte 1996 ein entsprechender Vorschlag des FASB vor. Es ist anzunehmen, daß trotz heftiger Diskussionen um den Vorschlag die in dem veröffentlichten Proposal eingeschlagene Richtung zumindest in grundsätzlichen Fragen beibehalten und in einen offiziell verabschiedeten SFAS umgesetzt werden wird. Dennoch wird betont, daß die Diskussionen um den neuen Vorschlag noch nicht abgeschlossen sind und daher durchaus auch noch Änderungen eintreten können. Trotzdem soll der aktuelle Stand des Vorschlags im Rahmen dieser Arbeit nach seinen Problemlösungsansätzen untersucht werden, um dadurch zum einen den Status quo der Diskussion in den USA aufzuzeigen und zum anderen mögliche Ansätze zu finden, die auch für Deutschland diskussionswürdig sind.

---

[354] Vgl. FASB: Original Pronouncements 1996/97 Edition - Accounting Standards as of June 1, 1996, Volume I, New York (USA), 1996, S. 1249

[355] Vgl. Gastineau, Gary: Some Derivatives Accounting Issues, The Journal of Derivatives, Spring 1995, S. 73 und 75

Der FASB-Vorschlag regelt die bilanziellen Bewertungsfragen bzw. die Fragen nach dem Zeitpunkt der Erfolgswirksamkeit von Derivatgewinnen und - verlusten und auch die Offenlegung, sofern diese aus dem Exposure Draft in den noch zu komplettierenden SFAS-Draft übernommen wird. Er soll grundsätzlich für alle Unternehmen - also auch für Banken - gelten und umfaßt alle im Rahmen dieser Arbeit behandelten Derivatarten.

Der wichtigste Kernsatz des Proposal ist:
„An entity shall recognize all of its derivatives in its statement of financial position as assets (or liabilities) depending on the rights (or obligations) under the contracts. All derivatives shall be measured at fair value. The guidance in FASB Statement No. 107, *Disclosures about Fair Value of Financial Instruments*, shall apply in determining the fair value of a financial instrument (derivative or hedged item) ... .“ [356]

Es wird jeder unrealisierte Gewinn und jeder unrealisierte Verlust von Derivaten, die - so wie es jetzt heißt - 'no hedging relations' besitzen, sofort erfolgswirksam in der Bilanz bzw. GuV vereinnahmt. Für Hedges werden differenzierende Hinweise über den Zeitpunkt der erfolgswirksamen Vereinnahmung der unrealisierten Gewinne und Verluste gegeben. Der Zeitpunkt der Erfolgswirksamkeit der bilanzierten unrealisierten Wertzuwächse bzw. -verluste hängt ab von der unternehmensbezogenen Zwecksetzung für jedes einzelne Derivatgeschäft bzw. der Anerkennung als Hedge-Position.[357] Die Hinweise bezüglich der Behandlung von Hedge-Positionen werden in Abschnitt 2 dieses Kapitels behandelt.

Zusammenfassend ist grundsätzlich festhalten:
- Die Derivatgeschäfte müssen eingeteilt werden in Geschäfte, die grundsätzlich nicht zu Hedge-Zwecken eingesetzt sind und in Geschäfte, die Hedge-Zwecken dienen sollen; letztere können auch nur zu einem Teil einer Hedge-Konstruktion zugerechnet werden.
- Alle Derivate werden zum Fair value als Vermögens- oder Schuldposition in der Bilanz ausgewiesen.

Für Derivate zu non-hedge-Zwecken gilt:
- Unrealisierte Gewinne und Verluste werden periodengleich erfolgswirksam vereinnahmt.
- Realisierte Gewinne und Verluste werden ebenso periodengleich erfolgswirksam vereinnahmt.

Ein unrealisierter Gewinn und Verlust einer Periode wird im Proposal folgendermaßen abgegrenzt: „In this Statement, the reference to a *change in the fair value* of an asset or a liability for a period refers to the difference between its fair value at the beginning of the period and at the end of the period adjusted to exclude changes in fair value related

---

[356] FASB: Task Force Draft - Statement of Financial Accounting Standards No. 13X - Accounting for Derivative Instruments and for Hedging Activities, September 12,1997 Version, S. 10

[357] Vgl. FASB: Task Force Draft - Statement of Financial Accounting Standards No. 13X - Accounting for Derivative Instruments and for Hedging Activities, September 12, 1997 Version, S. 10 f.

to any payments received or made that are reflected in the beginning balances, such as in recovering the asset or settling the liability.“ [358]

Damit wird eindeutig geklärt, daß vom FASB die Frage nach dem Zeitpunkt der Erfolgswirksamkeit von unrealisierten Gewinnen und Verlusten in Zukunft bei trading-Derivaten damit beantwortet wird, daß der Zeitpunkt der Veränderung des Fair values des Derivats maßgebend ist und nicht die tatsächliche Gewinn- bzw. Verlustrealisation durch den Umsatzakt.[359] Weitere Folge ist, daß diese klassischen ‘off-balance’-Geschäfte in der Bilanz - also ‘on-balance’ - ausgewiesen werden. Derivate werden in den USA nicht länger als schwebende Geschäfte angesehen, bei denen sich die Leistungen gegenseitig ausgleichen, weil sie von beiden Seiten noch nicht erfüllt sind und daher zur Vermeidung der Aufblähung der Bilanz unter dem althergebrachten Grundsatz der ‘Nichtbilanzierung von schwebenden Geschäften’ nicht in der Bilanz ausgewiesen werden dürfen. Man rechnet ganz im Gegenteil diesen Finanzprodukten den Wert zu, den sie effektiv am Markt besitzen, und nimmt sie als den Unternehmenswert beeinflussende Faktoren in die Bilanz auf.

Unter dem Aspekt der geringen Bedeutung des Vorsichtsprinzips bezieht man die Wertgewinne und -verluste aus der Bewertung nach Fair value in vollem Umfang bei den Derivaten des trading-book in die Gewinn- und Verlustrechnung des Unternehmens ein. Ein Abziehen der unrealisierten Gewinne (und evtl. Verluste) aus dem Erfolgsergebnis des Unternehmens wird weder vorgeschrieben noch in Erwägung gezogen. Es scheint, als sei dieser Weg, den Japan einschlägt, vom FASB nicht einmal diskutiert worden. Erklärt werden kann dies dadurch, daß in den USA - im Gegensatz zu Japan oder Deutschland - der ausgewiesene Bilanzgewinn nur einen sehr geringen Einfluß hat auf die Höhe der Ausschüttungszahlungen bzw. auf die Höhe der Steuerzahlungen. (vgl. Kapitel 2 Abschnitt 1.3.)

Nachdem dieser Proposal in vieler Hinsicht auch für die USA neue Wege beschreitet, stellt sich vor allem die Frage nach der konkreten Umsetzung der neuen Vorgaben im Rahmen der Rechnungslegung. Hierzu gibt der ausführliche Anhang zum Text des neuen Standards genauere Erläuterungen. Die wichtigsten Hinweise, um die konkrete Handhabung der neuen Regeln zu verstehen, sollen an dieser Stelle wiedergegeben werden.

Das FASB bestätigt im Rahmen der Erläuterungen im Anhang zu dem geplanten SFAS, daß durch die bisherigen Vorschriften zum einen manche Rechnungslegungsfragen überhaupt nicht geklärt wurden und zum anderen Inkonsistenzen dazu führten, daß gleiche Sachverhalte durch unterschiedliche Interpretationen zu unterschiedlichen Behandlungen im Jahresabschluß führten. Inkonsistenzen ergaben sich z. B. auch dadurch, daß früher zunächst versucht wurde, für einzelne Derivate die Rechnungslegung mittels eigenständiger SFAS zu regeln wie z. B. im Fall des SFAS 80, der sich nur mit Futures beschäftigt oder SFAS 52, der sich mit Währungsrechnungslegung beschäftigt und dabei auch die

---

[358] Vgl. FASB: Task Force Draft - Statement of Financial Accounting Standards No. 13X - Accounting for Derivative Instruments and for Hedging Activities, September 12, 1997 Version, S. 12

[359] So schreibt das Board: „Board members acknowledge that the current accounting model often makes a distinction between realized and unrealized gains and losses. The Board believes, however, that the distinction is inappropriate. It is the occurence of gains and losses on financial instruments that affect the financial position of an entity, not the act of selling or settling the financial instruments.“ - FASB: Task Force Draft - Statement of Financial Accounting Standards No. 13X - Accounting for Derivative Instruments and for Hedging Activities, September 12, 1997 Version, Appendix B, S. 25

Währungsderivate einbezieht, ohne jedoch darauf einzugehen, daß ähnliche Rechnungslegungsfragen auch bei Derivaten entstehen, deren Werte sich aus anderen Basiswerten ableiten. Diese z. T. widersprüchlichen Einzelfallregelungen diverser Statements führen z. B. dazu, daß ein antizipativer Hedge anerkannt wurde, wenn das Hedge-Instrument ein nicht-fremdwährungsbezogener Future oder eine nicht-fremdwährungsbezogene gekaufte Option ist, aber nicht, wenn es ein Währungsforward oder -future ist. Zudem werden Derivate unterschiedlich bewertet: Futures werden mit Fair value bewertet, bei Währungsforwards werden dagegen nur die Werteinflüsse beachtet, die auf Wechselkursschwankungen beruhen. Alle anderen wertbeeinflussenden Faktoren bleiben außen vor.[360] Das Board bestätigt selbst noch einmal den eingangs erwähnten Satz, daß es bislang vollkommen offen war, ob Derivate in der Bilanz überhaupt angesetzt wurden oder ob implizit doch dem Grundsatz der Nichtbilanzierung von schwebenden Geschäften gefolgt wurde. Wenn sie angesetzt wurden, so war offen, zu welchem Wert dies geschah - mit Ansatz zu historischen Kosten (z. B. bei Optionen die Prämie) oder tatsächlich zum Fair value oder gar mit dem Kontraktvolumen. Wenn ein bilanzieller Ausweis erfolgt, so ist es zudem offen, ob die unrealisierten Gewinne oder Verluste sofort erfolgswirksam werden oder nach der Deferral-Methode behandelt oder im Falle eines Hedges als Berichtigung des Buchwertes der gehedgten Position oder als eigenständige Bilanzposition ausgewiesen werden. Diese Spannbreite möglicher Rechnungslegungsvarianten rührt daher, daß es eine Vielzahl von Quellen für die Rechnungslegung von Derivaten gab. Es ist in den oben angestellten Überlegungen und Systematisierungsversuchen zu den aktuell gültigen Vorschriften der Rechnungslegung für Derivate erkennbar, wie schwierig es ist, ein einheitliches Raster zu erstellen und die Vielfalt der Hinweise in den unterschiedlichen SFAS erscheint verwirrend. Auch das Board hat erkannt, daß durch diese Kompliziertheit und Vielschichtigkeit der Regelungen diese Interpretationsvielfalt entstanden ist und will daher mit dem geplanten neuen SFAS den größten Teil der bisher für die Rechnungslegung von Derivaten gültigen SFAS ersetzen, um im Rahmen eines einzigen Standards die Rechnungslegung und Offenlegung für Derivate umfassend zu regeln.[361]

In vier Kernsätzen macht das Board[362] klar, an welchen Grundentscheidungen sich der Proposal orientiert und woran auch zukünftige Fragen entschieden werden können:

a) Derivate sind Vermögensgegenstände oder Verbindlichkeiten und sollten daher in der Bilanz ausgewiesen werden.
b) Der Fair value ist der einzig relevante Wert für Derivate. Im Falle eines Hedges müssen die Anpassungen des Buchwertes der gehedgten Position den Veränderungen des Fair value des Derivats entsprechen, welche auf das gehedgte Risiko zurückzuführen sind und die eintreten, so lange der Hedge existent ist.
c) Nur Positionen, die Vermögensgegenstände oder Verbindlichkeiten sind, dürfen als solche in der Bilanz angesetzt werden.
d) Spezielle Rechnungslegungsvorschriften für Hedge-Konstruktionen gelten nur für 'qualifizierte Konstruktionen', wobei ein Aspekt der 'Qualifikation' die Prüfung der

360 Vgl. Montesi, Corliss; Lucas, Timothy: Toward Improved Accounting for Derivatives and Hedging Activities, The CPA Journal, 10/1996, S. 20 f.

361 Vgl. FASB: Task Force Draft - Statement of Financial Accounting Standards No. 13X - Accounting for Derivative Instruments and for Hedging Activities, September 12, 1997 Version, Appendix B, S. 7 f.

362 Vgl. FASB: Task Force Draft - Statement of Financial Accounting Standards No. 13X - Accounting for Derivative Instruments and for Hedging Activities, September 12, 1997 Version, S. 3 f.

Ausgeglichenheit von gegenläufigen Änderungen der Fair values oder Cash flows der in Beziehung stehenden Geschäfte ist.

Zu Punkt a. führt das FASB aus, daß die Möglichkeit, ein Derivat in einer Gewinnposition glattzustellen und den Gewinn durch Erhalt von Bargeld zu realisieren, den Beweis auf das Recht eines zukünftigen wirtschaftlichen Vorteils darstellt und damit nach den Ausführungen des SFAC 6[363] im Hinblick auf die charakteristischen Merkmale einer Vermögensposition angezeigt wird, daß es sich um einen 'asset' handelt. Im Umkehrschluß handelt es sich bei der erforderlichen Barzahlung, die benötigt wird, um ein Derivat in einer Verlustposition glattzustellen, um eine Verbindlichkeit, da es sich um die Pflicht handelt, Vermögenspositionen in der Zukunft aufzugeben.[364] Eine ähnliche Definition für Verbindlichkeiten wird im SFAC 6 gegeben.[365]

Mit Aussage b. bestätigt das FASB noch einmal die Auffassung und vor allem die Berechnungsmethode des Fair value gemäß SFAS 107, die bereits weiter oben ausführlich erläutert wurde. Darüber hinaus bestätigt das Board mit Nachdruck, daß das langfristige Ziel darin besteht, letztlich alle Finanzinstrumente - also nicht nur Derivate - mit dem Fair value in der Bilanz zu bewerten. Nach dem neuen SFAS-Vorschlag ist für Derivate der Fair value der einzig relevante Wert, unter anderem auch deswegen, da die historischen Kosten eines Derivats oftmals Null sind und dennoch ein Derivat grundsätzlich jederzeit glattgestellt werden kann mit einer Summe, die dem Fair value entspricht.[366]

Aussage c. ist m. E. besonders erläuterungsbedürftig. Hierbei handelt es sich um die Aufgabe der Möglichkeit, Hilfspositionen in der Bilanz zu benutzen, um unrealisierte und/oder realisierte Gewinne und Verluste im Vermögensstatus der Bilanz zu halten und gegenüber der GuV abzuschotten. Wenn Derivate mit dem Fair value bewertet werden, so müssen zwangsläufig die Gewinne und Verluste, die aus Änderungen des Fair value resultieren, in irgendeiner Form im Jahresabschluß gebucht werden. Diese Wertgewinne und -verluste sind jedoch keine eigenständigen Vermögens- bzw. Verbindlichkeitenpositionen. Ein Verlust ist keine Vermögensposition, da kein zukünftiger wirtschaftlicher Vorteil damit verbunden ist. In gleichem Maße ist ein Gewinn keine Verbindlichkeit, da

[363] Das SFAC 6 beschreibt die charakteristischen Merkmale eines 'asset' folgendermaßen: „An asset has three essential characteristics: (a) it emodies a probable future benefit that involves a capacity, singly or in combination with other assets, to contribute directly of indirectly to future net cash inflows, (b) a particular entity can obtain the benefit and control others access to it, and (c) the transaction or other event giving rise to the entity's right to or control of the benefit has already accurred ...“ - FASB: Original Pronouncements 1996/97 Edition - Accounting Standards as of June 1, 1996, Volume II, New York (USA), 1996, S. 1119

[364] Vgl. FASB: Task Force Draft - Statement of Financial Accounting Standards No. 13X - Accounting for Derivative Instruments and for Hedging Activities, September 12, 1997 Version, S. 10

[365] Das SFAC 6 beschreibt die charakteristischen Merkmale einer 'liability' folgendermaßen: „A liability has three essential characteristics: (a) it embodies a present duty or responsibility to one or more other entities that entails settlement by probable future transfer or use of assets at a specified or determinable date, on occurrence of a specified event, or on demand, (b) the duty or responsibility obligates a particular entity, leaving it little or no discretion to avoid the future sacrifice, and (c) the transaction or other event obligating the entity has already happend.“ – FASB: Original Pronouncements 1996/97 Edition - Accounting Standards as of June 1, 1996, Volume II, New York (USA), 1996, S. 1120

[366] Vgl. FASB: Task Force Draft - Statement of Financial Accounting Standards No. 13X - Accounting for Derivative Instruments and for Hedging Activities, September 12, 1997 Version, Appendix B, S. 6 und 11

keine Verpflichtung entsteht, Vermögenswerte einzusetzen, um die Verbindlichkeit zu begleichen. Daher hat sich das Board dazu entschieden, daß unrealisierte Gewinne und Verluste aus Derivatgeschäften nicht nach der 'Deferral Methode' verbucht werden und als Vermögensposition oder Verbindlichkeit in der Bilanz ausgewiesen werden.[367] Damit wird deutlich, daß es auch das Ziel des FASB ist, die Lesbarkeit einer Bilanz zu verbessern, indem keine Hilfspositionen mehr zugelassen werden. Die z. B. für antizipative Hedges dennoch benötigte Technik, Ergebnisbeiträge aus Derivatgeschäften bis zur Durchführung der geplanten Transaktion in der Bilanz zu halten, wird über eine andere Lösung erreicht, nämlich der Schaffung und Nutzung einer eigenkapitalähnlichen Position, dem 'other comprehensive income'.

Noch im Exposure Draft vom Juni 1996 machte das FASB in den Erläuterungen zum Text nachdrücklich deutlich, daß die Änderungen des Fair value von trading-Derivaten in der gleichen Periode, in der die Änderungen eintreten, erfolgswirksam in der GuV vereinnahmt werden müssen.[368] In der ersten Version des neuen SFAS wird dieser ausdrückliche Erläuterungshinweis nicht mehr explizit ausgeführt, m. E. deshalb, weil es aufgrund des Textes des SFAS nicht nötig ist und weil durch die vielen Diskussionen diese neue Denkweise wohl schon so breiten Raum eingenommen hat, daß auf diese ausdrückliche Erläuterung verzichtet werden kann.

An dieser Denkweise wurde jedoch sehr heftige Kritik von Seiten der Bankpraxis in den USA geübt, v. a. im Hinblick auf das Ziel, letztlich alle Finanzinstrumente mit Marktwerten zu bewerten und unrealisierte Gewinne und Verluste erfolgswirksam zu vereinnahmen. So hat insbesondere die Bankenwelt in den USA gegen dieser Vorschlag Einwände erhoben: „... some bankers fear that marking all their assets and liabilities to market would add volatility to their financial statements that would confuse investors." [369] Zu diesem Vorwurf bzw. den Befürchtungen, daß das Fair-value-accounting bei Derivaten zu ungewollter Volatilität in den Bilanzergebnissen führt, schreibt das FASB: „Although that recognition approach may result in more earnings volatility for derivatives that are not designated as hedging instruments (because there are no hedged item losses or gains to provide offset), the Board believes that volatility accurately reflects the effects of derivatives on an entity's economic situation." [370] Gegen diese Entscheidung gibt es jedoch nach wie vor starke Vorbehalte. Zu der Kritik gegen den Vorschlag siehe untenstehende Ausführungen.

Punkt d. wird, da es sich um Fragen des Hedge-accounting handelt, im Abschnitt 2 dieses Kapitels behandelt.

[367] Vgl. FASB: Task Force Draft - Statement of Financial Accounting Standards No. 13X - Accounting for Derivative Instruments and for Hedging Activities, September 12, 1997 Version, Appendix B, S. 6

[368] Vgl. FASB: Exposure Draft - Proposed Statement of Financial Accounting Standards - Accounting for Derivative and Similar Financial Instruments and for Hedging Activities, Financial Accounting Series, No. 162-B, June 20, 1996, S. 55

[369] Fox, Justin: FASB Drops Mark-to-Market Plan for Derivatives Accounting; New Approach Also Critized, American Banker, 16.01.1996, S. 2

[370] FASB: Exposure Draft - Proposed Statement of Financial Accounting Standards - Accounting for Derivative and Similar Financial Instruments and for Hedging Activities, Financial Accounting Series, No. 162-B, June 20, 1996, S. 55 f.

Da dieser Proposal die SFAS 105 und 119 ersetzen soll, müssen die weiterhin gewünschten Offenlegungsvorschriften erneut in diesen neuen SFAS bzw. als Ergänzung des SFAS 107 aufgenommen werden. Der Proposal schreibt in Bezug auf Derivate des trading-accounts vor, daß die aus diesen Derivaten in der Rechenperiode vereinnahmten Gewinne und Verluste aufgegliedert werden müssen nach Geschäftsfeldern, Risikoarten oder anderen Kategorien, die in Einklang stehen mit der Managementorganisation dieser Geschäfte.[371]

Mit dieser Vorschrift entfällt ein noch für SFAS 105 und 119 wichtiger Teil der Offenlegung von Informationen über das Derivatgeschäft. Es handelt sich um die Offenlegung der Kontraktvolumina für alle Derivate. Dies wurde nach SFAS 105 und 119 vorgeschrieben. Die damalige Auffassung des Board war, daß diese Information nützlich für Investoren sei, da sie ein Indikator ist für das Ausmaß der Derivataktivitäten. Nun hat das Board entschieden, diese Anforderung im Rahmen der Offenlegung aufzuheben, da die von nun an geforderte Bilanzierung aller Derivate mit dem Fair value die Nützlichkeit der Offenlegung der Kontraktvolumina reduziert.[372] Im übrigen schließt das Board bei den Erläuterungen zu den Offenlegungserfordernissen auch den Hinweis ein, daß zu erwarten steht, daß nach Inkraftsetzung dieses Proposal und der damit einhergehenden Abschaffung von SFAS 105 und 119 die Gesamtlänge des Offenlegungsteils über Derivat in den Jahresabschlüssen der Unternehmen unter gewissen Umständen abnimmt.

Zusammenfassend kann festgehalten werden, daß zumindest nach dem Willen des FASB in den USA ab Dezember 1998 alle Derivate als Vermögenswerte bzw. Schulden in der Bilanz ausgewiesen werden. Alle unrealisierten Wertänderungen des Fair value eines Derivats, welches nicht zu trading-Zwecken eingesetzt wird, werden periodengleich erfolgswirksam erfaßt werden. Es wird zwar auch in den USA immer noch in der Ausdrucksweise zwischen unrealisierten und realisierten Erfolgsbeiträgen unterschieden, aber in der Rechnungslegung erfolgt faktisch für trading-Derivate eine Gleichbehandlung. Der erfolgswirksame Realisationszeitpunkt von Gewinnen und Verlusten im Jahresabschluß verlagert sich für alle trading-Derivate einheitlich auf die Erkennung von Wertschwankungen des Fair values eines Derivats.

1.3.7. Diskussionen rund um das geplante neue Statement

Gegen den FASB-Vorschlag wurden - vor allem von Seiten der Unternehmen und hier insbesondere von den Standesvertretern der Finanzmanager - Vorbehalte gegen die Verabschiedung in der geplanten Form gehegt und das, obwohl der Werdegang des Proposals zeigt, welche Anstrengungen unternommen wurden, um einen breiten Konsens zu finden.

---

371 Vgl. FASB: Task Force Draft - Statement of Financial Accounting Standards No. 13X - Accounting for Derivative Instruments and for Hedging Activities, September 12, 1997 Version, S. 28

372 Vgl. FASB: Exposure Draft - Proposed Statement of Financial Accounting Standards - Accounting for Derivative and Similar Financial Instruments and for Hedging Activities, Financial Accounting Series, No. 162-B, June 20, 1996, S. 112 f. - Diese Erläuterung muß dem Exposure Draft entnommen werden, da der Anhangteil 'Amendments to Existing Pronouncements' bei dem neuen Task Force Draft noch nicht vorliegt.

Bereits im Januar 1992 begannen die Beratungen zu dem geplanten SFAS. Seitdem haben mehr als 100 öffentliche Anhörungen stattgefunden und es wurden unzählige Forschungen durchgeführt. Im Verlauf dieser Anstrengungen wurden bisher vier verschiedene Rechnungslegungsmodelle sondiert.[373]

So wurde z. B. einmal diskutiert, mit diesem neuen Standard nicht nur die Behandlung der Derivate und deren Bewertung mit Fair value, sondern die Bewertung aller Finanzinstrumente zu Fair value zu regeln. Hierzu war geplant, daß die Unternehmen auswählen können sollten zwischen einem 'Derivatives-Only Model' und einem 'Financial Instruments Model'. Im Rahmen dieser zweiten Option sollten alle Finanzinstrumente (d. h. z. B. auch Wertpapiere der 'held-to-maturity'-Kategorie sowie alle übrigen Finanzinstrumente wie Darlehen, Buchforderungen etc.) nach Fair value bilanziert werden. Die Wertänderungen im Fair value von 'trading instruments' sowie selbstverständlich alle realisierten Gewinne und Verluste sollten erfolgswirksam werden. Die unrealisierten Gewinne und Verluste aus den Finanzinstrumenten, die z. B. durch Derivate gehedgt sind, sollten in 'a separate component of equity' bis zu ihrer Realisation ausgewiesen werden.[374] Dieser Plan wurde vom FASB letztendlich aus diesem Grunde wieder fallengelassen, weil dem Ziel der sehr schnellen Fertigstellung des Proposal höhere Priorität eingeräumt wurde als der Erstellung einer Unterlage, die so weitgehend und umfassend ist, daß sie auch die Bilanzierung und Bewertung von den 'herkömmlichen' Finanzinstrumenten komplett neu regeln würde. Wie bereits oben ausgeführt, verfolgt das FASB jedoch nach wie vor dieses Ziel. So wurde schon mit dem SFAS 107, der letztlich nur ein 'disclosure-standard' ist, ein erstes aber richtungweisendes Signal gegeben, um zum Fair value-accounting für alle Finanzinstrumente hinzuführen, in dem er die Offenlegung des Fair value vorschrieb, ohne jedoch in die bilanziellen Bewertungsvorschriften einzugreifen.[375] Von einigen Seiten findet das FASB für seinen Weg Unterstützung. So schreibt das Financial Accounting Standards Committee der American Accounting Association, daß es seine Überzeugung ist, daß alle Finanzinstrumente mit dem Fair value bewertet werden sollten.[376] Auch der Financial Economists Roundtable stellt dieselbe Forderung.[377] Das Ergebnis wird sein, daß bei endgültiger Zielerreichung des FASB die Bewertungsunterschiede zwischen Derivaten und herkömmlichen Finanzinstrumenten in der Rechnungslegung verschwinden werden.[378]

Mit Ausnahme der Bankpraxis scheint es eine breite Zustimmung in den USA zu geben, von der Ausnahme der Bewertung Fair value bei den Wertpapieren des trading accounts und den Derivaten, zu einer grundsätzlichen Bewertung nach Fair value - also z. B. auch für nicht-wertpapierunterlegte Forderungen und Verbindlichkeiten - zu kommen. Bereits

---

[373] Vgl. Taylor, Francis: Keeping Hedges in Trim, Accountancy - International Edition, 8/1996, S. 50

[374] Vgl. Wendell, Paul: FASB Agrees on Accounting Approach for Derivatives and Hedging Instruments, SEC Accounting Report, 11/1995, S. 7

[375] Vgl. Williams, Jan: GAAP Guide - A comprehensive restatement of current promulgated Generally Accepted Accounting Principles, New York (USA), 1996, S. 16.13

[376] Vgl. Barth, Mary, et al.: Response to the FASB Discussion Document „Accounting for Hedging and Other Risk-adjusting Activities: Questions for Comment and Discussion", Accounting Horizons, 3/1995, S. 88

[377] Vgl. Financial Economists Roundtable: Statement on Accounting Disclosure about Derivative Financial Instruments, The Journal of Derivatives, Spring 1996, S. 72

[378] Vgl. Godwin, Joseph; et al.: Understanding Foreign Currency Derivative Measurements as FASB Moves Toward Fair Value Reporting, The Journal of Corporate Accounting and Finance, Spring 1996, S. 77

1993 wurde gefordert, daß Banken z. B. auch längerfristige Darlehen nach dem Fair value bewerten sollten.[379] Allerdings haben andererseits viele Wirtschaftsprüfer ein fundamentales Problem mit der Reduzierung des Bilanzansatzes einer Verbindlichkeit unter ihren Rückzahlbetrag. Als grundsätzlicher Vorteil wird gesehen, daß das Management bei einer umfassenden Marktbewertung insofern durch den Bilanzwert in seinen Entscheidungen nicht mehr beeinflußt wird, als daß es sich z. B. bei Verkaufsentscheidungen von Aktiva, die nach historischen Kosten in der Bilanz bewertet sind, dadurch leiten läßt, ob es unter bilanzpolitischen Gesichtspunkten Buchgewinne bzw. -verluste benötigt und ansonsten der Verkauf unter rein wirtschaftlichen Gesichtspunkten nicht sinnvoll ist. Als weiterer Vorteil wird gesehen, daß durch die Marktbewertung das Zinsänderungsrisiko sehr gut gemessen werden kann bzw. ausgewiesen wird. Die Fair value-Rechnungslegung legt insbesondere in Zeiten hoher Marktzinsvolatilitäten signifikante Bilanzstrukturrisiken in Bezug auf Zinsablauffristen offen. Es werden jedoch auch Nachteile gesehen, so z. B. mit dem Widerspruch einer going-concern-Bilanzierung unter Wertansätzen, als ob zum Bilanzstichtag die Vermögensgegenstände verkauft und die Schulden beglichen werden.[380]

Die wesentlichsten Bedenken gegen das Fair value-accounting, die trotz der insgesamt positiven Einstellungen vorhanden sind, beziehen sich vor allem auf die zunehmende Volatilität des Ertragsausweises. Dieser aus logischen Überlegungen zunächst vermutete Zusammenhang konnte im übrigen auch durch empirische Untersuchungen in einem anderen Land nachgewiesen werden. So wurde im Zuge der Diskussion um die generelle Einführung des Market value- bzw. Fair value-accounting in den USA die Situation in Dänemark empirisch getestet. Dänemark hat ein umfassenden Market value-accounting bereits seit mehreren Jahren eingeführt. Bernard et al.[381] untersuchten neben anderen Fragestellungen die Zunahme der Volatilität der Bankergebnisausweise mittels einer Zeitreihenuntersuchung über mehrere Jahre vor und nach der Einführung des Market value-accounting. Hierbei interessierten u. a. die Fragen nach den Auswirkungen dieser Bewertungsregel auf die Häufigkeit von Verletzungen der Eigenkapitalvorschriften der Bankaufsicht bzw. den Vorteilen einer Anbindung von Kapitalunterlegungsvorschriften an marktwertbasierte Eigenkapital-Verhältnisse. Bernard et al. kommen zu dem Ergebnis, daß die Marktwertrechnungslegung die erfolgsinduzierte Volatilität des Kapitals erhöht. Sie fanden heraus, daß der Erfolgsausweis bei den dänischen Banken drei- bis viermal variabler war nach Einführung der Marktwertrechnungslegung als vorher. Diese zusätzliche Volatilität wird vor allem durch unrealisierte Gewinne und Verluste aus nicht-gehedgten Investitionen in langlaufende festverzinsliche Anleihen hervorgerufen.

Obwohl so viele Überarbeitungen früherer Vorschläge bereits durchgeführt wurden, hat sich gemäß einer Veröffentlichung des Financial Executive Institute (FEI) gezeigt, daß Zwei-Drittel der Kommentar-Briefe zu dem Exposure Draft gegen die Verabschiedung waren. Die Hauptbeweggründe von Seiten der Banken und Unternehmen, sich gegen den Exposure Draft auszusprechen, bezogen sich auf die Argumente, daß

[379] Vgl. Swenson, Dan; Buttross, Thomas: A Return to the Past: Disclosing Market Values of Financial Instruments, Journal of Accountancy, 1/1993, S. 73

[380] Vgl. Parks, James: FASB 115: It's back to the Future for Market Value Accounting, Journal of Accountancy, 9/1993, S. 51 f.

[381] Vgl. Bernard, Victor; et al.: Mark-to-Market Accounting for Banks and Thrifts: Lessons from the Danish Experience, Journal of Accounting Research, Spring 1995, S. 1 – 32

- mit der vorgeschlagenen Rechnungslegung Volatilität im Erfolgsausweis bzw. dem Eigenkapital hervorgerufen wird,
- weiterhin die wirtschaftlichen Hintergründe des Hedging nicht genau reflektiert werden,
- die Unternehmen gezwungen werden, ihre Risikomanagementstrategien zu ändern - oft unter erheblichem Aufwand,
- die Vorschläge nur mit hohen Kosten umgesetzt werden können.[382]

Das FASB hat auf den massiven Druck hin einige Änderungen vorgenommen, die in den aktuellen ersten Entwurf des endgültigen SFAS aufgenommen sind. Dennoch wird nach wie vor heftige Kritik geübt, so in signifikanter Form durch Alan Greenspan[383], dem Chairman im Board of Governors des Federal Reserve System, der u. a. nach wie vor die Zunahme der Volatilität sowohl des 'other comprehensive income' bzw. des Eigenkapitals und des Gewinnausweises ohne eine echte Zunahme an Risiken befürchtet. Da hierzu jedoch das FASB bereits in dem Exposure Draft selbst eindeutig Stellung genommen hat und sich immer zu dem übergeordneten Ziel der Einführung des Fair value-accounting für alle Finanzinstrumente bekannt hat, ist m. E. eine Revidierung der jetzt eingeschlagenen Richtung nicht zu erwarten. In einem Antwortschreiben[384] an Greenspan führt das FASB aus, daß die Rechnungslegung von Derivaten nach dem revidierten Vorschlag keine Volatilität produziert. Die aktuell gültige Rechnungslegung dagegen verschleiert die existierende Volatilität. Das FASB möchte mit der neuen Rechnungslegung lediglich erreichen, daß die vorhandene Volatilität, die derzeit nicht ersichtlich ist, offengelegt wird.

Der Verlauf der ganzen Diskussion in den USA zeigt sehr deutlich, wie schwierig es auch in den USA ist, einen Konsens über die angemessene Rechnungslegung von Derivaten zu finden.

1.4. Synopse

Die sich anschließende Synopse zu den grundlegenden Rechnungslegungsvorschriften bzw. den Diskussionen in den drei betrachteten Ländern zu dem Problemkreis der Festsetzung des Zeitpunktes der Erfolgswirksamkeit beschränkt sich auf die Vorschriften im Rahmen des Bilanz- bzw. GuV-Ausweises und greift die Aspekte der Offenlegung nicht weiter auf.

Dahinter steht die Überlegung, daß die Problemlösung der Rechnungslegung von Derivaten als bankbezogene Geschäfte nicht dadurch umgangen werden kann, daß anstelle einer Aufnahme in den Jahresabschluß - bestehend aus Bilanz und GuV - eine Informationsoffenlegung im Rahmen des Anhangs oder anderer Bestandteile des Geschäftsberichts vorgeschrieben wird. Die Bilanz sollte als Instrument der Rechenschaftslegung alle Ge-

---

382 Vgl. Johnston, Mary: FASB`s proposals on derivatives, comprehensive income challenged at hearings, FEI Briefing: December `96 - January `97 (veröffentlicht im Internet), S. 1

383 Vgl. Greenspan, Alan: Brief an Edmund L. Jenkins vom 31. Juli 1997 (veröffentlicht im Internet); (Mr. Jenkins ist der Chairman des FASB)

384 Vgl. Jenkins, Edmund: Brief an Alan Greenspan vom 11. August 1997 (veröffentlicht im Internet)

schäfte enthalten und nach diesem Kriterium kann zwar eine Offenlegung im Rahmen des Anhangs momentane Defizite und scheinbar unüberwindliche Schwierigkeiten bei der eigentlichen Bilanzierung der Derivate ausgleichen helfen, eine dauerhafte Lösung für die Zukunft kann dieser Weg aber nicht sein.

	Deutschland		Japan			USA	
Zeitpunkt der Erfolgswirksamkeit							
1. Grundsätzliche Regelungen für Wertpapiere	Bewertungsprinzipien	Zeitpunkt der Erfolgswirksamkeit	Wertpapier-Arten	Bewertungsprinzipien	Zeitpunkt der Erfolgswirksamkeit	Bewertungsprinzipien	Zeitpunkt der Erfolgswirksamkeit
grundsätzliche Regelung	• Imparitätsprinzip • Bilanzierung von AK, wobei NWP in verschiedenen Ausprägungen zu berücksichtigen ist	unrealisierte Verluste werden tendentiell sofort erfolgswirksam; unrealisierte Gewinne nie; Gewinne werden erst bei Realisierung* erfolgswirksam		Bilanzierung zu AK, wobei teilweise NWP erlaubt ist, aber: NWP in zweifach gemilderter Form (wesentlich + endgültig) Folge: faktisch nicht von Bedeu-	Gewinne und Verluste werden erst bei Realisierung erfolgswirksam	keine grundsätzliche Regelung	

* Definition des Realisationszeitpunktes von Gewinnen (grundsätzliches Rechtsverständnis)
1) Veräußerungsverträge
- Umsatzakt am Markt
2) Nichtveräußerungsverträge (Dauerschuldverhältnisse, Bsp. Swap)
- Grundsatz der zeitlichen Periodenabgrenzung
- Gewinnrealisierung pro rata temporis

				tung; keine Wertaufholungsklausel; absolutes Realisationsprinzip; kein Imparitätsprinzip			
WP des Handelsbestandes (Bezeichnung in Deutschland) / trading account (Bezeichnung in Japan und USA)	strenges NWP; Wertaufholung in der Praxis bedeutungslos	unrealisierte Verluste immer sofort bei Eintritt (Abschreibung)	unterteilt in:		Gewinne und Verluste erst bei Realisierung erfolgswirksam, da NWP ausgehöhlt ist	Fair value	unrealisierte (aber realisierbare) Gewinne und Verluste sofort erfolgswirksam
			börsennotierte Wertpapiere	NWP	(s.o.)		
			alle anderen, nicht-börsennotierten Wertpapiere	Historische Kosten oder NWP	(s.o.)		
WP der Liquiditätsreserve (Bezeichnung in Deutschland) / available-for-sale	strenges NWP; vom Gesetzgeber ist Wertaufholung ausgeschlossen	unrealisierte Verluste immer sofort bei Eintritt (Abschreibung)	-			Fair value (aber: NWP bei dauernder Bonitätsverschlechterung des Schuldners, so daß nicht	unrealisierte Gewinne und Verluste werden in eine eigene Kapitalkomponente bis zur

(Bezeichnung in USA)						damit gerechnet wird, die Nominalsumme zu erhalten; Wertaufholung greift in diesem Falle nicht)	Realisierung eingestellt; diese sind daher von Ausschüttung ausgeschlossen (da nicht im Gewinnausweis); erfolgswirksam erst bei Verkauf
wie AV behandelte WP (Bezeichnung in Deutschland) / investment account (Bezeichnung in Japan) / Held-to-maturity (Bezeichnung in USA)	gemildertes NWP; faktisch ausgehöhltes Wertaufholungsgebot	Zeitpunkt der Erfolgswirksamkeit von unrealisierten Verlusten unterliegt der Entscheidung des Bilanzerstellers (Wahlrecht bzw. Ermessensspielraum, ob eine voraussichtlich dauernde Wertminderung vorliegt)	unterteilt in:		Gewinne und Verluste erst bei Realisierung erfolgswirksam, da NWP ausgehöhlt ist	• AK ohne NWP • amortized cost	Korrektur von unter- bzw. über-pari-Käufen durch Amortisation des Agios bzw. Disagios über die Laufzeit; unrealisierte Gewinne bzw. Verluste aufgrund von Marktwertschwankungen bleiben unberücksichtigt
			öffentliche Anleihe und andere Anleihen, die börsennotiert sind	Historische Kosten oder NWP	(s.o.)		

			alle anderen Wertpapiere, sofern sie börsennotiert sind, wie z. B. Aktien, Wandelschuldverschreibungen, Aktienoptionsanleihen, mit Ausnahme der Aktien von Tochtergesellschaften	NWP	(s.o.)		
			Aktien von Tochtergesellschaften	Historische Kosten	(s.o.)		
			alle übrigen Wertpapiere	Historische Kosten	(s.o.)		
2. Derivate							
2.1. aktueller Stand							
- grundsätzliche Hinweise	üblicherweise: Gleichstellung mit der Klasse 'Wertpapiere des Handelsbestandes'; somit in praxi: strenges NWP bzw.		keine grundsätzliche Regelung			• die Rechnungslegung von Derivaten insgesamt ist derzeit vollkommen ungeregelt; es gibt nur Einzelfallrege-	

	Imparitätsprinzip, keine Wertaufholung (NWP schlägt sich nieder in 'Rückstellung für drohende Verluste aus schwebenden Geschäften)						lungen (z. B. SFAS 80 für die Rechnungslegung von Futures), die sich jedoch teilweise widersprechen; • grundsätzlich: Marktwertänderungen (realisiert oder realisierbar) werden sofort erfolgswirksam • Gewinne und Verluste werden auf jeden Fall spätestens bei Realisation ausgewiesen (außer bei Hedge, wo sie abgegrenzt gehalten werden dürfen z. B. bei antizipativem Hedge) • bei laufzeitbezogenen Entgelten: Accrual Principle (unter Zuhilfe von Deferral Accounting) • in praxi: aufgrund der derzeitigen unvollständigen Regelungen zur Bilanzierung von Derivaten reicht die Rechnungslegung von der vollständigen Nichtberücksichtigung der Derivate bis zur Bilanzierung von Marktwerten (Prinzip der Nichtbilanzierung von schwebenden Geschäften hat in den USA keine Gültigkeit); keine Rückstellung für drohende Verluste		
- konkrete Regelungen	Derivatart	Bewertungs prinzipien	Zeitpunkt der Erfolgs-wirksamkeit	Derivatart	Bewertungs prinzipien	Zeitpunkt der Erfolgs-wirksamkeit	Derivatart	Bewertungs prinzipien	Zeitpunkt der Erfolgs-wirksamkeit
	alle Derivate	Imparitäts-prinzip;	unrealisierte Verluste						

		NWP (Drohverlustrückstellung); keine Wertaufholung	sofort bei Eintritt; Gewinne erst bei Realisierung							
				F u t	währungsbezogen**	MTM-Prinzip	unrealisierte G+V sofort	Futures	MTM-Prinzip	unrealisierte G+V sofort
				u r	zinssatzbezogen	Settlement-Prinzip***	G+V bei Realisation			
				e s	aktienbezogen	Settlement-Prinzip***	G+V bei Realisation			
				O p t	währungsbezogen**	MTM-Prinzip	unrealisierte G+V sofort	Optionen	keine offiziellen Regelungen	
				i o n	zinssatzbezogen	Settlement-Prinzip***	G+V bei Realisation			
				e n	aktienbezogen	Settlement-Prinzip***	G+V bei Realisation			
				S w a	währungsbezogen	Accrual-Prinzip	pro rata temporis	Swaps	keine offiziellen Regelungen	
				p s	zinssatzbezogen	Accrual-Prinzip	pro rata temporis			

** Amtliche Vorgabe (Reference Bank System) der zu verwendenden Wechselkurse bei Bewertung.

*** Aus Vereinfachungsgründen zum Zahlungszeitpunkt erfolgswirksam; nur bei Überschreiten des Bilanzstichtages: Zeitpunkt des Geschäftsabschlusses zählt

2.2. Planungen bzw. diskutierte Ansätze	Diskussion mit folgenden diversen Ansätzen (jedoch ohne konkrete Gesetzesvorlage): 1. MTM nur bei Hedge 2. MTM nur als Offenlegung der Werte im Anhang 3. MTM a) für Derivate b) für Derivate + Wertpapiere des Handelsbestandes (3.a) und 3.b) jeweils evtl. mit Ausschüttungssperre für unrealisierte Gewinne)	Gesetzesentscheid: Derivate des trading accounts: Bewertung nach MTM bzw. Fair value, wobei die unrealisierten Gewinne, die die unrealisierten Verluste übersteigen (Netto-Schätzgewinn), einer Ausschüttungssperre unterliegen (mit Ausnahme der währungsbezogenen Derivate, diese wiederum mit Ausnahme von Währungs-Swaps) diese Regelung dürfen nur Banken einführen, die ein entsprechendes Kontrollsystem haben (Bedingungen: 1. Trennung der Geschäfte in trading und non-trading; 2. Korrekte Erfassung des Fair value, wobei bei nicht-notierten Finanzinstrumenten die Banken ein Wahlrecht bzgl. der Methode zur Ermittlung des Fair value haben)	FASB-Proposal: • Derivate werden zu Fair value on-balance ausgewiesen • Unterscheidung in hedge- und non-hedge-Derivate (Hedge siehe unten) • Non-hedge-Derivate sind vergleichbar mit trading-account; unrealisierte Gewinne und Verluste sind sofort erfolgswirksam; ebenso die realisierten Ziel für die Zukunft: alle Finanzinstrumente sollen zu Fair value ausgewiesen werden; dadurch: Offenlegung wird abnehmen

2. Berücksichtigung von Sicherungsgeschäften (Hedge-Rechnungslegung)

„A Hedge is a deal that has gone wrong that we offset against something that has gone right!"

A foreign exchange trader[385]

Eine Hedge-Rechnungslegung wird notwendig, da der wirtschaftliche Sachverhalt des Ausschlusses von Risiken, d. h. von Änderungen des Wertes eines Finanzproduktes oder einer größeren Einheit von Finanzprodukten, sich auch in der Rechnungslegung widerspiegeln soll. Die Problematik ergibt sich, da die durch eine Hedging-Strategie aneinandergekoppelten Positionen durch meist unterschiedliche bilanzielle Bewertungsvorschriften eine Erfolgswirksamkeit zu unterschiedlichen Zeitpunkten entfalten. Dies entspricht gerade aber nicht dem wirtschaftlich gegebenen Sachverhalt eines Hedges, daß durch den gegenläufigen Ausgleich von Gewinnen und Verlusten durch die gesamte Hedge-Position kein Einfluß mehr auf die Erfolgsrechnung einer Periode ausgeht. Um die wirtschaftliche Realität abbilden zu können, müssen daher besondere Regelungen gefunden werden, die eine zeitversetzte Erfolgswirksamkeit der Gewinne und Verluste aus den beiden Positionen verhindert. Die Schwierigkeit, quasi nachträglich diese Rechnungslegungsvorschriften in die bestehenden Bewertungsvorschriften der Rechnungslegung eines Landes einbauen zu müssen, resultiert daraus, daß bei der Erstellung von Bewertungsvorschriften

- zum einen unterschiedliche Bewertungsvorschriften für bestimme Bilanzpositionen (historische Kosten, strenges oder gemildertes Niederstwertprinzip, aktuelle Marktwerte) eingeführt sind und damit durch das Zusammentreffen zweier unterschiedlicher Positionen, die sich gegenseitig absichern und die nach unterschiedlichen Bewertungsvorschriften bilanziert werden, das Auseinanderfallen der zeitlichen Erfolgswirksamkeit hervorgerufen wird und

- zum anderen aufgrund einer Betonung des Vorsichtsprinzips vor der tatsächlichen Beendigung eines Geschäfts ausschließlich nur potentielle Verluste in der Rechnungslegung berücksichtigt werden, was bei der Absicherung durch gegenläufige potentielle Gewinne zu untragbaren Ergebnissen im GuV-Ausweis führt.

2.1. Hedge-Rechnungslegung in Deutschland

2.1.1. Hintergründe der Diskussion

In Deutschland gibt es ein umfangreiches Schrifttum zu der Frage der bilanzrechtlichen Möglichkeiten und Grenzen zur Anerkennung von Bewertungseinheiten, insbesondere auch vor dem Hintergrund des hier als grundlegenden GOB anerkannten Prinzips der Einzelbewertung. Die sich in Deutschland als besonders bedeutsame Problematik der Abbildung von wirtschaftlich gegebenen Bewertungseinheiten herauskristallisierende Frage nach der Zulässigkeit der Aufrechnung von gegenläufigen Gewinnen und Verlusten aus Hedge-Positionen stellt sich vor allem vor dem Hintergrund des nur hier konse-

[385] Worth, John: Another cut at sharpening the treatment, Accountancy, 4/1995, S. 94

quent zu beachtenden Vorsichtsprinzips in der Ausprägung des Imparitätsprinzips. Im Gegensatz zu Japan, wo sich die Frage nach der Zulässigkeit von Hedge-accounting vor allem vor dem Hintergrund des zeitlichen Auseinanderfallens der Erfolgswirksamkeit von Gewinnen und Verlusten aus Hedge-Positionen stellt, ergibt sich in Deutschland die besonders gravierende Situation, daß grundsätzlich - ohne Beachtung irgendwelcher kompensatorischer Rechnungslegungstechniken - der Absichernde sich schlechter stellt als derjenige, der das Risiko nicht sichert. Der risikoabsichernde Kaufmann wird also bilanziell bestraft.[386] Der Absichernde muß aufgrund des Imparitätsprinzips immer einen Verlust ausweisen; entweder den zu antizipierenden Verlust des gesicherten Objektes aufgrund des Niederstwertprinzips oder den drohenden Verlust aus schwebenden Geschäften des Derivats. Daher ist diese Thematik ein 'Dauerbrenner' bei wissenschaftlichen Fragestellungen.[387] Dennoch gibt es bislang keine offizielle gesetzesrechtliche Regelung hinsichtlich der Zulässigkeit und der einzuhaltenden Voraussetzungen zur Anerkennung von Bewertungseinheiten bzw. Sicherungsstrategien im Jahresabschluß - auch nicht für Banken, obwohl gerade diese auf Sicherungsstrategien in besonderer Weise in ihrer Geschäftstätigkeit angewiesen sind.

Die verschiedenen deutschen Autoren, die sich bereits seit vielen Jahren mit der Problematik der Anerkennung von Bewertungseinheiten befassen, kommen im Laufe der Zeit zum Teil zu erheblich unterschiedlichen Vorschlägen hinsichtlich der Ausgestaltung einer Hedge-Rechnungslegung. Es sollen an dieser Stelle diese verschiedenen Ansätze nicht aufgezählt oder gar besprochen werden, da diese Arbeit den Anspruch stellt, vor allem geltendes Recht oder absehbare rechtliche Neuregelungen zu vergleichen und zudem die deutsche Literatur dem Leser leichter zugänglich ist. Weiterhin verfolgt diese Arbeit die Idee durch Betrachtung der Diskussionen im Ausland Anregungen für die Weiterentwicklung deutscher Rechnungslegungsvorschriften zu geben. Es sollen daher an dieser Stelle vor allem die derzeit in Deutschland anerkannten Möglichkeiten der Bilanzierung von Bewertungseinheiten dargestellt werden. Durch Betrachtung der aktuellen Literatur in Deutschland zu diesem Thema soll aufgezeigt werden, in welche Richtung sich die Rechnungslegungsvorschriften weiterentwickeln könnten. Eine Genesis der bereits seit Jahren vorhandenen Diskussionen zu dieser Fragestellung soll jedoch nicht gegeben werden.

---

386 Vgl. Scheffler, Jan: Hedge-Accounting - Jahresabschlußrisiken in Banken, Wiesbaden, 1994, S. 126

387 So unter vielen: Mauritz, Peter: Konzepte der Bilanzierung und Besteuerung derivativer Finanzinstrumente, Wiesbaden, 1997; Scheffler, Jan: Hedge-Accounting - Jahresabschlußrisiken in Banken, Wiesbaden, 1994; Scharpf, Paul; Luz, Günther: Risikomanagement, Bilanzierung und Aufsicht von Finanzderivaten, Stuttgart, 1996; Schwarze, Armin: Ausweis und Bewertung neuer Finanzinstrumente in der Bankbilanz, Berlin, 1989; Göttgens, Michael: Hedge Accounting, BFuP, 2/1995, S. 146 - 165; Staudt, Anton; Weinberger, German: Cross-Hedging von Währungspositionen und deren bilanzielle Bewertung am Beispiel von Devisentermingeschäften, Die Wirtschaftsprüfung, 2/1997, S. 44 - 62; Prahl, Reinhard; Naumann, Thomas: Moderne Finanzinstrumente im Spannungsfeld zu traditionellen Rechnungslegungsvorschriften: Barwertansatz, Hedge-Accounting und Portfolio-Approach, Die Wirtschaftsprüfung 23/1992, S. 709 - 719; Naumann, Thomas: Bewertungseinheiten im Gewinnermittlungsrecht der Banken, Düsseldorf, 1995; Wiedmann, Harald: Bewertungseinheit und Realisationsprinzip, in: IDW (Hrsg.): Neuorientierung der Rechnungslegung – Bericht über die Fachtagung 1994 des Instituts der Wirtschaftsprüfer, Düsseldorf, 1995, S. 101 - 122; Wiedmann, Harald: Die Bewertungseinheit im Handelsrecht, in: Ballwieser et al. (Hrsg.) Bilanzrecht und Kapitalmarkt - Festschrift zum 65. Geburtstag von Professer Dr. Dr. h.c. Dr. h.c. Adolf Moxter, Düsseldorf, 1994, S. 455 – 482

2.1.1.1. Grundsätzliche Zulässigkeit durch Ableitung aus bestehenden GOB

Grundsätzlich wird im deutschen Schrifttum schon seit längerem die Zulässigkeit der Bildung von Bewertungseinheiten, d. h. die kompensatorische Bewertung,[388] nicht mehr angezweifelt.[389] Während zunächst versucht wurde, die Normen für die Bildung von Bewertungseinheiten aus den Vorschriften den HGB und den geltenden GOB abzuleiten, geht die jüngste Literatur dazu über, die Bildung von Bewertungseinheiten als nicht mehr dem deutschen Bilanzrecht immanent und somit aus bestehenden Regelungen deduzierbar anzusehen, sondern völlig eigenständig kodifizierte Vorschriften zu fordern, die z. T. die sonst gültigen GOB außer Kraft setzen und eindeutige Regelungen für das Hedge-accounting schaffen. Kritisiert wird an den bisherigen deduktiven Ansätzen, daß gerade aufgrund der durch die vielfältige Literatur, die fast verzweifelt versucht nachzuweisen, daß die bestehenden GOB z. T. mittels Analogieschluß und z. T. mittels Auslegung der Generalnorm in Verbindung mit den einschlägigen Bewertungsprinzipien (Einzelbewertungsgrundsatz, Imparitätsprinzip, Realisationsprinzip) quasi die Regelungen für das Hedge-accounting bereits beinhalten, aufgezeigten weiten Auslegungsspielräume keine eindeutige Regelwelt für das Hedge-accounting aus den bestehenden GOB abgeleitet werden kann. Insbesondere bei den neueren Entwicklungen des Risikomanagements in den Banken - dem Macro-Hedge und dem Portfolio-Risikomanagement - fällt es der herkömmlichen Literatur zunehmend schwerer, dem wirtschaftlichen Sachverhalt entsprechende Hedge-accounting Standards aus dem bestehenden Regelwerk abzuleiten. So beruft sich Scheffler, der diesen Weg geht, in der Begründung für die Zulässigkeit der Berücksichtigung von Makro-Hedge-Positionen und Portfolio-Hedge-Positionen im Bankenjahresabschluß letztlich nur noch darauf, daß die Außerachtlassung des Sicherungszusammenhangs bei Portfolio- oder Makro-Hedges zu einem ebenso unbefriedigenden Ergebnis führen würde wie die Nichtbeachtung des Mikro-Hedges. „Da diese dynamische Absicherungsstrategien zunehmend an Bedeutung gewinnen, würde ein Ablehnung des Hedge-accountings für Portfolio- und Makro-Hedges bedeuten, daß die ... Verfahren des Mikro-Hedge-Accountings nur eine vorübergehende Lösung des eigentlichen Problems darstellen würden.“ [390] Für Mikro-Hedge wird vorher die Vereinbarkeit mit den bestehenden GOB aufgezeigt und im Analogieschluß wird damit die Vereinbarkeit bzw. sogar Ableitbarkeit von Makro- und Portfolio-Hedge angenommen.

---

[388] Die Diskussion wird in Deutschland unter dem Begriff 'Bewertungseinheit' geführt. Diese Bezeichnung trifft den Kern des Problems nicht ganz, denn eine Problemlösung bezieht sich nicht auf den Grundsatz der Einzelbewertung - dieser bleibt unangetastet, da die Geschäfte nach wie vor getrennt bewertet werden, sondern auf eine Differenzierung des Realisations- und Imparitätsprinzips, da Verlusterwartungen durch Gewinnerwartungen auch in der Rechnungslegung gegenseitig aufgerechnet werden sollen. Der Begriff 'kompensatorische Bewertung' kennzeichnet die Problematik zutreffender. Dennoch sollen - aufgrund des 'Sprachgebrauchs der Literatur' - beide Begriffe weiterhin synonym verwendet werden. - Vgl. Wiedmann, Harald: Bewertungseinheit und Realisationsprinzip, in: IDW (Hrsg.): Neuorientierung der Rechenschaftslegung - Bericht über die Fachtagung 1994 des Instituts der Wirtschaftsprüfer, Düsseldorf, 1995, S. 102 f.; so auch: Staudt, Anton; Weinberger, German: Cross-Hedging von Währungspositionen und deren bilanzielle Bewertung am Beispiel von Devisentermingeschäften, Die Wirtschaftsprüfung, 2/1997, S. 45

[389] Vgl. Krumnow, Jürgen et al.: Rechnungslegung der Kreditinstitute - Kommentar zum Bankbilanzrichtlinie-Gesetz und zur RechKredV, Stuttgart, 1994, Tz. 98, S. 364 f. mit umfangreichen Literaturhinweisen

[390] Scheffler, Jan: Hedge-Accounting - Jahresabschlußrisiken in Banken, Wiesbaden, 1994, S. 220 f.

2.1.1.2. Zulässige Bewertungstechniken

Neben der Diskussion um die noch als Bewertungseinheit anzuerkennde Hedge-Position einer Bank (also die Diskussion um den Umfang der Bewertungseinheit) wird - allerdings in weniger intensivem Ausmaß - auch über die Technik der Bewertung im Rahmen der Bewertungseinheit diskutiert. Göttgens[391] und Scheffler[392] (wobei hier im Folgenden auf die Ausführungen von Scheffler Bezug genommen wird) beschreiben als grundsätzlich mögliche Techniken das Mark-to-Market, das Deferral-accounting und den Hybrid-Approach. Wie bereits ausgeführt, werden beim Mark-to-Market sowohl Grund- als auch Sicherungsgeschäfte (und zwar sowohl Bilanzpositionen als auch schwebende Geschäfte) zu Marktwerten bewertet. Nach Ansicht Schefflers ist bei dieser Methode ein spezielles Hedge-accounting nicht mehr notwendig, da sich alle Gewinne und Verluste immer zeitgleich in der GuV niederschlagen. Scheffler übersieht hierbei jedoch die Frage nach der Behandlung antizipativer Hedges. Beim Deferral-accounting werden die Wertgewinne und -verluste abgegrenzt und ihre Erfolgswirksamkeit auf den Zeitpunkt der Fälligkeit von Grund- und Sicherungsgeschäften verschoben. Beim Hybrid-Approach werden beide zuerst genannten Methoden angewandt. Die ausgewählte Methode hängt von der Bewertung des Grundgeschäfts ab. Wird das Grundgeschäft zum Niederstwert bewertet, kommt die Deferral-Methode zur Anwendung; wird es zu Marktwerten bewertet, wird auch das Sicherungsgeschäft zu Marktwerten bewertet. Scheffler lehnt die Mark-to-Market-accounting-Methode ab, da eine kurzfristige und volle Realisation aller von einer Bank gehaltenen Finanzinstrumente praktisch meist nicht möglich ist, da die Positionen oftmals zu groß sind oder die jeweiligen Finanzmärkte eine zu geringe Liquidität aufweisen. Dennoch wird dieser Ansatz jetzt verstärkt in der deutschen Literatur weiterverfolgt. Eine nähere Analyse erfolgt, wenn die zukünftige Entwicklungsrichtung des Hedge-accounting in Deutschland aufgezeigt wird. Hinsichtlich des Deferral-Ansatzes führt Scheffler aus: „In Deutschland ist ... die Aktivierung von unrealisierten Gewinnen unzulässig und somit scheint eine Abgrenzung von Gewinnen und Verlusten im Sinne des Deferral-accounting nicht möglich zu sein. Immerhin wird man es aber mit den GOB vereinbaren können, auf eine Abwertung bzw. Rückstellung bei bestehender Absicherung zu verzichten, wenn drohende Verluste am Bilanzstichtag durch unrealisierte Gewinne aus dem Gegengeschäft kompensiert und damit in der Zukunft tatsächlich nicht realisiert werden. Die Gefahr einer Vermögensminderung ist insoweit nicht gegeben.“ [393]

Die Verwendung der unterschiedlichen Bewertungstechniken wird in Deutschland derzeit den unterschiedlichen Umfangsabgrenzungen von Hedge-Positionen zugeordnet.

---

[391] Vgl. Göttgens, Michael: Hedge Accounting, BFuP, 2/1995, S. 151

[392] Vgl. Scheffler, Jan: Hedge-Accounting - Jahresabschlußrisiken in Banken, Wiesbaden, 1994, S. 127 – 141

[393] Scheffler, Jan: Hedge-Accounting - Jahresabschlußrisiken in Banken, Wiesbaden, 1994, S. 134

2.1.1.3. Forderung nach eigenständigen GOB für Hedge

Bislang haben die deutschen Autoren[394] immer noch versucht, sowohl die unterschiedlichen Hedge-Konstruktionen (Mikro-, Makro-, Portfolio-Hedge) und die diversen Rechnungslegungsmethoden aus den bestehenden GOB abzuleiten bzw. mit ihnen in Einklang zu bringen.

Inzwischen befindet sich die Literaturmeinung in einem Umbruch. Es treten immer mehr Autoren in Erscheinung, die zunehmend eigenständige Bewertungs- bzw. umfassende Rechnungslegungsvorschriften für das Hedge-accounting fordern. Die Bankbilanzierungspraxis in Deutschland bewegt sich dagegen bereits offensichtlich über die ganze Palette der herkömmlichen Diskussionsansätze bis hin zu den jetzt erst in der wissenschaftlichen Literatur neu vertretenen Forderungen nach Regelungen, die nicht mehr aus den bestehenden GOB abgeleitet werden können. „Es wird sogar eingeräumt, daß die vom geltenden deutschen Bilanzrecht sicherlich nicht gedeckte Marktbewertung zum Teil bereits in der Handelsbilanz angewendet wird.“ [395]

2.1.2. Pflicht oder Wahlrecht zur kompensatorischen Bewertung

In der auf der herkömmlichen Deduktion basierenden Literatur wird darüber diskutiert, ob der Ansatz von Bewertungseinheiten in der Rechnungslegung ein Wahlrecht darstellt oder eine Pflicht. In einem Meinungsspiegel der Fachwelt[396] zu der Frage, ob die kompensatorische Bewertung ein Wahlrecht oder eine Pflicht sei, wurden 5 Experten befragt, von denen sich drei für die Pflicht und 2 für ein Wahlrecht aussprachen. Daran läßt sich ablesen, wie gespalten die Meinung der Wissenschaftler und Experten in diesem Punkt

---

394 So schreibt z. B. Wiedmann, daß eine Hedge-Rechnungslegung nicht als Einschränkung des Imparitätsprinzips, sondern als die einzig den wirtschaftlichen Normzweck dieses Prinzips treffende Interpretation angesehen werden muß. - Vgl. Wiedmann, Harald: Bewertungseinheit und Realisationsprinzip, in: IDW (Hrsg.): Neuorientierung der Rechenschaftslegung - Bericht über die Fachtagung 1994 des Instituts der Wirtschaftsprüfer, Düsseldorf, 1995, S. 119; Wiedmann, Harald: Die Bewertungseinheit im Handelsrecht, in: Ballwieser, Wolfgang et al. (Hrsg.): Bilanzrecht und Kapitalmarkt, Festschrift zum 65. Geburtstag von Professor Dr. Dr. h.c. Dr. h. c. Adolf Moxter, Düsseldorf, 1994, S. 475; Ebenso Scheffler, der erklärt, daß mit dem Hedge-accounting das Realisations- und Imparitätsprinzip wirtschaftlich zutreffend angewendet werden. - Vgl. Scheffler, Jan: Hedge-Accounting - Jahresabschlußrisiken in Banken, Wiesbaden, 1994, S. 138; Ähnliche Auffassungen werden vertreten von Naumann, Thomas: Bewertungseinheiten im Gewinnermittlungsrecht der Banken, Düsseldorf, 1995, S. 65; Krumnow, Jürgen: Das derivative Geschäft als Motor des Wandels für das Bankcontrolling, Manuskript zum Vortrag im Rahmen des Symposiums „Erste Erfahrungen mit den neuen Rechnungslegungsvorschriften für Kreditinstitute“ in Frankfurt, 19.09.1994, S. 12; Auch vertritt Sprißler einen ähnlichen Denkansatz, wenn er schreibt: „... das Konstrukt bzw. das Hilfsinstrument „Bewertungseinheit“ [ist] eine sinnentsprechende Auslegung des Grundsatzes der Einzelbewertung und also mit unseren geltenden Rechnungslegungsprinzipien eindeutig vereinbar.“ - Sprißler, Wolfgang: Das Derivategeschäft und seine Bilanzierung bei deutschen Kreditinstituten; in: Ballwieser, Wolfgang (Hrsg.): Rechnungslegung - Warum und Wie, Festschrift für Hermann Clemm zum 70. Geburtstag, München, 1996, S. 374 f.

395 Steiner, Manfred et al.: Konzepte der Rechnungslegung für Finanzderivate, Die Wirtschaftsprüfung, 16/1995, S. 543; dieser zitiert eine Untersuchung, wonach einige Bankinstitute bereits im Jahresabschluß 1993 angeben, daß Derivate grundsätzlich zu Marktpreisen bewertet wurden.

396 Vgl. o.V.: Meinungen zum Thema: Finanzinnovationen im Jahresabschluß, BFuP, 2/1995, S. 230 ff.

ist. Die Frage konkretisiert sich in Bezug auf das Handelsrecht dergestalt, daß entschieden werden muß, ob die kompensatorische Bewertung

- eine zutreffende Interpretation des Einzelbewertungsgrundsatzes (§ 252 Abs. 1 Nr. 3 HGB) oder
- unter § 252 Abs. 2 HGB zu subsumieren ist, woraus sich ein Wahlrecht ergibt, in begründeten Ausnahmefällen von den Grundsätzen des § 252 Abs. 1 HGB abzuweichen.[397]

Die jeweilige Einordnung dieses Sachverhaltes hat auch Auswirkungen auf die Anhangangaben nach § 284 Abs. 2 Nr. 1 und Nr. 3 HGB. Nr. 1 schreibt die Angaben der angewandten Bilanzierungs- und Bewertungsmethoden vor, Nr. 3 dagegen die Angabe und Begründung der Abweichungen von Bilanzierungs- und Bewertungsmethoden vor. Ferner ist der Einfluß, den diese Abweichungen auf die Vermögens-, Finanz- und Ertragslage haben, im Falle Nr. 3 gesondert darzustellen.[398] Wird die Bildung von Bewertungseinheiten als ein von § 252 Abs. 2 HGB gedeckter Ausnahmefall angesehen, muß nach § 284 Abs. 2 Nr. 3 HGB über die Abweichung vom Grundsatz der Einzelbewertung berichtet werden. Unterstellt man dagegen, daß die Bildung von Bewertungseinheiten eine sinnvolle Interpretation des Grundsatzes der Einzelbewertung ist, entfällt die Pflicht zur Berichterstattung nach § 284 Abs. 2 Nr. 3 HGB.[399]

Lediglich der Bereich der Währungsgeschäfte und währungsbezogenen Derivate bei Banken ist vom Gesetzgeber geregelt. Mit § 340 h Abs. 2 Satz 2 HGB ist geregelt, daß Erträge aus der Währungsumrechnung mit dem Kassa- bzw. Terminkurs des Bilanzstichtages erfolgswirksam zu vereinnahmen sind, wenn eine besondere Deckung besteht. Unter besonderer Deckung versteht der Gesetzgeber einen bewußt abgeschlossenen Mikro-Hedge, wodurch letztlich die kompensatorische Bewertung zur Pflicht gemacht wird.

§ 340 h Abs. 2 Satz 3 HGB statuiert für Währungsgeschäfte und -derivate, für die keine 'besondere', sondern offenbar eine eher 'zufällige' Deckung besteht, ein Wahlrecht, nach den sonst üblichen GOB zu bilanzieren oder die sich aus der Währungsumrechnung ergebenden Erträge zu berücksichtigen, also die kompensatorische Bewertung anzuwenden.[400]

Da diese Ausführungen vom Gesetzgeber jedoch explizit auf Währungsgeschäfte bei Kreditinstituten beschränkt sind, stellt sich nach wie vor die Frage 'Pflicht oder Wahlrecht' für alle übrigen Hedge-Situationen. Naumann argumentiert, daß die Rechtspre-

---

397 Vgl. Scharpf, Paul: Derivative Finanzinstrumente im Jahresabschluß unter Prüfungsgesichtspunkten - Erfassung, Abwicklung und Bildung von Bewertungseinheiten -, BFuP, 2/1995, S. 187

398 Vgl. Scharpf, Paul: Derivative Finanzinstrumente im Jahresabschluß unter Prüfungsgesichtspunkten - Erfassung, Abwicklung und Bildung von Bewertungseinheiten -, BFuP, 2/1995, S. 187

399 Vgl. Elkart, Wolfgang: Die Finanzinstrumente in der (externen) Rechnungslegung oder A Black Hole in the Balance Sheet; in: IDW (Hrsg.): Neuorientierung der Rechnungslegung – Bericht über die Fachtagung 1994 des Instituts der Wirtschaftsprüfer, Düsseldorf, 1995, S. 379; eine ähnliche Darstellung auch von: Limathe, Georg: Aspekte der Prüfung von Derivaten (II): Fragen der Rechnungslegung, BI/GF, 2/1996, S. 59

400 Vgl. Wiedmann, Harald: Die Bewertungseinheit im Handelsrecht, in: Ballwieser, Wolfgang et al. (Hrsg.): Bilanzrecht und Kapitalmarkt, Festschrift zum 65. Geburtstag von Professor Dr. Dr. h.c. Dr. h. c. Adolf Moxter, Düsseldorf, 1994, S. 468

chung, die er an einigen Fallbeispielen festmacht, keinen Zweifel daran läßt, daß sie systemgerecht abgegrenzte bilanzierungsobjektübergreifende Bewertungseinheiten durchaus obligatorisch gebildet sehen will, wogegen im Gegensatz dazu die Kaufleute eher ein bilanzpolitisch flexibel einsetzbares Wahlrecht favorisieren.[401] Aber auch von Seiten der Wirtschaftsprüfer wird wohl eher eine Pflicht eingefordert: „Ein als Sollvorschrift ausgestaltetes Wahlrecht, welches zudem als ein bilanzpolitisches Instrument par excellance genutzt zu werden vermag, kann ... nicht befürwortet werden.“ [402] Unabhängig von der theoretisch möglicherweise zu fordernden Pflicht zur kompensatorischen Bewertung, führen Steiner et al. aus: „Faktisch ist die Durchsetzbarkeit eines Gebotes zur Bildung von Bewertungseinheiten fraglich, weil es sich häufig dadurch umgehen ließe, daß der einzelgeschäftsbezogene Charakter einer Hedge-Transaktion und damit das Vorliegen eines Mikro-Hedges bestritten wird.“ [403] So auch Gebhardt: „Indem diese Pflicht jedoch von einer „nachweislichen“ Absicherung abhängig gemacht wird, bleibt es den Bilanzierenden überlassen, diesen Nachweis zu führen oder darauf zu verzichten. Die Pflicht degeneriert so zu einem faktischen Wahlrecht.“ [404] Ähnliches konstatieren auch Staudt/ Weinberger.[405] Gebhardt fügt interessanterweise noch hinzu (wobei diese Meinung einzigartig sein dürfte): „Wird durch Anwendung der GOB ein den tatsächlichen Verhältnissen entsprechendes Bild der Vermögens-, Finanz- und Ertragslage nicht vermittelt, so darf ... nicht etwa von GOB abgewichen werden, sondern dann sind im Anhang zusätzliche Angaben zu machen.“ [406] Scheffler stellt dagegen in Frage, inwieweit es die Aufgabe des Anhangs ist, den in der Bilanz und GuV ermittelten Periodenerfolg zu korrigieren.[407] Es hat sich bislang also noch keine feste, herrschende Meinung zur Frage ‘Pflicht oder Wahlrecht’ bei der kompensatorischen Bewertung durchgesetzt.

Bezugnehmend auf diesen Diskussionsstand leitet der Bilanzrechtskommentar die Pflicht zur Anhangangabe nach § 284 Abs. 2 Nr. 3 und gleichzeitig eine Empfehlung zur Angabe nach § 284 Abs. 2 Nr. 1 ab, den Bilanzleser darauf hinzuweisen, daß in bestimmten Fällen von der Möglichkeit einer kompensierenden Bewertung Gebrauch gemacht wurde.[408] Letztlich ist somit die Frage nach Pflicht oder Wahlrecht nicht endgültig geregelt.

2.1.3. Brutto- oder Nettoausweis in der GuV

Ungeklärt ist auch die Frage, ob die gegenläufigen Erfolgsbeiträge aus Grund- und Sicherungsgeschäft in der GuV brutto oder netto ausgewiesen werden sollen. Materiell

[401] Vgl. Naumann, Thomas: Bewertungseinheiten im Gewinnermittlungsrecht der Banken, Düsseldorf, 1995, S. 67

[402] KPMG: Financial Instruments - Einsatzmöglichkeiten * Risikomanagement und Risikocontrolling * Rechnungslegung * Besteuerung, Frankfurt am Main, 1995, S. 130

[403] Steiner, Manfred; Tebroke, Hermann-Josef; Wallmeier, Martin: Konzepte der Rechnungslegung für Finanzderivate, Die Wirtschaftsprüfung, 16/1995, S. 537

[404] Gebhardt, Günther: Probleme der bilanziellen Abbildung von Finanzinstrumenten, BFuP, 5/1996, S. 571

[405] Vgl. Staudt, Anton; Weinberger, German: Cross-Hedging von Währungspositionen und deren bilanzielle Bewertung am Beispiel von Devisentermingeschäften, Die Wirtschaftsprüfung, 2/1997, S. 46

[406] Gebhardt, Günther: Probleme der bilanziellen Abbildung von Finanzinstrumenten, BFuP, 5/1996, S. 571

[407] Vgl. Scheffler, Jan: Hedge-Accounting - Jahresabschlußrisiken in Banken, Wiesbaden, 1994, S. 126

[408] Vgl. Krumnow, Jürgen et al.: Rechnungslegung der Kreditinstitute - Kommentar zum Bankbilanzrichtlinie-Gesetz und zur RechKredV, Stuttgart 1994, Tz. 153, S. 382

führt dies zwar zum gleichen Ergebnis, es ergeben sich jedoch unterschiedliche Darstellungen der Ertragslage.[409]

2.1.4. Beurteilungskriterien

Eine weitere, noch weit vielschichtigere Problematik des Hedge-accounting in Deutschland ist die Frage nach den Abgrenzungskriterien, nach denen eindeutig beurteilt werden kann, wann ein Hedge vorliegt.

Mauritz[410] gibt in seiner Arbeit eine Übersicht über die Vielschichtigkeit der Anforderungen, die von verschiedenen Autoren aufgestellt werden. Im Rahmen dieser Arbeit wird dagegen der breiteste Konsens aufgezeigt, um zu einer Vergleichsmöglichkeit mit den beiden anderen Ländern zu gelangen. Dieser Konsens sollte sich im Rahmen eines Kommentars zum HGB für die Bankrechnungslegung finden lassen, da das Ziel eines Kommentars ist, Anwendungs- bzw. Auslegungshilfen zu geben, deren Nutzung nach herrschender Meinung akzeptiert ist.

Krumnow et al., die in ihrem Kommentar übrigens zwar die Pflicht zur kompensatorischen Bewertung bei Währungsgeschäften bei Kreditinstituten anerkennen, aber bei den übrigen Hedge-Geschäften dennoch von einem Wahlrecht ausgehen, nennen folgende allgemeine Kriterien für die Anerkennung des Rechtes auf kompensatorische Bewertung bei deutschen Banken[411]:

1. Prinzip der hinreichenden Konkretisierung der Gewinnchancen
   Die Verlustkompensation muß sich aus einem rechtlich bindenden Gegengeschäft ableiten und nicht aus allgemeinen Gewinnerwartungen.[412] Es wird allerdings darauf hingewiesen, daß antizipative Hedges gesondert zu betrachten sind. Im Hinblick auf Stillhalterpositionen aus Optionen regelt der Kommentar anhand eines Beispiels, daß verkaufte Kaufoptionen nicht zur Sicherung eines entsprechenden Wertpapierbestandes verwendet werden können, da der Verkauf (Ausübung der Option) von der Entscheidung des Optionskäufers abhängt. Allenfalls könnte eine notwendige Abschreibung um den Betrag der erhaltenen Optionsprämie gemindert werden.

2. Prinzip der homogenen Beeinflussung von Gewinnchance und Verlustrisiko
   Auf Verlustrisiko und Gewinnchance müssen identische Faktoren einwirken, sie müssen also den gleichen Entstehungsgrund haben. Eine 'Überkreuzkompensation' von Chancen und Risiken unterschiedlicher Risikoarten ist nicht erlaubt.[413] Dennoch geht

---

[409] Vgl. Zielke, Wolfgang: Internationale Aspekte der Bilanzierung derivativer Geschäfte im Jahresabschluß von Industrieunternehmen; in: Ballwieser, Wolfgang et al. (Hrsg.): Bilanzrecht und Kapitalmarkt - Festschrift zum 65. Geburtstag von Professor Dr. Dr. h.c. Dr. h.c. Adolf Moxter, Düsseldorf, 1994, S. 512

[410] Vgl. Mauritz, Peter: Konzepte der Bilanzierung und Besteuerung derivativer Finanzinstrumente, Wiesbaden, 1997, S. 48 ff.

[411] Vgl. Krumnow, Jürgen et al.: Rechnungslegung der Kreditinstitute - Kommentar zum Bankbilanzrichtlinie-Gesetz und zur RechKredV, Stuttgart 1994, Tz. 101 – 110, S. 366 ff.

[412] So auch: Scharpf, Paul; Luz, Günther: Risikomanagement, Bilanzierung und Aufsicht von Finanzderivaten, Stuttgart, 1996, S. 208

[413] So auch: Scharpf, Paul; Luz, Günther: Risikomanagement, Bilanzierung und Aufsicht von Finanzderivaten, Stuttgart, 1996, S. 208

diese Forderung nicht soweit, daß eine Basiswertidentität gegeben sein muß. Da, wie im nächsten Punkt gezeigt wird, man eine Absicherung von weniger als 100 % als ausreichend erachtet, wird gefordert, daß Cross-Hedge, der wirtschaftlich betrachtet eine hohe Absicherung bietet, vom Hedge-accounting nicht ausgenommen sein sollte[414], wenn die Hedge-Ratio[415] eingehalten wird.

3. Prinzip der negativen Korrelation
Die Risikoeinwirkung auf Grund- und Deckungsgeschäft muß gegenläufig sein. Über die erforderliche Höhe der Korrelation ist sich die Fachwelt allerdings nicht einig. Im Schrifttum werden als Bedingung für den wahrscheinlichen Wertausgleich Mindest-Vergangenheitskorrelationen der Marktwerte der beiden gegenläufigen Geschäfte zwischen -0,6 und -0,85 genannt;[416] es wird aber auch die Forderung nach einer Mindestwahrscheinlichkeit für den Risikoausgleich von 95 Prozent zum Zeitpunkt der Beendigung des Hedges, die sich aus einer ausreichenden Zahl von Vergangenheitsbeobachtungen ableiten läßt, für notwendig erachtet.[417] Allerdings fehlt meist eine Begründung für die Höhe des vorgeschlagenen Zahlenwertes. Steiner et al. schlagen ebenfalls einen Wert von -0,8 vor; diese sind jedoch einige der wenigen, die den Wert begründen. Sie beziehen sich auf eine Untersuchung von Meyer, die die Absicherung diversifizierter Anleihe- und Aktienportfolios zum Gegenstand hat. Diese Untersuchung hat gezeigt, daß bei Wahl eines geeigneten Verfahrens zur Bestimmung der optimalen Hedge-Ratio das Risiko der Anleihe- und Aktienportfolios jeweils um ca. 70 % reduziert werden kann. Diese Angabe läßt auf eine durchschnittliche Korrelation der Wertänderungen von Kassa- und Terminpositionen in Höhe von etwa -0,8 schließen.[418] Darüber hinaus ist in der deutschen Literatur ebensowenig die Frage geklärt, ob eine Korrelation über die gesamte Laufzeit oder je Periode bestimmt werden sollte, wenn eine Absicherung über mehrere Perioden läuft.[419]

---

414 Vgl. Scheffler, Jan: Hedge-Accounting - Jahresabschlußrisiken in Banken, Wiesbaden, 1994, S. 164

415 Bei der Hedge-Ratio handelt es sich um die Maßgröße zur Ermittlung der Anzahl von Hedge-Kontrakten, die bei Hedging über börsengehandelte (also standardisierte) Derivat-Märkte bezüglich der abzusichernden Kassaposition ggf. unter Berücksichtigung bestimmter Adjustierungsfaktoren erforderlich erscheinen. - Vgl. Eilenberger, Guido: Lexikon der Finanzinnovationen, München, 3. Aufl., 1996, S. 214; Scheffler definiert die Hedge-Ratio als Ergebnis aus Umfang (Betrag) und Güte (Korrelation) der Absicherung. Sie gibt an, inwieweit eine Wertveränderung der abzusichernden Position durch die Sicherungsposition kompensiert wird. - Scheffler, Jan: Hedge-Accounting - Jahresabschlußrisiken in Banken, Wiesbaden, 1994, S. 171

416 Vgl. Schwarze, Armin: Ausweis und Bewertung neuer Finanzierungsinstrumente in der Bankbilanz, Berlin, 1989, S. 107 (dieser erachtet -0,6 für ausreichend); Menninger, Jutta: Financial Futures und deren bilanzielle Behandlung, Frankfurt a. M., 1993, S. 156 (diese erachtet -0,7 für ausreichend); Grünewald, Andreas: Finanzterminkontrakte im handelsrechtlichen Jahresabschluß - Ansatz, Bewertung und Ausweis von Zinstermin- und Aktienindexterminkontrakten, Düsseldorf, 1993, S. 254 (dieser fordert -0,8); Scharpf, Paul; Luz, Günther: Risikomanagement, Bilanzierung und Aufsicht von Finanzderivaten, Stuttgart, 1996, S. 220 (diese sehen -0,85 als unteren Wert an)

417 Vgl. Baetge, Jörg; Happe, Peter: Risikomanagement und Bankenpublizität, Bankinformation und Genossenschaftsforum, 10/1996, S. 23

418 Vgl. Steiner, Manfred; Tebroke, Hermann-Josef; Wallmeier, Martin: Konzepte der Rechnungslegung für Finanzderivate, Die Wirtschaftsprüfung, 16/1995, S. 537

419 Vgl. Gebhardt, Günther: Probleme der bilanziellen Abbildung von Finanzinstrumenten, BFuP, 5/1996, S. 573

4. Prinzip der vollständigen Kompensation
   Die Bewertungseinheit kann nur soweit wirken, wie ein wertmäßiger Ausgleich der zu antizipierenden Verluste durch unrealisierte Gewinne erfolgt. In dem Umfang, in dem dies nicht gegeben ist, muß durch entsprechende Bewertungsmaßnahmen Vorsorge getroffen werden. Manche Literaturstellen fordern in diesem Zusammenhang auch, daß entweder die Fälligkeiten von Grund- und Sicherungsgeschäft aufeinander abgestimmt sein müssen oder bei Fälligkeitsunterschieden die weitere Sicherungsabsicht und ein liquider Markt für (Anschluß-) Sicherungsgeschäfte bestehen muß.[420]

5. Prinzip der Relativierung durch Restrisiken
   Die Erfüllung von Grund- und Sicherungsgeschäft darf nicht durch Bonitäts- oder andere Risiken beeinträchtigt sein. Die Geschäfte müssen hinsichtlich des Erfüllungsrisikos 'quasi sicher' sein, d. h. ihnen stehen allenfalls noch latente Bonitätsrisiken gegenüber, wie sie in jedem geschlossenen, aber noch nicht erfüllten Geschäft enthalten sind.[421]

In manchen Literaturmeinungen wird die weitere Forderung aufgestellt, daß der Hedge das auf die jeweilige Risikoart bezogene Gesamtrisiko des Unternehmens bzw. dezentraler Teileinheiten des Gesamtunternehmens reduzieren muß.[422] Dies ist so jedoch nicht im Bankbilanzrechtkommentar aufgenommen und hat sich offensichtlich nicht als h. M.[423] durchgesetzt. Entlehnt wurde dieser Gedanke den US-amerikanischen Vorschriften, die eine ähnliche Bedingung im Rahmen von SFAS 80 gestellt hatten, die jedoch nach dem neuesten FASB-Proposal ebenfalls wieder verworfen wurde, da sie in der Praxis nicht durchführbar ist.

Wenn alle diese genannten Bedingungen erfüllt werden, so darf die Bank auf die strenge Auslegung des Imparitätsprinzips verzichten und eine kompensatorische Bewertung durchführen.

Die o. g. Prinzipien (2), (3) und (4) bringen zum Ausdruck, daß innerhalb einer Bewertungseinheit gleichartige Risiken durch gegenläufige Positionen abgedeckt werden müssen. Die Operationalisierung des Begriffs 'gleichartige Risiken' fällt jedoch sehr schwer. Krumnow et al. beziehen sich auf die Marktrisiken bei Kreditinstituten und unterteilt diese in die drei Ausprägungen 'Wechselkursrisiko', 'Zinsrisiko', und 'sonstiges Preisrisiko'. Als gesichert gilt, daß keine Überkreuzkompensation von Chancen und Risiken aus unterschiedlichen Risikoarten im Rahmen eines Hedge-accounting anerkannt wird. Ungeklärt ist jedoch, wann innerhalb einer einzelnen Risikoart von einer homogenen Beeinflussung von Chance und Risiko ausgegangen werden darf.

---

420 Vgl. Prahl, Reinhard; Naumann, Thomas: Die Bewertungseinheit am Bilanzstichtag - und was dann?, ZBB, 1/1994, S. 2; Scharpf, Paul; Luz, Günther: Risikomanagement, Bilanzierung und Aufsicht von Finanzderivaten, Stuttgart, 1996, S. 208 und 221

421 So auch: Scharpf, Paul; Luz, Günther: Risikomanagement, Bilanzierung und Aufsicht von Finanzderivaten, Stuttgart, 1996, S. 208

422 Vgl. Scharpf, Paul; Luz, Günther: Risikomanagement, Bilanzierung und Aufsicht von Finanzderivaten, Stuttgart, 1996, S. 209 und 225

423 Vgl. Steiner, Manfred; Tebroke, Hermann-Josef; Wallmeier, Martin: Konzepte der Rechnungslegung für Finanzderivate, Die Wirtschaftsprüfung, 16/1995, S. 538

Die Bandbreite der Meinungen reicht hier von der ausschließlichen Anerkennung eines perfekt Hedge auf Mikro-Ebene bis zum weiten Portfolio-Ansatz. In diese Frage bettet sich also die Diskussion um die Zulassung von Mikro-, Makro- und Portfolio-Hedge ein.

2.1.5. Umfang von Bewertungseinheiten

Zur Frage der Zulässigkeit unterschiedlich weit gefaßter Hedge-Konstruktionen könne es - so Krumnow et al.[424] - genaue Vorschriften für den Bilanzierenden nicht geben, sondern es könne nur sinnvoll sein, Kriterien anzugeben, die im Sinne einer Bandbreite einen Rahmen abstecken, den dieser in Kenntnis der individuellen Verhältnisse des eigenen Unternehmens verantwortungsbewußt auszufüllen habe. Krumnow et al. machen die Beurteilung der Zulässigkeit von Bewertungseinheiten von Faktoren im Unternehmen abhängig, die die Einhaltung des Gläubigerschutzprinzips anstelle des Imparitätsprinzips gewährleisten können, denn Abweichungen hiervon müssen mit ihrer Vereinbarkeit mit dem Gläubigerschutzgedanken gemessen werden. „Versteht man den Gläubigerschutzgedanken als allgemeines, nicht nur in der Rechnungslegung zu beachtendes Grundprinzp, kann im Sinne von **kommunizierenden Röhren** die Rechnungslegung sich um so weiter vom strengen Grundsatz der Einzelbewertung entfernen, wie die Gewährleistung des Gläubigerschutzes durch andere Mittel gesichert ist. ... so kann bei einem Institut mit **zentralem, qualitativ gutem Risikomanagement** die kompensierende Bewertung tendentiell 'liberaler' gehandhabt werden als bei einem Institut mit mehreren dezentralen und unkoordinierten Handelsabteilungen. Denn je stärker durch ein entsprechendes Risikomanagement dem Vorsichtsgedanken bereits außerhalb der Bilanzierung und Bewertung Rechnung getragen wird, desto großzügiger kann diesbezüglich die Rechnungslegung verfahren.“ [425] Der Grad der Professionalität des institutionalisierten Risikomanagements gilt somit als Kriterium für die bilanziell noch anerkannte Abweichung vom sog. perfekten Mikro-Hedge.[426]

Da diese grundsätzlich richtige Aussage im Rahmen der Buchführung und Bilanzierung über zu wenige operable Kriterien verfügt, hat die Literatur auch versucht, diese weitere Lücke des Gesetzgebers durch Formulierung von klassifikatorischen Abgrenzungskriterien für die Anerkennung von Mikro-, Makro- und Portfolio-Hedges aufzustellen.

2.1.5.1. Mikro-Hedge

Ein Mikro-Hedge liegt - neben den in Abschnitt 2.1.4. dieses Kapitels genannten Bedingungen - vor, wenn

(1) die gebildete Bewertungseinheit und die Hedge-Absicht eindeutig dokumentiert sind;[427] (zu diesem Dokumentationserfordernis zählen beispielhaft die Erfassung der Art des Geschäfts, des Betrages, des Kontrahenten, des Kurses,

[424] Vgl. Krumnow, Jürgen et al.: Rechnungslegung der Kreditinstitute - Kommentar zum Bankbilanzrichtlinie-Gesetz und zur RechKredV, Stuttgart 1994, Tz. 124, S. 373

[425] Krumnow, Jürgen et al.: Rechnungslegung der Kreditinstitute - Kommentar zum Bankbilanzrichtlinie-Gesetz und zur RechKredV, Stuttgart 1994, Tz. 128, S. 374 f.

[426] Vgl. Scharpf, Paul; Luz, Günther: Risikomanagement, Bilanzierung und Aufsicht von Finanzderivaten, Stuttgart, 1996, S. 228

[427] Vgl. Steiner, Manfred; Tebroke, Hermann-Josef; Wallmeier, Martin: Konzepte der Rechnungslegung für Finanzderivate, Die Wirtschaftsprüfung, 16/1995, S. 537

des Tages des Abschlusses sowie der geplanten und der vertraglich vereinbarten Fälligkeit[428]);

(2) die Sicherungsinstrumente und die abgesicherten Bestände buchmäßig gesondert erfaßt sind;[429]

(3) die Absicht des Durchhaltens der Hedge-Position bis zur Endfälligkeit des abgesicherten Bestandes oder des Sicherungsinstruments oder zumindest über eine längere Frist innerhalb der Laufzeit besteht.[430] Brackert et al. weisen darauf hin, daß es jedoch auch in den originären Bereich unternehmerischer Freiheit fällt, in einem abgelaufenen Geschäftsjahr eingeleitete Sicherungsentscheidungen in neuen Geschäftsjahren wieder zu revidieren.[431]

Wenn alle genannten Bedingungen vorliegen, kann es zu zwei Möglichkeiten kommen, wie sich die Bewertungseinheit erfolgsrechnerisch niederschlagen kann:

A) Es liegt ein perfekter Hedge mit sehr hoher negativer Korrelation vor. In diesem Fall müssen Grund- und Sicherungsgeschäft nicht mehr bewertet werden (sog. Festbilanzierung).[432]

B) Es liegt ein imperfekter Hedge vor. In diesem Fall müssen Grund- und Sicherungsgeschäfte mit Marktpreisen bewertet werden; ein Verlustausweis (Abschreibung, Rückstellung) beim Grundgeschäft erfolgt nur soweit, als keine (rechnerische) Deckung durch unrealisierte Gewinne des Sicherungsgeschäfts gegeben ist (sog. Marktbewertung).[433] Die Verrechnung darf dabei höchstens den kleineren der beiden Erfolgsbeiträge umfassen. Unrealisierte Gewinne, die die unrealisierten Verluste aus der Gegenposition übersteigen, dürfen aufgrund des Realisationsprinzips nicht erfolgswirksam werden, während unrealisierte Verluste, die nicht durch Gewinne aus einer Gegenpo-

---

[428] Vgl. Zielke, Wolfgang: Internationale Aspekte der Bilanzierung derivativer Geschäfte im Jahresabschluß von Industrieunternehmen; in: Ballwieser, Wolfgang et al. (Hrsg.): Bilanzrecht und Kapitalmarkt - Festschrift zum 65. Geburtstag von Professor Dr. Dr. h.c. Dr. h.c. Adolf Moxter, Düsseldorf, 1994, S. 521

[429] Brackert et al. weisen jedoch hinsichtlich der beiden ersten Kriterien zu recht darauf hin, daß in der Literatur noch nicht geklärt ist, ob die Zusammengehörigkeit bereits bei Abschluß des Sicherungsgeschäfts belegt werden muß oder ob eine spätere, vielleicht erst zum Bilanzstichtag vorgenommene Widmung genügt. - Vgl. Brackert, Gerhard; Prahl, Reinhard; Naumann, Thomas: Neue Verfahren der Risikosteuerung und ihre Auswirkungen auf die handelsrechtliche Gewinnermittlung, Die Wirtschaftsprüfung, 16/1995, S. 546

[430] Vgl. Krumnow, Jürgen et al.: Rechnungslegung der Kreditinstitute - Kommentar zum Bankbilanzrichtlinie-Gesetz und zur RechKredV, Stuttgart 1994, Tz. 138, S. 378

[431] Vgl. Brackert, Gerhard; Prahl, Reinhard; Naumann, Thomas: Neue Verfahren der Risikosteuerung und ihre Auswirkungen auf die handelsrechtliche Gewinnermittlung, Die Wirtschaftsprüfung, 16/1995, S. 547

[432] Prahl/Naumann weisen jedoch darauf hin, daß jedoch auch bei perfekten Mikro-Hedge-Positionen nicht etwa schlechthin auf eine Bewertung verzichtet werden kann, „sondern daß der Wertausgleich selbst dann in Nebenrechnungen nachgewiesen werden muß, wenn sich ein Einfluß auf die Gewinn- und Verlustrechnung ergibt." - Prahl, Reinhard; Naumann, Thomas: Die Bewertungseinheit am Bilanzstichtag - und was dann?, ZBB, 1/1994, S. 4

[433] Vgl. Krumnow, Jürgen et al.: Rechnungslegung der Kreditinstitute - Kommentar zum Bankbilanzrichtlinie-Gesetz und zur RechKredV, Stuttgart 1994, Tz. 140, S. 378; Scharpf, Paul; Luz, Günther: Risikomanagement, Bilanzierung und Aufsicht von Finanzderivaten, Stuttgart, 1996, S. 238 f.

sition kompensiert werden, nach dem Imparitätsprinzip zwingend zu berücksichtigen sind.[434]

Bei der Marktbewertung gibt es wiederum zwei mögliche Verfahrensweisen[435]:

1. Grund- und Sicherungsgeschäfte werden mit ihrem jeweiligen Marktpreis bewertet in die Bilanz eingestellt. Überschießende unrealisierte Gewinne müssen in diesem Fall durch einen passiven Ausgleichsposten neutralisiert werden.

2. Unter Wahrung des Anschaffungskostenprinzips wird eine Aufwertung nur bis zur Höhe der uspründlichen Anschaffungskosten vorgenommen. Ein Verlustausweis (Abwertung, Rückstellungsbildung) beim Grundgeschäft erfolgt bei dieser Methode nur insoweit, als keine rechnerische Kompensation durch unrealisierte Gewinne aus dem Sicherungsgeschäft gegeben ist.

Beide Verfahrensweisen können unter Beachtung des Stetigkeitsprinzips wahlweise angewandt werden.

Eine nachträgliche Zuordnung bereits abgeschlossener Geschäfte zu einem späteren Zeitpunkt als Grund- und Sicherungsgeschäfte steht allerdings in Frage. Wenn ein Geschäft A und ein Geschäft B irgendwann im Laufe des Geschäftsjahres vollkommen unabhängig voneinander abgeschlossen wurden und dann im Hinblick auf die bilanzielle Bewertung zum Bilanzstichtag eine Hedge-Zuordnung durchgeführt wird, so erscheint der Verdacht auf eine Bewertungsmanipulation nahe. Dies bedeutet jedoch nicht, daß Grund- und Sicherungsgeschäfte gleichzeitig kontrahiert worden sein müssen, um eine Bewertungseinheit annehmen zu können. „Üblich ist, daß Sicherungsgeschäfte erst eine bestimmte Zeit nach den Grundgeschäften abgeschlossen werden. Dies ergibt sich aus dem Charakter der Sicherungsgeschäfte. Eine vorher im Rahmen des Grundgeschäfts gebildete Drohverlustrückstellung ist ggf. aufzulösen. Es ist jedoch nicht möglich, „Sicherungsgeschäfte" den Grundgeschäften zuzuordnen, wenn aktuell Sicherungsgeschäfte zu deutlich günstigeren Konditionen möglich wären." [436] Ebenso ist eine Betragsidentität nicht nötig. Die Grenze der Bildung zu einer Bewertungseinheit ist der jeweils geringere Betrag. Der Überhang ist streng imparitätisch zu behandeln.[437]

2.1.5.2. Makro-Hedge

Es steht außer Frage, daß mit der Anerkennung der beschriebenen Mikro-Hedges die geschäftliche Wirklichkeit einer Bank bei weitem bilanziell nicht widergespiegelt werden kann.

---

[434] Vgl. Zielke, Wolfgang: Internationale Aspekte der Bilanzierung derivativer Geschäfte im Jahresabschluß von Industrieunternehmen; in: Ballwieser, Wolfgang et al. (Hrsg.): Bilanzrecht und Kapitalmarkt - Festschrift zum 65. Geburtstag von Professor Dr. Dr. h.c. Dr. h.c. Adolf Moxter, Düsseldorf, 1994, S. 515

[435] Vgl. Scharpf, Paul; Luz, Günther: Risikomanagement, Bilanzierung und Aufsicht von Finanzderivaten, Stuttgart, 1996, S. 239

[436] Scharpf, Paul; Luz, Günther: Risikomanagement, Bilanzierung und Aufsicht von Finanzderivaten, Stuttgart, 1996, S. 234

[437] Vgl. Scharpf, Paul; Luz, Günther: Risikomanagement, Bilanzierung und Aufsicht von Finanzderivaten, Stuttgart, 1996, S. 236

Daher wird in der Literatur ebenso wie für Mikro-Hedges auch für Makro-Hedges die bilanzielle Anerkennung gefordert. „Die handelsrechtliche Anerkennung von Makro-Bewertungseinheiten stellt ... lediglich eine natürliche Konsequenz der - inzwischen vom Grundsatz her nicht mehr abgelehnten - Berücksichtigung von Mikro-Bewertungseinheiten dar. Sie müssen als betriebswirtschaftlich überzeugend begründete Fortentwicklung zusehends auch imperfekter bilanzierungsobjektübergreifender Mikro-Bewertungseinheiten verstanden werden. Es ist nämlich nicht erklärlich, eine einzelgeschäftsbezogene Sicherung zuzulassen und eine preisrisikokategoriebezogene Sicherung handelsrechtlich abzulehnen.“ [438]

Die h. M. definiert den Makro-Hedge bezogen auf eine globale Zuordnung von gleichartigen Grundgeschäften den der gleichen Risikoart ausgesetzten gegenläufigen Sicherungsgeschäfte.[439] Für die Konstruktion eines Makro-Hedges werden in einem ersten Schritt für jede Risikokategorie die aus den verschiedenen Vermögensgegenständen, Schulden und schwebenden Geschäften resultierenden Risikopositionen aggregiert, in einem zweiten Schritt die Nettorisikoposition im Sinne einer bilanzierungsobjektübergreifenden Makro-Bewertungseinheit abgesichert und in einem dritten Schritt die Effektivität der eingeleiteten Sicherungsmaßnahmen fortwährend überprüft und ggf. Anpassungen vorgenommen.[440] Es wird in der Literatur zunehmend die Zulassung solcher Makro-Bewertungseinheiten bei Kreditinstituten für richtig[441] gehalten. Neben den oben genannten grundsätzlichen Bedingungen zur Anerkennung von Hedges (vgl. Abschnitt 2.1.4 dieses Kapitels) kommt hinzu, daß diese Geschäfte in das Risikomanagement einbezogen werden und auch eine Abbildung in einem geeigneten Instrument zur Risikosteuerung (z. B. Zinsablaufbilanz) erfahren[442] sowie im Rahmen einer dokumentierten Sicherungsstrategie stattfinden.[443] Diese Makro-Bewertungseinheiten können - je nach dem ob sie die Voraussetzungen für perfekte oder imperfekte Hedges erfüllen - nach den beiden oben genannten Möglichkeiten (Festwert- bzw. Marktwertbilanzierung) erfolgswirksam behandelt werden. Für den Fall, daß bei der Marktwertbilanzierung per saldo ein unrealisierter Verlust übrig bleibt, ist eine Risikovorsorge durch Abwertung des abgesicherten Bestandes oder durch die Bildung einer Rückstellung für drohende Verluste aus schwebenden Geschäften erforderlich. Eine Empfehlung, welches der richtige Weg ist, gibt die Literatur nicht, da jede Zurechnung von Bewertungsspitzen auf die in einer bilanzierungsob-

---

[438] KPMG: Financial Instruments - Einsatzmöglichkeiten * Risikomanagement und Risikocontrolling * Rechnungslegung * Besteuerung, Frankfurt am Main, 1995, S. 141

[439] Vgl. Scharpf, Paul; Luz, Günther: Risikomanagement, Bilanzierung und Aufsicht von Finanzderivaten, Stuttgart, 1996, S. 241; im Gegensatz hierzu beziehen Krumnow et al. einen Makro-Hedge ausschließlich auf den Zweck der Schließung von Festzinslücken, die sich aus der Zinsbindungsbilanz ergeben und damit ausschließlich auf das Zinsänderungsrisiko. - Vgl. Krumnow, Jürgen et al.: Rechnungslegung der Kreditinstitute - Kommentar zum Bankbilanzrichtlinie-Gesetz und zur RechKredV, Stuttgart 1994, Tz. 311, S. 444

[440] Vgl. Brackert, Gerhard; Prahl, Reinhard; Naumann, Thomas: Neue Verfahren der Risikosteuerung und ihre Auswirkungen auf die handelsrechtliche Gewinnermittlung, Die Wirtschaftsprüfung, 16/1995, S. 552

[441] Es gibt jedoch auch noch nach wie vor vehemente Gegner der Anerkennung von Makro-Hedges, so z. B.: Steiner, Manfred; Tebroke, Hermann-Josef; Wallmeier, Martin: Konzepte der Rechnungslegung für Finanzderivate, Die Wirtschaftsprüfung, 16/1995, S. 538

[442] Vgl. Krumnow, Jürgen et al.: Rechnungslegung der Kreditinstitute - Kommentar zum Bankbilanzrichtlinie-Gesetz und zur RechKredV, Stuttgart 1994, Tz. 313, S. 445

[443] Vgl. Scharpf, Paul; Luz, Günther: Risikomanagement, Bilanzierung und Aufsicht von Finanzderivaten, Stuttgart, 1996, S. 242

jektübergreifenden Makro-Bewertungseinheit vereinigten Instrumente letztlich willkürlich sei.[444]

2.1.5.3. Portfolio-Hedge

Nicht unumstritten ist die immer stärker werdende Forderung zur Anerkennung von Portfolio-Hedges in Deutschland. Der grundlegende Unterschied des Konzepts der Portfoliobildung gegenüber Mikro- oder Makro-Hedge besteht darin, daß die Zuordnung der gemeinsam zu bewertenden Geschäfte bzw. Instrumente nicht mit Hedge- oder Sicherungstransaktionen begründet wird. Das Motiv für das Eingehen der hier betrachteten Geschäfte ist primär im Handel und der Erzielung von Erträgen zu suchen, nicht aber in der gezielten Sicherung von Risikopositionen. Die im Handel stehenden Portfolios werden selbstverständlich ebenfalls gegen Risiken abgesichert. Es werden also Geschäfte mit gleichartigem Risiko in Gruppen zusammengefaßt und unter Berücksichtigung gegenseitiger Risikokompensationen gemeinsam abgesichert. Dabei wird das gesamte Portfolio betrachtet. Eine direkte Zuordnung der gegenläufigen Gewinne und Verluste aus Grund- und Sicherungsgeschäften innerhalb des Portfolios ist nicht mehr möglich. Aufgrund der wirtschaftlichen Betrachtungsweise wird das Portfolio bzw. 'Handelsbuch' als die zu bewertende Funktionseinheit angesehen, die sich im Hinblick auf ihren Beitrag zur Leistungserstellung des Unternehmens separieren läßt.[445] Die Absicherung erfolgt dabei nicht mittels laufzeit- und betragskongruenter gegenläufiger Geschäfte, sondern es wird der Bar- beziehungsweise Marktwert des Portfolios gegen Wertänderungen gesichert. Ein Portfolio gilt dann als gesichert, wenn unter Angabe einer Wahrscheinlichkeit eine Verlustgrenze nicht überschritten wird. Aktueller Stand zur Risikomessung ist das Value-at-Risk-Konzept. Der Value-at-Risk ist der Betrag, der unter Vorgabe einer Wahrscheinlichkeit (z.B. 95 %) das maximale Verlustpotential innerhalb eines vorgegebenen Zeithorizonts (z.B. 10 Tage) beschreibt.[446] Grundsätzlich erfordert eine Portfolio-Bewertung stets die Ermittlung des individuellen Marktwertes sämtlicher im Portfolio vertretenen Instrumente. Positive und negative Bewertungsergebnisse der einzelnen Instrumente sollen dann miteinander verrechnet werden dürfen, soweit die erforderlichen Voraussetzungen für die Anerkennung als Portfolio-Hedge erfüllt sind. Im Ergebnis stellt die Portfolio-Bewertung die beschränkte Anwendung eines Mark-to-Market-Ansatzes für den Bereich portfolio-orientierter Handelsaktivitäten dar.[447] Immer mehr Stimmen in Deutschland verlangen die rechtspositive Anerkennung des Marktwertprinzips bei Handelsportfolios, denn sie haben richtig erkannt, daß „die strikte Anwendung des Einzelbewertungsgrundsatzes ... bei einem entsprechenden Geschäftsvolumen fast zwangsläufig

[444] Vgl. KPMG: Financial Instruments - Einsatzmöglichkeiten * Risikomanagement und Risikocontrolling * Rechnungslegung * Besteuerung, Frankfurt am Main, 1995, S. 142

[445] Vgl. Scharpf, Paul; Luz, Günther: Risikomanagement, Bilanzierung und Aufsicht von Finanzderivaten, Stuttgart, 1996, S. 226, 244 und 246

[446] Vgl. Baetge, Jörg; Happe, Peter: Risikomanagement und Bankenpublizität, Bankinformation und Genossenschaftsforum, 10/1996, S. 28 f.; so auch Sprißler, der ausführt, daß aus dem Grund, weil es überaus schwierig ist, einen 'richtigen' Korrelationsgrad hinsichtlich des Risikoausgleichs anzugeben, man in der Praxis auf die in modernen Treasuries üblichen Value-at-Risk-Modelle zurückgeht. - Sprißler, Wolfgang: Das Derivategeschäft und seine Bilanzierung bei deutschen Kreditinstituten, in: Ballwieser, Wolfgang (Hrsg.): Rechnungslegung - Warum und Wie, Festschrift für Hermann Clemm zum 70. Geburtstag, München, 1996, S. 378

[447] Vgl. Krumnow, Jürgen et al.: Rechnungslegung der Kreditinstitute - Kommentar zum Bankbilanzrichtlinie-Gesetz und zur RechKredV, Stuttgart 1994, Tz. 314, S. 446

zur bilanziellen Überschuldung führen“ [448] würde. Gegenstand der imparitätischen Bewertung ist das gesamte Portfolio[449], allerdings beschränkt auf eine maximale Kompensation bis zur ‘Nullinie’.[450] Die Portfoliobildung kann dabei nach verschiedenen Kriterien vorgenommen werden, bspw. nach Produktarten, wesentlichen Risikofaktoren oder der organisationsbezogenen Verantwortlichkeit im Risikomanagement.[451] Die Zusammensetzung des Portfolios muß allerdings eindeutig definiert sein. Neben einer nachvollziehbaren Hedge-Strategie ist ein effizientes Risikomanagement mit klaren Limitsystemen unabdingbare Voraussetzung für die Zulässigkeit einer Portfolio-Bewertung.[452] Strittig in der Literatur sind jedoch die genauen Abgrenzungskriterien für die aus dem Gesamthandelsbestand heraus zuzuordnenden Einzelportfolios.

Möglichkeiten der Portfolio-Abgrenzung

1) Produktbezogene Portfolios

Alle gleichartigen Finanzinstrumente werden zu Gruppen zusammengefaßt. Daraus herausgelöst werden alle Derivate, die im Rahmen eines Mikro- oder Makro-Hedge verwendet werden. Die restlichen Geschäfte werden als Handelsbestand deklariert und jeweils gemeinsam im Portfolio nach der Lower-of-Portfolio-Cost-or-Market-Bewertung bewertet.[453]

2) Enger / Mittlerer / Weiter Portfolioansatz

Nach dem **engen Ansatz** werden nur Instrumente zusammengefaßt, die eine Korrelation nach +/- 1 aufweisen. Der **mittlere Ansatz** stellt auf die Identität der Basiswerte/Underlyings der im Portfolio geführten Einzelgeschäfte ab.[454] Danach wird ein Handelsportfolio z. B. aus sämtlichen Bundesanleihen, Bund-Futures (Frankfurt und London) und Optionen auf Bundesanleihen oder Bund-Futures gebildet.[455] Im Rahmen des **weiten Portfolioansatzes** ist bereits der vermutete Ausgleich bestehender Risiken ausreichend.[456]

[448] Prahl, Reinhard; Naumann, Thomas: Die Bewertungseinheit am Bilanzstichtag - und was dann?, ZBB, 1/1994, S. 5

[449] Vgl. Scharpf, Paul; Epperlein, Joachim: Rechnungslegung und interne Kontrolle von derivativen Finanzinstrumenten, in: Rudolph, Bernd (Hrsg.): Derivative Finanzinstrumente, Stuttgart, 1995, S. 143

[450] Vgl. Sprißler, Wolfgang: Das Derivategeschäft und seine Bilanzierung bei deutschen Kreditinstituten, in: Ballwieser, Wolfgang (Hrsg.): Rechnungslegung - Warum und Wie, Festschrift für Hermann Clemm zum 70. Geburtstag, München, 1996, S. 377

[451] Vgl. Steiner, Manfred; Tebroke, Hermann-Josef; Wallmeier, Martin: Konzepte der Rechnungslegung für Finanzderivate, Die Wirtschaftsprüfung, 16/1995, S. 538

[452] Vgl. Scharpf, Paul; Epperlein, Joachim: Rechnungslegung und interne Kontrolle von derivativen Finanzinstrumenten, in: Rudolph, Bernd (Hrsg.): Derivative Finanzinstrumente, Stuttgart, 1995, S. 143

[453] Vgl. Scharpf, Paul; Luz, Günther: Risikomanagement, Bilanzierung und Aufsicht von Finanzderivaten, Stuttgart, 1996, S. 250; Scheffler, Jan: Hedge-Accounting - Jahresabschlußrisiken in Banken, Wiesbaden, 1994, S. 227 f.

[454] Vgl. Steiner, Manfred; Tebroke, Hermann-Josef; Wallmeier, Martin: Konzepte der Rechnungslegung für Finanzderivate, Die Wirtschaftsprüfung, 16/1995, S. 538 f.

[455] Vgl. Scharpf, Paul; Luz, Günther: Risikomanagement, Bilanzierung und Aufsicht von Finanzderivaten, Stuttgart, 1996, S. 252

[456] Vgl. Scharpf, Paul; Luz, Günther: Risikomanagement, Bilanzierung und Aufsicht von Finanzderivaten, Stuttgart, 1996, S. 252 sowie Steiner, Manfred; Tebroke, Hermann-Josef; Wallmeier, Martin: Konzepte der Rechnungslegung für Finanzderivate, Die Wirtschaftsprüfung, 16/1995, S. 539

Letzterer Ansatz wird in Deutschland noch nicht unumschränkt für zulässig erachtet.[457] Scharpf/Luz dagegen halten ihn bereits für zulässig, sofern der Risiko- und damit der Wertausgleich auf der Grundlage eines effizienten Risikomanagements auf strategischer und operativer Ebene nachhaltig gewährleistet ist.[458]

3) Vertikales Handelsbuch / Horizontales Handelsbuch

Dieses Konstrukt wird von Naumann vorgeschlagen. Seine Überlegungen setzten am organisatorischen Rahmen der Handelsbücher an. Zunächst wird von der Geschäftsleitung festgelegt, innerhalb welcher Risikokategorien (Zinsen, Währungen, Aktienkurse, Volatilitäten usw.) mit welchen Instrumenten und mit welchen Strategien die Bank den Eigenhandel betreiben möchte. Daraufhin werden die geschäftspolitisch erwünschten Handelsaktivitäten auf die einzelnen Händler bzw. einzelnen Händlergruppen aufgeteilt. Hierdurch wird jedem Händler konkret vorgegeben, welche Instrumente er in den von ihm risiko- und ertragsmäßig zu verantwortenden Bestand (in sein Handelsbuch) aufnehmen darf. Es ist möglich, ein und denselben Händler simultan mit der Führung mehrerer Bücher zu betrauen.[459] Als Ausfluß dieser organisatorischen Gegebenheiten kann die Definition eines Portfolios dergestalt vorgenommen werden, daß die diversen Instrumente nach den primär Haupt- und den sekundär Neben- bzw. Hedge-Instrumenten differenziert und in einer Instrumenten-/Buch-Matrix (Produkt-/Portfolio-Matrix) dokumentiert werden. Dabei werden innerhalb einer Risikokategorie einzelne Produkte als Hauptinstrumente bestimmt und andere - den gleichen Einflußgrößen unterliegende Instrumente - zugelassen, die zur Absicherung geeignet sind und auch gemäß Weisung der Geschäftsleitung eingesetzt werden dürfen (vertikales Handelsbuch).[460] Die 'horizontale' Erfolgsermittlung stellt hingegen die rein produktbezogene Bewertung eines Instruments über alle Handelsbereiche, ggf. sogar über alle Geschäftsbereiche einer Bank dar (horizontales Handelsbuch).[461]

---

[457] Vgl. Steiner, Manfred; Tebroke, Hermann-Josef; Wallmeier, Martin: Konzepte der Rechnungslegung für Finanzderivate, Die Wirtschaftsprüfung, 16/1995, S. 539; In einem weiteren Aufsatz hält Steiner auch den mittleren Portfolio-Ansatz für Deutschland nicht für zulässig, sondern nach geltendem Bilanzrecht ausschließlich den engen Portfolio-Ansatz. - Vgl. o. V.: Meinungen zum Thema: Finanzinnovationen im Jahresabschluß, BFuP, 2/1995, S. 240

[458] Vgl. Scharpf, Paul; Luz, Günther: Risikomanagement, Bilanzierung und Aufsicht von Finanzderivaten, Stuttgart, 1996, S. 252

[459] Vgl. Naumann, Thomas: Bewertungseinheiten im Gewinnermittlungsrecht der Banken, Düsseldorf 1995, S. 165 f.

[460] Vgl. Scharpf, Paul; Luz, Günther: Risikomanagement, Bilanzierung und Aufsicht von Finanzderivaten, Stuttgart, 1996, S. 252

[461] Vgl. Prahl, Reinhard; Naumann, Thomas: Zur Bilanzierung von portfolio-orientierten Handelsaktivitäten der Kreditinstitute, Die Wirtschaftsprüfung, 23/1991, S. 736

Zur besseren Veranschaulichung wird diese Graphik von Prahl/Naumann vorgestellt:

	FRA-Portfolio	Zins-Swap-Portfolio	Futures-Portfolio	Options-Portfolio
FRAs	●	○	○	○
Zins-Swaps	○	●	○	
Futures	○	○	●	○
Caps/Floors	○	○	○	●
Bonds	○	○	○	
Geldhandel		○	○	

vertikales Handelsbuch: ○ = Hedge-Instrument bzw. Nebenprodukt

horizontales Handelsbuch: ● = Hauptprodukt

Abbildung 8: Vertikales und horizontales Handelsbuch in Deutschland[462]

Leider werden zu dieser Graphik keine näheren Erläuterungen gegeben, z. B. warum anstelle von Optionen Caps/Floors als Nebenprodukte gewählt werden und nicht Optionen selbst oder warum der Geldhandel zwar für das FRA-Portfolio zugelassen wird aber nicht für das Futures-Portfolio.

Es hat sich bisher noch keine vorherrschende Meinung in der Literatur herausgebildet, welchem Ansatz der Vorzug gegeben werden sollte. Allen Zuordnungs- bzw. Sortierungsansätzen ist aber gemeinsam, daß im Gegensatz zu Mikro-Hedges die individuelle Zuordnungsentscheidung ersetzt wird durch organisatorische Regelungen (Hedge-Strategie und Risikomanagement), was letztlich dazu führt, daß die Bewertungseinheit nicht aufgelöst, sondern immer nur in sich umgeschichtet wird.[463] Diese Umschichtungstransaktionen können dabei durchaus zu Volumensänderungen, nicht aber zu Risikoausweitungen über die vorgegebenen Limitierungen hinaus führen.[464]

Unabhängig davon, welchen Portfolio-Ansatz die Bank für das Hedge-accounting wählt, die darin enthaltenen Finanzinstrumente müssen laufend (mindestens täglich) mit ihren Marktpreisen bewertet werden. Eine Marktbewertung in Echtzeit ist dabei anzustreben. Kompensatorische Effekte zwischen den einzelnen Portfolios (Handelsbüchern) bleiben unberücksichtigt.[465] Für einen normalerweise innerhalb eines Portfolios verbleibenden Saldo muß im Falle eines unrealisierten Verlustsaldos eine entsprechende Rückstellung für drohende Verluste aus schwebenden Geschäften gebildet werden. Ein unrealisierter Gewinn bleibt in der GuV unberücksichtigt. „Dies setzt allerdings voraus, daß eine Tren-

---

462 Vgl. Prahl, Reinhard; Naumann, Thomas: Zur Bilanzierung von portfolio-orientierten Handelsaktivitäten der Kreditinstitute, Die Wirtschaftsprüfung, 23/1991, S. 736 sowie in leicht abgewandelter Form auch Scharpf, Paul; Luz, Günther: Risikomanagement, Bilanzierung und Aufsicht von Finanzderivaten, Stuttgart, 1996, S. 253

463 Vgl. Wiedmann, Harald: Die Bewertungseinheit im Handelsrecht, in: Ballwieser, Wolfgang et al. (Hrsg.): Bilanzrecht und Kapitalmarkt, Festschrift zum 65. Geburtstag von Professor Dr. Dr. h.c. Dr. h.c. Adolf Moxter, Düsseldorf, 1994, S. 480 f.; Scharpf, Paul; Luz, Günther: Risikomanagement, Bilanzierung und Aufsicht von Finanzderivaten, Stuttgart, 1996, S. 256

464 Vgl. Prahl, Reinhard; Naumann, Thomas: Die Bewertungseinheit am Bilanzstichtag - und was dann?, ZBB, 1/1994, S. 6

465 Vgl. Scharpf, Paul; Luz, Günther: Risikomanagement, Bilanzierung und Aufsicht von Finanzderivaten, Stuttgart, 1996, S. 254 f.

nung der Ergebnisse des Portfolios in realisierte und unrealisierte Bestandteile tatsächlich möglich ist bzw. vorgenommen wurde. Dies ist jedoch insb. bei Zins-Swaps nicht ohne weiteres gegeben.“ [466] Dieses letztgenannte Problem der Erfolgswirksamkeit von Swap-Portfolios wird in Kapitel 4 Abschnitt 3 dieser Arbeit näher behandelt.

2.1.6. Zeitliche Dimension der Bildung von Bewertungseinheiten - Antizipative Hedges

Ein weiterer Diskussionskreis dreht sich um antizipative Hedges. Gerade durch die Aufstellung der Forderung nach einer hinreichenden Konkretisierung der Gewinnchance werden antizipative Hedgegeschäfte nach h. M. als grundsätzlich nicht zulässig erachtet.[467] „Da antizipative Hedges aber unter wirtschaftlichen Gesichtspunkten zwingend erforderlich sein können, erscheint das Verbot der Bildung von Bewertungseinheiten bei antizipativen Hedges unbefriedigend und in dieser Strenge als nicht gerechtfertigt.“ [468] Dennoch wird empfohlen, daß die Anerkennung eines antizipativen Hedges nur in begründeten Ausnahmefällen erfolgen sollte. Dabei kommt für eine mögliche Anerkennung ausschließlich ein Mikro-Hedge in Frage. Eine besonders strenge Prüfung soll dabei im Hinblick auf das Kriterium der Verminderung des Risikos des Unternehmens angelegt werden. In der Literatur wird gefordert - jedoch ohne konkreten Bezug auf HGB-Vorschriften -, eine umfangreichere Offenlegung im Anhang zu einem antizipativen Hedge vorzunehmen, so z. B. in Bezug auf Angaben zu dem (künftigen) Grundgeschäft und seinem voraussichtlichen rechtswirksamen Vertragsabschluß, Angaben zu dem abgesicherten Risiko und dem hierfür eingesetzten Sicherungsinstrument sowie Angaben zu dem Betrag der künftigen (latenten) Sicherungsgewinne bzw. -verluste und dem voraussichtlichen Zeitpunkt ihrer Erfolgswirksamkeit.[469] Wenn diese antizipativen Hedges anerkannt werden, so stellt sich die Frage, inwieweit die Ergebnisbeiträge des Sicherungsinstruments im Falle der Absicherung eines künftigen Anschaffungspreises als Bestandteil der Aufwendungen anzusehen sind, die geleistet werden, um den Vermögensgegenstand (Basisobjekt) zu erwerben. Zielke, der sich als einer der wenigen mit dieser Frage beschäftigt, führt unter Hinweis auf die nach dem Realisationsprinzip grundsätzlich gebotene Erfolgsneutraliät des Anschaffungsvorgangs (Anschaffungswertprinzip) aus, daß grundsätzlich die Ergebnisbeiträge in den Anschaffungspreis einzubeziehen sind.[470]

---

[466] Krumnow, Jürgen et al.: Rechnungslegung der Kreditinstitute - Kommentar zum Bankbilanzrichtlinie-Gesetz und zur RechKredV, Stuttgart 1994, Tz. 315, S. 447

[467] Vgl. Scharpf, Paul; Luz, Günther: Risikomanagement, Bilanzierung und Aufsicht von Finanzderivaten, Stuttgart, 1996, S. 212 und 263; Baetge, Jörg; Happe, Peter: Risikomanagement und Bankenpublizität, Bankinformation und Genossenschaftsforum, 10/1996, S. 23; Elkart, Wolfgang: Die Finanzinstrumente in der (externen) Rechnungslegung oder A Black Hole in the Balance Sheet; in: IDW (Hrsg.): Neuorientierung der Rechnungslegung – Bericht über die Fachtagung 1994 des Instituts der Wirtschaftsprüfer, Düsseldorf, 1995, S. 386

[468] Scharpf, Paul; Luz, Günther: Risikomanagement, Bilanzierung und Aufsicht von Finanzderivaten, Stuttgart, 1996, S. 212; ähnliches fordert auch: Elkart, Wolfgang: Die Finanzinstrumente in der (externen) Rechnungslegung oder A Black Hole in the Balance Sheet; in: IDW (Hrsg.): Neuorientierung der Rechnungslegung – Bericht über die Fachtagung 1994 des Instituts der Wirtschaftsprüfer, Düsseldorf, 1995, S. 386

[469] Vgl. Scharpf, Paul; Luz, Günther: Risikomanagement, Bilanzierung und Aufsicht von Finanzderivaten, Stuttgart, 1996, S. 264 ff.

[470] Vgl. Zielke, Wolfgang: Internationale Aspekte der Bilanzierung derivativer Geschäfte im Jahresabschluß von Industrieunternehmen; in: Ballwieser, Wolfgang et al. (Hrsg.): Bilanzrecht und Kapital-

„Fraglich ist, ob die Einbeziehung von Aufwendungen für die Sicherung in die Anschaffungskosten auch dann sachgerecht ist, wenn die Basisobjekte auch ohne den Abschluß des Sicherungsgeschäfts zum gleichen Preis hätten erworben werden können. ... Für die Anschaffungskosten ist es jedoch grundsätzlich irrelevant, welchen Betrag ein anderes Wirtschaftssubjekt hätte entrichten müssen.“ [471] Somit muß also bei einem antizipativen Hedge der Ergebnisbeitrag des Sicherungsgeschäfts in die Anschaffungskosten des erworbenen Vermögensgegenstandes einbezogen werden.

Diese Feststellungen gelten jedoch nur für zeitpunktbezogene Umsatzgeschäfte - unabhängig davon auf welchen Basiswert sich der Hedge bezieht. Zu der Frage der Sicherung zeitraumbezogener Leistungen - also vor allem von Zinszahlungen - führen Prahl/Naumann aus: „Eine den wirtschaftlichen Gegebenheiten entsprechende Behandlung von Mikro-Hedges speziell zur Fixierung von Renditen für zukünftige Zeiträume scheitert auch daran, daß eine Periodisierung realisierter Erfolgsbeiträge aus abgewickelten Zinstermingeschäften wie Forward Rate Agreements nicht mit den von der Rechtsprechung des Bundesfinanzhofs entwickelten Kriterien für die Rechnungsabgrenzung übereinstimmt.“ [472]

2.1.7. Bilanzielle Folgen einer Auflösung einer Bewertungseinheit

Verwandt mit der Diskussion um antizipative Hedges ist auch die Frage nach den bilanziellen Folgen einer Auflösung einer Bewertungseinheit, da ebenfalls das Problem zeitlicher Inkongruenzen auftritt. Bei Portfolio-Hedges kann die Problematik nicht in Erscheinung treten, aber sie kann bei Mikro- und Makro-Hedges entstehen und muß untersucht werden, denn die im Zeitablauf später auftretende Abrechnung von Sicherungsgeschäften führt im Regelfall zu Liquiditätszu- und -abflüssen, die im Rechnungswesen erfaßt werden müssen.[473] Es sollte zwar grundsätzlich die Durchhalteabsicht für einen Hedge bestehen, aber dennoch kann es vorkommen, daß aus vernünftigen kaufmännischen Überlegungen die Abwicklung eines Geschäftes aus der Hedge-Konstruktion nach dem Bilanzstichtag notwendig wird. Dies darf aber nicht zum Regelfall werden. Grundsätzlich sind zwei Konstellationen denkbar:

- Das beendete Geschäft weist einen unrealisierten Gewinn aus, das verbleibende Geschäft dagegen einen noch unrealisierten Verlust.
  Nach dem Realisationsprinzip ist der Gewinn zwingend in der Gewinn- und Verlustrechnung zu erfassen, denn das Geschäft ist beendet, womit der Gewinn als realisiert

markt - Festschrift zum 65. Geburtstag von Professor Dr. Dr. h.c. Dr. h.c. Adolf Moxter, Düsseldorf, 1994, S. 522 f.

[471] Zielke, Wolfgang: Internationale Aspekte der Bilanzierung derivativer Geschäfte im Jahresabschluß von Industrieunternehmen; in: Ballwieser, Wolfgang et al. (Hrsg.): Bilanzrecht und Kapitalmarkt - Festschrift zum 65. Geburtstag von Professor Dr. Dr. h.c. Dr. h.c. Adolf Moxter, Düsseldorf, 1994, S. 523

[472] Prahl, Reinhard; Naumann, Thomas: Die Bewertungseinheit am Bilanzstichtag - und was dann?, ZBB, 1/1994, S. 5

[473] Vgl. Scharpf, Paul; Luz, Günther: Risikomanagement, Bilanzierung und Aufsicht von Finanzderivaten, Stuttgart, 1996, S. 259

angesehen wird.[474] Für den schwebenden Verlust muß gemäß Vorsichtsprinzip nun eine bilanztechnische Vorsorge getroffen werden.

- Das abgewickelte Geschäft hat einen Verlust eingebracht, das verbleibende Geschäft dagegen hat einen schwebenden Gewinn.
  Der Verlust des abgewickelten Geschäfts wird stets erfolgswirksam erfaßt. Der noch unrealisierte Gewinn des verbleibenden Geschäfts wird grundsätzlich erst mit seiner späteren Realisierung erfolgswirksam.[475]

Es wird in der Literatur z. T. ebenfalls vorgeschlagen, daß auch nach Abwicklung eines Geschäfts aus dem Hedge das Ergebnis so behandelt werden sollte, daß der zeitliche Gleichlauf der erfolgswirksamen Vereinnahmung der Ergebnisse aus beiden zusammenhängenden Geschäften erreicht wird. Hierzu wird alternativ zum einen eine Art Deferral accounting und zum anderen die vorgezogene Erfolgswirksamkeit auch des verbleibenden Geschäfts vorgeschlagen. Folgende zwei Möglichkeiten werden formuliert:

1) Neutralisierung des Aufwands bzw. Ertrags aus dem abgewickelten Geschäft durch die Bildung eines aktiven oder passiven Ausgleichspostens.[476]
2) Bei Abwicklung des einen Geschäfts gleichzeitige Marktbewertung des anderen Geschäfts, damit sich in der Gewinn- und Verlustrechnung Aufwendungen und Erträge ganz oder teilweise ausgleichen.[477]

Diese Vorschläge entsprechen jedoch nicht der h. M. zur Frage der Behandlung von Erfolgsbeiträgen aus Hedge-Auflösungen.

---

474 So führen auch Baetge/Happe aus, daß die Gewinnrealisation in Deutschland untrennbar mit der Umsatzrealisation verbunden ist. - Vgl. Baetge, Jörg; Happe, Peter: Risikomanagement und Bankenpublizität, Bankinformation und Genossenschaftsforum, 10/1996, S. 22 f.

475 Vgl. Scharpf, Paul; Luz, Günther: Risikomanagement, Bilanzierung und Aufsicht von Finanzderivaten, Stuttgart, 1996, S. 260; dieselbe Meinung vertreten auch: Prahl, Reinhard; Naumann, Thomas: Die Bewertungseinheit am Bilanzstichtag - und was dann?, ZBB, 1/1994, S. 4 f.

476 Dennoch stellt sich hier die Frage, welche konkreten Bilanzposten angesprochen werden sollen. So schreibt Gebhardt: „Der Versuch einer Aktivierung von Verlusten bzw. einer Passivierung von Gewinnen aus ausgelaufenen Absicherungsgeschäften wirft die Frage auf, welche Bilanzpositionen damit angesprochen werden können. Ob die in der Literatur vorgeschlagene Bildung von Rechnungsabgrenzungsposten die Kriterien des § 250 HGB ... erfüllt, muß bezweifelt werden.“ - Gebhardt, Günther: Probleme der bilanziellen Abbildung von Finanzinstrumenten, BFuP, 5/1996, S. 575

477 Vgl. Scharpf, Paul; Luz, Günther: Risikomanagement, Bilanzierung und Aufsicht von Finanzderivaten, Stuttgart, 1996, S. 261; diese zweite Technik schlägt auch Göttgens im Hinblick auf die von ihm gewählte konkrete Konstellation des Verkauf bzw. der Fälligkeit des Grundgeschäfts vor dem Sicherungsgeschäft vor. Er führt aus: „Die Neubewertung von weiterhin im Bestand verbleibenden Geschäften zum Marktpreis mag auf den ersten Blick gegen das bilanzrechtliche Anschaffungskostenprinzip verstoßen. Hält man sich jedoch vor Augen, daß die bloße Neubewertung von marktgängigen zur Sicherung eingesetzten Finanzinstrumenten gegenüber der Alternative „Veräußerung und Rückerwerb am Markt“ Transaktionskosten erspart, wird man eine solche Handhabung wohl nicht mehr von vornherein ablehnen können.“ - Göttgens, Michael: Hedge Accounting, BFuP, 2/1995, S. 162

2.1.8. Vorschläge für Gesetzesänderungen zur Einführung des Mark-to-Market als Grundsatz der Hedge-Rechnungslegung

Dies ist der Stand der aktuellen Interpretationen der gültigen Rechtsvorschriften im Hinblick auf die Problematik des Hedge-accounting. Wie bereits eingangs erwähnt, finden sich jedoch immer mehr Stimmen in der Literatur, die über die reine Gesetzes- und GOB-Interpretation hinausgehen und Regelungen fordern, die eine Gesetzesänderung voraussetzen.

Entzündet hat sich die Diskussion an der richtigen Abbildung der Wirtschaftsaktivitäten der Banken im Rahmen des investment banking, d. h. an der bilanziellen Behandlung des Handelsbestandes von Banken. Selbst der Weg des Portfolio-Hedges wird als nicht adäquat gesehen, da er im Vergleich zur wirtschaftlichen Realität noch Restriktionen enthält, die in der Praxis nicht relevant sind, so z. B. die Abgrenzung auf einzelne Produktarten innerhalb eines als Hedge anerkannten Portfolios. Für Handelsaktivitäten wird eine echte, letztlich auch durchgebuchte Mark-to-Market-Methode gefordert, die die Probleme der Manipulierbarkeit der Hedge-Abgrenzungskriterien löst und im Einklang mit den das geltende Bilanzrecht prägenden Gewinnermittlungsprinzipien und Objektivierungserfordernissen steht.[478]

Obwohl dieser Weg immer häufiger im deutschen Schrifttum diskutiert wird und - wie in Abschnitt 1.1.2.3. dieses Kapitels bereits erwähnt - eine Gesetzesänderung bezüglich der Bewertung der Handelsaktivitäten der Banken zu Marktwerten geplant sei, gibt es jedoch auch Stimmen, die Einwände gegen diese Lösung erheben. So z. B. Baetge/Happe: „Die ... Befürworter der Mark-to-Market-Bewertung müssen sich zudem darüber im klaren sein, daß der Erfolg ... ausgeschüttet und besteuert würde, was in entsprechender Höhe zu einem Liquiditätsabfluß führt, ohne daß Liquidität durch den Umsatzprozeß zufließt. ... [Es] läßt sich außerdem die wichtige Erkenntnis gewinnen, daß die Anwendung der Mark-to-Market-Methode tendenziell zu einer höheren Schwankung des Jahreserfolges führt, was indes auf Wertänderungen am ruhenden Vermögen und nicht etwa auf Aktivitäten des Unternehmens zurückzuführen ist. Die Erfolgslage im Sinne des § 264 Abs. 2 Satz 1 HGB wird mithin nicht richtig dargestellt.“ [479] Weiterhin löst sich nicht das Problem, daß die über den Handelsbestand hinausgehenden Absicherungstransaktionen mittels der bilanziellen Anerkennung von Hedge-Positionen ebenfalls bilanzrechtlich eindeutig geregelt werden müssen. Die derzeit am weitestgehende Arbeit von Mauritz fordert dagegen eine Gesetzesänderung dahingehend, daß eine Marktbewertungspflicht für alle Finanzinstrumente in der Bank eingeführt wird.

An dieser Stelle zeigt sich die Konvergenz der Diskussion zu der grundsätzlichen Problematik der Festlegung des Zeitpunktes der Erfolgswirksamkeit. Um eine Wiederholung der Argumentation zu verhindern, wird daher an dieser Stelle auf die Ausführungen in Abschnitt 1.1.2.3. dieses Kapitels verwiesen. Im Rückgriff auf die Ausführungen in jenem Abschnitt soll lediglich noch einmal an den Vorschlag von Prahl/Naumann erinnert

[478] Vgl. Prahl, Reinhard; Naumann, Thomas: Die Bewertungseinheit am Bilanzstichtag - und was dann?, ZBB, 1/1994, S. 2

[479] Baetge, Jörg; Happe, Peter: Risikomanagement und Bankenpublizität, Bankinformation und Genossenschaftsforum, 10/1996, S. 26

werden.[480] Diese plädieren für eine Zulässigkeit der Mark-to-Market-Bewertung im Rahmen des Hedge-accounting als branchenbezogene GOB mit spezifischen Gewinnermittlungnormen. Dabei betonen sie, daß weder das Hedge-accounting noch der Portfolio-Ansatz Instrumente sind, um die deutschen Rechnungslegungsvorschriften mit ihren vorsichtigen Gewinnermittlungsnormen 'quasi durch die Hintertür' auszuhebeln. Für sie steht außer Frage, daß in Deutschland eine generelle Mark-to-Market-Bewertung in der Bankbilanz nicht statthaft sein kann. Sie schlagen das generelle Mark-to-Market-accounting für die Handelsaktivitäten der Bank vor, aber: „keinesfalls darf man im Umkehrverfahren die für Handelsaktivitäten sachgerecht erkannte Mark-to-Market-Bewertung auf die gesamte Universalbank übertragen.“ [481] Daher müssen, damit dem Vorsichtsprinzip auch weiterhin uneingeschränkt Rechnung getragen wird, die Zulässigkeit eines Mark-to-Market-gestützten Portfolio-Hedge-Accounting an enge Voraussetzungen (z. B. funktionsfähiges internes Kontrollsystem, ausgeklügelte Limitstruktur, unbedingte Einhaltung der festgelegten Hedge-Ratios) geknüpft sein.[482] Bei Einhaltung dieser Voraussetzungen und wenn gleichzeitig die so ermittelten Gewinne das Stadium der Quasisicherheit erreicht haben, sehen die Autoren bereits de lege lata die erfolgswirksame Vereinnahmung von den die Verluste übersteigenden unrealisierten Gewinnen für möglich.[483]

Die Einführung des Mark-to-Market für Handelsaktivitäten durch den Gesetzgeber darf nicht darüber hinwegtäuschen, daß damit das Problem der Bewertungseinheiten für Nicht-Trading-Bestände noch nicht explizit de lege lata geregelt ist. Wie bereits erwähnt, schlägt Mauritz daher vor, alle Finanzinstrumente bei der Bankbilanzierung mit Mark-to-Market zu bewerten. Mauritz[484] kritisiert an den herkömmlichen Ansätzen der deduktiven GOB-Fortbildung, daß sie weitere Verlustverschleierungspotentiale durch faktische Wahlrechte bei der Bestimmung des Umfangs von Bewertungseinheiten aufbauen. Durch diese sich enorm ausweitenden Möglichkeiten der Beeinflussung der Darstellung der Ertragslage durch entsprechende Nutzung der Auslegungsmöglichkeiten der Kriterien zur Bildung von Bewertungseinheiten ergeben sich logischerweise alle negativen Aspekte einer Problematik von Wahlrechten, allerdings in potenzierter Form, da die Nutzung von Derivaten, die als schwebende Geschäfte in Deutschland derzeit noch nicht in der Bilanz abgebildet werden, bei Banken im Hinblick auf das Abschlußvolumen oftmals ein Vielfaches der Bilanzsumme ausmacht. Mauritz nennt diese negativen Aspekte, so z. B. Reduzierung des Informationsgehaltes im Hinblick auf die Legung bzw. Auflösung von stillen Reserven und Verschärfung von Agencyproblemen. Der Aufbau eines sehr komplizierten Rechtssystems für die Bildung von Bewertungseinheiten bringt außerdem eine weitere Zergliederung und Verkomplizierung des GOB-Systems. Um die Notwendigkeit der Re-

---

480 Vgl. Prahl, Reinhard; Naumann, Thomas: Moderne Finanzinstrumente im Spannungsfeld zu traditionellen Rechnungslegungsvorschriften: Barwertansatz, Hedge-Accounting und Portfolio-Approach, Die Wirtschaftsprüfung, 23/1992, S. 709 – 719

481 Prahl, Reinhard; Naumann, Thomas: Moderne Finanzinstrumente im Spannungsfeld zu traditionellen Rechnungslegungsvorschriften: Barwertansatz, Hedge-Accounting und Portfolio-Approach, Die Wirtschaftsprüfung, 23/1992, S. 718

482 Vgl. Prahl, Reinhard; Naumann, Thomas: Moderne Finanzinstrumente im Spannungsfeld zu traditionellen Rechnungslegungsvorschriften: Barwertansatz, Hedge-Accounting und Portfolio-Approach, Die Wirtschaftsprüfung, 23/1992, S. 716

483 Vgl. Brackert, Gerhard; Prahl, Reinhard; Naumann, Thomas: Neue Verfahren der Risikosteuerung und ihre Auswirkungen auf die handelsrechtliche Gewinnermittlung, Die Wirtschaftsprüfung, 16/1995, S. 554

484 Vgl. Mauritz, Peter: Konzepte der Bilanzierung und Besteuerung derivativer Finanzinstrumente, Wiesbaden, 1997, S. 81 ff.

gelung von kompensatorischen Bewertungen insgesamt auszuschalten, schlägt Mauritz also de lege ferenda vor, nicht nur Derivate, sondern grundsätzlich alle Finanzgeschäfte mit Marktwerten zu bewerten. „Für die Bilanz und die GuV sollen ... auch diejenigen Beträge als realisiert gelten, die sich allein aus den Konditionenveränderungen gegenüber dem vorherigen Bilanzstichtag an einem hinreichend funktionsfähigen Markt ablesen und durch Glattstellung der Position zum Bilanzstichtag problemlos liquiditätsmäßig verfügbar machen lassen." [485] Damit hätte das Einzelbewertungsprinzip wieder unumschränkte Gültigkeit. „Weder die Zwecksetzung (z. B. Sicherung) der abgeschlossenen Finanzgeschäfte noch das organisatorische Umfeld, in dem sie getätigt wurden (z. B. im Eigenhandel von Banken) gehen in die Bewertungsfunktion ein: Sie sind bewertungsirrelevant." [486] Allerdings zieht dies notwendiger Weise einen Verzicht auf das Imparitätsprinzip nach sich, das allerdings nach Ansicht von Mauritz bei jederzeit duplizierbaren Finanzgeschäften ohnehin keine Existenzberechtigung mehr hat. Zur Verdeutlichung: Mauritz schlägt vor, daß alle Finanztitel mit Marktwerten bewertet werden sollen, soweit die für ihre Bewertung benötigten Bewertungsparameter an hinreichend funktionsfähigen Märkten ablesbar sind.[487] Dies bezieht also auch nicht wertpapiermäßig unterlegte Forderungen und Verbindlichkeiten mit ein. Für Positionen, deren Marktwert nicht unmittelbar anhand einer Börsennotierung abgelesen werden kann, soll somit anhand von Modellberechnungen, deren Variablen durch Bewertungsparameter an funktionsfähigen Märkten besetzt werden, der beizulegende Wert errechnet werden. Dies wäre z. B. für festverzinsliche Forderungen (also z. B. ausgereichte Bankdarlehen) oder Verbindlichkeiten (also z. B. festverzinsliche, auf eine bestimmte Laufzeit angelegte Spareinlagen) der Barwert. Mauritz zieht eine Grenze, die m. E. jedoch ebenfalls wiederum Interpretationsspielräume und damit ein faktisches Wahlrecht bietet: „Der ... Grundsatz der Marktbewertung findet seine Grenzen dort, wo ... sich ... wertbegründende Marktpreisparameter nicht verläßlich ermitteln lassen. ... Die Marktbewertung von Finanzinstrumenten erfordert zwar nicht, daß die Instrumente eigens an Börsen gehandelt werden, aber wie es der Terminus „Marktbewertung" bereits andeutet, kann auf die Existenz der für ihre Wertfindung erforderlichen und an einem funktionierenden Markt ablesbaren Preisparameter nicht verzichtet werden. Existieren keine organisierten Märkte, denen mit hinreichender Sicherheit manipulationsfreie Bewertungsparameter für Finanzinstrumente entnommen werden können, dann liegt folglich keine Marktbewertungsfähigkeit vor, und die Instrumente sind nach hergebrachten Grundsätzen zu bewerten." [488] Nach Mauritz stellt die Marktbewertung auch im Hinblick auf antizipative Hedges die wirtschaftlichen Sachverhalte korrekt dar: „Sofern ein Ertrag aus einem antizipativen Hedge-Geschäft erzielt wird, steht dieser in voller Höhe realisiert zur Verfügung. Daß dieser Erfolg einem späteren Zeitraum oder anderen, nachgelagerten Geschäften zugeordnet werden soll, entspringt eher einem kostenrechnerischen Verständnis. Das Bilanzrecht muß aber solche Anliegen nicht befriedigen, weil damit unnötige Subjektiviäten in den handels- und steuerrechtlichen Jahresabschluß Einzug halten." [489] Im Hinblick auf die im sonstigen Schrift-

[485] Mauritz, Peter: Konzepte der Bilanzierung und Besteuerung derivativer Finanzinstrumente, Wiesbaden, 1997, S. 114

[486] Mauritz, Peter: Konzepte der Bilanzierung und Besteuerung derivativer Finanzinstrumente, Wiesbaden, 1997, S. 108

[487] Mauritz, Peter: Konzepte der Bilanzierung und Besteuerung derivativer Finanzinstrumente, Wiesbaden, 1997, S. 116 f.

[488] Mauritz, Peter: Konzepte der Bilanzierung und Besteuerung derivativer Finanzinstrumente, Wiesbaden, 1997, S. 127 f.

[489] Mauritz, Peter: Konzepte der Bilanzierung und Besteuerung derivativer Finanzinstrumente, Wiesbaden, 1997, S. 129

tum, welches für die Einführung der Marktbewertung de lege ferenda plädiert, vorgeschlagene Ausschüttungsbegrenzung äußert sich Mauritz nur insoweit, als er allgemeine Ausschüttungssperren des HGB für notwendig hält, jedoch keine, die sich explizit auf die unrealisierten Bewertungsgewinne beziehen.[490]

Dieser zuletzt vorgestellte Ansatz von Mauritz stellt im deutschen Schrifttum - und letztlich auch im internationalen Vergleich - die weitestgehende Forderung zur Einführung des MTM. Selbst das FASB hat von der Einführung einer umfassenden Marktbewertung im Sinne von Mauritz bewußt noch Abstand genommen, da die Folgen für die Bankpraxis noch als zu überwältigend und der Aufbau einer in sich widerspruchsfreien und unter Berücksichtigung aller Folgewirkungen auf alle angrenzenden Bewertungsbereiche als momentan noch zu schwierig eingeschätzt wird. Dennoch verfolgt das FASB grundsätzlich das Ziel, alle Finanzinstrumente - wobei diese beschränkt sind auf wertpapierunterlegte Titel - nach Fair value zu bewerten. M. E. ist bei Betrachtung des Vorschlags von Mauritz zu fragen, inwieweit dann die Bilanz noch unter going-concern-Aspekten aufgestellt wird, denn letztlich werden nach seinem Vorschlag der überwiegende Teil der Positionen der Bankbilanz nach Zerschlagungswerten bewertet. Alle strategischen Vorteile, die sich eine Bank anhand eines überlegten Bilanzstrukturmanagements (z. B. durch geschickte Nutzung von Fristentransformationseffekten) aufbaut, müßten dann sofort erfolgswirksam vereinnahmt und letztlich auch ausgeschüttet bzw. versteuert werden. Auch insbesondere im Hinblick auf Finanzinstrumente des Anlagevermögens steht in Frage, welche Vorteile der Ausweis und letztlich die Ausschüttung von in den Einzelperioden schwankenden Marktbewertungsgewinnen /-verlusten letztlich haben soll. Die - auch in den USA stark kritisierte zunehmende und letztlich bereits nachgewiesene - extreme Zunahme der Volatilität des Erfolgsausweises bei Banken könnte negative gesamtwirtschaftliche Folgen haben. Es steht daher stark zu bezweifeln, daß dieser - zugegeben theoretisch sehr interessante - Vorschlag von Mauritz in Deutschland in dieser Form in die Realität des HGB-Rechts umgesetzt werden wird. Vielmehr sollte versucht werden, dem Gesetzgeber Hinweise auf - auch im internationalen Vergleich - derzeit praktikable und in das Recht realistisch umsetzbare Lösungsmöglichkeiten zu geben.

Aus deutscher Sicht möchte man meinen, daß in den USA - da dieses Land als Vorreiter im Hinblick auf die Einführung des Mark-to-Market-accounting gilt - diese ausgedehnte Problematik des Hedge-accounting nicht ein so dringendes Interesse darstellt wie in Deutschland. In den USA stellt sich nicht das Problem durch die „vermeintlich unzumutbaren Ergebnisauswirkungen einer strengen Anwendung des Imparitätsprinzips ... . [Dennoch] wird davon ausgegangen, daß Regelungsbedarf für ein Hedge-accounting auch dann besteht, wenn Finanzderivate nicht imparitätisch bilanziert werden und sich von daher keine Verzerrung des Bilanzausweises ergibt.“ [491]

---

[490] Vgl. Mauritz, Peter: Konzepte der Bilanzierung und Besteuerung derivativer Finanzinstrumente, Wiesbaden, 1997, S. 143

[491] Steiner, Manfred; Tebroke, Hermann-Josef; Wallmeier, Martin: Konzepte der Rechnungslegung für Finanzderivate, Die Wirtschaftsprüfung, 16/1995, S. 541

2.2. Hedge-Rechnungslegung in Japan

Es gibt derzeit in Japan keine allgemeine Rechnungslegungsvorschrift hinsichtlich der Hedge-Problematik.[492] Selbst nachdem jetzt das Gesetz bereits verabschiedet wurde, daß die Derivate unter den in Abschnitt 1.2.4.4. dieses Kapitels genannten Bedingungen nach MTM bewertet werden und dies für die Jahresabschlüsse, die ab 1.4.1998 erstellt werden, gilt, wurden die offenen Fragen hinsichtlich der Hedge-Rechnungslegung noch nicht geklärt. Es wird zwar darüber diskutiert, daß eine Hedge-Rechnungslegungsmethodik notwendig ist,[493] aber bislang wurde diese Forderung noch nicht in dem Umfang weiterverfolgt wie die Einführung der Mark-to-Market-Rechnungslegung für das trading-account bei Derivaten bei Banken. Offensichtlich hat man zunächst versucht, das grundsätzliche Problem der einheitlichen Bewertung aller Derivate nach MTM zu lösen. M. E. wird jedoch in Kürze der nächste Schritt erfolgen und die Diskussion um das Hedge-accounting sich intensivieren. Wann jedoch eine entsprechende Gesetzesänderung oder ein Ministerialerlaß ergehen wird und vor allem welche inhaltliche Ausrichtung dieser notwendige Schritt annehmen wird, läßt sich zum jetzigen Zeitpunkt noch nicht abschätzen.

Die Problematik des Hedge-accounting wird bereits in einer Richtlinie des Verbandes der japanischen Wirtschaftsprüfer vom 8.10.1985 angesprochen, die die Rechnungslegung für Future und im Analogieschluß auch für Forwards regelt. Hier heißt es, daß damals erwogen wurde, die Kurssicherungsgeschäfte nach US-amerikanischem Vorbild zu bilanzieren. Aber schließlich wurde davon abgesehen, diese Problematik miteinzubeziehen mit der Begründung, daß es unmöglich sei, alle Perspektiven der Kurssicherungsgeschäfte unter die gegenwärtigen Regelungen einschließlich der Steuerprobleme konsequent in eine einzige Richtlinie einzubringen.[494]

Am 29.05.1990 wurde dann vom BADC ein Positionspapier veröffentlicht unter dem Titel 'Bilanzierung von Future- und Optionsgeschäften', von dem ein Teil sich ausschließlich mit der Hedge-Rechnungslegung beschäftigt. Damals wurde die Einführung einer Hedge-Bilanzierung ebenfalls noch als verfrüht beurteilt.[495] Jedoch gibt der Bericht einige Hinweise auf die speziellen Probleme, die in Japan mit der Hedge-Bilanzierung in Verbindung gebracht werden sowie einige erste Lösungsansätze. Die wesentlichen Inhalte sollen daher vorgestellt werden. Dennoch muß darauf verwiesen werden, daß die damaligen Lösungsüberlegungen unter den neuen Rahmenbedingungen, die nach Einführung des MTM nach dem März 1997 gelten, mit Sicherheit überdacht werden.

---

[492] Vgl. Nishikawa, Ikuo: Die Einführung des MTM - Hintergründe und Perspektiven, Keiei-zaimu (Finanzmanagement), 23.09.1996, S. 13

[493] Vgl. Tanaka, Kenji: Disclosure von Derivaten, Kigyo-kaikei (Rechnungslegung in der Unternehmung), 2/1996, S. 107; Nishikawa, Ikuo: Die Einführung des MTM - Hintergründe und Perspektiven, Keiei-zaimu (Finanzmanagement), 23.09.1996, S. 12; Katagi, Haruhiko: Einführung des Tageswertprinzips in das HGB, Zeikeitsushin, 3/1997, S. 162

[494] Vgl. Komiyama, Satoshi: Off Balance Sheet Transaction, Tokio (Japan), 18.03.1996, S. 68

[495] Vgl. Yamada, Tatsumi: Grundlagen der IAS und der Rechnungslegung in Japan - im Mittelpunkt der Betrachtung: E 48 und Hedge-Bilanzierung in Japan, Kigyo-kaikei (Rechnungslegung in der Unternehmung), 10/1994, S. 116

2.2.1. Rechnungslegung bei Hedge-Geschäften nach einem Bericht des BADC

Der Bericht sieht zwar davon ab, die Hedge-Rechnungslegung wegen der zahlreichen Probleme wie z. B. das Aufstellen von Beurteilungskriterien für das Vorliegen eines Hedges oder die angemessene Verteilung bzw. Zuordnung des Gewinns und Verlusts des Sicherungsinstruments als allgemeingültige Rechnungslegungsvorschrift einzuführen. Jedoch sollten hier die grundlegenden Prinzipien der Hedge-Rechnung als Ausgangsbasis für die zukünftige Festlegung von Maßstäben dargelegt werden. Die Einführung einer Hedge-Bilanzierung wird empfohlen, um die wirtschaftliche Lage des Unternehmens richtig darzustellen und zwar sowohl bei einem Einzel-Hedge wie auch bei einem Gesamt-Hedge.[496]

Der Bericht befaßt sich nicht mit den Problemen des Hedgens von Fremdwährungsgeschäften, da fast zeitgleich der Erlaß des MOF erging, mit dem die Einführung des MTM-Prinzips bei Fremdwährungsgeschäften und währungsbezogenen Derivaten ab 1.4.1990 vorgenommen wurde. Dieser Bericht bezieht sich daher auf Sicherungen von Zins- bzw. Wertpapierpositionen. Er spricht auch antizipative Hedges an.

2.2.1.1. Umfang von Bewertungseinheiten

2.2.1.1.1. Einzel-Hedge

Die folgenden Ausführungen beziehen sich zunächst nur auf den Fall des Mikro-Hedge, d. h. einem abzusichernden Objekt wird ein Sicherungsinstrument gegenübergestellt. Die Terminologie des BADC lautet hier 'Einzel-Hedge'.

Der Bericht[497] weist auf die Notwendigkeit von Vorschriften für eine Hedge-Rechnungslegung in folgenden konkreten Fällen hin:

- Kombination aus Verkaufshedge und Bewertung der gesicherten Position nach Niederstwertprinzip
- Kombination aus einem geplanten Geschäft und einem Hedgegeschäft (antizipativer Hedge)
- Einkauf von Wertpapieren unter Zuhilfenahme eines Hedges.

In diesen Fällen entsteht eine Zeitverschiebung hinsichtlich der erfolgswirksamen Vereinnahmung von Gewinnen und Verlusten aus den beiden Geschäften. Der Bericht führt aus, daß seit der Einrichtung des Wertpapierterminmarktes der Gewinn und Verlust bei Terminverträgen nach dem Settlement-Prinzip bzw. MTM-Prinzip erfaßt wird. Wegen der jeweiligen Schwierigkeiten des Settlement-Prinzips und des MTM-Prinzips wird davon abgesehen, eines von beiden als verbindlich vorzugeben. Da normalerweise bei den

---

[496] Vgl. Yamada, Tatsumi: Grundlagen der IAS und der Rechnungslegung in Japan - im Mittelpunkt der Betrachtung: E 48 und Hedge-Bilanzierung in Japan, Kigyo-kaikei (Rechnungslegung in der Unternehmung), 10/1994, S. 116

[497] Vgl. zu der gesamten Darstellung der Berichtsinhalte: Komiyama, Satoshi: Off Balance Sheet Transaction, Tokio (Japan), 18.03.1996, S. 335 – 355 sowie Yamada, Tatsumi: Grundlagen der IAS und der Rechnungslegung in Japan - im Mittelpunkt der Betrachtung: E 48 und Hedge-Bilanzierung in Japan, Kigyo-kaikei (Rechnungslegung in der Unternehmung), 10/1994, S. 116 – 120

Hedge-Objekten keine Tagespreisbewertung sondern eine Bilanzierung nach dem Anschaffungswert bzw. Niederstwert erfolgt, ist zu prüfen, wie eine Hedgerechnung in dieser Situation angewandt werden kann. Der Bericht stützt sich daher grundsätzlich auf die Deferral-Methode als Hedge-Rechnungslegungsprinzip.

Als grundsätzliche Fälle, bei denen eine Hedge-Rechnungslegung notwendig wird, werden beschrieben:

1. Das Hedgeobjekt wird nach dem Anschaffungswert, das Derivat nach MTM bewertet.
2. Das Hedgeobjekt wird nach dem Niederstwert und das Derivat nach dem Settlement-Prinzip bewertet.

Nicht diskutiert wird der denkbare Fall, daß das Hedgeobjekt nach Niederstwertprinzip und das Derivat nach MTM bewertet wird, wobei auf Seiten des Derivats ein Bewertungsverlust und beim Hedgeobjekt ein unrealisierter Gewinn vorhanden ist.

Im 1. Fall wird der Derivatgewinn bzw. -verlust vorher erfaßt und muß daher verschoben werden. Im 2. Fall wird, da der Verlust des Hedgeobjektes vorher berechnet wird, der Gewinn des Derivats vor Settlement erfaßt. Bei antizipativen Hedges muß der Gewinn bzw. Verlust des Derivatgeschäfts ebenfalls bis zur Durchführung des geplanten Geschäfts und der Erfassung dessen Gewinns bzw. Verlusts verschoben werden. Für beide Fälle wird eine Buchungstechnik notwendig mit der diese Verschiebung erreicht werden kann.

Man untersuchte in diesem Bericht die Deferral-Technik der USA, welche nach dem Prinzip 'Adjustment of the carrying amount' vorgeht und kommt zu dem Schluß, daß dieses Procedere für Japan wenig angemessen wäre. Die Anpassung der Buchwerte der gehedgten Objekte wird u. a. auch deswegen als wenig vorteilhaft angesehen, weil dadurch für die anderweitig vorgeschriebenen Wertpapierberichte und -statistiken, die gesondert an das MOF gegeben werden müssen, schwerwiegende Probleme in der Praxis auftreten könnten. Eine nähere Spezifikation dieser Probleme wird nicht gegeben.

Dennoch läßt der Bericht letztlich zwei Deferral-Techniken zu, wobei eine davon dem US-amerikanischem Procedere entspricht. Die beiden Techniken werden als a) Einheitstechnik und als b) Trennungstechnik bezeichnet. Die Einheitstechnik entspricht der US-amerikanischen Technik des 'Adjustment of the carrying amount'. Hier wird der Gewinn bzw. Verlust aus dem Derivatgeschäft direkt mit dem Buchwert des Hedgeobjektes verrechnet. Bei der Trennungstechnik wird der Gewinn bzw. Verlust des Derivats gesondert als Aktiv- bzw. Passivposten ausgewiesen.

Der Bericht legt auch eine Reihe von Prüfungsgrundsätzen fest, deren Einhaltung die Voraussetzung der Anwendung der Hedge-Rechnungslegung ist. So muß nachgewiesen werden, daß zwischen der Kursschwankung des Hedgeobjektes und der des Derivats ein enger Zusammenhang besteht, so daß die Absicherung durch das Derivat den Effekt der Risikominderung hat. Dieser Nachweis muß im Rahmen einer Vorprüfung und einer

Nachprüfung erbracht werden. Der Hedge muß im Rahmen der Vorprüfung folgende Kriterien[498] erfüllen:

1) Das Unternehmen besitzt die feste Absicht, daß das Derivat als Hedgeinstrument eingesetzt wird.
2) Es bestehen klare interne Regelungen bzw. Kontrollsysteme für Hedgegeschäfte, nach denen dieses Geschäft abgewickelt und kontrolliert wird.

Im Rahmen der Nachprüfung muß festgestellt werden:

1) Es bestand zwischen den Kursschwankungen des Hedgeobjekts und denen des Derivats ein enger Zusammenhang.
2) Es wurde der Gewinn bzw. Verlust des Hedgeobjekts mit dem Gewinn bzw. Verlust des Derivats aufgerechnet. Es muß also der tatsächliche Kompensationsbetrag geprüft werden.

Diese Nachprüfung muß regelmäßig, d. h. immer durchgeführt werden. In der Analyse des Berichts durch Komiyama wie auch durch Yamada werden keinerlei Hinweise darauf gegeben, daß während der Laufzeit des Hedges Prüfungen vorgenommen werden müssen. Mit dieser Nachprüfung ist offensichtlich eine Abschlußprüfung nach Beendigung des Hedges gemeint. Es finden sich auch keine Aussagen darüber, welche Folgen es nach sich zieht, wenn die Nachprüfung zu dem Ergebnis führt, daß der Hedge ungerechtfertigt anerkannt wurde.

Hinsichtlich der Vorgabe des 'engen Zusammenhangs' gibt der Bericht keinen Hinweis, ab welchem Korrelationsmaß dieser angenommen werden kann. Komiyama, der diesen Bericht interpretiert, nimmt Bezug auf die US-amerikanische Regelung, welche ab einem Korrelationsgrad von 80 % von einer ausreichenden Deckung der Kursschwankungen ausgeht.[499]

2.2.1.1.2. Gesamt-Hedge

Der Bericht[500] nimmt auch Stellung zu der Frage, wie bei einem Gesamt-Hedge zu verfahren ist. Der Bericht trifft keine Unterscheidung zwischen Portfolio-Hedge und Makro-Hedge. Er gibt keine Vorgaben, wann ein Gesamthedge als solcher anerkannt werden kann und wann nicht. Er beschreibt lediglich die Technik, mit der die Gewinne bzw. Verluste aus der Sicherungsposition den abzusichernden Objekten zugerechnet werden können. Normalerweise ist davon auszugehen, daß bei einem Gesamthedge die Trennungstechnik angewendet wird, da gerade die Zuordnung der Hedgegewinne und -verluste auf

---

498 Vgl. Komiyama, Satoshi: Off Balance Sheet Transaction, Tokio (Japan), 18.03.1996, S. 340; Yamada, Tatsumi: Grundlagen der IAS und der Rechnungslegung in Japan - im Mittelpunkt der Betrachtung: E 48 und Hedge-Bilanzierung in Japan, Kigyo-kaikei (Rechnungslegung in der Unternehmung), 10/1994, S. 117; Kuroda, Akio; Kotani, Masataka; Ogawa, Marie: Features and Problems of Bank Accounting System in Japan, Bank of Japan Monetary and Economic Studies, 7/1994, S. 56

499 Vgl. Komiyama, Satoshi: Off Balance Sheet Transaction, Tokio (Japan), 18.03.1996, S. 340

500 Vgl. zu der gesamten Darstellung der Berichtsinhalte: Komiyama, Satoshi: Off Balance Sheet Transaction, Tokio (Japan), 18.03.1996, S. 335 - 355 sowie Yamada, Tatsumi: Grundlagen der IAS und der Rechnungslegung in Japan - im Mittelpunkt der Betrachtung: E 48 und Hedge-Bilanzierung in Japan, Kigyo-kaikei (Rechnungslegung in der Unternehmung), 10/1994, S. 116 - 120

die einzelnen Wertpapiere die zu lösende Schwierigkeit darstellt. Spätestens aber bei der Frage, wann bzw. nach welchem Modus die erfolgswirksame Vereinnahmung der verschobenen Hedge-Gewinne und -Verluste erfolgen soll, muß man sich mit der Zuordnung von Hedgeerfolgen zu den Erfolgsbeiträgen der abgesicherten Objekte auseinandersetzen. Diese Zuordnung der Gewinn- bzw. Verlustanteile wird in zwei Schritten beschrieben:

1. Die rationale Verteilung des verschobenen Gewinns bzw. Verlusts des Derivats auf die jeweiligen Objekte des Gesamthedge-Portfolios. (Portfolio-Verteilung).
2. Die Verteilung der auf die jeweiligen Hedgeobjekte gemäß Schritt 1 zugeordneten Gewinn- bzw. Verlustteile im Einklang mit der erfolgswirksamen Vereinnahmung von Gewinnen und Verlusten der einzelnen Hedgeobjekte. (Zeitraum-Verteilung).

Die Portfolio-Verteilung kann nach drei Maßstäben vorgenommen werden:

a) Maßstab, bei dem der Tagespreis der jeweiligen Hedgeobjekte bei Hedgebeginn oder -ende zugrundegelegt wird.
b) Maßstab, bei dem der Buchwert der jeweiligen Hedgeobjekte bei Hedgebeginn oder -ende zugrundegelegt wird.
c) Maßstab, bei dem die Volatilität der jeweiligen Hedgeobjekte bei Hedgebeginn oder -ende zugrundegelegt wird.

Welcher Maßstab gewählt wird, wird dem Unternehmen überlassen, jedoch ist es wichtig, daß der gewählte Maßstab kontinuierlich angewandt wird.

In dem Bericht wird zu dem zweiten Schritt angemerkt, daß der gemäß Portfolio-Verteilung aufgeteilte verschobene Gewinn bzw. Verlust des Hedgeinstruments gemäß der Erfolgswirksamkeit des jeweiligen zugeordneten gehedgten Objekts aus dem Portfolio zum selben Zeitpunkt bzw. Zeitraum erfolgswirksam vereinnahmt wird.

Dies bedeutet letztendlich, daß zum einen in dem Gesamthedge nicht vorausgesetzt wird, daß die Erfolgswirksamkeit aller Einzelobjekte aus dem Gesamthedgeportfolio zeitgleich stattfindet und zum anderen, daß durchaus ein Teil der Gewinne bzw. Verluste aus dem Hedgeinstrument bereits erfolgswirksam wird, während der Rest weiterhin in die Zukunft verschoben wird.

Die für einen Einzel-Hedge notwendige Vorprüfung und Nachprüfung muß ebenfalls durchgeführt werden.

2.2.1.2. Zeitliche Dimension der Bildung von Bewertungseinheiten - Antizipative Hedges

Auch auf antizipative Hedges geht der Bericht[501] ein. Diese werden anerkannt, wenn neben den bisher genannten Bedingungen weitere Bedingungen erfüllt werden:

[501] Vgl. zu der gesamten Darstellung der Berichtsinhalte: Komiyama, Satoshi: Off Balance Sheet Transaction, Tokio (Japan), 18.03.1996, S. 335 - 355 sowie Yamada, Tatsumi: Grundlagen der IAS und der Rechnungslegung in Japan - im Mittelpunkt der Betrachtung: E 48 und Hedge-Bilanzierung in Japan, Kigyo-kaikei (Rechnungslegung in der Unternehmung), 10/1994, S. 116 - 120

1) Es müssen die wichtigsten Geschäftsbedingungen, wie z. B. geplanter Geschäftstag, geplantes Objekt, Zahl der Objekte festzustellen sein.
2) Die Durchführung des geplanten Geschäfts ist sehr wahrscheinlich.

Da für das Plangeschäft in der Bilanz kein Ansatz erfolgt, ist die Verschiebung des Hedge-Ergebnisses zwangsläufig nur nach der oben beschriebenen Trennungstechnik möglich.
Auch hier sind die üblichen Vor- und Nachprüfungen notwendig. Darüber hinaus kann auch der Fall eintreten, daß das Plangeschäft erst nach Beendigung des Hedgegeschäfts durchgeführt wird, und daß sich die Situation nach Beendigung des Hedgegeschäfts bis zur Durchführung des geplanten Geschäfts noch so verändert, daß der Hedgeeffekt stark gemindert wird oder erlischt. Daher ist auch im Durchführungszeitpunkt des Plangeschäfts der Hedgeeffekt noch einmal zu prüfen.

2.2.1.3. Auswirkungen des Berichts

Dies sind im Groben die Hinweise, die der Bericht vom Mai 1990 in Bezug auf die Hedge-Rechnungslegung gibt. Leider erfolgt in den auf den Bericht bezugnehmenden Literaturstellen von 1994 und 1996 keine Angabe dazu, inwieweit diese Hinweise - obwohl sie keinerlei Gesetzeskraft haben - dennoch in Japan anerkannt sind und somit in der Rechnungslegungspraxis angewandt und von den Wirtschaftsprüfern bzw. auch den Steuerbehörden zugelassen werden. Kuroda et al. geben Hinweise, warum bis dato noch kein offizieller Ministerialerlaß oder keine gültige Hedge-Rechnungslegung verabschiedet wurde: „... it is argued, by not a few that special caution must be exercised in the adoption of hedge accounting. This is based on the following considerations: (i) in actual practice, there is no one-to-one relation between underlying positions and hedging transactions and it is difficult to apply the rules as theoretically indicated; and (ii) if transactions subject to hedge accounting are ambiguously defined, this could encourage manipulation whereby the loss from speculative transactions is intentionally delayed by misrepresenting them as hedging transactions.“ [502]

Bisher ist dieser Bericht des BADC die einzige Unterlage von offizieller Seite, die sich mit Fragen einer Hedge-Rechnungslegung auseinandersetzt. Die wissenschaftliche Diskussion wurde in der Zwischenzeit aber weitergeführt. Während der BADC-Bericht noch einzig auf eine Lösung mit der Deferral-Methode setzt, werden von verschiedenen Autoren jetzt auch andere Lösungswege diskutiert. Diese werden im folgenden vorgestellt.

2.2.2. Diskussion zur Hedge-Rechnungslegung

2.2.2.1. Überlegungen von Daigo

Daigo macht zunächst grundsätzlich deutlich, daß in Japan - aufgrund der Existenz einer ganzen Reihe von Bewertungsverfahren für die unterschiedlichen Geschäftsarten und der

[502] Kuroda, Akio; Kotani, Masataka; Ogawa, Marie: Features and Problems of Bank Accounting System in Japan, Bank of Japan Monetary and Economic Studies, 7/1994, S. 56

vielfältigen Kombinationsfälle - nicht für jeden möglichen Hedge-Problemfall eine Lösung gefunden werden kann, die sich durch Interpretation bzw. Auslegung der vorhandenen Rechnungslegungsvorschriften in diese einfügt. Dies würde eine Hedge-Rechnungslegung viel zu kompliziert machen. Letztlich war dies auch der Weg, den das BADC-Papier verfolgte, allerdings ausschließlich über die Lösung des Deferral-accounting. Auch Daigo[503] schlägt vor, eine von den sonst vorgeschriebenen Grundsätzen der Gewinn- und Verlustermittlung getrennte Hedge-Rechnungslegung einzuführen. Es würde somit eine gesonderte Bewertungskonzeption aufgebaut, die sich von den sonst vorgeschriebenen Bewertungsvorschriften löst. Er beschäftigt sich vor allem mit dem Fall des Einzel-Hedge.

Daigo erweitert seine Betrachtung über das Deferral-accounting hinaus auf das Mark-to-Market-accounting jeweils für die gesamte Hedge-Position (also sowohl für das Sicherungsinstrument wie auch die abgesicherte Position) und die Mischung aus beiden (Hybrid Approach). Diese drei Ansätze sieht er als die für Japan grundsätzlich möglichen Alternativen.[504] Daigo bestätigt, daß in Japan sehr stark die Diskussion um die Entwicklung der Hedge-Rechnungslegung in den USA verfolgt wird, aber es wird besonders darauf hingewiesen, daß eine einfache Übernahme der US-amerikanischen Lösungen nicht möglich sei, da an den Jahresabschluß in Japan - im Gegensatz zu den USA - in viel stärkerem Maße Zahlungsvorgänge angeknüpft sind, vor allem im Hinblick auf Steuerzahlungen bzw. Dividendenausschüttungen.

1) Deferral Approach

Daigo greift zunächst noch einmal den Lösungsweg des BADC auf und zeigt die beiden grundsätzlichen Alternativen[505]:

1) Man vereinnahmt die Gewinne und Verluste des Hedging-Instruments (also des Derivats) nicht nach den sonst gültigen Rechnungslegungsvorschriften, sondern verschiebt sie auf den Zeitpunkt der Erfolgswirksamkeit der Gewinne und Verluste der gesicherten Position.
2) Man vereinnahmt die Gewinne und Verluste der gesicherten Position nicht zu dem normalerweise vorgegebenen Zeitpunkt, sondern verschiebt sie auf den Zeitpunkt der Erfolgswirksamkeit der Gewinne und Verluste des Derivats.

Die Frage, welcher der anzustrebende Weg für Japan im Rahmen dieser Alternativenwahl sein sollte, wird nicht beantwortet, da zunächst wohl noch um die grundsätzliche Frage der Auswahl aus den drei Hauptalternativen gerungen wird.

Im Deferral Approach wird der Vorteil gesehen, daß er sich gut mit den bestehenden Rechnungslegungsvorschriften für die abzusichernden Instrumente (Ansatz unter historischen Kosten oder Niederstwertprinzip) verbinden ließe. Es müßten bei Einführung einer Deferral-Hedge-Rechnungslegung die Bewertungsvorschriften für die on-balance-Finanzinstrumente, also die herkömmlichen Wertpapiere nicht abgeändert werden. Darüber hinaus sind mit diesem Ansatz auch die antizipativen Hedges problemlos darstellbar. Problematisch wird erachtet, wie eine Lösung gestaltet werden könnte, um zu verhin-

503 Vgl. Daigo, Satoshi: Mark-to-Market und japanische Wirtschaft, Tokio (Japan), 14.07.1995, S. 191
504 Vgl. Daigo, Satoshi: Mark-to-Market und japanische Wirtschaft, Tokio (Japan), 14.07.1995, S. 188 f.
505 Vgl. Daigo, Satoshi: Mark-to-Market und japanische Wirtschaft, Tokio (Japan), 14.07.1995, S. 189

dern, daß möglicherweise ein Verlust in die Zukunft verschoben wird, der dann den später realisierten Gewinn der gegenläufigen Position übersteigt.[506] Dies ließe sich nicht mit dem grundsätzlich geltenden Vorsichtsprinzip in Japan vereinbaren.

2) Mark-to-Market Approach

Im Rahmen dieser Methode werden sowohl das absichernde Derivat wie auch die abgesicherte Position mit dem Marktwert bewertet. Dadurch werden Wertveränderungen beider Positionen sofort erfolgswirksam vereinnahmt und ein zeitliches Auseinanderfallen von gegenläufigen Gewinnen und Verlusten kann nicht entstehen.

Als Vorteil dieser Lösung wird erkannt, daß sich die Anwendung einfach gestaltet. Die wirtschaftliche Situation des Hedge würde treffend dargestellt, da sich die Wirksamkeit des Hedges direkt in der GuV niederschlagen würde. Nachteilig wird beurteilt, daß für manche abgesicherte Position kein Marktpreis ermittelbar ist. Außerdem ist die Darstellung von antizipativen Hedges nicht mehr so einfach lösbar; es müßten in irgendeiner Weise auch Marktwerte der geplanten abzusichernden Geschäfte ermittelt werden, was sich sehr schwierig gestalten würde.[507]

3) Mixed Approach oder Hybrid-Approach

Diese Methode stellt einen Kompromiß der beiden vorher genannten Modelle vor und besagt, daß man den Schwerpunkt entweder auf die gesicherte Position oder das Hedging Instrument legt und die jeweils dazu vorgeschriebene Bewertungsmethode auf das Gegenstück in der Sicherungsstrategie überträgt. Wenn man den Schwerpunkt auf die abgesicherte Position legt, so führt man die Bewertung des Derivats nach der der abgesicherten Position durch. Dies bedeutet, wenn z. B. die Bilanzposition nach dem MTM-Prinzip bewertet wird (z. B. im Falle von Fremdwährungsforderungen oder -schulden), wird auch das absichernde Derivat nach MTM bewertet und vice versa, wenn die Bilanzposition nach dem Anschaffungswertprinzip bewertet wird, wird auch das Derivat nach dem Anschaffungswertprinzip bewertet. Das gleiche in umgekehrter Konstellation gilt, wenn als Bewertungsleitlinie die Vorschrift für die Bewertung des Derivats herangezogen wird und die Bewertung der abgesicherten Position danach ausgerichtet wird.[508]

An diesem Ansatz wird besonders kritisiert, daß es keine einheitliche Hedge-Rechnungslegung mehr gibt, sondern daß ein Teil der Sicherungsgeschäfte nach dem MTM-Approach und ein anderer Teil letztlich nach der Deferral-Methode bilanziert wird.[509]

Dennoch schlägt Daigo die Einführung des Hybrid Approach vor, wobei die Vorgabe hinsichtlich der anzuwendenden Bewertungsmethode aus den Vorschriften für die abgesicherte Position gewonnen wird. Daigo begründet dies mit der Notwendigkeit, die Hedge-Rechnungslegungsmethode in Einklang zu bringen mit der bisher vorgegebenen Rechnungslegung und diese nicht in zu großem Maße zu verändern. Das bedeutet konkret, daß es sinnvoll ist, die bisherigen Rechnungslegungsgrundlagen in Bezug auf die Ermittlungsgrundlage von Gewinnen oder Verlusten der gesicherten Position wie bisher

---

[506] Vgl. Daigo, Satoshi: Mark-to-Market und japanische Wirtschaft, Tokio (Japan), 14.07.1995, S. 189 f.
[507] Vgl. Daigo, Satoshi: Mark-to-Market und japanische Wirtschaft, Tokio (Japan), 14.07.1995, S. 190
[508] Vgl. Daigo, Satoshi: Mark-to-Market und japanische Wirtschaft, Tokio (Japan), 14.07.1995, S. 190 f.
[509] Vgl. Daigo, Satoshi: Mark-to-Market und japanische Wirtschaft, Tokio (Japan), 14.07.1995, S. 191

anzuwenden und als Bewertungsmethode für die derivativen Finanzinstrumente, welche das Hedging-Instrument darstellen, die gleiche Bewertungsvorschrift anzuwenden.[510] Bei allen Währungs-Hedges würde somit die Marktbewertungsmethode angewendet. Bei der Absicherung von Positionen, die zu historischen Kosten bilanziert werden, müßte der gegenlaufende Gewinn bzw. Verlust des Derivats zum Realisationszeitpunkt des Gewinns bzw. Verlusts der abgesicherten Position, also bei Realisation des Geschäfts (z. B. Verkauf des Wertpapieres) vereinnahmt werden, was unter Umständen sogar direkt der Bewertungsvorschrift des entsprechenden Derivats, welches nach dem Settlement-Prinzip behandelt wird, entspricht, zumindest wenn der Realisationszeitpunkt für das Derivat in unmittelbarer zeitlicher Nähe zur Realisation der abgesicherten Position steht. Wird die gesicherte Position nach dem Niederstwertprinzip bewertet, müßte ein entgegenlaufender Gewinn des Derivats zeitgleich erfolgswirksam werden. Dies bedeutet für diese Art von Hedge, daß bei den entsprechenden Derivaten nur Gewinne vorzeitig vereinnahmt werden, Verluste würden erst bei Realisation des gegenlaufenden Gewinns der abgesicherten Position erfolgswirksam, was aufgrund der für herkömmliche Finanzinstrumente geltenden Obergrenze der Bewertung bis zu den Anschaffungskosten bzw. der kaum zulässigen Wertaufholungsmöglichkeit erst bei Realisation sein kann.

Daigo schreibt im Hinblick auf die besondere Situation bei Banken bzw. Wertpapierhäusern, daß hier die grundsätzliche Einführung der MTM-Hedge-Rechnungslegung denkbar wäre, wenn auch die Finanzierungsinstrumente nach dem Marktwert bewertet würden.[511] Auch Komiyama bestätigt, daß insbesondere für Banken eine möglicherweise eigenständige Rechnungslegung notwendig ist, um hier die Hedge-Strategien abbilden zu können.[512] Der erste Schritt in diese Richtung ist bereits erfolgt dadurch, daß jetzt zunächst alle Derivate nach Marktwert bewertet werden. Um diesen Vorschlag zu realisieren, müßten in Japan jedoch auch alle Wertpapiere nach Marktwert bewertet werden. Dies erscheint allerdings noch nicht in greifbarer Nähe.

Als Voraussetzungen zur Anerkennung eines Hedges erwartet Daigo, daß zum einen vorgeschrieben wird, daß die Hedge-Geschäfte entsprechend gekennzeichnet werden und daß dokumentiert wird, welches Hedging-Instrument welcher Position zugeordnet wird. Zum anderen sollten außerdem Tests zur Wirksamkeit regelmäßig auch während der Laufzeit des Hedges durchgeführt werden.[513] Hinweise, welche Arten von Prüfverfahren angewendet werden sollten, werden leider nicht gegeben.

2.2.2.2. Überlegungen von Koga

Koga, der ebenfalls die oben beschriebenen Ansätze des Deferral-accounting und des MTM-accounting insbesondere unter dem Aspekt der Tauglichkeit für die antizipatorische Hedge-Rechnungslegung behandelt, setzt hinsichtlich dieser Problematik noch einen weiteren Vorschlag dazu. Er nennt es „accelerating recognition of the anticipated transaction“.[514] Diese Technik kann auf zwei unterschiedliche Arten durchgeführt werden:

---

[510] Vgl. Daigo, Satoshi: Mark-to-Market und japanische Wirtschaft, Tokio (Japan), 14.07.1995, S. 192
[511] Vgl. Daigo, Satoshi: Mark-to-Market und japanische Wirtschaft, Tokio (Japan), 14.07.1995, S. 192
[512] Vgl. Komiyama, Satoshi: Off Balance Sheet Transaction, Tokio (Japan), 18.03.1996, S. 11
[513] Vgl. Daigo, Satoshi: Mark-to-Market und japanische Wirtschaft, Tokio (Japan), 14.07.1995, S. 193
[514] Koga, Chitoshi: Accounting for derivatives, Tokio (Japan), 20.01.1996, S. 168

(1) comprehensive acceleration - recognition approach
(2) partial acceleration - recognition approach

Im Falle (1) wird das zukünftige Geschäft in der Bilanz vorzeitig ausgewiesen und als Hedge-Objekt behandelt. Der beim Hedge-Objekt nach MTM errechnete schwebende Gewinn oder Verlust wird gegen den durch das Hedge-Instrument entstehenden Gewinn bzw. Verlust aufgerechnet. Im Rahmen dieser Vorgehensweise würde also der Gesamtwert des schwebenden Geschäfts in der Bilanz ausgewiesen.

Im Falle (2) wird das geplante und durch den antizipatorischen Hedge gesicherte Geschäft nicht selbst bilanziert, aber die Schwankungen der Marktwerteinschätzung werden als schwebender Gewinn bzw. Verlust in der Rechnungslegung dem gegenläufigen Gewinn bzw. Verlust des Hedge-Instruments gegenübergestellt und ausgewiesen.

Die Problematik beim comprehensive approach besteht darin, daß zukünftige Geschäfte in der Bilanz wie bereits abgeschlossene Geschäfte ausgewiesen werden. Hierbei besteht die Gefahr der Manipulierbarkeit der Bilanz, da es sehr schwer ist, Abgrenzungskriterien für bilanzierungsfähige geplante Geschäfte aufzustellen bzw. zu überprüfen. Mit dem partial approach will man diese Schwierigkeit überwinden, indem nur die zukünftigen Gewinne bzw. Verluste aus dem antizipatorischen Hedge gegenübergestellt werden.

Koga entscheidet sich in seiner Analyse der möglichen Rechnungslegungstechniken für antizipatorische Hedge nicht, welcher Methode (deferral-approach, MTM-approach oder accelerating recognition) der Vorzug gegeben werden sollte. Er schließt jedoch mit dem Hinweis, daß die Einführung einer allgemeinen Hedge-Rechnungslegung und insbesondere auch von Rechnungslegungsvorschriften für antizipatorische Hedges eine wichtige Aufgabe in Japan ist.[515]

2.2.3. Entwicklung nach Einführung des Marktbewertungsprinzips für das trading-book bei Banken

Diese bislang geführte Diskussion wird z. T. dadurch relativiert bzw. eine neue Richtung erhalten, daß jetzt die allgemeine Bewertung nach MTM für Derivate bei Banken eingeführt worden ist. Die Diskussion wird sich im Hinblick auf ein möglicherweise separates Hedge-accounting für Banken aufteilen müssen, da nach der neuen Sonderregelung für Banken folglich nicht mehr die allgemein einzuführenden Hedge-accounting-Regelungen ohne nähere Prüfung und evtl. Abänderung für die Banken gelten können. Im Rahmen des Vorschlags für den Ministerialerlaß zur Einführung des MTM für Banken wurden bereits erste Hinweise auf die Auswirkungen des Erlasses im Hinblick auf das Hedge-Accounting bei Banken gegeben. Zunächst wird die Problematik der bislang nicht eingeführten Hedge-Rechnungslegung in Japan noch einmal beschrieben, d. h. das Auseinanderfallen des Zeitpunktes der erfolgswirksamen Vereinnahmung von gegenläufigen Gewinnen und Verlusten aus der Hedge-Position. Besonders gravierend ist, daß unter unnötigem Kostenaufwand Geschäfte getätigt werden, die nicht dem wirtschaftlich vernünftigen Handeln entsprechen mit dem Ziel, die wirtschaftliche Hedge-Situation richtig im Rahmen des Jahresabschlusses darstellen zu können. Da sich der Ministerialerlaß jedoch

515 Vgl. Koga, Chitoshi: Accounting for derivatives, Tokio (Japan), 20.01.1996, S. 170 - 172

nur auf die Einführung des MTM für das trading-Geschäft beschränkt, wird einstweilen nur vorgegeben, daß zwischen den trading-Geschäften und den non-trading-Geschäften streng getrennt werden muß. Zu letzteren gehören auch die Hedge-Geschäfte. Die Trennung wird dadurch erreicht, daß eine strenge Trennung der Verantwortlichkeiten und der Buchführung für die beiden Bereiche in den Banken durchgeführt werden und daß diese Trennung der beiden Funktionseinheiten auch von außen kontrolliert werden muß.[516] Mit dem Ministerialerlaß wird also zunächst der ganze Bereich des Hedges ausgeklammert. Um so mehr steht zu erwarten, daß eine Regelung für den Hedge-Bereich folgen wird.

Im Hinblick auf die Offenlegung wird ebenfalls dringend empfohlen, zu unterteilen in Hedge-Geschäfte und Nicht-Hedge-Geschäfte. Im Rahmen der Offenlegung der Derivate unter Hedge-Zweck sollen zusätzlich Informationen über den Zusammenhang mit den Hedge-Objekten, wobei diese nach Marktwert offengelegt werden, in den Jahresabschluß aufgenommen werden.[517] Diese Offenlegung des Zusammenhangs soll unzweifelhaft bei Mikro-Hedges erfolgen. Hinsichtlich der Offenlegung bei Gesamt-Hedges wird dagegen konstatiert, daß der Zusammenhang nur schwer darstellbar ist.[518] Eine mögliche Alternative wäre für Unternehmen, die vor allem Gesamt-Hedge-Strategien betreiben, eine eher qualitative Informationsoffenlegung über Anwendungsziel, Procedere, Risikomanagementsystem und sonstige wichtige Punkte durchzuführen.[519] Hinsichtlich eines antizipativen Hedge gehen die Meinungen auseinander, ob dieser als solcher offengelegt werden sollte und ob überhaupt Informationen über das geplante Hedge-Objekt offengelegt werden sollen.[520]

Soweit zu der derzeitigen Diskussion um die Hedge-Rechnungslegung in Japan. Japan ist somit in dieser Problematik sicherlich noch am wenigsten weit fortgeschritten. Es kann jedoch erwartet werden, nachdem jetzt das MTM für das trading-book von Derivaten bei Banken eingeführt worden ist, daß Regelungen hinsichtlich der Hedge-Rechnungslegung folgen werden. Leider ist derzeit noch nicht abzuschätzen, in welche Richtungen sich die Lösungen bewegen werden.

2.3. Hedge-Rechnungslegung in den USA

In den USA ergibt sich die Zwangsläufigkeit der zeitgleichen erfolgswirksamen Vereinnahmung von gegenläufigen Gewinnen und Verlusten aus aneinandergekoppelten Positionen aus dem grundlegenden Rechnungslegungsprinzip des Matching Principle (siehe

---

[516] Vgl. Kaizuka, Masaaki: Die Einführung des MTM beim Trading von Effektengesellschaften, Zeikeitsushin, 4/1996, S. 190; Kaizuka, Masaaki: Die Einführung des MTM beim Trading von Effektengesellschaften, Kinyu kyokumen (Finanzsituation), 4.3.1996, S. 35; Kaizuka, Masaaki: Die Einführung des MTM beim Trading von Effektengesellschaften, Keiei-zaimu (Finanzmanagement), 11.3.1996, S. 26 f.

[517] Vgl. o. V.: Marktwert-Bewertung im Derivatehandel, Keiei-zaimu (Finanzmanagement), 11.09.1995, S. 6

[518] Vgl. Akatsu, Ryou; Kimura, Takashi.: Untersuchung der Offenlegung der Informationen über Derivate, Keiei-zaimu (Finanzmanagement), 29.08.1994, S. 11 f.

[519] Vgl. o. V.: Konkrete Offenlegungsbeispiele aus dem Derivategeschäft, Keiei-zaimu (Finanzmanagement), 8.8.1994, S. 19

[520] Vgl. Akatsu, Ryou; Kimura, Takashi: Untersuchung der Offenlegung der Informationen über Derivate, Keiei-zaimu (Finanzmanagement), 29.08.1994, S. 11 f.

Kapitel 2 Abschnitt 4.3.). Das Hedge-accounting wird als Erweiterung des Matching Principle gesehen.[521]

Carpenter schreibt hierzu: „If gains and losses on the hedging instrument, the derivatives, are recognized when they occur, but offsetting changes in the value of the hedged item, such as inventory, are not recognized until disposition, then a hedge that is effective in reducing economic risk may actually increase the volatility of accounting earnings.“ [522] Dies liefe dem amerikanischem Verständnis entgegen, daß der Jahresabschluß und die ausgewiesenen Gewinne einen zuverlässigen Einblick in die wirtschaftliche Situation des Unternehmens geben sollen.

Im Hinblick auf das Hedge-accounting ist bis dato in den USA der Umfang der Regelungen wesentlich geringer als im Hinblick auf die Frage der Bewertung bzw. der Offenlegung der Derivate. Der neue FASB-Proposal widmet sich daher auch in weiten Teilen den Problemen des Hedge-accounting.

Zunächst zur aktuell gültigen Situation. Derzeit finden sich nur in zwei SFAS[523] Hinweise auf die Behandlung von Hedge-Strategie in der Rechnungslegung:

- SFAS 52: Foreign Currency Translation
- SFAS 80: Accounting for Futures Contracts.

In SFAS 119 werden diese Regelungen durch weitere Offenlegungsvorschriften ergänzt. Daneben gibt es in den EITF Issues 90-7, 91-1, 91-4 und 95-2 Hinweise zur Hedge-Rechnungslegung von Fremdwährungsrisiken, gekauften Optionen, der Steuerung von Fremdwährungsrisiken und komplexen Optionen und ähnlichen Derivattypen.[524]

2.3.1. Regelungen für Fremdwährungsgeschäfte (SFAS 52)

SFAS 52, welcher im Dezember 1982 in Kraft trat, regelt das Hedge-accounting für Strategien ausschließlich bei Fremdwährungsgeschäften. Im Hinblick auf den Einsatz von Derivaten werden explizit currency fowards und currency swaps erwähnt, wobei jedoch keinerlei Einschränkung auf diese beiden Produkte für eine Anerkennung einer Hedge-Position vorgenommen wird. Als Lösung der Probleme einer sachgerechten Behandlung von Hedge-Positionen im Jahresabschluß wird die Deferral-Methode gewählt, wobei der Erfolgsbeitrag des Derivats in die Bewertung der Fremdwährungsposition eingebracht wird. Die Erfolgswirksamkeit von Verlusten soll dann nicht aufgeschoben werden, wenn

[521] Vgl. Herz, Robert; Tancer, Joel: Accounting for Derivative and Synthetic Instruments, in: Haight, Timothy (Hrsg.): Derivatives Risk Management Service, Boston (Massachusetts, USA), 1996, S. 9A-7

[522] Carpenter, Jennifer: Current Issues in Accounting for Derivatives, The Journal of Derivatives, Spring 1996, S. 66

[523] Vgl. Montesi, Corliss; Lucas, Timothy: Toward Improved Accounting for Derivatives and Hedging Activities, The CPA Journal, 10/1996, S. 20

[524] Vgl. Herz, Robert; Tancer, Joel: Accounting for Derivative and Synthetic Instruments, in: Haight, Timothy (Hrsg.): Derivatives Risk Management Service, Boston (Massachusetts, USA), 1996, S. 9A-7 f.

zu erwarten ist, daß dies zu einem Verlustausweis in einer späteren Periode führt. Folgende Bedingungen[525] müssen erfüllt sein:

a) Das Hedge-Instrument wird der Fremdwährungsverpflichtung zugeordnet und ist als Hedge wirksam.
b) Die Fremdwährungsverpflichtung ist bindend.

Dabei wird die Höhe des anzuerkennenden Hedges beschränkt auf die Höhe der Summe des gehedgten Fremdwährungsgeschäftes. Alle darüberhinausgehenden Gewinne und Verluste dürfen nicht mittels der Deferral-Methode erfolgsneutral auf spätere Perioden verschoben werden. Für diese Gewinne und Verlust gilt, daß sie wie alle anderen Umrechnungsgewinne und -verluste aus Währungsumrechnungen erfolgswirksam das Nettoeinkommen der Periode beeinflussen, in welcher sie durch die Wechselkursschwankungen entstanden sind. Sollte das Hedge-Instrument bereits vor Beendigung des abzusichernden Basisgeschäfts glattgestellt werden, so darf ein bis zu diesem Zeitpunkt aufgelaufener 'deferred gain or loss' weiterhin erfolgsneutral in der Bilanz gehalten werden und findet erst dann Eingang in die Erfolgsrechnung, wenn das Basisgeschäft beendigt wird.[526] In Erläuterungen zu dem SFAS macht das FASB auch deutlich, daß es bei der Anerkennung als Hedge vor allem auf die gegebene wirtschaftliche Absicherung und nicht auf die Einhaltung formaler Kriterien ankommt. So wird die Absicherung eines Fremdwährungsgeschäfts mittels eines Hedge-Instruments anerkannt, das nicht auf dieselbe Währung lautet wie das Basisgeschäft. „In some instances, it may not be practical or feasibel to hedge in the same currency and, therefore, a hedging transaction also may be denominated in a currency for which the exchange rate generally moves in tandem with the exchange rate for the currency in which the hedged commitment is denominated.“ [527] Nähere Erklärungen zu erforderlichen Bedingungskonstellationen werden nicht gegeben. Im Rahmen dieses SFAS bleibt dem Unternehmen bzw. der Bank viel Entscheidungsspielraum, um Hedge-Positionen festzulegen. Eine Manipulation des Gewinnausweises durch entsprechende Hedge-Festlegungen erscheint möglich. Darüber hinaus wird im SFAS 52 nicht geklärt, in welchem Rahmen eine Zuordnung von Hedge-Instrument zu gehedgter Position (auf Einzelgeschäftsebene, auf Ebene eines Portfolios oder im Rahmen gesamter Bilanzstrukturen) möglich ist. Die Formulierungen geben aber zu der Interpretation Anlaß, daß das FASB eher die Einzelgeschäftsebene im Sinn hatte.

2.3.2. Regelungen für Futures (SFAS 80)

Im Hinblick auf die Rechnungslegung von Futures werden im SFAS 80 ebenfalls Hinweise auf den Umgang mit Hedge-Positionen gegeben, wobei diese wie der SFAS 52 nur Lösungen für einen speziellen Teil der Fragen im Rahmen der Hedge-Rechnungslegung geben.
SFAS 80 erlangte Gültigkeit im August 1984. Es bezieht sich auf Futures, mit Ausnahme von currency futures, da diese bereits mit SFAS 52 erfaßt sind. Explizit ausgeschlossen

[525] Vgl. FASB: Original Pronouncements 1996/97 Edition - Accounting Standards as of June 1, 1996, Volume I, New York (USA), 1996, S. 506
[526] Vgl. FASB: Original Pronouncements 1996/97 Edition - Accounting Standards as of June 1, 1996, Volume I, New York (USA), 1996, S. 505 f.
[527] FASB: Original Pronouncements 1996/97 Edition - Accounting Standards as of June 1, 1996, Volume I, New York (USA), 1996, S. 526

werden auch Forwards. Dieses SFAS ist also ganz speziell nur auf die Rechnungslegung von non-currency futures angelegt, welche auch so definiert werden, daß sie - wie es normalerweise konstituierend für Futures ist - an einer entsprechenden Börse gehandelt werden müssen. Da somit die Aussagen dieses SFAS zunächst grundsätzlich keine Allgemeingültigkeit besitzen, sondern möglicherweise nur im Analogieschluß auf andere Produkte übertragen werden können, soll in diesem Kapitel, in der die grundsätzlichen Entscheidungen eines Landes im Hinblick auf die Hedge-Rechnungslegung vorgestellt und diskutiert werden, nur kurz die Regelungen dieses SFAS vorgestellt werden. Eine detaillierte Betrachtung erfolgt dann in Kapitel 4 Abschnitt 1.3. .

Folgende Bedingungen müssen erfüllt werden, damit ein Hedge anerkannt wird:

a) Die zu sichernde Position erhöht für sich genommen das Zinsänderungsrisiko des Unternehmens.

Um dies nachzuweisen, muß das Unternehmen prüfen, ob möglicherweise andere Bilanzpositionen oder bereits fest vereinbarte Geschäfte oder auch geplante Geschäfte dieses Risiko senken oder völlig ausschalten. Dies sollte normalerweise auf Ebene des Gesamtunternehmens geschehen. Ist das nicht möglich, da die Risikomanagementaktivitäten auf dezentraler Ebene durchgeführt werden, so muß diese Prüfung auf Ebene der Unternehmenseinheit geschehen, die in den Kontrakt eintreten will.

b) Der Future reduziert dieses Risiko und wird als Hedge ausgewiesen.

Zu Beginn und während der Laufzeit des Hedges muß eine hohe Korrelation wahrscheinlich sein zwischen dem Marktwertänderungsrisiko des Futures und dem der abgesicherten Position, so daß die Marktwertentwicklung des Futures substantiell die Effekte von Preis- oder Marktzinssatzänderungen auf die zu sichernde Position ausgleichen kann. Dabei werden sogenannte 'cross-hedges' zugelassen, das heißt der Future muß sich nicht unbedingt auf dieselbe Basis beziehen wie die zu sichernde Position, jedoch muß zwischen der Marktwertentwicklung der Basis des Futures und der Marktwertentwicklung des gehedgten Instruments eine hohe Korrelation wahrscheinlich sein.[528] Eine Qualifizierung dieser Vorgabe nimmt das Board nicht vor. Die Literatur orientiert sich daher an Aussagen der SEC, welche feststellt, daß sich die kumulierten Wertänderungen des Derivats in etwa zwischen 80 und 125 Prozent der kumulierten Wertänderungen der gesicherten Position bewegen sollten.[529]

Die Rechnungslegung des Futures wird grundsätzlich der Rechnungslegung der gesicherten Position angepaßt, so daß die Marktwertänderungen des Futures erfolgswirksam werden, wenn dies auch für die Wertänderungen des gehedgten Objekts der Fall ist.[530]

528 Vgl. FASB: Original Pronouncements 1996/97 Edition - Accounting Standards as of June 1, 1996, Volume I, New York (USA), 1996, S. 778

529 Vgl. Herz, Robert; Tancer, Joel: Accounting for Derivative and Synthetic Instruments, in: Haight, Timothy (Hrsg.): Derivatives Risk Management Service, Boston (Massachusetts, USA), 1996, S. 9A-11

530 Vgl. FASB: Original Pronouncements 1996/97 Edition - Accounting Standards as of June 1, 1996, Volume I, New York (USA), 1996, S. 777

Weiterhin gilt, daß die Wertveränderungen eines Future-Kontraktes, der als Hedge für eine bereits vorhandene Bilanzposition anerkannt ist, als Anpassung des Buchwertes der Bilanzposition ('adjustment of the carrying amount') verbucht werden.[531]

Im Hinblick auf die Frage, wann diese Veränderungen des Buchwertes Erfolgswirksamkeit erlangen, lautet die Regelung: „Recognition in income of the adjustment of the carrying amount of an asset or liability ... shall be the same as other components of the carrying amount of an asset or liability.“ [532] Dies bedeutet, daß bei gehedgten Finanzinstrumenten diese Wertänderung dann erfolgswirksam wird, wenn auch andere Wertänderungen in der GuV erfaßt werden. Hier wird verwiesen auf die Regelungen des SFAS 115, die unter Abschnitt 1.3.2. dieses Kapitels näher beschrieben sind. Es kommt letztlich darauf an, ob sich das gehedgte Finanzinstrument in der Klasse der 'held-to-maturity'-, der 'available-for-sale'- oder der 'trading'- Wertpapiere befindet. Bei trading-Wertpapieren ist diese Konstruktion sehr einfach, da der Fair value beider Instrumente (Future und gehedgte Position) sofort erfolgswirksam berücksichtigt wird. Bei den availabe-for-sale-Wertpapieren wird die Wertänderung des Fair values in einer separaten Komponente des Aktionärskapitals festgehalten, wird also erst bei Verkauf erfolgswirksam. Gleiches gilt somit auch für die Wertbeeinflussung beim Future. Im Hinblick auf die held-to-maturity-Wertpapiere wird explizit gesondert geregelt, daß eine Buchwertanpassung eines gehedgten, zinstragenden Finanzinstrumentes, welches sonst zu 'amortized cost' bewertet wird, amortisiert werden muß als eine Anpassung des Zinsertrags bzw. Zinsaufwands über die erwartete Restlaufzeit des Instruments. „That amortization shall commence no later than the date that a particular contract is closed out, whether that contract is replaced by a similar contract for later delivery or not.“ [533] Hierzu erklärt das Board, daß theoretisch die Amortisation der Wertergebnisse des Futures eigentlich sofort bei jeder Wertänderung durchgeführt werden müßten. Da Futures jedoch täglich mittels der Variation Margin neu bewertet werden, müßte diese Angleichung des Zinsertrages bzw. -aufwands des Wertpapiers ebenfalls täglich erfolgen. Da dies zu aufwendig ist, regelt der SFAS als Kompromiß, daß spätestens bei Settlement des Futures dessen Wertergebnisse als Korrektur des Zinsflusses des Wertpapiers amortisiert wird. Schmekel macht diese Vorgehensweise noch einmal deutlich: „Die abgegrenzten Gewinne und Verluste aus dem Termingeschäft sind wie ein Agio oder Disagio zu sehen und sind beim Hedging von bestehenden festverzinslichen Aktiva oder Passiva spätestens bei Beendigung der Terminposition und über die Restlaufzeit des Aktivum oder Passivum erfolgswirksam als Berichtigung des Zinsaufwandes oder -ertrages aufzulösen.“ [534]

[531] Vgl. FASB: Original Pronouncements 1996/97 Edition - Accounting Standards as of June 1, 1996, Volume I, New York (USA), 1996, S. 778

[532] FASB: Original Pronouncements 1996/97 Edition - Accounting Standards as of June 1, 1996, Volume I, New York (USA), 1996, S. 779

[533] FASB: Original Pronouncements 1996/97 Edition - Accounting Standards as of June 1, 1996, Volume I, New York (USA), 1996, S. 779

[534] Schmekel, Helmut: Die Bilanzierung von Terminkontrakten in den USA, Der Betrieb, 19.07.1985, S. 1495

Im Hinblick auf antizipatorische Hedges wird geregelt, daß diese anerkannt werden, wenn sie die beiden oben genannten Bedingungen erfüllen und zusätzlich[535]:

b) Die ausschlaggebenden Daten und geplanten Vertragsbedingungen der vorweggenommenen Transaktion sind festgelegt. Hierzu gehören unter anderem das zukünftige Datum der Transaktion, die Art des gehedgten Finanzinstruments, das zu kaufende oder verkaufende Volumen, die Laufzeit des Instruments.
c) Es ist wahrscheinlich, daß die vorweggenommene Transaktion eintreten wird. Hinsichtlich der Wahrscheinlichkeit gibt das FASB ausführliche Hinweise, damit der antizipatorische Hedge anerkannt werden kann.

Wenn alle genannten Bedingungen erfüllt sind, werden die Marktwertänderungen des Futures in die Bewertung der später folgenden Transaktion eingerechnet.

Weiterhin legt das FASB für den Fall, daß ein Future, der als Hedge-Instrument geführt wurde, beendet wird vor der Durchführung der geplanten Transaktion, fest, daß die akkumulierten Wertänderungen des Future weiterhin in der Bilanz gehalten werden bis die geplante Transaktion stattfindet. Eine anteilsmäßige erfolgswirksame Vereinnahmung des Ergebnisbeitrages des Future, welche ansonsten in die Bewertung der zukünftigen Transaktion eingeflossen wäre, ist dann notwendig, wenn es wahrscheinlich wird, daß nicht das ursprünglich geplante volle Geschäftsvolumen bei der zukünftigen Transaktion abgewickelt werden wird.[536]

Neben diesen Bilanzierungs- und Bewertungsvorschriften werden Informationen im Rahmen der Offenlegung vorgegeben. So müssen für die Hedge-Futures-Positionen

a) die Art der Vermögens- bzw. Schuldpositionen, der abgeschlossenen aber noch nicht abgewickelten Geschäfte bzw. der antizipierten Transaktionen, die durch Futures gehedgt werden, und
b) die Rechnungslegungsmethode für die Future-Kontrakte offengelegt werden. Die Informationsoffenlegung hinsichtlich der Rechnungslegungsmethode soll eine Beschreibung der Situationen beinhalten, welche zu der erfolgswirksamen Anerkennung der Wertveränderungen eines Futures führen.[537]

Im Rahmen der Diskussionen um die Erstellung dieses SFAS wurde häufig die Forderung kritisiert, daß der Hedge das Risiko auf Unternehmensebene oder zumindest auf Teilunternehmensebene reduzieren muß. Es wurde gefordert, daß eine Risikoreduktion auf Ebene der gehedgten Einzelposition ausreichend ist. Das FASB konnte sich zum damaligen Zeitpunkt dieser Meinung nicht anschließen. Dagegen nahm das FASB eine weniger restriktive Haltung hinsichtlich der Anerkennung von 'cross-hedges' ein, als es manche Diskussionsteilnehmer forderten.

---

[535] Vgl. FASB: Original Pronouncements 1996/97 Edition - Accounting Standards as of June 1, 1996, Volume I, New York (USA), 1996, S. 779

[536] Vgl. FASB: Original Pronouncements 1996/97 Edition - Accounting Standards as of June 1, 1996, Volume I, New York (USA), 1996, S. 779

[537] Vgl. FASB: Original Pronouncements 1996/97 Edition - Accounting Standards as of June 1, 1996, Volume I, New York (USA), 1996, S. 780

In den Erläuterungen zu SFAS 80 wird ein gesamtes Kapitel den besonderen Fragen bei Finanzinstitutionen gewidmet. Im Hinblick auf das Zinsänderungsrisiko, dem eine Bank unterliegt, wenn sie Erträge aus dem Fristentransformationsprozeß erwirtschaften will, und welches teilweise reduziert wird durch das Eingehen entsprechender Futures-Positionen, werden verschiedene Möglichkeiten hinsichtlich der Behandlung dieser Positionen aufgezeigt. Wenn z. B. die Bank langfristige festverzinsliche Darlehen ausreicht und diese mit kurzfristigen Anleihen finanziert, so ist die Bank einem Zinssteigerungsrisiko ausgesetzt und könnte interest-rate-futures verkaufen, um dieses Risiko zu reduzieren. Man könnte diese short-positions in interest-rate-futures zum einen als Hedge eines Teils der Darlehen sehen, sofern die entsprechende Korrelation der Marktwertänderungen zwischen Darlehen und Futures gegeben ist. Zum anderen könnte man die Futures auch in Verbindung bringen mit dem rollover bzw. replacement von einem Teil der kurzfristigen Anleiheemissionen, wiederum unter der Voraussetzung einer hohen Korrelation hinsichtlich der Marktwertentwicklung beider Positionen. Die Banken argumentierten, daß bei einer solchen Hedge-Strategie die Hedge-Instrumente einzelnen Bilanzpositionen nicht konkret zugeordnet werden, sondern daß es sich um Makro-Hedges des Nettorisikos einer Bank handelt bzw. um die Absicherung der Zinsspanne ('spread') einer speziellen Periode, welche sich bestimmt aus der Bezugnahme auf die Zinsbindungsfristen der einbezogenen Aktiva und Passiva. Das FASB dagegen entschied sich gegen die Zulassung des Hedge-accounting für Makro-Hedges, da es durch die fehlende Verbindung des Future an konkrete einzelne Geschäfte keine objektive Prüfmethode gibt, mit der die Hedge-Effektivität gemessen werden kann. Außerdem kann nicht eindeutig festgestellt werden, wann die Ergebnisbeiträge des Future Erfolgswirksamkeit erlangen müssen. Die Interpretation eines Makro-Hedges als Absicherung der Zinsspanne zwischen Aktiv- und Passiv-Positionen folgt das Board unter der Begründung nicht, daß es keine Future-Kontrakte auf Zins-Spreads gibt.[538] Auf die Möglichkeit eines Portfolio-Hedges wird nicht eingegangen.

Weiterhin wird die Frage behandelt, ob die im SFAS genannten Kriterien überhaupt auf die Situation zutreffen können, in der mit einem Zinsfuture ein festverzinsliches Wertpapier gehedgt wird, bei dem feste Absicht besteht, es bis zum Ende der Laufzeit im Portfolio zu halten. Es wird argumentiert, daß Finanzinstrumente, die bis zum Laufzeitende gehalten und zu historischen Kosten bilanziert werden, weder ein Preis- noch ein Zinsänderungsrisiko für das Unternehmen mit sich bringen. Das FASB argumentiert noch im SFAS 80, daß ein Hedge mit einem Future nicht aus dem Grund nicht anerkannt werden sollte, weil damit ein Finanzinstrument abgesichert wird, welches bis zur Endfälligkeit im Portfolio gehalten werden soll.[539] Später distanziert das Board sich im Rahmen der Erläuterungen zu SFAS 115 von dieser Aussage.[540] Der Grund für diese Einstellungsänderung liegt darin, daß das Board annimmt, daß die Entscheidung eines Unternehmens, das Wertpapier als 'held-to-maturity' zu klassifizieren, die Tatsache ausdrückt, daß diese Entscheidung während der Laufzeit keinesfalls beeinflußt werden kann z. B. durch eine Änderung der Marktrendite oder durch ein verändertes Rückzahlungsrisiko aufgrund der

[538] Vgl. FASB: Original Pronouncements 1996/97 Edition - Accounting Standards as of June 1, 1996, Volume I, New York (USA), 1996, S. 790

[539] Vgl. FASB: Original Pronouncements 1996/97 Edition - Accounting Standards as of June 1, 1996, Volume I, New York (USA), 1996, S. 790

[540] Vgl. FASB: Original Pronouncements 1996/97 Edition - Accounting Standards as of June 1, 1996, Volume I, New York (USA), 1996, S. 1560

Verschlechterung der Bonität des Schuldners.[541] Dennoch wurde es im Rahmen des SFAS 115 nicht untersagt, ein Derivat als Hedge-Instrument einem held-to-maturity Wertpapier zuzuweisen.

In dem vorgeschlagenen neuen FASB-Statement wird dieser Ausschluß eines Hedges eines held-to-maturity Wertpapieres jetzt angestrebt.[542] Da im Rahmen des neuen Statements sich ein Hedge-Verhältnis auch nur auf eine konkrete Risikoart beziehen kann, wird lediglich ein Zinsrisiko-Hedge bei dieser Wertpapierkategorie ausgeschlossen. Ein Hedge z. B. bezogen auf ein Währungsrisiko ist dagegen möglich. Im derzeit noch unvollständigen Anhang zu dem neuen SFAS ist eine nähere Erläuterung bislang nicht gegeben. Im Exposure Draft war hierzu eine Begründung enthalten, die sicherlich nach wie vor Gültigkeit hat. Es wurde der Meinung Ausdruck verliehen, daß die Zulassung eines Zinsrisiko-Hedges mit dem Argument, daß historische Kosten bzw. 'amortized cost' die angemessene Bewertung für diese Wertpapierkategorie sind, nicht konsistent ist, da zwischenzeitlich auftretende, unrealisierte Gewinne bzw. Verluste niemals tatsächlich realisiert werden und damit irrelevant sind.[543]

Die oben beschriebenen Regelungen haben bis dato Bestand, der Ausschluß eines held-to-maturity-Wertpapiers von der Zinsrisiko-Hedge-Rechnungslegung soll erst im Rahmen der Verabschiedung des neuen FASB-Proposal erfolgen. Die Hedge-Strategien mit den übrigen derivativen Finanzinstrumenten bzw. auch mit Futures, beruhend auf anderen Basiswerten, werden derzeit nicht explizit geregelt.

2.3.3. Offenlegungsvorschriften (SFAS 119)

SFAS 119 verlangt weitere Offenlegungen bei Hedge-Geschäften. Für die derivativen Finanzinstrumente, die für Zwecke 'other than trading' gehalten werden, sollen die Ziele für den Einsatz der Instrumente beschrieben werden und die Strategien, um diese Ziele zu erreichen. Es muß erläutert werden, wie jede Klasse von Derivaten in der Bilanz bewertet wird und wann und unter welcher Position die damit verbundenen Gewinne und Verluste erfolgswirksam vereinnahmt werden. Für Derivate, die zur Absicherung von zukünftigen Geschäften (wobei SFAS 119 zwischen 'firm commitments' (feste Vereinbarungen) und 'forecasted transactions' (geplante Transaktionen) unterscheidet) eingesetzt werden, muß eine Beschreibung der zukünftigen Transaktion und der gehedgten Risiken gegeben werden einschließlich des Zeitrahmens, in dem die Transaktion stattfinden wird. Weiterhin wird eine Beschreibung der zur Sicherung der zukünftigen Transaktion verwendeten Derivate vorgeschrieben, die Höhe der in die Zukunft verschobenen Gewinne und Verluste und die Beschreibung der Umstände, die dazu führen, daß die verschobenen Gewinne und Verluste erfolgswirksam vereinnahmt werden.[544]

541 Vgl. FASB: Original Pronouncements 1996/97 Edition - Accounting Standards as of June 1, 1996, Volume I, New York (USA), 1996, S. 1560

542 Vgl. FASB: Task Force Draft - Statement of Financial Accounting Standards No. 13X - Accounting for Derivative Instruments and for Hedging Activities, September 12, 1997 Version, S. 14 und S. 19

543 Vgl. FASB: Exposure Draft - Proposed Statement of Financial Accounting Standards - Accounting for Derivative and Similar Financial Instruments and for Hedging Activities, Financial Accounting Series, No. 162-B, June 20,1996, S. 100

544 FASB: Original Pronouncements 1996/97 Edition - Accounting Standards as of June 1, 1996, Volume I, New York (USA), 1996, S. 1674

2.3.4. Inkonsistenzen der Vorschriften

„The lack of a single, comprehensive approach to accounting for derivatives and hedging has often forced entities to analogise to existing guidance or practice. Because different sources of analogy conflict, a wide range of answers can often be supported and no answer is safe from later challenge.“ [545] Wie inkonsistent die aktuell gültigen Vorschriften - insbesondere unter Einbeziehung der sonstigen Vorschriften wie z. B. EITF-Issues - sind, kann folgendem Zitat entnommen werden: „Under current GAAP, hedge accounting applies for currency forwards hedging firm contractual commitments, but not for forwards hedging forecasted transactions. However, hedge accounting does apply to hedges of forecasted transactions when the instrument is a purchased currency option.“ [546]

Der häufigste Grund für die Komplexität der Rechnungslegung von Hedge-Konstruktionen findet sich in der Tatsache, daß es einige Inkonsistenzen zwischen SFAS 52 und SFAS 80 gibt.[547]

Tabelle der wichtigsten Unterschiede zwischen SFAS 52 und 80

	SFAS 52	**SFAS 80**
Risikoprüfung	auf Einzelgeschäftsebene	auf Unternehmens- oder Teilunternehmensebene, falls das Risikomanagement auf Teilebenen dezentralisiert ist
Sicherung von (1) geplanten Transaktionen und (2) festen Vereinbarungen	(1) nicht anerkannt (2) anerkannt	(1) und (2) anerkannt, wenn • die signifikanten Eigenschaften und erwarteten Bedingungen des zukünftigen Geschäfts festgelegt sind und • es wahrscheinlich ist, daß das zukünftige Geschäft stattfindet.
Cross-Hedge	anerkannt nur, wenn es nicht praktikabel oder durchführbar ist, in derselben Währung abzusichern; die Korrelation wird nicht betrachtet	anerkannt, wenn • es eine klare wirtschaftliche Beziehung zwischen der Basis des Future und der gesicherten Position gibt und • eine hohe Korrelation wahrscheinlich ist.

Abbildung 9: Unterschiede zwischen SFAS 52 und SFAS 80 in den USA[548]

[545] Taylor, Francis: Keeping Hedges In Trim, Accountancy - International Edition, 8/1996, S. 50

[546] Godwin, Joseph; Goldberg, Stephen; Tritschler, Charles: Understanding Foreign Currency Derivative Measurements as FASB Moves Toward Fair Value Reporting, The Journal of Corporate Accounting and Finance, Spring 1996, S. 76

[547] Vgl. Herz, Robert; Tancer, Joel: Accounting for Derivative and Synthetic Instruments, in: Haight, Timothy (Hrsg.): Derivatives Risk Management Service, Boston (Massachusetts, USA), 1996, S. 9A-8

[548] Vgl. Herz, Robert; Tancer, Joel: Accounting for Derivative and Synthetic Instruments, in: Haight, Timothy (Hrsg.): Derivatives Risk Management Service, Boston (Massachusetts, USA), 1996, S. 9A-8 ff. und Wilson, Arlette; Stanwick, Sarah: Alternatives to current accounting for derivative instruments, The CPA Journal, 12/1995, S. 48

Aus diesem Grunde ist der neue FASB-Proposal insbesondere auf die umfassende Regelung von Hedging-Strategien mittels aller Arten von Derivaten ausgerichtet.

Wie bereits erwähnt, ist der Proposal noch nicht verabschiedet und kann daher Änderungen erfahren. Dennoch sollen die wichtigsten Vorschläge und grundsätzlichen Regelungen im Hinblick auf die Hedge-Rechnungslegung vorgestellt werden, um so Einblick in den Diskussionstand in den USA zu erhalten.

2.3.5. Vorschläge des geplanten neuen Statement

Der Proposal unterscheidet grundsätzlich zwischen folgenden Hedge-Arten[549]:

1) Fair value-Hedge
Hierzu gehört die Absicherung des Risikos der Veränderung des Fair value von bestehenden Vermögenspositionen oder Verbindlichkeiten bzw. von festen Vereinbarungen, welche einer speziellen Risikoart zugeordnet wird.

2) Cash flow-Hedge
Hierzu gehört die Absicherung des Risikos der Veränderung der zukünftigen Cash flows von bestehenden Vermögenspositionen oder Verbindlichkeiten bzw. von geplanten Transaktionen, welche einer speziellen Risikoart zugeordnet wird.

Der Unterschied zwischen einer festen Vereinbarung und einer geplanten Transaktion wird darin gesehen, daß bei einer festen Vereinbarung bereits alle entscheidenden Bedingungen des zukünftigen Geschäfts in einem Vertrag festgelegt sind einschließlich der Menge des gehandelten Gegenstands, die Preisfestlegung und der Zeitpunkt des Geschäfts. Bei einer geplanten Transaktion ist bislang noch nichts vereinbart, d. h. das geplante Geschäft wird bei seiner Ausführung zu dem dann aktuell gültigen Marktpreis durchgeführt. Eine geplante Transaktion „does not give an entity any present rights to future benefits or obligations for future sacrifices.“ [550]

Weiterhin ist in dem Proposal noch der Hedge des Währungsrisikos von festen Vereinbarungen (ein Währungsrisiko-Fair value-Hedge), von available-for-sale Wertpapieren (ein Währungsrisiko-Fair value-Hedge), von einer geplanten Transaktion (ein Währungsrisiko-Cash flow-Hedge) und einer Nettoinvestition in eine ausländische Unternehmung bzw. ein Projekt im Ausland als eigenständige Hedge-Art dargestellt. Da sich die Rechnungslegung jedoch vollkommen jeweils an die Vorschriften für Fair value- bzw. Cash flow-Hedges anlehnt und diese eigenständige Hedgeart nur geschaffen wurde, um auf spezielle, bereits existierende Rechnungslegungsvorschriften für Währungsgeschäfte eingehen zu können, wird diese Hedge-Art im Rahmen dieser Arbeit separat nicht weiter ausgeführt.

[549] FASB: Task Force Draft - Statement of Financial Accounting Standards No. 13X - Accounting for Derivative Instruments and for Hedging Activities, September 12, 1997 Version, S. 133

[550] FASB: Task Force Draft - Statement of Financial Accounting Standards No. 13X - Accounting for Derivative Instruments and for Hedging Activities, September 12, 1997 Version, S. 13

2.3.5.1. Fair value-Hedge

Bei einem Fair value-Hedge wird der Gewinn und Verlust des Derivats in der Periode erfolgswirksam, in der die Wertänderung auftritt. Ebenso wird bei der gesicherten Position die Wertänderung in der gleichen Periode erfolgswirksam, allerdings nur der Teil, der auf die durch den Hedge abgesicherte Risikoart entfällt.[551] Diese Vorschrift bewirkt also, daß bei der Zuordnung eines Wertpapieres zu einem Fair value-Hedge sich dadurch dessen Rechnungslegung ändert. So schreibt das FASB z. B., daß bei einem available-for-sale Wertpapier, dessen unrealisierten Wertänderungen sich nach den sonst gültigen Rechnungslegungsvorschriften im 'other comprehensive income' niederschlagen, sich durch die Fair value-Hedge-Rechnungslegung direkt in der GuV niederschlagen.[552] Bei dem abgesicherten Wertpapier wird somit in der Bilanz eine Anpassung des Buchwertes vorgenommen und diese Anpassung schlägt sich direkt in der GuV nieder. Die Anpassung des Wertes des Wertpapiers in Bezug auf die gehedgte Risikoart auf den Fair value ist dabei in der Höhe nicht begrenzt durch die Wertänderung des Derivats. Eine Ineffektivität der Risikoabsicherung durch die gewählte Hedge-Konstruktion schlägt somit auf die GuV in voller Höhe durch. Diese Rechnungslegungsvorschriften für einen Fair value-Hedge führen dazu, daß sich die in der GuV sofort erfolgswirksam vereinnahmten unrealisierten Gewinne und Verluste aus abgesicherter und Sicherungsposition gegenseitig neutralisieren mit Ausnahme der Effekte aus Ineffektivitäten im Hedge selbst (welche sich somit erfolgsbeeinflussend in der GuV auswirken) und mit Ausnahme einer möglicherweise vorhandenen wertbeeinflussenden Risikokomponente bei der abgesicherten Position, deren Risikoart nicht in die Hedge-Konstruktion eingeschlossen ist.[553] Diese anderweitigen Risikoarten unterliegen nicht der Hedge-Rechnungslegung dieses neuen SFAS, sondern sind nach den ansonsten gültigen Rechnungslegungsvorschriften zu behandeln. Das FASB-Proposal gibt dabei als Reihenfolge vor, daß zunächst die im Rahmen dieses neuen SFAS vorgegebenen Hedge-Rechnungslegungsvorschriften für die angesprochene Risikoart anzuwenden sind und dann in einem zweiten Schritt die ansonsten gültigen Vorschriften für weitere zu berücksichtigende wertbeeinflussende Faktoren für die abgesicherte Position.[554] Konkret bedeutet dies, daß z. B. für eine gekaufte festverzinsliche Industrieanleihe, deren marktzinsinduziertes Kursänderungsrisiko durch einen Fair value-Hedge z. B. mit Hilfe eines Zinsfutures abgesichert wurde, zunächst die oben dargelegte Hedge-Rechnungslegung anzuwenden ist. Sollte weiterhin z. B. ein Kursverlust der Anleihe durch die Bonitätsverschlechterung des Emittenten im Buchwert aufgrund von Vorschriften in anderen SFAS zu berücksichtigen sein, so hat diese Buchung im Anschluß zu erfolgen. Damit wird - übrigens ganz im Gegensatz zu dem Exposure Draft, der dem geplanten Statement vorausgeht, - im Rahmen der Hedge-Rechnungslegung sehr genau differenziert hinsichtlich der abgesicherten Risikoart.

[551] Vgl. FASB: Task Force Draft - Statement of Financial Accounting Standards No. 13X - Accounting for Derivative Instruments and for Hedging Activities, September 12, 1997 Version, S. 14

[552] Vgl. FASB: Task Force Draft - Statement of Financial Accounting Standards No. 13X - Accounting for Derivative Instruments and for Hedging Activities, September 12, 1997 Version, S. 15 f.

[553] Vgl. FASB: Task Force Draft - Statement of Financial Accounting Standards No. 13X - Accounting for Derivative Instruments and for Hedging Activities, September 12, 1997 Version, S. 14

[554] Vgl. FASB: Task Force Draft - Statement of Financial Accounting Standards No. 13X - Accounting for Derivative Instruments and for Hedging Activities, September 12, 1997 Version, S. 17

Folgende Bedingungen[555] müssen erfüllt sein, damit ein Fair value-Hedge anerkannt werden kann:

a) Zu Beginn des Hedges wird eine formale Dokumentation vorgenommen bzgl. der Hedge-Beziehung, dem Unternehmensziel in Bezug auf dessen Risikomanagement und die Strategie, die bei dem Aufbau der Hedge-Beziehung verfolgt wird. In die Dokumentation eingeschlossen werden muß die Identifikation des Hedge-Instrumentes, der zugeordneten abgesicherten Position, der Art des Risikos, welches abgesichert werden soll und wie das Unternehmen die Effektivität des Hedge-Instrumentes, das auf die abgesicherte Risikoart entfallende Wertänderungsrisiko des Fair value der abgesicherten Position auszugleichen, überprüfen will.

b) Es wird erwartet, daß sowohl zu Beginn des Hedges wie auch im weiteren Verlauf die Hedge-Beziehung 'hocheffektiv' ist, so daß sich die Schwankungen in den Fair values, die auf die abgesicherte Risikoart zurückzuführen sind, gegenseitig weitgehend aufheben. Eine Überprüfung dieser Hedge-Effektivität soll mindestens alle drei Monate erfolgen.

Es ist zu beachten, daß das FASB keine genauen Vorgaben gibt, mit welchen Methoden diese Überprüfung stattfinden soll. Die Unternehmen und Banken werden aufgefordert, diese Überprüfung auf einer 'vernünftigen Basis' durchzuführen. Solche Hinweise tragen m. E. jedoch wenig dazu bei, die Vergleichbarkeit von Rechnungsabschlüssen zwischen Unternehmen zu fördern. Das FASB schreibt selbst in den Erläuterungen zu dem Task Force Draft: „... this Statement does not attempt to specify a single method to assessing whether a hedge is expected to be highly effective, measuring the changes in fair values or cash flows used in that assessment, or determing the hedge ineffectiveness. The method of assessing hedge effectiveness depends on how an entity specifies its risk management strategy. However, assessment of effectiveness in a different manner for similar types of hedges should be justified." [556] Dieser Aussage ist zu entnehmen, daß das FASB nicht nur keine exakten Vorgaben gibt hinsichtlich der Prüfmethode, sondern daß es selbst unterschiedliche Prüfverfahren für ähnliche Hedge-Konstruktionen zuläßt, so lange dies seitens des Unternehmens begründet werden kann. Damit wird selbst die innerbetriebliche Vergleichbarkeit nicht mehr gewährleistet. Konkret weist das FASB darauf hin, daß insbesondere das 'time-value'-Element bei Derivaten (z. B. grundsätzlich bei Optionen oder auch bei Währungsderivaten im Hinblick auf den Unterschied zwischen spot rate und forward rate) je nach Strategie des Unternehmens entweder in die Hedge-Kalkulation miteinbezogen werden kann oder nicht. Das Unternehmen hat also letztlich ein Wahlrecht (welches nicht einmal grundsätzlich dem Stetigkeitsprinzip unterliegt) im Hinblick auf die Ausgestaltung der Hedge-Kalkulation bzw. ganz konkret in Bezug auf die Einrechnung des Zeitwertes. Das FASB gibt dann im Anhang anhand einer Vielzahl von Einzelbeispielen vor, in welcher Form jeweils die 'Hedge-Effektivität' überprüft werden könnte, wobei in vielen Fällen das FASB selbst unterschiedliche Methoden - jeweils in Abhängigkeit der Dokumentation unterschiedlicher Sichtweisen - vorstellt und jeweils auch anerkennt. Diese unterschiedlichen Methoden können in ihren Auswirkungen auf

[555] Vgl. FASB: Task Force Draft - Statement of Financial Accounting Standards No. 13X - Accounting for Derivative Instruments and for Hedging Activities, September 12, 1997 Version, S. 12 f.

[556] FASB: Task Force Draft - Statement of Financial Accounting Standards No. 13X - Accounting for Derivative Instruments and for Hedging Activities, September 12, 1997 Version, S. 56

die Ermittlung der Erfolgsbeeinflussung der Hedge-Rechnungslegung erhebliche Unterschiede aufweisen.

Weiterhin definiert das FASB die Voraussetzungen[557], die eine Vermögensposition bzw. eine Verbindlichkeit erfüllen muß, damit sie für eine Zuordnung im Rahmen eines Fair value-Hedge zugelassen wird. Die für die Rechnungslegung von Banken relevanten Vorschriften werden nachstehend wiedergegeben:

a) Die abgesicherte Position wird identifiziert als entweder die komplette Menge oder ein spezifizierter Teil einer vorhandenen Vermögensposition oder einer Verbindlichkeit oder einer festen Vereinbarung.

b) Die abgesicherte Position ist entweder eine einzelne Vermögensposition oder Verbindlichkeit oder ein Portfolio von ähnlichen Aktiva oder Passiva bzw. Teile davon. Bei einem Portfolio-Hedge müssen die zugerechneten Einzelpositionen die gehedgte Risikoart teilen, aus deren Grunde der Portfolio-Hedge aufgebaut wurde.

c) Speziell für die Absicherung von 'financial assets or liabilities' (im Gegensatz zu non-financial assets or liabilities) wird vorgeschrieben, daß es sich bei der abgesicherten Risikoart um folgende Möglichkeiten handelt: i) es wird das Risiko der Änderung des Fair value der Gesamtmenge der gehedgten Vermögensposition oder Verbindlichkeit abgesichert, ii) oder das Risiko von Wertschwankungen, die auf Änderungen des Marktzinssatzes beruhen, iii) oder das Risiko von Wertschwankungen, die auf Änderungen des Wechselkurses beruhen, iv) oder das Risiko von Wertschwankungen, die auf Änderungen der Bonität des Emittenten beruhen. - Mit dem jetzigen Veröffentlichungsstand des Proposal werden keine näheren Erläuterungen zu dieser Einschränkung gegeben. Nicht nachvollziehbar ist z. B., warum - wenn Aktienpositionen nicht explizit von der Fair value Hedge-Rechnungslegung ausgeschlossen sind - das Aktienkursrisiko nur dann mit einem Hedge in der Bilanz anerkannt wird, wenn die gesamte Aktienposition abgesichert wird.

Sofern diese Bedingungen bzw. Voraussetzungen eingehalten werden, wird ein Fair value-Hedge im Rahmen der Rechnungslegung anerkannt. Sobald z. B. auch nur eine der Vorgaben nicht mehr erfüllt wird oder auch wenn das Unternehmen die Absicht aufgibt, die Zuordnung der beiden Positionen zur Hedge-Konstruktion aufrecht zu erhalten, so muß sofort die oben beschriebene Verfahrensweise der Hedge-Rechnungslegung beendet werden.

2.3.5.2. Cash flow-Hedge

Die zweite Art von Sicherungskonstruktionen, die für eine besondere Rechnungslegung anerkannt werden, sind die bereits genannten Cash flow-Hedges. Damit sollen Risiken abgesichert werden, die sich auf die Variabilität der zukünftigen Cash flows beziehen, die auf einem bestimmten Risiko basieren. Diese Cash flow-Schwankungen können verbunden sein mit einem bereits vorhandenen, bilanzierten Vermögensgegenstand bzw. einer

[557] Vgl. FASB: Task Force Draft - Statement of Financial Accounting Standards No. 13X - Accounting for Derivative Instruments and for Hedging Activities, September 12, 1997 Version, S. 13 f.

Verbindlichkeit oder mit einer geplanten Transaktion.[558] In diesen Bereich können auch die im SFAS 80 noch so bezeichneten antizipativen Hedges eingeordnet werden, jedoch handelt es sich bei der Bezeichnung Cash flow-Hedge um einen umfassenderen Sachverhalt.

Die Rechnungslegungsregelungen bei einem Cash flow-Hedge beziehen sich ebenso wie beim Fair value-Hedge jeweils nur auf den Teil der Cash flow-Schwankungen, die auf die abgesicherte Risikoart zurückzuführen sind. Es wird der Teil der (realisierten oder unrealisierten) Gewinne und Verluste aus dem Derivatgeschäft, der auf die abgesicherte Risikoart entfällt, in der Bilanzposition des 'other comprehensive income' gespeichert. Das comprehensive income ist eine Bilanzposition, die separat ausgewiesen wird, aber eigentlich zum Eigenkapital gehört. „... all transactions increasing or decreasing stockholders' equity during the current period, with the exception of dividends and capital transactions, should be included in a measure of net income called „comprehensive income". In addition to traditional net income, „comprehensive income" includes unrealized gains and losses form available-for-sale securities, foreign currency translation adjustments ... . items of „comprehensive income" ... presently bypass the income statement and go directly to equity." [559] Es wird verwiesen auf die Erläuterungen in Abschnitt 1.3.6. dieses Kapitels, in dem die Grundsatzentscheidung des FASB vorgestellt wurde, daß Gewinne und Verluste aus Derivatgeschäften nicht mehr als Aktiv- bzw. Passivbilanzpositionen erscheinen dürfen, sondern - sofern sie nicht direkt in der GuV erfolgswirksam vereinnahmt werden - die Gegenposition im 'other comprehensive income' haben. Der Teil der Cash flow-Schwankungen des Derivats, die nicht auf die abgesicherter Risikoart entfallen, müssen sofort erfolgswirksam in der GuV vereinnahmt werden. An dieser Stelle verweist das FASB auf ein sehr interessantes Beispiel, daß der japanischen Rechnungslegung (vgl. Kapitel 4 Abschnitt 2.2.) entnommen sein könnte: „For example, if the effectiveness of a hedge with an option contract is assessed based on changes in the option's intrinsic value, the changes in the option's time value would be recognized in earnings. Time value is equal to the fair value of the option less its intrinsic value." [560] Wie später in der Arbeit gezeigt wird, liegt genau dieses Konzept der Rechnungslegung von Optionen in Japan bereits seit einigen Jahren zugrunde und wird in den USA im Rahmen dieses Task Force Draft erstmals in der US-amerikanischen Diskussion nachhaltig erwähnt. Selbst im dem Task Force Draft vorausgehenden Exposure Draft von 1996 findet sich diese Überlegung nicht.

Eine weitere Vorschrift ist zu beachten bei der Bilanzierung der Position des 'other comprehensive income'. Es darf dabei jeweils nur die geringere der beiden Summen in diese Bilanzposition eingestellt werden, die wie folgt beschrieben werden:

(1) Der kumulierte Gewinn oder Verlust aus dem Derivatgeschäft vom Zeitpunkt des Beginns des Hedges abzüglich der Teile, die nicht auf die abgesicherte Risikoart entfallen.

[558] Vgl. FASB: Task Force Draft - Statement of Financial Accounting Standards No. 13X - Accounting for Derivative Instruments and for Hedging Activities, September 12, 1997 Version, S. 17

[559] Szymanski, Michael; Brezovec, Richard: FASB's New Direction in the Hedging Project - Another Step toward Fair Value Accounting, Bank Accounting & Finance, Spring 1996, S. 27

[560] FASB: Task Force Draft - Statement of Financial Accounting Standards No. 13X - Accounting for Derivative Instruments and for Hedging Activities, September 12, 1997 Version, S. 20

(2) Die kumulierten Schwankungen der erwarteten zukünftigen Cash flows aus der abgesicherten Transaktion vom Zeitpunkt des Beginns des Hedges.

Sollte Fall (2) die geringere Summe darstellen, so werden die überschießenden Gewinne bzw. Verluste aus dem Derivatgeschäft direkt der GuV zugerechnet.[561] Im umgekehrten Fall bleiben - so ist es wohl anzunehmen, obwohl sich hierzu keine explizite Aussage im Proposal findet - die überschießenden Teile vollkommen unberücksichtigt, was m. E. völlig richtig ist, da das geplante Geschäft in zukünftigen Perioden stattfinden soll und die Hedge-Rechnungslegung nicht dazu führen soll, Gewinne oder Verluste zukünftiger Periode heute erfolgswirksam werden zu lassen. Das Board gibt jedoch eine Erklärung, warum grundsätzlich nur die geringere Summe der beiden oben genannten Positionen in das 'other comprehensive income' eingestellt werden darf: „The Board was concerned that deferring all derivative gains and losses in other comprehensive income and recognizing them in the future, perhaps spread out over a number of years, would not meet its ... objective of reflecting any hedge ineffectiveness. The Board, therefore, decided to require that, in general, the ineffective aspect of a cash flow hedge be immediately recognized in earnings." [562]

Für die in der Bilanzposition 'other comprehensive income' gespeicherten Gewinne bzw. Verluste aus dem Derivatgeschäft sollen in der Periode erfolgswirksam in die GuV transferiert werden, in der die abgesicherten zukünftigen Transaktionen die GuV beeinflussen (z. B. wenn der geplante Verkauf einer Vermögensposition stattfindet). Handelt es sich bei der geplanten Transaktion um den Kauf eines Vermögensgegenstandes oder um die Aufnahme einer Verbindlichkeit, so werden die im 'other comprehensiv income' gespeicherten kumulierten Gewinne bzw. Verluste aus dem Derivatgeschäft ebenfalls genau in den Perioden in die GuV transferiert, in denen der Vermögensgegenstand oder die Verbindlichkeit den Erfolg der Bank beeinflußt (z. B. durch Abschreibungen oder Zinsaufwendungen). Allerdings gebietet das FASB einer zu weitgreifenden Verschiebung von Verlusten aus Derivatgeschäften in die Zukunft Einhalt. „... if it is expected that continued deferral of an accumulated loss in other comprehensive income would lead to recognizing a loss in one or more future periods, a loss shall be recognized immediately in earnings for the amount that is not expected to be recovered. For example, a loss shall be recognized for a derivative that is designated as hedging the forecasted purchase of inventory to the extent of the amount that will not be recovered through sales of the related inventory." [563] Derartige Regelungen scheinen jedoch sehr schlecht nachprüfbar bzw. beweisbar zu sein und daher m. E. auch sehr leicht im Rahmen einer aktiven Bilanzpolitik ausnutzbar. - An dieser Stelle soll auf einen wesentlichen Unterschied zwischen dem ursprünglichen Exposure Draft und dem aktuellen Task Force Draft hingewiesen werden. Der Exposure Draft hatte vorgesehen, daß die im 'other comprehensive income' gespeicherten Gewinne bzw. Verluste genau am geplanten Datum der geplanten Transaktion Erfolgswirksamkeit erlangen sollten, auch wenn die geplante Transaktion dennoch später stattfinden sollte. Damit wollte man eine gewisse Disziplinierung in der Konstruktion von antizipativen Hedges erreichen. Genau gegen diese Regelung wurde jedoch sehr

[561] Vgl. FASB: Task Force Draft - Statement of Financial Accounting Standards No. 13X - Accounting for Derivative Instruments and for Hedging Activities, September 12, 1997 Version, S. 20

[562] FASB: Task Force Draft - Statement of Financial Accounting Standards No. 13X - Accounting for Derivative Instruments and for Hedging Activities, September 12, 1997 Version, Appendix B, S. 41

[563] Vgl. FASB: Task Force Draft - Statement of Financial Accounting Standards No. 13X - Accounting for Derivative Instruments and for Hedging Activities, September 12, 1997 Version, S. 21

heftig protestiert, vor allem auch mit dem Argument, daß damit möglicherweise eine 'künstliche' Volatilität beim Erfolgsausweis produziert wird. Das FASB hat offensichtlich diesem Druck nachgegeben, da jetzt der Zeitpunkt der Erfolgswirksamkeit der im 'other comprehensive income' gespeicherten Gewinne und Verluste auf das (möglicherweise vom ursprünglichen Plan abweichende) Datum der tatsächlichen Durchführung der geplanten Transaktion verlegt wurde.

In Bezug auf die Bedingungen[564], die eingehalten werden müssen, damit ein Cash flow-Hedge anerkannt werden kann, gilt, zunächst ebenso wie beim Fair value-Hedge, daß eine formale Dokumentation der Hedge-Beziehung und der entsprechenden Ziele der Unternehmung in Übereinstimmung mit ihrem Risikomanagementsystem vorgenommen werden muß und ebenso, daß die Effektivität der Hedge-Beziehung regelmäßig überprüft werden muß. Zusätzlich wird geregelt, daß ein Cash flow-Hedge auch dann anerkannt wird, wenn damit Zinszahlungen (sowohl Einnahmen wie auch Ausgaben) von einem variablen Zinsmodus in einen anderen variablen Zinsmodus verändert werden. Ein derartiger Hedge wird allerdings nur dann als solcher anerkannt, wenn damit eine Übereinstimmung hergestellt wird zwischen den variablen Zinszahlungen, die mit einer Vermögensposition verbunden sind, zu den variablen Zinszahlungen, die mit einer Verbindlichkeitenposition verbunden sind und diese Hedge-Konstruktion die variablen Zinsein- und auszahlungen in Einklang bringt. Neben diesen allgemeinen Bedingungen für die Anerkennung eines Cash flow-Hedge werden bei Hedges unter Einbeziehung von geplanten Transaktionen an diese weitere Voraussetzungen geknüpft. Geplante Transaktionen können sowohl in Form einer Einzeltransaktion wie auch in Form einer Abfolge von Einzeltransaktionen in einen Cash flow-Hedge einbezogen werden. Geplante Einzeltransaktionen dürfen auch in eine Art 'Gruppenhedge' zusammengefaßt werden, wenn sie alle innerhalb einer kurzen Zeitspanne stattfinden werden. Die geplante Transaktion muß wahrscheinlich sein und soll möglichst nur unter geringfügigen Abweichungen von dem ursprünglich geplanten Eintrittsdatum stattfinden.

Ebenso wie beim Fair value-Hedge wird auch für den Cash flow-Hedge speziell für den geplanten Kauf oder Verkauf von 'financial assets or liabilities' (im Gegensatz zu nonfinancial assets or liabilities) vorgeschrieben, daß es sich bei der abgesicherten Risikoart um folgende Möglichkeiten handelt:

i) es wird das Risiko der Änderung des Cash flows aus dem Kauf oder Verkauf der Gesamtmenge der gehedgten Vermögensposition oder Verbindlichkeit abgesichert,
ii) oder das Risiko von Cash flow-Schwankungen, die auf Änderungen des Marktzinssatzes beruhen,
iii) oder das Risiko von Cash flow-Schwankungen, die auf Änderungen des Wechselkurses beruhen,
iv) oder das Risiko von Cash flow-Schwankungen, die auf Änderungen der Bonität des Emittenten beruhen.[565]

Ebensowenig wie zum Fair value-Hedge werden zum Cash flow-Hedge die Hintergründe für diese Einschränkungen gegeben.

---

[564] Vgl. FASB: Task Force Draft - Statement of Financial Accounting Standards No. 13X - Accounting for Derivative Instruments and for Hedging Activities, September 12, 1997 Version, S. 18 ff.

[565] Vgl. FASB: Task Force Draft - Statement of Financial Accounting Standards No. 13X - Accounting for Derivative Instruments and for Hedging Activities, September 12, 1997 Version, S. 20

Sollte ein Cash flow-Hedge aufgelöst werden, wobei dieselben Abbruchbedingungen wie beim Fair value-Hedge gelten (z. B. Nicht(mehr)erfüllung nur einer der genannten Bedingungen), so sind die im 'other comprehensive income' gespeicherten akkumulierten Gewinne und Verluste aus dem Derivatgeschäft unmittelbar erfolgswirksam zu vereinnahmen.

2.3.5.3. Offenlegungsvorschriften

Neben den reinen Rechnungslegungsvorschriften beinhaltet der derzeit noch unvollständige Task Force Draft auch einige Offenlegungsvorschriften im Hinblick auf die beiden Hedge-Arten.

Grundsätzlich sollen die Ziele des Unternehmens für den Einsatz von derivativen Finanzinstrumenten beschrieben werden ebenso wie die Strategien zur Zielerreichung. Diese qualitativen Aussagen sollen jeweils getroffen werden für Derivate, die im Rahmen eine Fair value-Hedges oder eines Cash flow-Hedges eingesetzt sind (bzw. für Währungshedges) sowie alle anderen Derivate. Weiterhin wird das Unternehmen dazu aufgefordert (aber nicht verpflichtet), auch darüber hinausgehende Informationen zum unternehmensweiten 'overall risk management profile' zu geben.[566]

An quantitativen Informationen[567] wird verlangt, daß das Unternehmen offenlegt:

a) Für Fair value-Hedges:

(1) Die Summe der Gewinne und Verluste aufgeteilt in solche der Hedgeinstrumente und solche der abgesicherten Positionen, welche in der laufenden Periode erfolgswirksam vereinnahmt wurden; zusätzlich die Summe der erfolgswirksam vereinnahmten Gewinne und Verluste, die das Volumen der Hedge-Ineffektivität ausdrükken. Für beide Bereiche muß beschrieben werden, an welcher Stelle in der GuV sich diese Summen wiederfinden.
(2) Die Summe der erfolgswirksam vereinnahmten Gewinne und Verluste aufgrund einer vorzeitigen Beendigung eines Fair value Hedge, wenn dieser nicht mehr als solcher qualifiziert werden kann.

b) Für Cash flow-Hedges:

(1) Die Erfolgsbeiträge der Hedge-Instrumente der Rechnungslegungsperiode aufgeteilt nach Gewinnen und Verlusten.
(2) Der Nettogewinn oder -verlust, der in der GuV erfolgswirksam vereinnahmt wurde in der abgeschlossenen Periode, welcher die Gesamtsumme der Hedge-Ineffektivität darstellt. Außerdem die Bestandteile der Gewinne und Verluste aus dem Derivatgeschäft, welche aufgrund der Prüfung der Hedge-Effektivität aus der Hedge-Zurechnung ausgeschlossen sind.

566 Vgl. FASB: Task Force Draft - Statement of Financial Accounting Standards No. 13X - Accounting for Derivative Instruments and for Hedging Activities, September 12, 1997 Version, S. 27

567 Vgl. FASB: Task Force Draft - Statement of Financial Accounting Standards No. 13X - Accounting for Derivative Instruments and for Hedging Activities, September 12, 1997 Version, S. 27 f.

(3) Eine Beschreibung der Transaktionen oder anderer Ereignisse, die dazu führen, daß die Gewinne und Verluste, die akkumuliert im 'other comprehensive income' gespeichert sind, erfolgswirksam werden. Außerdem die Summe der Gewinne und Verluste, die innerhalb der nächsten zwölf Monate in die GuV übernommen werden.
(4) Eine Beschreibung, unter welche Position der GuV die in der abgelaufenen Periode erfolgswirksam vereinnahmten Gewinne und Verluste der abgesicherten Instrumente subsumiert werden.
(5) Die Summe der Gewinne und Verluste, die erfolgswirksam vereinnahmt wurden, weil der Cash flow-Hedge keinen weiteren Bestand hatte, da es wahrscheinlich wurde, daß die ursprüngliche, geplante Transaktion nicht durchgeführt werden wird.

In der Offenlegung im Rahmen des Anhangs müssen die Unternehmen weitere Informationen geben zu den im 'other comprehensive income' gespeicherten Erfolgsbeiträgen, so z. B. die Daten von Beginn und geplantem Ende der 'Speicherzeit'.[568]

Das FASB fordert dazu auf, schreibt aber nicht vor, daß das Unternehmen darüber hinaus ähnliche Informationen offenlegt zu allen anderen Finanzinstrumenten, zu denen die Derivate in einer Geschäftsbeziehung stehen.[569] Diese weiteren Informationen sollen den Bilanzleser in die Lage versetzen, sich ein umfassendes Bild über die gesamten Finanzaktivitäten des Unternehmens zu machen. Obwohl dieser Hinweis eigentlich insbesondere für Banken besonders angebracht ist und eigentlich erwartet werden könnte, daß diese besondere Branche zu solchen Offenlegungen nicht nur aufgefordert, sondern gezwungen werden sollte, gibt es auch im Task Force Draft keine gesonderten strengeren Vorschriften für Banken.

2.3.6. Erläuterungen und Diskussionen rund um das geplante neue Statement

In den Erläuterungen zu dem Proposal wird im Hinblick auf das grundsätzliche Ziel der Regelungen zum Hedge-accounting ausgeführt, daß mit den Regelungen erreicht werden soll, daß die Gewinne und Verluste aus Sicherungsinstrument und zu sichernder Position nicht in verschiedenen Rechnungsperioden erfolgswirksam vereinnahmt werden, sondern in der gleichen Periode. Diese 'Anomalie' tritt in den USA vor allem dadurch auf, daß für verschiedene Bilanzpositionen unterschiedliche Bewertungsvorschriften Anwendung finden. Das Board bestätigt in dem Proposal im Hinblick auf dieses Problem der Hedge-Rechnungslegung, daß dieses weitgehend gelöst werden könnte, wenn irgendwann das Ziel erreicht sein wird, daß alle Finanzinstrumente mit dem Fair value bewertet werden.[570] Dennoch bleiben auch unter diesen Bedingungen zwei Fragen offen:

Zunächst bleibt die Frage nach der Bewertung von held-to-maturity Wertpapieren. Das FASB gibt keine Hinweise, inwieweit auch solche Wertpapiere zukünftig mit dem Fair value bewertet werden sollen - u. U. auch deshalb nicht, weil jetzt diese Wertpapierkate-

568 Vgl. FASB: Task Force Draft - Statement of Financial Accounting Standards No. 13X - Accounting for Derivative Instruments and for Hedging Activities, September 12, 1997 Version, S. 29
569 Vgl. FASB: Task Force Draft - Statement of Financial Accounting Standards No. 13X - Accounting for Derivative Instruments and for Hedging Activities, September 12, 1997 Version, S. 28 f.
570 Vgl. FASB: Task Force Draft - Statement of Financial Accounting Standards No. 13X - Accounting for Derivative Instruments and for Hedging Activities, September 12, 1997 Version, Appendix B, S. 14 f.

gorie grundsätzlich von Hedge-Konstruktionen (mit Ausnahme von Währungshedges) ausgenommen wird.

Zum zweiten stellt sich die Frage nach der Berücksichtigung von antizipativen Hedges. Dies hat auch das FASB selbst erkannt, da es offen ausführt, daß eine umfassende Fair value-Rechnungslegung für alle Finanzinstrumente nicht das Problem der Berücksichtigung von Cash flow-Hedges von geplanten Transaktionen löst. Das Board vertritt die Meinung, daß im Hinblick auf Hedges von geplanten Transaktionen eigentlich gar keine 'Rechnungslegungsanomalien' auftreten, aber daß es der ausdrückliche Wunsch von vielen Seiten ist, daß spezielle Regelungen für die Absicherung geplanter Transaktionen aufgestellt werden, da in der Praxis Derivate auch dazu benutzt werden, um z. B. den Marktpreis einer geplanten Transaktion bereits heute festzulegen. Dabei ist jedoch zu bedenken, daß es fraglich ist, ob eine geplante Transaktion tatsächlich die Gefahr eines Verlustes für das Unternehmen birgt oder lediglich die Möglichkeit, den gesamten oder Teile eines zukünftigen Gewinns zu verlieren. Normalerweise wird ein Unternehmer das geplante Geschäft wohl kaum noch durchführen, wenn ab einem gewissen späteren Zeitpunkt abzusehen sein wird, daß es nur Verluste bringen wird. Es würden also somit bei dem Derivat die Gewinne verschoben, ohne daß diese wirklich noch benötigt würden oder es würden nur die Verluste verschoben, da nur geplante Geschäfte gemacht würden, die auch Gewinne bringen. Das FASB drückt das eigene Unbehagen mit der Einräumung der Möglichkeit der Nutzung der Hedge-Rechnungslegungsvorschriften auch für geplante Transaktionen sehr deutlich dadurch aus, daß es bereits in dem jetzt zu verabschiedenden SFAS ankündigt, daß es diese Entscheidung im Rahmen einer zukünftigen Einführung der Fair value-Bewertung für alle Finanzinstrumente überdenken will.[571]

Im Rahmen der Erläuterungen zu dem geplanten SFAS wird auch die Frage näher erläutert, warum das Board von seiner noch im SFAS 80 festgelegten Meinung abrückt, die risikomindernde Wirkung eines Hedges nicht mehr auf unternehmensweiter Basis zu überprüfen. Fair value-Risiken und Cash flow-Risiken schließen sich normalerweise gegenseitig aus und die Absicherung eines Risikos erhöht das andere Risiko. Wenn beispielsweise die Variabilität von Zinseinnahmen aus einem variabel-verzinslich ausgereichtem Darlehen durch einen Swap gehedgt wird, bei dem die Bank feste Zinsen erhält und variable Zinsen zahlt, so wird das variabel verzinsliche Darlehen synthetisch in ein festverzinsliches Darlehen umgewandelt. Dadurch wird das Cash flow-Risiko des Darlehens eliminiert. Es entsteht jedoch ein Fair value-Risiko. Wenn die gesamte Hedge-Position betrachtet wird, so werden die Nettozinseinnahmen nicht mehr schwanken mit den schwankenden Marktzinsen, aber der addierte Wert des Darlehens und des Swap wird schwanken, so daß ein Fair value-Risiko entsteht. Da mit dem Proposal die beiden Möglichkeiten von Sicherungsstrategien als Hedge im Rahmen der Rechnungslegung anerkannt werden und weil sich diese beiden Alternativen normalerweise gegenseitig ausschließen, mußte sich das Board zwangsläufig dazu entscheiden, daß die Risikominderung durch eine Hedge-Position nicht mehr eine Risikominderungen auf unternehmensweiter Basis erreicht, sondern lediglich auf Ebene eines Einzelgeschäfts. Dadurch ergibt sich auch die Haltung, daß grundsätzlich an erster Stelle die Risikoreduktion auf Einzelgeschäftsebene und weniger die Risikoreduktion für eine verbundene Gruppe an Einzel-

[571] Vgl. FASB: Task Force Draft - Statement of Financial Accounting Standards No. 13X - Accounting for Derivative Instruments and for Hedging Activities, September 12, 1997 Version, Appendix B, S. 17 f.

positionen steht.[572] Dies wiederum bedeutet, daß für das Board der Mikro-Hedge die wichtigste Form darstellt. Portfolio-Hedges als die Absicherung einer Risikoart einer Gruppe ähnlicher Finanzinstrumente sind mit dem neuen SFAS erlaubt; die Absicherung einer Gruppe von verschiedenen Finanzinstrumenten (im Exposure Draft[573] mit der Bezeichnung 'Makro-Hedge' versehen) ist dagegen nicht erlaubt.[574]

Die Diskussionen um den neuen SFAS, dessen Erstellung und Verabschiedung sich nun bereits seit über sechs Jahren hinzieht, zeigen, wie schwierig es auch in den USA ist, einen mehrheitsfähigen Ansatz zur Lösung der Probleme um das Hedge-accounting zu finden. Allerdings haben die USA auf dem Weg der Lösungssuche und Konsensfindung bereits eine sehr weite Strecke zurückgelegt und obwohl an den Vorschlägen nach wie vor heftige Kritik geübt wird, ist der Problemlösungsprozeß im Vergleich zu Deutschland oder Japan mit Sicherheit am weitesten fortgeschritten.

2.4. Synopse

Die sich anschließende Synopse zu dem Problemkreis der Berücksichtigung von Sicherungsgeschäften in den drei Ländern greift erneut die Überlegungen zu der Synopse zum Problem des 'richtigen' Zeitpunktes der Erfolgswirksamkeit auf. Auch hier werden ausschließlich die Rechnungslegungsvorschriften im Rahmen der Bilanz und des GuV-Ansatzes verglichen und der Bereich der Offenlegung ausgegrenzt. Zur Begründung wird auf die Ausführungen in Abschnitt 1.4. dieses Kapitels verwiesen.

572 Vgl. FASB: Task Force Draft - Statement of Financial Accounting Standards No. 13X - Accounting for Derivative Instruments and for Hedging Activities, September 12, 1997 Version, Appendix B, S. 29 f.

573 Vgl. FASB: Exposure Draft - Proposed Statement of Financial Accounting Standards - Accounting for Derivative and Similar Financial Instruments and for Hedging Activities, Financial Accounting Series, No. 162-B, June 20, 1996, S. 101

574 Vgl. FASB: Task Force Draft - Statement of Financial Accounting Standards No. 13X - Accounting for Derivative Instruments and for Hedging Activities, September 12, 1997 Version, Appendix B, S. 30

	Deutschland	**Japan**	**USA**
Hedge-Rechnungslegung			
1. aktueller Stand			
- grundsätzliche Hinweise	• keine Rechtssicherheit hinsichtlich der Bildung von Bewertungseinheiten, nur herausgebildete Literaturmeinung • Pflicht oder Wahlrecht bei der Bildung strittig • lt. Bilanzrechtskommentar: Pflicht bei währungsbezogenen Geschäften bzw. Derivaten; Wahlrecht bei allen übrigen Arten	• keine Vorschriften für Hedge • immer separate Bewertung von Derivat und abgesicherter Position • nur Diskussionsvorschläge (z. B. vom BADC)	Regelung nur vorhanden bei Währungsgeschäften und bei Futures
- zu erfüllende Bedingungen zur Anerkennung eines Hedges	1. Hinreichende Konkretisierung der Gewinnchancen 2. Homogene Beeinflussung von Gewinnchancen und Verlustrisiko 3. Negative Korrelation 4. Vollständige Kompensation 5. Relativierung durch Restrisiken + weitere Anforderungen	Vor- und Nachprüfung, ob Hedge erfüllt ist (keine Prüfung während der Laufzeit)	keine einheitlichen grundsätzlichen Regelungen

- Anerkennung bzw. Rechnungslegung verschiedener Hedge-Arten			
• Mikro-Hedge	Mikro-Hedge wird zweifelsfrei anerkannt unter folgenden Bedingungen: 1. Hedge-Absicht ist eindeutig dokumentiert 2. Das Sicherungsinstrument und die abgesicherte Position werden buchmäßig gesondert erfaßt 3. Durchhalteabsicht BEWERTUNG: - bei perfect Hedge: keine Bewertung mehr nötig - bei imperfect Hedge: Bewertung nach MTM; überschießende Verluste werden antizipiert; überschießende Gewinne bleiben unberücksichtigt BILANZIERUNG: 2 Möglichkeiten 1. Grund- und Sicherungsgeschäft werden zu Marktpreisen in der Bilanz gezeigt. 2. Es wird nur das Grundgeschäft ausgewiesen bis max. AK; dann entweder Rückstellung für drohende Verluste aus schwebenden Geschäften für das Derivat oder Abschreibung des Grundgeschäfts	2 Fallkonstruktionen zu Mikro-Hedge seitens BADC erläutert: 1. Hedgeobjekt zu AK / Derivat zu MTM → Derivat: Deferral-Methode 2. Hedgeobjekt zu NWP / Derivat nach Settlement → Derivat nun nach MTM BILANZIERUNG bei Deferral: 1. Einheitstechnik: unrealisierte Gewinne und Verluste aus Derivat werden in den Buchwert der abgesicherten Position eingerechnet 2. Trennungstechnik: unrealisierte Gewinne und Verluste werden unter einer eigenen Bilanzposition geführt	Mikro-Hedge wird anerkannt; s. u. bei Währungsgeschäften bzw. Future

• **Makro-Hedge**	Makro-Hedge - die Anerkennung wird gefordert bei folgenden Bedingungen: 1. Einbeziehung in das Risikomanagement 2. Überwachung durch geeignete Instrumente (z. B. Zinsablaufbilanz) 3. dokumentierte Sicherungsstrategie BEWERTUNG: nach MTM; überschießende Verluste werden antizipiert; überschießende Gewinne bleiben unberücksichtigt BILANZIERUNG (bei unrealisiertem Verlustüberhang): 1. Rückstellung für drohende Verluste 2. Abschreibung des abgesicherten Bestandes	zu Makro- und Portfolio-Hedge: keine Unterscheidung zwischen Portfolio und Makro-Hedge (beides somit erlaubt unter dem Ausdruck 'Gesamthedge'); Aufteilung der Gewinne und Verluste aus dem Derivat auf die gesamte abgesicherte Position bei Portfolio- bzw. Makro-Hedge nach verschiedenen Modi mögliche (Unternehmen hat ein Wahlrecht);	Anerkennung von Makro-Hedge bei Währungsgeschäften ist nicht eindeutig geklärt; da aber cross-currency-Hedges erlaubt sind, ist anzunehmen, daß auch Makro-Hedges erlaubt sind. Makro-Hedges mit Futures sind eindeutig nicht erlaubt.
• **Portfolio-Hedge**	Portfolio-Hedge: die Anerkennung wird gefordert (bei folgenden Bedingungen) 1. plausible Hedge-Strategie 2. effizienten Risikomanagement (organisatorische Regelungen) 3. klares Limitsystem dabei werden diverse Portfolio-Abgrenzungen diskutiert; unklar ist, welche anerkannt werden sollten (keine h. M. herausgebildet) BEWERTUNG: nach MTM; überschießende unrealisierte Verluste werden antizipiert; überschießende unrealisierte	s. o.	Für Portfolio-Hedges gibt bei Währungsgeschäften dasselbe Argument wie bei Makro-Hedges. Da bei Futures Makro-Hedges deutlich ausgeschlossen sind, läßt sich schließen, daß dies auch für Portfolio-Hedges gilt - allerdings wird hierzu im SFAS 80 nichts explizit ausgesagt.

	Gewinne bleiben unberücksichtigt - allerdings Vorschlag des 'Profit-Takeout' (zumindest bei Swap-Portfolios)		
• **antizipativer Hedge**	antizipative Hedges - Anerkennung wird zwar gefordert, aber noch völlig offen, ob es erlaubt ist. Der Ergebnisbeitrag des Sicherungsgeschäfts soll in die Anschaffungskosten des Vermögensgegenstandes einbezogen werden.	Antizipativer Hedge erlaubt unter der Bedingung, daß das zukünftige Geschäft sehr wahrscheinlich ist; Rechnungslegung: Deferral (weiterhin Verschiebung der Erfolgswirksamkeit auch nach Realisierung des Gewinns bzw. Verlustes aus Derivat erlaubt bei Trennungstechnik)	Antizipative Hedges sind explizit erlaubt. Nähere Erläuterungen s. u. bei Währungsgeschäften und Futures.
Speziell für USA			
• **Hedge von Währungsgeschäften**			Voraussetzungen für Anerkennung eines Hedges werden nicht genannt. Grundsätzliche Regelungen zur Bilanzierung: • Gewinn bzw. Verlust aus Sicherungsinstrument verschieben und in die Bewertung der gesicherten Position miteinbeziehen • 'überschießende' Gewinne bzw. Verluste (auch unrealisierte) sofort ertragswirksam vereinnahmen Dies gilt auch für antizipative Hedges von festen Vereinbarungen (nur dafür!) für zukünftige Geschäfte → Deferral auch dann noch, wenn Derivatgeschäft bereits abgeschlossen und Gewinn bzw. Verlust realisiert ist

• **Hedge mit Futures**			Bedingungen: 1. zu sichernde Position erhöht Zinsänderungsrisiko des Gesamtunternehmens (d. h. es muß vorher geprüft sein, ob nicht eine interne Kompensation stattfinden könnte) 2. Future reduziert Risiko und wird als Hedge dokumentiert; eine hohe Korrelation der Wertentwicklung muß gegeben sein (cross-Hedges sind erlaubt) Rechnungslegung: • Marktwertänderungen des Future sind hinsichtlich Erfolgswirksamkeit an die Regelungen für das gehedgte Instrument gebunden • wenn bei der gesicherten Position die unrealisierten GuV sofort erfolgswirksam werden, dann auch beim Future • wenn bei der gesicherten Position die unrealisierten GuV nicht erfolgswirksam werden, dann Future-Wertänderung in der Bilanz als deferred loss bzw. deferred gain und adjustment of the carrying amount; konkret: 1. trading Wertpapiere → Fair value sowohl von WP wie auch von Future, bei beiden sofort erfolgswirksam 2. available-for-sale Wertpapiere → un-

			realisierte Gewinne und Verluste (des WP und des Derivats) werden in EK-Komponente gespeichert, erfolgswirksam erst bei Verkauf 3. held-to-maturity Wertpapiere → Amortisation des Future-Ergebnisses über die Restlaufzeit als Berichtigung Zinsaufwand bzw. Zinsertrag • antizipative Hedges (sowohl geplante Geschäfte wie auch feste Vereinbarungen) sind anerkannt bei zusätzlich zu erfüllenden Bedingungen: 1. Daten der zukünftigen Transaktion sind festgelegt. 2. Die zukünftige Transaktion ist wahrscheinlich. Das realisierte Ergebnis des Future kann in der Erfolgswirksamkeit verschoben werden, wenn die zukünftige Transaktion nach Beendigung des Future stattfindet.

2. Planungen bzw. diskutierte Ansätze	• Handelsbestände zu Marktwerten (damit on-balance!) bilanzieren; Bedingungen: Handelspolitik existiert mit definierten Sicherungsstrategien / internes Kontrollsystem / Hedge-Ratio bzw. Limitsystem; Ausschüttungssperre wird heftig diskutiert (hierbei offen, ob konkret für die unrealisierten Nettoerträge oder eine allgemeine Ausschüttungssperre) • Problem: Hedges zu Positionen außerhalb des Handelsbestandes / antizipative Hedges • neuester Vorschlag: alle Finanzinstrumente zu MTM bewerten	aktuelle Diskussion um 1) Deferral Approach 2) MTM Approach 3) Hybrid Approach bei 3): Derivatrechnungslegung richtet sich nach der Bilanzierung der abgesicherten Position; diese Variante 3) wird vorgeschlagen; es handelt sich damit um eine Erweiterung des bisherigen Vorschlags auf <u>alle</u> Situationen → Währungshedges: MTM → Bilanzierung der abgesicherten Position zu AK: Derivat → Deferral (paßt u. U. zu Settlement) → Bilanzierung der abgesicherten Position zu NWP: Bei Derivat unrealisierte Gewinne vereinnahmen, unrealisierte Verluste erst bei Realisierung des Gewinns aus der abgesicherten Position vereinnahmen Bedingung: Prüfverfahren für Hedge (auch während der Laufzeit) keine festen Aussagen zur Mikro-/ Makro-/ Portfolio-Hedge, nur 'Gesamthedge' erlaubt; antizipativer Hedge erlaubt	<u>FASB-Proposal:</u> <u>Grundsätzlich:</u> • Zinsrisiko-Hedge für held-to-maturity-Wertpapiere nicht mehr erlaubt • Abrücken von Forderung nach Risikoreduktion auf Gesamtunternehmensebene; jetzt nur noch Einzelgeschäftsebene <u>Fair value-Hedge:</u> • für Vermögenspositionen / Verbindlichkeiten + feste Vereinbarungen • beim Derivat sind alle Wertveränderungen sofort in voller Höhe erfolgswirksam • bei der abgesicherten Position werden alle Wertänderungen, die auf die gehedgte Risikoart zurückzuführen sind, sofort in voller Höhe erfolgswirksam (Anpassung des Buchwertes) • Voraussetzungen a) formale Dokumentation, mit der das Unternehmen u. a. festlegt, mit welcher Methode es die Effektivität des Hedges kontrollieren will (das Unternehmen hat ein Wahlrecht hinsichtlich der Ausgestaltung der Methode)

			b) begründete Erwartung, daß der Hedge eine hohe Effektivität erreicht und Überprüfung der Effektivität mindestens alle 3 Monate <u>Cash flow-Hedge:</u> • für Vermögensposition / Verbindlichkeiten + geplante Transaktionen • Wertveränderungen des Derivats, die nicht aus der gehedgten Risikoart entstehen bzw. nicht dem Hedge zugerechnet werden, werden sofort erfolgswirksam in der GuV • Wertveränderungen des Derivats (realisiert und unrealisiert), welche im Rahmen der Risikomanagementstrategie des Unternehmens als der Hedge-Konstruktion zugehörig klassifiziert wurden und welche gleichzeitig auf der gehedgten Risikoart basieren, werden im 'other comprehensive income' gespeichert und werden erst erfolgswirksam, wenn die Erfolgswirksamkeit der gehedgten Position eintritt (zeitpunkt- oder zeitraumbezogen) • weitere Regelungen hinsichtlich der ins 'other comprehensive income' maximal einzubuchenden Summen

			sind zu beachten • Voraussetzungen - vergleichbar mit Fair value-Hedge <u>Anerkennung diverser Hedge-Arten:</u> • Mikro-Hedge ja / Makro-Hedge nein / Portfolio-Hedge unter bestimmten Voraussetzungen (Gleichheit der abgesicherten Instrumente; gleiche Risikoart; bei Cash flow-Hedge: bei mehreren gemeinsam abgesicherten zukünftigen Transaktionen müssen alle innerhalb einer kurzen Zeitspanne stattfinden)

3. Berücksichtigung von Art und Umfang verschiedener Risikokategorien

„Die Übernahme und Transformation von Risiken gehört zu den klassischen Aufgaben einer Bank, weshalb dort Aspekten des Risikomanagements in Theorie und Praxis erhebliche Beachtung geschenkt wird.“ [575]

Hedge-accounting ist nur dann sinnvoll, wenn mit dem Einsatz des Derivats eine Risikoreduzierung erreicht wird. Da der Einsatz von Derivaten vor allem mit Risikomanagement etwas zu tun hat, muß untersucht werden, wie das Risiko, entstehend aus dem Umgang mit Derivaten, grundsätzlich in der Rechnungslegung berücksichtigt wird. Daher wurde das Kapitel über Hedging vor das Kapitel der Risikobetrachtung geschaltet, denn das Risiko eines Unternehmens wird dann erst erklärbar, wenn der Bereich der Hedge-Strategien abgehandelt ist. „The key to any investigation of the riskiness of a company`s derivative activities is an understanding of how the company monitors and controls the use of derivatives in its hedging activity.“ [576] Zum einen ergibt sich das Problem der Risikoberücksichtigung im Jahresabschluß besonders im Zusammenhang mit Derivaten zu trading-Zwecken und zum anderen auch im Hinblick auf Hedge-Situationen, in denen nur eine Art von Risiko geschlossen wird, jedoch andere Risikoarten ungedeckt bleiben. Es stellt sich also die grundsätzliche Frage nach der Behandlung des Risikos in der Rechnungslegung.

Im Rahmen dieses Kapitels soll keine umfassende Auflistung aller möglichen Risikoarten, die sich für Banken aus dem Einsatz von Derivaten ergeben können, gegeben werden, sondern es wird dargestellt, welche Risikoarten in welchem Land in der Rechnungslegung berücksichtigt werden.

3.1. Berücksichtigung des Risikos aus Derivaten in Deutschland

Der bilanzielle Risikobegriff in Deutschland bezieht sich auf die Verlustgefahr, die im Rahmen der Bewertung der Aktiva und Passiva im Jahresabschluß berücksichtigt wird. Dieser Risikobegriff ist daher eher bestandsbezogen und vergangenheits- / stichtagsorientiert. § 252 Abs. 1 Nr. 4 HGB gibt zwar vor, daß auch vorhersehbare Risiken und drohende Verluste zu bilanzieren sind, jedoch betrifft dies nur Risiken aus Bewertungsobjekten einschließlich schwebender Geschäfte, die am Abschlußstichtag bestanden und deren Risiko und drohender Verlust bereits am Bilanzstichtag existent sind - auch wenn sie erst nachträglich, d. h. bis zur Bilanzerstellung bekannt werden.[577] Dieses bilanzielle Risiko muß nicht mit dem tatsächlichen wirtschaftlichen Risiko einer Bank übereinstimmen. Das grundsätzliche wirtschaftliche Risiko besteht in der Gefahr einer Verschlechterung

[575] Göttgens, Michael: Hedge Accounting, BFuP, 2/1995, S. 148

[576] Herz, Robert; Elmy, Frederick; Bushee, Brian: Derivatives: Were 1994 Disclosures Adequate?, The Journal of Corporate Accounting and Finance, Winter 1995-96, S. 26

[577] Vgl. Scheffler, Jan: Hedge-Accounting - Jahresabschlußrisiken in Banken, Wiesbaden, 1994, S. 91; Scharpf, Paul; Luz, Günther: Risikomanagement, Bilanzierung und Aufsicht von Finanzderivaten, Stuttgart, 1996, S. 140

der Vermögens-, Finanz- und Ertragslage und die Ermittlung beruht auf einer zukunftsorientierten Risikoauffassung. Durch die Berücksichtigung von Hedge-accounting-Methoden im deutschen Rechnungslegungsrecht soll vermieden werden, daß ein bilanzielles Risiko gezeigt wird, obwohl kein wirtschaftliches Risiko besteht. Im Rahmen dieses Kapitels wird untersucht, inwieweit in Deutschland Regelungen existieren bzw. angedacht sind, um im Rahmen des Jahresabschlusses Informationen über wirtschaftliche Risiken zu geben, die so nicht der Bilanz entnommen werden können, also vor allem mögliche wirtschaftliche (zukünftige) Risiken aus Derivatgeschäften, die nach wie vor in Deutschland 'off-balance' geführt werden. Für am Bilanzstichtag konkret bestehende Verluste - d. h. Verluste, die bei Schließen einer offenen Derivatposition am Bilanzstichtag realisiert werden könnten - müssen Rückstellungen für drohende Verluste aus schwebenden Geschäften in die Bilanz eingestellt werden. Dies allein reicht im Hinblick auf die im Vergleich zu den on-balance-Produkten oftmals vielfach höhere Volatilität bei den Derivaten nicht aus, um die Risikosituation der Bank tatsächlich einschätzen zu können. Es ist daher notwendig, über die reinen bilanziellen Bewertungsvorschriften hinaus zusätzliche Informationen zum wirtschaftlichen Risiko in den Jahresabschluß aufzunehmen.

3.1.1. Gesetzeshinweise zur qualitativen Nennung der Risikokategorien

In Deutschland finden sich gesetzlich kodifizierte Hinweise zur Offenlegung von Risiken aus Derivatgeschäften im § 36 RechKredV. In Satz 1 heißt es: „In den Anhang ist eine Aufstellung über die Arten von am Bilanzstichtag noch nicht abgewickelten fremdwährungs-, zinsabhängigen und sonstigen Termingeschäften, die lediglich ein Erfüllungsrisiko sowie Währungs-, Zins- und sonstige Marktpreisänderungsrisiken aus offenen und im Falle eines Adressenausfalls auch aus geschlossenen Positionen beinhalten, aufzunehmen.“ [578] § 36 unterscheidet die Geschäfte in währungsbezogene Derivate, zinsbezogene Derivate und Derivate mit sonstigen Preisrisiken (z. B. aktienkursbezogene Derivate) und nennt für jede Kategorie ausführliche Beispiele. Für jeden dieser drei Gliederungsposten der Derivate ist gem. Satz 3 anzugeben, „ob ein wesentlicher Teil davon zur Deckung von Zins-, Wechselkurs- oder Marktpreisschwankungen abgeschlossen wurde und ob ein wesentlicher Teil davon auf Handelsgeschäfte entfällt.“ [579]

Die RechKredV gibt somit die Risikokategorisierung in Erfüllungsrisiko als gemeinsames Merkmal und daneben Währungs-, Zins- und / oder sonstiges Marktpreisänderungsrisiko vor.

Im Gegensatz zum Vorentwurf wird in der RechKredV nur die verbale Nennung, nicht jedoch die betragsmäßige Angabe der am Bilanzstichtag noch nicht abgewickelten Termingeschäfte gefordert. Dieser Verzicht wurde dadurch begründet, daß die Nennung von Geschäfts- und Nominalvolumina nur wenig Aussagekraft besitzt. Noch viel weniger kann jedoch eine Aussage über die Risikohaftigkeit des Derivatgeschäfts aus der reinen

[578] Verordnung über die Rechnungslegung der Kreditinstitute (RechKredV), abgedruckt in: Bundesgesetzblatt, I/1992, Nr. 6 vom 14.02.1992, S. 213

[579] Verordnung über die Rechnungslegung der Kreditinstitute (RechKredV), abgedruckt in: Bundesgesetzblatt, I/1992, Nr. 6 vom 14.02.1992, S. 213

Nennung der Geschäfte abgeleitet werden. Es handelt sich hier um eine gesetzlich kodifizierte Informationslücke.[580]

Die Regelungen des § 36 RechKredV bedürfen noch einiger Interpretationen bzw. Kommentierungen. Krumnow et al. gehen insbesondere auf die Überlegung ein, daß sich der Wortlaut des § 36 ausschließlich auf die Derivate bezieht, die am Bilanzstichtag **noch nicht abgewickelt** sind. Da vom Gesetzgeber nur die Nennung der Geschäftsarten verlangt wird, „ist es nicht sinnvoll, die Geschäfte wegzulassen, die zwar vom Kreditinstitut betrieben werden, bei denen aber am Bilanzstichtag (mehr oder weniger zufällig) gerade kein Bestand vorhanden ist.“ [581] Bei wörtlicher Auslegung der Vorschrift hätten die Banken eine weitgehende Manipulationsmöglichkeit, durch gezielten Bestandsabbau zum Bilanzstichtag einen Hinweis auf das Betreiben bestimmter Geschäfte im Anhang zu vermeiden. Krumnow et al. plädieren dafür, die Vorschrift so auszulegen, daß alle einschlägigen Derivatgeschäftsarten zu nennen sind, die von der Bank im Berichtszeitraum in nennenswertem Umfang betrieben wurden unabhängig davon, ob am Bilanzstichtag jeweils noch ein Bestand nicht abgewickelter Geschäfte vorhanden ist oder nicht.[582]

Eine weitere Interpretationsnotwendigkeit ergibt sich aus der Unterscheidung zwischen Deckungsgeschäften und Handelsgeschäften. Krumnow et al. weisen darauf hin, daß es sich sowohl in der wirtschaftlichen Bankpraxis als auch nach dem Sinne des Gesetzes nicht um zwei sich gegenseitig ausschließende Kategorien handelt, denn dann hätte auch im Gesetzestext statt des Wortes ‘und’ das Wort ‘oder’ verwendet werden müssen.[583] Denn neben dem Einsatz von Derivaten für einen Mikro- und einen Makro-Hedge, werden - wie bereits in Abschnitt 2.1. dieses Kapitels ausgeführt - auch innerhalb des Handelsbestandes Hedge-Strategien verfolgt, so daß man inzwischen so weit geht, entweder größere Teileinheiten des gesamten Handelsbestandes oder sogar den kompletten Handelsbestand als Portfolio-Hedge zu behandeln. Daher wird die gesetzliche Regelung so interpretiert, daß ein Ausweis anhand der Bestände erfolgen soll, unterteilt in Handelsbestände und Nichthandelsbestände. Die Kategorie der Handelsbestände soll dann den in § 36 RechKredV genannten Teil der Handelsgeschäfte erfassen. Krumnow et al., die dieses Procedere vorschlagen, beziehen sich implizit darauf, daß die Kategorie der Nichthandelsbestände den in § 36 RechKredV genannten Teil der Geschäfte, die zur Deckung von Zins-, Wechselkurs- und sonstigen Preisrisiken abgeschlossen wurden, darstellen. Unter den Begriff ‘Deckung’ werden alle im Rahmen der deutschen Rechnungslegung sonst ebenfalls anerkannten Hedge-Geschäfte mit Ausnahme des auf die Handelsbestände bezogenen Portfolio-Hedges subsumiert. Diese Portfolio-Hedges werden unter die gem. § 35 RechKredV ausgewiesenen Handelsgeschäfte (bzw. so deutlicher benannten Handelsbestand) gefaßt. Daher sollten - so schlagen es auch Krumnow et al. vor - in einer von der Verordnung nicht explizit geforderten Angabe die Bilanzleser darüber informiert werden, daß auch innerhalb der Handelsbestände des Handelsgeschäfts - wie bei den

[580] Vgl. Fitzner, Volker; Freiling, Andreas; Liedtke, Jens-Uwe: Derivatepublizität deutscher Kreditinstitute, Die Wirtschaftsprüfung, 6/1997, S. 177; Krumnow, Jürgen et al.: Rechnungslegung der Kreditinstitute - Kommentar zum Bankbilanzrichtlinie-Gesetz und zur RechKredV, Stuttgart 1994, Tz. 3, S. 1090

[581] Krumnow, Jürgen et al.: Rechnungslegung der Kreditinstitute - Kommentar zum Bankbilanzrichtlinie-Gesetz und zur RechKredV, Stuttgart 1994, Tz. 8, S. 1092

[582] Vgl. Krumnow, Jürgen et al.: Rechnungslegung der Kreditinstitute - Kommentar zum Bankbilanzrichtlinie-Gesetz und zur RechKredV, Stuttgart 1994, Tz. 8, S. 1092

[583] Vgl. Krumnow, Jürgen et al.: Rechnungslegung der Kreditinstitute - Kommentar zum Bankbilanzrichtlinie-Gesetz und zur RechKredV, Stuttgart 1994, Tz. 17, S. 1096

Nichthandelsbeständen - eine weitgehende Deckung der vorhandenen Marktpreisrisiken vorgenommen wird. Evtl. kann auch ein Hinweis auf einzuhaltende Hedge-Ratios oder Risikolimite angebracht sein.[584]

Einer näheren Betrachtung bedürfen auch die vom Gesetzgeber genannten Risikoarten. Die Nennung des Erfüllungsrisikos bewirkt eine deutliche Abgrenzung zum klassischen bilanziellen Geschäft, das dadurch gekennzeichnet ist, daß der gesamte Nominalbetrag einem potentiellen Ausfallrisiko unterliegt. Bei Derivatgeschäften beschränkt sich das Risiko der Bank darauf, daß sie sich bei Nichterfüllung des Kontraktes durch ihren Vertragspartner die per Termin gekauften Gegenstände möglicherweise teurer am Markt beschaffen muß bzw. die per Termin verkauften Gegenstände u. U. nur zu einem geringeren Preis am Markt absetzen kann. Risikobehaftet ist somit nicht das gesamte Nominalvolumen, sondern nur die Differenz zwischen den im Termingeschäft vereinbarten Konditionen und den am Markt tatsächlich realisierbaren Konditionen. Dies bezeichnet man als Erfüllungsrisiko. Obwohl man bei Stillhalterpositionen nicht von einem Erfüllungsrisiko sprechen kann, hat der Gesetzgeber in der Nennung der Beispiele der einzelnen Derivatgeschäfte in Satz 2 des § 36 RechKredV diese explizit aufgenommen, so daß sie in der Anhangangabe vom Kreditinstitut berücksichtigt werden müssen.[585]

Dieses Erfüllungsrisiko liegt also bei jedem Derivatgeschäft vor und hilft bei einer näheren Untergliederung nicht weiter. Der Gesetzgeber hat daher eine Klassifikation in verschiedene Arten von Marktrisiken, nämlich Währungsrisiken, Zinsänderungsrisiken und sonstige Marktpreisänderungsrisiken vorgegeben. Gebhardt gibt eine adäquate Definition des Marktrisikos bei Derivaten: Marktrisiken (Preisrisiken) resultieren aus den - proportionalen oder bei Instrumenten mit Hebelwirkung überproportionalen - Änderungen der Marktwerte der Derivate aufgrund von Änderungen der Preise der jeweiligen Basisgrößen.[586] Der Gesetzgeber stellt zunächst klar, daß Marktrisiken normalerweise nur aus offenen Positionen entstehen, aber im Falle eines Adressenausfalls auch aus geschlossenen Positionen herrühren können. Krumnow et al. schließen aus der 'umfassenden Formulierung' des Satzes 1 in § 36 RechKredV, „daß im Anhang sämtliche Termingeschäfte zu nennen sind, deren Wert durch eine Änderung von Wechselkursen, Zinsen und / oder sonstigen Preisen beeinflußt wird, unabhängig davon, inwieweit geschlossene Positionen vorliegen und Adressenausfallrisiken gegeben sind." [587] Dennoch bleibt zu beachten, daß grundsätzlich bei börsengehandelten Geschäften kein Adressenausfallrisiko gegeben ist, sondern lediglich bei OTC-Kontrakten.[588] Strenggenommen müßte bei der Offenlegung von Geschäften, die zu einer geschlossenen Position gehören, im Rahmen einer Marktpreisrisikoart unterschieden werden zwischen OTC- und börsenabgewickelten Geschäften. Da aber § 36 RechKredV lediglich die Nennung der Geschäfte verlangt, kann Krumnow et al. in ihrer pauschalisierenden Aussage zugestimmt werden.

---

[584] Vgl. Krumnow, Jürgen et al.: Rechnungslegung der Kreditinstitute - Kommentar zum Bankbilanzrichtlinie-Gesetz und zur RechKredV, Stuttgart 1994, Tz. 18, S. 1096

[585] Vgl. Krumnow, Jürgen et al.: Rechnungslegung der Kreditinstitute - Kommentar zum Bankbilanzrichtlinie-Gesetz und zur RechKredV, Stuttgart 1994, Tz. 10, S. 1092

[586] Vgl. Gebhardt, Günther: Berichterstattung deutscher Unternehmen über den Einsatz derivativer Finanzinstrumente, Die Wirtschaftsprüfung, 18/1995, S. 614 f.

[587] Krumnow, Jürgen et al.: Rechnungslegung der Kreditinstitute - Kommentar zum Bankbilanzrichtlinie-Gesetz und zur RechKredV, Stuttgart 1994, Tz. 11, S. 1093

[588] Vgl. Fitzner, Volker; Freiling, Andreas; Liedtke, Jens-Uwe: Derivatepublizität deutscher Kreditinstitute, Die Wirtschaftsprüfung, 6/1997, S. 190

Darüber hinaus stellt sich die Frage, wie bei Geschäften verfahren werden soll, bei denen von den drei genannten Risikoarten gleichzeitig zwei oder möglicherweise sogar alle drei in Kombination die Risikosituation des Derivats beeinflussen (z. B. ein Forward in fremder Währung). Der Kommentar gibt als h. M. wieder, daß auf die wichtigste Risikokomponente abzustellen sei. Grundsätzlich sollte jedoch der Ausweis unter der Rubrik 'Währungsrisiko' bzw. 'Sonstiges Preisrisiko' bei einem gleichzeitig vorliegenden Zinsrisiko vorgezogen werden. Krumnow et al. begründen diese Aussage damit, daß das Produktbeispiel der Zins-/Währungsswaps vom Gesetzgeber explizit in die Beispielgruppe für das Währungsrisiko aufgenommen sind.[589]

3.1.2. Literaturvorschläge zu quantitativen Informationen

Wie bereits mehrmals erwähnt schreibt der Gesetzgeber lediglich die verbale Aufzählung der Derivatgeschäfte ohne Nennung von Zahlen vor. Dennoch wird in der Literatur darauf hingewiesen, daß eine Ergänzung durch Zahlenangaben notwendig ist. So schreiben z. B. Fitzner et al: „Die Anpassungsnotwendigkeiten in Richtung auf eine verbesserte Derivatepublizität dürfte für deutsche Kreditinstitute mithin vor allem daraus resultieren, daß eine an internationalen Standards gemessen unzureichende Berichterstattung insbesondere über die Höhe der derivatebezogenen Risikoposition sowie über die Funktionsweise und Leistungsfähigkeit des Risikomanagements zu gegebenenfalls unangemessenen Risikozuschlägen oder im Extremfall zu faktischen Marktzugangsbeschränkungen führen könnte.“ [590] Bereits im Gesetzeskommentar von Krumnow et al. wird dieser Hinweis gegeben. Noch deutlicher gibt es eine Empfehlung des Ausschusses für Bilanzierung des Bundesverbandes deutscher Banken von 1996 vor. Beide Ansätze werden im folgenden vorgestellt.

3.1.2.1. Vorschlag von Krumnow et al.

Krumnow et al. schlagen eine Unterscheidung der Quantifizierungsmethoden im Hinblick auf das Erfüllungs- bzw. Adressenausfallrisiko auf der einen Seite und im Hinblick auf die Preisänderungs- bzw. Marktrisiken auf der anderen Seite vor. Für eine zumindest näherungsweise Ermittlung des Adressenausfallrisikos verweist Krumnow auf die standardisierten Vorgaben des Grundsatzes I aus dem KWG. Zur Quantifizierung des Marktrisikos bezieht sich Krumnow sehr allgemein auf Simulationsrechnungen, mit deren Hilfe die Auswirkungen von angenommenen Änderungen der Zinssätze, der Wechselkurse bzw. der sonstigen Marktpreise auf den Wert der jeweiligen Derivatbestände untersucht werden. Eine weitergehende Hilfestellung gibt der Kommentar mit Hinweis darauf nicht, daß sich noch keine endgültigen und überzeugenden Risikomeßmethoden herausgebildet haben, mit deren Hilfe sich das Marktrisiko weitgehend zweifelsfrei darstellen läßt.[591]

[589] Vgl. Krumnow, Jürgen et al.: Rechnungslegung der Kreditinstitute - Kommentar zum Bankbilanzrichtlinie-Gesetz und zur RechKredV, Stuttgart 1994, Tz. 13, S. 1094

[590] Fitzner, Volker; Freiling, Andreas; Liedtke, Jens-Uwe: Derivatepublizität deutscher Kreditinstitute, Die Wirtschaftsprüfung, 6/1997, S. 179

[591] Vgl. Krumnow, Jürgen et al.: Rechnungslegung der Kreditinstitute - Kommentar zum Bankbilanzrichtlinie-Gesetz und zur RechKredV, Stuttgart 1994, Tz. 23, 24, S. 1097 f.

3.1.2.2. Empfehlungen des Bundesverbandes deutscher Banken

Obwohl die Empfehlungen des Bundesverbandes deutscher Banken keine legislative Kraft besitzen, werden sie dennoch vorgestellt, da es sich gezeigt hat, daß sich die Banken in Deutschland offensichtlich weitgehend an den Empfehlungen orientieren.[592] Hieraus läßt sich im Umkehrschluß auch ableiten, daß diese Empfehlungen von der Praxis offensichtlich als sehr sinnvolle Regelungen im Hinblick auf die Offenlegung von Informationen gegenüber dem Bilanzleser gesehen werden und dies sollte ein deutlicher Hinweis an den Gesetzgeber sein, diese de lege ferenda umzusetzen. Dennoch muß betont werden, daß es sich bislang um auf freiwilliger Basis von den Banken übernommene Regelungen handelt.

Der Bundesverband deutscher Banken hat bereits im Dezember 1994 eine detaillierte Empfehlung veröffentlicht über die Form der Offenlegung von Nominalbeträgen der Derivatgeschäfte sowie zu quantitativen Angaben zum Adressenausfallrisiko. Der Bundesverband hat in einem zweiten Schritt Anfang 1996 diese erste Schrift ergänzt um eine weitere Empfehlung zur Offenlegung quantitativer Angaben zum Marktrisiko aus Derivatgeschäften.

Zunächst zu den Vorschlägen in der Veröffentlichung vom Dezember 1994. Die Empfehlungen knüpfen an die Rahmenvorgaben des § 36 RechKredV an. Der Grad der Berichtsintensität soll sich grundsätzlich an dem Umfang des von dem Kreditinstitut betriebenen Derivatgeschäfts ausrichten. Es wird unterschieden in quantitative und qualitative Angaben. Erstere (z. B. Geschäftsvolumina, Risikokennziffern, Fristigkeiten) sollen im Anhang aufgeführt werden. Letztere (z. B. Grundsätze der Geschäftspolitik, Risikoerfassungs- und Überwachungsmethoden) sollen im Lagebericht erscheinen.

[592] Vgl. hierzu die empirischen Untersuchungen von Fitzner, Volker; Freiling, Andreas; Liedtke, Jens-Uwe: Derivatepublizität deutscher Kreditinstitute, Die Wirtschaftsprüfung, 6/1997, S. 177 – 193

Für den Ausweis der quantitativen Angaben schlägt der Bundesverband deutscher Banken folgendes Schema vor:

Volumen im Derivategeschäft per *(Datum)* (Angaben in Mio. DM)

		Nominalbetrag				Adressenrisiko
		Restlaufzeit				
		<= 1 J.	1-5 J.	> 5 J.	Summe	
Zinsbezogene Geschäfte						
OTC-Produkte	z. B. FRAs					*
börsengehandelte Produkte	z. B. Zins-Futures					grundsätzlich nicht vorhanden
Währungsbezogene Geschäfte						
OTC-Produkte	z. B. Devisentermingeschäfte					*
börsengehandelte Produkte	z. B. Devisenoptionen					grundsätzlich nicht vorhanden
Aktien- / Indexbezogene Geschäfte						
OTC-Produkte	z. B. Aktien-Swaps					*
börsengehandelte Produkte	z. B. Aktien-Futures					grundsätzlich nicht vorhanden
Sonstige Geschäfte						
OTC-Produkte	z. B. Edelmetallgeschäfte					*
börsengehandelte Produkte	z. B. Futures, Optionen					grundsätzlich nicht vorhanden

* grundsätzlich bei Options-Verkäufen nicht vorhanden

Abbildung 10: Quantitative Risikooffenlegung in Deutschland[593]

Die genaue Untergliederung der vier Derivat-Kategorien erfolgt nach den in § 36 RechKredV genannten Beispielen einzelner Derivatgeschäftsarten. Es sollen in dieses Schema die am Bilanzstichtag noch nicht abgewickelten Transaktionen anhand der nach Restlaufzeiten gegliederten Kontraktvolumina aufgenommen werden. Die Aufteilung der Laufzeitenbänder in 'bis ein Jahr', 'mehr als ein Jahr bis fünf Jahre' und 'mehr als fünf Jahre' richtet sich nach § 9 Abs. 2 RechKredV. Die Unterscheidung in 'OTC-Produkte' und 'börsengehandelte Produkte' soll dem Bilanzleser Anhaltspunkte für den Grad der Liquidisierbarkeit und damit auch in gewissem Umfang für das Liquiditätsrisiko liefern. Dieser explizite Versuch, Hinweise auf das Liquiditätsrisiko zu geben, ist im Vergleich mit den anderen betrachteten Ländern ausschließlich in Deutschland vorhanden und somit vom Ansatz her sehr positiv zu beurteilen. Der Bundesverband deutscher Banken

593 Vgl. Ausschuß für Bilanzierung des Bundesverbandes deutscher Banken: Bilanzpublizität von Finanzderivaten, Die Wirtschaftsprüfung, 1/1995, S. 4

hatte bereits zu dem Zeitpunkt der Veröffentlichung seiner Empfehlung erkannt, daß die Angabe der Kontraktvolumina nur wenig Rückschlüsse auf die Risikosituation der Bank zuläßt und daher gibt er vor, daß in „geeigneter Weise hinzuweisen ist auf die begrenzte Aussagefähigkeit der Kontraktvolumina zur Charakterisierung der Risikointensität.“ [594] Der Bundesverband empfiehlt daher des weiteren zusätzlich die zusammengefaßte Angabe des Marktwertes für die einzelnen Instrumentenkategorien. Eine Spalte ist allerdings dafür in dem oben gezeigten Schema nicht vorgesehen. Scharpf/Luz, die diese Empfehlung des Bundesverbandes befürwortend aufnehmen, weisen darauf hin, daß die Ermittlung der Marktwerte dann unproblematisch ist, wenn unmittelbare Preise auf liquiden Märkten für die Instrumente verfügbar sind. Bei nicht börsengehandelten und möglicherweise speziell auf die Bedürfnisse der Bank zugeschnittenen Kontrakten bestehen zwar im Regelfall die erforderlichen Berechnungsmodelle; diese müssen aber zwischen den Banken nicht einheitlich sein. Daher empfehlen Scharpf/Luz ebenfalls eine entsprechende Erläuterung.[595]

Die Unterscheidung nach börsengehandelten und OTC-Produkten ist auch im Hinblick auf die Angabe des Andressenausfallrisikos relevant, da bei börsengehandelten Produkten die Terminbörse als Kontraktpartner fungiert und die Bewertungsergebnisse täglich durch Variation Margins ausgeglichen werden und sich dadurch für diese Posten die Angabe des Adressenausfallrisikos erübrigt.[596]

Dagegen ist explizit eine Spalte zur Angabe des Adressenrisikos vorgesehen. Scharpf/ Luz unterteilen das Adressenrisiko in zwei Teilbereiche: ‘Vorleistungsrisiko’ und ‘Wiedereindeckungsrisiko’ (Replacement-Costs, Wiederbeschaffungskosten). Das Vorleistungsrisiko kann sich dadurch ergeben, daß eine Partei Leistungen vor der anderen Partei zu erbringen hat. Das Wiedereindeckungsrisiko besteht darin, daß sich das Unternehmen bei Fälligkeit des Derivategeschäfts aufgrund des Ausfalls der Gegenpartei zu ungünstigeren als den vereinbarten Konditionen am Markt eindecken muß.[597] Nach der Empfehlung des Bundesverbandes deutscher Banken sollen die zu den Kontraktvolumina korrespondierenden Kreditäquivalente für die Angabe des Adressenausfallrisikos aufgenommen werden. „Kreditäquivalente stellen das risikoäquivalente Volumen dar, das nach Gewichtung mit einem die Adressenbonität berücksichtigenden Anrechnungsfaktor gemäß Grundsatz I mit Eigenkapital zu unterlegen ist (Kreditrisikoäquivalente).“ [598] Der Grundsatz I läßt dabei sowohl eine Berechnung nach der Laufzeitmethode wie auch nach der Marktbewertungsmethode zu.[599] Zur Ermittlung der Kreditäquivalente schlägt der Bundesverband der deutschen Banken - auch unter dem Aspekt der internationalen Ver-

[594] Ausschuß für Bilanzierung des Bundesverbandes deutscher Banken: Bilanzpublizität von Finanzderivaten, Die Wirtschaftsprüfung, 1/1995, S. 4

[595] Vgl. Scharpf, Paul; Luz, Günther: Risikomanagement, Bilanzierung und Aufsicht von Finanzderivaten, Stuttgart, 1996, S. 616

[596] Vgl. KPMG: Financial Instruments - Einsatzmöglichkeiten * Risikomanagement und Risikocontrolling * Rechnungslegung * Besteuerung, Frankfurt am Main, 1995, S. 92

[597] Vgl. Scharpf, Paul; Luz, Günther: Risikomanagement, Bilanzierung und Aufsicht von Finanzderivaten, Stuttgart, 1996, S. 616

[598] Ausschuß für Bilanzierung des Bundesverbandes deutscher Banken: Bilanzpublizität von Finanzderivaten, Die Wirtschaftsprüfung, 1/1995, S. 4

[599] Vgl. Scharpf, Paul; Luz, Günther: Risikomanagement, Bilanzierung und Aufsicht von Finanzderivaten, Stuttgart, 1996, S. 618

gleichbarkeit - jedoch ausschließlich die Marktbewertungsmethode vor.[600] Nach dieser Methode sind nur die aktuellen positiven Marktwerte der Geschäfte zu erfassen (Wiederbeschaffungskosten ohne 'add on', also ohne einen weiteren Risikoaufschlag; letztlich somit die Summe der reinen Wiederbeschaffungskosten[601]). Es soll also keine weitere Gewichtung mit den die Adressenbonität berücksichtigenden Anrechnungsfaktoren gemäß Grundsatz I vorgenommen werden.[602]

Gebhardt weist bei seiner empirischen Untersuchung der Veröffentlichung von Derivativgeschäften in den Bilanzen deutscher Unternehmen darauf hin, daß in den Vorschriften bzw. Empfehlungen in Deutschland keine Hinweise enthalten sind, daß bei der Offenlegung der Werte der derivativen Finanzinstrumente nicht unterschieden werden muß, ob sie aus Unternehmenssicht als Vermögensvorteile oder -belastungen zu charakterisieren sind,[603] denn die reine Bekanntgabe der Marktwerte bzw. Nominalwerte sagt hierüber noch nichts aus. In den USA wird diese Differenzierung nach einer Ergänzung des SFAS 107 durch SFAS 119 vorgeschrieben. Wie später noch ausführlicher behandelt wird, heißt es hier: „Fair value disclosed in the notes shall be presented together with the related carrying amount in a form that makes it clear whether the fair value and carrying amount represent assets or liablities and how the carrying amounts relate to what is reported in the statement of financial position." [604] Diese Unterscheidung wird in Deutschland bis heute nirgends vorgeschrieben oder empfohlen.

Wenn eine Bank ein umfangreiches Derivatgeschäft betreibt - wobei der Bundesverband jedoch keine Kriterien zum Begriff 'umfangreich' angibt - , sollte sie zusätzlich eine Aufgliederung des Risikovolumens des Adressenrisikos nach Kontrahententypen ausweisen. Als Kontrahentengruppen werden z. B. vorgeschlagen: OECD-Regierungen, OECD-Banken, sonstige Unternehmen und Privatpersonen, Nicht-OECD-Regierungen und Nicht-OECD-Banken.[605]

Für die produktmäßige Aufgliederung nach Schema 1 kann nur der Ausweis von Bruttobeträgen in Betracht kommen, weil aufgrund der weit verbreiteten Multi-Produkt-Vereinbarungen Auswirkungen von Netting-Vereinbarungen einzelnen Produktarten nicht sinnvoll zugeordnet werden können. Die Kontrahentengliederung sollte dagegen Aufrechnungsvereinbarungen berücksichtigen, also Nettobeträge zeigen.[606] Wie später noch gezeigt wird, sollen in den USA Netting-Vereinbarungen im Rahmen des neuen Proposal jetzt auch berücksichtigt werden.

---

[600] Vgl. Ausschuß für Bilanzierung des Bundesverbandes deutscher Banken: Bilanzpublizität von Finanzderivaten, Die Wirtschaftsprüfung, 1/1995, S. 4

[601] Vgl. KPMG: Financial Instruments - Einsatzmöglichkeiten * Risikomanagement und Risikocontrolling * Rechnungslegung * Besteuerung, Frankfurt am Main, 1995, S. 92

[602] Vgl. Scharpf, Paul; Luz, Günther: Risikomanagement, Bilanzierung und Aufsicht von Finanzderivaten, Stuttgart, 1996, S. 618

[603] Vgl. auch Gebhardt, Günther: Berichterstattung deutscher Unternehmen über den Einsatz derivativer Finanzinstrumente, Die Wirtschaftsprüfung, 18/1995, S. 614

[604] FASB: Original Pronouncements 1996/97 Edition - Accounting Standards as of June 1, 1996, Volume I, New York (USA), 1996, S. 1675

[605] Vgl. Ausschuß für Bilanzierung des Bundesverbandes deutscher Banken: Bilanzpublizität von Finanzderivaten, Die Wirtschaftsprüfung, 1/1995, S. 5

[606] Vgl. Ausschuß für Bilanzierung des Bundesverbandes deutscher Banken: Bilanzpublizität von Finanzderivaten, Die Wirtschaftsprüfung, 1/1995, S. 5

Das Adressenausfallrisiko soll somit in zweifacher Aufgliederung ausgewiesen werden - einmal den einzelnen Produkten zugeordnet und zum anderen unterteilt in Geschäftspartnerkategorien. Der Bilanzleser erhält also einen relativ guten Einblick in die Dimensionen dieser Risikoart bei einer Bank. Dagegen hielt der Bundesverband im Rahmen seiner ersten Empfehlung, die im Januar 1995 veröffentlicht wurde, eine Forderung nach Offenlegung von quantitativen Angaben zum Marktrisiko als verfrüht, da es an einer allgemein anerkannten, verläßlichen Ermittlungsmethode mangelte.[607] In seiner zweiten Empfehlung vom Februar 1996 wird diese Aussage revidiert.

Im Rahmen seiner ersten Empfehlung geht der Bundesverband auch auf die von § 36 RechKredV geforderte Aufgliederung der Derivate nach Handels- und Sicherungsgeschäften ein. Im Gegensatz zu Krumnow hält der Bundesverband eine quantitative Angabe für problematisch, da auch Handelsbestände an Derivaten zugleich Sicherungsfunktionen haben können. Der Bundesverband schlägt daher lediglich eine Angabepflicht im Rahmen einer zusätzlichen, klarstellenden Beschreibung der Zielsetzungen der Geschäfte im qualitativen Teil vor. Wie bereits oben ausgeführt, regelt der Kommentar von Krumnow et al. dies anders.

Breiter Raum soll bei den qualitativen Angaben der Darstellung des Risikomanagements gewidmet werden. Insbesondere die Grundsätze der Geschäftspolitik sowie die zur Risikoüberwachung und -kontrolle getroffenen Maßnahmen (z. B. Limitierung offener Positionen, Strukturvorgaben für Portfolios und dergl.) sollen klar beschrieben werden. Auch bestehende Aufrechnungsvereinbarungen (Netting Clauses) und das mögliche Ausmaß ihrer risikoreduzierenden Wirkung sollen verbal erläutert werden; gleichermaßen sollen Angaben über Sicherheitsleistungen erfolgen.[608]

Die Veröffentlichung von quantitativen Angaben zum Marktrisiko hatte die Literatur eindringlich bereits seit längerem gefordert. So schreibt Gebhardt: „Es ist zu hoffen, daß wenigstens intern versucht wird, die Marktrisiken der derivativen Instrumente zu quantifizieren. Wenn man auch intern nicht über die methodischen Kenntnisse, technische Ausstattung und personelle Ressourcen verfügt, solche Risiken zu quantifizieren, dann sollte man besser auf den Einsatz solcher Instrumente verzichten. Eine Verpflichtung zur Offenlegung quantitativer Angaben zu den Marktrisiken würde hier einen heilsamen Druck erzeugen, auch intern die Voraussetzungen für eine adäquate Beurteilung solcher Geschäfte zu schaffen.“ [609]

Wie bereits erwähnt, hat der Bundesverband deutscher Banken seine Aussage hinsichtlich der Veröffentlichung von Kenngrößen bezüglicht des Marktrisikos aus Derivaten in seiner zweiten Empfehlung vom Februar 1996 revidiert. Auch die Literatur hält inzwischen die Offenlegung des Marktrisikos anhand von Value-at-risk-Beträgen als sachgerecht.[610] Der Bundesverband stellt jetzt fest, daß die Publizierung des Marktrisikopoten-

---

[607] Vgl. Ausschuß für Bilanzierung des Bundesverbandes deutscher Banken: Bilanzpublizität von Finanzderivaten, Die Wirtschaftsprüfung, 1/1995, S. 5

[608] Vgl. Ausschuß für Bilanzierung des Bundesverbandes deutscher Banken: Bilanzpublizität von Finanzderivaten, Die Wirtschaftsprüfung, 1/1995, S. 6

[609] Gebhardt, Günther: Berichterstattung deutscher Unternehmen über den Einsatz derivativer Finanzinstrumente, Die Wirtschaftsprüfung, 18/1995, S. 615

[610] Vgl. so z. B.: Scharpf, Paul; Luz, Günther: Risikomanagement, Bilanzierung und Aufsicht von Finanzderivaten, Stuttgart, 1996, S. 613

tials bei einem wesentlichen Umfang des Handelsgeschäfts für die Vermittlung eines den tatsächlichen Verhältnissen entsprechenden Bildes der Vermögens-, Finanz- und Ertragslage eine wertvolle Zusatzinformation darstellt. Diese Aussage verknüpft der Bundesverband mit den geltenden bilanziellen Bewertungsgrundsätzen, die eine Berücksichtigung aller vorhersehbaren Risiken und Verluste erfordern.[611] Dennoch geht die Offenlegung des Marktrisikos weit über das hinaus, was bislang vom deutschen Rechnungslegungsrecht gefordert wird. Wie zu Anfang dieses Kapitels erwähnt, muß bei der bilanziellen Bewertung ausschließlich das Risiko bzw. Verlustpotential berücksichtigt werden, welches zum Bilanzzeitpunkt vorhanden ist - auch wenn es erst nach diesem Zeitpunkt aber noch vor Aufstellung der Bilanz bekannt wird. Das Marktrisiko ist typischerweise jedoch ein wirtschaftliches und kein bilanzielles Risiko, da es auf der Einschätzung zukünftiger Entwicklungen beruht, die nach dem Bilanzstichtag stattfinden. Dies zeigt auch das Berechnungsverfahren der Risikokennziffer, die zur Ermittlung des Marktrisikos aus Handels- bzw. Derivatgeschäften - auch nach der Empfehlung des Bundesverbandes deutscher Banken - verwendet werden soll. Es handelt sich um eine Value-at-Risk-Berechnung. Der Value-at-Risk (abgekürzt VAR) beruht auf der Extrapolation von Vergangenheitswerten unter Einbeziehung statistischer Verfahren zur Sicherstellung vorgegebener maximaler Verlustgrenzen unter bestimmten Wahrscheinlichkeitsannahmen. Da die Ermittlung des Value-at-Risk auf Erwartungswerten und Volatilitäten der Risikofaktoren auf Basis historischer Daten beruht, werden zur Abschätzung der Auswirkungen von Extremsituationen zusätzlich sogenannte Streßtests[612] durchgeführt. Der Bundesverband empfiehlt hierzu folgendes: „Für die externe Publizität sind Value-at-risk-Angaben aus Vergleichbarkeitsgründen nur dann geeignet, wenn auch die ihnen zugrundeliegenden Schätzungsparameter und die angewandte Verfahrensvariante (Variance-Covariance-Verfahren; Monte-Carlo-Simulation; historische Simulation) publiziert werden. Um Einheitlichkeit der Berichterstattung zu gewährleisten, bietet es sich an, die von der BIZ für die Risikoerfassung empfohlenen Grundparameter (Haltedauer: mindestens 10 Handelstage, historischer Beobachtungszeitraum: wenigstens 1 Jahr, Konfidenzniveau: 99 %) zu verwenden. Ein unter diesen Prämissen angegebenes betragsmäßiges Marktrisikopotential besagt, daß während einer Haltedauer von zehn Handelstagen ein Verlust durch Marktpreisänderungen, d. h. eine Wertminderung des betrachteten Portfolios, mit einer statistischen Sicherheit von 99 % maximal in dieser Höhe eintreten wird. Ein höherer Verlust wird mithin nur mit einer Wahrscheinlichkeit von 1 % zu erwarten sein.“ [613] Die Veröffentlichung des Value-at-Risk des Bilanzstichtages sollte aufgegliedert nach Geschäfts(risiko)arten als Ergänzung der verbalen Ausführungen zum Risikomanagement erfolgen.[614] Folgendes Muster bietet die Empfehlung an:

[611] Vgl. Ausschuß für Bilanzierung des Bundesverbandes deutscher Banken: Marktrisikopublizität, Die Wirtschaftsprüfung, 2/1996, S. 65

[612] Vgl. Ausschuß für Bilanzierung des Bundesverbandes deutscher Banken: Marktrisikopublizität, Die Wirtschaftsprüfung, 2/1996, S. 65

[613] Ausschuß für Bilanzierung des Bundesverbandes deutscher Banken: Marktrisikopublizität, Die Wirtschaftsprüfung, 2/1996, S. 65

[614] Vgl. Scharpf, Paul; Luz, Günther: Risikomanagement, Bilanzierung und Aufsicht von Finanzderivaten, Stuttgart, 1996, S. 620

	Marktrisikopotential (Value-at-Risk) am *(Datum des Bilanzstichtages)* in Mio. DM
Zinsbezogene Geschäfte	XXX
Währungsbezogene Geschäfte	XXX
Aktien-/Indexbezogene Geschäfte	XXX
Sonstige Geschäfte	XXX
Insgesamt	XXX

Abbildung 11: Offenlegung des Marktrisikopotentials in Deutschland[615]

Die Empfehlung gibt auch Hinweise auf mögliche weitere quantitative Angaben zur Verbesserung der Marktrisikoinformation für den Bilanzleser. Hier werden genannt:

- Der während des Geschäftsjahres festgestellte höchste, niedrigste und durchschnittliche tägliche Value-at-Risk.
- Die tatsächlichen täglichen Wertänderungen des entsprechenden Portfolios sowie die sich daraus ergebenden Durchschnittswerte.
- Die Abweichungen der tatsächlichen Wertänderungen vom prognostizierten Value-at-Risk.

Diese können mit graphischen Darstellungen, z. B. in Form von Histogrammen, veranschaulicht werden.[616]

Letztere Hinweise sind jedoch als Ausblick auf die mögliche weitere Entwicklung zu verstehen und nicht als konkrete Empfehlung, die die Banken in Deutschland bereits in die Tat umsetzen sollten. Allerdings werden vom Bundesverband die noch offenen Probleme angesprochen, vor allem wenn in Zukunft neben den reinen Bilanzstichtagswerten auch mehr Informationen über die Risikoentwicklung über den Jahresablauf hinweg aufgenommen werden sollen. So schreibt auch Gebhardt: „Mit Stichtagswerten wird das Engagement in derivativen Finanzinstrumenten nur angemessen widergespiegelt, wenn diese typisch für das Gesamtjahr sind. Wenn ein Unternehmen ein „großes Rad" dreht und dies zum Stichtag kurz anhält, sind die Stichtagswerte irreführend." [617] Gebhardt empfiehlt, daß in solchen Fällen die Wirtschaftsprüfer darauf dringen sollten, daß durchschnittliche Nominal-, Markt- und Buchwerte - möglichst auf täglicher Basis ermittelt - veröffentlicht werden.

Wie diese Betrachtung der Vorschriften und Empfehlungen in Deutschland zeigt, werden hier drei Risikoarten, nämlich das Adressenausfall- (bzw. Bonitäts- oder Kontrahentenausfall-) risiko, das Marktpreisrisiko und das Liquiditätsrisiko, als so relevant erachtet, daß dem Bilanzleser hierzu eine Information im Rahmen der Offenlegung in den die Bilanz bzw. GuV ergänzenden Bestandteilen des Jahresabschlusses gegeben werden muß

[615] Vgl. Ausschuß für Bilanzierung des Bundesverbandes deutscher Banken: Marktrisikopublizität, Die Wirtschaftsprüfung, 2/1996, S. 66

[616] Vgl. Ausschuß für Bilanzierung des Bundesverbandes deutscher Banken: Marktrisikopublizität, Die Wirtschaftsprüfung, 2/1996, S. 66

[617] Gebhardt, Günther: Berichterstattung deutscher Unternehmen über den Einsatz derivativer Finanzinstrumente, Die Wirtschaftsprüfung, 18/1995, S. 614

bzw. soll. Andere in der Literatur[618] beschriebene Risiken - so z. B. unter vielen anderen das Spreadrisiko[619], das Volatilitätsrisiko[620], das Systemrisiko[621] etc. - werden nicht explizit bei der Offenlegung in Deutschland berücksichtigt. Es ist zu beachten, daß von wissenschaftlicher Seite bislang kein umfassendes systematisches Konzept zur Klassifizierung aller möglichen Risikoarten aus Derivatgeschäften erarbeitet wurde, das ein in sich widerspruchsfreies und geschlossenes System darstellt. Selbst im Rahmen der umfangreichen Literatur zu Risikomanagementfragen bei Derivatgeschäften (welche sich nicht mit Fragen der Rechnungslegung bzw. des Ausweises des Derivatrisikos im Jahresabschluß auseinandersetzt) stellen die einzelnen Autoren zumeist jeweils eine eigene Systematik der zu berücksichtigenden Risikoarten auf, ohne daß man sich bisher auf ein Konzept einigen konnte. Implizit sind die verschiedenen Risikoarten bei der Rechnungslegung jedoch eingebunden bei der Abschätzung des Marktrisikos mit Hilfe der neuen Risikomeßverfahren wie vor allem dem VAR. Dennoch wird m. E. in Zukunft eine differenzierte Angabe weitere Risikoarten notwendig werden, wenn eine verbesserte Information durch den Jahresabschluß angestrebt wird.

3.2. Berücksichtigung des Risikos aus Derivaten in Japan

Wie bereits in Abschnitt 1.2. dieses Kapitels etwas ausführlicher erwähnt, befindet sich Japan derzeit in einer breiten Diskussion hinsichtlich der Einführung des Marktwertprinzips. Diese Diskussion wird auch unter dem Aspekt der Erzielung einer besseren Transparenz hinsichtlich der Informationen für den Bilanzleser über die Risikosituation einer Bank geführt. Im Rahmen der Untersuchung zur Ausweitung der Offenlegung des Derivat-Handels wird ausgeführt, daß besonders im Derivat-Handel ein verbessertes Verständnis des Handelsinhalts und insbesondere der Risikokontrolle durch die Unternehmen

618 Vgl. Krumnow, Jürgen: Das derivative Geschäft als Motor des Wandels für das Bankcontrolling, Manuskript zum Vortrag im Rahmen des Symposiums „Erste Erfahrungen mit den neuen Rechnungslegungsvorschriften für Kreditinstitute“ in Frankfurt, 19.09.1994, S. 5 ff.; Kaltenhauser, Helmut: Risiko-Management von derivativen Finanzinstrumenten, Zeitschrift für das gesamte Kreditwesen, 8/1993, S. 346 ff.; Aeberli, Werner: Risikopolitische Analyse der Ausserbilanzgeschäfte, Stuttgart, 1989, S. 76 ff.

619 Krumnow definiert dieses als die Gefahr, daß sich marktspezifische Zinssätze wie beispielsweise Bond- und Swapzinssätze unterschiedlich entwickeln. Wertverluste aus z. B. Zinsswaps werden dann nicht vollständig durch entsprechende Gewinne aus Hedgepositionen in Bonds ausgeglichen. - Vgl. Krumnow, Jürgen: Das derivative Geschäft als Motor des Wandels für das Bankcontrolling, Manuskript zum Vortrag im Rahmen des Symposiums „Erste Erfahrungen mit den neuen Rechnungslegungsvorschriften für Kreditinstitute“ in Frankfurt, 19.09.1994, S. 6

620 Krumnow bezieht dieses Risiko vor allem auf Optionen und erklärt es als eine Variante des Preisrisikos, denn der Wert einer Option wird entscheidend von der Volatilität der Preise des Underlyings bestimmt; das Volatilitätsrisiko ist in den Portfolios häufig größer als das reine Preisrisiko des Underlyings selbst. - Vgl. Krumnow, Jürgen: Das derivative Geschäft als Motor des Wandels für das Bankcontrolling, Manuskript zum Vortrag im Rahmen des Symposiums „Erste Erfahrungen mit den neuen Rechnungslegungsvorschriften für Kreditinstitute“ in Frankfurt, 19.09.1994, S. 6

621 Krumnow beschreibt dieses Risiko so: „Aus der Makroperspektive einer Gesamtmarktbetrachtung ist bei derivativen Finanzinstrumenten ferner noch das Systemrisiko zu nennen, das vor allem als Gefahr eines spill-over von Schwierigkeiten in einem Marktsegment auf andere Marktsegmente oder gar auf das gesamte Finanzmarktsystem in Erscheinung tritt. Man geht davon aus, daß solche Kettenreaktionen immer schwieriger in den Griff zu bekommen sind.“ - Krumnow, Jürgen: Das derivative Geschäft als Motor des Wandels für das Bankcontrolling, Manuskript zum Vortrag im Rahmen des Symposiums „Erste Erfahrungen mit den neuen Rechnungslegungsvorschriften für Kreditinstitute“ in Frankfurt, 19.09.1994, S. 7 f.

selbst als notwendig erachtet wird.[622] Dies will man erreichen durch erweitere Offenlegungspflichten über die Risikosituation.

3.2.1. Vorschläge der Forschungsgruppe des Ministry of Finance

Wie bereits in Abschnitt 1.2.4.3. dieses Kapitels erwähnt, hat eine Forschungsgruppe gemäß Auftrag des MOF Vorschläge zur verbesserten Risikotransparenz in den Jahresabschlüssen der Kreditinstitute erarbeitet.[623] In dem Forschungsbericht wird ausgeführt, daß es wichtig ist, erweitere Offenlegungsvorschriften hinsichtlich des Risikos zu erlassen, da die derivativen Finanzgeschäfte nicht in der Bilanz ersichtlich sind und es somit den Handelspartnern der Banken bzw. den Aktionären große Schwierigkeiten bereitet, die Risikosituation des Handelsgeschäfts einer Bank genau zu erfassen. Es wird gleichzeitig dafür plädiert, nicht alle Banken unabhängig vom Umfang ihrer Derivatgeschäfte unterschiedslos zur Offenlegung zu zwingen. Es wird vielmehr eine angemessene Bekanntgabe des Risikokontrollsystems, das in der jeweiligen Bank eingesetzt wird, zu verlangen. Es wird insoweit auf die Einflußnahme des Marktes gesetzt, da man annimmt, daß die vertrauenssichernde Offenlegung von Informationen über das eigene Risikokontrollsystem und damit die erhöhte Transparenz seitens des Bankmanagements den Eigen-Nutzen der Bank dadurch steigert, daß Schwierigkeiten bei der Kapitalbeschaffung bzw. beim Marktzugang verringert werden. Die Bankmanager werden daher aufgefordert, über die unten beschriebenen Minimalvorschriften von sich aus weitergehende Informationen offenzulegen.[624]

In Japan unterscheidet man grundsätzlich eine größere Zahl von Risikoarten. So werden z. B. genannt: Kreditrisiko, Marktrisiko, Liquiditätsrisiko, Volkswirtschaftliches Risiko, Operating-Risiko, Rechtsrisiko, Systemrisiko.[625] Derzeit findet vor allem das Marktrisiko nähere Beachtung im Hinblick auf den Ausweis im Jahresabschluß. Unter dem Aspekt der besseren Risikokontrolle ist - wie bereits in Abschnitt 1.2.4. dieses Kapitels erwähnt - das Marktrisikokontroll-System der Bank für Internationalen Zahlungsausgleich zur Überwachung von Trading-Geschäften in Japan mit Wirkung zum März 1998 eingeführt worden.

Darüber hinaus sollen die Möglichkeiten der Offenlegung genutzt werden, um die Informationslage über die Risikosituation zu verbessern. Die grundsätzlichen Offenlegungsvorschriften für das Derivatgeschäft von Banken sind in Abschnitt 1.2. dieses Kapitels behandelt. Diese bislang geltenden Vorschriften nehmen jedoch wenig Bezug auf die Informationsoffenlegung über Risiken aus Derivatgeschäften. Im Rahmen des neuen Ministerialerlasses (vgl. Abschnitt 1.2.4.4. dieses Kapitels), der in zwei Phasen für die Jahresabschlüsse, die ab dem 1.4.1997 und ab dem 1.4.1998 erstellt werden, in Kraft tritt, wer-

---

[622] Vgl. Yuichi, Ikeda: Die Ausweitung der Offenlegung des Derivat-Handels bei Unternehmen, Shojihomu (HGB-Zeitschrift), 25.03.1996, S. 8

[623] Der gesamte Forschungsbericht ist wiedergegeben in: COFRI: Bericht der Arbeitsgruppe „Publizität bei Kreditinstituten“ des COFRI - Publizität des Derivat-Handels bei Kreditinstituten, COFRI-Letter, Nr. 104, 16.5.1995, S. 1 - 14

[624] Vgl. auch COFRI: Offenlegung von Informationen zum Derivate-Handel bei Finanzinstitutionen - Bericht der Arbeitsgruppe „Publizität bei Finanzinstitutionen“ des COFRI vom 15.05.1995, Keieizaimu (Finanzmanagement), 12.06.1995, S. 37

[625] Vgl. Saito, So: Vom Risiko-Hedge zum High Return (Nr. 2 der Artikelserie „Rechnungslegung und Besteuerung von Finanzderivaten“), zaimu-kouhou (Finanzinformationen), 9/1995, S. 139

den dagegen die erweiterten Offenlegungspflichten vor allem unter dem Aspekt der Risikotransparenz vorgegeben. Die angegebenen Termine stehen im Zusammenhang mit der fest terminierten Übernahme der BIS-Vorschriften hinsichtlich des Marktrisikos mit Wirkung zum März 1998.[626] Die vorgeschriebenen Informationen werden in den beiden folgenden Kapiteln dargestellt.

3.2.1.1. Quantitative Informationen[627]

- Geschätztes Kontraktvolumen

Hierbei handelt es sich um die Kontraktsummen, über die die jeweiligen Derivatgeschäfte abgeschlossen wurden. Diese geben Hinweise auf den Umfang des Derivathandels und liefern auch Anhaltspunkte zum Erkennen von potentiellen Kreditrisiken und Liquiditätsrisiken.

- Informationen über Kreditrisiken

Wenn der Handelspartner zahlungsunfähig wird, erstreckt sich das Risiko nicht auf die gesamte Kontraktsumme des jeweiligen Geschäfts, sondern auf die Wiederbeschaffungskosten. Diese werden berechnet nach den Wiederbeschaffungskosten des Cash flow. Da nur bei wenigen Banken in Japan bereits ein System zur Messung der potentiellen Wiederbeschaffungskosten eingerichtet ist, soll vorläufig die 'original-exposure-Methode' gemäß den Eigenkapitalvorschriften der BIZ Anwendung finden. Diese Methode wird auch mit dem expliziten Hinweis auf die in Deutschland erlaubte Anwendung in Japan zugelassen. Es ist allerdings ausdrücklich angestrebt, daß zu einem späteren Zeitpunkt die Offenlegung nach der Methode der Wiederbeschaffungskosten angewendet werden soll. Die Banken, die derzeit schon in der Lage sind, das Kreditrisiko nach den Wiederbeschaffungskosten zu errechnen, sind gehalten, diese Methode auch bei der Offenlegung im Jahresabschluß anzuwenden. Insbesondere im Hinblick auf OTC-Derivate sind Informationen über Kreditrisiken wichtig, da man abhängig von einem konkreten Geschäftspartner ist.

- Informationen über Marktrisiken

Marktrisiko wird als das Risiko definiert, das durch Änderungen des Marktzinsniveaus, der Aktienkurse oder der Wechselkurse auftritt. Zur Berechnung des Marktrisikos führt die Forschungsgruppe aus, daß weltweit sich noch kein einheitlicher Maßstab durchgesetzt hat und daß auch in den USA die Offenlegung von Marktrisiken noch auf freiwilliger Basis geschieht. In Japan sollte daher zum einen die Offenlegung ebenfalls noch nicht

[626] Vgl. o. V.: MOF: Introduction of Mark to Market Valuation in 1997 for Trading Accounts for Banks, Nikkin, 26.1.1996, o. S.

[627] Vgl. zu den gesamten folgenden Ausführungen dieses Kapitels: Ishikawa, Kinya: Offenlegungsrahmen für den Derivate-Handel von Finanzinstitutionen, Keiri-jofo (Bilanzierungsinformation), 20.06.1995, S. 23 - 24; COFRI: Offenlegung von Informationen zum Derivate-Handel bei Finanzinstitutionen - Bericht der Arbeitsgruppe „Publizität bei Finanzinstitutionen" des COFRI vom 15.05.1995 - Keiei-zaimu (Finanzmanagement), 12.06.1995, S. 35 - 36; COFRI: Bericht der Arbeitsgruppe „Publizität bei Kreditinstituten" des COFRI - Publizität des Derivat-Handels bei Kreditinstituten, COFRI-Letter Nr. 104, 16.05.1995, S. 4 – 7

vorgeschrieben werden. Es wird begrüßt, wenn eine Finanzinstitution Informationen über das Marktrisiko offenlegt, wobei die Wahl des Berechnungsmodells dem Institut überlassen wird (in dem Bericht werden als Beispiele für Berechnungsmethoden die Gap-Analyse, die Sensitivitätsanalyse und der Value-at-Risk genannt). Gleichzeitig weist die Forschungsgruppe darauf hin, daß - sobald sich ein sinnvoller, einheitlicher Maßstab für die Berechnung des Marktrisikos herauskristallisiert - dieser für eine dann verbindliche Offenlegung in Japan eingeführt werden sollte. Spätestens wenn die Baseler Kommission eine Regelung zur Eigenkapital-Unterlegung des Marktrisikos und damit eine verbindliche Berechnungsmethode für diese Risikoart festlegt und diese Regelung in Japan obligatorisch wird, soll die Offenlegung des Marktrisikos im Rahmen des Jahresabschlusses bei Banken nach derselben Methode Vorschrift werden.

3.2.1.2. Qualitative Informationen

Die oben genannten quantitativen Informationen müssen durch Erläuterungen für den Bilanzleser leichter verständlich gemacht werden. Folgende Inhalte sollen diese Erklärungen einschließen[628]:

- Informationen über die Methoden, die zur Berechnung des Kreditrisikos verwendet werden
- Erläuterungen zu den verschiedenen Risiken
- Erklärungen zu den Inhalten und Risiken der gehandelten derivativen Finanzinstrumente
- Erklärungen zu dem installierten internen Risikokontroll- und steuerungssystem

Diese Informationen müssen offengelegt werden für alle Derivatprodukte (Futures, Forwards, Optionen, Swaps unter Einbeziehung aller Variationen) und zwar sowohl für börsengehandelte wie auch für OTC-Produke.[629] Zumindest nach diesen Hauptproduktgruppen sollen die oben geforderten Informationen unterteilt werden. Im Hinblick auf den weiteren Detaillierungsgrad weist die Forschungsgruppe jedoch auch darauf hin, daß durch eine zu weit desaggregierte Aufgliederung der Informationen die Übersichtlichkeit und Verständlichkeit leidet.[630]

3.2.2. Diskussion der Vorschläge

In der Literatur[631] wird kommentiert, daß die Vorschläge dieses Berichts einerseits die Selbständigkeit der Finanzinstitutionen achten und sie andererseits gleichzeitig für eine

[628] Vgl. Yuichi, Ikeda: Die Ausweitung der Offenlegung des Derivat-Handels bei Unternehmen, Shoji-homu (HGB-Zeitschrift), 25.03.1996, S. 11

[629] Vgl. COFRI: Bericht der Arbeitsgruppe „Publizität bei Kreditinstituten" des COFRI - Publizität des Derivat-Handels bei Kreditinstituten, COFRI-Letter Nr. 104, 16.05.1995, S. 4

[630] Vgl. COFRI: Bericht der Arbeitsgruppe „Publizität bei Kreditinstituten" des COFRI - Publizität des Derivat-Handels bei Kreditinstituten, COFRI-Letter Nr. 104, 16.05.1995, S. 8; Ishikawa, Kinya: Offenlegungsrahmen für den Derivate-Handel von Finanzinstitutionen, Keiri-jofo (Bilanzierungsinformation), 20.06.1995, S. 25

[631] Vgl. Kimura, Shigeki; Oono, Hideaki: Bericht über die Erweiterung der Offenlegung beim Derivate-Handel, Shoji-homu (HGB-Zeitschrift), 15.03.1996, S. 11

Erhöhung des Niveaus der Offenlegung und für die Verbesserung der Vergleichsmöglichkeiten zwischen den Institutionen sorgen.

Im Hinblick auf die Offenlegung von qualitativen Informationen wird erkannt, daß es immer wichtiger wird, daß der Jahresabschluß Informationen über zukünftige Risiken enthält.[632]

Diese Offenlegungspflichten gelten nur für Banken und Wertpapierhäuser. Durch diese Publizitätsvorschriften soll das Bankmanagement auch gezwungen werden, sich um eine Verbesserung des Risikomanagements und des internen Risikokontrollsystems zu bemühen.[633]

3.3. Berücksichtigung des Risikos aus Derivaten in den USA

3.3.1. Allgemeine Offenlegungsvorschriften von off-balance-Risiken und Kreditrisikokonzentrationen (SFAS 105)

In den USA wurde im März 1990 das SFAS 105[634] herausgegeben unter dem Titel 'Disclosure of Information about Financial Instruments with Off-Balance-Sheet Risk and Financial Instruments with Concentrations of Credit Risk'. Dieser SFAS beschäftigt sich mit dem Risiko von Finanzprodukten, das nicht in der Bilanz ersichtlich ist bzw. auch mit der Offenlegung von Kreditrisikokonzentrationen, die ebenfalls der Bilanz nicht entnommen werden können. Da sich ein off-balance-Risiko vor allem bei den Finanzprodukten ergibt, die selbst nicht in der Bilanz erscheinen, widmet sich der Schwerpunkt dieses SFAS den Derivaten. Der SFAS ist in seiner Gültigkeit nicht eingeschränkt auf Banken, sondern ist grundsätzlich von allen Unternehmen zu beachten.

3.3.1.1. Regelungen zu off-balance-Risiken

Bei der Betrachtung des off-balance-Risikos bezieht sich der SFAS ausschließlich auf die Risikoarten 'Marktrisiko' und 'Kreditrisiko'. Das FASB hatte bei der Erarbeitung des SFAS auch eine weitere Risikoart zur Offenlegung vorgesehen. Es handelte sich um das Liquiditätsrisiko[635], welches sich bezog auf die derivatkontraktinduzierten Zahlungsvor-

[632] Vgl. Tanaka, Kenji: Disclosure von Derivaten, Kigyo-Kaikei (Rechnungslegung in der Unternehmung), 2/1996, S. 107

[633] Vgl. COFRI: Offenlegung von Informationen zum Derivate-Handel bei Finanzinstitutionen - Bericht der Arbeitsgruppe „Publizität bei Finanzinstitutionen" des COFRI vom 15.05.1995 - Keiei-zaimu (Finanzmanagement), 12.06.1995, S. 33 f.

[634] Vgl. zu den folgenden Ausführungen: FASB: Original Pronouncements 1996/97 Edition - Accounting Standards as of June 1, 1996, Volume I, New York (USA), 1996, S. 1246 ff.

[635] Dies entspricht jedoch nur der engen Definition von 'Liquiditätsrisiko', nämlich die Schwierigkeit seitens der Bank die benötigten Mittel zur Erfüllung ihrer Verpflichtungen aufzubringen (z. B. die notwendigen Margin-Zahlungen für einen Futures-Kontrakt); im allgemeinen wird in den USA das Liquiditätsrisiko jedoch anders definiert, nämlich mit dem Risiko, ein Finanzinstrument auf dem Markt nicht liquidieren zu können, d. h. damit soll das Risiko einer unzureichenden Markttiefe ausgedrückt werden (und wird daher oft auch unter das allgemeine Marktrisiko subsumiert); dieses Liquiditätsrisiko kann sich vor allem bei OTC-Derivaten oder bei börsengehandelten Derivaten ergeben, für die lediglich ein sehr enger Markt existiert. - Vgl. Prahl, Reinhard: Informationen über Derivate für externe Adressaten; in: Krumnow, Jürgen (Hrsg.): Risikosteuerung von Derivaten, Wies-

gänge. Es wurde dann davon abgesehen, diese Risikoart zu berücksichtigen, da es bei einigen Finanzinstrumenten mit off-balance-Risiko nicht eindeutig berechenbar ist aufgrund ihrer weitgehend bedingungsabhängigen Natur.[636] Weitere Risikoarten (z. B. das Spreadrisiko bei einem Hedge) werden in dem SFAS überhaupt nicht angesprochen.

Als Kreditrisiko wird die Wahrscheinlichkeit definiert, daß ein Verlust dadurch eintritt, daß der Geschäftspartner nicht in der Lage sein wird, die von ihm geforderten Leistungen gemäß den Bedingungen des Vertrages zu erfüllen. Als Marktrisiko wird die Wahrscheinlichkeit definiert, daß zukünftige Veränderungen des Marktpreises das Finanzinstrument weniger werthaltig für das Unternehmen macht bzw. höhere Verpflichtungen für das Unternehmen nach sich zieht. Ein Verlustrisiko wird dann als 'off-balance' definiert, wenn der potentielle Verlust die Summe übersteigt, die für einen Vermögensgegenstand aktiviert ist oder wenn die letztendliche Zahlungsverpflichtung die Summe übersteigt, die als Verbindlichkeit in der Bilanz ausgewiesen ist.[637] Das FASB macht diese Definition noch deutlicher: Einige Finanzinstrumente werden als Vermögensgegenstände aktiviert und die aktivierte Summe spiegelt das Verlustpotential für die Unternehmung wider. Eine Forderung, die zum Barwert aller zukünftig cash inflows bilanziert ist, ist ein entsprechendes Beispiel: Der Buchverlust kann die aktivierte Summe nicht übersteigen.[638] Dagegen besitzen aktivierte bzw. passivierte Finanzinstrumente mit zusätzlichen bedingten Verpflichtungen, die nicht in der Bilanz ausgewiesen und damit das potentielle Verlustrisiko nicht aufgedeckt wird, ein off-balance-Risiko. Daneben werden explizit auch die off-balance-Produkte genannt, die auch ein off-balance-Risiko beinhalten. Der SFAS nennt im Bereich der im Rahmen dieser Arbeit behandelten Derivate Stillhalter-Optionen (auch z. B. Stillhalter-Caps und -Floors), Futures sowie Zins- und Währungsswaps.

baden, 1996, S. 152; Heisler definiert das Liquiditätsrisiko folgendermaßen: „The ability of a bank to alter the risk profile of its position, rapidly and at a reasonable cost." - Heisler, Ethan: Derivatives: New Disclosures Still Fall Short, Publikation von Salomon Brothers, 16.05.1994, S. 13

636 Vgl. FASB: Original Pronouncements 1996/97 Edition - Accounting Standards as of June 1, 1996, Volume I, New York (USA), 1996, S. 1263

637 Vgl. FASB: Original Pronouncements 1996/97 Edition - Accounting Standards as of June 1, 1996, Volume I, New York (USA), 1996, S. 1253; ähnliches ebenfalls auf S. 1265; Williams, Jan: GAAP Guide - A comprehensive restatement of current promulgated Generally Accepted Accounting Principles, New York (USA), 1996, S. 16.06

638 Vgl. FASB: Original Pronouncements 1996/97 Edition - Accounting Standards as of June 1, 1996, Volume I, New York (USA), 1996, S. 1247 f.

Das FASB gibt anhand einer Liste genaue Hinweise, welches Produkt welches Risiko mit sich bringen kann:

Optionsbasierte Finanzinstrumente	Off-Balance-Sheet (OBS) Risiko von Rechnungslegungsverlusten			
	Käufer	Verkäufer (Stillhalter)		
			Art des OBS Risikos	
	OBS Risiko	OBS Risiko	Kredit risiko	Markt risiko
Put option auf Aktien (Prämie up front bezahlt)				
Covered option	Nein	Ja		X
Naked option	Nein	Ja		X
Put option auf Zinskontrakte (Prämie up front bezahlt)				
Covered option	Nein	Ja	X*	X
Naked option	Nein	Ja	X*	X
Call option auf Aktien, Währungen oder Zinskontrakte (Prämie up front bezahlt)				
Covered option	Nein	Ja		X
Naked option	Nein	Ja		X
Interest Rate Caps	Nein	Ja		X
Interest Rate Floors	Nein	Ja		X

* Ein Kreditrisiko liegt dann vor, wenn das zugrundeliegende Instrument für den Put einem Kreditrisiko unterliegt.

Abbildung 12: Risikoklassifizierung optionsbasierter Finanzinstrumente in den USA[639]

Die obenstehende Tabelle zeigt sehr deutlich, daß ein Optionskäufer nie ein Risiko eingeht. Der gesamte SFAS 105 findet somit bei gekauften Optionen keine Anwendung.[640]

---

639 Vgl. FASB: Original Pronouncements 1996/97 Edition - Accounting Standards as of June 1, 1996, Volume I, New York (USA), 1996, S. 1256

640 Vgl. Delaney, Patrick, et al.: GAAP 96 - Interpretation and Application of Generally Accepted Accounting Principles 1996, New York (USA), 10. Aufl. 1996, S. 126; Allerdings wurde durch den SFAS 107 später vorgeschrieben, daß die nach SFAS 105 offenzulegenden Informationen für alle Derivate anzugeben sind, also auch für solche, die ursprünglich nicht im SFAS 105 berücksichtigt waren. Somit sind gekaufte Optionen jetzt erfaßt. - Vgl. Gut, Alexander: Buchführung und Ausweis von derivativen Finanzinstrumenten im internationalen Vergleich, Der Schweizer Treuhänder, 11/1995, S. 965; Diese Vorschrift wurde jedoch nicht aus Gründen einer verbesserten Risikotransparenz, sondern grundsätzlich zur allgemeinen Verbesserung der Informationslage über das Derivatgeschäft eines Unternehmens vorgegeben. - Vgl. Bullen, Halsey; Porterfield, Laura: Derivative Financial Instruments: Time for Better Disclosure, The CPA Journal, 7/1994, S. 20

Derivative Finanzinstrumente ohne Optionsbestandteil	Off-Balance-Sheet (OBS) Risiko von Rechnungslegungsverlusten		
	Beide Vertragsparteien		
		Art des OBS Risikos	
	OBS Risiko	Kredit risiko	Markt risiko
Zins-Swaps - accrual basis			
in Gewinnposition	Ja		X
in Verlustposition	Ja		X
genettete Gewinn- und Verlustposition; das Recht auf Aufrechnung ist vorhanden	Ja		X
Zins-Swaps - markt-to-market			
in Gewinnposition	Ja		X
in Verlustposition	Ja		X
genettete Gewinn- und Verlustposition; das Recht auf Aufrechnung ist vorhanden	Ja		X
Währungsswaps - siehe Zinsswaps			
Financial Futures - hedges (mark-to-market und Gewinn bzw. Verlust verschoben gemäß SFAS 52 oder 80)			
in Gewinnposition	Ja		X
in Verlustposition	Ja		X
Financial Futures - non-hedges (Mark-to-Market und Gewinn bzw. Verlust verschoben gemäß SFAS 52 oder 80)			
in Gewinnposition	Ja		X
in Verlustposition	Ja		X
Forwards - hedges (mark-to-market und Gewinn bzw. Verlust verschoben)			
in Gewinnposition	Ja		X
in Verlustposition	Ja		X
Forwards - non-hedges (mark-to-market und Gewinn bzw. Verlust erfolgswirksam vereinnahmt)			
in Gewinnposition	Ja		X
in Verlustposition	Ja		X
Forwards - nicht nach mark-to-market bewertet	Ja		X

Abbildung 13: Risikoklassifizierung von Derivaten ohne Optionsbestandteil in den USA [641]

[641] Vgl. FASB: Original Pronouncements 1996/97 Edition - Accounting Standards as of June 1, 1996, Volume I, New York (USA), 1996, S. 1257

Hinweise auf die konkrete quantitative Ermittlung des jeweiligen Umfangs für die beiden Risikoarten gibt der SFAS nicht. Ziel des SFAS ist es außerdem ausschließlich eine Informationsoffenlegung in den Erläuterungen zur Bilanz bzw. im Anhang zu erreichen. Der SFAS beschäftigt sich also nicht mit der bilanziellen Bewertung bzw. Berücksichtigung dieser Verlustmöglichkeiten aufgrund der beiden behandelten Risikoarten.

Im Hinblick auf das off-balance-Risiko werden Offenlegungspflichten, untergliedert in die einzelnen Kategorien von Finanzinstrumenten, vorgegeben. Dabei werden als Kategorieeinteilungen die Aufgliederung in die Klassen von Finanzinstrumenten (zu den Klassen geben die obenstehenden Tabellen Hinweise), in die Geschäftsaktivität, in Risikoarten oder andere Aufgliederungen akzeptiert, sofern sie in Einklang stehen mit dem innerbetrieblichen Management dieser Instrumente. Wenn jedoch die Aufteilung nach anderen Kriterien als nach den Klassen der Finanzinstrumente selbst vorgenommen wird, so muß das Unternehmen dennoch innerhalb jeder der von ihm gewählten Kategorie die Klassen der Finanzinstrumente beschreiben, die in der Kategorie berücksichtigt sind.

Die allgemeine Offenlegungspflicht bezieht sich auf:

- Das Kontraktvolumen
- Die Art und die Bedingungen für die jeweiligen Geschäfte einschließlich mindestens einer Erläuterung (1) des Kredit- und Marktrisikos der Instrumente, (2) der Zahlungsbedingungen und (3) der angewandten Rechnungslegungsmethoden.[642]

Das FASB erklärt in den Erläuterungen zum SFAS, daß es die Ansicht vertritt, daß die Offenlegung von Informationen über das Kontraktvolumen von Finanzinstrumenten mit off-balance-Risiko eine nützliche Aussage liefert, damit die Höhe beurteilt werden kann, bis zu welcher das Unternehmen offene oder ausstehende Kontrakte eingegangen ist.[643]

Durch eine Ergänzung des SFAS 107 durch den SFAS 119 wird vorgegeben, daß in der Offenlegung weiterhin unterschieden werden soll nach Finanzinstrumenten mit off-balance-Risiko, welche zu trading-Zwecken gehalten werden und nach Fair value bewertet werden und deren Gewinne und Verluste in der GuV berücksichtigt sind sowie den Finanzinstrumenten mit off-balance-sheet-Risiko, welche zu anderen als trading-Zwecken gehalten werden.[644]

Im Hinblick auf das off-balance-Kreditrisiko müssen zusätzliche Informationen offengelegt werden:

a. Die Summe des Verlustes ('maximum amount of accounting loss'), den das Unternehmen hinnehmen müßte, wenn irgendein an dem Geschäft beteiligter Geschäftspartner in vollem Umfang seine Verpflichtungen aus dem Vertrag nicht erfüllen könnte unter Berücksichtigung von möglicherweise vorhandenen Kreditrisikosicherheiten, die allerdings dann nicht angesetzt werden dürfen, wenn nachgewiesen ist, daß sie keinen Wert für das Unternehmen haben. Diese Informationen sind auch dann offenzulegen,

[642] Vgl. FASB: Original Pronouncements 1996/97 Edition - Accounting Standards as of June 1, 1996, Volume I, New York (USA), 1996, S. 1249

[643] Vgl. FASB: Original Pronouncements 1996/97 Edition - Accounting Standards as of June 1, 1996, Volume I, New York (USA), 1996, S. 1267

[644] Vgl. FASB: Original Pronouncements 1996/97 Edition - Accounting Standards as of June 1, 1996, Volume I, New York (USA), 1996, S. 1675

wenn nur eine geringe Wahrscheinlichkeit besteht, daß dieser Fall eintritt. Es handelt sich also um ein worst-case-Szenario.[645]

b. Die Richtlinien des Unternehmens, Sicherheiten hereinzunehmen, um das Kreditrisiko der jeweiligen Finanzinstrumente abzufedern sowie Informationen über die Zugriffsmöglichkeit des Unternehmens auf die Sicherheit und eine kurze Beschreibung der Sicherheit.

3.3.1.2. Regelungen zu Kreditrisikokonzentrationen

Darüber hinaus müssen Informationen gegeben werden über signifikante Konzentrationen von Kreditrisiken, die aus der Zusammenfassung **aller** Finanzinstrumente (also nicht nur der Instrumente mit off-balance-Risiko) entstehen und zwar sowohl bezogen auf einen singulären Geschäftspartner wie auch bezogen auf eine Gruppe von Geschäftspartnern. Solche Konzentrationen von Kreditrisiken entstehen, wenn eine Anzahl von Geschäftspartnern in ähnliche Geschäftsaktivitäten eingebunden ist und ähnliche wirtschaftliche Charakteristika aufweisen, was dazu führen könnte, daß ihre Fähigkeit, ihre geschäftlichen Verpflichtungen einzuhalten, in gleicher Weise durch Veränderungen der wirtschaftlichen Rahmenbedingungen beeinflußt werden könnte.[646] Die Informationsoffenlegung zu den Kreditrisikokonzentrationen muß in gleicher Weise wie in Abbildung 13 aufgegliedert werden sowie zusätzlich nach der jeweils vergleichbaren Geschäftstätigkeit einer Geschäftspartnergruppe, nach Regionen oder sonstigen wirtschaftlichen Charakteristiken, welche die Konzentration ergeben. Das Board vertritt die Ansicht, daß eine geringe Diversifikation in einem Portfolio grundsätzlich ein höheres Kreditrisiko beinhaltet als unter c. p. ein stärker diversifiziertes Portfolio. Das Board entschied sich dagegen, eine quantitative Grenze vorzugeben, ab welcher eine offenzulegende Kreditrisikokonzentration vorliegt. Begründet wird dies auch damit, daß diese Grenze sehr individuell von der gesamten Finanzsituation des Unternehmens abhängt. Ebenso wollte das Board nicht einmal den verwendeten terminus technicus ‘signifikant’ näher operationalisieren. Vielmehr geht es davon aus, daß der Bilanzersteller selbst entscheiden soll, ab welcher Grenze für das eigene Unternehmen eine signifikante Kreditrisikokonzentration vorliegt. Das Board vertritt die Meinung, daß die Entscheidung des Managements über auszuweisende signifikante Risikokonzentrationen für sich selbst eine nützliche Information ist.[647] Nähere Erläuterungen zu dieser Aussage werden jedoch leider nicht gegeben.

3.3.1.3. Diskussion der Regelungen

In einer Studie in den USA wurde untersucht, inwieweit die durch SFAS 105 vorgeschriebene Offenlegung risikorelevante Informationen zusätzlich zu den Informationen allein aus der Bilanz liefert. Der empirische Test dieser Studie ergab, daß die offengelegten Informationen risikorelevante Daten liefern, allerdings waren die Ergebnisse nicht

---

[645] Vgl. Williams, Jan: GAAP Guide - A comprehensive restatement of current promulgated Generally Accepted Accounting Principles, New York (USA), 1996, S. 16.08

[646] Vgl. FASB: Original Pronouncements 1996/97 Edition - Accounting Standards as of June 1, 1996, Volume I, New York (USA), 1996, S. 1250

[647] Vgl. FASB: Original Pronouncements 1996/97 Edition - Accounting Standards as of June 1, 1996, Volume I, New York (USA), 1996, S. 1268 f.

einheitlich stark. „The balance sheet financial instruments explain 42 percent of the variation in market risk and 45 percent of the variation in industry-level risk among 499 U.S. commercial bank holding companies. FAS105 disclosures of off-balance-sheet instruments and derivative positions explain an additional 5 to 7 percent of the variation.“ [648] Die Studie, die somit einen positiven Zusammenhang zwischen den geforderten Informationen und Rückschlüssen auf die Risikosituation feststellt, hält weitergehende Offenlegungspflichten für wünschenswert, so schon allein die weitergehenden Vorschriften zur Unterscheidung zwischen trading- und hedging-Zwecken, die durch SFAS 119 zu SFAS 105 ergänzt wurden. Damit konnte die Kritik, die geäußert wurde, daß kein Zusammenhang besteht zwischen der Nominalsumme der Derivatgeschäfte und der Höhe des Risikos für eine Bank, entkräftet werden. Allerdings spricht dies auch nicht gegen weiterreichende und verbesserte Risikoinformationen. Das FASB läßt im SFAS 105 offen, ob ein höheres Engagement in Derivaten das Unternehmensrisiko erhöht oder vermindert.[649] Hier zeigt sich, daß grundsätzlich der Einsatz von Derivaten nicht per se risikoerhöhend oder -mindernd wirkt, sondern daß es immer auf die Zwecksetzung eines Derivatgeschäfts ankommt.

Trotz der Ergebnisse aus der oben angeführten Studie wurde an dem SFAS 105 erhebliche Kritik geübt, daß durch die Informationen über die Nominalwerte bzw. Kontraktvolumen keine hinreichende Information über die Risikosituation eines Unternehmens gegeben wird. Die Angabe von Kontraktvolumina kann nur eine beschränkte Aussagekraft besitzen, da sie zum einen, wie z. B. bei Zinsswaps, nur als Berechnungsgrundlage für die auszutauschenden Cash flows dienen und zum anderen das Verlustpotential bei Instrumenten mit Hebelwirkung ein Vielfaches der Kontraktsummen betragen kann. Es wird zwar konzediert, daß die Angabe von Kontraktwerten nicht völlig den Blick auf das mögliche Risiko verstellt, aber im Hinblick auf das enorme Ausmaß des Engagements der Unternehmen und insbesondere der Banken im Derivatgeschäft wurden verbesserte Informationen gefordert. So lange die Kontraktsummen als Risikoindiz veröffentlicht werden sollen, wäre es wichtig zu erfahren, ob und wie die Relationen zwischen Risikomaß und Kontraktsumme über die verschiedenen Produktarten hinweg differieren. Eine weitere Kritik bezog sich darauf, daß ausschließlich der maximale Buchverlust (‘accounting loss’) offengelegt werden soll, welcher nicht unbedingt dem wirtschaftlichen Verlust entsprechen muß. Außerdem ist die Offenlegung begrenzt auf die Information über das Verlustrisiko. Nicht informiert wird über potentielle Gewinne oder die Schwankungsbreite der Ergebnisse.[650] Weiterhin wurde darauf hingewiesen, daß durch die Offenlegungsvorschriften des SFAS 105 mögliche Risikoausgleichseffekte aufgrund der Struktur und der Zusammensetzung des gesamten Portfolios ignoriert werden.[651] Es wurde grundsätzlich die Angabe von Kenngrößen für das wirtschaftliche Risiko des Unternehmens bzw. der Bank gefordert.

---

648 McAnally, Mary: Banks, Risk, and FAS105 Diclosures, Journal of Accounting, Auditing & Finance, Summer 1996, S. 453

649 Vgl. McAnally, Mary: Banks, Risk, and FAS105 Diclosures, Journal of Accounting, Auditing & Finance, Summer 1996, S. 454

650 Vgl. Barth, Mary: Discussion: „Banks, Risk, and FAS105 Disclosures“, Journal of Accounting, Auditing & Finance, Summer 1996, S. 492

651 Vgl. Palmer, Richard; Schwarz, Thomas: Improving the FASB's Requirements for Off-Balance-Sheet Market Risk Disclosures, Journal of Accounting, Auditing & Finance, Summer 1995, S. 523 f.

3.3.2. Zusätzliche Offenlegungsvorschriften ausschließlich für derivative Finanzinstrumente (SFAS 119)

3.3.2.1. Regelungen

Das FASB hat auf die Kritik reagiert und im SFAS 119 weiter spezifizierte Hinweise zu den offenzulegenden Informationen über die wirtschaftliche Risikosituation gegeben. Die Unternehmen werden aufgefordert aber nicht verpflichtet, quantitative Informationen offenzulegen über Zinsrisiken, Währungsrisiken, Warenpreisrisiken oder andere Marktrisiken der derivativen Finanzinstrumente. Mit Kreditrisiken bzw. weiteren Risikoarten neben dem Marktrisiko beschäftigt sich der SFAS 119 nicht. Als mögliche Risikomessungsmethoden nennt das FASB einige Verfahren, die als Hinweise für die Unternehmen verstanden werden sollen, wobei keine Methode explizit vorgegeben wird. Das Unternehmen, welches sich dazu entschließt, quantitative Angaben über das Marktrisiko seines Derivatgeschäfts zu geben, kann selbst auswählen. Folgende Hinweise gibt das FASB[652]:

a) Offenlegung von mehr Details über laufende Geschäfte und über die Aktivitäten während der gesamten Periode;
b) Offenlegung der hypothetischen Auswirkungen von diversen möglichen Veränderungen der Marktpreise auf das Eigenkapital bzw. den Jahresüberschuß;
c) Offenlegung der Ergebnisse von Gap-Analysen bzgl. Zinssatzschwankungen oder Zinsbindungsfristen;
d) Offenlegung der Duration der Finanzinstrumente;
e) Offenlegung des VAR der Derivate zum Bilanzstichtag und des durchschnittlichen VAR der vergangenen Rechenperiode.

In den Erläuterungen gibt das FASB weitere Hinweise zu den genannten Punkten (a) bis (e):[653]

zu (a): Wenn ein Unternehmen bzw. eine Bank nur einige wenige Derivatgeschäfte durchführt, so sollte es zu den einzelnen Geschäften nähere Details (z. B. Beschreibung der Basisgröße, vereinbarte Geschäftsbedingungen, Laufzeit bzw. sonstige Kenngrößen) bekanntgeben. Wenn jedoch das Unternehmen bzw. die Bank eine Vielzahl solcher Geschäfte durchführt, so wird sich dieses Vorgehen als nicht praktikabel erweisen.

Zu (b): Hierbei handelt es sich letztlich um Sensitivitätsanalysen.[654] Hinsichtlich des Ausweises der möglichen Effekte gibt das Board einige Beispiele, wie diese dargestellt werden können. Ein Beispiel ist die Darstellung der Auswirkungen von Verschiebungen von +/- 100 und +/- 200 Basispunkten bei allen Zinssätzen; außerdem die Auswirkungen einer Abflachung der Zinskurve durch den Anstieg der kurzfristigen oder durch den Verfall der langfristigen Zinssätze oder des Gegenteils einer zunehmenden Steilheit der Zinskurve. Möglich ist auch eine Erläuterung der Auswirkungen der Veränderungen der

[652] Vgl. FASB: Original Pronouncements 1996/97 Edition - Accounting Standards as of June 1, 1996, Volume I, New York (USA), 1996, S. 1675

[653] Vgl. FASB: Original Pronouncements 1996/97 Edition - Accounting Standards as of June 1, 1996, Volume I, New York (USA), 1996, S. 1685 f.

[654] Vgl. Gut, Alexander: Buchführung und Ausweis von derivativen Finanzinstrumenten im internationalen Vergleich, Der Schweizer Treuhänder, 11/1995, S. 965

Wechselkurse um +/- 10 % gegenüber der eigenen Währung.[655] Hiergegen wurde eingewendet, daß diese Angaben lediglich ein 'Blitzlicht' auf die Risikosituation am Bilanzstichtag werfen und keine weitergehenden Aussagen zulassen. Das Board setzt dagegen, daß die meisten Finanzdaten der Bilanz auf den Stichtag bezogen sind.

Pfeffer[656] erläutert, daß diese hypothetischen Veränderungen der Zinssätze um 1 % und 2 % und der Veränderung der Wechselkurse um 10 % eher als Wort-Case-Szenarien anzusehen sind. Er schlägt daher vor Szenarien zu publizieren, die veranschaulichen, wie sich eine Parallelverschiebung der Zinskurve um einen Basispunkt, eine Verschiebung der Volatilität um zehn Basispunkte, eine Veränderung der Wechselkurse um ein Prozent oder eine Veränderung der Optionskennzahlen Delta, Gamma, Vega auf den Marktwert der betreffenden Positionen auswirken.

Zu (c): Im Rahmen einer Gap-Analyse werden die Buchwerte der zinsreagiblen Aktiva und Passiva sowie die Nominalwerte aller zinsempfindlichen bilanzunwirksamen Finanzderivate nach den voraussichtlichen Zinsanpassungsterminen bzw. Fälligkeitsterminen gruppiert. Mit Hilfe dieser Aufstellung soll dem Bilanzleser Einblick in bestehende Inkongruenzen innerhalb der einzelnen Laufzeitbänder zwischen den Fälligkeiten von Aktiva- und Passivapositionen und somit über das Ausmaß eingegangener Zinsänderungsrisiken gewährt werden.[657] Das FASB räumt jedoch selbst ein, daß die Gap-Analyse ihre Popularität verliert, da sie nicht in der Lage ist, die Effekte von Optionen abzubilden und zu irreführenden Ergebnissen führen kann, wenn nicht alle in der Analyse berücksichtigten Instrumente auf dieselbe Währung lauten.[658] Zu beachten ist außerdem die Problematik von unterschiedlichen Zinsreagibiliäten ungleicher Finanzinstrumente selbst innerhalb eines Laufzeitbandes, welche die Aussagekraft der Gap-Analyse weiter beeinträchtigt.[659]

Zu (d): Mit der Kennzahl der Duration wird beschrieben, wie stark sich der Barwert einer Festzinsposition bei einer Parallelverschiebung der Zinskurve um einen Basispunkt verändert. Da sich bei unterschiedlichen Preisen des Underlyings unterschiedliche Werte für die Duration ergeben, schlägt Pfeffer[660] vor, daß auch die Kennzahl der Konvexität, die die Veränderung der Duration aufgrund von Preisänderungen des Underlyings mißt, publiziert wird.

Zu (e): Der Value-at-Risk-Wert zeigt das Verlustpotential für ein Portfolio, welches innerhalb einer konkreten Frist (Liquidationszeitraum) mit einer bestimmten Wahrschein-

---

655 Vgl. FASB: Original Pronouncements 1996/97 Edition - Accounting Standards as of June 1, 1996, Volume I, New York (USA), 1996, S. 1685

656 Vgl. Pfeffer, Andreas: Publizitätspflichten für derivative Finanzinstrumente nach US-GAAP, Die Wirtschaftsprüfung, 12/1995, S. 414

657 Vgl. Pfeffer, Andreas: Publizitätspflichten für derivative Finanzinstrumente nach US-GAAP, Die Wirtschaftsprüfung, 12/1995, S. 415; Prahl, Reinhard: Informationen über Derivate für externe Adressaten; in: Krumnow, Jürgen (Hrsg.): Risikosteuerung von Derivaten, Wiesbaden, 1996, S. 144

658 Vgl. FASB: Original Pronouncements 1996/97 Edition - Accounting Standards as of June 1, 1996, Volume I, New York (USA), 1996, S. 1685

659 Vgl. Heisler, Ethan: Derivatives III: As The Margin Turns, Publikation von Salomon Brothers, 10.01.1995, S. 6

660 Vgl. Pfeffer, Andreas: Publizitätspflichten für derivative Finanzinstrumente nach US-GAAP, Die Wirtschaftsprüfung, 12/1995, S. 415

lichkeit nicht überschritten wird.[661] Er ähnelt Stress-Tests, außer daß er sich auf historische Marktbewegungen und nicht auf simulierte Bewegungen[662] der Zinsertragskurve bezieht.[663] Der VAR mißt z. B. das Verlustpotential in den kommenden 10 Tagen aufgrund von Bewegungen in der Zinskurve, welches mit einer Wahrscheinlichkeit von 99 % eintreten wird und welches auf Berechnungen bezogen auf die historischen Zinskurvenbewegungen während der letzten 365 Tage basiert.

Im übrigen setzt sich auch die SEC sehr dafür ein, daß der VAR offengelegt werden sollte.[664]

3.3.2.2. Diskussion der Regelungen

Insbesondere gegen dieses Wahlrecht der Unternehmen, Risiken im Rahmen der Rechnungslegung zu messen und quantitative Informationen offenzulegen, gibt es wiederum Kritik in den USA. Von manchen Seiten wird zwar die Entscheidung des Board, ein Wahlrecht zu gewähren mit dem Hinweis unterstützt, daß es hohe Kosten verursachen würde, die relevanten Risikofaktoren zu errechnen. Dagegen muß gehalten werden, daß es schwer vorstellbar ist, daß Banken große Derivatepositionen aufrechterhalten und managen können, ohne daß sie eine quantitative Vorstellung von den Risiken haben, die diese Positionen nach sich ziehen. Da man von den Managern erwarten kann, daß sie die Risiken verstehen, kann man auch verlangen, daß sie diese veröffentlichen.[665] Im Rahmen einer Studie spricht sich auch das GAO (General Accounting Office) dafür aus, daß diese Publizitätsvorschriften verpflichtend vorgeschrieben werden sollten, da zum einen Marktveränderungen gerade im Handel mit Derivaten erhebliche Risiken für die Unternehmen bzw. Banken nach sich ziehen können und zum anderen, damit eine Stetigkeit bzw. zwischenbetriebliche Vergleichbarkeit in der Informationsoffenlegung über Risiken aus Derivatgeschäften erreicht wird.[666]

---

[661] Vgl. Pfeffer, Andreas: Publizitätspflichten für derivative Finanzinstrumente nach US-GAAP, Die Wirtschaftsprüfung, 12/1995, S. 415

[662] Mit Hilfe von Streßtests werden z. B. die Auswirkungen auf das Eigenkapital und das Jahresergebnis aufgrund eines hypothetischen Anstiegs oder Abfalls um 200 Basispunkte der Zinskurve errechnet.

[663] Vgl. Tate, Christine: Derivatives Accounting & Disclosure: What's Next?, Bank Management, 5-6/1995, S. 24; Heisler, Ethan: Derivatives IV: Or How I Learned to Stop Worrying and Live with Risk, Publikation von Salomon Brothers, 03.08.1995, S. 2 und 6

[664] Vgl. Sack, Robert, et al.: American Accounting Association's Securities and Exchange Commission Liaison Committee - Mountaintop Issues: From the Perspective of the SEC, Accounting Horizons, 3/1995, S. 80; Tate, Christine: Derivatives Accounting & Disclosure: What's Next?, Bank Management, 5-6/1995, S. 24

[665] Vgl. Carpenter, Jennifer: Current Issues in Accounting for Derivatives, The Journal of Derivatives, Spring 1996, S. 65 und 69 f.; In einer empirischen Untersuchung, die die Nutzung der freiwilligen quantitativen Risikooffenlegung, die durch Aufforderung im SFAS 119 gefördert werden soll, untersuchte, zeigte sich jedoch, daß diese größtenteils nicht von den in das Sample einbezogenen Firmen (wobei es sich nicht um Banken handelte) als Information im Geschäftsbericht angeboten wurde. Die Autoren der Untersuchung kommen zu dem Schluß: „Such information would have been helpful in evaluating the magnitude of the risks associated with the derivatives and the results of the companies' strategies." - Herz, Robert; Elmy, Frederick; Bushee, Brian: Derivatives: Were 1994 Disclosures Adequate?, The Journal of Corporate Accounting and Finance, Winter 1995-96, S. 22; Über Banken fand sich leider keine vergleichbare Untersuchung.

[666] Vgl. GAO: Financial Derivatives - Actions Needed to Protect the Financial System, Report to Concressional Requestors, Washington (USA), 5/1994, S. 102

In den Erläuterungen zum SFAS erklärt das Board, warum es trotz der Forderungen nach einer zwingenden Vorschrift - z. B. von seiten der SEC - nur eine Aufforderung gegeben hat, quantitative Risikoinformationen nach den oben genannten Methoden offenzulegen. Das FASB wollte keine zwingende Vorschrift erstellen über die Nutzung von Risikomeßmethoden, die (zumindest zum Zeitpunkt der Erstellung des SFAS) noch nicht optimal definiert, auch noch nicht von breiteren Schichten gut verstanden und welche nicht leicht erklärt oder berechnet werden können.[667]

Dennoch ermuntert das FASB die Unternehmen dazu, ähnliche Risikoinformationen nicht nur für Finanzderivate, sondern auch für die (on-balance-) Finanzinstrumente offenzulegen, mit welchen die Derivate mittels eines Risikomanagements oder einer sonstigen Strategie verbunden sind.[668]

3.3.3. Vorschläge im Rahmen des geplanten neuen Statement

Mit dem neuen Proposal sollen der SFAS 105 und 119 ersatzlos gestrichen werden. Es werden aber einige Bestandteile dieser beiden SFAS beibehalten und als Ergänzung in SFAS 107 eingefügt, der somit die Regeln vorgibt einmal zur Berechnung des Fair value, der mit dem neuen SFAS als anzusetzender Wert in der Bilanz für Derivate herangezogen wird, und zum anderen damit umfangreiche Offenlegungsvorschriften enthält. Da in der aktuellen, noch unvollständigen Version des Task Force Draft die Teile über die Ergänzungen anderer SFAS fehlen, kann zum jetzigen Zeitpunkt nur auf die Formulierungen des Exposure Draft Bezug genommen werden. Inwieweit diese Änderungen erfahren, kann nicht abgeschätzt werden, wobei bisher jedoch keinerlei Ankündigungen von Änderungen für die Offenlegung von Informationen über die Risiken vorliegen.

Nach dem Exposure Draft werden aus SFAS 105 die Vorschriften über die Offenlegung von Informationen über Kreditrisikokonzentrationen übernommen. Anstelle des bisher vorgeschriebenen auszuweisenden Buchverlustes im Falle des völligen Ausfalls der Leistungserbringung aller Vertragspartner, die in den Kreis der Kreditrisikokonzentration eingerechnet werden, muß nach dem Proposal der maximale Verlustbetrag aufgrund des Kreditrisikos, berechnet auf dem Brutto-Fair value der Finanzinstrumente, ausgewiesen werden. Ergänzend sollen Informationen über die Geschäftspolitik im Hinblick auf den Abschluß von 'master netting arrangements', um das Kreditrisiko aus den Finanzinstrumenten zu verringern, dargelegt werden. Diese Informationen sollen eine kurze Beschreibung der Bedingungen der arrangements sowie des möglichen Ausmaßes, in welchem sie den maximalen Verlustbetrag des Unternehmens reduzieren könnten, beinhalten.[669] Das Board erklärt, daß es entschieden hatte, den Ausweis des möglichen Verlustbetrages aufgrund des Brutto-Fair value berechnen zu lassen und nicht mehr wie bisher nach dem Buchverlust, da Leser der Geschäftsberichte in Kommentarbriefen argumentiert hatten, daß der Fair value einen besseren Indikator darstellt für das Kreditrisiko aus Finanzin-

---

[667] Vgl. FASB: Original Pronouncements 1996/97 Edition - Accounting Standards as of June 1, 1996, Volume I, New York (USA), 1996, S. 1686

[668] Vgl. FASB: Original Pronouncements 1996/97 Edition - Accounting Standards as of June 1, 1996, Volume I, New York (USA), 1996, S. 1686

[669] Vgl. FASB: Exposure Draft - Proposed Statement of Financial Accounting Standards - Accounting for Derivative and Similar Financial Instruments and for Hedging Activities, Financial Accounting Series, No. 162-B, June 20, 1996, S. 159

strumenten.[670] Nicht übernommen wurden die bisherigen Vorschriften über die Offenlegung der Kontraktsummenwerte der Finanzinstrumente, denn der Ausweis aller Derivate mit dem Fair value in der Bilanz reduziert die Nützlichkeit von Informationen über den Kontraktwert.[671] Nicht mehr notwendig werden ebenso Vorschriften über die Offenlegung von einzelgeschäftsbezogenen off-balance-Kreditrisiken, da es mit dem neuen SFAS keine off-balance-Geschäfte mehr geben wird und alle derivativen Geschäfte zum Fair value bewertet werden.[672]

Aus SFAS 119 wird die Aufforderung, quantitative Informationen über das Marktrisiko von Finanzinstrumenten offenzulegen, übernommen. Es bleibt nach wie vor bei einer Aufforderung. Eine zwingende Vorschrift wird nicht erlassen. Auch die Liste der möglicherweise zu nutzenden Bewertungsmethoden für das potentielle Marktrisiko hat sich nicht verändert.[673] Die Empfehlung wird nur insoweit ergänzt, als daß sie nicht mehr nur für derivative Finanzinstrumente, sondern für alle Finanzinstrumente ausgesprochen wird. Die Begründung, warum diese Empfehlung immer noch nicht in eine zwingende Vorschrift umgewandelt wurde, stützt sich nach wie vor darauf, daß die fortschreitende Evolution der Risikomanagementmethoden die Chance beeinträchtigt, die am besten geeignete Methode eindeutig zu definieren.[674]

Im Vergleich zu den gesamten Offenlegungsvorschriften der SFAS 105, 107 und 119 haben sich die Vorschriften in dem neuen Proposal reduziert, so daß zu erwarten steht, daß der Umfang bzw. die Länge des Publizitätsteils in US-amerikanischen Geschäftsberichten abnehmen wird. Dies ist begründet durch die Übernahme von ehemals off-balance-Produkten on-balance. Das Board beurteilt diese Wirkung des neuen Proposal wohl positiv, da es hierauf explizit hinweist.[675]

Die Beachtung des Risikos bei Rechnungslegungsvorschriften zeigt sich noch in einem anderen Bereich des Proposal. Wie bereits in Abschnitt 2.3.5. dieses Kapitels erwähnt, muß für die Anerkennung eines Hedges eine formale Dokumentation über die Art des Risikos erfolgen, welches gehedgt werden soll und zwar sowohl bei Fair value-Hedge wie

---

[670] Vgl. FASB: Exposure Draft - Proposed Statement of Financial Accounting Standards - Accounting for Derivative and Similar Financial Instruments and for Hedging Activities, Financial Accounting Series, No. 162-B, June 20, 1996, S. 111

[671] Vgl. FASB: Exposure Draft - Proposed Statement of Financial Accounting Standards - Accounting for Derivative and Similar Financial Instruments and for Hedging Activities, Financial Accounting Series, No. 162-B, June 20, 1996, S. 112

[672] Keine Hinweise werden übrigens gegeben zu den herkömmlichen on-balance Finanzinstrumenten, die auch nach dem Proposal nicht nach Fair value bewertet werden und die ein off-balance-Kreditrisiko besitzen (z. B. nennt SFAS 105 'financial guarantees' eine passivierte Verbindlichkeit, deren Verlust aufgrund des off-balance Kreditrisikos höher sein kann als der in der Bilanz ausgewiesene Passiv-Posten). Diese Produkte sind jedoch nicht Gegenstand dieser Arbeit.

[673] Vgl. FASB: Exposure Draft - Proposed Statement of Financial Accounting Standards - Accounting for Derivative and Similar Financial Instruments and for Hedging Activities, Financial Accounting Series, No. 162-B, June 20, 1996, S. 159 f.

[674] Vgl. FASB: Exposure Draft - Proposed Statement of Financial Accounting Standards - Accounting for Derivative and Similar Financial Instruments and for Hedging Activities, Financial Accounting Series, No. 162-B, June 20, 1996, S. 110

[675] Vgl. FASB: Exposure Draft - Proposed Statement of Financial Accounting Standards - Accounting for Derivative and Similar Financial Instruments and for Hedging Activities, Financial Accounting Series, No. 162-B, June 20, 1996, S. 113

auch bei Cash flow-Hedge.[676] „The Board ... decided that identifying the nature of the risk being hedged and using a hedging derivative consistent with an entity's established policy for risk management are essential components of prudent risk management and are necessary to add verifiability to the hedge accounting model.“ [677]

Zusammenfassend kann festgehalten werden, daß durch den kompletten Ausweis der Derivate in der Bilanz zum Fair value die Offenlegungsvorschriften in den USA im Hinblick auf Risikoinformationen reduziert wurden, was gerechtfertigt ist. Dennoch findet auch im Proposal keine Diskussion zu den weiteren Risikoarten neben den behandelten Arten 'Marktrisiko' und 'Kreditrisiko' - wie z. B. Liquiditätsrisiko[678] - statt. Andere Risikoarten, wie z. B. Spreadrisiko (Entwicklung des Basiswertes, aus dem sich der Derivatwert ableitet, verläuft anders als der Marktwert des Derivats selbst) oder Systemrisiko (aufgrund der engen Verzahnung der unterschiedlichen Derivatmärkte bzw. zwischen Kassa- und Terminmarkt kann es zu Kettenreaktionen zwischen den Märkten kommen) werden dagegen größtenteils abgedeckt durch den Ausweis des Marktwertes bzw. Fair value, der diese Risiken im Normalfall in der Wertfindung berücksichtigt. Das systematische Risiko wird außerdem zusätzlich durch den Ausweis der Kreditrisikokonzentration zumindest teilweise ebenfalls miterfaßt.

Die größte Kritik bleibt nach wie vor darin verhaftet, daß der gute Ansatz des Ausweises des Marktrisikos anhand von verschiedenen Risikomeßmethoden nur als Aufforderung und nicht als Pflicht stehenbleibt.

3.4. Synopse

Wie der gesamte Abschnitt 3 zu dem Problemkreis der Berücksichtigung des Risikos zeigt, wird hier ein anderer Weg als über die Offenlegung im Rahmen des Anhangs kaum als möglich angesehen wird. Auch nur solche Vorschriften bzw. Anregungen finden sich in den drei Ländern, so daß sich hier im Gegensatz zu den beiden anderen Synopsen (siehe Abschnitte 1.4. und 2.4. dieses Kapitels) ausschließlich Aussagen zur Informationsoffenlegung im Rahmen des Anhangs oder anderer Bestandteile des Geschäftsberichts finden.

---

676 FASB: Exposure Draft - Proposed Statement of Financial Accounting Standards - Accounting for Derivative and Similar Financial Instruments and for Hedging Activities, Financial Accounting Series, No. 162-B, June 20, 1996, S. 21 und 25

677 FASB: Exposure Draft - Proposed Statement of Financial Accounting Standards - Accounting for Derivative and Similar Financial Instruments and for Hedging Activities, Financial Accounting Series, No. 162-B, June 20, 1996, S. 87

678 Dies wird verstanden als das Risiko, aufgrund eines zu engen Marktes ein bestimmtes Produkt nicht verkaufen zu können.

	Deutschland	Japan	USA	
Risiko-Offenlegung				
1. aktueller Stand				
- gesetzliche Muß-Vorgaben	nein	ja	nein	
- gesetzliche Kann-Vorgaben	ja	ja	ja	
- angesprochene Risikoarten			SFAS 105	SFAS 119
• Erfüllungsrisiko (=Adressenausfallrisiko = Kreditrisiko)	ja (nach Gesetz)	ja	ja	nein
• Währungsrisiko	ja (nach Gesetz)	ja	ja, aber einbezogen unter die Rubrik 'Sonstige Risiken'	ja
• Zinsrisiko	ja (nach Gesetz)	ja	ja, aber einbezogen unter die Rubrik 'Sonstige Risiken'	ja
• Aktienkursrisiko	nicht explizit; aber: alle anderen möglichen Risikoarten können unter der Bezeichnung 'Sonstige Marktpreisrisiken' zusammengefaßt werden	ja (keine Rubrik 'Sonstige Risiken' wie in Deutschland!)	ja, aber einbezogen unter die Rubrik 'Sonstige Risiken'	als dritte Kategorie neben Währungs- und Zinsrisiken wird nur 'Marktpreisrisiko' genannt

• Liquiditätsrisiko	ja (nach Vorschlag des Bundesverbandes deutscher Banken)	nein	nein	nein
- sonstige Hinweise	• bei Kombination mehrerer Risiken: auf 'wichtigste' Risikoart abstellen • Gesetzgeber verlangt keine Zahlenangaben; die Literatur dagegen schon • Vorschlag des Bundesverbandes deutscher Banken 1. Nominalbeträge unterteilt in Restlaufzeiten für Zins- / Währungs- / Aktien- und Index- / Sonstige Derivatgeschäfte + Adressenrisiko (nach Marktwert) - nochmal unterteilt in OTC und börsengehandelte Produkte (dadurch Info über Grad der Liquidisierbarkeit → Liquiditätsrisiko) + grundsätzliche Angabe von Marktwerten empfohlen + bei 'umfangreichem' Derivatgeschäft: Info über Kontrahentenstruktur + qualitative Angaben → hier fehlt allerdings eine Einteilung in Vermögenspositionen und Schulden 2. (ab 1996) Marktrisiko anhand von VAR für das gesamte Handelsgeschäft sowohl für derivative wie auch für originäre Finanzinstru-	Kann: 1) Aufforderung zu qualitativer Informationen über das Risikokontrollsystem der Bank 2) Quantitative Informationen zu Muß: - Kontraktvolumen Muß: - Kreditrisiko nach original exposure method (später angestrebt: Wiederbeschaffungskosten (kann auch heute schon von Banken angewandt werden)) Kann: - Marktrisiko (bzgl. Zins / Aktienkurs / Wechselkurs) (dies ist noch nicht Vorschrift, nur Empfehlung; Berechnungsmodellwahl liegt bei der Bank (z. B. Gap, Sensitivität oder VAR) Muß: - Erläuterung der quantitativen Informationen durch qualitative Informationen	nur Derivate • nur off-balance-risks (nicht das wiederholen, was schon in der Bilanz steht!) • Kriterien für die Einteilung der Derivate: vorgeschlagen nach Arten der Derivate, jedoch jede andere Einteilung möglich / aber es muß immer nach trading und non-trading unterschieden werden • Offenlegung 1. Nominalbeträge 2. dazu qualitative Informationen zusätzlich: Info zu Kreditrisiko: 1. Im Falle eines Adressenausfallrisikos (unter worst-case-Szenario) →	Aufforderung (keine Verpflichtung) zu folgenden Informationen: 1. Quantitative Informationen zu - Zinsrisiken - Währungsrisiken - Marktpreisrisiken 2. Risikomeßmethode nicht vorgegeben (möglich z. B.: Sensitivitätsanalysen, Duration, Gap-Analyse, VAR)

	mente; Empfehlung z. B.: VAR jeweils höchsten / niedrigsten / täglich durchschnittliche des letzten Geschäftsjahres etc. → damit wird auch dann das Risiko nochmal offengelegt, wenn in der Bilanz z. B. eine Rückstellung für drohende Verluste aus schwebenden Geschäften bereits gebildet wurde		Verlustsumme angeben (entspricht max. Buchverlust) 2. hierzu qualitative Informationen 3. Informationen über Konzentrationen von Kreditrisiken (jedoch keine Definition, ab wann eine Konzentration vorliegt)	
2. Planungen bzw. diskutierte Ansätze	derzeit keine weiteren konkreten Vorschläge	derzeit keine weiteren konkreten Vorschläge	neuer FASB-Proposal: 1) Information über Kreditrisikokonzentrationen (aus SFAS 105); aber nicht mehr Buchverlust, sondern Brutto Fair value der Finanzinstrumente, die sich in dem Kreis der Konzentration befinden nicht mehr: Nominalvolumen nicht mehr: einzelgeschäftsbezogene off-balance Kreditrisiken, da alle Derivate on-balance 2) Quantitative Informationen über Marktrisiko (aus SFAS 119); aber weiterhin nur Aufforderung; auch zu nutzende Bewertungsmethode ist nicht fest vorgegeben	

4. Kapitel
Rechnungslegung der einzelnen Grundformen der derivativen Finanzinstrumente

Die Darstellung der konkreten Rechnungslegungsvorschriften bzw. Rechnungslegungspraktiken für die einzelnen Finanzderivate soll nach der ausführlichen Behandlung der grundsätzlichen Probleme und der jeweiligen Lösungsansätze in den betrachteten Ländern nur in den Grundstrukturen bezüglich der einfachen Basisvarianten dargestellt werden. Auf eine Betrachtung weiterer, komplexerer und synthetischer Produktgestaltungen bzw. -kombinationen wird verzichtet. Dahinter steht die Überlegung, daß Lösungsansätze für künftige Bilanzierungsfragen nicht aus der Diskussion der Einzelfragen bezüglich der Rechnungslegung einer komplizierten Produktvariation abgeleitet werden können, sondern vielmehr die grundsätzlichen Probleme, wie sie in Kapitel 3 geschildert wurden, einer dauerhaften Lösung bedürfen. Diese Lösungen sind geeignet, auch bei zukünftigen Fragen Antworten abzuleiten. Der größte Teil der bisherigen Literatur[679] zu Bilanzierungsfragen von Derivaten in Deutschland hat jedoch genau den Weg beschritten, ein bestimmtes Finanzderivat in möglichst vielen Produktausgestaltungen zu untersuchen und eine für dieses spezielle Derivat 'richtige' Rechnungslegung abzuleiten.

In der internationalen Betrachtung zeigt sich, daß dieser für die deutsche Literatur typische Weg bereits vor einiger Zeit aufgegeben wurde. Während mit SFAS 80 (von 1984) noch versucht wurde, nur die Probleme der Rechnungslegung von Futures zu lösen, wurde bereits mit SFAS 105 (von 1990) versucht, Lösungen nicht mehr für eine bestimmte Produktklasse sondern vielmehr für bestimmte kennzeichnenden Eigenschaften einer Vielzahl von Produkten zu finden. Mit dem neuen FASB-Proposal wird dieser eingeschlagene Weg deutlich bestätigt.

In Japan hat dieser Umdenkungsprozeß zwar erst in jüngerer Zeit eingesetzt, hat inzwischen aber so breiten Raum gegriffen, daß das im Herbst 1996 erlassene Gesetz zur Bilanzierung des trading-account, welches ab 1. April 1998 in Kraft tritt, sich allein auf diese Denkweise stützt und ebenfalls nicht mehr einzelne Produkte benennt, sondern sich auf die charakteristischen Eigenschaften der Derivate insgesamt bezieht.

---

[679] Lediglich in der neueren Literatur gibt es mit Mauritz eine erste Quelle, die versucht, diesen Weg zu verlassen. Mauritz weist z. B. darauf hin, daß der größte Nachteil der induktiven Ableitung von Abbildungsregeln ein nahezu explosionsartig ansteigender Komplexitäts- und in gleichem Maße sinkender Übersichtlichkeitsgrad der Rechnungslegung ist, da für jedes an den Finanzmärkten entwikkelte Instrument eine ähnlich komplizierte Problemstruktur entworfen und abgearbeitet werden muß. Allein aufgrund der charakteristischen Vorgehensweise, Abbildungsvorschläge danach zu klassifizieren, ob ein Finanzderivat über spekulativen oder absichernden Charakter verfügt bzw. welcher der drei identifizierten Preisrisikokategorien (Devisen-, Zins-, Aktienkursrisiko) es angehört, ergibt sich bereits je Instrument ein um den Faktor 6 vergrößertes Darstellungs- und Analysevolumen. - Vgl. Mauritz, Peter: Konzepte der Bilanzierung und Besteuerung derivativer Finanzinstrumente, Wiesbaden, 1997, S. 34 f.; Unterscheidet man die Sicherungsaufgabe des Derivats weiter in Mikro-, Makro-, Portfolio- und antizipativen Hedge, so erhöht sich das Darstellungsvolumen um den Faktor 15!

In Deutschland dagegen werden Empfehlungen für die Bilanzierung von Optionen und getrennt davon für Futures gegeben. Umfangreiche Arbeiten[680] beschäftigen sich ausschließlich mit einer einzigen Produktkategorie und zeigen gleichzeitig - wohl eher unbewußt - welche bilanztechnischen Schwierigkeiten entstehen, wenn konzeptionelle bilanzrechtstheoretische Ansätze an den instrumentspezifischen Charakteristika anknüpfen, anstatt bewußt von diesen zu abstrahieren.[681] Erst in allerjüngster Zeit scheint ein Umdenkungsprozeß stattzufinden und man kann hoffen, daß die Neuausrichtung der Diskussion auf die Lösung von grundsätzlichen Rechnungslegungsfragen, ausgerichtet an den charakteristischen Eigenschaften der Derivate und nicht an einzelnen Produktkonstruktionen, sich auf diesem Weg verstetigt. Wie die internationale Betrachtung zeigt, ist es höchste Zeit, daß sich die Diskussion in Deutschland so rasch als möglich neu orientiert.

Im folgenden Kapitel werden somit nur die wichtigsten Rechnungslegungsvorschriften für die Produkte der Basiskategorien der Finanzderivate vorgestellt. Auf weitere Produktvariationen wird nicht näher eingegangen, da nicht vermutet wird, daß aus dieser Betrachtung Hilfen für die Lösung der grundsätzlichen Bilanzierungsprobleme entstehen.

Ein wesentlicher Aspekt soll im Rahmen dieser im Vergleich zu herkömmlichen Arbeiten in Deutschland stark verkürzten Betrachtung der Bilanzierung der einzelnen Derivatgrundformen jedoch nicht unbeachtet bleiben: Auf Abweichungen zwischen den in Kapitel 3 vorgestellten grundsätzlichen Lösungsansätzen und den hinsichtlich der konkreten Rechnungslegung einzelner Derivate vorgegebenen Regelungen soll bei Bedarf hingewiesen werden. Dies geschieht auch unter dem Aspekt, daß durch das Aufdecken von Inkonsistenzen zwischen grundsätzlichem Lösungsweg und konkreter Umsetzung im Rahmen der Bilanzierung eines Produkts darauf geschlossen werden kann, daß entweder

a) die grundsätzliche Lösung offensichtlich nicht den Anspruch auf eine umfassende Lösung des jeweiligen Rechnungslegungsproblems erheben kann und daher entweder dieser überdacht werden muß oder für bestimmte Fälle Ausnahmen zugelassen werden müssen oder
b) sich aus der Betrachtung eines Produkts ein Problem eröffnet, das möglicherweise bislang in der Diskussion der grundsätzlichen Rechnungslegungsfragen für Derivate unbeachtet geblieben ist und daher in der zukünftigen Diskussion wohl noch stärker in den Vordergrund rücken wird.

680 Beispielhaft genannt werden die Dissertationen von Breker (Breker, Norbert: Optionsrechte und Stillhalterverpflichtungen im handelsrechtlichen Jahresabschluß, Düsseldorf, 1993), Menninger (Menninger, Jutta: Financial Futures und deren bilanzielle Behandlung, Frankfurt am Main, 1993) und Happe (Happe, Peter: Grundsätze ordnungsmäßiger Buchführung von Swapvereinbarungen, Düsseldorf, 1996). Die genannten Autoren sind aufgrund des von Mauritz beschriebenen hohen Analysevolumens auch nur in der Lage, einzelne Instrumente - und keinesfalls umfassend - zu untersuchen.

681 Vgl. Mauritz, Peter: Konzepte der Bilanzierung und Besteuerung derivativer Finanzinstrumente, Wiesbaden, 1997, S. 34

1. Rechnungslegung von Futures und Forwards

Der Begriff 'Future' wird im deutschen normalerweise übersetzt mit Terminkontrakt, 'Forwards' dagegen mit Termingeschäft. In beiden Fällen handelt es sich um Verträge, die erst zu einem späteren Zeitpunkt fällig werden. Die Vertragsparteien vereinbaren dabei, eine bestimmte Menge eines Handelsobjektes bzw. eines Gutes an einem bestimmten Termin zu einem im voraus festgelegten Preis zu kaufen bzw. zu verkaufen.[682] Der wesentliche Unterschied zwischen beiden besteht darin, daß die Futures börsengehandelt werden, d. h. es handelt sich hier um standardisierte Finanzprodukte, wogegen Forwards auf individuellen Vereinbarungen zwischen zwei Vertragspartnern beruhen, keine Börse zwischengeschaltet wird und normalerweise kein konkretes Wertpapier als Underlying haben. Forwards sind somit in der vertraglichen Ausgestaltung frei, wogegen bei Futures standardisierte Vertragselemente (z. B. vorgegebene Basisobjekte, Vertragsgröße, Basispreise, Erfüllungstermine) von der Börse (in Deutschland ist es z. B. die Deutsche Terminbörse) vorgegeben werden. Bei dem Abschluß eines Futures an der Terminbörse wird vom Kunden eine Sicherheitsleistung verlangt, mit der er garantieren soll, daß er bei Fälligkeit des Futures die - im Verlustfall - notwendigen Zahlungen leisten kann. Diese Sicherheitsleistung wird weltweit einheitlich mit 'Initial margin' bezeichnet. Während der Vertragslaufzeit wird daneben das Margin-Konto geführt. Mit diesem Konto werden die täglich festgestellten Bewertungsgewinne bzw. - verluste des Futures mit sogenannten 'Variation margins' festgehalten. Gewinne werden gutgeschrieben, bei Verlusten muß der Kunde der Terminbörse Nachschüsse leisten. Gewinne können vom Kunden abdisponiert werden. Diese zahlungswirksamen Vorgänge beim Future im Rahmen der Initial bzw. Variation margin sind beim Forward nicht gegeben. Bei letzterem handelt es sich um einen reinen Terminvertrag ohne Zahlungen bis zum Fälligkeitszeitpunkt. Mögliche Basisobjekte der Financial Futures bzw. Financial Forwards sind u. a. Anleihen (und damit letztlich Zinssätze), Aktien (und damit letztlich Aktienkurse) Währungen (und damit letztlich Wechselkurse). Im Hinblick auf Zins-Futures und Forward Rate Agreements liegt ein wesentlicher Unterschied darin, daß beim Future der Basiswert eine Anleihe (es wird also ein Wertpapier auf Termin gekauft bzw. verkauft) ist, während beim FRA sich die Übereinkunft darauf bezieht, daß beim Fälligkeitszeitpunkt der Verkäufer des FRA eine fiktive Anlage tätigt (bzw. einen Kredit ausreicht) für eine fest vereinbarte Laufzeit zu einem vorher bestimmten Festzins und der Käufer des FRA den fiktiven Kredit aufnimmt.[683] Die physische Übernahme des Basisobjektes ist meist nicht unbedingt das eigentliche Ziel des Vertragsabschlusses. In der Regel wird ein Future noch vor Vertragsfälligkeit durch Eingehen einer Gegenposition wieder glattgestellt[684] (sog. Close out) bzw. wie beim Forward nur die Preisdifferenz bei Fälligkeit zwischen vereinbartem Basispreis und aktuellem Marktpreis (bzw. beim FRA die bezüglich der Laufzeit des vereinbarten Kredits abgezinste Differenz zwischen vereinbartem Zins und Marktzins) am Fälligkeitstermin zwischen den Vertragsparteien ausgeglichen.

Der Käufer verpflichtet sich das vereinbarte Basisobjekt abzunehmen und der Verkäufer verpflichtet sich, das Objekt zu liefern. Im Hinblick auf zinsbezogene Termingeschäfte

682 Vgl. Höffner, Dietmar: Die Bilanzierung von Futures in Deutschland und den USA, Recht der internationalen Wirtschaft, 9/1996, S. 746

683 Vgl. Krumnow, Jürgen et al.: Rechnungslegung der Kreditinstitute - Kommentar zum Bankbilanzrichtlinie-Gesetz und zur RechKredV, Stuttgart 1994, Tz. 398, S. 479 f.

684 Vgl. Eilenberger, Guido: Lexikon der Finanzinnovationen, München, 3. Auflage, 1996, S. 187

soll die jeweilige Gewinn- und Verlustsituation von Käufer und Verkäufer kurz erläutert werden.

Der Käufer eines FRA nimmt auf Termin einen Kredit (z. B. zu 10 %) auf. Steigt der Marktzins (z. B. auf 11%), so erhält er vom Verkäufer die abgezinste Differenz von 1 %-Punkt bezogen auf das vereinbarte Kreditvolumen am Fälligkeitstag ausbezahlt und kann mit diesem Gewinn seine tatsächliche Kreditaufnahme mit dem gültigen Marktzins (11 %) subventionieren, hat also per Saldo einen Kredit zu 10 % aufgenommen. Fällt der Marktzins dagegen (z. B. auf 9 %), so muß er die Differenz an den Verkäufer bezahlen. Der Käufer eines FRA sichert sich also gegen steigende Marktzinsen bzw. spekuliert auf diese Zinsentwicklung. Beim Verkäufer eines FRA gelten die Aussagen in umgekehrter Richtung.

Der Käufer eines Zins-Futures kauft auf Termin eine festverzinsliche Anleihe (z. B. Nominalzins 10 %, Kurs 100). Sinkt der Marktzins (z. B. auf 9 %), so steigt der Kurs der Anleihe. Am Fälligkeitstag würde der Käufer die Anleihe nach wie vor zu einem Kurs von 100 erhalten, wogegen der Marktkurs aber z. B. bereits auf 110 gestiegen ist. Der Käufer realisiert bei Ausführung des Futures einen Gewinn durch Verkauf der Anleihe am Markt bzw. bei vorheriger Glattstellung erhält er vom Verkäufer die Differenz zwischen vereinbartem Basiskurs und aktuell gültigem Marktkurs (z. B. 10). Der Käufer eines Zins-Futures spekuliert also auf sinkende Zinsen bzw. sichert sich gegen diese, wenn er plant, die Anleihen in Zukunft zu kaufen, um dann vorhandene Liquidität anzulegen. Der Verkäufer eines Zins-Futures spekuliert dagegen auf steigende Zinsen bzw. sichert sich gegen diese Zinsentwicklung, wenn er plant, im Portefeuille vorhandene Papiere zu verkaufen. Mit dem Gewinn aus dem Future kann er dann den geringeren Erlös beim Verkauf der Papiere bei steigenden Marktzinsen subventionieren.

Um im folgenden eine vereinfachte Ausdrucksweise einzuführen, sollen als Oberbegriff für Futures und Forwards der Ausdruck 'Finanztermingeschäft' verwendet werden. Soweit eine Regelung im Rahmen der Rechnungslegung nur jeweils eine der beiden Geschäftsarten betrifft, so wird dies ausdrücklich erwähnt.

1.1. Rechnungslegung von Futures und Forwards in Deutschland

Von Seiten des Gesetzgebers ist die Frage der Rechnungslegung von Finanztermingeschäften bislang nicht geklärt. Es hat sich daher ein Meinungsstand in der Literatur gebildet, der jedoch nicht in allen Punkten eine völlige Übereinstimmung aufweist. Für den Bereich der Banken hat das Institut der Wirtschaftsprüfer im Rahmen der Arbeit seines Bankenfachausschusses Stellungnahmen veröffentlicht, die eine indirekte Bindungswirkung für die Rechnungslegung bei den zu prüfenden Banken entfalten,[685] da der Berufsstand der Wirtschaftsprüfer gehalten ist, diese Veröffentlichungen zu beachten. Relevant für die Rechnungslegung von Finanztermingeschäften sind die Stellungnahmen 'Stellungnahme BFA 2/1993: Bilanzierung und Prüfung von Financial Futures und Forward Rate Agreements' [686] sowie speziell für währungsbezogene Finanztermingeschäfte 'Stellung-

---

685 Vgl. Höffner, Dietmar: Die Bilanzierung von Futures in Deutschland und den USA, Recht der internationalen Wirtschaft, 9/1996, S. 747

686 Vgl. BFA: Stellungnahme 2/1993: Bilanzierung und Prüfung von Financial Futures und Forward Rate Agreements, Die Wirtschaftsprüfung, 16/1993, S. 517 f.; Der Geltungsbereich dieser Stellung-

nahme BFA 3/1995: Währungsumrechnung bei Kreditinstituten'[687], welche sich im Abschnitt II. mit der Umrechnung noch nicht abgewickelter Termingeschäfte auseinandersetzt. Die Stellungnahme 2/1993 trennt übrigens nicht zwischen Kunden- und Eigengeschäft der Kreditinstitute, da dies für Fragen der Bilanzierung und der Bewertung nicht erforderlich sei.[688] Es erscheint überraschend, daß auf der Betrachtungsebene einzelner Produkte hiernach nicht mehr differenziert wird, obwohl auf der Gesamtbetrachtungsebene der Rechnungslegungsvorschriften des HGB für Kreditinstitute sehr genau differenziert wird, in welchem Bestand sich einzelne Geschäfte einer Bank befinden. Neben diesen beiden einschlägigen Stellungnahmen des Verbandes der Wirtschaftsprüfer hat auch der Ausschuß für Bilanzierung des Bundesverbandes deutscher Banken eine Stellungnahme zur bilanziellen Behandlung von DTB-Futures[689] veröffentlicht. Diese Veröffentlichung erfolgte noch vor der Veröffentlichung der Stellungnahmen des BFA und stellt somit nicht mehr die aktuelle Situation der in Deutschland anzunehmenden GOB für die Rechnungslegung von Futures (bzw. Forwards) dar. Dennoch soll jeweils auch auf diese Stellungnahme - neben den selbstverständlich auch beachteten Bilanzrechtskommentaren und einschlägigen Literaturstellen - kurz Bezug genommen werden. Die Veröffentlichung des Ausschusses bezieht sich ausschließlich auf die Behandlung im Rahmen des Eigengeschäfts der Banken.

1.1.1. Bilanzausweis

Ansprüche und Verpflichtungen aus schwebenden synallagmatischen Vertragsbeziehungen werden grundsätzlich bis zur Erfüllung durch zumindest eine Seite nicht bilanziert.[690] Futures und Forwards werden als schwebende Geschäfte klassifiziert und somit in der Bilanz nicht ausgewiesen. Die Ansprüche und Verpflichtungen, die aus den schwebenden Geschäften resultieren, sind in einer Memo-Buchhaltung bzw. Nebenbuchhaltung aufzuzeichnen.[691]

---

nahme erstreckt sich auf alle börsengehandelten Termingeschäfte; aus dem OTC-Bereich werden jedoch nur FRA erfaßt.

687 Vgl. BFA: Stellungnahme 3/1995: Währungsumrechnung bei Kreditinstituten, Die Wirtschaftsprüfung, 21/1995, S. 735 ff.

688 Vgl. Göttgens, Michael; Prahl, Reinhard: Bilanzierung und Prüfung von Financial Futures und Forward Rate Agreements, Die Wirtschaftsprüfung, 16/1993, S. 504

689 Vgl. Ausschuß für Bilanzierung des Bundesverbandes deutscher Banken: Bilanzielle Behandlung von DTB-Futures, Die Bank, 2/1991, S. 105 ff.

690 Vgl. Göttgens, Michael; Prahl, Reinhard: Bilanzierung und Prüfung von Financial Futures und Forward Rate Agreements, Die Wirtschaftsprüfung, 16/1993, S. 504 f.

691 Vgl. Elkart, Wolfgang: Die Finanzinstrumente in der (externen) Rechnungslegung oder A Black Hole in the Balance Sheet, in: IDW (Hrsg.): Neuorientierung der Rechenschaftslegung - Bericht über die Fachtagung 1994 des Instituts der Wirtschaftsprüfer, Düsseldorf, 1995, S. 370; Bertsch, Andreas; Kärcher, Ralph: Derivative Instrumente im Jahresabschluß und in der Steuerbilanz, in: Eller, Roland (Hrsg.): Handbuch Derivativer Instrumente, Stuttgart, 1996, S. 666; auch Eilenberger beschreibt die Nebenbuchhaltung in sog. Memorandum-Konten, in der alle wesentlichen Details (Basiswerte, Nominalbeträge, Abschlußkurse, Fälligkeit etc.) festgehalten werden - Vgl. Eilenberger, Guido: Überblick über produktbezogene Finanzinnovationen unter Gesichtspunkten der Rechnungslegung, BFuP, 2/1995, S. 138

1.1.1.1. Bilanzausweis der Initial margin

Nach dem BFA sind die Initial margins als 'Sonstige Vermögensgegenstände' zu aktivieren.[692] Abweichend hiervon hatte der Ausschuß für Bilanzierung des Bundesverbandes deutscher Banken jedoch empfohlen, die Initial margin als Forderungen an Kunden zu aktivieren.[693] Der Kommentar zum Bankbilanzrichtlinien-Gesetz läßt die Wahl, unter welcher der beiden Bilanzpositionen der Ausweis zu erfolgen hat.[694] Menninger schlägt darüber hinaus vor, daß der Betrag der Initial margin ab einer bestimmten Größenordnung als 'Davon-Vermerk' mit der Bezeichnung 'Forderungen gegen die Terminbörse aus Financial Futures' gesondert angegeben werden sollte.[695]

1.1.1.2. Bilanzausweis der Variation margins

Die gezahlten Variation margins (also in einer Verlustsituation, d. h. im Falle eines Aktiv-Saldos des Margin-Kontos) sind während der Laufzeit des Futures ebenfalls unter der Bilanzposition 'Sonstige Vermögensgegenstände' erfolgsneutral zu aktivieren. Gutgeschriebene Variation margins (also in einer Gewinnsituation, d. h. im Falle eines Passiv-Saldos des Margin-Kontos) sind unter der Bilanzposition 'Sonstige Verbindlichkeiten' zu passivieren.[696] Die Variation margins werden somit während der Laufzeit des Futures erfolgsneutral bilanziert.[697] Menninger schlägt auch hier wieder einen gesonderten Ausweis im Rahmen eines entsprechenden 'Davon-Vermerks' (bei den 'sonstigen Vermögensgegenständen' mit der Bezeichnung 'Forderungen gegen die Terminbörse aus Financial Futures' und bei den 'sonstigen Verbindlichkeiten' mit der Bezeichnung 'Verbindlichkeiten gegenüber der Terminbörse aus Financial Futures') vor, sofern die Gesamthö-

[692] Vgl. BFA: Stellungnahme 2/1993: Bilanzierung und Prüfung von Financial Futures und Forward Rate Agreements, Die Wirtschaftsprüfung, 16/1993, S. 517

[693] Vgl. Ausschuß für Bilanzierung des Bundesverbandes deutscher Banken: Bilanzielle Behandlung von DTB-Futures, Die Bank, 2/1991, S. 106

[694] Vgl. Krumnow, Jürgen et al.: Rechnungslegung der Kreditinstitute - Kommentar zum Bankbilanzrichtlinie-Gesetz und zur RechKredV, Stuttgart 1994, Tz. 375, S. 471

[695] Vgl. Menninger, Jutta: Financial Futures und deren bilanzielle Behandlung, Frankfurt am Main, 1993, S. 127 f.

[696] Vgl. BFA: Stellungnahme 2/1993: Bilanzierung und Prüfung von Financial Futures und Forward Rate Agreements, Die Wirtschaftsprüfung, 16/1993, S. 517; so auch: Ausschuß für Bilanzierung des Bundesverbandes deutscher Banken: Bilanzielle Behandlung von DTB-Futures, Die Bank, 2/1991, S. 106; Krumnow, Jürgen et al.: Rechnungslegung der Kreditinstitute - Kommentar zum Bankbilanzrichtlinie-Gesetz und zur RechKredV, Stuttgart 1994, Tz. 376, S. 472

[697] Es gibt zwar auch in Deutschland Diskussion darüber - vor allem im Hinblick auf die Regelungen des SFAS 80 -, inwieweit durch die Gutschrift auf dem Margin-Konto eine Gewinnrealisierung gegeben ist und somit GuV-Wirksamkeit entfalten sollte. Die h. M. geht jedoch nach wie vor davon aus, daß diese Gutschriften erfolgsneutral zu behandeln sind. - Vgl. Mauritz, Peter: Konzepte der Bilanzierung und Besteuerung derivativer Finanzinstrumente, Wiesbaden, 1997, S. 252 mit umfangreichen weiteren Literaturhinweisen; insbesondere Menninger argumentiert, daß die Verbuchung der Variation Margin auf dem Margin-Konto ausschließlich liquiditätswirksam sei. „Eine Gutschrift kann bereits am darauffolgenden Börsentag bei entsprechender negativer Entwicklung des Futureskontraktes wieder zurückgefordert werden." Daher komme nur eine erfolgsneutrale Bilanzierung in Frage. - Menninger, Jutta: Financial Futures und deren bilanzielle Behandlung, Frankfurt am Main, 1993, S. 131

he der Variation margins bei einem Kreditinstitut entsprechend wesentlich im Vergleich zu der gesamten Bilanzposition ist.[698]

1.1.2. Bewertung der Finanztermingeschäfte bei Einzelbewertung

1.1.2.1. während der Laufzeit

Der BFA führt aus, daß die Finanztermingeschäfte grundsätzlich zum Abschlußstichtag einzeln zu bewerten sind. Bei Futures wird dabei der letztverfügbare Börsenkurs des Bilanzstichtages herangezogen. Hinsichtlich der Bewertung von FRA verweist der BFA ebenfalls auf Marktquotierungen, sofern sich diese auf einem ausreichend liquiden Markt ergeben. Andernfalls ist unter Zugrundelegung der vereinbarten Zinssätze im Vergleich zu den am Abschlußstichtag geltenden Referenzzinssätzen der handelsübliche Preis zu errechnen.[699] Für die Bewertung von Währungsforwards kann der Stellungnahme des BFA 3/1995 entnommen werden, daß die Ermittlung des Wertes am Bilanzstichtag durch den Vergleich des vereinbarten Terminkurses mit dem Terminkurs am Abschlußstichtag vorgenommen werden kann.[700] Aus diesen beiden Aussagen läßt sich ableiten, daß grundsätzlich bei nicht-börsennotierten Finanztermingeschäften quasi der 'Fair value' zu berechnen ist, wobei auf die Marktwerte (unter Heranziehung der jeweiligen Terminkurse[701]) des jeweiligen Basisobjektes am Bilanzstichtag Bezug genommen werden muß. Der Marktpreis eines FRA ist mit dem Betrag identisch, zu dem der Bilanzierende seine Risikoposition am Bewertungstag durch ein Gegengeschäft neutralisieren könnte. Im Rahmen der Bewertung eines FRA wird der für die Berechnung der Ausgleichszahlung notwendige Referenzzinssatz durch den entsprechenden Satz zum Bilanzstichtag ersetzt. Die so ermittelte fiktive Ausgleichszahlung ist zudem auf den Bilanzstichtag abzuzinsen.[702]

---

698 Vgl. Menninger, Jutta: Financial Futures und deren bilanzielle Behandlung, Frankfurt am Main, 1993, S. 133

699 Vgl. BFA: Stellungnahme 2/1993: Bilanzierung und Prüfung von Financial Futures und Forward Rate Agreements, Die Wirtschaftsprüfung, 16/1993, S. 517; auch Gebhardt verweist auf die in der Praxis üblichen finanzmathematischen Modelle zur Ableitung des marktgerechten Wertes von OTC-Finanztermingschäften - Vgl. Gebhardt, Günther: Probleme der bilanziellen Abbildung von Finanzinstrumenten, BFuP, 5/1996, S. 566

700 Vgl. BFA: Stellungnahme 3/1995: Währungsumrechnung bei Kreditinstituten, Die Wirtschaftsprüfung, 21/1995, S. 736

701 Etwas überraschend erscheint die Diskussion mancher Autoren hinsichtlich der Fragestellung, ob für die Berechnung des Fair value die Kassakurse der jeweiligen Basisobjekte heranzuziehen sind, da dies eine völlige Nichtberücksichtigung der cost-of-carry (die vor allem auf Zinseffekten beruhen und die Wertdifferenz zwischen Kassa- und Terminkurs dadurch erklären, daß der Kauf des Basiswertes am Kassamarkt durch das Halten bzw. Lagern mit Kosten - eben diesen cost-of-carry - verbunden ist) nach sich ziehen würde. Da es selbstverständlich ist, daß im Rahmen der bilanziellen Bewertung - wo immer möglich - Gleiches mit Gleichem verglichen wird, wird diese Diskussion an dieser Stelle auch nicht weiter verfolgt. - Vgl. Mauritz, Peter: Konzepte der Bilanzierung und Besteuerung derivativer Finanzinstrumente, Wiesbaden, 1997, S. 253 ff. mit weiteren Literaturhinweisen; zu weiteren Ausführungen hinsichtlich der cost-of-carry siehe auch: Eisele, Wolfgang; Knobloch, Alois: Offene Probleme bei der Bilanzierung von Finanzinnovationen, DStR, 17/1993, S. 621

702 Vgl. Scharpf, Paul; Luz, Günther: Risikomanagement, Bilanzierung und Aufsicht von Finanzderivaten, Stuttgart, 1996, S. 464 f.

Bei Bewertungsverlusten (d. h. bei einem Verpflichtungsüberschuß) sind grundsätzlich Rückstellungen für drohende Verluste aus schwebenden Geschäften (sog. Drohverlustrückstellungen) zu bilden. Das BFA räumt auch die Möglichkeit ein, eine Abschreibung der aktivierten Variation margin bei Futures vorzunehmen.[703] Auch der Ausschuß für Bilanzierung des Bundesverbandes deutscher Banken räumt ein Wahlrecht zwischen direkter Abschreibung des Margin-accounts oder der Bildung einer Drohverlustrückstellung ein.[704] Einige Autoren sprechen sich dagegen sehr deutlich gegen die Möglichkeit der direkten Abschreibung einer aktivierten Variation margin aus.[705] So begründet Jutz die Ablehnung der direkten Abschreibung damit, daß eine Anzahlung im Rahmen eines schwebenden Geschäfts (als solche klassifiziert er die Variation margin) und eine Rückstellung für einen drohenden Verlust aus diesem schwebenden Geschäft voneinander getrennt zu beurteilen sind.[706] Einigkeit besteht darüber, daß Bewertungsgewinne entsprechend dem Imparitätsprinzip während der Laufzeit des schwebenden Geschäfts unberücksichtigt bleiben.[707] Stellvertretend für eine Vielzahl von Autoren soll hier die Erklärung von Rabenhorst wiedergegeben werden: „Wegen der bis zur Beendigung des Geschäfts weiterbestehenden Verpflichtung, bei entsprechender Kursentwicklung Variation Margins nachzuschießen, wird das Risiko einer erfolgswirksamen Vereinnahmung der bis dahin erhaltenen Margin-Zahlungen für Zwecke der Bilanzierung als zu groß angesehen. Daran ändert sich auch nichts durch die liquiditätsmäßige Verfügbarkeit erhaltener Margin-Zahlungen, die zwar finanzwirtschaftlich als bereits feststehender Erfolg zu betrachten sind, aber eben bilanzrechtlich noch nicht realisiert sind.“ [708]

1.1.2.2. nach Beendigung

Im Zeitpunkt der Realisation des Finanztermingeschäfts werden grundsätzlich die erhaltenen bzw. gezahlten Variation margins bzw. die Ausgleichszahlungen bei Forwards in voller Höhe erfolgswirksam. Der Realisationszeitpunkt ist dann gegeben, wenn zum vereinbarten Fälligkeitszeitpunkt der Forwards abgerechnet wird bzw. wenn der Future zur Erfüllung am Fälligkeitstag kommt und auch in Form der Glattstellung des Futures durch Abschluß ausdrücklich gegenläufiger Geschäfte (closing-out).[709] Im letzteren Fall nimmt die Terminbörse eine Aufrechnung der gegenläufigen Ansprüche und Verpflichtungen

---

[703] Vgl. BFA: Stellungnahme 2/1993: Bilanzierung und Prüfung von Financial Futures und Forward Rate Agreements, Die Wirtschaftsprüfung, 16/1993, S. 517 f.

[704] Vgl. Ausschuß für Bilanzierung des Bundesverbandes deutscher Banken: Bilanzielle Behandlung von DTB-Futures, Die Bank, 2/1991, S. 107; ebenso: KPMG: Financial Instruments - Einsatzmöglichkeiten * Risikomanagement und Risikocontrolling * Rechnungslegung * Besteuerung, Frankfurt am Main, 1995, S. 97

[705] Vgl. Menninger, Jutta: Spekulative Zins-Futures im Jahresabschluß großer Kapitalgesellschaften, Betriebs-Berater, 3/1994, S. 180; Eisele, Wolfgang; Knobloch, Alois: Offene Probleme bei der Bilanzierung von Finanzinnovationen, DStR, 17/1993, S. 621; Fleischer, Lothar: Bewertungsrechtliche Behandlung von DTB-Optionsscheinen und DTB-Futures, Der Betrieb, 08.09.1995, S. 1782

[706] Vgl. Jutz, Manfred: Bilanzierung und Bewertung von Financial Futures, Betriebs-Berater, 10.08.1990, S. 1520

[707] Vgl. Scharpf, Paul; Epperlein, Joachim: Rechnungslegung und interne Kontrolle von derivativen Finanzinstrumenten, in: Rudolph, Bernd (Hrsg.): Derivative Finanzinstrumente, Stuttgart, 1995, S. 156

[708] Rabenhorst, Dirk: Anschaffungskosten bei der effektiven Erfüllung von Finanzterminkontrakten und bilanzielle Risikoberücksichtigung, Der Betrieb, 15.04.1994, S. 742

[709] BFA: Stellungnahme 2/1993: Bilanzierung und Prüfung von Financial Futures und Forward Rate Agreements, Die Wirtschaftsprüfung, 16/1993, S. 518

vor und hebt die Verträge ausdrücklich auf. In allen genannten Fällen entfallen die gegenseitigen Rechte und Pflichten. Hierbei ist zu beachten, daß Gegengeschäfte, die quasi zur Glattstellung eines Forwards abgeschlossen werden, den Tatbestand der Realisation im Rahmen der Rechnungslegung nicht rechtfertigen. Auch kongruent gegenläufige FRA, die im Ergebnis wirtschaftlich weitgehend einer Glattstellung entsprechen, führen nicht zu einer Gewinnrealisation wie bei glattgestellten Futures, sondern sind weiterhin als schwebende Geschäfte zu behandeln.[710] Hintergrund ist, daß bei Forwards die beiden gegenlaufenden Verträge juristisch gesehen weiterhin Bestand haben mit allen Rechten und Pflichten, wogegen bei closing-out (Aufhebungsvertrag) eines Futures die Verträge tatsächlich von der Terminbörse gegeneinander aufgerechnet und abgeschlossen werden.

Bei der erfolgswirksamen Vereinnahmung des Ergebnisses aus dem Finanztermingeschäft sind in vorherigen Bewertungszeiträumen vorgenommene Drohverlustrückstellungen zu berücksichtigen, d. h. diese sind aufzulösen und mit dem realisierten Verlust zu verrechnen. Nur den Saldo übersteigende Verluste nehmen somit im Realisationszeitpunkt auf die GuV Einfluß.

Der Normalfall der Realisation eines Finanztermingeschäfts ist der Differenzausgleich zwischen den Vertragspartnern bzw. die Glattstellung an der Terminbörse. Dennoch kann es auch ausnahmsweise zur tatsächlichen physischen Lieferung der Basisobjekte - insbesondere im Fall des Futures - kommen. Für diese Situation gibt der BFA vor, daß sich die Anschaffungskosten nach dem Kontraktpreis (Settlement-Preis zuzüglich/abzüglich Variation margins) bestimmen.[711] So kommt z. B. eine Begrenzung der Anschaffungskosten auf den zum Zeitpunkt des Erwerbs geltenden Marktwert nicht in Betracht. Für die Bemessung der Anschaffungskosten spielt es also keine Rolle, ob der Marktwert des angedienten Wertpapiers niedriger liegt; dies ist ein Aspekt, dem im Rahmen der Folgebewertung nach allgemeinen Grundsätzen (strenges oder gemildertes Niederstwertprinzip) Rechnung getragen wird.[712] Durch eine derartige Behandlung soll dem Prinzip der Erfolgsneutralität von Beschaffungsvorgängen Genüge getan werden. Wenn dagegen Gewinne oder Verluste aus vor der Anschaffung von Wertpapieren glattgestellten Futures-Kontrakten wirtschaftlich der Ermäßigung bzw. Erhöhung der Einstandskosten dienen sollen, hat dies nach Auffassung des BFA keinen Einfluß auf die Bemessung der Anschaffungskosten des Wertpapiers. Es bleibt dann beim Grundsatz der vollen Erfolgswirksamkeit realisierter Ergebnisbeiträge aus den Futures.[713] Begründet wird dies damit,

[710] Vgl. Göttgens, Michael; Prahl, Reinhard: Bilanzierung und Prüfung von Financial Futures und Forward Rate Agreements, Die Wirtschaftsprüfung, 16/1993, S. 506; Scharpf, Paul; Luz, Günther: Risikomanagement, Bilanzierung und Aufsicht von Finanzderivaten, Stuttgart, 1996, S. 463

[711] Vgl. BFA: Stellungnahme 2/1993: Bilanzierung und Prüfung von Financial Futures und Forward Rate Agreements, Die Wirtschaftsprüfung, 16/1993, S. 518; der Ausschuß für Bilanzierung des Bundesverbandes deutscher Banken räumt in dieser Frage ein Wahlrecht ein; seiner Meinung nach können die geleisteten bzw. erhaltenen Ausgleichszahlungen aus dem Termingeschäft bei der Bemessung der Anschaffungskosten der erworbenen Papiere (Kaufposition) bzw. als Erlöskorrektur (Verkaufsposition) berücksichtigt werden; eine erfolgswirksame Erfassung ist aber auch möglich. - Vgl. Ausschuß für Bilanzierung des Bundesverbandes deutscher Banken: Bilanzielle Behandlung von DTB-Futures, Die Bank, 2/1991, S. 106

[712] Vgl. KPMG: Financial Instruments - Einsatzmöglichkeiten * Risikomanagement und Risikocontrolling * Rechnungslegung * Besteuerung, Frankfurt am Main, 1995, S. 98

[713] Vgl. Göttgens, Michael; Prahl, Reinhard: Bilanzierung und Prüfung von Financial Futures und Forward Rate Agreements, Die Wirtschaftsprüfung, 16/1993, S. 510 f.; auch Menninger stützt die Ansicht, daß es sich in letzterem Fall um zwei getrennt zu behandelnde Geschäfte handelt, dagegen im ersten Fall die erworbenen Wertpapiere unter Einbeziehung des Ergebnisses aus dem Future aktiviert

daß - selbst wenn man das Engagement auf dem Futures-Markt als Hilfsgeschäft zum Kassageschäft ansähe - sich keine Konsequenzen ergeben für die Höhe der Anschaffungskosten, da diese in § 255 Abs. 1 HGB abschließend geregelt sind und die Variation margin keiner der dort aufgeführten Komponenten der Anschaffungskosten zugeordnet werden kann.[714] Diese Aussage hat letztlich auch Auswirkungen auf die Möglichkeit, mit Finanztermingeschäften antizipative Hedges durchzuführen. Wird das Termingeschäft ausgeübt, so kann man es auch als antizipativen Hedge interpretieren. Die Auswirkung auf den bilanziellen Ansatz ist dieselbe; es wird nach der oben beschriebenen Methode verfahren. Mit der Aussage, daß mit den Ergebnisbeiträgen aus glattgestellten Termingeschäften die Einstandskosten eines parallel durchgeführten Wertpapierkaufes nicht verrechnet werden dürfen, hat der BFA gleichzeitig eine Absage an die Anerkennung von antizipativen Hedges erteilt.[715] Das Ergebnis kann folglich auch nicht - wie in den USA erlaubt - weiter abgegrenzt gehalten werden, um mit einem zeitlich nach der Glattstellung geplanten Gegengeschäft verrechnet zu werden.

1.1.3. Bewertung unter Berücksichtigung von Bewertungseinheiten

1.1.3.1 Pflicht und / oder Wahlrecht

Auch im Rahmen der Stellungnahme des BFA werden Bewertungseinheiten anerkannt. Hinsichtlich der notwendigen Voraussetzungen zur Anerkennung von Bewertungseinheiten kann auf die Ausführungen in Kapitel 3 Abschnitt 2.1. verwiesen werden. Der BFA gibt die zusammenfassende Bewertung als Pflicht vor, denn wenn Futures oder FRA nachweislich der Absicherung von Bilanzposten dienen, so müssen sie mit diesen zusammengefaßt bewertet werden. Je nach Art des Geschäftes kommen eine Bewertung des Bilanzpostens mit dem Preis des Sicherungsgeschäfts oder ein Verzicht auf eine Rückstellungsbildung für das Sicherungsgeschäft in Betracht. In diesem Fall wird vom Imparitätsprinzip abgerückt und Bewertungsgewinne werden bis zur Höhe der ihnen gegenüberstehenden Bewertungsverluste verrechnet. Den Ausführungen der Stellungnahme BFA 3/1995 kann entnommen werden, daß auch bei währungsbezogenen Forwards von einer vergleichbaren Regelung auszugehen ist. Diese Regelungen gelten auch, wenn mit Finanztermingeschäften ebenfalls schwebende Geschäfte abgesichert werden sollen. Diese Verrechnungspflicht gilt im Falle gleichartiger Gegengeschäfte. Darüber hinaus formuliert der BFA ein Verrechnungswahlrecht. Soweit Zinsänderungsrisiken zwar nicht ausgeschlossen sind, aber bei gegenläufigen Geschäften eine parallele Veränderung der Bewertungsergebnisse erwartet werden kann, so ist eine derartige Verrechnung zulässig.[716] Die Unterscheidung in Aufrechnungspflicht bei perfect hedges und Aufrechnungswahlrecht bei cross-hedges im Zinsbereich wird erstmalig vom BFA vertreten.

werden. - Vgl. Menninger, Jutta: Financial Futures und deren bilanzielle Behandlung, Frankfurt am Main, 1993, S. 141 und 143

714 Vgl. Jutz, Manfred: Bilanzierung und Bewertung von Financial Futures, Betriebs-Berater, 10.08.1990, S. 1521

715 Auch Menninger führt aus, daß bei vorzeitiger Glattstellung eines antizipativen Future dieser wie ein spekulatives Geschäft zu behandeln ist und bestätigt, daß das Procedere bei Erfüllung eines spekulativen Future bzw. der Durchführung eines antizipativen Hedges mittels Erfüllung eines Future zum gleichen bilanziellen Ergebnis kommt. - Vgl. Menninger, Jutta: Financial Futures und deren bilanzielle Behandlung, Frankfurt am Main, 1993, S. 165 f.

716 Vgl. BFA: Stellungnahme 2/1993: Bilanzierung und Prüfung von Financial Futures und Forward Rate Agreements, Die Wirtschaftsprüfung, 16/1993, S. 517 f.

Göttgens/Prahl interpretieren das Wahlrecht als Betonung der Zulässigkeit von Makro-Bewertungseinheiten.[717] Krumnow interpretiert dieses Wahlrecht sogar als vereinbar mit einer Portfolio-Bewertung, wobei selbstverständlich nach wie vor hinsichtlich des Gesamt-Bewertungsergebnisses das Imparitätsprinzip volle Gültigkeit hat.[718]

1.1.3.2. Abhängigkeit von der Bewertungsmethode der abgesicherten Position

Manche abzusichernden Positionen unterliegen in der bilanziellen Bewertung einer Renditebewertung und andere nicht. Es dreht sich um das Problem, daß wertpapierunterlegte Bilanzpositionen auf der Aktivseite unter Anwendung des Imparitätsprinzips einer Marktbewertung unterliegen, wogegen Buchforderungen und -verbindlichkeiten bzw. auch emittierte Anleihen mit dem Nennwert bzw. Buchwert angesetzt werden und bei Marktzinsänderungen keine bilanziellen Wertanpassungen vorgenommen werden.[719]

1.1.3.2.1. Bewertungseinheiten mit Bilanzpositionen, die keiner Renditebewertung unterliegen

Werden nicht renditebewertete Aktiva oder Passiva durch den Verkauf oder Kauf von Futures bzw. FRA gegen Zinsänderungsrisiken gesichert, kann eine zusammenfassende Bewertung mit dem Sicherungsgeschäft nur in der Form erfolgen, daß auch der sich aus einer Einzelbewertung des Futures bzw. FRA resultierende Ergebnisbeitrag in der GuV unberücksichtigt bleibt.[720] Das Niederstwertprinzip gilt bei der gesicherten Bilanzposition nicht und ebenso wird die bei Einzelbewertung notwendige Drohverlustrückstellung für das Finanztermingeschäft nicht passiviert.

1.1.3.2.2. Bewertungseinheiten mit Bilanzpositionen, die einer Renditebewertung[721] unterliegen

Unterliegt das zu sichernde Instrument einer impliziten oder expliziten Renditekursbewertung, so kann der „Bilanzposten mit dem Preis des Sicherungsgeschäfts“ [722] angesetzt werden. Es wird eine Bilanzierung zu Festkursen erreicht, d. h. im Falle der Verlustposition auf Seiten der abgesicherten Bilanzposition wird das Niederstwertprinzip nicht angewandt bzw. diese wird nur soweit abgeschrieben, wie die Wertminderung den unrealisierten Gewinn des Zinstermingeschäfts übersteigt.[723] Dies bedeutet jedoch auch, daß

---

[717] Vgl. Göttgens, Michael; Prahl, Reinhard: Bilanzierung und Prüfung von Financial Futures und Forward Rate Agreements, Die Wirtschaftsprüfung, 16/1993, S. 517 und 510

[718] Vgl. Krumnow, Jürgen et al.: Rechnungslegung der Kreditinstitute - Kommentar zum Bankbilanzrichtlinie-Gesetz und zur RechKredV, Stuttgart 1994, Tz. 388, S. 475 f.

[719] Ähnlich problematisiert wird dieser Punkt auch in: Ausschuß für Bilanzierung des Bundesverbandes deutscher Banken: Bilanzielle Behandlung von DTB-Futures, Die Bank, 2/1991, S. 107

[720] Vgl. Göttgens, Michael; Prahl, Reinhard: Bilanzierung und Prüfung von Financial Futures und Forward Rate Agreements, Die Wirtschaftsprüfung, 16/1993, S. 508

[721] Nur bezogen auf das Zinsänderungsrisiko, nicht dagegen auf andere Preisrisiken.

[722] Göttgens, Michael; Prahl, Reinhard: Bilanzierung und Prüfung von Financial Futures und Forward Rate Agreements, Die Wirtschaftsprüfung, 16/1993, S. 508

[723] Vgl. Ausschuß für Bilanzierung des Bundesverbandes deutscher Banken: Bilanzielle Behandlung von DTB-Futures, Die Bank, 2/1991, S. 108

damit der durchgängige Ausweis von Wertpapieren des Umlaufvermögens zum niedrigeren beizulegenden Wert nicht eingehalten wird, da ungesicherte Wertpapiere nach wie vor nach dem Niederstwertprinzip ausgewiesen werden, gesicherte Papiere jedoch zu einem Festkurs.

Im Falle der Verlustposition auf Seiten des Finanztermingeschäfts unterbleibt der Ansatz einer Drohverlustrückstellung, soweit die unrealisierten Verluste des Finanztermingeschäfts die unrealisierten Gewinne der Wertpapiere nicht übersteigen.[724] Das bilanzielle Ergebnis ist in diesem Fall dem bei einer Bewertungseinheit mit einer Bilanzposition, die keiner Renditebewertung unterliegt, gleich.

1.1.3.3. Rechnungslegung von realisierten Erfolgsbeiträgen

Wie bereits bei den spekulativen Finanztermingeschäften erwähnt, gibt der BFA nur wenig Hinweise zur Rechnungslegung realisierter Erfolgsbeiträge. Interessant ist insbesondere die Frage, wie die aus einem beendeten Finanztermingeschäft realisierten Erfolgsbeiträge, die im Rahmen eines Hedge von Wertpapieren eingesetzt waren, bei Beibehalt der Wertpapiere im Bestand der Bank bilanziell behandelt werden. Es geht also letztlich darum, ob die realisierten Ergebnisse aus der Sicherung von Wertpapieren ohne Berührung der Gewinn- und Verlustrechnung mit dem Bestand verrechnet werden dürfen oder ob vielmehr eine Korrektur der bei Wegfall der Sicherung erforderlichen Wertpapierabschreibungen innerhalb der Gewinn- und Verlustrechnung zu erfolgen hat. Der BFA hat sich für die zweite Alternative entschieden mit der Begründung, daß nur so ein durchgängiger Ausweis von Wertpapieren des Umlaufvermögens zum niedrigeren Börsenkurs erfolgen kann.[725] Diese Begründung paßt kaum in den sonstigen Begründungsrahmen, da während der Laufzeit der Finanztermingeschäfte ein ungleicher bzw. nicht durchgängiger Ausweis von Wertpapieren des Umlaufvermögens akzeptiert wird. Die Begründung scheint vielmehr darin zu liegen, daß der BFA keine Übertragung - und sei es auch nur bilanztechnischer Art, denn per Saldo bleibt die Auswirkung auf den Bilanzgewinn dieselbe, ob nun der Gewinn in der GuV ausgewiesen und gleichzeitig eine Abschreibung auf das Wertpapier diesen Gewinn wieder aufzehrt oder ob der Gewinn gar nicht erst ausgewiesen und dafür auch keine Abschreibung vorgenommen wird - der realisierten Ergebnisse aus einem Finanztermingeschäft in die weitere Zukunft akzeptiert. In der Folgeperiode stellt sich bei einer nicht durchgeführten Abschreibung jedoch erneut das Problem der Forderung nach Einhaltung des Niederstwertprinzips und einer dann vorzunehmenden Abschreibung.

In dem veröffentlichten Entwurf zu der Stellungnahme des BFA war darüber hinaus enthalten, daß die Gewinne bzw. Verluste aus zinsbezogenen Finanztermingeschäften nach der Realisation abgegrenzt in der Bilanz gehalten werden können und durch die Auflösung des Abgrenzungspostens die Zinserträge bzw. -aufwendungen aus dem abgesicherten Geschäft dadurch korrigiert werden dürfen.[726] Diese Regelung wurde aus der endgül-

[724] Vgl. Krumnow, Jürgen et al.: Rechnungslegung der Kreditinstitute - Kommentar zum Bankbilanzrichtlinie-Gesetz und zur RechKredV, Stuttgart 1994, Tz. 380, S. 473

[725] Vgl. Göttgens, Michael; Prahl, Reinhard: Bilanzierung und Prüfung von Financial Futures und Forward Rate Agreements, Die Wirtschaftsprüfung, 16/1993, S. 513

[726] Vgl. BFA: Entwurf einer Verlautbarung: Bilanzierung und Prüfung von Financial Futures und Forward Rate Agreements, Die Wirtschaftsprüfung, 6/1993, S. 183

tigen Verlautbarung gestrichen, so daß daraus geschlossen werden kann, daß damit diese Vorgehensweise einer zeitraumbezogenen Realisation des Finanztermingeschäfts in der Rechnungslegung der Bank seitens der Wirtschaftsprüfer[727] nicht akzeptiert[728] wird. Dem steht jedoch die Meinung des Bundesverbandes deutscher Banken entgegen, der in seiner Veröffentlichung von 1991 eine gleichmäßige zeitraumbezogene Verteilung der Erträge aus den Futures über die Restlaufzeit der zu sichernden Position zuläßt.[729] Auch Krumnow et al. diskutieren ausführlich die Möglichkeit der erfolgswirksamen Vereinnahmung pro rata temporis über Bildung eines RAP und kommen zu dem Ergebnis, daß die Bildung eines RAP für realisierte Erfolgsbeiträge aus Zinsfutures in den Fällen zulässig sein sollte, wo die Futures als Absicherungsgeschäfte mit zeitraumbezogener Sicherungswirkung eingegangen worden sind. Die Verteilung der realisierten Erfolgsbeiträge über die Laufzeit des gesicherten Grundgeschäfts in Abhängigkeit vom Sicherungszweck ist als Wahlrecht zulässig, keineswegs jedoch bindend vorgeschrieben.[730] Menninger[731] dagegen hält selbst ein Wahlrecht für nicht angebracht, sondern sieht in der Periodisierung des Ergebnisbeitrages eines Zinstermingeschäfts unter Nutzung eines RAP eine Pflicht.

1.2. Rechnungslegung von Futures und Forwards in Japan

1.2.1. Grundlage: Rechnungslegung von Anleihetermingeschäften

Die Rechnungslegung von Futures und Forwards ist in Japan nicht explizit geregelt. Derzeit stützen sich die Unternehmen bei der bilanziellen Behandlung der Futures und Forwards auf eine Richtlinie des JICPA (Japanese Institute of Certified Public Accountants - Verband der japanischen Wirtschaftsprüfer) vom 8.10.1985, die sich allerdings auf die Rechnungslegung von Anleihetermingeschäften (also dem direkten Terminkauf von Anleihen ohne Börsenabwicklung) bezieht. Aus diesen Vorschriften wird allgemein für Unternehmen die Rechnungslegung von Futures und Forwards abgeleitet. Folgende grundsätzliche Regelungen sind hier festgehalten:

1. Gewinne und Verluste aus Anleihetermingeschäften sind zum Zeitpunkt der Differenzabrechnung erfolgswirksam in der Rechnungslegung zu vereinnahmen.
2. Im Falle der Ausübung des Termingeschäfts sind die Gewinne und Verluste aus dem Termingeschäft zum Anschaffungswert der Anleihe hinzuzurechnen.

---

727 So spricht sich auch KPMG gegen diese Möglichkeit aus; Vgl. KPMG: Financial Instruments - Einsatzmöglichkeiten * Risikomanagement und Risikocontrolling * Rechnungslegung * Besteuerung, Frankfurt am Main, 1995, S. 100

728 Jutz lehnt ebenfalls die Verwendung von RAP zur Speicherung der realisierten Ergebnisbeiträge ab, da diese nicht die Bedingungen für Rechnungsabgrenzungsposten gem. § 250 Abs. 1 Satz 1 bzw. Abs. 2 HGB erfüllen, da sie keinen Aufwand bzw. Ertrag für die Zeit nach der Glattstellung darstellen. - Vgl. Jutz, Manfred: Bilanzierung und Bewertung von Financial Futures, Betriebs-Berater, 10.08.1990, S. 1521; ebenso argumentiert er auch in: Jutz, Manfred: Swaps und Financial Futures, in: Küting, Karlheinz; Weber, Claus-Peter (Hrsg.): Handbuch der Rechnungslegung, Stuttgart, 3. Auflage, 1990, RZ 688, S. 403

729 Vgl. Ausschuß für Bilanzierung des Bundesverbandes deutscher Banken: Bilanzielle Behandlung von DTB-Futures, Die Bank, 2/1991, S. 108

730 Vgl. Krumnow, Jürgen et al.: Rechnungslegung der Kreditinstitute - Kommentar zum Bankbilanzrichtlinie-Gesetz und zur RechKredV, Stuttgart 1994, Tz. 389 – 392, S. 476 f.

731 Vgl. Menninger, Jutta: Financial Futures und deren bilanzielle Behandlung, Frankfurt am Main, 1993, S. 163

3. Vertragssalden werden, abgesehen von solchen aus Kurssicherungsgeschäften, soweit aus dem betreffenden Geschäft Verluste in beträchtlicher Höhe zu erwarten sind, in einer Anmerkung zur Bilanz ausgewiesen. Diese Anmerkung soll die vertraglichen Grundlagen und die Höhe des Verlustes enthalten.[732]

Aus dieser Richtlinie ergibt sich die strikte Anwendung des Realisationsprinzips, d. h. Gewinne und Verluste werden erst mit der Differenzabrechnung bzw. der Ausübung des Termingeschäfts erfolgswirksam.[733] Es kommt also auch nicht das Imparitätsprinzip deutscher Prägung zur Anwendung. Bei Erstellung dieser Richtlinie wurde auch erwogen, Sonderregelungen im Hinblick auf die Rechnungslegung von Kurssicherungsgeschäften aufzustellen, insbesondere wenn die abgesicherten Bilanzpositionen nach dem Niederstwert bewertet sind; mit der Begründung, daß es zum Zeitpunkt der Ausarbeitung dieses Erlasses unmöglich ist, alle Aspekte von Kurssicherungsgeschäften einschließlich aller Steuerfragen in die Richtlinie einzubringen, hat man von der Aufstellung diesbezüglicher Regelungen abgesehen.[734]

Aus dieser Grundlage wird die Rechnungslegung von Futures und Forwards abgeleitet, d. h. auch Forwards und Futures werden erfolgswirksam am Tag der Abrechnung (Settlement-Prinzip). Eine Ausnahme hiervon bildet die MTM-Rechnungslegung bei Banken in Bezug auf Währungsgeschäfte, die auch für Derivatgeschäfte in diesem Bereich gilt.[735]

1.2.2. Bilanzausweis von Initial margin und Variation margins

Der Finanzterminvertrag wird auch in Japan off-balance behandelt, d. h. der Vertrag selbst ist nicht Gegenstand der Rechnungslegung. Es wird daher der Vertrag in einer Nebenbuchhaltung vermerkt, vor allem um eine vollständige Risikoverwaltung zu ermöglichen und zu kontrollieren.[736]

Grundsätzlich für alle Unternehmen gilt, daß die Initial margin erfolgsneutral in der Bilanz aktiviert wird unter der Position 'Einstellung in Sicherungseinlage für Termingeschäft' [737]. Diese Position wird im Umlaufvermögen ausgewiesen.[738] Die Position 'Einstellung in Sicherungseinlagen für Termingeschäft' geht normalerweise in der veröffentlichten Bilanz in der Bilanzposition 'Sonstiges Umlaufvermögen' ein. Sollte es - gemäß

[732] Vgl. zu 1.-3. Komiyama, Satoshi: Off Balance Sheet Transaction, Tokio (Japan), 18.03.1996, S. 67; Vgl. zu 3. JICPA: Einführung in die Derivate, Tokio (Japan), 25.04.1996, S. 120

[733] Vgl. Komiyama, Satoshi: Off Balance Sheet Transaction, Tokio (Japan), 18.03.1996, S. 67

[734] Vgl. Komiyama, Satoshi: Off Balance Sheet Transaction, Tokio (Japan), 18.03.1996, S. 68

[735] Vgl. Narisawa, Kazumi: Future-Handel (Nr. 3 der Artikelserie „Rechnungslegung und Besteuerung von derivativen Finanzinstrumenten), Zeikeitsushin, 1/1995, S. 235

[736] Vgl. Narisawa, Kazumi: Rechnungslegung, Offenlegung und Besteuerung von zinsbezogenen Derivaten - Zinsswap, Swaption, Zinsfuture, FRA -, JICPA-Journal, 2/1995, S. 25; Narisawa, Kazumi: Future-Handel (Nr. 3 der Artikelserie „Rechnungslegung und Besteuerung von derivativen Finanzinstrumenten"), Zeikeitsushin, 1/1995, S. 239

[737] Vgl. JICPA: Einführung in die Derivate, Tokio (Japan), 25.04.1996, S. 118; Komiyama, Satoshi: Off Balance Sheet Transaction, Tokio (Japan), 18.03.1996, S. 68; Takita/Yumoto nennen dieses Konto 'futures transactions deposits sent in' - Vgl. Takita, Terumi; Yumoto, Kenji: Japan – Individual Accounts, in: Ordelheide, Dieter (Hrsg.): Transacc – Transnational Accounting, London (UK), 1995, S. 1918

[738] Vgl. Komiyama, Satoshi: Off Balance Sheet Transaction, Tokio (Japan), 18.03.1996, S. 69

der Materiality-Rule des japanischen HGB (vgl. Kapitel 2 Abschnitt 4.2.1.) - dazu kommen, daß der Gesamtbetrag der Initial margins die Summe von 1/100 der Gesamtsumme des Vermögens übersteigt, so werden die Initial margins differenziert in der Bilanz unter der Position 'Sicherungseinlagen' ausgewiesen.[739] Allgemeine Aussagen zur Behandlung von Variation margins bei Unternehmen finden sich nicht, da normalerweise nur Börsenmitglieder Variation margins leisten müssen. Da Börsenmitglieder üblicherweise Banken sind, wird die Rechnungslegung von Variation margins ausschließlich im Zusammenhang mit der Rechnungslegung von Banken (bzw. genauer Börsenmitgliedern, wobei nur Banken Börsenmitglieder sind) behandelt.

1.2.3. Behandlung der Ergebnisbeiträge bei Beendigung des Finanztermingeschäfts

Als Bezeichnung des Ausweises von Gewinnen bzw. Verlusten aus Finanztermingeschäften wird die Position 'Termingewinn' bzw. 'Terminverlust' [740] konkret benannt.

Wird das Finanztermingeschäft ausgeübt, so werden gemäß der oben vorgestellten Richtlinie die Gewinne und Verluste nicht in der GuV ausgewiesen, sondern der Ergebnisbeitrag wird zu den Anschaffungskosten hinzugerechnet. Hintergrund ist, daß man das Termingeschäft und den Erwerb der Basiswerte insgesamt als einen Geschäftsvorgang sieht.[741] Wird aus dem Finanztermingeschäft ein Gewinn realisiert, so werden die angeschafften Wertpapiere zu einem niedrigeren Wert als dem aktuellen Marktwert in der Bilanz angesetzt. Wird aus dem Finanztermingeschäft ein Verlust realisiert, so werden die Wertpapiere zu einem höheren Wert als dem aktuellen Marktwert in der Bilanz angesetzt, d. h. der Verlust wird zu den Anschaffungskosten hinzugerechnet. Dieser 'stille Verlust' der Wertpapiere wird bis zur tatsächlichen Veräußerung der Wertpapiere in den Büchern erhalten.[742]

1.2.4. Diskussion um die Anerkennung von Hedge-Situationen

Wie oben ausgeführt wird nach der Richtlinie keine gesonderte Rechnungslegung im Hinblick auf Hedge-Situationen erlaubt. Im Kommentar zu der Richtlinie wird aber darauf aufmerksam gemacht, daß es in zwei Fällen[743] zu Verzerrungen in der GuV kommen kann:

a) Es handelt sich um ein Kurssicherungsgeschäft, bei dem in der Bilanz die gesicherten Anleihen nach dem Niederstwertprinzip bewertet werden.

b) Es handelt sich um ein antizipatives Hedge-Geschäft. Hier werden ebensowenig die Erfolgsbeiträge des Finanztermingeschäfts bis zum Zeitpunkt der Durchführung des

---

739 Vgl. Narisawa, Kazumi: Future-Handel (Nr. 3 der Artikelserie „Rechnungslegung und Besteuerung von derivativen Finanzinstrumenten"), Zeikeitsushin, 1/1995, S. 237

740 Vgl. Komiyama, Satoshi: Off Balance Sheet Transaction, Tokio (Japan), 18.03.1996, S. 69

741 Vgl. JICPA: Einführung in die Derivate, Tokio (Japan), 25.04.1996, S. 118

742 Vgl. Komiyama, Satoshi: Off Balance Sheet Transaction, Tokio (Japan), 18.03.1996, S. 71

743 Vgl. zu den Punkten a) und b) Komiyama, Satoshi: Off Balance Sheet Transaction, Tokio (Japan), 18.03.1996, S. 72

geplanten Geschäfts bilanziell transferiert, sondern sie werden gemäß Realisationsprinzip bei Beendigung des Finanztermingeschäfts sofort vereinnahmt.

Im Hinblick auf Zins-Futures nennt Kakitsuka[744] noch ein weiteres Problem. Es handelt sich um die Vereinnahmung des Ergebnisbeitrages aus dem Zins-Future pro rata temporis, wenn damit ein ebenfalls zinsbezogenes Geschäft abgesichert werden soll. Diese Möglichkeit ist in Japan nicht erlaubt, da gemäß dem Realisationsprinzip der gesamte Ergebnisbeitrag bei Settlement in voller Höhe erfolgswirksam im Jahresabschluß vereinnahmt werden muß.

Diese Probleme sind zwar bei der Rechnungslegung von Futures und Forwards in Japan bekannt, aber bislang ist noch keine Richtlinie veröffentlicht, die diese beseitigt. Begründet wird die Situation damit, daß es zum einen noch keine definitiven Entscheidungskriterien gibt, ob eine Hedge-Beziehung vorliegt und es zum anderen noch zahlreiche offene Fragen hinsichtlich des Deferral-accounting bzw. der richtigen Verteilung der Erfolgsbeiträge aus Finanztermingeschäften bei zeitraumbezogenen Hedges gibt. Aus diesem Grunde wird in Japan die Hedge-Rechnungslegung nicht angewandt.[745]

1.2.5. Diskussion um die Anwendung des Settlement- oder des MTM-Prinzips

Die Rechnungslegung von Termingeschäften wurde in Japan jedoch immer wieder auf den Prüfstand gestellt. Am 29.5.1990 wurde eine Stellungnahme des BADC (Ausschuß für Unternehmensrechnungslegung) zur Rechnungslegung von Termin- bzw. Optionsgeschäften veröffentlicht. Diese Stellungnahme beschreibt zwei grundsätzliche Möglichkeiten der Behandlung von Gewinnen und Verlusten aus Finanztermingeschäften: 1) das Settlement-Prinzip / 2) das Mark-to-Market-Prinzip.

Das Settlement-Prinzip stellt letztlich die oben beschriebene Rechnungslegung nach dem strikten Realisationsprinzip dar. Der Erfolg wird zum Zeitpunkt der Beendigung des Termingeschäfts GuV-wirksam. Nach dem Mark-to-Market-Prinzip werden die unrealisierten Gewinne und Verluste, die sich insbesondere bei Futures aus den fortlaufenden Notierungen ergeben, im Jahresabschluß erfolgswirksam vereinnahmt. Im Hinblick auf die Frage, welches der beiden Prinzipien angewandt werden soll, wird in der Stellungnahme zunächst erklärt, daß in Japan von Anfang an die Gewinne und Verluste aus Termingeschäften nach dem Settlement-Prinzip festgestellt werden. Hierbei ergeben sich vier Problempunkte[746], auf die hingewiesen wird:

1. Die Informationen über die tatsächliche Unternehmenslage bleiben hinsichtlich der Termingeschäfte ungenügend und unklar.

---

[744] Vgl. Kakitsuka, Masakatsu: Eine praktische Untersuchung bezogen auf die Rechnungslegung und das Steuerwesen bei derivativen Finanzinstrumenten, Zeikeitsushin, Sonderheft 1, 1995, S. 151

[745] Vgl. Narisawa, Kazumi: Rechnungslegung, Offenlegung und Besteuerung von zinsbezogenen Derivaten - Zinsswap, Swaption, Zinsfuture, FRA -, JICPA-Journal, 2/1995, S. 24; Narisawa, Kazumi: Future-Handel (Nr. 3 der Artikelserie „Rechnungslegung und Besteuerung von derivativen Finanzinstrumenten"), Zeikeitsushin, 1/1995, S. 237

[746] Vgl. zu den vier Punkten JICPA: Einführung in die Derivate, Tokio (Japan), 25.04.1996, S. 48; so auch: Matsumura,Naoki: Die Rechnungslegung, die Offenlegung und das Steuerwesen der Derivate, Kigyo-kaikei (Rechnungslegung in den Unternehmen), 5/1995, S. 57

2. Eine richtige und vernünftige Beurteilung der vorhandenen Verluste ist nicht möglich.
3. Es ist ein Spielraum für Manipulationen zur selektiven Gewinn- oder Verlustrealisation mittels ausgewählter Beendigung von Termingeschäften vorhanden.[747]
4. Die betriebswirtschaftliche Seite des Hedgings spiegelt sich im Rechnungsabschluß nicht wieder.

Außerdem besteht die Befürchtung, daß keine vernünftige Managemententscheidung getroffen werden kann, wenn man den Wert der firmeninternen Gewinnermittlung (= der Wert nach dem MTM-Prinzip; dieser ist als Wertermittlung im Handelsbereich üblich) und den veröffentlichten Wert (= der im Rechnungsabschluß veröffentlicht Wert) trennt.[748]

Beim Mark-to-Market-Prinzip geht man von der Überlegung aus, daß die Termingeschäfte jederzeit abgewickelt werden können. Es werden daher auch die Gewinne und Verluste den täglichen Kursänderungen entsprechend festgestellt. Das Mark-to-Market-Prinzip entspricht eher dem wirtschaftlichen Sachverhalt eines Termingeschäfts, aus folgenden Gründen:

1. Die Probleme des Settlement-Prinzips werden beseitigt.
2. Es erfolgt dadurch eine Anpassung der Rechnungslegungsmethode im Hinblick auf die Vorschriften zur Gewinn- und Verlustvereinnahmung bei kurzfristigen Anleihegeschäften gemäß der Fremdwährungsrechnungslegungsrichtlinie.
3. Es wird damit eine Anpassung an die internationale Praxis erreicht.[749]

Aber die Einführung des Mark-to-Market-Prinzips wurde nicht vorgenommen, weil trotz allem noch einige Streitpunkte vorhanden sind wie z. B.[750]:

1. Die noch zu lösenden Probleme im Zusammenhang mit der Einführung der Hedge-Rechnungslegung.
2. Weiterhin muß noch geprüft werden, wie das Problem der Verflechtung der Vereinnahmung unrealisierter Gewinne im Hinblick auf die Ausschüttung von Dividenden im Sinne des Handelsgesetzes und der steuerlichen Anrechnung zur Einkommensversteuerung gelöst wird.[751]

---

747 Um dieses Problem in Grenzen zu halten, wurde vom BADC im Mai 1990 vorgegeben, daß der aktuelle Marktpreis von Futures zumindest offenzulegen ist. Es wird aber nach wie vor kritisiert, daß die Offenlegung allein nicht die dem wirtschaftlichen Sachverhalt entsprechende Rechnungslegung ersetzen kann. - Vgl. Kishida, Masao: Derivate - deren Gesetze und Rechnungslegung, Investment, 12/1994, S. 10; Außerdem wird in der Literatur darauf hingewiesen, daß im Falle der bewußten Manipulation durch selektive Realisation von Futures und falls dies vom Wirtschaftsprüfer aufgedeckt wird, diese Erfolgsrealisation in der Bilanz wieder neutralisiert werden muß und der Erfolg auf die Periode, in der der Future normalerweise fällig wäre, verschoben wird. - Vgl. Narisawa, Kazumi: Future-Handel (Nr. 3 der Artikelserie „Rechnungslegung und Besteuerung von derivativen Finanzinstrumenten"), Zeikeitsushin, 1/1995, S. 236

748 Vgl. Daigo, Satoshi: Mark-to-Market und japanische Wirtschaft, Tokio (Japan), 14.07.1995, S. 174

749 Vgl. Komiyama, Satoshi: Off Balance Sheet Transaction, Tokio (Japan), 18.03.1996, S. 75 f.

750 Vgl. zu den drei Punkten Komiyama, Satoshi: Off Balance Sheet Transaction, Tokio (Japan), 18.03.1996, S. 75 f.

751 Auch in der Literatur findet die Entscheidung des BADC, die MTM-Methode derzeit noch nicht einzuführen, insbesondere unter dem Aspekt Zustimmung, daß das Problem der Ausschüttung bzw. Versteuerung unrealisierter Gewinne noch nicht gelöst ist. - Vgl. JICPA: Einführung in die Derivate,

3. die Anpassung der Rechnungslegung der anderen Derivatgeschäftsarten wie z. B. Optionen.

Nishizawa[752] dagegen vertritt die Ansicht, daß nicht grundsätzlich das MTM eingeführt werden sollte bei Finanztermingeschäften, sondern nur bei Futures, da bei diesen durch die Gutschriften der Variation margins von einer Erfolgsrealisation ausgegangen werden kann, bei Forwards dagegen sollte nach wie vor das Settlement-Prinzip Anwendung finden. Diese Meinung scheint aber eine Mindermeinung zu sein.

Die konkrete Anwendung der beiden Prinzipien wird folgendermaßen vorgegeben[753]:

1. Settlement-Prinzip

a) Rechnungslegung bei Vertragsabschluß (Aufnahme des Geschäfts)
   - Börsenmitglieder aktivieren die Initial margin in der Bilanzposition 'Einstellung in Sicherungseinlagen'
   - Nicht-Börsenmitglieder aktivieren die Initial margin in der Bilanzposition 'Einstellung in Sicherungseinlagen für Termingeschäfte'

b) Rechnungslegung während der Laufzeit des Vertrags
   - Börsenmitglieder aktivieren bzw. passivieren die Variation margins in der aktivischen bzw. passivischen Bilanzposition 'Differenzen aus Termingeschäften'
   - bei Nicht-Börsenmitgliedern wird keine Berechnung der Variation margins vorgenommen[754]

c) Rechnungslegung bei Beendigung des Geschäfts durch Close-out
   - Die Initial margin wird wieder erfolgsneutral ausgebucht. Die Variation margins bzw. die Wertgewinne oder -verluste werden als Gewinn bzw. Verlust vereinnahmt.

d) Rechnungslegung bei Beendigung des Geschäfts durch Lieferung
   - Die Termingeschäftsgewinne bzw. -verluste werden entweder dem Kauf- bzw. Verkaufspreis hinzugerechnet **oder** sie werden direkt sofort in der GuV vereinnahmt.[755]

2. Mark-to-Market-Prinzip

a) Rechnungslegung bei Vertragsabschluß (Aufnahme des Geschäfts)
   - siehe Rechnungslegung nach Settlement-Prinzip

b) Rechnungslegung während der Laufzeit des Vertrags

Tokio (Japan), 25.04.1996, S. 108; Kishida, Masao: Derivate - deren Gesetze und Rechnungslegung, Investment, 12/1994, S. 10

752 Vgl. Nishizawa, Sigeru: „Substance over Form" and Accounting Recognition on Executory Contracts - especially on Future Contracts and Forward Contracts, Kaikei (Accounting), 3/1995, S. 101 ff.

753 Vgl. zu den gesamten beiden folgenden Abschnitten Komiyama, Satoshi: Off Balance Sheet Transaction, Tokio (Japan), 18.03.1996, S. 76 ff.

754 Auch Takita/Yumoto schreiben: „... stock exchange members must treat transferred mark to market difference in „futures transactions difference" or another appropriate category. Ordinary customers must not perform accounting procedures for mark to market difference." - Vgl. Takita, Terumi; Yumoto, Kenji: Japan – Individual Accounts, in: Ordelheide, Dieter (Hrsg.): Transacc – Transnational Accounting, London (UK), 1995, S. 1918 ff.

755 Vgl. auch Takita, Terumi; Yumoto, Kenji: Japan – Individual Accounts, in: Ordelheide, Dieter (Hrsg.): Transacc – Transnational Accounting, London (UK), 1995, S. 1920

- Börsenmitglieder vereinnahmen die Variation margins in der GuV-Position 'Termingeschäftsgewinne' bzw. 'Termingeschäftsverluste'
- Nicht-Börsenmitglieder vereinnahmen die unrealisierten Bewertungsgewinne bzw. -verluste, die sie aus der Notierung des jeweiligen Futures errechnen, in der GuV-Position 'Ergebnis aus Termingeschäften'; als bilanzielle Gegenposition wird eine Position 'Differenz aus Termingeschäften' ausgewiesen

c) Rechnungslegung bei Beendigung des Geschäfts durch Close-out
- Sowohl Börsen- als auch Nicht-Börsenmitglieder verbuchen die Rückgabe der Initial margin erfolgsneutral. Sofern seit der letzten Festsetzung der Variation margin bzw. der letzten Wertbestimmung des Termingeschäfts und dem Close-out keine Wertänderung eingetreten ist, fällt kein Buchungsvorgang an. Eine Ausbuchung aus der Bilanz entfällt, da bereits bisher alle Wertänderungen bzw. Variation margins direkt erfolgswirksam wurden.

d) Rechnungslegung bei Beendigung des Geschäfts durch Lieferung
- Der Berechnung des Anschaffungspreises bzw. des Veräußerungspreises bei tatsächlicher Lieferung liegt der endgültige Kauf- bzw. Verkaufspreis (also der Marktpreis) zugrunde.

Diese Stellungnahme analysiert also die Vor- und Nachteile des Settlement-Prinzips und des MTM-Prinzips im Hinblick auf die Rechnungslegung von Finanztermingeschäften, aber dennoch wurde das MTM-Prinzip dadurch noch nicht zu einer festen allgemeinen Basis für den Ausweis von Gewinnen und Verlusten in der Rechnungslegung bei Termingeschäften gemacht.[756]

Obwohl diese Stellungnahme noch nicht die Einführung des Mark-to-Market-Prinzips empfiehlt, ändert sie die bisherige Rechnungslegung doch in dem Punkt, daß bei Ausübung des Termingeschäfts, also bei tatsächlicher Warenübergabe, ein Wahlrecht besteht, ob das Termingeschäftsergebnis in den Anschaffungswert eingerechnet wird oder ob es sofort erfolgswirksam vereinnahmt wird

1.2.6. Spezialvorschriften für Banken

Aus der grundlegenden Richtlinie von 1985 wurden Spezialvorschriften für das Bankgewerbe abgeleitet. Im Sommer 1989 wurde vom MOF in Zusammenarbeit mit dem Landesverband der Bankenvereinigungen Rechnungslegungsrichtlinien für Finanztermingeschäfte für Banken herausgegeben. Folgende wesentlichen Inhalte besitzen diese Richtlinien[757]:

1. Die Initial margins werden erfolgsneutral als 'Einstellungen in Sicherungseinlagen' aktiviert.
2. Die Variation margins werden als 'Termingeschäftsdifferenzen' bei Gewinnpositionen unter den 'Sonstigen Verbindlichkeiten' passiviert und bei Verlustpositionen unter den 'Sonstigen Vermögensgegenständen' aktiviert.
3. Der Zeitpunkt der Gewinn- bzw. Verlustvereinnahmung der Termingeschäfte ist folgendermaßen:

[756] Vgl. Daigo, Satoshi: Mark-to-Market und japanische Wirtschaft, Tokio (Japan), 14.07.1995, S. 171
[757] Vgl. Komiyama, Satoshi: Off Balance Sheet Transaction, Tokio (Japan), 18.03.1996, S. 81

- im Falle des Settlement durch Close-out am Aushändigungstag der Differenz
- im Falle des Settlement durch Warenübergabe am Tag der Aushändigung des Geldbetrags

4. In der GuV werden folgende Positionen ausgewiesen:
   - bei Termingeschäften mit staatlichen Schuldverschreibungen u. ä.: 'Gewinn und Verlust beim An- und Verkauf von Schuldverschreibungen'
   - bei Zinstermingeschäften: 'Sonstige Zinseinnahme' bzw. 'Sonstige Zinsausgabe'
   - bei Devisentermingeschäften: 'Gewinn und Verlust beim An- und Verkauf von Fremdwährungen'.

Weiterhin gilt im Hinblick speziell auf Devisentermingeschäfte die Novellierung der Bankrechnungslegung bzgl. Devisengeschäften vom März 1990. Hiernach ist wie bei allen Devisengeschäften auch bei Devisentermingeschäften die Rechnungslegung nach dem Mark-to-Market-Prinzip durchzuführen, d. h. die unrealisierten Gewinne bzw. Verluste aus Devisentermingeschäften sind an jedem Bilanzstichtag erfolgswirksam zu vereinnahmen.[758] Somit gilt speziell für Banken bei devisenbezogenen Termingeschäften die in der Stellungnahme oben beschriebene Rechnungslegung nach dem Mark-to-Market-Prinzip.

Kuroda et al. fassen die aktuell gültigen Vorschriften wie folgt zusammen: „In the case of banks, in accordance with new foreign exchange accounting standards, MTM accounting is applied to transactions in currency futures. However, settlement basis is applied to transactions in interest rate futures and other. In the case of non-financial corporations, settlement basis is applied to transactions in all types of futures. Regarding disclosure standards, all corporations including banks must disclose market values of futures contracts in compliance with the July 20, 1992 Administrative Circular No. 1002 issued by the Securities Bureau of the Ministry of Finance.“ [759] Dennoch wird die Einführung des MTM für nicht-währungsbezogene Futures für den Bankbereich auch in Japan deutlich gefordert: „For futures, market valuation should be extended to include interest rate, stock and bond futures. Since futures are listed, market values are easy to obtain.“ [760]

1.2.7. Besonderheiten bei der Rechnungslegung von FRA

Der JICPA veröffentlichte am 01.10.1994 eine Stellungnahme 'Die Rechnungslegung bei Zinstermingeschäften' und die Vereinigung der japanischen Bankenverbände erließ eine entsprechende Richtlinie am 29.09.1994 zur Rechnungslegung von FRA bei Banken.[761] Danach soll die Rechnungslegung von FRA durchgeführt werden, wie es die Richtlinie von 1985 für die Rechnungslegung von Anleihetermingeschäften vorgibt, d. h. es findet das Settlement-Prinzip Anwendung.[762] Der Gewinn bzw. Verlust aus einem FRA wird

---

[758] Vgl. Komiyama, Satoshi: Off Balance Sheet Transaction, Tokio (Japan), 18.03.1996, S. 82; Daigo, Satoshi: Mark-to-Market und japanische Wirtschaft, Tokio (Japan), 14.07.1995, S. 171

[759] Kuroda, Akio; Kotani, Masataka; Ogawa, Marie: Features and Problems of Bank Accounting System in Japan, Bank of Japan Monetary and Economic Studies, 7/1994, S. 52; Ähnlich auch bei Komiyama, Satoshi: Off Balance Sheet Transaction, Tokio (Japan), 18.03.1996, S. 78

[760] Ogawa, Marie; Kubota, Takashi: Bank Accounting and Market Valuation in Japan: An Overview of Accounting Issues of Financial Instruments, Bank of Japan Monetary and Economic Studies, 7/1995, S. 78

[761] Vgl. Narisawa, Kazumi: Rechnungslegung, Offenlegung und Besteuerung von zinsbezogenen Derivaten - Zinsswap, Swaption, Zinsfuture, FRA -, JICPA-Journal, 2/1995, S. 25 f.

[762] Vgl. JICPA: Einführung in die Derivate, Tokio (Japan), 25.04.1996, S. 132

somit bei Abrechnung der Differenz zwischen dem im Rahmen des FRA vereinbarten Zinssatzes und dem LIBOR am Fälligkeitstag vereinnahmt.[763] Viele Autoren kritisieren dabei, daß im Falle eines Hedges die Zinsaufwendungen bzw. -erträge bei einer Kreditaufnahme bzw. Geldanlage über einen längeren Zeitraum verausgabt bzw. vereinnahmt werden und der Gewinn oder Verlust aus dem FRA, welcher genau diese Zinsaufwendungen bzw. -erträge absichern sollte, zeitpunktbezogen erfolgswirksam werden. Yamada vergleicht dabei einen FRA mit einem Zins-Swap einer Periode (single-period-swap). Beim FRA ist lediglich die Vereinnahmung an einem Zeitpunkt erlaubt, dagegen werden bei einem Zins-Swap in Japan die Ergebnisbeiträge auf die zugehörige Periode taggenau abgegrenzt. Nach Yamada ist jedoch ein FRA, der als Hedge abgeschlossen wurde, mit einem Zins-Swap vergleichbar und daher sollte die beim Zins-Swap erlaubte bilanzielle Behandlung der periodengerechten Zuordnung der Ergebnisbeiträge auch beim FRA in Japan erlaubt werden.[764] Komiyama schlägt ebenfalls vor, daß in Japan ähnlich wie in den USA eine transitorische Rechnungslegung hinsichtlich der Erfolgsbeiträge aus FRA, die zur Absicherung dienen, eingeführt werden sollte.[765] Dies ist aber bislang in Japan kein geltendes Recht. Alle Gewinne und Verluste werden stichtagsbezogen zum Abrechnungstag erfolgswirksam in der Bilanz vereinnahmt. Es findet also auch hier das Imparitätsprinzip keine Anwendung. Sollten jedoch aus FRA-Geschäften, die nicht als Sicherungsgeschäfte eingesetzt sind, unrealisierte Verluste vorhanden sein und wenn die Höhe der Verluste wesentlich ist, dann müssen der Vertragsinhalt und der Vertragssaldo sowie die unrealisierten Verluste in die Offenlegung im Anhang des Jahresabschlusses einbezogen werden.[766]

1.2.8. Änderungen durch den Erlaß zur Einführung des MTM-Prinzips für das trading-account bei Banken

Sofern Futures oder Forwards dem trading-account zugeordnet worden sind, werden sie mit dem Marktwert bzw. Fair value bewertet. Unrealisierte Bewertungsgewinne bzw. -verluste werden sofort erfolgswirksam. Sofern diese Gewinne bzw. Verluste auf Währungsfutures oder -forwards zurückzuführen sind, verbleiben diese Gewinne bzw. Verluste in voller Höhe im verteilfähigen Gewinn. Unrealisierte Gewinne, die aus nicht-währungsbezogenen Termingeschäften kommen, werden aus dem verteilfähigen Gewinn herausgenommen in eine Kapitalkomponente eingestellt, soweit sie die entsprechenden unrealisierten Verluste übersteigen.

---

763 Vgl. Komiyama, Satoshi: Off Balance Sheet Transaction, Tokio (Japan), 18.03.1996, S. 105

764 Vgl. Yamada, Tatsumi: Die Rechnungslegung für FRA und Caps bzw. Floors, (Nr. 11 der Artikelserie: „Rechnungslegungskriterien für Finanzinstrumente"), Keiri-jofo (Bilanzierungs-informationen), 01./10.05.1995, S. 72

765 Vgl. Komiyama, Satoshi: Off Balance Sheet Transaction, Tokio (Japan), 18.03.1996, S. 107; JICPA: Einführung in die Derivate, Tokio (Japan), 25.04.1996, S. 132; Izumimoto, Sayoko: Die Rechnungslegung von Zins-Forwards (FRA) und Devisen-Forwards (FXA), Keiei-zaimu (Finanzmanagement), 12.12.1994, S. 14

766 Vgl. JICPA: Einführung in die Derivate, Tokio (Japan), 25.04.1996, S. 133

1.3. Rechnungslegung von Futures und Forwards in den USA

Für die Rechnungslegung von Futures und Forwards sind grundsätzlich die SFAS 80, 105, 107, 115, 119 und 52 (bei Währungsfutures bzw. -forwards) zu beachten. Daneben hat die EITF viele Einzelfragen im Zusammenhang mit der Rechnungslegung von Futures und Forwards diskutiert, so z. B.: EITF-Issue Nr. 84-14 (Deferred Interest Rate Setting; dieser beschäftigt sich mit der Rechnungslegung bei verschobener Festsetzung von Zinssätzen z. B. bei Anleiheemissionen), EITF-Issue Nr. 85-6 (Futures Implementation Questions; dieser beschäftigt sich mit Fragen hinsichtlich der Implementierung der Vorschriften aus SFAS 80 in die Rechnungslegung der Unternehmen), EITF-Issue Nr. 86-26 (Using Forward Commitments as a Surrogate for Deferred Rate Setting; dieser beschäftigt sich mit Fragen der Rechnungslegung bei Wertschwankungen eines Forwards der gleichzeitig mit der Emission einer Tranche von festverzinslichen Anleihen eingegangen wurde) und EITF-Issue Nr. 86-34 (Futures Contracts Used as Hedges of Anticipated Reverse Purchase Transactions; dieser beschäftigt sich mit der Rechnungslegung dieser Kontrakte)[767]. Da sich die SFAS 105, 107 und 119 auf die Offenlegung dieser Produkte beziehen und die EITF-Issues jeweils nur sehr spezielle und detaillierte Ausschnitte aus dem Problemkreis der Rechnungslegung von Termingeschäften behandeln und in diesem Kapitel vor allem die grundlegende Behandlung von Futures und Forwards betrachtet werden soll und darüber hinaus die Offenlegung im Kapitel 3 ausführlich für die Gesamtheit aller Finanzderivate behandelt ist, werden diese SFAS bzw. die EITF-Issues hier nicht weiter untersucht.

SFAS 80 ist dagegen eine Vorschrift, die sich ausschließlich auf die Rechnungslegung von Futures - wobei jedoch Währungsfutures explizit ausgenommen sind[768]- beschränkt. Forwards werden durch den SFAS 80 nicht erfaßt. Der FASB begründet diese Entscheidung damit, daß sich Forwards in zwei wesentlichen Punkten[769] von Futures unterscheiden und daß diese unterschiedlichen Eigenschaften im Rahmen des Standard setting eine nähere Untersuchung erfahren müßten, bevor ein allgemeingültiger Rechnungslegungsstandard dieses Produkt miterfassen könnte. Die Verabschiedung des SFAS 80 wollte man nicht durch diese weitere Diskussion verzögern, so daß SFAS 80 in seiner Gültigkeit auf Futures eingeschränkt wurde, um ihn rasch verabschieden zu können. Jedoch bedeutet die Nichteinbeziehung von Forwards nicht, daß die allgemeinen Grundsätze des SFAS No. 80 in bestimmten Fällen nicht auch für diese Anwendung finden können.[770]

[767] Vgl. AICPA: Derivatives - Current Accounting and Auditing Literature, New York (USA), 1994, S. 25

[768] Vgl. FASB: Original Pronouncements 1996/97 Edition - Accounting Standards as of June 1, 1996, Volume I, New York (USA), 1996, S. 777

[769] Hierzu schreibt das FASB: „First, forwards differ from futures in at least some, and often all, of the following respects: amount and timing of cash flows, availability of liquid markets and reliable quoted prices, and potential for default. Second, forward contracts generally result in delivery of goods or services, whereas futures are almost exclusively hedging or investment vehicles.“ - FASB: Original Pronouncements 1996/97 Edition - Accounting Standards as of June 1, 1996, Volume I, New York (USA), 1996, S. 785 - Aus letzterem Hinweis, der sich eher auf commodity forwards bezieht, läßt sich ableiten, daß für Finanzforwards, die sich von Finanzfutures zumindest im letzten Punkt nicht so erheblich unterscheiden, dieser SFAS wiederum eher Anwendung finden kann.

[770] Vgl. Schmekel, Helmut: Die Bilanzierung von Terminkontrakten in den USA, Der Betrieb, 19.07.1985, S. 1495; so schreibt das FASB wörtlich: „Exclusion of forward contracts from the Statement should not be construed as either acceptance or rejection by the Board of current practice for such contracts, nor should the exclusion be interpreted as an indication that the general principles of this Statement might not be appropriate in some circumstances for certain forward contracts.“ –

Dies gilt um so mehr, da Forwards (mit Ausnahme von Währungsforwards) bislang durch keinen Standard erfaßt werden.[771] Der SFAS 52 hilft bei Fragen der Bilanzierung von Währungsforwards bzw. Währungsfutures weiter. Futures auf alle übrigen möglichen Basiswerte werden durch den SFAS 80 behandelt. Forwards auf nicht-währungsbezogene Basiswerte, also insbesondere Forward Rate Agreements, müssen daher im Analogieschluß ebenfalls auf SFAS 80 zugreifen.

Da angenommen werden kann, daß letztlich keine Unterschiede gemacht werden in der Bilanzierung von nicht-währungsbezogenen Forwards und Futures, wird stellvertretend für beide Produkte vor allem der Future abgehandelt und lediglich bei produktausgestaltungsbedingten Unterschieden in der Bilanzierung auf die entsprechenden Abweichungen hinsichtlich des Forwards hingewiesen.

1.3.1. Rechnungslegungsvorschriften für nicht-währungsbezogene Finanztermingeschäfte (SFAS 80)

1.3.1.1. Bilanzausweis

Die Terminkontrakte selbst sind nicht zu bilanzieren, d. h. die Futures bzw. Forwards sind bilanzunwirksam, also off-balance.[772] Somit sind die Vermögenswerte oder Verpflichtungen, die den Termingeschäften zugrunde liegen, nicht in der Bilanz auszuweisen.[773] Es muß die Basissumme ('principal sum') des Finanzterminkontrakts lediglich in einem Erinnerungskonto ('off-balance-sheet memorandum account') festgehalten werden.[774] Der Grund, warum sich das Board explizit gegen die Aufnahme der zugrundeliegenden Summe des Terminkontraktes in die Bilanz entschieden hat, liegt darin, daß normalerweise am Ende der Laufzeit des Kontraktes nur ein Differenzausgleich stattfindet und nur äußerst selten der Kontrakt tatsächlich ausgeübt wird.[775]

FASB: Original Pronouncements 1996/97 Edition - Accounting Standards as of June 1, 1996, Volume I, New York (USA), 1996, S. 785

771 Vgl. Haight, Timothy: Derivatives Risk Management Service, Boston (Massachussets, USA), 1996, S. 9A-15

772 Vgl. Höffner, Dietmar: Die Bilanzierung von Futures in Deutschland und den USA, Recht der internationalen Wirtschaft, 9/1996, S. 751; so auch: Choi, Frederick; Singleton, Matthew: Accounting for Derivative Products, in: Choi, Frederick (Hrsg.): Handbook of International Accounting, New York (USA), 1991, S. 21-10 und 21-13; diese bestätigen, daß sowohl weder der Future noch explizit der Forward mit der Basissumme in der Bilanz vermerkt werden.

773 Vgl. Schmekel, Helmut: Die Bilanzierung von Terminkontrakten in den USA, Der Betrieb, 19.07.1985, S. 1495; so schreibt auch das GAO: „The total amount of the ... financial instrument that underlies the futures contract (the underlying) is not recorded on the balance sheet." - GAO: Financial Derivatives - Actions Needed to Protect the Financial System, Report to Congressional Requesters, Washington (USA), 5/1994, S. 95

774 Vgl. KPMG: Accounting for Swaps and Financial Derivatives, in: Das, Satyajit (Hrsg.): Swap & Derivative Financing, Chicago (Illinois, USA), 1994, S. 1297 und 1299; Choi, Frederick; Singleton, Matthew: Accounting for Derivative Products, in: Choi, Frederick (Hrsg.): Handbook of International Accounting, New York (USA), 1991, S. 21-10

775 Vgl. FASB: Original Pronouncements 1996/97 Edition - Accounting Standards as of June 1, 1996, Volume I, New York (USA), 1996, S. 785

1.3.1.1.1. Bilanzausweis der Initial margin

Die Initial margin ist in der Bilanz als Forderung an den Broker (Deposit with Futures Broker[776]) auszuweisen.

1.3.1.1.2. Bilanzausweis der Variation margins

Die Behandlung der Variation margins unterscheidet sich danach, ob der Future zu non-hedge-Zwecken oder zur Absicherung anderer Geschäfte gehalten wird. Bei Hedge-Zwecken muß weiterhin dennoch unterschieden werden, ob die gesicherte Position zu Marktwerten bilanziert wird, ob es sich um die Absicherung einer bereits existierenden Vermögens- oder Verbindlichkeitenposition handelt oder ob es die Sicherung einer festen Vereinbarung oder einer geplanten Transaktion ist.[777] Dies wird in den folgenden Abschnitten behandelt.

1.3.1.2. Bewertung bei Einsatz zu non-hedge-Zwecken

Futures, die nicht dazu dienen andere Geschäfte abzusichern, werden nach aktuellen Marktpreisen[778] bewertet - also nach der im Kapitel 3 beschriebenen Mark-to-Market-Methode. Das heißt, erhaltene oder gezahlte Variation margins werden als Gewinn oder Verlust derjenigen Periode gebucht, in der die Veränderung des Marktwertes des Futures auftritt. Das FASB begründet diese Regelung damit, daß ein günstiger Kurs des Terminkontrakts unmittelbar die Aktiva des Unternehmens erhöhe: Der vom Broker geschuldete Betrag erhöht sich sofort, und das Unternehmen kann sich den Betrag, um den das Margenkonto die Sicherheitsleistung übersteigt, sofort in bar auszahlen lassen, ohne den Terminkontrakt zu liquidieren. Außerdem geht mit dieser Erhöhung der Aktiva auch keine entsprechende Erhöhung von Passiva oder Verminderung der Aktiva an anderer Stelle einher. Für die Ertragsrealisierung ist nicht die Schließung der offenen Position entscheidend, sondern allein der Eingang der Zahlung auf das Marginkonto maßgebend.[779] Durch die laufende Barabrechnung gelten die Bewertungsgewinne und -verluste als realisiert.[780] Da bei Forwards diese Möglichkeit der Erfolgsrealisierung qua Marginkonto nicht gegeben ist, stellt sich die Frage, inwieweit Änderungen des Fair value von spekulativen Forwards ebenfalls erfolgswirksam in jeder Periode vereinnahmt werden sollten. Nach den obigen Ausführungen des FASB, welches eine Übertragung der Regelungen des SFAS 80 auf Forwards für zulässig hält sowie der Literaturmeinung, daß spekulative Forwards ebenfalls nach Mark-to-Market bewertet werden sollten, erscheint es zulässig, darauf zu schließen, daß die Mark-to-Market-Bewertung für spekulative Forwards in ähnlicher Form erlaubt ist, wie sie bei spekulativen Futures vorgeschrieben ist.

---

[776] Vgl. Belkaoui, Ahmed: Multinational Financial Accounting, New York (USA), 1991, S. 56

[777] Vgl. Belkaoui, Ahmed: Multinational Financial Accounting, New York (USA), 1991, S. 56

[778] Vgl. FASB: Original Pronouncements 1996/97 Edition - Accounting Standards as of June 1, 1996, Volume I, New York (USA), 1996, S. 777

[779] Vgl. Höffner, Dietmar: Die Bilanzierung von Futures in Deutschland und den USA, Recht der internationalen Wirtschaft, 9/1996, S. 751; Vgl. FASB: Original Pronouncements 1996/97 Edition - Accounting Standards as of June 1, 1996, Volume I, New York (USA), 1996, S. 785 f.

[780] Vgl. Schmekel, Helmut: Die Bilanzierung von Terminkontrakten in den USA, Der Betrieb, 19.07.1985, S. 1495

Noch nachhaltiger wird diese Schlußfolgerung unterstützt, wenn man einen Analogieschluß von den expliziten Vorschriften für Währungsforwards aus SFAS 52 auf alle übrigen Forwards mit anderen Basisobjekten zieht: „A speculative forward contract is required to be marked to market, with unrealized gains or losses recognized currently.“ [781]

1.3.1.3. Bewertung bei Einsatz zu Hedge-Zwecken

Die Voraussetzungen für das Vorliegen eines im Rahmen der Rechnungslegung anzuerkennenden Hedges, die im Kapitel 3 erörtert wurden, gelten im vollen Umfang für die Rechnungslegung bei Finanztermingeschäften.

Die Rechnungslegung des Futures selbst richtet sich dabei nach der bilanziellen Bewertung der abgesicherten Position (sog. hybrid approach).[782] Dieser hybrid approach ergibt sich aus der konsequenten Anwendung des matching principle.

Wenn die abgesicherte Position zu Marktwerten erfaßt wird, muß auch der zugeordnete Finanzterminkontrakt nach Mark-to-Market bewertet werden.[783] Bei Futures handelt es sich in diesem Fall - genau wie bei den spekulativen Geschäften - um eine erfolgswirksame Verbuchung der Variation margin.[784]

Wird die abzusichernde Position nach Anschaffungskosten bzw. dem Niederstwertprinzip erfaßt, so sind die Gewinne und Verluste erst dann erfolgswirksam zu verbuchen, wenn dies auch in der abgesicherten Position geschieht. Wertgewinne und -verluste des Futures bleiben dann vorübergehend erfolgsneutral und werden zu diesem Zweck in der Bilanz abgegrenzt. Die Erfolgswirksamkeit wird gemäß der Rechnungslegungsmethode des Deferral accounting auf den Zeitpunkt der Fälligkeit des abgesicherten Geschäfts verschoben.[785] Gleiches ist analog bei Forwards anzuwenden.[786]

Eine Veränderung des Marktwertes des Futures wird dabei als Korrektur des Buchwertes (adjustment of the carrying amount[787]) der abgesicherten Position erfaßt.[788] Gewinne und Verluste aus dem Terminkontrakt erhöhen oder vermindern den Wert des abgesicherten Aktivum oder Passivum.[789] Bei verzinslichen Absicherungspositionen (also bei

---

781 Haight, Timothy: Derivatives Risk Management Service, Boston (Massachussets, USA), 1996, S. 9A-14

782 Vgl. Höffner, Dietmar: Die Bilanzierung von Futures in Deutschland und den USA, Recht der internationalen Wirtschaft, 9/1996, S. 751

783 Vgl. FASB: Original Pronouncements 1996/97 Edition - Accounting Standards as of June 1, 1996, Volume I, New York (USA), 1996, S. 778

784 Vgl. Höffner, Dietmar: Die Bilanzierung von Futures in Deutschland und den USA, Recht der internationalen Wirtschaft, 9/1996, S. 751

785 Vgl. Höffner, Dietmar: Die Bilanzierung von Futures in Deutschland und den USA, Recht der internationalen Wirtschaft, 9/1996, S. 751

786 Vgl. Haight, Timothy: Derivatives Risk Management Service, Boston (Massachussets, USA), 1996, S. 9A-15

787 Vgl. FASB: Original Pronouncements 1996/97 Edition - Accounting Standards as of June 1, 1996, Volume I, New York (USA), 1996, S. 778

788 Vgl. Höffner, Dietmar: Die Bilanzierung von Futures in Deutschland und den USA, Recht der internationalen Wirtschaft, 9/1996, S. 751

789 Vgl. Schmekel, Helmut: Die Bilanzierung von Terminkontrakten in den USA, Der Betrieb, 19.07.1985, S. 1495

Nutzung eines Zins-Futures oder Forward Rate Agreements als Hedge-Instrument) sind die abgegrenzten Gewinne und Verluste aus dem Termingeschäft wie ein Agio oder Disagio zu sehen und beim Hedging von bestehenden verzinslichen Aktiva oder Passiva spätestens bei Beendigung der Terminposition und über die Restlaufzeit des Aktivum oder Passivum erfolgswirksam als Berichtigung des Zinsaufwandes oder -ertrages aufzulösen.[790] Bei festen zukünftigen Verpflichtungen ('firm commitments') muß mit der erfolgswirksamen Verteilung des abgegrenzten Terminergebnisses zum Zeitpunkt des Eingehens der Transaktion zur Erfüllung der Verpflichtung begonnen werden.[791] Die Erfolgsbeiträge des Termingeschäfts werden also bis zur Durchführung der zukünftigen Verpflichtung abgegrenzt und dann pro rata temporis erfolgswirksam, um die erfolgswirksamen Beiträge der abgesicherten Verpflichtung teilweise oder ganz anzugleichen.[792]

Bei geplanten Transaktionen sind die Ergebnisbeiträge aus dem Finanztermingeschäft ebenfalls erfolgsneutral abzugrenzen und bei der Bewertung der abgesicherten zukünftigen Transaktion zu berücksichtigen. Sollte das Finanztermingeschäft beendet werden, bevor die zukünftige Transaktion stattfindet, dann ist das Ergebnis aus dem Derivatgeschäft weiterhin abgegrenzt zu halten und erst bei Durchführung der Transaktion bei deren Bilanzierung zu berücksichtigen. Bei Vorliegen eines zinsbezogenen antizipativen Hedges ist ab dem Zeitpunkt des Zuganges des geplanten Aktivum oder Passivum das abgegrenzte Finanztermingeschäftsergebnis erfolgswirksam als Korrektur des Zinsaufwandes oder -ertrages über die Restlaufzeit aufzulösen.[793] Wenn es wahrscheinlich wird, daß das Volumen des geplanten Geschäfts geringer sein wird als der gehedgte Betrag, so sind die Gewinne und Verluste aus dem Finanztermingeschäft, die das Volumen übersteigen, sofort erfolgswirksam zu vereinnahmen.[794]

1.3.2. Rechnungslegungsvorschriften für währungsbezogene Finanztermingeschäfte (SFAS 52)

Im Hinblick auf währungsbezogene Futures bzw. Forwards gelten prinzipiell dieselben Regeln wie nach SFAS 80. Wenn das Derivat für einen nicht sicherungsbezogenen Zweck eingesetzt wird, so sind die Bewertungsgewinne bzw. -verluste sofort erfolgswirksam zu vereinnahmen. Wenn das Währungstermingeschäft als Hedge klassifiziert wird, dann müssen die unrealisierten Währungsgewinne bzw. -verluste aus dem Derivatgeschäft in derselben Periode vereinnahmt werden, in welcher die Gewinne bzw. Verluste aus der abgesicherten Position erfolgswirksam werden. SFAS 52 gibt hier eindeutige Anweisungen im Hinblick auf Währungsforwards (bzw. auch für Währungsswaps), erwähnt jedoch Währungsfutures nicht. Unrealisierte Gewinne oder Verluste eines Währungsforwards, welcher ein Fremdwährungssrisiko absichert, werden errechnet auf Basis von Änderungen des Wertes der Währung am Kassamarkt. Die Differenz zwischen dem

790 Vgl. FASB: Original Pronouncements 1996/97 Edition - Accounting Standards as of June 1, 1996, Volume I, New York (USA), 1996, S. 779

791 Vgl. Schmekel, Helmut: Die Bilanzierung von Terminkontrakten in den USA, Der Betrieb, 19.07.1985, S. 1495

792 Vgl. KPMG: Accounting for Swaps and Financial Derivatives, in: Das, Satyajit (Hrsg.): Swap & Derivative Financing, Chicago (Illinois, USA), 1994, S. 1297

793 Vgl. Schmekel, Helmut: Die Bilanzierung von Terminkontrakten in den USA, Der Betrieb, 19.07.1985, S. 1496

794 Vgl. Belkaoui, Ahmed: Multinational Financial Accounting, New York (USA), 1991, S. 61

Kassakurs und dem Basispreis des Forwards am Tag der Geschäftsvereinbarung (des Forwards) wird als Agio oder Disagio bilanziert und normalerweise über die Laufzeit des Kontraktes pro rata temporis aufgelöst. Wenn der Forward die Hedge-Kriterien von SFAS 52 erfüllt, so werden die unrealisierten Gewinne und Verluste und die Amortisation des Agios bzw. Disagios abgegrenzt und in die Bewertung des abgesicherten Fremdwährungsgeschäfts einbezogen.[795]

1.3.3. Unterschiede zwischen SFAS 80 und SFAS 52

Einige kurze Hinweise sollen an dieser Stelle noch gegeben werden zu den Unterschieden in den Voraussetzungen, die zur Anerkennung eines Hedges gemäß SFAS 52 im Vergleich zu SFAS 80 führen[796]:

1. SFAS 52 schließt ein geplantes Fremdwährungsgeschäft als zu sichernde Position aus, wenn es sich bei der zukünftigen Fremdwährungsverpflichtung nicht um eine bereits abgeschlossene Geschäftsvereinbarung handelt. SFAS 80 erlaubt die Hedge-Rechnungslegung für geplante Geschäfte, ohne die Existenz solch einer festen Vereinbarung.
2. In SFAS 52 bezieht sich die zu erfüllende Bedingung der Risikoreduktion auf die Einzelgeschäftsebene, wogegen nach SFAS 80 sich die Risikoreduktion auf die Ebene des Gesamtunternehmens bezieht.
3. SFAS 80 erlaubt cross-hedging. SFAS 52 verlangt grundsätzlich, daß das Hedge-Instrument in derselben Währung valutiert wie die gesicherte Position.

1.3.4. Rechnungslegung nach dem geplanten neuen Standard

Zunächst ist grundsätzlich darauf hinzuweisen, daß die in Kapitel 3 Abschnitte 1.3.6., 2.3.5. und 3.3.3. dargelegten grundlegenden Hinweise in vollem Umfang auch bei der Rechnungslegung von Futures und Forwards gelten.
In den neuen FASB-Proposal sind Futures und Forwards einbezogen[797] und zwar unabhängig von deren Basiswerten, d. h. auch Währungsfutures und Währungsforwards werden einbezogen. Im Hinblick auf die Ermittlung des Fair value eines Währungsforwards hatte das FASB im Rahmen des Exposure Draft eine neue Vorschrift vorgeschlagen. Das Board hatte hier entschieden, daß die Bewertung eines Währungsforward berücksichtigen muß, daß

1. die Währungen zu einem zukünftigen Termin getauscht werden,
2. der Terminkurs vom Kassakurs abweicht aufgrund unterschiedlicher Zinssätze in den beiden Währungen,
3. die Bewertung beeinflußt wird durch den Zeitwert.

---

[795] Vgl. Haight, Timothy: Derivatives Risk Management Service, Boston (Massachussets, USA), 1996, S. 9A-13 ff.

[796] Vgl. zu den folgenden drei Punkten AICPA: Derivatives - Current Accounting and Auditing Literature, New York (USA), 1994, S. 25

[797] So z. B. explizit im Rahmen der Anhangbeispiele - Vgl. FASB: Task Force Draft - Statement of Financial Accounting Standards No. 13X - Accounting for Derivative Instruments and for Hedging Activities, September 12, 1997 Version, Appendix A, Example 6 und 7, S. 108 ff.

Daher legte das Board die Barwertmethode als relevante Methode zur Berechnung des Fair value fest, da es die einzige Methode ist, die alle drei Punkte berücksichtigt.[798] Im Rahmen des Exposure Draft wurde die Barwertmethode als einzig erlaubte Bewertungsmethode definiert. Im Task Force Draft findet sich dieser explizite Hinweis nicht - in der jetzigen Fassung wird diese Methode lediglich als eine mögliche Methode genannt.[799]

Zu untersuchen ist, in welcher Form die Vorschläge des neuen Proposal konkret im Rahmen der Rechnungslegung von Futures und Forwards umgesetzt werden sollen. Im Rahmen des Exposure Draft hatte das FASB einige Rechnungslegungsbeispiele gezeigt, auf die hier zurückgegriffen wird. Zunächst gilt, daß wie bisher bei Futures und Forwards nicht die zugrundeliegende Kontraktsumme in der Bilanz ausgewiesen werden soll, sondern vielmehr der Fair value der Derivate. Die zugrundeliegende Kontraktsumme wird nach wie vor in einem memorandum account festgehalten.[800]

1.3.4.1. Bilanzausweis

1.3.4.1.1. Bilanzausweis der Initial margin

Obwohl in dem neuen Proposal hierzu nichts explizit ausgeführt wird, ist anzunehmen, daß die Initial margin in der Bilanz nach wie vor als Forderung an den Broker (Deposit with Futures Broker) auszuweisen ist.

1.3.4.1.2. Bilanzausweis der Variation margins - Ausweis des Fair value on-balance

In dem Proposal wird ebenso keine Aussage gemacht, wie die Variation margin bilanziert werden soll. Es soll jedoch - wie bereits eingangs erwähnt - der Fair value des Futures bzw. des Forwards in der Bilanz ausgewiesen werden. Beim Future kann als Fair value der von der Börse errechnete Kurswert übernommen werden.

1.3.4.2. Rechnungslegung bei Einsatz zu non-hedge-Zwecken

Der Fair value des Finanztermingeschäfts wird in der Bilanz ausgewiesen. Im Falle der Verlustposition zum Bilanzstichtag wird der Fair value auf der Passiv-Seite als Verbindlichkeit gegenüber dem Geschäftspartner bzw. dem Broker (Bezeichnung des Bilanz-

---

798 Vgl. FASB: Exposure Draft - Proposed Statement of Financial Accounting Standards - Accounting for Derivative and Similar Financial Instruments and for Hedging Activities, Financial Accounting Series, No. 162-B, June 20, 1996, S. 57

799 Vgl. FASB: Task Force Draft - Statement of Financial Accounting Standards No. 13X - Accounting for Derivative Instruments and for Hedging Activities, September 12, 1997 Version, Appendix D, S. 132

800 Vgl. FASB: Exposure Draft - Proposed Statement of Financial Accounting Standards - Accounting for Derivative and Similar Financial Instruments and for Hedging Activities, Financial Accounting Series, No. 162-B, June 20, 1996, S. 145

kontos im Falle des Futures: 'Futures contract (liability to broker)' [801] und im Falle des Forwards: 'Forward contract (settlement payable)' [802]) ausgewiesen und gleichzeitig der Verlust in der GuV erfolgswirksam.[803] Im umgekehrten Fall, also im Fall einer Gewinnposition, wird der Fair value auf der Aktivseite als Forderung an den Geschäftspartner bzw. den Broker ausgewiesen und gleichzeitig der Gewinn in der GuV vereinnahmt.[804] Wird im Folgejahr das Finanztermingeschäft fällig bzw. geschlossen, so wird ein über den bereits vereinnahmten Gewinn und Verlust hinaus im neuen Jahr zusätzlich entstandener Gewinn und Verlust erfolgswirksam. Der realisierte Gewinn und Verlust in Höhe des am letzten Bilanzstichtag ausgewiesenen Fair value wird erfolgsneutral mittels Auflösung der jeweiligen Bilanzposition vereinnahmt.

1.3.4.3. Rechnungslegung bei Einsatz zu Hedge-Zwecken

1.3.4.3.1. Cash flow-Hedge

Im Falle des Cash flow-Hedge wird wie im obigen Fall der Fair value des Finanztermingeschäfts aktiviert bzw. passiviert. Der der gehedgten Risikoart zuzurechnende Gewinn bzw. Verlust wird ausgewiesen in der Bilanzposition 'other comprehensive income' und berührt die GuV-Rechnung so lange nicht, bis die geplante Transaktion des abgesicherten Geschäfts durchgeführt wird. Sobald letzteres geschieht, wird die in der Bilanzposition 'other comprehensive income' gespeicherte Summe von Gewinnen bzw. Verlusten aus dem Finanztermingeschäft entnommen und in der GuV erfolgswirksam vereinnahmt. Alle Gewinne und Verluste, die nicht der gehedgten Risikoart zuzuordnen sind, werden sofort erfolgswirksam.

Im Falle einer zeitpunktbezogenen zukünftigen Transaktion wird das abgesicherte Gegengeschäft (z. B. Ankauf einer Aktie) mit dem Kaufbetrag als Buchwert in die Bilanz genommen. Es findet also keine Einbeziehung des Gewinns bzw. Verlusts aus dem Derivatgeschäft in den Anschaffungsbuchwert der abgesicherten Transaktion statt.[805] Im Falle einer zeitraumbezogenen Aktion (also wenn z. B. die zukünftige Aufnahme eines Darlehen hinsichtlich der Zinshöhe abgesichert werden soll) wird der in der Bilanzposition 'other comprehensive income' gespeicherte Ergebnisbeitrag des Derivats entsprechend zeitraumbezogen aufgelöst und in der GuV erfolgswirksam vereinnahmt.

---

801 FASB: Exposure Draft - Proposed Statement of Financial Accounting Standards - Accounting for Derivative and Similar Financial Instruments and for Hedging Activities, Financial Accounting Series, No. 162-B, June 20, 1996, S. 139

802 FASB: Exposure Draft - Proposed Statement of Financial Accounting Standards - Accounting for Derivative and Similar Financial Instruments and for Hedging Activities, Financial Accounting Series, No. 162-B, June 20, 1996, S. 146

803 Vgl. FASB: Exposure Draft - Proposed Statement of Financial Accounting Standards - Accounting for Derivative and Similar Financial Instruments and for Hedging Activities, Financial Accounting Series, No. 162-B, June 20, 1996, S. 136

804 In den Beispielsfällen des FASB im Anhang des Proposals werden zwar keine expliziten Hinweise auf die Kontenbezeichnung gegeben, aber als logische Schlußfolgerung müßten die Kontenbezeichnungen lauten: 'Futures contract (receivable from broker)' bzw. 'Forward contract (settlement receivable)'

805 Vgl. FASB: Exposure Draft - Proposed Statement of Financial Accounting Standards - Accounting for Derivative and Similar Financial Instruments and for Hedging Activities, Financial Accounting Series, No. 162-B, June 20, 1996, S. 137 f.

1.3.4.3.2. Fair value-Hedge

Bei einem Fair value-Hedge wird ebenso wie bei einem Cash flow-Hedge der Fair value des Future bzw. Forward in der Bilanz ausgewiesen. Die Wertveränderungen des Termingeschäfts werden in voller Höhe sofort erfolgswirksam in der GuV vereinnahmt. Somit unterscheidet sich die bilanzielle Behandlung eines Finanztermingeschäfts bei Einbeziehung in einen Fair value-Hedge nicht von der Bilanzierung unter Einsatz zu non-hedge-Zwecken. Der Buchwert der gehedgten Bilanzposition wird insoweit angepaßt, als diese Wertveränderungen durch die gehedgte Risikoart erfahren hat. Diese Buchwertänderungen schlagen sich ebenfalls erfolgswirksam in der GuV nieder und werden - sofern ein perfect Hedge vorliegt - in voller Höhe durch die gegenläufigen Gewinne bzw. Verluste aus der Wertveränderung aus dem Termingeschäft per Saldo ausgeglichen. Mögliche Unvollkommenheiten der Hedge-Strategie werden aber ebenso in der GuV erkennbar. Diese können z. B. dann auftreten, wenn die Wertveränderungen des Derivats nicht ausschließlich auf der gehedgten Risikoart beruhen und somit die risikoartbezogenen Wertveränderungen der gehedgten Position übersteigen oder nicht in voller Höhe ausgleichen, weil Elemente der Wertbeeinflussung des Derivats der risikoartbezogenen Wertveränderung des Hedges entgegenlaufen und sie dadurch in ihrer Gesamthöhe reduzieren.

2. Rechnungslegung von Optionen

Bei Optionen handelt es sich um bedingte Finanztermingeschäfte - Futures und Forwards sind dagegen unbedingte Finanztermingeschäfte. Bei einer Option erlangt der Käufer das Recht, einen bestimmten Basiswert zu einem festgelegten Preis (Basispreis, Ausübungspreis, strike price) zu kaufen (call option) oder zu verkaufen (put option). Bei einer für den Käufer günstigen Marktentwicklung wird er die Option ausüben, andernfalls kann er sie verfallen lassen. Für dieses Recht zahlt er dem Vertragspartner - dem Stillhalter - eine Prämie. Der Stillhalter übernimmt die Verpflichtung im Falle einer verkauften call option, den Basiswert zu verkaufen bzw. im Fall einer verkauften put option, den Basiswert zu kaufen. Übt der Käufer einer call option diese aus und verlangt die Lieferung, so bezieht er das Basisgut zum seinerzeit vereinbarten strike-price und nicht etwa zum höheren Marktpreis[806], wie das bei einem Future der Fall wäre. Er trägt ausschließlich das Risiko einer für ihn ungünstigen Marktentwicklung. Bei einer für ihn günstigen Marktentwicklung kann er lediglich die Prämie vereinnahmen ohne jedoch darüber hinaus andere Gewinnchancen zu besitzen. Die Prämie stellt somit den maximalen Verlust des Optionskäufers dar und den maximalen Gewinn des Stillhalters.

Für Kreditinstitute typische Basiswerte im Optionshandel sind:
- Kaufverträge (z. B. über Aktien, festverzinsliche Wertpapiere oder Fremdwährungsbeträge als Basisobjekte)
- Verträge über Geldanlagen und -aufnahmen (z. B. Schuldscheindarlehen)
- Termingeschäfte (z. B. Financial Futures, Forward Rate Agreements, Devisentermingeschäfte)
- Swapgeschäfte (sog. Swaptions)
- Optionsgeschäfte
- Indices (z. B. Aktienindex, wie DAX).[807]

Im Rahmen dieser Arbeit werden vor allem die 'klassischen' Optionen auf Aktien bzw. Renten, Währungen und auf Geldanlagen bzw. -aufnahmen untersucht.

Anstelle der Erfüllung des zugrundeliegenden Vertragsverhältnisses kann auch ein Differenzausgleich (cash settlement) vereinbart werden.[808] Dies ist z. B. bei Index-Optionen ausschließlich der Fall.

Bestimmungsgrößen des Optionspreises sind der Marktwert des Basisobjektes und dessen Volatilität (Varianz der Wertschwankungen des Basisobjektes), der vereinbarte Basispreis bzw. Basiszinssatz, der risikolose Zinssatz und die Restlaufzeit der Option.[809] Man trennt dabei in den inneren Wert der Option (intrinsic value) und den Zeitwert (time

[806] Vgl. KPMG: Financial Instruments - Einsatzmöglichkeiten * Risikomanagement und Risikocontrolling * Rechnungslegung * Besteuerung, Frankfurt am Main, 1995, S. 111

[807] Vgl. BFA: Stellungnahme 2/1995: Bilanzierung von Optionsgeschäften, Die Wirtschaftsprüfung, 12/1995, S. 421

[808] Vgl. Bertsch, Andreas; Kärcher, Ralph: Derivative Instrumente im Jahresabschluß und in der Steuerbilanz, in: Eller, Roland (Hrsg.): Handbuch Derivativer Instrumente, Stuttgart, 1996, S. 668

[809] Vgl. BFA: Stellungnahme 2/1995: Bilanzierung von Optionsgeschäften, Die Wirtschaftsprüfung, 12/1995, S. 421

value).[810] Der innere Wert ergibt sich aus der Differenz zwischen vereinbartem Basispreis und dem aktuellen Marktwert des Basisobjektes. Der Optionspreis selbst ist normalerweise höher als diese Differenz. Der Betrag, um den der Optionspreis den inneren Wert übersteigt, stellt den Zeitwert dar. Der Zeitwert tendiert gegen Ende der Laufzeit gegen Null, denn der Zeitwert dokumentiert die für die Restlaufzeit der Option angenommenen Chancen, daß die Option 'in-the-money' am Ausübungstag sein wird. 'In-the-money' ist eine Option dann, wenn sie für den Käufer einen Wert besitzt, d. h. z. B. im Falle einer call-option, daß der Marktpreis des Basisobjektes höher ist als der vereinbarte Basispreis, da er das Objekt zum niedrigeren Basispreis vom Stillhalter kaufen kann und sofort am Markt zu einem höheren Preis wiederverkaufen kann. Hierbei ist noch die bezahlte Optionsprämie zu berücksichtigen. 'At-the-money' bezeichnet man eine Option, wenn der Marktpreis des Basisobjektes genau dem vereinbartem Basispreis entspricht, 'out-of-the-money' ist eine Option, wenn sie für den Käufer keinen Wert besitzt, also wenn z. B. im Falle einer call-option der Marktwert des Basisobjektes niedriger ist als der vereinbarte Basispreis.

Ist das Recht nur am Ende der Optionslaufzeit auszuüben, spricht man von einer europäischen Option; kann man das Recht dagegen während der gesamten Frist ausüben, handelt es sich um eine amerikanische Option. Demgegenüber zeichnet sich eine asiatische Option dadurch aus, daß ihr Wert nicht etwa durch den Stichtagswert des Basisobjektes determiniert wird, sondern z. B. durch den Durchschnitt der Marktpreise des Basisgutes über eine bestimmte Periode.[811]

Optionen können sowohl over-the-counter (OTC) oder börsengehandelt sein. Bei OTC-Optionen ist es üblich, daß die Prämie bei Abschluß des Geschäfts an den Stillhalter bezahlt wird. Bei börsengehandelten Optionen hat sich abweichend hiervon an einigen Börsen das Future-Style-Verfahren etabliert, bei dem die Prämie erst bei Glattstellung (close-out), Ausübung oder Verfall fällig wird.[812] Der Stillhalter hat bei börsengehandelten Optionen wie bei Futures eine Sicherheitsleistung (Margin) zu erbringen, durch die das bei Inanspruchnahme entstehende Risiko abgedeckt werden soll, und welche täglich neu berechnet wird aufgrund der Wertentwicklung der Option.[813]

2.1. Rechnungslegung von Optionen in Deutschland

Die Rechnungslegung von Optionen ist in Deutschland ebenso wie bei unbedingten Finanztermingeschäften nicht vom Gesetzgeber explizit geregelt. Es gibt jedoch ähnlich wie zu Futures Veröffentlichungen seitens des IDW und des Bundesverbandes deutscher Banken, an dem sich die Bilanzierung bei den Kreditinstituten in Deutschland ausrichtet. Es handelt sich zum einen um die Stellungnahme des Bankenfachausschusses des IDW

[810] Vgl. Dreissig, Hildegard: Bilanzsteuerrechtliche Behandlung von Optionen, Betriebs-Berater, 10.08.1989, S. 1513

[811] Vgl. KPMG: Financial Instruments - Einsatzmöglichkeiten * Risikomanagement und Risikocontrolling * Rechnungslegung * Besteuerung, Frankfurt am Main, 1995, S. 109 f.

[812] Vgl. KPMG: Financial Instruments - Einsatzmöglichkeiten * Risikomanagement und Risikocontrolling * Rechnungslegung * Besteuerung, Frankfurt am Main, 1995, S. 108

[813] Vgl. Krumnow, Jürgen et al.: Rechnungslegung der Kreditinstitute - Kommentar zum Bankbilanzrichtlinie-Gesetz und zur RechKredV, Stuttgart 1994, Tz. 437, S. 499; Eilenberger, Guido: Überblick über produktbezogene Finanzinnovationen unter Gesichtspunkten der Rechnungslegung, BFuP, 2/1995, S. 129

Nr. 2/1995 über die 'Bilanzierung von Optionsgeschäften' [814], die die Stellungnahme von 1987 ('Zur bilanziellen Behandlung von Optionsgeschäften' [815]) ersetzt. Die Kommission für Bilanzierungsfragen des Bundesverbandes deutscher Banken hat ebenfalls eine Stellungnahme veröffentlicht, die sich jedoch speziell mit der Behandlung von DTB-Aktienoptionen bei Banken beschäftigt.[816]

Anhand dieser beiden Stellungnahmen sowie den Kommentierungen in der Literatur soll die Rechnungslegung von Optionen bei Banken in Deutschland in der gebotenen Kürze dargestellt werden.

2.1.1. Bilanzierung des Optionsrechtes

Die Rechte bzw. Pflichten aus einer Option gelten als schwebendes Geschäft und werden daher in der Bilanz nicht ausgewiesen. Die Vereinbarungen sind wie bei Futures in einer Nebenbuchhaltung zu dokumentieren.[817]

2.1.2. Bilanzierung beim Käufer

2.1.2.1. bei Geschäftsabschluß

Der BFA hat sich dafür entschieden, daß erworbene Optionsrechte als nicht abnutzbare Vermögensgegenstände im Zeitpunkt des Erwerbs (also auch wenn nach dem Future-Style-Verfahren die zu zahlende Prämie nicht sofort fällig ist[818]) mit den Anschaffungskosten in Höhe der zu leistenden Optionsprämie zu aktivieren sind. In der Literatur wurde ausführlich darüber diskutiert, ob es sich bei Optionen um abnutzbare oder nicht abnutzbare Vermögensgegenstände handelt. Insbesondere Eisele/Knobloch diskutieren diese Frage ausführlich, vor allem unter dem Aspekt, daß der Zeitwert der Option unzweifelhaft bis zum Ende der Laufzeit der Option einem Verfall unterliegt. Dennoch kommen sie zu dem Ergebnis, daß der Werteverlust einer Option nicht voraussehbar und daher eine planmäßige Abschreibung nicht anwendbar ist.[819] Der BFA hat sich nun endgültig dafür entschieden, daß es sich um nicht abnutzbare Gegenstände handelt, da ein planmäßig absehbarer und regelmäßiger Werteverzehr nicht gegeben ist. Zwar sinkt der

---

814 Vgl. BFA: Stellungnahme 2/1995: Bilanzierung von Optionsgeschäften, Die Wirtschaftsprüfung, 12/1995, S. 421 f.

815 Vgl. BFA: Stellungnahme 2/1987: Zur bilanziellen Behandlung von Optionsgeschäfte, Die Wirtschaftsprüfung, 22/1987, S. 682 f.

816 Vgl. Kommission für Bilanzierungsfragen des Bundesverbandes deutscher Banken: Behandlung von DTB-Aktienoptionen im Jahresabschluß von Banken, Die Bank, 4/1990, S. 211 ff.

817 Vgl. Kommission für Bilanzierungsfragen des Bundesverbandes deutscher Banken: Behandlung von DTB-Aktienoptionen im Jahresabschluß von Banken, Die Bank, 4/1990, S. 211; Eilenberger, Guido: Überblick über produktbezogene Finanzinnovationen unter Gesichtspunkten der Rechnungslegung, BFuP, 2/1995, S. 131; Scharpf, Paul; Epperlein, Joachim: Rechnungslegung und interne Kontrolle von derivativen Finanzinstrumenten, in: Rudolph, Bernd (Hrsg.): Derivative Finanzinstrumente, Stuttgart, 1995, S. 149; Scharpf, Paul; Luz, Günther: Risikomanagement, Bilanzierung und Aufsicht von Finanzderivaten, Stuttgart, 1996, S. 345

818 Vgl. KPMG: Financial Instruments - Einsatzmöglichkeiten * Risikomanagement und Risikocontrolling * Rechnungslegung * Besteuerung, Frankfurt am Main, 1995, S. 110

819 Vgl. Eisele, Wolfgang; Knobloch, Alois: Offene Probleme bei der Bilanzierung von Finanzinnovationen, DStR, 15-16/1993, S. 582

Zeitwert der Option c. p. mit abnehmender Restlaufzeit, jedoch kann dieser Werteverzehr durch eine Zunahme des inneren Wertes oder der Volatilität (über-)kompensiert werden.[820] Überlegenswert ist, ob die Anschaffungskosten der Option aufgespaltet werden sollten in einen nicht abnutzbaren Teil (ursprünglicher innerer Wert) sowie in einen abnutzbaren Teil (ursprünglicher Zeitwert). Dies wird aufgrund des Grundsatzes der einheitlichen Abschreibung eines Vermögensgegenstandes als problematisch angesehen.[821] Die Frage, ob es sich um abnutzbare Gegenstände handelt, wird nur bei einer Zuordnung zum Anlagevermögen relevant, was bei Kreditinstituten ohnehin nur in seltenen Fällen (z. B. bei europäischen OTC-Optionen mit einer Laufzeit von mehreren Jahren) eintreten wird. Somit kommt normalerweise immer der Ausweis im Umlaufvermögen in Frage.[822] Im Normalfall werden insbesondere börsennotierte Optionen, deren Laufzeit auf einige Monate begrenzt ist, dem Umlaufvermögen zugeordnet und so scheidet eine planmäßige Abschreibung ohnehin aus. Es verbleibt lediglich die Pflicht zur Abschreibung auf einen niedrigeren Markt- oder Börsenpreis nach § 253 Abs. 3 HGB.[823] Im Falle einer nach dem Future-Style-Verfahren zu zahlenden Optionsprämie wird vorgeschlagen, den Gesamtbetrag der künftig fälligen Zahlungen im Erwerbszeitpunkt als Anschaffungskosten des Optionsrechtes und als korrespondierende Kaufpreisverbindlichkeit zu erfassen.[824]

2.1.2.2. während der Laufzeit

Während der Laufzeit sind die Optionsrechte nach dem strengen Niederstwertprinzip zu bewerten. Bei OTC-Optionen muß einem möglichen Bonitätsrisiko des Stillhalters gesondert Rechnung getragen werden.[825] Normalerweise wird der veröffentlichte Börsenpreis oder einschlägige Marktpreise für die Bewertung von Optionsrechten herangezogen. Sollten - insbesondere im Fall von OTC-Optionen - keine Börsenpreise vorliegen oder die heranzuziehenden Marktpreise z. B. aufgrund einer zu geringen Marktliquidität den Marktwert der Option nicht zutreffend widerspiegeln, so ist der beizulegende Wert anhand von Optionspreismodellen (z. B. aufgrund des Konzeptes der präferenz- und arbitragefreien Bewertung nach Black und Scholes) zu errechnen.[826]

---

820 Vgl. Windmöller, Rolf; Breker, Norbert: Bilanzierung von Optionsgeschäften, Die Wirtschaftsprüfung, 12/1995, S. 393

821 Vgl. Breker, Norbert: Optionsrechte und Stillhalterverpflichtungen im handelsrechtlichen Jahresabschluß, Düsseldorf, 1993, S. 80

822 Vgl. Windmöller, Rolf; Breker, Norbert: Bilanzierung von Optionsgeschäften, Die Wirtschaftsprüfung, 12/1995, S. 393

823 Vgl. Eisele, Wolfgang; Knobloch, Alois: Offene Probleme bei der Bilanzierung von Finanzinnovationen, DStR, 15-16/1993, S. 583

824 Vgl. Windmöller, Rolf; Breker, Norbert: Bilanzierung von Optionsgeschäften, Die Wirtschaftsprüfung, 12/1995, S. 393; KPMG: Financial Instruments - Einsatzmöglichkeiten * Risikomanagement und Risikocontrolling * Rechnungslegung * Besteuerung, Frankfurt am Main, 1995, S. 109

825 Vgl. BFA: Stellungnahme 2/1995: Bilanzierung von Optionsgeschäften, Die Wirtschaftsprüfung, 12/1995, S. 421 f.

826 Vgl. Windmöller, Rolf; Breker, Norbert: Bilanzierung von Optionsgeschäften, Die Wirtschaftsprüfung, 12/1995, S. 392

2.1.2.3. bei Ausübung, Glattstellung bzw. Verfall

Wird bei Ausübung eines Optionsrechts ein Vermögensgegenstand erworben oder eine Verbindlichkeit begründet, stellt die Optionsprämie einen Bestandteil der Anschaffungskosten des Vermögensgegenstands bzw. eine Verminderung des Ausgabebetrags der Verbindlichkeit dar. Führt die Optionsprämie zum Verkauf eines Vermögensgegenstands, ist sie mit dem Verkaufserlös zu verrechnen.[827] Das gilt unabhängig davon, ob der Optionsgegenstand auch ohne das Optionsrecht zum gleichen Preis hätte erworben werden können.[828] Hierbei ist zu beachten, daß die ursprüngliche Optionsprämie und nicht der aktuelle Buchwert der Optionsprämie in die Anschaffungskosten des Vermögensgegenstands einzurechnen ist. Der BFA ändert damit die noch in seiner Stellungnahme von 1987 vorgefaßte Meinung, daß bei Ausübung der Option der „aufgewendete Basispreis mit dem Buchwert der Option zu den Anschaffungskosten des Optionsgegenstandes zusammenzufassen" [829] ist. Dies impliziert, daß die in einem früheren Geschäftsjahr vorgenommene Abschreibung auf das Optionsrecht im Zuge der Optionsausübung ertragswirksam rückgängig gemacht wird. Bisherige Abschreibungsaufwendungen aus dem Optionsgeschäft sind dann dem Basisobjekterwerb zuzurechnen und führen später ggf. zu höheren Abschreibungen auf das erworbene Basisobjekt.[830] Diese Entscheidung des BFA, eine in einem früheren Geschäftsjahr vorgenommene Abschreibung auf das Optionsrecht bei Ausübung ertragswirksam wieder rückgängig zu machen, stößt in der Literatur auf Kritik.[831] So hatte Dreissig noch 1989 überhaupt einen Zusammenhang zwischen tatsächlicher Anschaffung des Wirtschaftsgutes und der gezahlten Optionsprämie abgelehnt: „Mit dem Erwerb der Option steht noch keineswegs fest, daß der Optionskäufer das betreffende Wirtschaftsgut kaufen wird. Erst im nachhinein, wenn die Option ausgeübt worden ist, kann man sagen, daß diese Aufwendungen mit dem Erwerb in Zusammenhang stehen. Dieser Zusammenhang reicht aber nicht aus, um die Optionsgebühr als Anschaffungsnebenkosten zu werten." [832] Es handle sich also nicht um einen Teil des Kaufpreises, sondern ist ein Entgelt dafür, daß der Optionsgeber längere Zeit gebunden ist.[833] Andere Autoren argumentieren jedoch ganz im Sinne des BFA, daß nur durch Ausgabe der Optionsprämie die Anschaffung der Wirtschaftsgüter zu diesem niedrigeren Preis als dem Marktpreis angeschafft werden konnten. Daher ist die Optionsprämie unter die Anschaffungskosten zu rechnen.[834] Die gleiche Argumentation gilt mit umgekehrten

[827] Vgl. BFA: Stellungnahme 2/1995: Bilanzierung von Optionsgeschäften, Die Wirtschaftsprüfung, 12/1995, S. 421

[828] Vgl. Krumnow, Jürgen et al.: Rechnungslegung der Kreditinstitute - Kommentar zum Bankbilanzrichtlinie-Gesetz und zur RechKredV, Stuttgart 1994, Tz. 436, S. 498

[829] BFA: Stellungnahme 2/1987: Zur bilanziellen Behandlung von Optionsgeschäfte, Die Wirtschaftsprüfung, 22/1987, S. 683

[830] Vgl. Windmöller, Rolf; Breker, Norbert: Bilanzierung von Optionsgeschäften, Die Wirtschaftsprüfung, 12/1995, S. 394; Limathe, Georg: Aspekte der Prüfung von Derivaten (II): Fragen der Rechnungslegung, BI/GF, 2/1996, S. 57

[831] Vgl. Bertsch, Andreas; Kärcher, Ralph: Derivative Instrumente im Jahresabschluß und in der Steuerbilanz, in: Eller, Roland (Hrsg.): Handbuch Derivativer Instrumente, Stuttgart, 1996, S. 670; Scharpf, Paul; Luz, Günther: Risikomanagement, Bilanzierung und Aufsicht von Finanzderivaten, Stuttgart, 1996, S. 356

[832] Dreissig, Hildegard: Bilanzsteuerrechtliche Behandlung von Optionen, Betriebs-Berater, 10.08.1989, S. 1515

[833] Vgl. Dreissig, Hildegard: Bilanzsteuerrechtliche Behandlung von Optionen, Betriebs-Berater, 10.08.1989, S. 1516

[834] Vgl. Eisele, Wolfgang; Knobloch, Alois: Offene Probleme bei der Bilanzierung von Finanzinnovationen, DStR, 15-16/1993, S. 583

Vorzeichen bei Ausübung eines Puts. Auch hier hätte der höhere Verkaufserlös gegenüber dem aktuellen Marktpreis nicht ohne Erwerb der Put-Option erzielt werden können. Daher ist die Optionsprämie (strittig ist ebenfalls, ob Buchwert oder ursprünglich bezahlte Prämie) in den Veräußerungserlös einzurechnen.[835]

Im Falle einer Kreditaufnahme wird ebenso angenommen, daß die ursprünglich gezahlte Optionsprämie den Charakter eines Korrekturpostens zum später aufgenommenen Kreditbetrag hat. Die Prämie wird somit mit dem Darlehensbetrag verrechnet, wodurch sich der Kreditbetrag rechnerisch vermindert. Da gemäß § 253 Abs. 1 Satz 2 HGB Verbindlichkeiten jedoch mit ihrem Rückzahlungsbetrag anzusetzen sind, ist in Höhe der Differenz zwischen rechnerischem Kreditbetrag und Rückzahlungsbetrag (die der Optionsprämie entspricht) ein Disagio zu aktivieren. Der Optionsberechtigte wird schließlich die Option i. d. R. nur dann ausüben, wenn der Marktwert (Barwert) der Verbindlichkeit niedriger ist als der Basiswert und somit der Marktzins den vereinbarten Darlehenszinssatz übersteigt. Durch die Aktivierung der Optionsprämie als Disagio und dessen anschließende planmäßige Abschreibung wird ein die Unterverzinslichkeit des Darlehens korrigierender zusätzlicher Zinsaufwand erfolgswirksam.[836] Auch im umgekehrten Falle einer Put-Option und des damit verbundenen Rechts der Geldanlage soll im Falle der Ausübung die Prämie als Minderung des Zinsertrags mittels einer Verteilung auf die Laufzeit der Geldanlage pro rata temporis vereinnahmt werden.[837]

Das BFA läßt aber auch die in der Praxis angewandte Regelung zu, daß der Buchwert des Optionsrechts bei Optionsausübung generell als Aufwand verrechnet werden kann, allerdings nur dann, wenn der Grundsatz der Wesentlichkeit nicht verletzt wird.[838]

Bei Verfall muß der Käufer den Buchwert der Option abschreiben. Wenn er die Option verkauft oder glattstellt (close-out mit Aufrechnung der beiden gegenläufigen Optionsrechte und Aufhebung beider Verträge durch die Börse[839]), wird die Differenz zwischen

[835] Eisele/Knobloch plädieren dafür, nicht die ursprüngliche Optionsprämie einzurechnen, sondern nur den Restbuchwert der Option. - Vgl. Eisele, Wolfgang; Knobloch, Alois: Offene Probleme bei der Bilanzierung von Finanzinnovationen, DStR, 15-16/1993, S. 583

[836] Vgl. Windmöller, Rolf; Breker, Norbert: Bilanzierung von Optionsgeschäften, Die Wirtschaftsprüfung, 12/1995, S. 394 f.

[837] Vgl. Krumnow, Jürgen et al.: Rechnungslegung der Kreditinstitute - Kommentar zum Bankbilanzrichtlinie-Gesetz und zur RechKredV, Stuttgart 1994, Tz. 410, S. 486

[838] Vgl. BFA: Stellungnahme 2/1995: Bilanzierung von Optionsgeschäften, Die Wirtschaftsprüfung, 12/1995, S. 421

[839] Eilenberger beschreibt das bei der DTB angewandte Verfahren genauer: „Für börsengehandelte Optionen an der *Deutschen Terminbörse (DTB)* ergibt sich die Besonderheit, daß die DTB als Clearing-Stelle alleiniger Vertragspartner aller Kontrakte wird und die Erfüllung sämtlicher Verpflichtungen aus den abgeschlossenen Kontrakten schuldet. Daher ist an der DTB ein Verkauf von eingegangenen Optionskontrakten im Sinne eines Börsenhandels, wie er an den Optionsmärkten der Wertpapierbörsen erfolgen kann, nicht möglich. Infolgedessen verbleibt den Beteiligten lediglich die Möglichkeit von *Closing Trades*, die darin bestehen, daß glattstellende Gegengeschäfte durch Abschluß entgegengerichteter Optionsgeschäfte vorzunehmen sind. In diesem Fall liegen *zwei* getrennte *selbständige Optionskontrakte* vor, bei denen der Käufer einer Option eine Glattstellung durch Verkauf einer entsprechenden Option und umgekehrt erreicht und gleichzeitig zum Ausdruck bringt, daß beide Kontrakte miteinander *verrechnet* werden sollen *(Closing)*. Die Glattstellungserklärung gegenüber der Clearing-Stelle bewirkt die Löschung beider Positionen im Sinne einer *Aufhebung*, so daß für den Glattstellenden die Verpflichtungen mit unbegrenztem Risiko entfallen." - Eilenberger, Guido: Überblick über produktbezogene Finanzinnovationen unter Gesichtspunkten der Rechnungslegung, BFuP, 2/1995, S. 136

dem Verkaufs- bzw. Glattstellungswert und dem Buchwert erfolgswirksam.[840] Der saldierte Ausweis aus dem Glattstellungserlös in der GuV wird damit begründet, daß die Glattstellung einer Option wirtschaftlich mit deren Verkauf gleichzusetzen ist.[841] An OTC-Märkten ist eine Beendigung des Optionsvertrags durch Glattstellung nicht ohne weiteres möglich. Allerdings werden auch dort Positionen wirtschaftlich neutralisiert, indem beispielsweise einem gekauften Call ein verkaufter Call mit ähnlicher Ausstattung gegenübergestellt wird. Da beide Geschäfte bis zum Ende der Optionsfrist weiterhin wirksam sind, besteht im derzeitigen Bilanzrechtsverständnis aufgrund des Vollständigkeitsgebots keine Möglichkeit, auf deren bilanzielle Erfassung zu verzichten.[842]

2.1.3. Bilanzierung beim Stillhalter

2.1.3.1. bei Geschäftsabschluß

Der Stillhalter passiviert die erhaltene Optionsprämie als sonstige Verbindlichkeit, solange die Leistung für dieses Entgelt noch geschuldet wird.[843] Eine zeitanteilige Vereinnahmung der Prämie während der Optionslaufzeit ist nicht zulässig, da die Leistung des Stillhalters nicht gleichmäßig während der Vertragslaufzeit erbracht wird.[844]

2.1.3.2. während der Laufzeit

Der Stillhalter hat die Optionsverpflichtung während der Laufzeit zu bewerten. Sofern ein Verlust aus dem Optionsgeschäft abzusehen ist, muß er eine Rückstellung für drohende Verluste aus schwebenden Geschäften bilden. Es ist zu beachten, daß auch im Falle börsengehandelter Optionen eine Erfassung negativer Entwicklungen aus der Stillhalterposition ebenfalls über eine Rückstellung und nicht über eine Abschreibung dieser Margin vorzunehmen ist.[845] Grundsätzlich kommen zwei Bewertungsmethoden zum Zuge:

---

840 Vgl. BFA: Stellungnahme 2/1995: Bilanzierung von Optionsgeschäften, Die Wirtschaftsprüfung, 12/1995, S. 421 f.

841 Vgl. Scharpf, Paul; Epperlein, Joachim: Rechnungslegung und interne Kontrolle von derivativen Finanzinstrumenten, in: Rudolph, Bernd (Hrsg.): Derivative Finanzinstrumente, Stuttgart, 1995, S. 150

842 Vgl. Mauritz, Peter: Konzepte der Bilanzierung und Besteuerung derivativer Finanzinstrumente, Wiesbaden, 1997, S. 298

843 Vgl. BFA: Stellungnahme 2/1995: Bilanzierung von Optionsgeschäften, Die Wirtschaftsprüfung, 12/1995, S. 422; Krumnow, Jürgen et al.: Rechnungslegung der Kreditinstitute - Kommentar zum Bankbilanzrichtlinie-Gesetz und zur RechKredV, Stuttgart 1994, Tz. 404, S. 482 (für Zinsoptionen) und Tz. 432, S. 497 (für Aktienoptionen)

844 Vgl. Windmöller, Rolf; Breker, Norbert: Bilanzierung von Optionsgeschäften, Die Wirtschaftsprüfung, 12/1995, S. 395; Kommission für Bilanzierungsfragen des Bundesverbandes deutscher Banken: Behandlung von DTB-Aktienoptionen im Jahresabschluß von Banken, Die Bank, 4/1990, S. 212; Limathe, Georg: Aspekte der Prüfung von Derivaten (II): Fragen der Rechnungslegung, BI/GF, 2/1996, S. 57; Eisele, Wolfgang; Knobloch, Alois: Offene Probleme bei der Bilanzierung von Finanzinnovationen, DStR, 15-16/1993, S. 584

845 Vgl. Krumnow, Jürgen et al.: Rechnungslegung der Kreditinstitute - Kommentar zum Bankbilanzrichtlinie-Gesetz und zur RechKredV, Stuttgart 1994, Tz. 439, S. 499

1) Bewertung unter Glattstellungsfiktion (Vergleich mit dem Betrag, den der Stillhalter aufwenden müßte, um sich aus seiner Verpflichtung zu befreien) und
2) Bewertung unter Ausübungsfiktion (Verlust den der Stillhalter hätte, wenn am Bilanzstichtag die Option zur Ausübung käme).

Manche Autoren vertreten die Meinung, daß die Entscheidung, welche Bewertungsmethode angewandt wird, davon abhängen soll, welche Absicht der Stillhalter verfolgt, d. h. ob er die körperliche Lieferung bzw. Abnahme des Optionsgegenstandes vorhat oder ein Gegengeschäft abschließen will.[846]

Der BFA hat sich für die Glattstellungsfiktion entschieden, da er für die Bemessung der Rückstellungshöhe einen Vergleich zwischen dem Wert der Option am Bilanzstichtag und der passivierten Optionsprämie vorgibt.[847] In seiner Stellungnahme von 1987 hatte er noch der Ausübungsfiktion den Vorzug gegeben, nach der der Rückstellungsbetrag aus der Differenz zwischen dem Basispreis einschließlich Optionspreis und Marktpreis des Basisobjektes zu errechnen ist[848] (also des um die Höhe der Optionsprämie verminderten inneren Wertes der Option[849]). Auch die Kommission für Bilanzierungsfragen des Bundesverbandes deutscher Banken zieht in ihrer Stellungnahme die Glattstellungsfiktion[850] vor, allerdings unter dem Aspekt, daß sich ihre Stellungnahme auf die Bilanzierung von DTB-Aktienoptionen bezieht, welche jederzeit an der DTB glattgestellt werden können.[851]

Aufgrund des i.d.R. positiven Zeitwertes wird mit der Glattstellungsfiktion dem Vorsichtsprinzip stärker Rechnung getragen als mit der Ausübungsfiktion. Während nach der Ausübungsfiktion zwei Optionen mit identischem inneren Wert, aber unterschiedlichen Volatilitäten oder Restlaufzeiten den gleichen Wert haben, werden nach der Glattstellungsfiktion die Differenzen in der Eintrittswahrscheinlichkeit einer künftigen Optionsausübung, die in unterschiedlichen Marktwerten der Option zum Ausdruck kommen, berücksichtigt.[852]

---

[846] Vgl. Krumnow, Jürgen et al.: Rechnungslegung der Kreditinstitute - Kommentar zum Bankbilanzrichtlinie-Gesetz und zur RechKredV, Stuttgart 1994, Tz. 434, S. 497; Scharpf, Paul; Luz, Günther: Risikomanagement, Bilanzierung und Aufsicht von Finanzderivaten, Stuttgart, 1996, S. 365

[847] Vgl. BFA: Stellungnahme 2/1995: Bilanzierung von Optionsgeschäften, Die Wirtschaftsprüfung, 12/1995, S. 422

[848] Vgl. BFA: Stellungnahme 2/1987: Zur bilanziellen Behandlung von Optionsgeschäfte, Die Wirtschaftsprüfung, 22/1987, S. 683

[849] Vgl. Windmöller, Rolf; Breker, Norbert: Bilanzierung von Optionsgeschäften, Die Wirtschaftsprüfung, 12/1995, S. 396

[850] Ebenfalls auch Fleischer, der sich mit DTB-Optionsscheinen auseinander setzt: Vgl. Fleischer, Lothar: Bewertungsrechtliche Behandlung von DTB-Optionsscheinen und DTB-Futures, Der Betrieb, 08.09.1995, S. 1782; KPMG: Financial Instruments - Einsatzmöglichkeiten * Risikomanagement und Risikocontrolling * Rechnungslegung * Besteuerung, Frankfurt am Main, 1995, S. 110; Scharpf, Paul; Epperlein, Joachim: Rechnungslegung und interne Kontrolle von derivativen Finanzinstrumenten, in: Rudolph, Bernd (Hrsg.): Derivative Finanzinstrumente, Stuttgart, 1995, S. 151; Dreissig, Hildegard: Bilanzsteuerrechtliche Behandlung von Optionen, Betriebs-Berater, 10.08.1989, S. 1516; Breker, Norbert: Optionsrechte und Stillhalterverpflichtungen im handelsrechtlichen Jahresabschluß, Düsseldorf, 1993, S. 149 f.

[851] Vgl. Kommission für Bilanzierungsfragen des Bundesverbandes deutscher Banken: Behandlung von DTB-Aktienoptionen im Jahresabschluß von Banken, Die Bank, 4/1990, S. 212

[852] Vgl. Windmöller, Rolf; Breker, Norbert: Bilanzierung von Optionsgeschäften, Die Wirtschaftsprüfung, 12/1995, S. 396

2.1.3.3. bei Ausübung, Glattstellung bzw. Verfall

Muß der Stillhalter bei Ausübung der Option einen Vermögensgegenstand erwerben, vermindert die passivierte Optionsprämie den Anschaffungspreis des Vermögensgegenstands. Muß der Stillhalter aufgrund der Optionsausübung einen Vermögensgegenstand verkaufen, wird die Optionsprämie dem Veräußerungserlös zugerechnet. Ein aufgrund der Ausübung der Option eintretender Verlust ist mit der gebildeten Rückstellung zu verrechnen, ein nicht benötigter Rückstellungsbetrag ist erfolgswirksam aufzulösen.[853]

Bertsch/Kärcher verdeutlichen diese Vorschrift des BFA: „Bei der Ausübung einer Verkaufsoption (Short Put) ist der Vermögensgegenstand zum Basispreis abzunehmen. Die erhaltene Optionsprämie ist dabei als Minderung der Anschaffungskosten zu berücksichtigen. Eine gebildete Rückstellung ist ertragswirksam aufzulösen. Liegt der Marktpreis zwischen zu bezahlendem Basispreis und dem Saldo aus Basispreis und erhaltener Optionsprämie, so ist die Optionsprämie nur bis zum Marktpreis als Minderung der Anschaffungskosten zu berücksichtigen. Der Unterschiedsbetrag ist ertragswirksam zu vereinnahmen.“ [854]

Der Satz 'Eine gebildete Rückstellung ist ertragswirksam aufzulösen' bedeutet letztlich, daß die Anschaffungskosten ausschließlich durch die passivierte Optionsprämie gemindert wird. Die Auflösung der Rückstellung erfolgt dagegen gewinnerhöhend und mindert nicht die Anschaffungskosten des Vermögensgegenstandes.[855] Konkret bedeutet dies, daß bei einer ausgeübten Verkaufsoption der Stillhalter einen Verlust erleidet, wenn der aktuelle Marktwert des erworbenen Basisobjektes niedriger ist als dessen Anschaffungskosten gemäß BFA (Basispreis abzüglich Optionsprämie). Dieser Verlust wird nur dann bilanziell relevant, wenn auch am folgenden Abschlußstichtag ein niedrigerer Börsen- oder Marktpreis bzw. beizulegender Wert des Basisobjektes vorliegt oder wenn das Basisobjekt bis zum folgenden Abschlußstichtag mit Verlust veräußert wird.[856] Anderer Ansicht ist dagegen die Kommission für Bilanzierungsfragen des Bundesverbandes deutscher Banken, da sie annimmt, daß wenn der Verkäufer zur Abnahme der Wertpapiere zum Basispreis verpflichtet ist, der passivierte Optionspreis einschließlich einer eventuellen Rückstellung den Einstandspreis (=Anschaffungskosten) der zu übernehmenden Wertpapiere vermindert. Dabei stellt der Tageswert die Untergrenze der Anschaffungskosten dar. Insoweit als diese Untergrenze durch vollständige Verrechnung von passiviertem Optionspreis und Rückstellung unterschritten würde, sind diese Passivposten erfolgswirksam zu vereinnahmen.[857]

---

[853] Vgl. BFA: Stellungnahme 2/1995: Bilanzierung von Optionsgeschäften, Die Wirtschaftsprüfung, 12/1995, S. 422

[854] Bertsch, Andreas; Kärcher, Ralph: Derivative Instrumente im Jahresabschluß und in der Steuerbilanz, in: Eller, Roland (Hrsg.): Handbuch Derivativer Instrumente, Stuttgart, 1996, S. 671

[855] Vgl. KPMG: Financial Instruments - Einsatzmöglichkeiten * Risikomanagement und Risikocontrolling * Rechnungslegung * Besteuerung, Frankfurt am Main, 1995, S. 112

[856] Vgl. Windmöller, Rolf; Breker, Norbert: Bilanzierung von Optionsgeschäften, Die Wirtschaftsprüfung, 12/1995, S. 397

[857] Vgl. Kommission für Bilanzierungsfragen des Bundesverbandes deutscher Banken: Behandlung von DTB-Aktienoptionen im Jahresabschluß von Banken, Die Bank, 4/1990, S. 212; dieser Meinung schließen sich auch Scharpf/Luz an - Vgl. Scharpf, Paul; Luz, Günther: Risikomanagement, Bilanzierung und Aufsicht von Finanzderivaten, Stuttgart, 1996, S. 371

Bei Glattstellung wird der Differenzbetrag in saldierter Form in der GuV erfaßt, was ohne Verstoß gegen das Bruttoprinzip zulässig ist.[858]

Bei Verfall der Option wird die passivierte Prämie sowie eine möglicherweise gebildete Rückstellung als Ertrag vereinnahmt. Bei Glattstellung (closing-out) wird die Differenz zwischen dem Ertrag aus der gezeichneten Option (passivierte Optionsprämie zuzüglich einer eventuell gebildeten Rückstellung) und dem Glattstellungsaufwand ertragswirksam.[859]

2.1.4. Besonderheiten bei Sicherungsgeschäften

Der BFA gibt im Rahmen seiner Empfehlung zur Bilanzierung von Optionsgeschäften erstmals eine Pflicht zur Bildung von Bewertungseinheiten vor, sofern es sich um Mikro-Hedges (sowohl bei Absicherung von vorhandenen Bilanzposten wie auch bei schwebenden Geschäften[860]) handelt. In diesem Fall sind die Bewertungsgewinne aus Optionsrechten bis zur Höhe der ihnen gegenüberstehenden Bewertungsverluste erfolgswirksam zu verrechnen. Dasselbe gilt im umgekehrten Fall, wenn sich Stillhalterverpflichtungen auf einen vorhandenen oder fest kontrahierten Bestand an Basisobjekten beziehen. Je nach Art des Geschäfts kommt ein Verzicht auf Abschreibungen - soweit z. B. die betroffenen Vermögensgegenstände durch den Erwerb von Verkaufspositionen gegen Wertminderungen gesichert sind - oder ein Verzicht auf Rückstellungsdotierungen - soweit z. B. eine Stillhalterverpflichtung aus dem Verkauf von Kaufoptionen durch einen Deckungsbestand an Basisobjekten gesichert ist - in Betracht. Darüber hinaus erkennt der BFA auch Portfolio-Hedges an. Für die Bildung von Bewertungseinheiten im Rahmen von Handelsaktivitäten und der Risikosteuerung räumt der BFA ein Wahlrecht ein.[861]

2.1.4.1. Sicherung von aktivierten Wertpapieren durch gekaufte Put-Optionen

Hinsichtlich der Technik bei der kompensatorischen Bewertung gehen die Literaturmeinungen auseinander. Windmöller/Breker sehen im Basispreis die Wertuntergrenze für die Bewertung des abgesicherten Bestandes im Rahmen des Kaufes eines Puts. Sie begründen ihren Vorschlag (bezogen auf ein Beispiel eines Puts auf Aktien) damit, daß die Aktie unter der Fiktion einer Optionsausübung zum Abschlußstichtag bewertet wird. Die Option hat damit auch ihren eigenständigen Wert verloren und muß abgeschrieben werden, denn es wäre widersinnig, bei der Bewertung der Aktie von einer beabsichtigten

---

858 Vgl. Krumnow, Jürgen et al.: Rechnungslegung der Kreditinstitute - Kommentar zum Bankbilanzrichtlinie-Gesetz und zur RechKredV, Stuttgart 1994, Tz. 435, S. 498; Scharpf, Paul; Luz, Günther: Risikomanagement, Bilanzierung und Aufsicht von Finanzderivaten, Stuttgart, 1996, S. 369 und 372 f.

859 Vgl. BFA: Stellungnahme 2/1995: Bilanzierung von Optionsgeschäften, Die Wirtschaftsprüfung, 12/1995, S. 422

860 Aus dieser vom BFA genau vorgenommenen Nennung der absicherbaren Grundpositionen schließen Windmöller/Breker, daß geplante, aber noch nicht vertraglich vereinbarte (also antizipative) Hedges nicht für eine kompensatorische Bewertung in Betracht kommen. - Vgl. Windmöller, Rolf; Breker, Norbert: Bilanzierung von Optionsgeschäften, Die Wirtschaftsprüfung, 12/1995, S. 398

861 Vgl. BFA: Stellungnahme 2/1995: Bilanzierung von Optionsgeschäften, Die Wirtschaftsprüfung, 12/1995, S. 422

Optionsausübung auszugehen und dennoch das Optionsrecht mit den Anschaffungskosten bzw. dem niedrigeren Marktwert auszuweisen, da diese Werte unter der gesetzten Prämisse nicht realisierbar sind.[862] Die Kommission für Bilanzierungsfragen des Bundesverbandes deutscher Banken dagegen erachtet den Basispreis abzüglich des Optionspreises als Bewertungsuntergrenze.[863] Eine weitere Variante bieten Scharpf/ Epperlein an, die als Bewertungsuntergrenze den Basispreis abzüglich des Buchwertes der aktivierten Optionsprämie sehen.[864] Krumnow et al. erklären für den Beispielsfall der Absicherung eines Aktienbestandes durch gekaufte Put-Optionen, daß in der aktivierten Optionsprämie normalerweise auch ein Zeitwert enthalten ist, der durch gleichzeitige Glattstellung und Veräußerung des Aktienbestandes am Markt realisiert werden kann. Daher sei eine Verminderung der Untergrenze um die aktivierte Optionsprämie nicht oder nicht in vollem Umfang wirtschaftlich angemessen.[865] Letztlich dreht es sich um die Frage, ob bei weiterem Absinken des Marktpreises (unter den durch die Option gesicherten Basispreis) der abgesicherte Bestand an Vermögenspositionen noch weiter abgeschrieben wer-den soll, bis auch die Summe der aktivierten Optionsprämie 'verbraucht' ist (wobei diese Optionsprämie dann als sonstiger Vermögensgegenstand weiterhin als Aktivposten in der Bilanz erhalten bleibt) oder ob die aktivierte Optionsprämie selbst abgeschrieben werden soll. Eine herrschende Meinung hat sich noch nicht herausgebildet. M. E. sollte der wirtschaftliche Hintergrund einer Sicherung nicht aus den Augen verloren werden. Gerade mit dem Argument, daß der Kaufmann, der eine Sicherungsstrategie betreibt, aufgrund der zu engen Auslegung des Imparitätsprinzips sich bilanziell immer schlechter stellt als der nicht sichernde Kaufmann, sollte die Wertuntergrenze für den abgesicherten Bestand der durch die Put-Option vereinbarte Basispreis sein. Gleichzeitig spricht nichts für eine Abschreibung der als sonstigen Vermögensgegenstand aktivierten Put-Option, denn diese steigt im Marktwert, wenn der Basispreis fällt. Der Kaufmann, der eine Put-Option nicht unter dem Sicherungsaspekt kauft, wird also den Wert der Option in der Bilanz halten; erst in dem Zeitpunkt, in der er z. B. durch Glattstellung der Option einen Gewinn realisieren würde, würde er die aktivierte ursprünglich bezahlte Optionsprämie als Aufwand ausbuchen und so in der GuV den Zugewinn aus dem Optionsgeschäft realisieren. Bei einem sichernden Kaufmann würde gerade die Sicherungsstrategie dazu führen, daß entweder die Option selbst oder der durch sie gesicherte Bestand um die Optionsprämie erfolgswirksam als Aufwand zu einem Zeitpunkt verbucht würde, in dem der Kaufmann ohne Sicherungsabsicht dies noch nicht durchführen würde. Es sollte daher auch der sichernde Kaufmann die bezahlte Optionsprämie erst zum tatsächlichen Realisationszeitpunkt des Geschäfts den Aufwand aus dem Kauf der Put-Option in der GuV erfolgswirksam verbuchen müssen.

Im Hinblick auf den umgekehrten Fall, daß der gesicherte Bestand an Vermögensgegenständen einen Kursgewinn erreicht und somit die Put-Option an Marktwert verliert, ist sich die Literatur jedoch einig, daß in diesem Fall die Verrechnung von unrealisierten

[862] Vgl. Windmöller, Rolf; Breker, Norbert: Bilanzierung von Optionsgeschäften, Die Wirtschaftsprüfung, 12/1995, S. 399

[863] Vgl. Kommission für Bilanzierungsfragen des Bundesverbandes deutscher Banken: Behandlung von DTB-Aktienoptionen im Jahresabschluß von Banken, Die Bank, 4/1990, S. 214

[864] Vgl. Scharpf, Paul; Epperlein, Joachim: Rechnungslegung und interne Kontrolle von derivativen Finanzinstrumenten, in: Rudolph, Bernd (Hrsg.): Derivative Finanzinstrumente, Stuttgart, 1995, S. 153

[865] Vgl. Krumnow, Jürgen et al.: Rechnungslegung der Kreditinstitute - Kommentar zum Bankbilanzrichtlinie-Gesetz und zur RechKredV, Stuttgart 1994, Tz. 446, S. 502

Kursgewinnen mit den Bewertungsverlusten der Option nicht in Betracht kommt.[866] Die Kommission für Bilanzierungsfragen des Bundesverbandes deutscher Banken begründet diese Überlegung damit, daß nicht davon ausgegangen werden kann, daß zur Vermeidung eines Verlustes der bezahlten Optionsprämie der Verkauf der zugrundeliegenden Vermögensgegenstände durchgeführt wird.[867] Krumnow et al. sprechen sich allerdings für den speziellen Fall von Zinsoptionen dafür aus, daß die unrealisierten Gewinne aus den Kursgewinnen der abgesicherten Vermögensgegenstände in die Bewertung der gekauften Put-Option einfließen sollte, denn durch die Optionsprämie wird „gerade die Gewinnchance bei günstiger Zinsentwicklung gewahrt, was für eine Verrechnung der Prämie mit den (rechnerischen) unrealisierten Gewinnen aus den gesicherten Positionen spricht.“ [868] Für Aktienoptionsgeschäfte schließen sich Krumnow et al. der h. M. an, daß eine Verrechnung nicht zulässig ist.[869]

2.1.4.2. Sicherung einer Stillhalterverpflichtung durch aktivierte Wertpapiere

Im umgekehrten Fall einer gedeckten Stillhalterverpflichtung aus dem Verkauf von Kaufoptionen (gedeckter short call) wird die Stillhalterverpflichtung vollständig durch den vorhandenen Bestand an Basisobjekten gegen Verluste gesichert. Die Bildung einer zusätzlichen Rückstellung aufgrund des am Bilanzstichtag gestiegenen Optionspreises ist nicht erforderlich, da dieses Risiko durch den vorhandenen Bestand an Basiswerten abgesichert wird. Marktpreisverluste bei den im Bestand befindlichen Basisobjekten können dagegen nur partiell, d. h. bis zur Höhe der passivierten Optionsprämie kompensiert werden. Unter diesem Gesichtspunkt könnte die vorzunehmende Abschreibung auf den Bestand an Basiswerten durch Gegenrechnung des passivierten Optionspreises gemildert werden. Bewertungsuntergrenze wäre dann nicht der Börsenkurs bzw. beizulegender Wert am Bilanzstichtag, sondern der Börsenkurs plus passiviertem Optionspreis.[870] Im Falle, daß der vorhandene Bestand zu einem höheren Buchwert in der Bilanz steht als der vereinbarte Basispreis der short call-option, ist in Höhe des drohenden Verlustes (Verlust = Buchwert - (Basispreis + Prämie)) eine Rückstellung für drohende Verluste aus schwebenden Geschäften zu bilden. Alternativ kann der Bestand an Basiswerten auf den Wert aus Basispreis zuzüglich erhaltener Optionsprämie abgeschrieben werden.[871] Droht die Ausübung der Option nicht, d. h. ist der Kurs unter dem Basispreis und der Buchwert

---

866 Vgl. Windmöller, Rolf; Breker, Norbert: Bilanzierung von Optionsgeschäften, Die Wirtschaftsprüfung, 12/1995, S. 399; Kommission für Bilanzierungsfragen des Bundesverbandes deutscher Banken: Behandlung von DTB-Aktienoptionen im Jahresabschluß von Banken, Die Bank, 4/1990, S. 214; Eisele, Wolfgang; Knobloch, Alois: Offene Probleme bei der Bilanzierung von Finanzinnovationen, DStR, 15-16/1993, S. 584

867 Vgl. Kommission für Bilanzierungsfragen des Bundesverbandes deutscher Banken: Behandlung von DTB-Aktienoptionen im Jahresabschluß von Banken, Die Bank, 4/1990, S. 214

868 Krumnow, Jürgen et al.: Rechnungslegung der Kreditinstitute - Kommentar zum Bankbilanzrichtlinie-Gesetz und zur RechKredV, Stuttgart 1994, Tz. 407, S. 484

869 Vgl. Krumnow, Jürgen et al.: Rechnungslegung der Kreditinstitute - Kommentar zum Bankbilanzrichtlinie-Gesetz und zur RechKredV, Stuttgart 1994, Tz. 446, S. 502 f.

870 Vgl. Kommission für Bilanzierungsfragen des Bundesverbandes deutscher Banken: Behandlung von DTB-Aktienoptionen im Jahresabschluß von Banken, Die Bank, 4/1990, S. 214 f. in Verbindung mit Windmöller, Rolf; Breker, Norbert: Bilanzierung von Optionsgeschäften, Die Wirtschaftsprüfung, 12/1995, S. 399

871 Vgl. Scharpf, Paul; Epperlein, Joachim: Rechnungslegung und interne Kontrolle von derivativen Finanzinstrumenten, in: Rudolph, Bernd (Hrsg.): Derivative Finanzinstrumente, Stuttgart, 1995, S. 153

kleiner als der Marktpreis, ist keine Rückstellung zu bilden.[872] In diesem Fall wird nach der h. M. von der ansonsten anzuwendenden Glattstellungsfiktion[873] abgewichen, nach der bei weiter steigenden Marktpreisen im Falle eines short call (und damit eines steigenden Optionspreises für den call) weitere Drohverlustrückstellungen notwendig wären, die eigentlich durch Zuschreibungen des Buchwertes bei dem Bestand an Basisobjekten wieder ausgeglichen werden könnten, was jedoch aufgrund des Imparitätsprinzips bzw. der absoluten Obergrenze der Anschaffungskosten für den Buchwert nicht möglich ist. In diesem Fall orientiert sich die Hedge-Bilanzierung an der Ausübungsfiktion, weil das Imparitätsprinzip nur mögliche Verluste, nicht aber entgangene Gewinne abbilden soll.[874] Zu der noch offenen Frage, ob nun der Bestand an Basiswerten abzuschreiben oder ob eine Drohverlustrückstellung zu bilden ist, nehmen Krumnow et al. Stellung: „Der Unterschied ist ohne größere materielle Relevanz, da er die gleiche Erfolgswirkung hat. Zu berücksichtigen ist jedoch, ... daß für den Fall, daß eine Abschreibung auf die Aktien vorgenommen wurde und die Stillhalterposition nicht durch Lieferung, sondern durch Glattstellung beendet wurde, der niedrigere Wertansatz der Aktien beibehalten werden könnte, was zu einem unzutreffenden Erfolgsausweis[875] führen würde. ... Unter diesem Gesichtspunkt könnte der zweiten Alternative *(d. h. Drohverlustrückstellung, Anm. des Verf.)* der Vorzug gegeben werden; auch die erste Alternative erscheint aber zulässig.“ [876]

2.2. Rechnungslegung von Optionen in Japan

In Japan wird die Rechnungslegung von Optionen nicht durch einen Gesetzestext geregelt, sondern durch verschiedene Veröffentlichungen des BADC bzw. von Ausschüssen des COFRI und anderen Institutionen. Die wesentlichen Schriften, aus denen sich die Rechnungslegung von Optionen für Unternehmen ganz allgemein ableitet, sind:

---

[872] Vgl. Sieber, Sebastian: Derivate: Ein Ende des Versteckspiels?, Versicherungswirtschaft, 24/1995, S. 1696

[873] Scharpf/Luz weisen hier zu Recht darauf hin, daß falls der Bilanzersteller trotzdem der Glattstellungsfiktion den Vorzug gibt, er dann auf den Börsen- bzw. Marktpreis abschreiben muß. - Vgl. Scharpf, Paul; Luz, Günther: Risikomanagement, Bilanzierung und Aufsicht von Finanzderivaten, Stuttgart, 1996, S. 376

[874] Vgl. Sieber, Sebastian: Derivate: Ein Ende des Versteckspiels?, Versicherungswirtschaft, 24/1995, S. 1696

[875] Dies ist dadurch begründet, daß im Falle des gedeckten short call der Marktpreis über den Basiswert gestiegen ist und damit die Ausübung der Call-Option beim Stillhalter droht. Dieser hätte nun das Recht (falls sein Basiswertbestand noch mit einem höheren Buchwert als dem Basispreis in der Bilanz vermerkt ist) diesen höheren Buchwert auf den Basiswert + Optionsprämie abzuschreiben, obwohl (!) der Marktpreis eigentlich gestiegen ist. Dieser niedrigere Wertansatz könnte für die Zukunft auch dann beibehalten werden, wenn der Stillhalter den short call glattstellt. Wenn diese Abschreibung bei Glattstellung nicht wieder wertaufgeholt werden muß (laut Krumnow), so weist der Stillhalter aus dem glattgestellten short call ebenfalls noch einmal einen Verlust aus. Dieser (doppelte) Verlust wird erst dann ausgeglichen, wenn der Basiswertbestand später zu einem über dem Basispreis liegenden Marktpreis verkauft wird (1. Gewinnspanne: vom abgeschriebenen Wert bis zum höheren Basiswert; 2. Gewinnspanne: vom Basiswert zum noch höheren Marktwert).

[876] Krumnow, Jürgen et al.: Rechnungslegung der Kreditinstitute - Kommentar zum Bankbilanzrichtlinie-Gesetz und zur RechKredV, Stuttgart 1994, Tz. 447, S. 503

- Empfehlungen für die Rechnungslegung von Termingeschäften und Optionsgeschäften sowie handelbaren Wertpapieren, Veröffentlichung des BADC vom Mai 1990[877]
- Erlasse des MOF Nr. 57 und Nr. 119, mit denen der Bilanzausweis der Optionsprämien festgesetzt wird, Veröffentlichung vom Dezember 1990
- Novelle der Rechnungslegungsnorm für Fremdwährungsgeschäfte, Veröffentlichung vom Mai 1995[878]

Speziell für Banken hat die Federation of Banks' Associations eine 'Stellungnahme zur Bilanzierung von Futures und Optionen' am 11.04.1990 herausgebracht, die sich jedoch weitgehend an die Stellungnahme des BADC anlehnt. Hinzu kommt die Veröffentlichung des MOF (Abteilung für Banken) 'Rechnungsführung beim Devisenoptionshandel und Fremdwährungsgeschäft von autorisierten Devisenhandelsbanken' (vom 30.03.1990).[879]

Daneben hat das CORFI 1992 einen umfangreichen Forschungsbericht veröffentlicht, der u. a. darauf hinweist, daß es notwendig ist, auch in Japan die Hedge-Rechnungslegung für den Gebrauch von Optionen einzuführen, da dies explizit bisher noch nicht als Regelung eingeführt ist.[880]

Aus den oben genannten diversen Quellen ergibt sich folgendes Bild über den Bilanzausweis und die Bewertung von Optionen:

2.2.1. Bilanzierung der Optionsprämie zum Zeitpunkt des Geschäftsabschlusses bei Käufer und Stillhalter

Die dem Optionsvertrag zugrundeliegende Vertragssumme wird - wie in Deutschland und den USA - nicht in der Bilanz ausgewiesen, sondern off-balance in einer Memo-Buchhaltung festgehalten.[881]

Als grundsätzliche Möglichkeiten der bilanziellen Behandlung der Optionsprämie werden folgende zwei Ansatzpunkte[882] gesehen:

a. Die vom Käufer gezahlte Optionsprämie wird sofort als Aufwand verbucht und die vom Stillhalter erhaltene Prämie wird sofort als Ertrag vereinnahmt.

---

877 Vgl. COFRI: Accounting Standards for Option Transactions, Supplemental Report - COFRI (Corporation Finance Research Institute, Japan), Tokio (Japan), 09/1994, S. 6; Sonou, Hiroyuki: Währungsoptionen (Nr. 3 der Artikelserie „Rechnungslegung und Offenlegung von derivativen Finanzinstrumenten“); Keiei-zaimu (Finanzmanagement), 17.06.1996, S. 18

878 Vgl. JICPA: Einführung in die Derivate, Tokio (Japan), 25.04.1996, S. 48; Sonou, Hiroyuki: Währungsoptionen (Nr. 3 der Artikelserie „Rechnungslegung und Offenlegung von derivativen Finanzinstrumenten“); Keiei-zaimu (Finanzmanagement), 17.06.1996, S. 19

879 Vgl. Komiyama, Satoshi: Off Balance Sheet Transaction, Tokio (Japan), 18.03.1996, S. 262

880 Vgl. JICPA: Einführung in die Derivate, Tokio (Japan), 25.04.1996, S. 50 ff.

881 Vgl. Narisawa, Kazumi: Optionen (Nr. 2 der Artikelserie „Rechnungslegung und Besteuerung von derivativen Finanzinstrumenten“), Zeikeitsushin, 12/1994, S. 217

882 Vgl. Daigo, Satoshi: Mark-to-Market und japanische Wirtschaft, Tokio (Japan), 14.07.1995, S. 172; JICPA: Einführung in die Derivate, Tokio (Japan), 25.04.1996, S. 49 und S. 87; Horikawa, Hitoshi: Probleme und Regelungen der Rechnungslegung, Offenlegung und Besteuerung von Optionen in Japan, JICPA-Journal, 2/1995, S. 36

b. Die gezahlte Prämie wird als Bilanzposten aktiviert und die erhaltene Prämie wird passiviert.

Bevor die Empfehlungen des BADC veröffentlicht wurden, war es in Japan üblich, die gezahlten bzw. erhaltenen Optionsprämien sofort bei Abschluß als Aufwand und Ertrag in voller Höhe zu verbuchen, wenn es sich um eine kurzfristige Optionslaufzeit handelte (als Grenze wurde ein Jahr gesetzt). Bei langlaufenden Optionen wurde die gesamte Prämie über die Laufzeit der Option pro rata temporis abgeschrieben.[883] Dieser Umstand wurde von einigen Unternehmen bzw. Banken dahingehend ausgenutzt, daß mit Hilfe von Optionen Bilanzgewinnmanipulationen durchgeführt wurden. Es wurden Optionsverträge mit einem extrem hohen Anteil des inneren Wertes an der Optionsprämie abgeschlossen, d. h. es handelte sich um deep-in-the-money Optionen. Dadurch konnten bilanzielle Gewinnverschiebungen bis zum Fälligkeitszeitpunkt der Option erreicht werden, d. h. es traten Verzerrungen im Periodengewinn bzw. -verlust auf. Dies war vor allem dadurch möglich, daß die Optionsprämie sofort zu Aufwand bzw. Ertrag wurde. Nach den Empfehlungen des BADC ist es den Banken bzw. Unternehmen nach wie vor erlaubt, deep-in-the-money Optionen abzuschließen, allerdings darf keinesfalls die Prämie sofort erfolgswirksam werden.[884]

Aufgrund der Empfehlung des BADC hat man sich dann in Japan für den Fall b. entschieden, d. h. die Optionsprämien werden sowohl beim Optionskäufer wie auch beim Stillhalter aktiviert bzw. passiviert. Der BADC hatte dabei den Ausweis unter einer eigenen Bilanzposition '(gekauftes) Optionsrecht' beim Käufer bzw. '(verkauftes) Optionsrecht' beim Stillhalter vorgeschlagen.[885] Das MOF hat sich mit seinen Erlassen der grundsätzlichen Entscheidung zur obigen Lösung b. angeschlossen, allerdings wurde der Bilanzausweis in anderer Form endgültig vorgegeben. Mit Erlaß Nr. 57 wird geregelt, daß mit Wirkung ab 1. März 1991 die vom Optionskäufer bezahlte Prämie als 'Vorausausgabe' aktiviert wird (ist vergleichbar mit den deutschen aktiven Rechnungsabgrenzungsposten). Mit Erlaß Nr. 119 wird die vom Stillhalter vereinnahmte Optionsprämie als 'Vorauseinnahme' passiviert (ist vergleichbar mit den deutschen passiven Rechnungsabgrenzungsposten).[886] Sollte aber dem Zeitwert keine Bedeutung beigemessen werden (materiality-rule) bzw. sollte am Bilanzstichtag der innere Wert der Option Null sein, kann die Optionsprämie ganz als Aufwand dem Geschäftsjahr zugerechnet werden, in

883 Vgl. Nakamura, Keiichi: Accounting for derivative financial products for banks under Japanese GAAP, Broschüre von Arthur Andersen, 25.11.1993, S. 5

884 Vgl. Komiyama, Satoshi: Off Balance Sheet Transaction, Tokio (Japan), 18.03.1996, S. 247

885 Vgl. Horikawa, Hitoshi: Probleme und Regelungen der Rechnungslegung, Offenlegung und Besteuerung von Optionen in Japan, JICPA-Journal, 2/1995, S. 36; JICPA: Einführung in die Derivate, Tokio (Japan), 25.04.1996, S. 49 und S. 87; Yamada, Tatsumi: Die Rechnungslegung des Optionshandels – Teil 1 (Nr. 9 der Artikelserie: „Rechnungslegung für Finanzinstrumente"), Keiri-jofo (Bilanzierungsinformation), 01.03.1995, S. 23; Saito, So: Währungsoptionen und Optionsprämie (Nr. 5 der Artikelserie „Rechnungslegung und Besteuerung von Finanzderivaten"); zaimu-kouhou (Finanzinformationen), 7/1995, S. 136; Ishioumaru, Norio: Die Rechnungslegung der Währungsoption, Keiri-jofo (Bilanzierungsinformation), 10./20.01.1996, S. 54

886 Vgl. JICPA: Einführung in die Derivate, Tokio (Japan), 25.04.1996, S. 146 f.; Daigo, Satoshi: Mark-to-Market und japanische Wirtschaft, Tokio (Japan), 14.07.1995, S. 172; Komiyama, Satoshi: Off Balance Sheet Transaction, Tokio (Japan), 18.03.1996, S. 262; Horikawa, Hitoshi: Probleme und Regelungen der Rechnungslegung, Offenlegung und Besteuerung von Optionen in Japan, JICPA-Journal, 2/1995, S. 36; Kishida, Masao: Derivate - deren Gesetze und Rechnungslegung, Investment, 12/1994, S. 11; Ishioumaru, Norio: Die Rechnungslegung der Währungsoption, Keiri-jofo (Bilanzierungsinformation), 10./20.01.1996, S. 54

dem die Zahlung der Prämie erfolgt, so daß dennoch in der Praxis teilweise beide Methoden weiterhin (unter einschränkenden Voraussetzungen) Anwendung finden.[887] Obwohl die Möglichkeit der sofortigen Erfolgswirksamkeit der Optionsprämie unter eingeschränkten Voraussetzungen immer noch gegeben ist (jedoch nur als Wahlrecht), sprechen sich nach wie vor einige Autoren für die Beibehaltung der sofortigen Erfolgswirksamkeit aus. So führt z. B. Komiyama aus, daß (quasi bei Nichtausnutzung des Wahlrechts der Abschreibung der Optionsprämie in voller Höhe im Jahr der Zahlung der Optionsgebühr), es dazu kommen kann, daß eine wertlose Optionsprämie aktiviert bleibt.[888]

2.2.2. Bilanzierung der Optionsprämie während der Laufzeit der Option bei Käufer und Stillhalter

Der COFRI-Bericht stellt zwei mögliche Methoden vor, wie die Prämie während der Laufzeit der Option behandelt werden kann. Es handelt sich um:

a. Die 'Teilungsmethode'

Nach dieser Methode wird die gezahlte bzw. erhaltene Prämie aufgeteilt in den inneren Wert und in den Zeitwert und getrennt aktiviert bzw. passiviert.[889] Für diese Aufteilung sind dabei ausschließlich die Gegebenheiten am Tag des Vertragsabschlusses des Optionsgeschäfts ausschlaggebend. Eine spätere Anpassung der Aufteilung aufgrund verschobener Anteile von innerem Wert und Zeitwert am Gesamtpreis der Option wird nicht vorgenommen.
Der Bilanzausweis des Betrages des Zeitwertes erfolgt dabei - wie vom MOF vorgegeben - als ARAP bzw. PARAP. Der innere Wert wird dagegen als Vermögens- bzw. Schuldposition aktiviert bzw. passiviert. Ein gekauftes Optionsrecht wird dabei immer im Umlaufvermögen ausgewiesen.[890]

b. Die 'Einheitsmethode'

Nach dieser Methode wird die Gesamtsumme der gezahlten bzw. erhaltenen Prämie in einer Position aktiviert bzw. passiviert.[891]

Beide Methoden finden in Japan Anwendung in Abhängigkeit vom Zweck, der mit dem Optionsgeschäft durch das Kreditinstitut verfolgt wird.[892]

---

[887] Vgl. Yamada, Tatsumi: Die Rechnungslegung des Optionshandels – Teil 1 (Nr. 9 der Artikelserie: „Rechnungslegung für Finanzinstrumente"), Keiri-jofo (Bilanzierungsinformation), 01.03.1995, S. 26; Komiyama, Satoshi: Off Balance Sheet Transaction, Tokio (Japan), 18.03.1996, S. 255; Takita, Terumi; Yumoto, Kenji: Japan – Individual Accounts, in: Ordelheide, Dieter (Hrsg.): Transacc – Transnational Accounting, London (UK), 1995, S. 1916

[888] Vgl. Komiyama, Satoshi: Off Balance Sheet Transaction, Tokio (Japan), 18.03.1996, S. 263

[889] Vgl. JICPA: Einführung in die Derivate, Tokio (Japan), 25.04.1996, S. 147; Matsumura,Naoki: Die Rechnungslegung, die Offenlegung und das Steuerwesen der Derivate, Kigyo-kaikei (Rechnungslegung in den Unternehmen), 5/1995, S. 61

[890] Vgl. Komiyama, Satoshi: Off Balance Sheet Transaction, Tokio (Japan), 18.03.1996, S. 245 f.

[891] Vgl. Komiyama, Satoshi: Off Balance Sheet Transaction, Tokio (Japan), 18.03.1996, S. 265

[892] Vgl. JICPA: Einführung in die Derivate, Tokio (Japan), 25.04.1996, S. 147; Komiyama, Satoshi: Off Balance Sheet Transaction, Tokio (Japan), 18.03.1996, S. 265

Im Falle eines spekulativen Optionsgeschäftes muß die Einheitsmethode sowohl seitens des Käufers wie auch des Stillhalters angewandt werden.[893] Es gibt auch die Literaturmeinung, daß sich eine Stillhalterposition niemals zur Hedge-Rechnungslegung eignen kann und daher sei seitens des Stillhalters grundsätzlich immer die Einheitsmethode anzuwenden.[894]

Wenn das Optionsgeschäft dagegen zu Hedge-Zwecken durchgeführt wird, kann sowohl die Teilungsmethode wie auch die Einheitsmethode zur Anwendung kommen.

- Wenn der Zeitwert als versicherungsähnliche Gebühr für den Zeitraum der Laufzeit der Option seitens des Kreditinstitutes aufgefaßt wird, so wird die Teilungsmethode angewandt. Der Zeitwert der Option, berechnet zum Zeitpunkt des Abschlusses des Optionsgeschäfts (also der ursprüngliche Zeitwert), wird dann linear auf die Laufzeit der Option verteilt und pro rata temporis erfolgswirksam.[895] Diese Methode erscheint vor allem dann angebracht, wenn Optionen eingesetzt werden, die at-the-money oder nur leicht in-the-money sind, da dann wirklich nur der aktuelle Marktwert abgesichert und kein Gewinn-Verlust-Transfer mittels einer deep-in-the-money Option durchgeführt werden soll.

- Wenn dagegen die Gesamtsumme der Optionsprämie als notwendige Kosten zur Durchführung des Hedge angesehen wird, wird die Einheitsmethode verwendet. In diesem Fall geht dann die Gesamtsumme der Optionsprämie z. B. in die zu kaufenden bzw. zu verkaufenden Hedgeobjekte ein.[896] Dies ist vor allem dann angebracht, wenn ein Hedge mit deep-in-the-money Optionen durchgeführt wird, da dann zum einen der Zeitwert im Vergleich zum inneren Wert im Normalfall nur eine untergeordnete Rolle spielt und zum anderen ein Gewinn- bzw. Verlusttransfer mittels der Option in die Zukunft durchgeführt wird.

2.2.3. Bewertung des Optionsrechtes am Bilanzstichtag bei Käufer und Stillhalter

In Japan wurden die folgenden vier Bewertungsprinzipien[897] für die in der Bilanz ausgewiesenen Optionsprämien diskutiert:

---

893 Vgl. Komiyama, Satoshi: Off Balance Sheet Transaction, Tokio (Japan), 18.03.1996, S. 265; JICPA: Einführung in die Derivate, Tokio (Japan), 25.04.1996, S. 147; Yamada, Tatsumi: Die Rechnungslegung des Optionshandels - Teil 2, (Nr. 10 der Artikelserie: „Rechnungslegungskriterien für Finanzinstrumente"), Keiri-jofo (Bilanzierungsinformation), 01.04.1995, S. 18

894 Vgl. Yamada, Tatsumi: Die Rechnungslegung des Optionshandels - Teil 2, Nr. 10 der Artikelserie: („Rechnungslegungskriterien für Finanzinstrumente"), Keiri-jofo (Bilanzierungsinformation), 01.04.1995, S. 18

895 Vgl. JICPA: Einführung in die Derivate, Tokio (Japan), 25.04.1996, S. 147 f.; Yamada, Tatsumi: Die Rechnungslegung des Optionshandels - Teil 2, (Nr. 10 der Artikelserie: „Rechnungslegungskriterien für Finanzinstrumente"), Keiri-jofo (Bilanzierungsinformation), 01.04.1995, S. 18; Saito, So: Währungsoptionen und Optionsprämie (Nr. 5 der Artikelserie „Rechnungslegung und Besteuerung von Finanzderivaten"); zaimu-kouhou (Finanzinformationen), 7/1995, S. 135

896 Vgl. JICPA: Einführung in die Derivate, Tokio (Japan), 25.04.1996, S. 148; Yamada, Tatsumi: Die Rechnungslegung des Optionshandels - Teil 2, (Nr. 10 der Artikelserie: „Rechnungslegungskriterien für Finanzinstrumente"), Keiri-jofo (Bilanzierungsinformation), 01.04.1995, S. 18

897 Vgl. zu den Punkten a.-d. JICPA: Einführung in die Derivate, Tokio (Japan), 25.04.1996, S. 149; diese vier Methoden benennen auch: Daigo, Satoshi: Mark-to-Market und japanische Wirtschaft,

a. Das Anschaffungskostenprinzip

Die aktivierte bzw. passivierte Optionsprämie wird unverändert während der gesamten Laufzeit der Option beibehalten bis zur Beendigung der Option entweder durch Verfall, Ausübung oder Glattstellung.

b. Die Periodenverteilung der Anschaffungskosten

Die aktivierte bzw. passivierte Optionsprämie wird pro rata temporis über die Laufzeit der Option erfolgswirksam vereinnahmt.

c. Das Niederstwertprinzip (beim Optionskauf) bzw. das Höchstwertprinzip (beim Optionsverkauf)

Die Optionsprämie wird aktiviert bzw. passiviert und am Bilanzstichtag wird die Option zum aktuellen Marktpreis bewertet. Wenn der Marktpreis im Fall eines Optionskaufes unter den Betrag der aktivierten Optionsprämie gefallen ist bzw. im Falle des Optionsverkaufes über den Betrag der passivierten Optionsprämie gestiegen ist, wird der Betrag in der Bilanz entsprechend angepaßt. In Japan ist man sich einig, daß dieses Prinzip leicht anwendbar ist bei börsengehandelten Optionen. Bei OTC-Optionen dagegen sieht man Probleme, den aktuellen Marktpreis der Option festzulegen.

d. Das Mark-to-Market-Prinzip

Die Optionsprämie wird aktiviert bzw. passiviert und zu jedem Bilanzstichtag entsprechend dem aktuellen Wert der Option vollständig auf diesen Wert angepaßt. Ebenso wie beim Niederstwertprinzip sieht man in Japan auch bei der Anwendung dieses Prinzips Schwierigkeiten bei OTC-Optionen.

Diese vier Methoden können theoretisch in Abhängigkeit von der Wahl von Einheits- oder Teilungsmethode angewendet werden. Da die Banken grundsätzlich die Wahl zwischen Einheits- und Teilungsmethode haben, ergäbe sich eine große Bewertungsmethodenvielfalt bei Optionen.

Insbesondere bei Anwendung der Teilungsmethode ist zu beachten, daß für die bilanzielle Bewertung des inneren Wertes andere Methoden anzuwenden sind als für die bilanzielle Behandlung des Zeitwertes.[898]

Tokio (Japan), 14.07.1995, S. 172; Komiyama, Satoshi: Off Balance Sheet Transaction, Tokio (Japan), 18.03.1996, S. 265

[898] Vgl. JICPA: Einführung in die Derivate, Tokio (Japan), 25.04.1996, S. 149

Folgendes Schema ergibt sich für die Kombinationsmöglichkeiten:

	Einheitsmethode	Teilungsmethode	
		innerer Wert	Zeitwert
Anschaffungskostenprinzip	ja	ja	nein
Periodenverteilung der Anschaffungskosten	nein	nein	ja
Niederstwertprinzip bzw. Höchstwertprinzip	ja	ja	nein
Mark-to-Market-Prinzip	ja	ja	nein

Abbildung 14: Bewertung von Optionen nach Einheits- und Teilungsmethode in Japan

Theoretisch könnten alle Möglichkeiten Anwendung finden, aber in der Praxis hat sich - unter Beachtung der ansonsten gültigen Bewertungsprinzipien, nach denen das MTM-Prinzip als allgemeingültiges Prinzip nur für die Bewertung von Fremdwährungsgeschäften bei Kreditinstituten und ab März 1997 für die Tradinggeschäfte in Derivaten bei Banken mit entsprechendem Risikomanagementsystem eingeführt ist - bisher für die Rechnungslegung von Optionen (mit Ausnahme von Währungsoptionen) das auf der Einheitsmethode basierende Anschaffungskostenprinzip durchgesetzt. Dieser Weg wurde auch unter dem Aspekt der Einfachheit der Rechnungslegung gewählt.[899] Normalerweise wird also das Anschaffungskostenprinzip in Verbindung mit der Einheitsmethode angewendet mit Ausnahme von Währungsoptionen, die nach MTM bewertet werden gemäß der 'Rechnungsführung beim Devisenoptionshandel und Fremdwährungsgeschäft von autorisierten Devisenhandelsbanken' (eine Veröffentlichung des MOF, Abteilung für Banken, vom 30.03.1990).[900] Komiyama weist darauf hin, daß innerhalb des Rahmens der gegenwärtigen Rechnungslegungsvorschriften das Anschaffungskostenprinzip und das Niederstwertprinzip anwendbar sind. Das MTM-Prinzip hat zwar den Vorteil, daß es für die Investitionsentscheidungen nützliche Informationen liefert, aber mit den gegenwärtigen Rechnungslegungsgrundsätzen (Anschaffungskostenprinzip, Realisationsprinzip, Gewinnverteilungsfunktion der Bilanz etc.) schwer in Einklang zu bringen ist und diese Probleme zunächst gelöst werden müssen.[901]

Als größtes Problem dieser Rechnungslegungspraxis wird völlig zu Recht erkannt, daß die unrealisierten Verluste insbesondere auf der Seite des Stillhalters nicht in der Rechnungslegung berücksichtigt werden, d. h. sie sind off balance. Es muß daher dem Informationsbedürfnis des Bilanzlesers Rechnung getragen werden und die aktuellen Werte der Option müssen in den Informationen im Rahmen der Offenlegung erscheinen.[902] Daraus ist auch zu schließen, daß der Stillhalter keine Rückstellung für drohende Verluste aus schwebenden Geschäften bilden muß. Andere Autoren weisen darauf hin, daß für die drohenden Verluste auf Seiten des Stillhalters zumindest ein Ausweis unter dem Bilanzstrich als 'Eventualverbindlichkeit' erfolgen sollte[903], sofern diese nach der materiality-

[899] Vgl. JICPA: Einführung in die Derivate, Tokio (Japan), 25.04.1996, S. 149
[900] Vgl. Daigo, Satoshi: Mark-to-Market und japanische Wirtschaft, Tokio (Japan), 14.07.1995, S. 172
[901] Vgl. Komiyama, Satoshi: Off Balance Sheet Transaction, Tokio (Japan), 18.03.1996, S. 265
[902] Vgl. JICPA: Einführung in die Derivate, Tokio (Japan), 25.04.1996, S. 150
[903] Vgl. Koga, Chitoshi: Accounting for derivatives, Tokio (Japan), 20.01.1996, S. 55; Komiyama, Satoshi: Off Balance Sheet Transaction, Tokio (Japan), 18.03.1996, S. 269; Horikawa, Hitoshi: Probleme

rule als wesentlich einzuordnen sind.[904] Ishioumaru geht noch deutlicher auf das Problem der Offenlegung des Risikos aus Stillhalterpositionen ein. Nach den derzeitigen Vorschriften muß der Stillhalter das Risiko nicht quantifizieren im Jahresabschluß. Hierzu liegt keine verbindliche Rechtsvorschrift vor; der Stillhalter ist lediglich gehalten, die stillen Verluste im Rahmen der Offenlegung auszuweisen, wenn die Option in-the-money wird. Darüber hinaus müssen keine Angaben zu der Höhe des Risikos aus Stillhalterpositionen gegeben werden.[905]

2.2.4. Rechnungslegung bei Einsatz zu Hedge-Zwecken

Grundsätzliche Regelungen zur Hedge-Rechnungslegung mit Optionen gibt es nicht in Japan.[906] In der Literatur wird ausgeführt, daß z. T. die Meinung vertreten wird, daß eine Stillhalterposition nicht dazu geeignet ist, eine Hedge-Strategie zu verfolgen und daher hier in keinem Fall eine Hedge-Rechnungslegung möglich ist. Der COFRI-Bericht setzt sich mit dieser Frage intensiver auseinander und kommt zu dem Ergebnis, daß - falls dennoch eine Hedge-Rechnungslegung auch für die Stillhalterposition eingeführt werden sollte - diese keinesfalls bei deep-in-the-money Optionen erlaubt werden darf.[907] Obwohl es kein umfassendes Regelwerk für die Hedge-Bilanzierung gibt, wird dennoch der Hedge-Effekt automatisch im Falle von Währungsgeschäften bei Banken berücksichtigt. Wie bereits erwähnt, bewerten Banken Währungsoptionen nach MTM[908], ebenso wie ihre Kassa-Fremdwährungsgeschäfte. Im Falle der Einheitsmethode wird zwangsläufig die gesamte Optionsprämie nach MTM bewertet. Unrealisierte Bewertungsgewinne bzw. -verluste werden somit in der gleichen Periode erfolgswirksam.

Zu antizipativen Hedges findet sich lediglich im COFRI-Untersuchungsbericht der Hinweis, daß diese anerkannt werden sollten im Rahmen einer noch zu definierenden Hedge-Rechnungslegung, wenn das geplante Geschäft mit hoher Sicherheit durchgeführt werden wird.[909] Genauere Hinweise über die Art der Rechnungslegung eines antizipativen Hedges finden sich nicht in der japanischen Literatur, so daß angenommen werden kann, daß diese derzeit noch nicht anerkannt sind und daher die Regeln für spekulative Optionsgeschäfte Anwendung finden.

Im Falle der Teilungsmethode ist näher zu untersuchen, wie das MTM bei Währungsoptionen anzuwenden ist. Hier wird konsequent nur die Bilanzposition, die in Höhe des in-

und Regelungen der Rechnungslegung, Offenlegung und Besteuerung von Optionen in Japan, JICPA-Journal, 2/1995, S. 36

904 Vgl. Narisawa, Kazumi: Optionen (Nr. 2 der Artikelserie „Rechnungslegung und Besteuerung von derivativen Finanzinstrumenten"), Zeikeitsushin, 12/1994, S. 217

905 Vgl. Ishioumaru, Norio: Die Rechnungslegung von Zero cost options, JICPA-Journal, 6/1995, S. 72

906 Vgl. Horikawa, Hitoshi: Probleme und Regelungen der Rechnungslegung, Offenlegung und Besteuerung von Optionen in Japan, JICPA-Journal, 2/1995, S. 34

907 Vgl. Yamada, Tatsumi: Die Rechnungslegung des Optionshandels - Teil 2, (Nr. 10 der Artikelserie: „Rechnungslegungskriterien für Finanzinstrumente"), Keiri-jofo (Bilanzierungsinformation), 01.04.1995, S. 18 und 22

908 So auch: Kuroda, Akio; Kotani, Masataka; Ogawa, Marie: Features and Problems of Bank Accounting System in Japan, Bank of Japan Monetary and Economic Studies, 7/1994, S. 52

909 Vgl. Yamada, Tatsumi: Die Rechnungslegung des Optionshandels - Teil 2, (Nr. 10 der Artikelserie: „Rechnungslegungskriterien für Finanzinstrumente"), Keiri-jofo (Bilanzierungsinformation), 01.04.1995, S. 22

neren Wertes der Optionsprämie zum Geschäftsabschlußzeitpunkt gebildet wurde, nach MTM bewertet. Die unrealisierten Schätzgewinne bzw. -verluste werden erfolgswirksam vereinnahmt und kompensieren bei einem Hedge die gegenläufige Marktwertentwicklung des Währungskassageschäftes.[910] Der Zeitwert wird streng linear p. r. t. abgeschrieben.[911]

Die Literatur weist sehr eindringlich darauf hin, daß ein umfassendes Regelwerk für die Hedge-Rechnungslegung eingeführt werden sollte, da es außerhalb des Währungsgeschäftsbereichs ebenfalls Hedge-Strategien mittels Optionen gibt, die sich dann möglicherweise auf Hedgeobjekte beziehen, die nach dem Niederstwertprinzip bewertet werden. Da die Anwendung des MTM-Prinzips bei Nicht-Währungsoptionen auch bei Banken nicht möglich ist, ergibt diese Situation erhebliche Bilanzierungsprobleme.[912]

2.2.5. Rechnungslegung bei Beendigung des Optionsgeschäftes bei Käufer und Stillhalter

2.2.5.1. bei Ausübung der Rechte

Grundsätzlich werden hier zwei Methoden diskutiert: das Prinzip der tatsächlichen Einnahmen bzw. Ausgaben und wiederum das MTM-Prinzip.

i. Das Prinzip der tatsächlichen Einnahmen bzw. Ausgaben

   Der angekaufte bzw. verkaufte Vermögensgegenstand (sowohl beim Optionskäufer wie auch beim Stillhalter) wird zu der Gesamtsumme des bezahlten bzw. erhaltenen Basispreises zuzüglich der ursprünglich bezahlten bzw. erhaltenen Optionsprämie aktiviert bzw. als Minderung des Verkaufserlöses verbucht.[913] Falls für den Bilanzausweis der Prämie das Niederstwertprinzip/ Höchstwertprinzip angewandt wurde und dadurch der Buchwert der Prämie von der ursprünglich bezahlten/erhaltenen Summe abweicht, wird die Differenz erfolgswirksam ausgeglichen. Es werden also die mit dem Niederst-/ Höchstwertprinzip berücksichtigten Marktwertschwankungen während der Laufzeit der Option bei der Ausübung erfolgswirksam neutralisiert, also quasi rückgerechnet.[914]

---

910 Vgl. Komiyama, Satoshi: Off Balance Sheet Transaction, Tokio (Japan), 18.03.1996, S. 246; Yamada, Tatsumi: Die Rechnungslegung des Optionshandels – Teil 1 (Nr. 9 der Artikelserie: „Rechnungslegungskriterien für Finanzinstrumente"), Keiri-jofo (Bilanzierungsinformation), 01.03.1995, S. 26

911 Vgl. Yamada, Tatsumi: Die Rechnungslegung des Optionshandels – Teil 1 (Nr. 9 der Artikelserie: „Rechnungslegungskriterien für Finanzinstrumente"), Keiri-jofo (Bilanzierungsinformation), 01.03.1995, S. 26

912 Vgl. Komiyama, Satoshi: Off Balance Sheet Transaction, Tokio (Japan), 18.03.1996, S. 262

913 Vgl. Yamada, Tatsumi: Die Rechnungslegung des Optionshandels - Teil 2, (Nr. 10 der Artikelserie: „Rechnungslegungskriterien für Finanzinstrumente"), Keiri-jofo (Bilanzierungsinformation), 01.04.1995, S. 19

914 Vgl. JICPA: Einführung in die Derivate, Tokio (Japan), 25.04.1996, S. 150; Narisawa, Kazumi: Optionen (Nr. 2 der Artikelserie „Rechnungslegung und Besteuerung von derivativen Finanzinstrumenten"), Zeikeitsushin, 12/1994, S. 218

ii. Das Marktwertprinzip

Nach diesem Prinzip wird der angekaufte/verkaufte Vermögensgegenstand mit dem aktuellen Marktwert (= Ausübungspreis + innerer Wert bei Rechtsausübung) aktiviert bzw. als Verkaufserlös verbucht. Die Differenz zwischen Basispreis und aktuellem Marktpreis wird bei Ausübung immer als Gewinn (z. B. bei ausgeübtem Call: Basispreis liegt unter Marktpreis, Aktivierung jedoch zu höherem Marktpreis; Folge: Differenz wird gewinnerhöhend verbucht) bzw. Verlust erfolgswirksam vereinnahmt.[915] Der noch vorhandene Buchwert der Optionsprämie wird ebenfalls erfolgswirksam und mindert bzw. erhöht den Gewinn bzw. Verlust aus der Differenz zwischen Basispreis und aktuellem Marktpreis.

In Japan findet normalerweise das Prinzip der tatsächlichen Einnahmen bzw. Ausgaben Anwendung.[916]

2.2.5.2. bei Verfall der Option

Wenn die Option nicht ausgeübt wird, so wird der aktivierte bzw. passivierte Buchwert der Option zum Zeitpunkt des Verfalls erfolgswirksam vereinnahmt.[917]

2.2.5.3 bei Glattstellung der Option

Sofern eine börsengehandelte Option mittels close-out glattgestellt wird oder eine OTC-Option durch ein Gegengeschäft ausgeglichen wird, wird die Differenz zwischen den Kosten bzw. Erlösen aus der gegenläufigen Option und dem Buchwert der bisher aktivierten bzw. passivierten Optionsprämie erfolgswirksam vereinnahmt und die Option ausgebucht.[918]

2.2.6. Probleme der gegenwärtigen Rechnungslegung

Die Handhabung der Rechnungslegung von Optionen in Japan nach Rechtsstand vor Einführung der MTM-Methode für den Derivathandel bei Banken wird in Teilen von der Literatur kritisiert. Insbesondere Horikawa[919] kritisiert in drei Ansätzen die derzeitige Praxis der Rechnungslegung. Zum einen plädiert er für die Einführung einer umfassenden Hedge-Rechnungslegung für Optionen. Zum anderen rät er - und hier schließt sich Ishioumaru[920] an - zu der Einführung des MTM für Optionen in vollem Umfang, also

[915] Vgl. JICPA: Einführung in die Derivate, Tokio (Japan), 25.04.1996, S. 150; Yamada, Tatsumi: Die Rechnungslegung des Optionshandels - Teil 2, (Nr. 10 der Artikelserie: „Rechnungslegungskriterien für Finanzinstrumente"), Keiri-jofo (Bilanzierungsinformation), 01.04.1995, S. 19

[916] Vgl. JICPA: Einführung in die Derivate, Tokio (Japan), 25.04.1996, S. 150

[917] Vgl. JICPA: Einführung in die Derivate, Tokio (Japan), 25.04.1996, S. 150

[918] Vgl. JICPA: Einführung in die Derivate, Tokio (Japan), 25.04.1996, S. 151; Komiyama, Satoshi: Off Balance Sheet Transaction, Tokio (Japan), 18.03.1996, S. 247

[919] Vgl. Horikawa, Hitoshi: Probleme und Regelungen der Rechnungslegung, Offenlegung und Besteuerung von Optionen in Japan, JICPA-Journal, 2/1995, S. 38 f.

[920] Vgl. Ishioumaru, Norio: Die Rechnungslegung von Zero cost options, JICPA-Journal, 6/1995, S. 72

auch für Nicht-Währungsoptionen. Horikawa und Ishioumaru weisen bereits 1995 auf die inzwischen realisierte Lösung hin, daß im Hinblick auf die Vereinnahmung von noch nicht realisierten Gewinnen und den sich anschließenden Fragen nach der Gewinnausschüttung und Steuerzahlung die Lösung denkbar wäre, daß der schwebende Gewinn vom steuerbaren und zur Dividendenzahlung bereitstehenden Bilanzgewinn wieder abgezogen wird.[921] Ogawa/Kubota weisen dabei auf eine besondere Schwierigkeit hin, die bei der dann notwendigen Fair-value-Schätzung von OTC-Optionen bei Banken in Japan auftaucht: „As over-the-counter currency options are already measured on a market value basis by bank accounting in Japan, we must examine whether or not such a valuation may be applied to bond and interest rate options. Our view is that it is appropriate to introduce market valuation to these options even though there remains room for arbitrary selection of models. Market valuation of over-the-counter bond options in Japan is somewhat complicated. In order to measure over-the-counter options on a strictly market value basis, it is necessary to recognize base volatilities by selecting issues for which transaction volume is relatively large. Accordingly, it is difficult to determine the base volatility uniformly. In addition, option pricing models are also not the same among banks. Thus, there is no single market value. However, we should allow each individual bank to select its own method of calculating market value as long as accepted by external auditors, because the market valuation of over-the-counter bond options is originally complicated but which does not necessarily mean it is unreliable. Forcing banks to adopt a uniform standard for calculating market value may have bad effects on actual market transactions.“ [922]

Zum dritten weist Horikawa darauf hin, daß das bei Ausübung der Option derzeit praktizierte Prinzip der tatsächlichen Einnahmen und Ausgaben nicht die der Realität angemessene Methode sei. Durch dieses Prinzip wird fast automatisch vorgegeben, daß der in der Rechnungslegung anzusetzende Wert des Basisobjektes vom aktuellen Marktwert abweicht. Dieses Ergebnis entsteht aus der Denkhaltung, daß es sich bei dem Optionsgeschäft und der anschließenden Optionsausübung um ein Geschäft handelt. Horikawa hält dagegen die Auffassung für angebracht, daß es sich um zwei getrennte Geschäfte handelt und daß daher das erworbene Basisobjekt zu dem aktuell gültigen Marktpreis eingebucht werden sollte. Diese Auffassung wird eigentlich durch die bewußte Entscheidung des BADC bzw. des MOF unterstützt, daß es sich bei der Option bzw. der Optionsprämie um einen selbständigen Vermögensgegenstand handelt, der entsprechend selbständig aktiviert bzw. passiviert werden muß.

Yamada[923] erläutert den Hintergrund dieser Überlegung zu der Entscheidung, daß es sich bei der Optionsprämie um einen eigenständigen Vermögensgegenstand handelt: Ausgangspunkt der Überlegung waren die in den 80er Jahren und Anfang der 90er Jahre in großem Umfang genutzten Währungsoptionen. Hier war die Überlegung, inwieweit diese

---

[921] Ishioumaru weist insbesondere darauf hin, daß in § 290 Abs. 1 diverse Abzugspositionen vom verfügbaren Gewinn bereits im jHGB aufgenommen sind; diese könnten also um die unrealisierten Gewinne aus Optionsgeschäften durch Anwendung des MTM ergänzt werden.

[922] Ogawa, Marie; Kubota, Takashi: Bank Accounting and Market Valuation in Japan: An Overview of Accounting Issues of Financial Instruments, Bank of Japan Monetary and Economic Studies, 7/1995, S. 78 f.

[923] Vgl. Yamada, Tatsumi: Die Rechnungslegung des Optionshandels – Teil 1 (Nr. 9 der Artikelserie: „Rechnungslegungskriterien für Finanzinstrumente“), Keiri-jofo (Bilanzierungsinformation), 01.03.1995, S. 27

(da man von einer Hedge-Situation als Normalfall ausging) direkt mit in die Umrechnung des Hedgeobjektes eingerechnet (also in dieser Umrechnung untergehen) oder als selbständiger Vermögensgegenstand bilanziert werden sollen. Der Entscheidung für die Klassifizierung als selbständiger Vermögensgegenstand lagen in Japan folgende Überlegungen zugrunde:

- Der Anwendungsbereich der Auffassung der Optionsprämie als selbständiger Vermögensgegenstand ist größer, vor allem im Hinblick auf die Existenz von Optionen mit anderen Bezugsbasen (z. B. Aktienoptionen, Zinsoptionen etc.).
- Mit der Klassifizierung der Optionsprämie als selbständigen Vermögensgegenstand fällt die Erarbeitung von Rechnungslegungsvorschriften für den Handel mit Optionen leichter.
- Wenn man (wieder im Hinblick auf Währungsoptionen) die Optionsprämie als Bestandteil des Umrechnungskurses der zuzuordnenden Währungspositionen betrachtet, so kann dies strenggenommen nur für den inneren Wert gelten. Dies würde bedeuten, daß der Zeitwert ebenfalls kein Vermögensgegenstand ist und da er nicht dem Grundgeschäft zugeordnet werden kann, müßte er sofort erfolgswirksam werden. Da in der Praxis häufig Basispreise vereinbart werden, die at-the-money sind, entspricht der größte Teil der Optionsprämie dem Zeitwert. Dieser müßte sofort erfolgswirksam werden. Diese Rechnungslegung darf jedoch nicht angewandt werden.

Dennoch wurde diese Entscheidung durchbrochen bei der Frage der Höhe des Buchwertes der angeschafften Basisobjekte bei Ausübung der Option.

Grundsätzlich ist dabei zu beachten, daß diese Kritik nach wie vor volle Gültigkeit hat zum einen für die Banken, die das MTM auch in Zukunft noch nicht anwenden dürfen und zum anderen ist zu berücksichtigen, daß die Einführung des MTM für das trading account zunächst für sich genommen keine Auswirkungen hat auf die Bewertung der eingekauften Basiswerte bei Ausübung der Option. Hierzu wäre eine eigenständige Änderung der Rechnungslegungsvorschriften für Optionen notwendig. Bis dato findet sich hierzu noch kein Hinweis in der einschlägigen Literatur.

2.2.7. Änderungen durch den Erlaß zur Einführung des MTM-Prinzips für das trading-account bei Banken

In dem neuen Erlaß des MOF findet sich kein spezieller Hinweis auf die Behandlung einzelner Produkte. Dennoch wird deutlich, daß bei Einsatz von Optionen - unabhängig davon auf welche Bezugsbasis - zum trading diese grundsätzlich nach dem MTM bzw. Fair value bewertet werden müssen, sofern die Bank das entsprechende Risikomanagementsystem, welches vom MOF gefordert wird, installiert hat. Es verbleibt in diesem Fall die Bilanzierung nach der Einheitsmethode und der bilanziellen Bewertung der Optionsprämie nach aktuellem Marktwert. Die unrealisierten Gewinne bzw. Verluste werden sofort erfolgswirksam. Die unrealisierten Gewinne und Verluste, die von nicht-währungsbezogenen Optionen herrühren, werden nur bis maximal zum Ausgleichssaldo in der GuV belassen. Alle 'Nettogewinne' werden dagegen vom verteilfähigen Unternehmenserfolg abgezogen und in eine Kapitalkomponente eingestellt. Im übrigen gelten die in Kapitel 3 Abschnitt 1.2.4. getroffenen Aussagen zur Marktbewertung von trading-Derivaten.

2.3. Rechnungslegung von Optionen in den USA

Derzeit gibt es keine offiziellen Regelungen hinsichtlich der Rechnungslegung von Optionen in den USA; es werden in der Literatur lediglich die SFAS 52 (im Falle von Währungsoptionen), SFAS 80 (Analogieschluß von Futures auf Optionen) sowie für die Offenlegung die SFAS 107 und 119 herangezogen. Für die Offenlegung des Risikos aus Stillhalterpositionen ist auch SFAS 105 anzuwenden. SFAS 105 gilt ausdrücklich nicht für long-Positionen, da hier keinerlei Risiko beim Käufer der Option liegt. In SFAS 80 führt das FASB aus, daß es ganz bewußt Optionen bei der Erstellung des SFAS 80 ausgeschlossen hat, weil diese in ihrer Konstruktion völlig verschieden von Futures sind. So ist eigentlich vom Ersteller des SFAS 80[924] nicht geplant gewesen, daß dieser auch durch Analogieschlüsse auf die Rechnungslegung von Optionen übertragen wird. Da jedoch ein Vakuum an GAAP für Optionen in den USA gegeben ist, bleibt nichts anderes übrig, als die SFAS heranzuziehen, die eine gewisse Nähe zu den Problemen der Rechnungslegung von Optionen haben. Daneben hat die EITF und das AICPA sich mit vielfältigen Teilaspekten und -problemen der Rechnungslegung von Optionen beschäftigt, aber eine umfassende und vor allem eine vom FASB akzeptierte und verabschiedete Regelung gibt es nicht - jedoch soll die Rechnungslegung von Optionen zukünftig im Rahmen des neuen Proposal mit geregelt werden. Noch befindet sich die Rechnungslegungspraxis aber in einem Zwiespalt. Das AICPA hat zwar mit dem Issues Paper 86-2 'Accounting for Options' die Rechnungslegung von Optionen behandelt, da es aber Inkonsistenzen mit den Hedge-Rechnungslegungvorschriften in SFAS 52 und SFAS 80 gibt, sieht ein Teil der US-amerikanischen Literatur es als sehr fraglich, ob eine Rechnungslegung nach dem AICPA-Issues Paper erlaubt ist. Daher sollten die Optionen normalerweise einfach mit dem Marktwert ausgewiesen werden. Sofern eine Hedge-Rechnungslegung anzuwenden ist, bietet SFAS 80 trotz der gegenteiligen Aussagen des FASB die besten Hinweise.[925] Da das FASB angeordnet hat, daß die bestehenden Statements befolgt werden sollen, besteht ein gewisser Zwiespalt hinsichtlich der richtigen Rechnungslegung von Optionen in den USA. Zum einen sollen die SFAS befolgt werden, zum anderen lassen diese genau bei der Rechnungslegung von Optionen sehr viele Fragen offen. Andere Literaturmeinungen bestätigen daher, daß das AICPA-Issues Paper die Rechnungslegungspraxis für Optionen stark beeinflußt hat und daß es relevante Hinweise für die Hedge-Rechnungslegung von Optionen enthält.[926] Das AICPA-Papier wird also offensichtlich von der Praxis beachtet, obwohl es in Teilbereichen nicht mit den SFAS in Einklang steht. Da dieses Papier noch unter dem Wissenstand von 1986 veröffentlicht wurde und daher Lösungsansätze enthalten sind, die später nicht weiterverfolgt wurden (aus gutem Grund), soll es nur kurz behandelt werden. Es beeinflußt zwar immer noch die Rechnungslegung der US-amerikanischen Banken, da noch nichts akutelleres vorhanden ist, aber aufgrund sei-

---

[924] So schreibt das FASB in SFAS 80 Abs. 32: „The Board also notes that an AICPA task force currently is studying option accounting and plans to prepare an Issues Paper. *(SFAS 80 wurde 1984 veröffentlicht; Anm. des Verfassers)* In the absence of a compelling reason to do so, the Board believes it should not examine accounting for options at least until the task force has completed its Issues Paper." - FASB: Original Pronouncements 1996/97 Edition - Accounting Standards as of June 1, 1996, Volume I, New York (USA), 1996, S. 785

[925] Vgl. Delaney, Patrick, et al.: GAAP 96 - Interpretation and Application of Generally Accepted Accounting Principles 1996, New York (USA), 10. Aufl. 1996, S. 124

[926] Vgl. GAO: Financial Derivatives - Actions Needed to Protect the Financial System, Report to Concressional Requestors, Washington (USA), 5/1994, S. 95

ner überholten Sichtweise liefert es keinen Beitrag zur Lösung der aktuellen Fragen und Probleme der Rechnungslegung von Optionen.

Etwas anders verhält es sich mit den EITF-Veröffentlichungen; diese stehen nicht im Widerspruch zu den SFAS, da sie von derselben Institution herausgegeben wurden, die die SFAS verabschiedet. Es handelt sich um:[927]

- EITF-Issues No. 90-17: Hedging Foreign Currency Risk with Purchased Options[928]
- EITF-Issues No. 91-4: Hedging Foreign Currency Risk with Complex Options and Similar Transaction[929]

Diese beiden behandeln allerdings jeweils nur Detailfragen der Rechnungslegung von Optionen und können daher keine umfassende Anleitung geben. Somit ist das AICPA-Papier die derzeit einzige umfassende Ausarbeitung zur Rechnungslegung von Optionen und allein aus diesem Grund - weil nichts anderes zur Verfügung steht - werden die Empfehlungen des AICPA beachtet.

2.3.1. Bilanzierung des Optionsrechtes

Wie auch in Deutschland gilt, daß Optionen off-balance-Produkte sind, d. h. die zugrundeliegende Vertragsvereinbarung erscheint nicht in der Bilanz. Diese wird in einem Memorandum-Konto festgehalten.[930] Bei diesem off-balance sheet Memorandum-Konto handelt es sich je nach Call oder Put um 'contingent asset' oder 'contingent liability'.[931] Die Prämie dagegen, die der Käufer der Option bezahlt hat, wird in der Bilanz als Vermögensgegenstand aktiviert so lange, bis die zugrundeliegende Transaktion durchgeführt oder in anderer Weise beendet wird.[932] Begründet wird die Zulässigkeit der Aktivierung als Vermögensgegenstand damit, daß die Optionsprämie ähnlich wie eine Versicherungsprämie dem Unternehmen in Zukunft Nutzen bringen kann.[933]

---

[927] Vgl. AICPA: Derivatives - Current Accounting and Auditing Literature, New York (USA), 1994, S. 26

[928] EITF-Issue No. 90-17 setzt sich ausschließlich mit Fremdwährungsoptionen mit geringem oder keinem inneren Wert auseinander.

[929] Dieser EITF-Issue hat die Nutzung des Hedge-accounting für die Optionen zum Inhalt, die vom EITF-Issue No. 90-17 ausgeklammert wurden. Es handelt sich hierbei z. B. um gekaufte deep-in-the-money Optionen, Stillhalter-Positionen bei Optionen sowie komplexere Optionsstrategien wie Optionskombinationen (sog. Call bull spreads, Put bear spreads usw.) und die Schaffungen synthetischer Produkte durch Optionsverbindungen (z. B. synthetische Forwards).

[930] Vgl. Radebaugh, Lee; Gray, Sidney: International Accounting and Multinational Enterprises, New York (USA), 1993, S. 333

[931] Vgl. Choi, Frederick; Singleton, Matthew: Accounting for Derivative Products, in: Choi, Frederick (Hrsg.): Handbook of International Accounting, New York (USA), 1991, S. 21-17

[932] Vgl. Radebaugh, Lee; Gray, Sidney: International Accounting and Multinational Enterprises, New York (USA), 1993, S. 333

[933] Vgl. Choi, Frederick; Singleton, Matthew: Accounting for Derivative Products, in: Choi, Frederick (Hrsg.): Handbook of International Accounting, New York (USA), 1991, S. 21-17

2.3.2. Bilanzierung beim Käufer

Folgende Empfehlungen[934] (welche in Einklang stehen mit den einschlägigen SFAS) werden in den beiden EITF-Issues zur Rechnungslegung von Optionen gegeben:

- Optionen sollten grundsätzlich nach MTM bewertet werden.
- In Übereinstimmung mit den Vorgaben des SFAS 80 werden die Kontraktvolumina der Optionen nicht in der Bilanz ausgewiesen.
- Bei Optionen, die nicht zu Hedge-Zwecken eingesetzt sind, sollten die Bewertungsgewinne und -verluste sofort erfolgswirksam vereinnahmt werden.
- Bei Optionen, die zu Hedge-Zwecken eingesetzt sind, sollten die Bewertungsergebnisse aus der MTM-Methode in ihrer Erfolgswirksamkeit verschoben und als eine Anpassung des Buchwertes der gehedgten Position bilanziert werden. Die Erfolgswirksamkeit tritt dann ein, wenn die Erfolgsbeiträge der gehedgten Position ergebniswirksam werden.
- Eine Ausnahme ergibt sich bei gehedgten Positionen, deren Wertveränderung nach der MTM-Methode sofort erfolgswirksam werden. Basierend auf dem Matching Principle werden Wertveränderungen der Option ebenfalls sofort erfolgswirksam.
- Die Anforderungen an eine Option für die Zulässigkeit zur Hedge-Rechnungslegung sind dieselben wie bei Futures (d. h. Risikoreduktion, hohe Korrelation bei den entgegenlaufenden Wertveränderungn und dokumentierte Zweckbestimmung) mit einer wesentlichen Ausnahme: Bei Optionen (mit Ausnahme von Währungsoptionen, bei denen die risikomindernde Wirkung auf unternehmensweiter Ebene gegeben sein muß) kann die Prüfung der risikoreduzierenden Wirkung nur auf Einzelgeschäftsebene (Mikro-Hedge) stattfinden und nicht auf unternehmensweiter Ebene (Makro-Hedge). (Hierzu gibt die Literatur zu den Gründen keine näheren Erläuterungen. M. E. ist diese Einschränkung nicht ganz nachvollziehbar.)
- Stillhaltergeschäfte können in einer Hedge-Situation nur bis maximal zur Höhe der erhaltenen Prämie bei der Hedge-Rechnungslegung berücksichtigt werden. Die SEC hat entgegenstehend erklärt, daß Stillhaltergeschäfte nur risikoerhöhend wirken und daher grundsätzlich immer als 'nicht zu Hedge-Zwecken' eingesetzte Optionen behandelt werden sollen (d. h. sofortige Erfolgswirksamkeit der MTM-Ergebnisse).
- Optionen können bestehende Vermögenspositionen oder Verbindlichkeiten, feste Vereinbarungen und geplante Geschäfte absichern.

Choi/Singleton[935] weisen darüber hinaus auf die Überlegung hin, daß die Technik der Hedge-Rechnungslegung von Optionen das Aufsplitten des Marktwertes in Zeitwert und inneren Wert berücksichtigen sollte. Bislang wurde dieser Hinweis noch nicht in der Rechnungslegung der USA beachtet. Der Gedanke findet sich aber im neuen FASB-Proposal wieder.

---

[934] Vgl. zu den nachstehend genannten Punkten Choi, Frederick; Singleton, Matthew: Accounting for Derivative Products, in: Choi, Frederick (Hrsg.): Handbook of International Accounting, New York (USA), 1991, S. 21-17 f.; Herz, Robert; Tancer, Joel: Accounting for Derivative and Synthetic Instruments, in: Haight, Timothy (Hrsg.): Derivatives Risk Management Service, Boston (Massachusetts, USA), 1996, S. 9A-22; Herz, Robert; Coopers & Lybrand: Accounting and Financial Reporting for Derivatives and Synthetics, in: Klein, Robert; Lederman, Jess (Hrsg.): The Handbook of Derivatives & Synthetics, Chicago (Illinois, USA), 1994, S. 850

[935] Vgl. Choi, Frederick; Singleton, Matthew: Accounting for Derivative Products, in: Choi, Frederick (Hrsg.): Handbook of International Accounting, New York (USA), 1991, S. 21-17 f.

Als Bewertungsmaßstab für die Optionen kann gemäß SFAS 107 bei börsennotierten Optionen der Börsenkurs herangezogen werden. Bei OTC-Optionen wird vom SFAS 107 ausdrücklich erklärt, daß die bekannten Optionspreismodelle wie z. B. das Modell von Black und Scholes herangezogen werden sollen, um den Fair value dieser Optionen zu errechnen.[936]

Der Grund für den Hinweis, daß bei einem Hedge mit Währungsoptionen die risikomindernde Wirkung auf unternehmensweiter Ebene gegeben sein muß, findet sich in den Vorschriften des EITF-Issue No. 90-17. Hier wird vorgegeben, daß die Anwendung der Hedge-Rechnungslegung erlaubt ist für Währungsoptionen mit geringem oder ohne inneren Wert beim Kaufzeitpunkt, die dazu verwendet werden sollen, geplante Geschäfte abzusichern, wenn die Bedingungen von SFAS 80 erfüllt werden.[937] Dies ist der Grund, daß bei Währungsoptionen - anders als bei den Optionen auf alle anderen Bezugsbasen - die Risikoreduktion auf Unternehmensebene erreicht werden muß und nicht nur auf Einzelgeschäftsebene. Zu beachten ist insbesondere, daß selbst bei einem antizipatorischem Hedge überprüft werden müßte, inwieweit in der Zukunft die Option das Gesamtunternehmenswährungsrisiko reduzieren wird.

Eine Begründung, warum nur Optionen mit geringem oder nicht-vorhandenem inneren Wert für die Hedge-Rechnungslegung zugelassen werden, wird nicht gegeben. Eine Erklärung könnte darin liegen, daß die Option nur den aktuellen Wert absichern und nicht ein im voraus eingeplanter Gewinn in die Hedge-Bilanzierung einbezogen werden soll. Der Grund, warum ein Unternehmen dies nicht im Rahmen eines Hedges versuchen sollte, ist jedoch nicht nachvollziehbar.

Da bisher von offizieller Seite vor allem Stellungnahmen zu Währungsoptionen herausgegeben wurden, finden sich auch in der Sekundärliteratur keine direkten Hinweise auf die Rechnungslegung von Zinsoptionen. Allerdings beschäftigt sich die Literatur mit der Rechnungslegung von Caps, Floors und Collars. Da es sich bei diesen Produkten jeweils um eine Serie von Zinsoptionen handelt, kann daraus die Rechnungslegung für diese selbst abgeleitet werden.[938]

Bei Zinsoptionen kommt wie bei Caps das Accrual-Principle zur Anwendung. Wird eine geplante Anlage oder Kreditaufnahme gehedgt, wird die Prämie bis zur Durchführung des Geschäfts nach dem Deferral-Principle als Bilanzposition beibehalten und somit nicht ertragswirksam. Ab dem Zeitpunkt der Durchführung des Geschäfts wird die Prämie als Berichtigung des Zinsaufwands bzw. -ertrags über die Laufzeit des Geschäfts ertragswirksam p.r.t. als Aufwand in der GuV. Ebenso werden möglicherweise erhaltene Zahlungen bei Glattstellung der Zinsoption behandelt. Alternativ wird jedoch die Zinsoption nach MTM bewertet, wenn eine vorhandene Bilanzposition gehedgt wird, die nach MTM

---

936 Vgl. FASB: Original Pronouncements 1996/97 Edition - Accounting Standards as of June 1, 1996, Volume I, New York (USA), 1996, S. 1396

937 Vgl. Herz, Robert; Tancer, Joel: Accounting for Derivative and Synthetic Instruments, in: Haight, Timothy (Hrsg.): Derivatives Risk Management Service, Boston (Massachusetts, USA), 1996, S. 9A-25

938 Vgl. AICPA: Derivatives - Current Accounting and Auditing Literature, New York (USA), 1994, S. 26 f.; KPMG: Accounting for Swaps and Financial Derivatives, in: Das, Satyajit (Hrsg.): Swap & Derivative Financing, Chicago (Illinois, USA), 1994, S. 1301, 1303 f.

bewertet wird. Die unrealisierten Bewertungsgewinne bzw. -verluste werden sofort erfolgswirksam vereinnahmt. Die Prämie wird dann ebenfalls über die Laufzeit der Option p.r.t. erfolgswirksam. Wird eine Bilanzposition gehedgt, die nicht nach MTM bewertet wird, werden nach dem Matching-Principle alle Erträge und Aufwendungen (=Prämie) in der Erfolgswirksamkeit so lange verschoben, bis aus dem gehedgten Grundgeschäft die Gewinne und Verluste ertragswirksam werden. Hinsichtlich einer möglicherweise vorzunehmenden Aufteilung der Prämie in inneren Wert und Zeitwert findet sich in der Literatur kein Hinweis. Die Stillhalterpositionen aus Zinsoptionen werden nach MTM bewertet und die unrealisierten Gewinne und Verluste sofort ertragswirksam vereinnahmt. Ein Hedge-accounting bei Stillhalterpositionen wird abgelehnt.

2.3.3. Bilanzierung beim Stillhalter

Das FASB hatte zwar mit seinem EITF Issue No. 91-4 die Möglichkeit der Hedge-Rechnungslegung bei Stillhalter-Positionen eingeräumt, aber bereits darauf hingewiesen, daß die SEC sich grundsätzlich gegen die Möglichkeit des Deferral von Verlusten ausgesprochen hatte bei Stillhalterpositionen in Fremdwährungsoptionen. In einem weiteren Schritt hatte die SEC dann angedeutet, daß sie dieselbe Auffassung auch bei Stillhalterpositionen für Optionen besitzt, die sich auf andere Basiswerte als Fremdwährungen beziehen.

Die vorherrschende Meinung orientiert sich an den Aussagen der SEC und dem von ihr beauftragten FASB, grundsätzlich die Möglichkeit der Verlustverschiebung mittels einer Hedge-Rechnungslegung bei Stillhalterpositionen auszuschließen.

Durch die EITF-Papiere scheint die Hedge-Rechnungslegung von Stillhalterpositionen zumindest soweit gestützt zu werden, daß das Deferral-accounting im Falle von Gewinnen aus der short-position erlaubt ist, soweit diese nur einen geringen oder keinen inneren Wert besitzen.

Eine weitere Frage dreht sich darum, ob die vom Stillhalter vereinnahme Prämie sofort ertragswirksam vereinnahmt werden sollte, auch wenn die Option nicht nach MTM bewertet wird. Hierzu hat die EITF noch keinen Konsens erreicht.[939]

2.3.4. Weitere Ansätze im AICPA-Vorschlag

Der Vorschlag des AICPA geht vor allem dahin, daß die beiden Wertbestandteile einer Option (innerer Wert und Zeitwert) verschiedene wirtschaftliche Sachverhalte darstellen und daher in der Hedge-Rechnungslegung unterschiedlich behandelt werden müssen.

Im wesentlichen fordert es, daß der Zeitwert amortisiert und pro rata temporis erfolgswirksam vereinnahmt werden soll, da dieser sehr ähnliche Eigenschaften wie eine Versicherungsprämie aufweist. Jeglicher innere Wert wird mit Hilfe der MTM-Methode bewertet, wobei Erfolgsbeiträge in ihrer GuV-Wirksamkeit verschoben werden. In manchen Situationen wird der Zeit- und der innere Wert einer gekauften Option nicht ge-

[939] Vgl. Herz, Robert; Tancer, Joel: Accounting for Derivative and Synthetic Instruments, in: Haight, Timothy (Hrsg.): Derivatives Risk Management Service, Boston (Massachusetts, USA), 1996, S. 9A-25 und 27

trennt bilanziert - zum Beispiel wenn die gekaufte Option als Hedge-Instrument für eine Vermögensposition, eine Verbindlichkeit oder eine feste Vereinbarung eingesetzt ist und die gesicherte Position zum Marktwert bilanziert wird, wobei die Wertänderungen sofort erfolgswirksam vereinnahmt werden.

Eine Option kann somit als Hedge für eine feste Vereinbarung und auch für ein geplantes Geschäft eingesetzt werden. Der Teil des Zeitwertes, der auf die Periode fällt, bevor das zukünftige Geschäft durchgeführt wird, kann in die Bewertung des abgesicherten Geschäftes einbezogen werden oder kann alternativ auch in dieser Periode abgeschrieben werden.[940]

Diese Methode der Trennung des Optionswertes in inneren Wert und Zeitwert für die Rechnungslegung bestimmter Arten von Sicherungsgeschäften wurde vom AICPA im Hinblick auf Spekulationsgeschäfte ebenfalls diskutiert, jedoch in diesem Fall zugunsten des MTM verworfen.[941]

Nach dem AICPA Papier sollten Stillhalterpositionen als Hedge anerkannt werden, wobei die Hedge-Wirkung bis maximal zur vereinnahmten Prämienhöhe reichen kann. Daher müssen alle Verluste, die die Prämie übersteigen, sofort erfolgswirksam werden.

Im Falle eines Hedges mit short-options wird bei der Rechnungslegung nicht unterteilt in Zeitwert und inneren Wert. Das AICPA hält es somit für angebracht, daß auch bei short-options eine Hedge-Rechnungslegung anerkannt wird.

Das AICPA Options Issues Paper stellt neben den drei üblichen Kriterien, die bei der Hedge-Rechnungslegung erfüllt sein müssen (Risikoreduktion, hohe Korrelation und ausdrückliche Zuordnung von Grund- und Sicherungsgeschäft) ein weiteres Kriterium auf. Als weitere Voraussetzung muß die Option 'deep in the money' sein und es sollte weitgehend sicher sein, daß die Option 'in the money' während der gesamten Laufzeit bleiben wird.[942]

---

[940] Vgl. Herz, Robert; Tancer, Joel: Accounting for Derivative and Synthetic Instruments, in: Haight, Timothy (Hrsg.): Derivatives Risk Management Service, Boston (Massachusetts, USA), 1996, S. 9A-23 f.; Herz, Robert; Coopers & Lybrand: Accounting and Financial Reporting for Derivatives and Synthetics, in: Klein, Robert; Lederman, Jess (Hrsg.): The Handbook of Derivatives & Synthetics, Chicago (Illinois, USA), 1994, S. 851 f.

[941] Vgl. Breker, Norbert: Optionsrechte und Stillhalterverpflichtungen im handelsrechtlichen Jahresabschluß, Düsseldorf, 1993, S. 80

[942] Vgl. Herz, Robert; Tancer, Joel: Accounting for Derivative and Synthetic Instruments, in: Haight, Timothy (Hrsg.): Derivatives Risk Management Service, Boston (Massachusetts, USA), 1996, S. 9A-24; Herz, Robert; Coopers & Lybrand: Accounting and Financial Reporting for Derivatives and Synthetics, in: Klein, Robert; Lederman, Jess (Hrsg.): The Handbook of Derivatives & Synthetics, Chicago (Illinois, USA), 1994, S. 852

2.3.5. Rechnungslegung nach dem geplanten neuen Standard

Ebenso wie Futures sind Optionen in den neuen FASB-Proposal miteinbezogen,[943] unabhängig von deren Basiswerten.

Auch für Optionen gilt, daß der Fair value in der Bilanz ausgewiesen wird, nicht jedoch die zugrundeliegende Kontraktsumme der Basiswerte. Im Hinblick auf die grundlegend zu beachtenden Entscheidungen zur Rechnungslegung von Derivaten und damit auch von Optionen wird auf die Abschnitte 1.3.6., 2.3.5. und 3.3.3. in Kapitel 3 verwiesen.

2.3.5.1. Rechnungslegung bei Einsatz zu non-hedge Zwecken

Kauft ein Kreditinstitut eine Option zu anderen als Hedge-Zwecken, so weist es den Fair value der Option in der Bilanz aus. Die Bewertung der Option erfolgt nach den Vorschriften des SFAS 107, d. h. börsennotierte Optionen werden mit dem Börsenkurs bewertet, OTC-Optionen werden nach einem anerkannten Optionspreismodell bewertet. Für den Käufer einer Option kann der Wert nur positiv sein bzw. bis auf die Nullinie sinken. Der Käufer weist daher die Option immer als Vermögensgegenstand auf der Aktivseite der Bilanz aus. Bei Kauf der Option wird diese mit der bezahlten Prämie aktiviert. Diese Bilanzposition wird entsprechend der Wertentwicklung der Option zu- bzw. abgeschrieben. Im Falle einer spekulativen Option werden die unrealisierten Gewinne und Verluste in der GuV erfolgswirksam vereinnahmt.[944]

Gleiches gilt analog für eine short-position. Der Betrag, der aufgebracht werden müßte, um sich aus der Verpflichtung der Stillhalterposition zu befreien, wird als Verbindlichkeit passiviert, jegliche Wertänderung wird sofort erfolgswirksam.

2.3.5.2. Rechnungslegung bei Einsatz zu Hedge-Zwecken

Noch im Exposure Draft[945] hatte sich das FASB dafür entschieden, Stillhalterpositionen bei Optionen grundsätzlich nicht als Hedge-Instrument zuzulassen, da eine short-position bei Optionen unbegrenzte Verlustpotentiale birgt und der Gewinn auf die erhaltene Optionsprämie begrenzt ist. Diese Situation wurde nicht als risikoreduzierend empfunden. Im Task Force Draft wurde diese Entscheidung relativiert. Sowohl für Fair value-Hedges wie auch für Cash flow-Hedges werden Stillhalterpositionen als Hedge-Instrument zugelassen, wenn folgende Bedingung[946] erfüllt ist: Die Kombination aus der gehedgten Position und der Stillhalterposition beinhaltet zumindest ebensoviel Potential für Gewinne aus einer günstigen Entwicklung des Gesamt-Fair value bzw. der addierten Cash

943 So z. B. explizit im Rahmen der Anhangbeispiele - Vgl. FASB: Task Force Draft - Statement of Financial Accounting Standards No. 13X - Accounting for Derivative Instruments and for Hedging Activities, September 12, 1997 Version, Appendix A, Example 4, S. 99 ff.

944 Vgl. FASB: Task Force Draft - Statement of Financial Accounting Standards No. 13X - Accounting for Derivative Instruments and for Hedging Activities, September 12, 1997 Version, S. 10 f.

945 Vgl. FASB: Exposure Draft - Proposed Statement of Financial Accounting Standards - Accounting for Derivative and Similar Financial Instruments and for Hedging Activities, Financial Accounting Series, No. 162-B, June 20, 1996, S. 94

946 Vgl. FASB: Task Force Draft - Statement of Financial Accounting Standards No. 13X - Accounting for Derivative Instruments and for Hedging Activities, September 12, 1997 Version, S. 13 und 18

flows aus den kombinierten Finanzinstrumenten wie für Verlustrisiken aus einer ungünstigen Entwicklung, wobei jeweils gleiche Relationen gegeben sein müssen. Dies bedeutet, daß das Verhältnis von einer angenommenen relativen positiven Veränderung des Gesamt-Fair value (bzw. des Wertes des underlying) zu dem daraus resultierenden Gewinn (bzw. Cash flow-Zuwachs) dasselbe sein muß wie das Verhältnis von einer angenommenen negativen Veränderung des Gesamt-Fair value (bzw. des Wertes des underlying) zu dem daraus resultierenden Verlust (bzw. Cash flow-Rückgang). Eine Begründung zur Aufgabe der bisherigen völligen Ablehnung einer Stillhalterposition als Hedge-Instrument wird nicht gegeben.

Der Normalfall dürfte jedoch nach wie vor eine Hedge-Strategie sein, die sich auf gekaufte Optionen stützt. Wie für alle anderen Derivate gilt auch bei Optionen, daß die Absicherung konkretisiert werden muß auf eine Risikoart und daß jeweils nur die dieser Risikoart zuzuschreibenden Wertänderungen bei der Hedge-Rechnungslegung berücksichtigt werden dürfen. Bei Optionen tritt außerdem die Frage in den Vordergrund, wie das Unternehmen die Hedge-Effektivität zwischen den Wertänderungen der Option und der abgesicherten Position messen bzw. überprüfen will. So kann das Unternehmen entscheiden, ob der Zeitwert der Option grundsätzlich von der Zurechnung zur Hedge-Strategie ausgeschlossen werden soll oder nicht. In diesem Fall unterscheidet das Unternehmen zwischen dem Zeitwert und dem inneren Wert der Option und nur die Wertänderungen des inneren Wertes werden dem Hedge zugerechnet. Daneben hat die Unternehmung jedoch auch die Möglichkeit, die Hedge-Effektivität auf die Wertänderungen des 'minimum value' der Option zu stützen und entsprechend den 'volatility value' der Option außen vor zu lassen.[947] Als 'minimum value' definiert das Board die Summe aus dem inneren Wert der Option zuzüglich der Effekte einer Abdiskontierung dieses Wertes. Der 'volatility value' ist entsprechend das Gegenstück zum Zeitwert beim inneren Wert der Option; dieser Wert wird definiert als der Wert, der sich aus der Wahrscheinlichkeit errechnet, mit der der Marktpreis des underlyings während der Optionslaufzeit sich verändern wird.[948] Das Unternehmen hat also grundsätzlich die Wahlfreiheit in eine Hedge-Rechnungslegung folgende Teile eines Optionsgesamtwertes einzubeziehen:

1. Den Gesamtwert der Option.
2. Nur den inneren Wert der Option.
3. Nur den 'minimum value' der Option.

Im Fall 2. und 3. wird der jeweils restliche Wertbestandteil (Zeitwert bzw. Volatilitätswert) immer direkt der GuV zugerechnet (vor allem bei Cash flow-Hedge relevant). Von Bedeutung ist diese Wahl jedoch auch bei einem Fair value-Hedge, da sie u. U. das Ergebnis der Überprüfung der Hedge-Effektiviät beeinflußt und somit den Ausschlag geben kann, ob eine Hedge-Konstruktion grundsätzlich noch als solche anerkannt wird.

---

947 Vgl. FASB: Task Force Draft - Statement of Financial Accounting Standards No. 13X - Accounting for Derivative Instruments and for Hedging Activities, September 12, 1997 Version, Appendix A, S. 56 f.

948 Vgl. FASB: Task Force Draft - Statement of Financial Accounting Standards No. 13X - Accounting for Derivative Instruments and for Hedging Activities, September 12, 1997 Version, Appendix A, S. 100

2.3.5.2.1. Fair value-Hedge

Bei einem Fair value-Hedge wird die Option rechnungstechnisch genauso behandelt wie im Falle einer spekulativen Option. Die Wertschwankungen der Option werden sofort in voller Höhe erfolgswirksam und ebenso die auf die gehedgte Risikoart begründeten Wertschwankungen der gehedgten Position. Da die erfolgswirksam zu vereinnahmenden Gewinne und Verluste aus der gehedgten Position nicht in ihrer Höhe begrenzt werden durch die gegenläufigen Gewinne bzw. Verluste aus dem Derivat, werden also Wertzuwächse bei der gehedgten Position auch dann noch erfolgswirksam vereinnahmt, wenn der Wert der Option auf Null gesunken ist und daher keine Verluste aus dem Derivat mehr entgegenstehen (können!). Dies kann insbesondere dann von Bedeutung sein, wenn nach den sonstigen Rechnungslegungsvorschriften die Obergrenze des Wertes der gehedgten Position bei den historischen Kosten liegt.

2.3.5.2.2. Cash flow-Hedge

Im Falle eines Cash flow-Hedge wird die Option ebenfalls mit dem Fair value in der Bilanz ausgewiesen. Das Gegenkonto der auf die gehedgte Risikoart zurückzuführenden Wertschwankungen der in den Hedge einbezogenen Wertbestandteile der Option (Gesamtwert, nur innerer Wert oder nur ‘minimum value’) dieser Aktivposition ist jedoch nicht ein GuV-Konto, sondern das Bilanzkonto ‘other comprehensive income’. Alle Wertänderungen der Option werden hier gespeichert, bis die geplante Transaktion stattfindet. Sobald dies geschieht wird der Ergebnisbeitrag aus dem Optionsgeschäft der Bilanzposition ‘other comprehensive income’ entnommen und in der GuV erfolgswirksam vereinnahmt. Dies kann zeitpunktbezogen wie auch zeitraumbezogen geschehen. Die nicht in die Hedge-Strategie eingerechneten Wertbestandteile der Option werden direkt sofort erfolgswirksam in der GuV vereinnahmt.

3. Rechnungslegung von Swaps

Mit Hilfe von Finanzswaps lassen sich Finanzierungsvorteile in Form komparativer Kostenvorteile erzielen.[949] Die Swap-Partner nutzen ihre besseren Zugangsmöglichkeiten zu den jeweiligen Kreditmärkten und geben die dort erzielten Konditionen - ganz oder teilweise (je nach Standing) - an den anderen Partner weiter.[950] Swaps werden ausschließlich over-the-counter gehandelt.[951] Es gibt also keinen organisierten oder zentralisierten Markt; allerdings gibt es verschiedene Musterverträge, die zu einer Standardisierung der Individualverträge führen.[952] Insbesondere die ISDA (International Swap Dealers Association) hat weltweit verwendete Standardverträge erarbeitet. Als Grundformen von Swaps lassen sich Zinsswaps, Währungsswaps und kombinierte Zins- und Währungsswaps unterscheiden.

Beim **Zinsswap ('interest rate swap')** werden die Zinszahlungsverpflichtungen oder -ansprüche bezogen auf einen Kapitalbetrag der gleichen Währung zwischen den beiden Swap-Partnern getauscht. Es werden üblicherweise unterschiedliche Zinsmodi gegeneinander getauscht, also fixe Zinszahlungen gegen variable Zinszahlungen (z. B. 6 % fix gegen FIBOR). Aber auch zwei variable Zinsbeträge, die sich auf unterschiedliche Referenzzinssätze beziehen, sind austauschbar, z. B. Prime Rate gegen London Interbank Offered Rate (LIBOR).[953] In noch anders gelagerten Zinsswapgeschäften können laufende Zinszahlungen gegen einmalig am Anfang (Ende) zu leistende Beträge getauscht werden; hierfür hat sich die Bezeichnung 'Up-Front-Zinsswap' ('Balloon-Zinsswap') eingebürgert.[954] Der Austausch der Zinsen erfolgt bezogen auf einen festen Kapitalbetrag, der für beide Vertragspartner identisch ist, und eine bestimmte Laufzeit mit festgesetzten Zinszahlungsterminen. Der Austausch kann zu unterschiedlichen oder identischen Zeitpunkten erfolgen. Erfolgt der Austausch der Zinszahlungen zum selben Zeitpunkt, werden in der Regel nur Ausgleichszahlungen in Höhe der Differenz zwischen festem und variablem Zinssatz vorgenommen (Netting).[955] Der zugrundeliegende Kapitalbetrag wird bei einem Zinsswap nicht ausgetauscht. Auch in der anglo-amerikanischen Literatur wird der Kapitaltausch durchweg verneint. Dies ist der Regelfall und läßt sich daraus erklären, daß der Kapitalbetrag für beide Swap-Partner in der gleichen Höhe und in der gleichen Währung festgelegt ist und sich so ein Tausch zu Vertragsbeginn mit Rücktausch am Vertragsende als überflüssig erweist.[956]

---

[949] Vgl. Eilenberger: Überblick über produktbezogenen Finanzinnovationen unter Gesichtspunkten der Rechnungslegung, BFuP, 2/1995, S. 142

[950] Vgl. Krumnow, Jürgen et al.: Rechnungslegung der Kreditinstitute - Kommentar zum Bankbilanzrichtlinie-Gesetz und zur RechKredV, Stuttgart 1994, Tz. 338, S. 458

[951] Vgl. KPMG: Financial Instruments - Einsatzmöglichkeiten * Risikomanagement und Risikocontrolling * Rechnungslegung * Besteuerung, Frankfurt am Main, 1995, S. 100

[952] Vgl. Jutz, Manfred: Swaps und Financial Futures, in: Küting, Karlheinz; Weber, Claus-Peter (Hrsg.): Handbuch der Rechnungslegung , Stuttgart, 3. Auflage, 1990, S. 368, RZ. 585

[953] Vgl. Jutz, Manfred: Swaps und Financial Futures, in: Küting, Karlheinz; Weber, Claus-Peter (Hrsg.): Handbuch der Rechnungslegung , Stuttgart, 3. Auflage, 1990, S. 367, RZ. 579

[954] Vgl. KPMG: Financial Instruments - Einsatzmöglichkeiten * Risikomanagement und Risikocontrolling * Rechnungslegung * Besteuerung, Frankfurt am Main, 1995, S. 101

[955] Vgl. Scharpf, Paul; Epperlein, Joachim: Rechnungslegung und interne Kontrolle von derivativen Finanzinstrumenten, in: Rudolph, Bernd (Hrsg.): Derivative Finanzinstrumente, Stuttgart, 1995, S. 144

[956] Vgl. Jutz, Manfred: Swaps und Financial Futures, in: Küting, Karlheinz; Weber, Claus-Peter (Hrsg.): Handbuch der Rechnungslegung , Stuttgart, 3. Auflage, 1990, S. 367, RZ. 579

Bei einem **Währungsswap ('cross currency swap')** dagegen erfolgt neben den Zinszahlungen auch ein Austausch der der Zinsberechnung zugrundeliegenden Kapitalsumme. Man unterscheidet daher bei einem Währungsswap in die folgenden drei Phasen[957]:

- Anfangstransaktion:
  Zu Vertragsbeginn werden die Kapitalbeträge in den beiden unterschiedlichen Währungen getauscht, deren Verhältnis vom Devisenkassakurs dieses Zeitpunktes bestimmt wird.
- Zinstransaktionen:
  Während der Laufzeit des Swaps werden die den Kapitalbeträgen in der jeweiligen Währung zugehörigen Zinszahlungsströme ausgetauscht. Die Berechnungsmodalitäten für die Zinszahlungen sind identisch (fix gegen fix; variabel gegen variabel). Wegen der in der Regel unterschiedlichen Zinsniveaus in den zwei beteiligten Währungsräumen sind die Zinszahlungen von Anfang an unterschiedlich hoch.
- Schlußtransaktion:
  Bei Ablauf des Swap wird der zu Beginn erhaltene Fremdwährungsbetrag zurückgegeben, wobei der Devisenkassakurs der Anfangstransaktion auch das Austauschverhältnis der Schlußtransaktion bestimmt.

Weil während der Laufzeit des Währungsswap die Zinszahlungen in normalerweise unterschiedlicher Höhe getauscht wurden, ergibt sich im Gegensatz zum klassischen Devisen-Swap-Geschäft (Kassageschäft i.V.m. gegenläufigem Termingeschäft) beim Rücktausch kein vom Anfangskurs abweichender Kurs und somit kein Report bzw. Deport (die aus den unterschiedlichen Zinsniveaus der beiden Basiswährungen resultieren würden).[958] Das bei Zinsswaps übliche Netting würde bei Währungsswaps voraussetzen, daß eine Vereinbarung über den relevanten Umrechnungskurs zu den jeweiligen Zahlungszeitpunkten getroffen würde. Da dies unnötige Komplikationen bei der hier betrachteten Basisform des Währungsswaps hervorrufen würde, sehen die Musterverträge Nettozahlungen auch nur in den Fällen vor, in denen lediglich eine Währung beteiligt ist.[959]

Der **Zins-/Währungsswap ('cross-currency interest rate swap')** stellt eine Kombination aus Zins- und Währungsswap dar. Es findet ebenfalls zu Beginn und am Ende ein Kapitaltransfer zu gleichen Wechselkursen statt und es werden auch die Zinszahlungen getauscht, jedoch beziehen sich diese auf unterschiedliche Zinsberechnungsmodi. Die fixe Zinszahlung in der einen Währung wird gegen die variable Zinszahlung in der anderen Währung getauscht.[960]

---

[957] Vgl. zu den drei Phasen Jutz, Manfred: Swaps und Financial Futures, in: Küting, Karlheinz; Weber, Claus-Peter (Hrsg.): Handbuch der Rechnungslegung , Stuttgart, 3. Auflage, 1990, S. 367, RZ. 580; Scharpf, Paul; Epperlein, Joachim: Rechnungslegung und interne Kontrolle von derivativen Finanzinstrumenten, in: Rudolph, Bernd (Hrsg.): Derivative Finanzinstrumente, Stuttgart, 1995, S. 145

[958] Vgl. Bertsch, Andreas; Kärcher, Ralph: Derivative Instrumente im Jahresabschluß und in der Steuerbilanz, in: Eller, Roland (Hrsg.): Handbuch Derivativer Instrumente, Stuttgart, 1996, S. 662; Mauritz, Peter: Konzepte der Bilanzierung und Besteuerung derivativer Finanzinstrumente, Wiesbaden, 1997, S. 203

[959] Vgl. Jutz, Manfred: Swaps und Financial Futures, in: Küting, Karlheinz; Weber, Claus-Peter (Hrsg.): Handbuch der Rechnungslegung , Stuttgart, 3. Auflage, 1990, S. 368, RZ. 586

[960] Vgl. Bertsch, Andreas; Kärcher, Ralph: Derivative Instrumente im Jahresabschluß und in der Steuerbilanz, in: Eller, Roland (Hrsg.): Handbuch Derivativer Instrumente, Stuttgart, 1996, S. 662

Auf die Anfangstransaktion beim Währungsswap und kombinierten Zins-/Währungsswap kann durch eine Vereinbarung zwischen den Swap-Partnern auch verzichtet werden: die beiden Vertragsparteien verpflichten sich dann nur, am Ende der Swap-Laufzeit Kapitalbeträge in unterschiedlichen Währungen zu tauschen. Deren Austauschverhältnis richtet sich auch wie im Regelfall nach dem zu Swap-Beginn gültigen Devisenkassakurs.[961]

Swaps lassen sich außerdem nach den möglicherweise dahinterstehenden Grundgeschäften differenzieren, indem sie auf Forderungen (asset swaps) oder auf Verbindlichkeiten (liability swaps) bezogen werden.[962] Das Grundgeschäft ist dabei der Bilanzposten, dessen Zinsstruktur und/oder Währung durch den Swap geändert werden soll.[963] Ein Kreditinstitut kann neben Spekulations- und Arbitragezwecken einen Swap eben gerade dazu benutzen, die Zinszahlungsströme eines Bilanzpostens von einer Zinsberechnungsbasis in eine andere zu konvertieren und / oder die denominierte Währung zu ändern, ohne am eigentlichen Grundgeschäft Änderungen vornehmen zu müssen. Die Veränderung der Zinsstruktur des Grundgeschäfts trägt darüber hinaus zur Erfolgsverbesserung bei, wenn der Abschluß eines Swaps komparative Kostenvorteile zwischen den Swap-Partnern im Hinblick auf die Zinslast der Grundgeschäfte ausnutzen hilft.[964]

Eine Bank kann grundsätzlich als Arranger oder als Intermediary auftreten. Als Arranger beschränkt sich die Tätigkeit der Bank auf das Zusammenführen der beiden Geschäftspartner und auf die Beratung bei der Vertragsgestaltung ohne selbst an den Zahlungsströmen des Swap beteiligt zu sein. Als Intermediary steht die Bank als Vertragspartner zwischen den beiden Geschäftspartnern, die ihrerseits in keinerlei Verbindung zueinander stehen; die Swapzahlungen laufen durch die Konten der Bank und sie trägt damit das Ausfallrisiko für jede Seite.[965] Als Arranger vereinnahmt die Bank eine Arrangement-Fee, also eine reine Vermittlungsgebühr und hat mit der weiteren Abwicklung des Swaps nichts mehr zu tun. Als Intermediary erhält sie entweder ebenfalls eine Gebühr[966], die gleichzeitig eine Bezahlung für die Übernahme des Ausfallrisikos darstellt oder sie vereinnahmt eine Zinsdifferenz als Marge bei Durchleitung der Zinszahlungen. (Beispiel: Bank A erhält als Intermediary bei einem Zinsswap von X fixe Zinsen in Höhe von 8 %, leitet an Y jedoch nur 7,95 % weiter; im Gegenzug erhält sie von Y FIBOR und leitet diese Zinszahlung in voller Höhe an X weiter).

---

961 Vgl. Jutz, Manfred: Swaps und Financial Futures, in: Küting, Karlheinz; Weber, Claus-Peter (Hrsg.): Handbuch der Rechnungslegung , Stuttgart, 3. Auflage, 1990, S. 367, RZ. 583

962 Vgl. Eisele, Wolfgang; Knobloch, Alois: Offene Probleme bei der Bilanzierung von Finanzinnovationen, DStR, 17/1993, S. 617

963 Vgl. Jutz, Manfred: Swaps und Financial Futures, in: Küting, Karlheinz; Weber, Claus-Peter (Hrsg.): Handbuch der Rechnungslegung , Stuttgart, 3. Auflage, 1990, S. 368 f., RZ. 587

964 Vgl. Jutz, Manfred: Swaps und Financial Futures, in: Küting, Karlheinz; Weber, Claus-Peter (Hrsg.): Handbuch der Rechnungslegung , Stuttgart, 3. Auflage, 1990, S. 369, RZ. 590

965 Vgl. Kommission für Bilanzierungsfragen des Bundesverbandes deutscher Banken: Zur Rechnungslegung von Swap-Geschäften, Die Bank, 3/1988, S. 158

966 Vgl. Happe, Peter: Grundsätze ordnungsmäßiger Buchführung für Swapvereinbarungen, Düsseldorf, 1996, S. 134

3.1. Rechnungslegung von Swaps in Deutschland

Zur Rechnungslegung von Swaps in Deutschland gibt es bislang eine einzige Stellungnahme. Diese wurde von der Kommission für Bilanzierungsfragen des Bundesverbandes deutscher Banken 1988 veröffentlicht.[967] Der Gesetzgeber selbst hat detailliert - wie auch zu den anderen Derivaten - nicht Stellung genommen. Die Kommentare bzw. wissenschaftlichen Arbeiten über die bilanzielle Behandlung von Swaps beziehen sich daher immer noch auf diese Veröffentlichung von 1988. Somit gibt es in Deutschland den im Vergleich zu den anderen Derivaten größten Interpretationsspielraum bei der Rechnungslegung von Swaps. Wie auch bei den anderen beiden Derivatarten wird im Rahmen dieser Arbeit vor allem die herrschende Meinung wiedergegeben und die vielen Diskussionsebenen und stark abweichenden Einzelmeinungen, so z. B. die Einordnung der Swaps als nicht-schwebende Geschäfte[968], werden nur am Rande gestreift.

3.1.1. Bilanzausweis

Die h. M. klassifiziert Swaps (auch Währungsswaps) als schwebende Geschäfte, da es sich bei den Swapzahlungen um Leistungen handelt, die beide Parteien erst während eines zukünftigen Zeitraumes erbringen müssen[969] und sich zu Beginn des Geschäfts die jeweiligen Ansprüche ausgeglichen gegenüberstehen. Da von Anfang an die ausgetauschten Nominalzinsen normalerweise unterschiedlich hoch sind, bedeutet Ausgeglichenheit hier vielmehr, daß ein Austausch der marktüblichen Zinssätze aus dem jeweiligen Laufzeitbereich stattfindet.[970] Der Zinsswap selbst wird nicht in der Bilanz erfaßt. In einer Nebenbuchhaltung sind jedoch alle Merkmale des abgeschlossenen Swaps festzuhalten (so z. B. Name des Kontrahenten, Kapitalbetrag (also Nominalbeträge, die das Swapvolumen angeben), Laufzeit, Zinssätze, Fälligkeitsdaten der Zinszahlungen, ggf. Wechselkurs und Zugehörigkeit zu Hedge-Positionen oder Gegengeschäfte, wenn die Bank Intermediary ist).[971] Hinsichtlich der variablen Konditionen (Zinssätze) sind die Angaben immer dem aktuellen Stand anzupassen.[972] Bei Währungsswaps und Zins-/Währungsswaps wird die Bilanz insoweit berührt, als der Austausch der Kapitalbeträge einen Ak-

---

[967] Vgl. Kommission für Bilanzierungsfragen des Bundesverbandes deutscher Banken: Zur Rechnungslegung von Swap-Geschäften, Die Bank, 3/1988, S. 158 – 165

[968] Diese Meinung vertritt z. B. Jutz - Vgl. Jutz, Manfred: Swaps und Financial Futures, in: Küting, Karlheinz; Weber, Claus-Peter (Hrsg.): Handbuch der Rechnungslegung , Stuttgart, 3. Auflage, 1990, S. 379, RZ. 628

[969] Vgl. Mauritz, Peter: Konzepte der Bilanzierung und Besteuerung derivativer Finanzinstrumente, Wiesbaden, 1997, S. 202

[970] Vgl. Krumnow, Jürgen et al.: Rechnungslegung der Kreditinstitute - Kommentar zum Bankbilanzrichtlinie-Gesetz und zur RechKredV, Stuttgart 1994, Tz. 339, S. 458

[971] Vgl. Ferstl, Eberhard; Hader, Jochen: Finanzinnovationen - Instrumente des Zinsmanagements - Der Zinsswap -. Broschüre der Bayerischen Landesbank, o. O., o. J., S. 12; Krumnow, Jürgen et al.: Rechnungslegung der Kreditinstitute - Kommentar zum Bankbilanzrichtlinie-Gesetz und zur RechKredV, Stuttgart 1994, Tz. 339, S. 459; Kommission für Bilanzierungsfragen des Bundesverbandes deutscher Banken: Zur Rechnungslegung von Swap-Geschäften, Die Bank, 3/1988, S. 159

[972] Vgl. Scharpf, Paul; Luz, Günther: Risikomanagement, Bilanzierung und Aufsicht von Finanzderivaten, Stuttgart, 1996, S. 419

tiv- bzw. Passivtausch zur Folge hat.[973] Insofern gilt, daß ein Währungsswap mit Anfangstransaktion nicht gänzlich bilanzunwirksam ist.[974]

Da es sich nach h. M. in Deutschland bei Swaps um schwebende Geschäfte handelt, wäre eigentlich grundsätzlich zu fragen, ob bei jeder Zahlung der angenommene Gewinn periodenbezogen sofort realisiert werden soll oder ob erst bei Ablauf des Swap der Gesamtergebnissaldo erfolgswirksam werden soll (vgl. Kapitel 3 Abschnitt 1). Diese Überlegung ergibt sich auch aus dem abwicklungstechnischen Vergleich zu börsengehandelten Zins-Futures, bei denen über die Marginzahlungen ebenfalls wertveränderungsbezogene zahlungswirksame Vorgänge auftreten. Dennoch wird ein Swap eher als ein Dauerschuldverhältnis gesehen, bei dem eine periodenbezogene Erfolgsrealisation greift.

Die Zinszahlungsströme werden daher periodenbezogen abgegrenzt[975] und sind je nach Situation als ARAP bzw. PARAP oder Forderung bzw. Verbindlichkeit in die Bilanz einzustellen, soweit Teile der Zinszahlungen vor- oder nachgelagert zur aktuellen Periode ertragswirksam sind. Dabei wird jedoch nur die jeweils gegenüber einem Partner aus einem Swap-Geschäft bestehende Nettozinsforderung bzw. -verbindlichkeit bilanziert[976] (unabhängig davon, ob eine Netting-Vereinbarung getroffen wurde[977]), da ein Bruttoausweis eine ungerechtfertigte Aufblähung der Bilanz bzw. auch der GuV mit sich bringen würde.[978] Auch hinsichtlich der der Periode zuzuordnenden Zinsen wird ein Nettoausweis in der GuV vorgenommen, da auch nur der Nettobetrag tatsächlich getauscht wird.[979] Selbst wenn die Zinszahlungszeitpunkte aus einem Swap-Geschäft zwischen den beiden Partnern auseinanderfallen und damit tatsächlich die Bruttobeträge ausgetauscht werden, empfehlen Scharpf/Epperlein, dennoch die Zinsen je Swap-Vertrag zu saldieren und ebenfalls nur den Nettobetrag in der GuV auszuweisen.[980] Nach h. M. sollte dagegen nicht eine Verrechnung der Nettozinsforderung/-verbindlichkeit gegenüber einem Swap-Partner mit der Nettozinsforderung/-verbindlichkeit gegenüber dem anderen Swap-Part-

973 Vgl. Kommission für Bilanzierungsfragen des Bundesverbandes deutscher Banken: Zur Rechnungslegung von Swap-Geschäften, Die Bank, 3/1988, S. 159

974 Vgl. Jutz, Manfred: Swaps und Financial Futures, in: Küting, Karlheinz; Weber, Claus-Peter (Hrsg.): Handbuch der Rechnungslegung , Stuttgart, 3. Auflage, 1990, S. 379, RZ. 628

975 Vgl. Scharpf, Paul; Luz, Günther: Risikomanagement, Bilanzierung und Aufsicht von Finanzderivaten, Stuttgart, 1996, S. 420

976 Vgl. Kommission für Bilanzierungsfragen des Bundesverbandes deutscher Banken: Zur Rechnungslegung von Swap-Geschäften, Die Bank, 3/1988, S. 159

977 Jutz spricht sich dagegen nur dann für einen saldierten Ausweis aus, wenn tatsächlich nur die Nettozahlungen zwischen den Swap-Partnern fließen. Werden dagegen die Bruttozahlungen ausgetauscht (vor allem bei Währungsswaps), so kommt für diesen Autor eine Saldierung in der GuV nicht in Frage. - Vgl. Jutz, Manfred: Swaps und Financial Futures, in: Küting, Karlheinz; Weber, Claus-Peter (Hrsg.): Handbuch der Rechnungslegung , Stuttgart, 3. Auflage, 1990, S. 384 f., RZ. 642 ff. und S. 387 f., RZ. 649

978 Vgl. Scharpf, Paul; Luz, Günther: Risikomanagement, Bilanzierung und Aufsicht von Finanzderivaten, Stuttgart, 1996, S. 421; Sieber, Sebastian: Derivate: Ein Ende des Versteckspiels?. Versicherungswirtschaft, 24/1995, S. 1697

979 Vgl. Sieber, Sebastian: Derivate: Ein Ende des Versteckspiels?. Versicherungswirtschaft, 24/1995, S. 1697; Ferstl, Eberhard; Hader, Jochen: Finanzinnovationen - Instrumente des Zinsmanagements - Der Zinsswap -. Broschüre der Bayerischen Landesbank, o. O., o. J., S. 12

980 Vgl. Scharpf, Paul; Epperlein, Joachim: Rechnungslegung und interne Kontrolle von derivativen Finanzinstrumenten, in: Rudolph, Bernd (Hrsg.): Derivative Finanzinstrumente, Stuttgart, 1995, S. 146

ner (z. B. bei einem Mikro-Hedge) erfolgen.[981] Bei Übernahme der Funktion des Intermediary spricht sich die Kommission für Bilanzierungsfragen des Bundesverbandes deutscher Banken dagegen für einen auf die gesamte Swap-Konstruktion bezogenen Nettoausweis aus.[982]

3.1.2. Behandlung der Gebühreneinnahmen bei Arranger bzw. Intermediary

- Bank als Arranger

Da auf die Bank nach Erbringung der Leistung keine weiteren Verpflichtungen zukommen können, wird die Arrangement Fee von der Bank im Zeitpunkt der Leistungserbringung in voller Höhe ertragswirksam als Provisionsertrag vereinnahmt.[983]

- Bank als Intermediary

Erhält die Bank eine Marge aus den durchgeleiteten Zinszahlungen, so wird diese periodengerecht ertragswirksam. Wie bereits oben erwähnt, sollte nur der sich aus beiden Teilswap-Geschäften ergebende Ergebnissaldo ausgewiesen werden.[984] Da es sich bei dieser Marge normalerweise um eine Prämie für die Übernahme des Ausfallrisikos handelt, wird diese - im Gegensatz zur Arrangement Fee - als Zinsertrag[985] vereinnahmt. Sollte dagegen der Intermediary eine einmalige Gebühr vereinnahmen, so ist diese ebenfalls als Prämie für die Übernahme des Ausfallrisikos zu interpretieren und sollte über die Laufzeit des Swap pro rata temporis - mit Hilfe eines passivischen transitorischen RAP - erfolgswirksam werden.[986]

3.1.3. Grundsätzliche Erwägungen zur Bewertung

Auch für Swaps als schwebende Geschäfte gilt, daß im Falle eines Überhangs an zukünftig zu erbringenden Leistungen im Verhältnis zu den zu beanspruchenden Leistungen

---

981 Vgl. Kommission für Bilanzierungsfragen des Bundesverbandes deutscher Banken: Zur Rechnungslegung von Swap-Geschäften, Die Bank, 3/1988, S. 159

982 Vgl. Kommission für Bilanzierungsfragen des Bundesverbandes deutscher Banken: Zur Rechnungslegung von Swap-Geschäften, Die Bank, 3/1988, S. 160

983 Vgl. Kommission für Bilanzierungsfragen des Bundesverbandes deutscher Banken: Zur Rechnungslegung von Swap-Geschäften, Die Bank, 3/1988, S. 160; Krumnow, Jürgen et al.: Rechnungslegung der Kreditinstitute - Kommentar zum Bankbilanzrichtlinie-Gesetz und zur RechKredV, Stuttgart 1994, Tz. 353, S. 464; Happe, Peter: Grundsätze ordnungsmäßiger Buchführung für Swapvereinbarungen, Düsseldorf, 1996, S. 135

984 Vgl. Kommission für Bilanzierungsfragen des Bundesverbandes deutscher Banken: Zur Rechnungslegung von Swap-Geschäften, Die Bank, 3/1988, S. 160; Happe, Peter: Grundsätze ordnungsmäßiger Buchführung für Swapvereinbarungen, Düsseldorf, 1996, S. 135

985 Vgl. Scharpf, Paul; Luz, Günther: Risikomanagement, Bilanzierung und Aufsicht von Finanzderivaten, Stuttgart, 1996, S. 429; Happe spricht sich dagegen für einen GuV-Ausweis unter der Position Nettoerfolg aus Handelsgeschäften nach § 340 c Abs. 1 HGB aus. - Vgl. Happe, Peter: Grundsätze ordnungsmäßiger Buchführung für Swapvereinbarungen, Düsseldorf, 1996, S. 135

986 Vgl. Schwarze, Armin: Ausweis und Bewertung neuer Finanzierungsinstrumente in der Bankbilanz, Berlin, 1989, S. 165; Krumnow, Jürgen et al.: Rechnungslegung der Kreditinstitute - Kommentar zum Bankbilanzrichtlinie-Gesetz und zur RechKredV, Stuttgart 1994, Tz. 354, S. 464; Happe, Peter: Grundsätze ordnungsmäßiger Buchführung für Swapvereinbarungen, Düsseldorf, 1996, S. 135

eine Rückstellung für drohende Verluste aus schwebenden Geschäften zu bilden ist. Es kann auch der Fall entstehen, daß im Falle eines positiven Wertes eine Drohverlustrückstellung zu bilden ist und zwar bei drohendem Ausfall des Swap-Partners. Das zu berücksichtigende Kreditrisiko besteht dann in Höhe des positiven Wertes des Swaps.[987] Wichtig wird die Frage nach der richtige Methode zur Bewertung von Swaps.

Verschiedenste Ansatzpunkte werden in Deutschland diskutiert. Zunächst wird im Folgenden nur das Zinsverlustpotential aus einem Zinsswap bzw. einem Zins-/Währungsswap untersucht. Im zweiten Schritt wird die Problematik des Wechselkursverlustpotentials aus einem Währungsswap behandelt.

Folgende grundsätzliche Bewertungsmethoden zur Ermittlung des schwebenden **Zinsverlustpotentials** werden betrachtet:

1. Die Zinsdifferenzmethode
   a. bezogen auf die gesamte Restlaufzeit
   b. bezogen auf den Zeitraum bis zur nächsten Festsetzung des variablen Zinssatzes
2. Die Glattstellungsmethode
3. Die Marktwertmethode

3.1.3.1. Zinsdifferenzmethode

Der Zinsdifferenzmethode bezogen auf die gesamte Restlaufzeit liegt die Annahme zugrunde, daß für alle zukünftigen Ansprüche und Verpflichtungen die Marktverhältnisse des Abschlußstichtages bis zum Laufzeitende gelten. Die benötigte Rückstellung wird aus der Differenz der Ansprüche und Verpflichtungen durch einfache Summierung - ohne Abzinsung - der künftigen Swapzahlungen berechnet.[988] Eine andere Variante dieser Methode geht davon aus, daß eine Rückstellung nur über die Zeit bis zum nächsten Zinsanpassungszeitpunkt berechnet werden sollte, da die weitere Entwicklung des variablen Zinses nicht geschätzt werden könne.[989] Nach der h. M. wird diese Methode abgelehnt, denn diese würde dazu führen, daß stets für eine Seite ein Rückstellungserfordernis entsteht, weil fixer und variabler Zinssatz in der Regel nicht identisch sind. Dieses Ergebnis ist aus wirtschaftlicher Sicht unsinnig, da die Annahme unrealistisch ist, daß sich der variable Zinssatz über die Laufzeit nicht ändern wird.[990]

---

[987] Vgl. Scharpf, Paul; Luz, Günther: Risikomanagement, Bilanzierung und Aufsicht von Finanzderivaten, Stuttgart, 1996, S. 425

[988] Vgl. Happe, Peter: Grundsätze ordnungsmäßiger Buchführung für Swapvereinbarungen, Düsseldorf, 1996, S. 89 f.; Eisele, Wolfgang; Knobloch, Alois: Offene Probleme bei der Bilanzierung von Finanzinnovationen, DStR, 17/1993, S. 619; Jutz schließt sich dieser Methode an und verwirft die Marktwertmethode mit dem Argument der leichteren Handhabbarkeit und damit, daß die Bewertung hier an den Geldwert der jeweiligen Leistungen anknüpft, welche sich aus den jeweils unmittelbar vereinbarten Beträgen ergibt und nicht aus anderweitig festgestellten Marktpreisen. - Vgl. Jutz, Manfred: Swaps und Financial Futures, in: Küting, Karlheinz; Weber, Claus-Peter (Hrsg.): Handbuch der Rechnungslegung , Stuttgart, 3. Auflage, 1990, S. 390, RZ. 654

[989] Vgl. Eisele, Wolfgang; Knobloch, Alois: Offene Probleme bei der Bilanzierung von Finanzinnovationen, DStR, 17/1993, S. 619

[990] Vgl. Happe, Peter: Grundsätze ordnungsmäßiger Buchführung für Swapvereinbarungen, Düsseldorf, 1996, S. 107 f.; Krumnow, Jürgen et al.: Rechnungslegung der Kreditinstitute - Kommentar zum Bankbilanzrichtlinie-Gesetz und zur RechKredV, Stuttgart 1994, Tz. 340, S. 459

3.1.3.2. Glattstellungsmethode

Der Rückstellungsbedarf wird in der Form ermittelt, daß die Schließung einer offenen Swapposition mit einem Gegengeschäft zu Marktkonditionen unterstellt wird. Dieser Methode liegt die Überlegung zugrunde, daß der drohende Verlust nicht höher sein kann als der Verlust, der durch eine Stornierung oder Schließung des schwebenden Geschäfts am Bilanzstichtag entstehen würde.[991] Vergleicht man die Zinszahlungsströme aus einem solchen 'Gegen-Swap' mit den Zinszahlungsströmen des kontrahierten ursprünglichen Swaps, kann die über die Laufzeit aufaddierte und abgezinste Differenz als Bewertungsergebnis des einzelnen Swaps angesehen werden.[992] Im Falle einer negativen Differenz bzw. eines fiktiven zu zahlenden Betrages zur Schließung der Swap-Position ist in deren Höhe eine Drohverlustrückstellung zu bilden.[993]

3.1.3.3. Marktwertmethode

Die Marktwertmethode, die von der Glattstellungsmethode differenziert wird, stellt im eigentlichen Sinne das finanzmathematische Procedere zur Berechnung des Marktwertes eines Finanzswaps dar. Die Marktwertmethode ist dabei die Rechenoperation, die letztlich hinter der Glattstellungsmethode steht und muß daher normalerweise zum selben Ergebnis kommen.[994]

Hinter der Ermittlung des Marktwertes eines Swaps steht die Erkenntnis, daß es sich bei einem Swap finanzmathematisch um nichts anderes als eine Serie von Zinstermingeschäften mit unterschiedlichen Fälligkeitszeitpunkten handelt. Dabei wird der gesamte Zahlungsstrom eines Swaps in seine einzelnen Cash Flows aufgespalten und diese - wie bei der Zero-Bond-Bewertung - mit dem für die entsprechende Laufzeit aus der Zinskurve abgeleiteten Marktzinssatz abdiskontiert (d. h. noch nicht fixierte variable Swapzahlungen werden mit Hilfe von Forward Rates bestimmt). Die Differenz der Barwerte der zukünftigen Ein- und Auszahlungen ergibt das Bewertungsergebnis des Swaps, also einen unrealisierten Gewinn oder Verlust.[995] Ergibt sich bei dieser Bewertung mit Hilfe von Forward-Rates ein negativer Wert, so entspricht dieser dem Geldbetrag, der am Bewertungsstichtag einem Dritten gezahlt werden müßte, damit der die Verpflichtung aus der Swapposition übernehmen könnte, ohne seine eigene Vermögensposition zu verschlech-

---

991 Vgl. Happe, Peter: Grundsätze ordnungsmäßiger Buchführung für Swapvereinbarungen, Düsseldorf, 1996, S. 88 f.

992 Vgl. Krumnow, Jürgen et al.: Rechnungslegung der Kreditinstitute - Kommentar zum Bankbilanzrichtlinie-Gesetz und zur RechKredV, Stuttgart 1994, Tz. 340, S. 459

993 Vgl. Scharpf, Paul; Epperlein, Joachim: Rechnungslegung und interne Kontrolle von derivativen Finanzinstrumenten, in: Rudolph, Bernd (Hrsg.): Derivative Finanzinstrumente, Stuttgart, 1995, S. 146

994 Vgl. Happe, Peter: Grundsätze ordnungsmäßiger Buchführung für Swapvereinbarungen, Düsseldorf, 1996, S. 106

995 Vgl. Krumnow, Jürgen et al.: Rechnungslegung der Kreditinstitute - Kommentar zum Bankbilanzrichtlinie-Gesetz und zur RechKredV, Stuttgart 1994, Tz. 341, S. 459 f.; Prahl, Reinhard; Naumann, Thomas: Zur Bilanzierung von portfolio-orientierten Handelsaktivitäten der Kreditinstitute, Die Wirtschaftsprüfung, 23/1991, S. 737; Happe, Peter: Grundsätze ordnungsmäßiger Buchführung für Swapvereinbarungen, Düsseldorf, 1996, S. 196

tern.[996] Wie schon erwähnt, muß daher die Marktbewertungsmethode zu genau demselben Ergebnis führen wie die Glattstellungsmethode.

Bei Währungsswaps ist hinsichtlich der Ermittlung des Rückstellungsbedarfes in Bezug auf das Zinsrisiko lediglich zu beachten, daß mit den aus der ausländischen Swapzinsstrukturkurve abgeleiteten Zerobond-Abzinsfaktoren diskontiert wird, denn auch hier gilt, daß unter dem Glattstellungsaspekt ein potentieller Erwerber die Konditionen des Swaps mit den einschlägigen Marktkonditionen vergleichen würde.[997] Ansonsten haben die obigen Aussagen zur Marktwertmethode bei der Anwendung im Rahmen eines Währungsswaps volle Gültigkeit.

Ein Vorteil der Anwendung der Marktwertmethode ist, daß damit ein Swap-Portfolio mit unterschiedlichen Laufzeiten, Zinssätzen, Zinszahlungsterminen und Zinsbezugsgrößen (LIBOR, FIBOR etc.) gleichnamig gemacht werden kann. Diese Methode stellt die Basis dar für eine echte Portfolio-Bewertung auf Mark-to-Market-Basis.[998]

Bei der Marktwertmethode zur Bewertung von Swaps tritt ein besonderes Problem auf, das der Erfassung der Zinsen. Die Marktwertmethode unterscheidet nicht danach, ob Zinsen aus einem Swap schon realisiert sind, d. h. ob sie sich auf einen Zeitraum beziehen, der am Bilanzstichtag bereits abgelaufen ist. Sämtliche noch ausstehenden Zahlungen werden unterschiedslos abdiskontiert, gleichgültig, ob sie auf die Periode zwischen letztem Zinszahlungstag und Bewertungsstichtag oder auf die Periode zwischen Bewertungsstichtag und nächstem Zinszahlungsstichtag entfallen. Es muß daher - dem deutschen Realisationsprinzip Rechnung tragend - eine Trennung zwischen realisierten und unrealisierten Erfolgen vorgenommen werden. Dies kann nur in der Weise erfolgen, daß die bis zum Stichtag aufgelaufenen Zinsen als Ertrag oder Aufwand erfaßt werden. Im Gegenzug wird das Bewertungsergebnis um diesen Ertrag oder Aufwand vermindert bzw. erhöht. Durch diese Herausnahme der realisierten Zinsen aus dem Bewertungsergebnis wird verhindert, daß realisierte Zinserträge als unrealisierte Bewertungsgewinne aufscheinen und somit - bei einem Gewinnüberhang - dem Imparitätsprinzip zum Opfer fallen können.[999]

Nach diesen Überlegungen zur Bewertung des Zinsverlustpotentials im Hinblick auf die Bildung einer Drohverlustrückstellung stellt sich bezüglich der Währungsswaps und Zins-/Währungsswaps die Frage nach der Bewertung eines möglichen Wechselkursverlustpotentials.

Bei allen anderen Derivaten wird bei währungsbezogenen Produkten das Währungsrisiko unter Zuhilfename des am Markt gehandelten Währungsterminkurses beurteilt. Der Unterschied zwischen Kassakurs und Terminkurs, welcher auch als Swapsatz bezeichnet wird, beruht zu einem großen Teil auf den Zinsdifferenzen zwischen den beteiligten Wäh-

---

[996] Vgl. Mauritz, Peter: Konzepte der Bilanzierung und Besteuerung derivativer Finanzinstrumente, Wiesbaden, 1997, S. 212

[997] Vgl. Happe, Peter: Grundsätze ordnungsmäßiger Buchführung für Swapvereinbarungen, Düsseldorf, 1996, S. 115

[998] Vgl. Krumnow, Jürgen et al.: Rechnungslegung der Kreditinstitute - Kommentar zum Bankbilanzrichtlinie-Gesetz und zur RechKredV, Stuttgart 1994, Tz. 341, S. 460

[999] Vgl. Krumnow, Jürgen et al.: Rechnungslegung der Kreditinstitute - Kommentar zum Bankbilanzrichtlinie-Gesetz und zur RechKredV, Stuttgart 1994, Tz. 344 f., S. 461

rungsräumen. Da nun auch bei einem Währungsswap Zinszahlungen ausgetauscht werden, ist zu untersuchen, ob das Wechselkursrisiko bei Währungsswaps bzw. Zins-/Währungsswaps ebenfalls mit dem Terminkurs zu bewerten sind. Während Eisele/Knobloch[1000] von einer Rückstellungsbildung aufgrund einer ungünstigen Wechselkursentwicklung zum Bilanzstichtag ausgehen, lehnt Happe dies zu Recht ab, denn bei Währungsswaps und Zins-/Währungsswaps entspricht der Rücktauschkurs der Schlußtransaktion dem Devisenkassakurs der Anfangstransaktion, weil die Zinssatzdifferenz der beteiligten Währungen bereits über die zwischenzeitlichen Zinszahlungen und nicht über einen Swapsatz ausgeglichen wird.[1001] Noch deutlicher drücken es Scharpf/Luz aus, die richtig darstellen, daß bei einem Währungsswap bzw. Zins-/Währungsswap die Anfangstransaktion je nach Geschäftsvereinbarung zu einem Aktiv- oder Passivtausch führt. Die Schlußtransaktion dagegen wird als Termingeschäft behandelt und findet somit keinen Niederschlag in der Bilanz.[1002] Es ist also einmal der in der Bilanz ausgewiesene Fremdwährungsaktiv- bzw. passivposten zu bewerten. Nach den Vorschriften des HGB sind grundsätzlich die Fremdwährungspositionen nach dem am Bilanzstichtag gültigen Kassakurs zu bewerten. Der Fremdwährungsposten kann zwar problemlos bei Aufnahme des Geschäfts zu Kassakonditionen in DM eingebucht werden, da bei der Anfangstransaktion die Kassakonditionen herangezogen werden. An den folgenden Bilanzstichtagen kann sich der Kassakurs jedoch verändert haben und es ist zu überlegen, inwieweit eine Verschlechterung des Kassakurses zu einer Abwertung (bzw. Aufwertung im Falle einer Passivposition) der Aktivpositionen führen muß. Zum anderen könnte sich die Frage nach der Bildung einer Drohverlustrückstellung für die Schlußtransaktion (also das schwebende Termingeschäft) stellen. Scharpf/Luz führen hierzu sehr einfach und sehr treffend aus: „Ein Währungsswap stellt grundsätzlich eine geschlossene Währungsposition dar, denn dem Tausch zu Beginn der Laufzeit steht ein in der Regel identischer Rücktausch am Ende der Laufzeit entgegen. ... Das bilanzierende Unternehmen hat in seiner Bilanz im Regelfall eine in DEM umgerechnete Währungsforderung ausgewiesen, die aus der Anfangstransaktion resultiert. Bei einer Verminderung des Devisenkurses ist eine Forderungsabschreibung (Währungskursverlust) im Hinblick auf die Rücktauschvereinbarung nicht vorzunehmen.“ [1003] Es wird richtig erkannt, daß die Währungsforderung mit der Schlußtransaktion (Devisentermingeschäft) eine Bewertungseinheit bildet[1004] und

---

[1000] Diese schreiben - völlig in Verkennung der Realitäten - : „Betrachtet man die Rückzahlungsverpflichtung isoliert von den Zinsverpflichtungen, so ist ein Verpflichtungsüberhang dann anzunehmen, wenn beim Wechselkurs am Bilanzstichtag der aufzuwendende Betrag den vom Partner zu zahlenden Betrag übersteigt. ... Eine Berücksichtigung des noch im Bestand befindlichen *(Fremdwährungs-)* ...-Betrages bei der Bemessung der Drohverlustrückstellung scheidet ... aus, da dieser Betrag nicht zur Absicherung gegen das Währungsrisiko aus der Schlußtransaktion des Swap dient. Es besteht also in dieser Hinsicht weder eine Durchhalteabsicht noch eine Laufzeitkongruenz, so daß ein Verlustausgleich nicht nachhaltig gewährleistet ist.“ - Vgl. Eisele, Wolfgang; Knobloch, Alois: Offene Probleme bei der Bilanzierung von Finanzinnovationen, DStR, 17/1993, S. 618 f.

[1001] Vgl. Happe, Peter: Grundsätze ordnungsmäßiger Buchführung für Swapvereinbarungen, Düsseldorf, 1996, S. 118 ff.

[1002] Vgl. Scharpf, Paul; Luz, Günther: Risikomanagement, Bilanzierung und Aufsicht von Finanzderivaten, Stuttgart, 1996, S. 437

[1003] Scharpf, Paul; Luz, Günther: Risikomanagement, Bilanzierung und Aufsicht von Finanzderivaten, Stuttgart, 1996, S. 437 f.

[1004] In Verkennung dieser Tatsache gibt es jedoch auch andere Stimmen in der Literatur, die keinen Sicherungszusammenhang zwischen Kassa- und Termingeschäft sehen, sondern eine einzelne Bewertung des Währungstermingeschäfts vornehmen, sofern keine Mikro-Hedge-Position zu einem anderen gegenläufigen Währungskassageschäft gegeben ist: „Für den Kapitalrücktausch auf der

somit bei keinem der beiden Bestandteile der Bewertungseinheit das Imparitätsprinzip anzuwenden ist, da es sich quasi um einen 'perfect Hedge' handelt.

Die Marktbewertungsmethode im herkömmlichen Sinne wird in Deutschland nach wie vor unter strenger Beachtung des Imparitätsprinzips verstanden. In einer neueren Literaturstelle[1005] wird inzwischen die 'echte' Marktbewertungsmethode, d. h. Anerkennung von unrealisierten Gewinnen und Verlusten im Jahresabschluß vorgeschlagen. Dies hat sich allerdings (noch) nicht als h. M. durchgesetzt.

3.1.4. Bewertung unter Berücksichtigung von Bewertungseinheiten

3.1.4.1. Mikro-Hedge

Bei einem Mikro-Hedge wird danach unterschieden, ob eine Buchforderung bzw. -verbindlichkeit mit dem Swap abgesichert wird oder eine wertpapierunterlegte Bilanzposition.

Im Falle der Verknüpfung einer Buchforderung/-verbindlichkeit mit einem Swap vertritt Krumnow die Ansicht, daß das aus dem Swap herrührende Zinsrisiko ebenfalls aus der zinsabhängigen Bewertung genommen wird, da auch Bankeinlagen bzw. -kredite bilanztechnisch keiner zinsabhängigen Bewertung unterliegen. Das Zinsrisiko wird in beiden Fällen als Bestandteil der gesamten Zinsposition der Bank gesehen und wird daher nicht gesondert betrachtet. Aus diesem Grunde kann in diesen Fällen auf eine Marktbewertung des Zinsswaps verzichtet werden.[1006]

Tiefergreifende Diskussionen spannen sich in Deutschland um die Frage nach der Bewertung im Falle eines Mikro-Hedge von Zinsswap mit Wertpapieren. Grundsätzlich sind hier zwei Formen zu unterscheiden: a) die Verbindung eines Zinsswaps mit einem festverzinslichen Wertpapier im Rahmen eines asset-swap, so daß wirtschaftlich gesehen ein synthetischer Floater entsteht und b) die Verbindung eines Zinsswaps mit einer Floating Rate Note, so daß wirtschaftlich gesehen ein synthetisches Festzins-Wertpapier entsteht.

Bei Einhaltung der Voraussetzungen zur Anerkennung eines Mikro-Hedge (siehe Kapitel 3 Abschnitt 2.1.) muß nach h. M. in Deutschland das synthetische Produkt der üblichen bilanzrechtlichen Bewertung unterworfen werden, d. h. es wird ein durch einen entsprechenden Swap-Mikro-Hedge wirtschaftlich entstehender synthetischer Floater auch als Floater bilanziell bewertet und genauso wird ein synthetisches festverzinsliches Wertpapier bilanziell wie jedes andere 'normale' festverzinsliche Wertpapier bewertet. Eine

letzten Stufe ist die Bildung einer Rückstellung für drohende Verluste aus schwebenden Geschäften erforderlich, wenn der Kassakurs der Fremdwährung am Bilanzstichtag gegenüber dem Abschlußzeitpunkt des Währungsswaps gestiegen (und die Aufrechnung mit korrespondierenden Bewertungsgewinnen aus der Umrechnung eines Fremdwährungsanspruchs im Rahmen einer bilanzierungsobjektübergreifenden Bewertungseinheit nicht möglich) ist." - KPMG: Financial Instruments - Einsatzmöglichkeiten * Risikomanagement und Risikocontrolling * Rechnungslegung * Besteuerung, Frankfurt am Main, 1995, S. 107

1005 Vgl. Mauritz, Peter: Konzepte der Bilanzierung und Besteuerung derivativer Finanzinstrumente, Wiesbaden, 1997, S. 212 ff.

1006 Vgl. Krumnow, Jürgen et al.: Rechnungslegung der Kreditinstitute - Kommentar zum Bankbilanzrichtlinie-Gesetz und zur RechKredV, Stuttgart 1994, Tz. 347, S. 462

rechtliche Begründung für das Unterlassen der Abschreibung bei einem synthetischen Floater bzw. der Vornahme einer Abschreibung bei einem synthetischen straight bond läßt sich auch über § 253 Abs. 3 herbeiführen; durch die Verknüpfung mit dem Asset-Swap ist der Börsen- oder Marktpreis nicht mehr der für das Wertpapier maßgebliche Wert. Abzustellen ist dann vielmehr auf den beizulegenden Wert, der eben dem Nominalwert bzw. dem Wert einer entsprechenden FRN bzw. dem Marktwert einer entsprechenden festverzinslichen Anleihe entspricht.[1007]

Bei einem synthetischen festverzinslichen Wertpapier stellt sich die Frage, ob der aus der Hedge-Gesamtposition resultierende Verlust mittels einer Abschreibung der Floating Rate Note oder über die Bildung einer Rückstellung für drohende Verluste aus schwebenden Geschäften Eingang in die Bilanz finden sollte. Krumnow gibt hierzu keine eindeutige Vorgabe, sondern läßt ein Wahlrecht zu.[1008] Scharpf/Luz argumentieren dagegen wie folgt: „Eine „Abwertung“ der Floating Rate Note scheidet aus, weil der Verlust im Ergebnis nicht aus der Floating Rate Note, sondern aus dem Swap resultiert.“ [1009]

Bei vorzeitiger Auflösung eines Mikro-Hedge ist der verbleibende Teil nach den allgemeinen Grundsätzen zu bewerten. Wird der Swap aufgelöst, so muß eine möglicherweise bis dahin unterlassene Wertpapierabschreibung sofort nachgeholt werden. Wird dagegen das Wertpapier veräußert oder zurückgezahlt, muß der Swap dem Makro-Hedge-Bestand oder dem Handelsbestand zugeordnet und nach den für diese Bestände geltenden Bewertungsgrundsätzen behandelt werden.[1010]

Wenn sich Swap und Grundgeschäft in den zugrundeliegenden Kapitalbeträgen unterscheiden, so gelten die oben gemachten Aussagen nur auf den kleineren der beiden Beträge. Ebenso ist eine Bewertungseinheit auch dann möglich, wenn Fristigkeitsunterschiede durch Termingeschäfte überbrückt werden.[1011]

Die Zinsen aus dem Swap werden im Falle eines Mikro-Hedges der Periodenzugehörigkeit entsprechend erfolgswirksam, wobei auch hier nur die Nettozinsen ausgewiesen werden.[1012] Eine Saldierung mit den Zinsen aus der abgesicherten Grundposition erfolgt jedoch nicht.

1007 Vgl. Scharpf, Paul; Luz, Günther: Risikomanagement, Bilanzierung und Aufsicht von Finanzderivaten, Stuttgart, 1996, S. 431 f., Krumnow, Jürgen et al.: Rechnungslegung der Kreditinstitute - Kommentar zum Bankbilanzrichtlinie-Gesetz und zur RechKredV, Stuttgart 1994, Tz. 350, S. 463

1008 Vgl. Krumnow, Jürgen et al.: Rechnungslegung der Kreditinstitute - Kommentar zum Bankbilanzrichtlinie-Gesetz und zur RechKredV, Stuttgart 1994, Tz. 350, S. 463

1009 Scharpf, Paul; Luz, Günther: Risikomanagement, Bilanzierung und Aufsicht von Finanzderivaten, Stuttgart, 1996, S. 433

1010 Vgl. Scharpf, Paul; Luz, Günther: Risikomanagement, Bilanzierung und Aufsicht von Finanzderivaten, Stuttgart, 1996, S. 432; Krumnow, Jürgen et al.: Rechnungslegung der Kreditinstitute – Kommentar zum Bankbilanzrichtlinie-Gesetz und zur RechKredV, Stuttgart 1994, Tz. 351, S. 463 f.

1011 Vgl. Eisele, Wolfgang; Knobloch, Alois: Offene Probleme bei der Bilanzierung von Finanzinnovationen, DStR, 17/1993, S. 619; Die Bilanzierungskommission des Bundesverbandes deutscher Banken fordert dagegen eine weitgehende Übereinstimmung hinsichtlich Betrag, Zinsfälligkeit und Laufzeit. - Vgl. Kommission für Bilanzierungsfragen des Bundesverbandes deutscher Banken: Zur Rechnungslegung von Swap-Geschäften, Die Bank, 3/1988, S. 162

1012 Vgl. Krumnow, Jürgen et al.: Rechnungslegung der Kreditinstitute - Kommentar zum Bankbilanzrichtlinie-Gesetz und zur RechKredV, Stuttgart 1994, Tz. 352, S. 464

3.1.4.2. Makro-Hedge

Bei Zinsswaps, die als Makro-Hedge zur Absicherung gegen das allgemeine Zinsänderungsrisiko eingesetzt werden, kann auf eine Marktbewertung verzichtet werden, wenn diese Zinsswaps in das Zinsrisikomanagement einbezogen werden. Im Normalfall unterbleibt - genauso wie bei allen anderen Buchforderungen und -verbindlichkeiten - eine Marktbewertung der Zinsswaps, die als Makro-Hedge deklariert sind.[1013] Die Erfassung der Zinsen aus diesen Swaps erfolgt ebenfalls wie bei Mikro-Hedges nach der Periodenzugehörigkeit.

3.1.4.3. Portfolio-Hedge

Bei Swaps, die dem Handelsbestand zugeordnet sind, ist in Deutschland die Rechnungslegung nach der Portfolio-Bewertung inzwischen anerkannt. Somit werden diese Swaps nach Marktwerten bewertet.

Im Falle der Nutzung der Marktwertmethode zur Ermittlung des Rückstellungsbedarfes aus einem (einzelnen) Swap ist - wie oben ausgeführt - eine Trennung in aufgrund der Periodenzuordnung bereits realisierte und noch nicht realisierte Zinsbeträge notwendig. Dies ist nach h. M. unumstritten. Diskussionen entwickeln sich jedoch um die Methode der jahresabschlußbezogenen Umsetzung der Bewertungsergebnisse aus der Anwendung der Marktwertmethode für die Bewertung von Swap-Portfolios. Es gibt hierzu zwei Formen der Anwendung der Marktwertmethode:

a) Verknüpfung der Marktwertmethode mit dem Imparitätsprinzip und
b) Vereinnahmung der Bewertungsergebnisse der Marktwertmethode in Form einer Verteilung über die gewichtete Laufzeit des Swap-Portfolios.

3.1.4.3.1. Verknüpfung der Marktwertmethode mit dem Imparitätsprinzip

Soll der Saldo aller Marktwerte des Swap-Portfolios imparitätisch behandelt werden, so ist es - wie oben bei Erklärung der Marktwertmethode beschrieben - notwendig, das Bewertungsergebnis in seine realisierten (auf den Zeitraum bis zum Bilanzstichtag entfallende, aber noch nicht fällige Zinsen) und unrealisierten (Barwert der auf die zukünftigen Perioden entfallenden Zinsen) Bestandteile aufzuteilen.[1014] Geschieht dies nicht, so besteht die Gefahr, daß Zinserträge dem Imparitätsprinzip zum Opfer fallen, obwohl sie auf Zeiträume entfallen, die am Bilanzstichtag bereits abgelaufen und somit realisiert sind. Diese realisierten Zinsbestandteile werden vom Bewertungsergebnis also abgezogen; der verbleibende Rest wird imparitätisch behandelt, indem die Bewertungsergebnisse aller im Portfolio enthaltenen Instrumente - d. h. die unrealisierten Gewinne und Verluste - miteinander verrechnet werden und in Höhe eines möglichen Negativsaldo eine Drohverlust-

---

1013 Vgl. Krumnow, Jürgen et al.: Rechnungslegung der Kreditinstitute - Kommentar zum Bankbilanzrichtlinie-Gesetz und zur RechKredV, Stuttgart 1994, Tz. 355, S. 465

1014 Scharpf, Paul; Luz, Günther: Risikomanagement, Bilanzierung und Aufsicht von Finanzderivaten, Stuttgart, 1996, S. 436

rückstellung gebildet wird. Ein Überhang an unrealisierten Gewinnen (also bei einem Positivsaldo) bleibt dagegen unberücksichtigt.[1015]

Happe, der sich dieser Methode unter dem Namen 'partielle Effectiveness-Methode' anschließt, vertritt zudem die Ansicht, daß aus handelsrechtlicher Sicht nach dem Grundsatz der Wesentlichkeit und Wirtschaftlichkeit angesichts der Vielzahl der in einem Portfolio zusammengefaßten Swapvereinbarungen und der damit verbundenen Zinstransaktionen auf eine Abgrenzung der laufenden Swapzahlungen nach dem Prinzip der Periodenzuordnung verzichtet werden darf. Die laufenden Swapzahlungen können somit zu den Zeitpunkten realisiert werden, zu denen sie gezahlt werden.[1016]

3.1.4.3.2. Verteilung der Bewertungsergebnisse über die gewichtete Laufzeit des Portfolios

Diese Methode wird vor allem von Prahl/Naumann propagiert als eine von der Praxis entwickelte Sonderform des Handels-Makro-Hedge. Prahl/Naumann beziehen in diesen Swap-Handels-Porfolio-Hedge neben Swaps alle dem Handelsbuch zugeordneten Finanzinstrumente mit ein, deren erwartete Liquiditätsströme abdiskontiert werden. Dies erfolgt unabhängig davon, ob Zahlungen z. B. bei festverzinslichen Wertpapieren als Zinsen oder als Tilgungen deklariert werden; auch Buchforderungen oder Buchverbindlichkeiten werden in diesem Zusammenhang renditebewertet.[1017] Die weiteren Literaturstellen, die die Vorschläge von Prahl/Naumann aufnehmen, reduzieren den Anwendungsbereich jedoch auf ein reines Swap-Portfolio. Dieser Anwendungsbereich hat sich offensichtlich auch als h. M. durchgesetzt.

Bei Verwendung dieser Methode ist eine Trennung in realisierte und unrealisierte Bestandteile des Bewertungsergebnisses nicht notwendig. Hier werden die positiven und negativen Barwerte aller im Portfolio enthaltenen Zinsswaps in voller Höhe miteinander verrechnet. Bei Gebrauch dieser Methode ist es dabei notwendig, eine besondere Buchungstechnik mit Hilfe von Cash-Konten anzuwenden. Hier werden alle unterjährig anfallenden Zahlungen aus den Swaps erfolgsneutral gesammelt. Diese Cash-Konten ergeben zusammen mit den Barwerten aller zukünftigen Zahlungen den stichtagsbezogenen Wert des Swap-Portfolios.[1018] Eine sofortige Vereinnahmung dieses Wertes des Portfolios kommt nach h. M. nicht in Betracht, da das Adressenausfallrisiko der verschiedenen Vertragspartner für die u. U. erhebliche Restlaufzeit weiterhin besteht. Um einen für die handelsrechtliche Gewinnermittlung brauchbaren Betrag zu bestimmen, der auf der Barwertmethode beruht und so auch eine Abstimmung (Überleitung) von externem und internem Erfolg erlaubt, bietet sich die Ermittlung eines Profit-Takeout an, der als ein unter Gläubigerschutzgesichtspunkten für die Periode unbedenklich entziehbarer Betrag aus

---

1015 Vgl. Krumnow, Jürgen et al.: Rechnungslegung der Kreditinstitute - Kommentar zum Bankbilanzrichtlinie-Gesetz und zur RechKredV, Stuttgart 1994, Tz. 358 und 361, S. 466 f.

1016 Vgl. Happe, Peter: Grundsätze ordnungsmäßiger Buchführung für Swapvereinbarungen, Düsseldorf, 1996, S. 218

1017 Vgl. Prahl, Reinhard; Naumann, Thomas: Die Bewertungseinheit am Bilanzstichtag - und was dann?, ZBB, 1/1994, S. 7

1018 Vgl. Prahl, Reinhard; Naumann, Thomas: Die Bewertungseinheit am Bilanzstichtag - und was dann?, ZBB, 1/1994, S. 7 f.; Prahl, Reinhard; Naumann, Thomas: Zur Bilanzierung von portfolioorientierten Handelsaktivitäten der Kreditinstitute, Die Wirtschaftsprüfung, 23/1991, S. 737

dem notwendigerweise nahezu vollständig gehedgten Swap-Buch konzipiert ist. Dies führt näherungsweise zu einer Ergebnisgenerierung, die einer Periodisierung der Handelserfolge über die gewichtete Laufzeit des Portfolios entspricht.[1019] Krumnow et al. halten dieses Procedere de lege lata bereits für zulässig. Leider erfolgen keine detaillierteren Hinweise, in welcher Form bzw. unter welchem Bilanzposten das Bewertungsergebnis in der Bilanz erscheinen soll; dieser Bilanzposten müßte zum einen an jedem Bilanzstichtag eine Bewertungsanpassung erfahren und zum anderen periodisiert werden. Prahl/ Naumann[1020] begründen die Zulässigkeit der periodenbezogenen erfolgswirksamen Vereinnahmung eines positiven Bewertungsergebnisses eines Swap-Portfolios damit, daß eine materielle Verletzung des Realisationsprinzips nur dann vorläge, wenn sich in der Barwertermittlung auch Bewertungsergebnisse aus offenen Zinsrisikopositionen niederschlagen würden, was bei einer notwendigerweisen hohen Hedge-Ratio regelmäßig nur in unbedenklich vernachlässigbarem Umfang der Fall sein kann. Eine vollständige Immunisierung eines Zins-Swap-Portfolios gegen Zinsänderungsrisiken bedeutet letztlich, daß sich der Barwert dieses Portfolios im Zeitablauf sicher realisiert. Prahl/Naumann erkennen sehr richtig, daß eine vollständige erfolgswirksame Vereinnahmung des Barwertes in Widerspruch zum Realisationsprinzip und dem Gebot der Periodenabgrenzung steht und daher eine Periodisierung vorgenommen werden muß.

Genauere Hinweise zur rechnungstechnischen Abwicklung geben Scharpf/Luz. Diese machen in Ergänzung zu Krumnow et al. deutlich, daß sich der 'Gewinn' des Portfolios aus der Gegenüberstellung des Nettobarwertes des Portfolios zu dem zum vorangegangenen Bilanzstichtag geltenden Nettobarwert errechnet. Dieser 'Gewinn' des Portfolios ist es, der periodisiert und in Form des Profit-Takeouts auf die gewichtete Laufzeit des Portfolios verteilt wird. Dadurch werde ein der klassischen Zinsabgrenzung ähnliches Gewinnprofil erreicht. Ein 'Verlust', der in der oben beschriebenen Weise errechnet wird, muß dagegen in voller Höhe mittels einer Drohverlustrückstellung berücksichtigt werden.[1021] Happe setzt sich mit den Detailfragen näher auseinander. Er erklärt, daß der aus der Division des positiven Nettobarwertes durch die mit dem Volumen gewichtete Restlaufzeit (erweitert um 1 für das bereits abgelaufene Geschäftsjahr) des Swaphandelsportfolios ermittelte Profit-Takeout im Handelsergebnis des Kreditinstitutes als Ertrag ausgewiesen und als Gegenkonto ein entsprechender Aktivposten für das Portfolio in der Bilanz angesetzt werden müßte.[1022] Es ist jedoch offen, ob nicht auch im Falle eines positiven Netto-Barwertes der gesamte Wert aktiviert und in Höhe der Differenz zwischen errechnetem Profit-Takeout und dem Gesamt-Barwert ein passiver RAP gebildet werden müßte, welcher dann p.r.t. aufgelöst wird. (Nach dem Vorschlag von Happe würde dagegen p.r.t. der Aktiv-Posten sukzessive aufgestockt werden.) Diese Fragen werden in der Literatur nicht eindeutig geklärt, so daß für die Praxis offensichtlich erhebliche Interpretationsspielräume vorliegen.

1019 Vgl. Krumnow, Jürgen et al.: Rechnungslegung der Kreditinstitute - Kommentar zum Bankbilanzrichtlinie-Gesetz und zur RechKredV, Stuttgart 1994, Tz. 319, S. 448

1020 Vgl. Prahl, Reinhard; Naumann, Thomas: Zur Bilanzierung von portfolio-orientierten Handelsaktivitäten der Kreditinstitute, Die Wirtschaftsprüfung, 23/1991, S. 737 f.

1021 Vgl. Scharpf, Paul; Luz, Günther: Risikomanagement, Bilanzierung und Aufsicht von Finanzderivaten, Stuttgart, 1996, S. 258

1022 Vgl. Happe, Peter: Grundsätze ordnungsmäßiger Buchführung für Swapvereinbarungen, Düsseldorf, 1996, S. 215

Happe vertritt darüber hinaus sehr dezidiert die Ansicht, daß diese modifizierte Mark-to-Market-Methode mit der Berechnung eines Profit-Takeouts de lege lata abzulehnen ist. Er führt u. a. an, daß dieser Profit-Takeout zu Liquiditätsabflüssen z. B. im Rahmen von Ausschüttungen führt, obwohl kein entsprechender Liquiditätszufluß vorhanden ist. De lege lata sei außerdem der Ansatz eines Aktivpostens in Höhe des Nettobarwertes des Portfolios nicht möglich, da dies gegen den Aktivierungsgrundsatz verstößt, weil schwebende Geschäfte nicht ansatzfähig sind. Außerdem könne von einer Nachhaltigkeit oder einer Quasisicherheit des Barwertes, die Voraussetzung ist für eine handelsrechtliche Gewinnrealisierung, insofern keine Rede sein, als kein Rechtsanspruch auf Zahlung des Barwertes der künftigen Cash Flows des Portfolios besteht. Die Möglichkeit, den Bruttobarwert erfolgsneutral entnehmen zu können, sei reine Finanzmathematik, aber noch kein Anlaß von einer handelsrechtlichen Realisierung des Brutto- oder Nettobarwertes auszugehen.[1023]

3.1.5. Behandlung von Close-out-Zahlungen

Close-out-Zahlungen werden geleistet, wenn ein Swap vorzeitig beendet wird. Der Vertragspartner, der aufgrund der aktuellen Marktgegebenheiten einen Nachteil aus dem Swap-Geschäft hat, leistet an die andere Partei eine Ausgleichszahlung in Höhe des negativen Marktwertes (Close-out-Zahlung) und die Swap-Vereinbarung wird damit einvernehmlich aufgehoben.[1024]

Im Falle von Swaps, die im Handelsbestand erfaßt sind, gehen diese geleisteten oder erhaltenen Zahlungen sofort in voller Höhe in die GuV ein.[1025] Diese sofortige Erfolgswirksamkeit der Zahlung sollte laut Krumnow et al. der Regelfall sein, auch wenn es sich um einen Mikro- und insbesondere wenn es sich um einen Makro-Hedge handelt. Dennoch lassen Krumnow et al. einen Interpretationsspielraum im Hinblick auf die wirtschaftliche Betrachtungsweise zu. Denn ohne Zulassung von Ausnahmen könnte eine Bank zur Aufbesserung ihres Ergebnisses schlagartig eine größere Menge von Makro-Hedge-Swaps mit positivem Wert auflösen und die entsprechenden Ausgleichszahlungen sofort in voller Höhe als Ertrag vereinnahmen. Sie würde sich damit den (kurzfristigen) Ertrag durch Eingehen von (langfristigen) Zinsänderungsrisiken 'erkaufen'.[1026] Dennoch sollte laut Krumnow et al. eine Periodenverteilung eine Ausnahme bleiben, denn diese sei bilanzrechtlich formal gesehen nicht unproblematisch, da sie schon sehr weitgehend dem anglo-amerikanischen matching-principle und einer dynamischen Bilanzauffassung ent-

---

[1023] Vgl. Happe, Peter: Grundsätze ordnungsmäßiger Buchführung für Swapvereinbarungen, Düsseldorf, 1996, S. 216 f.

[1024] Vgl. Happe, Peter: Grundsätze ordnungsmäßiger Buchführung für Swapvereinbarungen, Düsseldorf, 1996, S. 131; Krumnow, Jürgen et al.: Rechnungslegung der Kreditinstitute - Kommentar zum Bankbilanzrichtlinie-Gesetz und zur RechKredV, Stuttgart 1994, Tz. 364, S. 468

[1025] Vgl. Scharpf, Paul; Luz, Günther: Risikomanagement, Bilanzierung und Aufsicht von Finanzderivaten, Stuttgart, 1996, S. 434 und 437; KPMG: Financial Instruments - Einsatzmöglichkeiten * Risikomanagement und Risikocontrolling * Rechnungslegung * Besteuerung, Frankfurt am Main, 1995, S. 104; Krumnow, Jürgen et al.: Rechnungslegung der Kreditinstitute - Kommentar zum Bankbilanzrichtlinie-Gesetz und zur RechKredV, Stuttgart 1994, Tz. 365, S. 468

[1026] Vgl. Krumnow, Jürgen et al.: Rechnungslegung der Kreditinstitute - Kommentar zum Bankbilanzrichtlinie-Gesetz und zur RechKredV, Stuttgart 1994, Tz. 370, S. 470; Scharpf, Paul; Luz, Günther: Risikomanagement, Bilanzierung und Aufsicht von Finanzderivaten, Stuttgart, 1996, S. 435

spräche![1027] Die Wirtschaftsprüfungsgesellschaft KPMG geht dagegen von einer strikten sofortigen Erfolgswirksamkeit von Close-out-Zahlungen aus und rät daher dem bilanzierenden Kaufmann: „Swapauflösungen bieten sich nach den ... Rechnungslegungsvorschriften - nämlich der ... gebotenen Erfolgswirksamkeit bei Aufhebung eines geschlossenen Vertrages - als ein bilanzpolitisch flexibel einsetzbares Instrument an.“ [1028] Durch die Auflösung eines Swapvertrages mit positivem Barwert könne die GuV ergebnissteigernd beeinflußt werden. Darüber hinaus - so rät die KPMG - kann der Kaufmann entscheiden, ob er eine sofortige Erfolgswirksamkeit in voller Höhe erreichen will oder ob er mittels Abschluß eines Gegengeschäfts die Position des offenen Swaps durch einen gegenläufigen Swap schließen will. In diesem Falle schlägt sich die Erfolgswirksamkeit nicht sofort in voller Höhe ('en bloc') nieder, sondern werde pro rata temporis realisiert. „Insofern bietet sich dem bilanzierenden Kaufmann ... die Möglichkeit, Gewinne ... aus wirtschaftlich aufgelösten Zinsswapverträgen entweder einmalig durch Aufhebungsvertrag oder aber über die Restlaufzeit gestreckt durch den Abschluß eines gegenläufigen OTC-Kontrakts zu vereinnahmen. ... Die unterschiedlichen rechtlichen Formen (Aufhebung oder wirtschaftliche Glattstellung) führen zwar wirtschaftlich zum gleichen Ergebnis, haben jedoch ganz andere Auswirkungen auf die Gewinnermittlung.“ [1029] Obwohl offensichtlich Wirtschaftsprüfer diese Handlungsweise akzeptieren, entspricht diese Aussage nicht der h. M., die gerade unter Erkennung dieser weitreichenden Bilanzmanipulationsspielräume von einer flexibleren Auslegung des Realisationsprinzips ausgeht.

Zu beachten ist auch der umgekehrte Fall, daß bei dem ein Swap, bei dem ein Verpflichtungsüberschuß vorliegt und der durch Abschluß eines Gegenswaps quasi 'realisiert' wird, für die erst im Zeitablauf anfallenden Verpflichtungsüberschüsse eine Drohverlustrückstellung in Höhe des Barwertes zu bilden ist.[1030]

Als grundsätzliche Ausnahme von der sofortigen Erfolgswirksamkeit sehen Krumnow et al. den Fall, daß die Bank einen Mikro-Hedge zwischen einem Wertpapier und einem Zins-Swap in der Form auflöst, daß sie das Wertpapier im Bestand behält und durch die Auflösung des Swaps eine Ausgleichszahlung leisten muß. In diesem Fall hat die Bank einen im Vergleich zum Marktzins relativ hohen Nominalzins des Wertpapiers 'weggeswapt' und hat den niedrigeren aktuellen Marktzins erhalten. Nach Auflösung des Swaps kann sie künftig die hohen Nominalzinsen des Wertpapiers vereinnahmen, ohne diese an den Swap-Partner weitergeben zu müssen. Hier sollte es ausnahmsweise zulässig sein, den Aufwand für die Einmalzahlung auf die Restlaufzeit des Wertpapiers zu verteilen und als Korrektiv zu dem hohen Nominalzins als Minderung des Zinsertrags auszuweisen. Im umgekehrten Fall, wenn die Bank die Ausgleichszahlung erhält, muß dies normalerweise einen Abschreibungsbedarf bei dem Wertpapier nach sich ziehen. Die Ausgleichszahlung kompensiert diese Abschreibung und ist daher sofort ertragswirksam zu vereinnahmen und zwar unter der GuV-Position, unter der die Abschreibung auf das Wertpapier erfolgt. Wird die Ausgleichszahlung durch die Abschreibung nicht in voller Höhe aufge-

1027 Vgl. Krumnow, Jürgen et al.: Rechnungslegung der Kreditinstitute - Kommentar zum Bankbilanzrichtlinie-Gesetz und zur RechKredV, Stuttgart 1994, Tz. 370, S. 470

1028 KPMG: Financial Instruments - Einsatzmöglichkeiten * Risikomanagement und Risikocontrolling * Rechnungslegung * Besteuerung, Frankfurt am Main, 1995, S. 104

1029 KPMG: Financial Instruments - Einsatzmöglichkeiten * Risikomanagement und Risikocontrolling * Rechnungslegung * Besteuerung, Frankfurt am Main, 1995, S. 105

1030 Vgl. Scharpf, Paul; Luz, Günther: Risikomanagement, Bilanzierung und Aufsicht von Finanzderivaten, Stuttgart, 1996, S. 426

zehrt, so lassen Krumnow et al. als weitere Ausnahme die Vereinnahmung der restlichen Ausgleichszahlung pro rata temporis über die Restlaufzeit des Wertpapiers als Zinsertrag zu, weil sie ihrem wirtschaftlichen Gehalt nach ein Korrektiv für den im Vergleich zum Swap niedrigen Marktzins des Wertpapiers darstellt. Dies sind die beiden einzigen Fälle, in denen eine Vereinnahmung der Close-out-Zahlung pro rata temporis für sinnvoll erachtet wird. In allen übrigen Fällen (also z. B., wenn das Wertpapier gleichzeitig verkauft wird oder auch im Falle eines Makro-Hedges) muß bzw. sollte eine sofortige erfolgswirksame Vereinnahmung erfolgen - jeweils unter der GuV-Position, unter der normalerweise auch das Ergebnis aus der gehedgten Position eingeht.[1031]

3.2. Rechnungslegung von Swaps in Japan

Die Konstruktion von Zinsswaps entspricht der in Deutschland bzw. USA gebräuchlichen Form. Bei Zinsswapvereinbarungen in Japan wird ebenfalls üblicherweise bei den meisten Verträgen der Differenzausgleich zwischen den Vertragspartnern vereinbart.[1032] Währungsswaps werden in Japan allerdings vor allem in der ursprünglichen Form der Devisenswaps verwendet. Die im Rahmen dieser Arbeit betrachteten 'neueren' Währungsswaps, bei denen auch die Zinsen während der Laufzeit getauscht werden, scheinen in Japan - auch von Banken - offensichtlich nur in vernachlässigbarem Umfang verwendet zu werden, da sich kaum Literatur zur Rechnungslegung von Währungsswaps findet. Lediglich im Rahmen einer 'Ausnahmefallregelung' wird die Rechnungslegung von Währungsswaps in einer offiziellen Stellungnahme kurz erwähnt und nur sehr wenige Autoren setzen sich mit diesem Produkt auseinander. Dagegen wird - sehr ausführlich und sehr umfangreich - die Rechnungslegung von 'klassischen' Devisenswaps beschrieben und diskutiert. Diese Devisenswaps beruhen auf dem Prinzip der Parallelkredite. Üblicherweise besteht ein Devisenswap aus dem Austausch von Devisen verbunden mit der Absprache zur Rückübertragung derselben Devisenbeträge zum üblicherweise identischen Devisenkurs. Zinsen für die wechselseitig gewährten Valutabeträge und Kurssicherungskosten werden nicht bezahlt, jedoch eine Gebühr, deren Höhe von der Zinsdifferenz zwischen den beiden Währungen abhängt.[1033]

Da die Problematik der Rechnungslegung von Devisenswaps nur in Teilbereichen vergleichbar ist mit der von Währungsswaps, wird bei der Betrachtung der Rechnungslegung von Swaps in Japan vor allem der Schwerpunkt auf Zinsswaps gelegt. Die Rechnungslegung von Devisenswaps wird nur in den Bereichen diskutiert, aus denen sich Hinweise zu Fragen der Rechnungslegung von Währungsswaps ableiten lassen.

Folgende Quellen geben Hinweise für die Rechnungslegung von Swaps:

1. Für Devisenswaps

- Rechnungslegungsrichtlinie für Fremdwährungsgeschäfte (vom Juni 1979, letzte Novellierung vom Mai 1995; erstellt vom BADC)

[1031] Vgl. Krumnow, Jürgen et al.: Rechnungslegung der Kreditinstitute - Kommentar zum Bankbilanzrichtlinie-Gesetz und zur RechKredV, Stuttgart 1994, Tz. 367, S. 468 f.

[1032] Vgl. Koga, Chitoshi: Accounting for derivatives, Tokio (Japan), 20.01.1996, S. 84

[1033] Vgl. Eilenberger, Guido: Lexikon der Finanzinnovationen, München, 3. Auflage, 1996, S. 426

- Konkrete Rechnungslegungshinweise für Fremdwährungsanleihen und anderen Instrumenten in Verbindung mit Devisenkursvereinbarungen (vom März 1984; herausgegeben vom JICPA)
- Rechnungslegung bei Devisenswapgeschäften (vom Juli 1987; herausgegeben von der Kommission für Rechnungslegung des JICPA, Studienbericht Nr. 3)[1034]
  (Dieser dritte Studienbericht basiert auf einem 2. Studienbericht vom November 1985 mit dem Titel 'Rechnungslegung von Swap-Anleihen'. In diesem 2. Bericht wurden lediglich Fremdwährungsanleihen behandelt, denen ein Devisenswap beigefügt ist.[1035] Dieser Bericht war zu eng gefaßt und deckte eigenständig gehandelte Devisenswaps nicht ab. Daher wurde er im Rahmen des dritten Studienberichts komplett überarbeitet. Im Rahmen dieser Arbeit wird ausschließlich der 3. Bericht betrachtet.)
  Im Rahmen einer Ausnahmefallregelung wird hier auch die Rechnungslegung von Währungsswaps behandelt.[1036]

2. Für Zinsswaps

Für Zinsswapgeschäfte existieren derzeit in Japan keine offiziellen Stellungnahmen oder Richtlinien.[1037] Die Arbeit stützt sich daher vor allem auf Autorenveröffentlichungen.

3.2.1. Zinsswaps

3.2.1.1. Bilanzausweis

Zinsswaps werden in Japan als off-balance-Geschäfte klassifiziert mit der Begründung, daß das Geschäft ohne Kapitaleinsatz abgewickelt wird. Die Kapitalsumme dient lediglich als Zinsberechnungsgrundlage. Da das Kapital somit keinem Verlustrisiko ausgesetzt ist, wird es auch in keinem Fall als Eventualverbindlichkeit behandelt.[1038] Narisawa bestätigt dies und ergänzt, daß auch im Falle eines Mikro-Hedges die gehedgten Beträge in ihrer ursprünglichen Form und nicht die Zinsswapbeträge ausgewiesen werden, obwohl durch den Hedge der wirtschaftliche Gehalt der gehedgten Beträge - zumindest was den Verzinsungsmodus anbelangt - sich geändert hat.[1039] Zum Zeitpunkt des Vertragsabschlusses erfolgt somit keine Verbuchung.[1040] Im Rahmen von Erinnerungskonten (Me-

---

1034 Vgl. Komiyama, Satoshi: Off Balance Sheet Transaction, Tokio (Japan), 18.03.1996, S. 167

1035 Vgl. Yamada, Tatsumi: Die Rechnungslegung von Finanzswaps, (Nr. 8 der Artikelserie: „Rechnungslegungskriterien für Finanzinstrumente"), Keiri-jofo (Bilanzierungsinformation), 10./20.01.1995, S. 44

1036 Vgl. Yamada, Tatsumi: Die Rechnungslegung von Finanzswaps, (Nr. 8 der Artikelserie: „Rechnungslegungskriterien für Finanzinstrumente"), Keiri-jofo (Bilanzierungsinformation), 10./20.01.1995, S. 46 ff.

1037 Vgl. JICPA: Einführung in die Derivate, Tokio (Japan), 25.04.1996, S. 194; Daigo, Satoshi: Mark-to-Market und japanische Wirtschaft, Tokio (Japan), 14.07.1995, S. 173; Komiyama, Satoshi: Off Balance Sheet Transaction, Tokio (Japan), 18.03.1996, S. 168 und 197

1038 Vgl. Mizumori, Masatomo: Funktionsweise und Rechnungslegung von Zinsswap-Geschäften, Keiei-zaimu (Finanzmanagement), 09.01.1995, S. 14 f.; Komiyama, Satoshi: Off Balance Sheet Transaction, Tokio (Japan), 18.03.1996, S. 197

1039 Vgl. Narisawa, Kazumi: Zinsswaps (Nr. 4 der Artikelserie „Rechnungslegung und Besteuerung von derivativen Finanzinstrumenten"), Zeitkeitsushin, 3/1995, S. 198

1040 Vgl. JICPA: Einführung in die Derivate, Tokio (Japan), 25.04.1996, S. 54

mo-Buchhaltung) werden die Zinsswaps aufgezeichnet, um deren Existenz zu dokumentieren und daran das Risikomanagement anzuknüpfen.[1041]

3.2.1.2. Behandlung der Swapzahlungen

Die Swapzahlungen werden nach dem Accrual principle[1042], d. h. nach Periodenabgrenzung[1043] verbucht. Diese Aussage gilt explizit für Banken. Für sonstige Unternehmen gibt es letztlich keine gültigen Standards,[1044] so daß die Nichtbanken die Rechnungslegung für Swaps aus der Rechnungslegung der Banken ableiten.[1045] Die Periodenabgrenzung wird mit Hilfe von Rechnungsabgrenzungsposten vorgenommen. Die Verbuchung der Rechnungsabgrenzung erfolgt - selbst bei einem Swap-Vertrag, bei dem die Zahlung von Saldobeträgen vereinbart ist, - zunächst getrennt nach fixer und variabler Swapzahlung. Allerdings wird vorgeschlagen, daß spätestens zum Jahresabschluß eine Verrechnung dieser beiden Rechnungsabgrenzungsposten erfolgen sollte, da der Ausweis sowohl der fixen wie auch der variablen Swapzahlung jeweils in voller Höhe des abgegrenzten Betrages dazu führen würde, daß die GuV aufgebläht würde und die Summen nicht der Realität entsprechen.[1046] Die Swapzahlung wird also in der GuV im Jahresabschluß netto ausgewiesen.

Die h. M.[1047] geht dabei sogar noch weiter, da sie annimmt, daß bei Zinsswaps, die als Hedge eingesetzt werden, eine Verrechnung der Swapzahlung mit der gehedgten Zinszahlung vorgenommen werden sollte. Komiyama begründet dies damit, daß dadurch die wirtschaftliche Realität noch näher abgebildet wird, da die Swapzahlung dazu gedacht

1041 Vgl. Narisawa, Kazumi: Zinsswaps (Nr. 4 der Artikelserie „Rechnungslegung und Besteuerung von derivativen Finanzinstrumenten"), Zeitkeitsushin, 3/1995, S. 199; Narisawa, Kazumi: Rechnungslegung, Offenlegung und Besteuerung von zinsbezogenen Derivaten - Zinsswap, Swaption, Zinsfuture, FRA -, JICPA-Journal, 2/1995, S. 20

1042 Vgl. Narisawa, Kazumi: Zinsswaps (Nr. 4 der Artikelserie „Rechnungslegung und Besteuerung von derivativen Finanzinstrumenten"), Zeitkeitsushin, 3/1995, S. 196; JICPA: Einführung in die Derivate, Tokio (Japan), 25.04.1996, S. 194; Daigo, Satoshi: Mark-to-Market und japanische Wirtschaft, Tokio (Japan), 14.07.1995, S. 174

1043 Die Berechnung des abzugrenzenden Betrages für den variablen Zinssatz ist problemlos möglich, da der variable Zinssatz zu Beginn der jeweiligen Swapzahlungsberechnungsperiode festgelegt wird. (Problematisch wäre es nur, wenn die Swapzahlungsperiode ihren Anfangspunkt vor dem Jahresabschluß und das Ende der Periode nach dem Jahresabschluß läge, und der variable Zinssatz vom Endpunkt der Periode genommen würde, um die variable Swapzahlung zu berechnen. Dies ist jedoch nicht der Fall.)

1044 Vgl. auch Abbildung 6 in Kapitel 3, Abschnitt 1.2.2.; Kuroda, Akio; Kotani, Masataka; Ogawa, Marie: Features and Problems of Bank Accounting System in Japan, Bank of Japan Monetary and Economic Studies, 7/1994, S. 54

1045 Vgl. Kakitsuka, Masakatsu: Eine praktische Untersuchung bezogen auf die Rechnungslegung und das Steuerwesen bei derivativen Finanzinstrumenten, Zeikeitsushin, Sonderheft 1/1995, S. 152

1046 Vgl. Narisawa, Kazumi: Zinsswaps (Nr. 4 der Artikelserie „Rechnungslegung und Besteuerung von derivativen Finanzinstrumenten"), Zeitkeitsushin, 3/1995, S. 196; Komiyama, Satoshi: Off Balance Sheet Transaction, Tokio (Japan), 18.03.1996, S. 198

1047 Vgl. Narisawa, Kazumi: Zinsswaps (Nr. 4 der Artikelserie „Rechnungslegung und Besteuerung von derivativen Finanzinstrumenten"), Zeitkeitsushin, 3/1995, S. 196; Narisawa, Kazumi: Rechnungslegung, Offenlegung und Besteuerung von zinsbezogenen Derivaten - Zinsswap, Swaption, Zinsfuture, FRA -, JICPA-Journal, 2/1995, S. 19; JICPA: Einführung in die Derivate, Tokio (Japan), 25.04.1996, S. 54, 194 und 197; Komiyama, Satoshi: Off Balance Sheet Transaction, Tokio (Japan), 18.03.1996, S. 198

ist, die Zinszahlung entsprechend zu konvertieren. Im Jahresabschluß würde somit nur das Netto-Ergebnis aus der periodengerechten Verrechnung der Swapzahlung mit der Zinszahlung bei dem gehedgten Objekt ausgewiesen werden.[1048]

Zu spekulativen Zinsswaps werden sehr wenige Aussagen in der Literatur zur Rechnungslegung getroffen. Komiyama schreibt, daß der Einsatz von Zinsswaps zu Spekulationszwecken durchaus möglich ist, daß jedoch keinerlei Marktbewertung dieser Swappositionen erfolgt.[1049] Die Swapzahlungen - ebenso wie bei Swaps zu Hedging-Zwecken - werden nach der Accrual-Methode erfolgswirksam vereinnahmt.[1050]

3.2.1.3. Bewertung während der Laufzeit

Bewertungsmaßnahmen während der Laufzeit der Zinsswaps finden nicht statt.[1051] Dies gilt sowohl für spekulative wie auch für zu Sicherungszwecken eingesetzten Zinsswaps. Somit finden drohende Verluste derzeit (noch) keinen Eingang in den Jahresabschluß. Narisawa[1052] weist darauf hin, daß in Japan überlegt wird, daß drohende Verluste aus Zinsswap-Geschäften - sofern diese die Grenze der Erheblichkeit (rule of materiality) überschreiten - in den Anmerkungen zum Jahresabschluß offengelegt werden sollen. Bislang gibt es noch keine Vorschriften hierzu. Begründet[1053] wird dies damit, daß bei der Offenlegung von Marktwerten größter Wert auf 'objektive' Marktwerte gelegt wird, d. h. diese müssen immer anhand von öffentlichen Vergleichswerten nachprüfbar sein. Da Swaps nicht an Börsen, sondern immer nur over-the-counter gehandelt werden, existieren für Swaps keine 'offiziellen' Marktvergleichswerte. Dies war auch der Grund dafür, daß bislang selbst im Rahmen der Offenlegung der Fair value von Swaps (im Gegensatz zum Marktwert von Futures oder Optionen) nicht genannt wurde (vgl. Kapitel 3 Abschnitt 1.2.2.). Erst ab 1.4.1998 ist die Information über den Marktwert von Swaps in die Offenlegungsvorschriften aufgenommen. Es wird daher kritisiert, daß durch die Nichtbewertung von Swaps im Jahresabschluß Manipulationsmöglichkeiten eröffnet werden, indem die Bank entscheiden kann, Swaps in Gewinn- oder wahlweise in Verlustpositionen zu realisieren und damit das Bilanzergebnis bewußt zu beeinflussen. Es wird vorgeschlagen, daß Swaps - auch Zinsswaps - im Rahmen der Bilanz marktbewertet werden müssen.[1054]

1048 Vgl. Komiyama, Satoshi: Off Balance Sheet Transaction, Tokio (Japan), 18.03.1996, S. 198

1049 Vgl. Komiyama, Satoshi: Off Balance Sheet Transaction, Tokio (Japan), 18.03.1996, S. 199

1050 Vgl. JICPA: Einführung in die Derivate, Tokio (Japan), 25.04.1996, S. 54

1051 Vgl. Narisawa, Kazumi: Rechnungslegung, Offenlegung und Besteuerung von zinsbezogenen Derivaten - Zinsswap, Swaption, Zinsfuture, FRA -, JICPA-Journal, 2/1995, S. 19; Narisawa weist auch darauf hin, daß eine Offenlegung der Marktwerte oder anderer Hinweise bezüglich Zinsswaps ebenfalls nicht verlangt wird.

1052 Vgl. Narisawa, Kazumi: Rechnungslegung, Offenlegung und Besteuerung von zinsbezogenen Derivaten - Zinsswap, Swaption, Zinsfuture, FRA -, JICPA-Journal, 2/1995, S. 20

1053 Vgl. Yamada, Tatsumi: Die Rechnungslegung von Finanzswaps, (Nr. 8 der Artikelserie: „Rechnungslegungskriterien für Finanzinstrumente"), Keiri-jofo (Bilanzierungsinformation), 10./20.01.1995, S. 53

1054 Vgl. Yamada, Tatsumi: Die Rechnungslegung von Finanzswaps, (Nr. 8 der Artikelserie: „Rechnungslegungskriterien für Finanzinstrumente"), Keiri-jofo (Bilanzierungsinformation), 10./20.01.1995, S. 53

Grundsätzlich gilt für spekulative Swaps auch für Banken das Settlement-Prinzip, d. h. Gewinne und Verluste werden erst bei Realisierung erfolgswirksam. Daneben gilt weiterhin das Accrual-Principle, d. h. die Swapzahlungen werden periodengerecht erfolgswirksam. Ist bei einem spekulativen Swap abzusehen, daß auch zukünftig Swapauszahlungen zu erwarten sind, so sind dennoch keine bilanziellen Vorsorgemaßnahmen zu treffen. Im Hinblick auf die bereits erwähnte Kritik spricht sich Komiyama dafür aus, daß alle Unternehmen Rückstellungen für die unrealisierten Verluste aus spekulativen Swapgeschäften bilden, obwohl es keine Vorschriften gibt, Swaps nach Marktwert zu bewerten und Verluste zu antizipieren. Komiyama spricht sich allerdings nicht dafür aus, schwebende Gewinne zu antizipieren. Die Schwierigkeit liegt für Komiyama darin, die unrealisierten Verluste zu quantifizieren. Seines Erachtens sollten diese danach bemessen werden, welche Aufwendungen sich ergeben würden, wenn der Swapvertrag aufgelöst oder durch einen exakt gegenlaufenden Swap geschlossen würde.[1055]

Darüber hinaus vertritt das JICPA[1056] die Auffassung, daß für 'gefährdete Gewinne' eine Rückstellung für uneinbringliche Forderungen gebildet werden muß. Die Argumentation lautet dahingehend, daß - im Falle der Swap-Partner nicht in der Lage ist, die Swapzahlungen zu leisten - das Risiko besteht, daß der Anspruch auf die zustehenden Swapzahlungen (im Falle einer Gewinnsituation bei einem Swap-Geschäft) nicht realisiert werden kann. Daher soll im Falle einer Gewinnsituation bei einem Swap-Geschäft geprüft werden, inwieweit die eingehenden Zahlungen gesichert sind und für möglicherweise uneinbringliche Zahlungen muß die o. g. Rückstellung gebildet werden. Zur Notwendigkeit einer Rückstellung für drohende Verluste aus Swap-Geschäften macht das JICPA jedoch keine Aussagen. Dieser Hinweis wird nicht von anderen Veröffentlichungen bestätigt, so daß davon auszugehen ist, daß es sich hier nicht um h. M. in Japan handelt.

3.2.2. Zins-/Währungsswaps

Anhand eines Beispiels beschreibt Komiyama[1057] die Rechnungslegung eines Zins-/Währungsswaps, der zu Hedging-Zwecken für eine Kapitalanlage in fremder Währung abgeschlossen wurde. Damit werden die aus der Kapitalanlage eingenommenen variablen Fremdwährungszinsen in fixe Zahlungen der eigenen Währung getauscht. Die Rechnungslegung ist dabei wie folgt vorzunehmen:

- Die Zinseinnahmen aus der Fremdwährungsanleihe werden nach dem Accrual-principle erfolgswirksam vereinnahmt.
- Die erhaltenen bzw. gezahlten Swapbeträge werden ebenfalls nach dem Accrual-principle erfolgswirksam vereinnahmt.
- Die Zinseinnahmen aus der Fremdwährungsanleihe und die zu leistenden Fremdwährungsswapzahlungen werden nach dem Wechselkurs zum Bilanzstichtag in heimische Währung umgerechnet.
- Die gekaufte Fremdwährungsanleihe wird - sofern es ein längerfristig laufendes Fremdwährungsgeschäft ist - zum historischen Anschaffungswechselkurs in heimische Währung umgerechnet. Innerhalb des letzten Jahres vor dem Rückzahlungstermin ist

[1055] Vgl. Komiyama, Satoshi: Off Balance Sheet Transaction, Tokio (Japan), 18.03.1996, S. 196
[1056] Vgl. JICPA: Einführung in die Derivate, Tokio (Japan), 25.04.1996, S. 194
[1057] Vgl. Komiyama, Satoshi: Off Balance Sheet Transaction, Tokio (Japan), 18.03.1996, S. 200

die Anleihe mit dem Terminwechselkurs der Restlaufzeit umzurechnen. Da ein Zins-/Währungsswap abgeschlossen ist, erfolgt die Umrechnung nach dem vereinbarten Swapkurs.

- In der GuV werden die Nettozahlung aus dem Swapvertrag (Differenz zwischen variablen Fremdwährungszinsen und fixen Zinsen in heimischer Währung), verrechnet mit der Zinseinnahme aus der Fremdwährungsanleihe, ausgewiesen - d. h. nur der Saldo aus der Hedge-Konstruktion.
- Eventuell anfallende Abgrenzungsbeträge hinsichtlich der Swapzahlungen und der Zinseinnahmen aufgrund des Accrual-Accounting werden in der Bilanz separat ausgewiesen. Die Swapzahlung wird nach wie vor netto ausgewiesen.
- Sollte zwischen dem Swapkurs bei Aufnahme des Zins-/Währungsswaps und dem vereinbarten Rücktauschkurs bei Ablauf des Swaps eine Differenz bestehen, so wird die sich ergebende Differenz erfolgswirksam auf die Laufzeit des Swap verteilt.

Diese letzte Vorgabe gilt insbesondere auch für die eingangs beschriebenen, in Japan vor allem verwendeten Devisenswaps.

3.2.3. Devisenswaps

Für Nichtbanken werden folgende Hinweise gegeben:
Grundsätzlich gilt, daß kurzfristige Fremdwährungsgeschäfte nach dem jeweiligen Stichtagskurs in der Bilanz ausgewiesen werden. Langfristige Fremdwährungsgeschäfte werden grundsätzlich mit dem historischen Wechselkurs zum Zeitpunkt des Geschäftsabschlusses in der Bilanz ausgewiesen. Wird hingegen bei einem Fremdwährungsgeschäft der zukünftige Kurs z. B. durch einen Devisenswap festgelegt, so wird das Fremdwährungsgeschäft mit dem vereinbarten Kurs in der Bilanz ausgewiesen.[1058]

Folgende Regelungen[1059] für die Rechnungslegung von Devisenswaps (abgeleitet aus: Konkrete Rechnungslegungshinweise für Fremdwährungsanleihen und anderen Instrumenten in Verbindung mit Devisenkursvereinbarungen (vom März 1984; herausgegeben vom JICPA)) empfiehlt der JICPA:

- Die Differenz aus den beiden Devisenkursvereinbarungen zum Beginn und zum Ende der Laufzeit des Devisenswaps werden über die Vertragslaufzeit periodengerecht verteilt und erfolgswirksam vereinnahmt. Die periodengerechte Verteilung erfolgt bilanziell mit Hilfe von Rechnungsabgrenzungsposten. Hierbei wird in Japan innerhalb der RAP unterschieden in langfristige RAP und RAP. Letztere Bezeichnung wird dann verwendet, wenn der RAP-Betrag im Rahmen der kommenden Rechnungsperiode verbraucht wird. Langfristige RAP sind dann auszuweisen, wenn der Verbrauch des RAP-Betrages sich über mehrere zukünftige Rechnungsperioden erstrecken wird.
- Die in den einzelnen Perioden vereinnahmten Teilbeträge der Gesamtdifferenz werden in der GuV als Ertrag aus Devisengeschäften ausgewiesen.

[1058] Vgl. Komiyama, Satoshi: Off Balance Sheet Transaction, Tokio (Japan), 18.03.1996, S. 168

[1059] Vgl. Matsushige, Tadayuki: Situation und Problematik der Rechnungslegung, Offenlegung und Besteuerung von Devisenswaps in Japan, JICPA-Journal, 2/1995, S. 27; Komiyama, Satoshi: Off Balance Sheet Transaction, Tokio (Japan), 18.03.1996, S. 169 ff.; in etwas kürzerer Form auch in: Daigo, Satoshi: Mark-to-Market und japanische Wirtschaft, Tokio (Japan), 14.07.1995, S. 173

- Wird allerdings der Devisenswap als Hedge-Instrument für verzinsliche Fremdwährungsanlagen bzw. -kreditaufnahmen verwendet, so können die Differenzen aus der Devisenkursvereinbarung im Rahmen des Swaps zu den Zinserträgen bzw. -aufwendungen hinzugerechnet werden. Allerdings muß diese Behandlung (also die Verrechnung der aufgeteilten Differenzbeträge mit den Fremdwährungszinsen) in einem Vermerk in den Erläuterungen zur Bilanz offengelegt werden.

In einem weiteren Bericht 'Rechnungslegung bei Devisenswapgeschäften (vom Juli 1987; herausgegeben von der Kommission für Rechnungslegung des JICPA, Studienbericht Nr. 3)' [1060] werden detaillierte Hinweise gegeben:

- Mit dem Vertragsabschluß des Devisenswapgeschäfts betrachtet man den Betrag des gehedgten Basisgeschäfts und den Swapbetrag als ausgetauscht und entsprechend wird die Rechnungslegung durchgeführt, d. h. in der Bilanz wird statt der Fremdwährungshauptschuld bzw. -anlage das Ausgangskapital des Swaps aufgeführt. Der Betrag des gehedgten Basisgeschäfts selbst erscheint somit nicht mehr in der Bilanz. Dies gilt solange der Vertragspartner bei dem Basisgeschäft derselbe ist wie bei dem Swapgeschäft. Fallen hier die Vertragspartner auseinander, so wird der Fremdwährungsbetrag des Basisgeschäfts als Eventualverbindlichkeit im Jahresabschluß als Anmerkung offengelegt.
- Das Ausgangskapital der Yen-Swapschuld wird dadurch errechnet, daß das Ausgangskapital der Hauptschuld auf Fremdwährungsbasis mit dem Kassakurs des Swapvertragsabschlußtages multipliziert wird.
- Die gesamte Zinssumme (aus der Differenz der beiden Swapwechselkursraten zu Beginn und zu Ende des Geschäfts) wird über die Laufzeit (wie bereits oben erwähnt) verteilt. Es werden - ebenso wie beim Zinsswap - in der GuV des Jahresabschlusses diese auf die Laufzeit verteilten Swap-Zinsbeträge mit den Zinszahlungen der gehedgten Position verrechnet und in einer Summe im Zinsergebnis ausgewiesen.[1061]

Diese beiden Stellungnahmen des JICPA wurden letztlich vom BADC im Rahmen der Novellierung der Rechnungslegungsrichtlinie für Fremdwährungsgeschäfte vom Mai 1995[1062] eingearbeitet, so daß die Empfehlungen jetzt auch vom MOF als gültige Rechnungslegungsvorschriften übernommen worden sind. Die Novelle ist zum 01. April 1996 in Kraft getreten.[1063]

1060 Vgl. Yamada, Tatsumi: Die Rechnungslegung von Finanzswaps, (Nr. 8 der Artikelserie: „Rechnungslegungskriterien für Finanzinstrumente"), Keiri-jofo (Bilanzierungsinformation), 10./20.01.1995, S. 46; Takita, Terumi; Yumoto, Kenji: Japan – Individual Accounts, in: Ordelheide, Dieter (Hrsg.): Transacc – Transnational Accounting, London (UK), 1995, S. 1914 f.; Matsushige, Tadayuki: Situation und Problematik der Rechnungslegung, Offenlegung und Besteuerung von Devisenswaps in Japan, JICPA-Journal, 2/1995, S. 29; Daigo, Satoshi: Mark-to-Market und japanische Wirtschaft, Tokio (Japan), 14.07.1995, S. 173; Komiyama, Satoshi: Off Balance Sheet Transaction, Tokio (Japan), 18.03.1996, S. 175; Kishida, Masao: Derivate - deren Gesetze und Rechnungslegung, Investment, 12/1994, S. 12

1061 Vgl. JICPA: Einführung in die Derivate, Tokio (Japan), 25.04.1996, S. 203 und 206

1062 Dieselben Rechnungslegungshinweise (allerdings in verkürzter Form) gibt somit das JICPA, welches die Regelungen dieser Richtlinie vorstellt: JICPA: Einführung in die Derivate, Tokio (Japan), 25.04.1996, S. 201 f.

1063 Vgl. Suzuki, Yoshihiko: Währungsswaps (Nr. 2 der Artikelserie „Rechnungslegung und Offenlegung von derivativen Finanzinstrumenten"), Keiei-zaimu (Finanzmanagement), 03.06.1996, S. 15; Komiyama, Satoshi: Off Balance Sheet Transaction, Tokio (Japan), 18.03.1996, S. 193

Die Novelle geht dabei auch auf die Frage ein, in welcher Form die Verteilung der Differenz über die Laufzeit erfolgen soll. Grundsätzlich kommt eine lineare Verteilung oder eine Verteilung unter Berücksichtigung des Zinseszinseffektes in Frage (Effektivzinskurve). Die Novelle läßt beide Formen der Verteilung zu.[1064]

3.2.4. Währungsswaps

Die Regeln zur Rechnungslegung von Devisenswaps gelten in vollem Umfange auch für Währungsswaps. Zusätzlich sind einige Hinweise zu beachten.

So behandelt Yamada[1065] in einem Aufsatz die Ausnahmeregelung des Studienberichts Nr. 3 im Hinblick auf die Rechnungslegung von 'echten' Währungsswaps. Er erläutert, daß bei diesem Produkt die Wechselkurse zu Beginn und bei Beendigung des Swaps gleich sind, da während der Laufzeit die Zinszahlungen ebenfalls getauscht werden. Normalerweise kann auch keine Differenz bzw. Prämienzahlung wie bei einem Devisenswap entstehen. Sollte dennoch eine Prämienzahlung vereinbart werden, so wird angenommen, daß es sich um eine Teilrückzahlung des Anfangskapitals handelt (also quasi ein Disagio). Diese Prämie wird (ebenso wie die Differenz bei einem Devisenswap) über die Laufzeit des Swaps p.r.t. erfolgswirksam vereinnahmt.

In einem kurzen Absatz geht auch Komiyama auf die Rechnungslegung von Währungsswapgeschäften speziell bei Banken ein. Nach Komiyama werden die Zinsanteile aus den Währungsswapzahlungen - genauso wie bei Zinsswaps - periodengerecht vereinnahmt. Dabei ist darauf zu achten, daß - da für Währungsgeschäfte grundsätzlich die Marktbewertung gilt und unrealisierte Gewinne und Verluste ertragswirksam werden - die aus den Zinssatzunterschieden zwischen den beiden beteiligten Währungen resultierenden Zinserträge bzw. -aufwendungen nicht in die Marktbewertung einfließen, sondern lediglich die unrealisierten Gewinne und Verluste aus den Wechselkursveränderungen. Komiyama[1066] drückt sich so aus, daß die Differenzen in Bezug auf den Zinsanteil bei der Umrechnung der Währungsswapzahlungen nicht wertberichtigt werden.

3.2.5. Probleme aufgrund der derzeitigen Vorschriften

Daigo[1067] nennt die Probleme, die in Japan aufgrund der gegebenen Rechnungslegungsvorschriften für Swaps bei Banken vorhanden sind.

Zum einen wird bemängelt, daß die Offenlegung der Swapvolumina für den Bilanzleser nicht zufriedenstellend ist.

1064 Vgl. Komiyama, Satoshi: Off Balance Sheet Transaction, Tokio (Japan), 18.03.1996, S. 189

1065 Vgl. Yamada, Tatsumi: Die Rechnungslegung von Finanzswaps, (Nr. 8 der Artikelserie: „Rechnungslegungskriterien für Finanzinstrumente"), Keiri-jofo (Bilanzierungsinformation), 10./20.01.1995, S. 46 ff.

1066 Vgl. Komiyama, Satoshi: Off Balance Sheet Transaction, Tokio (Japan), 18.03.1996, S. 203

1067 Vgl. Daigo, Satoshi: Mark-to-Market und japanische Wirtschaft, Tokio (Japan), 14.07.1995, S. 175 f.

Zum anderen wird der Bewertungsrahmen für Devisenswaps kritisiert. Die japanischen Banken verwenden das Prinzip der Periodenzurechnung bei der bilanziellen Behandlung von Swaps. Problematisch ist dies insbesondere für den Fall des Einsatzes von Swaps unter einem Handelsziel, denn der Handel selbst wird nach Marktbewertungsgesichtspunkten durchgeführt. Die Rechnungslegung bildet somit die wirtschaftliche Realität sehr ungenügend ab.

Aufgrund der Vorschriften für die Währungsumrechnung im Jahresabschluß ist normalerweise das MTM-Prinzip bei allen Währungsgeschäften - und damit auch für die auf Währungen basierenden Derivate - vorgegeben. Bei Futures und Optionen wird dieses Prinzip auch so eingehalten, nicht jedoch bei Swaps.[1068] Dieser Bruch ist nicht nachvollziehbar. So ist es nicht nur bei Zinsswaps (wie auch bei Zinsfutures oder Zinsoptionen), sondern auch bei währungsbasierten Swaps möglich, durch systematische Auswahl von vorzeitig zu beendenden Swap-Geschäften zur Manipulation des Jahresabschlusses gezielt Gewinn- oder Verlustgeschäfte zu realisieren.

Auch Matsushige[1069] spricht sich deutlich dafür aus, das MTM-Prinzip für die Rechnungslegung von Swaps - insbesondere für Devisenswaps einzuführen. Wie bereits weiter oben erwähnt wird darüber nachgedacht, drohende Verluste aus Zinsswaps offenzulegen. Bei Zinsswaps finden sich aber keine Hinweise dahingehend, daß darüber nachgedacht wird, diese grundsätzlich nach dem MTM-Prinzip zu bewerten. Diese Diskussion findet sich dagegen bei der Betrachtung von Devisenswaps. Das ist offensichtlich darauf zurückzuführen, daß die anderen währungsbezogenen Derivate nach dem MTM-Prinzip behandelt werden. Matsushige erwähnt dennoch, daß Veränderungen des Tagespreises von Devisenswaps sowohl durch Schwankungen des Zinsniveaus der beiden Währungen wie auch des Wechselkurses begründet werden. Bei der Einführung des MTM-Prinzips für Devisenswaps würden also durchaus unrealisierte Gewinne und Verluste ausgewiesen, die sich auch auf Zinsschwankungen zurückführen lassen. Bei Zinsswaps verfolgt man dieses Ziel offensichtlich nicht. Erwähnt wird weiterhin, daß die Einführung des MTM-Prinzips für Devisenswaps bislang daran gescheitert ist, daß die Vereinnahmung unrealisierter Gewinne und Verluste zu deren Ausschüttung im Rahmen von Dividendenzahlungen und zu deren Besteuerung führen würden. Daher wurde bislang nicht die Marktbewertung im Rahmen der Bilanz, sondern nur zu Zwecken der Offenlegung angestrebt. Bei der Offenlegung soll dabei wieder unterschieden werden zwischen den Swaps zu Sicherungszwecken und den spekulativen Swaps. Im Hinblick auf die Einführung des MTM-Prinzips auch im Rahmen der bilanziellen Bewertung von Swaps weist Matsushige abschließend auf die vielfältigen Probleme im Hinblick auf die Wahl der angemessenen Methode der Berechnung des Tagespreises eines Swaps, der genauen Kriterien zur Festlegung der diversen Hedge-Situationen (Umfang der Bewertungseinheit, zeitliche Dimension der Bewertungseinheit) sowie die Problematik der Ausschüttung und Besteuerung unrealisierter Gewinne **und Verluste** hin. Dennoch vertritt er die Auffassung, daß das MTM-accounting für Swaps in Japan rasch eingeführt werden muß, da die Rechnungslegung in internationaler Sicht sich immer stärker an diesem Rechnungslegungsprinzip ausrichtet.

1068 Dies wird auch bestätigt durch: Coopers & Lybrand: Review of accounting rules for securities companies, Accountancy - International Edition, 1/1996, S. 74

1069 Vgl. Matsushige, Tadayuki: Situation und Problematik der Rechnungslegung, Offenlegung und Besteuerung von Devisenswaps in Japan, JICPA-Journal, 2/1995, S. 32

3.2.6. Änderungen durch den Erlaß zur Einführung des MTM-Prinzips für das trading-account bei Banken

Nach dem neuen Gesetz zur Einführung des MTM-Bewertungsprinzips für das trading-account bei Banken (siehe Kapitel 3 Abschnitt 1.2.4.) werden auch Swaps - unabhängig von der Bezugsbasis -, sofern sie in das Handelskonto eingebucht sind, marktbewertet, d. h. es wird der Fair value des Swaps anhand von Marktdaten (Yield-Kurve) errechnet. Unrealisierte Bewertungsgewinne bzw. -verluste werden erfolgswirksam erfaßt, allerdings werden 'Nettogewinne' vom verteilfähigen Gewinn (auch wenn sie von Währungsswaps kommen) abgezogen.

3.3. Rechnungslegung von Swaps in den USA

Ebenso wie für Optionen gibt es in den USA keinen eigenen Rechnungslegungsstandard für Swaps - insbesondere nicht für Zinsswaps. Die Bewertung und Bilanzierung muß daher durch Analogieschluß aus den vorhandenen SFAS abgeleitet werden. Dabei stößt es auf besondere Kritik, daß für ein Produkt mit so erheblichem Marktvolumen wie den Swaps und den in weiten Teilen kaum vergleichbaren Ausstattungsmerkmalen mit anderen Derivaten die Rechnungslegung derzeit nur durch Analogieschlüsse erfolgen kann.[1070]

Folgende Vorschriften werden bislang herangezogen:

- SFAS 52 'Foreign Currency Translation'
  Hier wird erwähnt, daß **Währungsswaps** im wesentlichen vergleichbar sind mit Währungsforwards und daher analog den Vorschriften für diese Produkte bilanziert werden sollen.[1071]
- SFAS 80 'Accounting for Futures Contracts'
  In Ermangelung anderer Ausführungen, wird dieser Standard herangezogen, wenn Bilanzierungsfragen bei **Zinsswaps** zu klären sind.
- FASB Interpretation No. 39 'Offsetting of Amounts Related to Certain Contracts - an Interpretation of APB Opinion No. 10 and FASB Statement No. 105'
  In dieser Veröffentlichung gibt das FASB Richtlinien an die Hand, welche Arten von Aktiva und Passiva gegeneinander aufgerechnet werden dürfen, da ein Swap sowohl eine Forderungs- wie auch eine Verbindlichkeitenposition schafft.[1072]
- EITF Issue No. 84-7 'Termination of Interest Rate Swaps'

1070 Vgl. Herz, Robert; Coopers & Lybrand: Accounting and Financial Reporting for Derivatives and Synthetics, in: Klein, Robert; Lederman, Jess (Hrsg.): The Handbook of Derivatives & Synthetics, Chicago (Illinois, USA), 1994, S. 847

1071 Vgl. Duangploy, Orapin; Cheung, Joseph: Foreign Currency Swaps Accounting: GAAP Versus Practice, Journal of International Accounting Auditing & Taxation, vol. 4 no. 2, 1995, S. 148; FASB: Original Pronouncements 1996/97 Edition - Accounting Standards as of June 1, 1996, Volume I, New York (USA), 1996, S. 506; Herz, Robert; Coopers & Lybrand: Accounting and Financial Reporting for Derivatives and Synthetics, in: Klein, Robert; Lederman, Jess (Hrsg.): The Handbook of Derivatives & Synthetics, Chicago (Illinois, USA), 1994, S. 848

1072 Vgl. Duangploy, Orapin; Cheung, Joseph: Foreign Currency Swaps Accounting: GAAP Versus Practice, Journal of International Accounting Auditing & Taxation, vol. 4 no. 2, 1995, S. 148

Diese Veröffentlichung beschäftigt sich mit der Frage der Erfolgswirksamkeit von Gewinnen und Verlusten bei Verkauf bzw. Beendigung eines Zinsswap.[1073]

- EITF Issue No. 84-36 'Interest Rate Swap Transactions'
  Diese Issue wurde nicht in vollem Umfang verabschiedet[1074] und enthält vor allem die Diskussion um die Frage, welche Kriterien erfüllt sein müssen für die Anerkennung von Hedge-Situationen mit Zinsswaps und greift noch einmal die Frage nach der Rechnungslegung bei Beendigung eines Zinsswaps auf.[1075]

Beide Issues verweisen auf SFAS No. 80 bezüglich Hedging mit Zins-Swaps.[1076]

Die Literatur in den USA hält die derzeitigen Quellen, aus denen die Rechnungslegung für Swaps abgeleitet werden kann, zu Recht unzureichend, da keine eindeutigen Hinweise entnommen werden können bzw. der Interpretationsspielraum sehr groß ist. So schreiben Duangploy und Cheung, die eine Erhebung über angewandte Rechnungslegungsmethoden für Swaps durchgeführt haben, daß es eine große Vielfalt in der Praxis bei der Rechnungslegung von Swaps gibt und daß die vorhandenen GAAP als 'inadequate' empfunden werden.[1077]

Darüber hinaus finden sich insbesondere bei Swaps Forderungen, die Rechnungslegung bei Banken von der bei sonstigen Unternehmen zu differenzieren bzw. stärker zu spezifizieren. Es wird darauf hingewiesen, daß Banken - anders als andere Unternehmen - die Rolle des Intermediärs zwischen zwei Swap-Partnern einnehmen können. Nichtbanken gehen üblicherweise auf das Grundgeschäft abgestimmte Transaktionen ein, wogegen Banken sowohl in offene wie auch in vollkommen gegenläufige Swaps eintreten können.[1078]

Die unbefriedigende Situation zumindest bei den allgemein üblichen Swap-Transaktionen soll sich ändern durch den geplanten neuen SFAS 'Accounting for Derivative and Similar Financial Instruments and for Hedging Activities', der die Rechnungslegung für alle Derivate und damit auch für Swaps (sowohl Währungs- wie auch Zins- bzw. Zins-/Währungsswaps) regeln soll.

3.3.1. Bilanzausweis

Der zugrundeliegende Swap-Betrag wird in einem memorandum account ausgewiesen und nicht in der Bilanz, da derzeit auch in den USA ein Swap als off-balance-Geschäft eingestuft wird. Auch wenn, wie z. B. bei einem Währungsswap die Kontraktsumme

1073 Vgl. AICPA: Derivatives - Current Accounting and Auditing Literature, New York (USA), 1994, S. 25

1074 Vgl. FASB: Original Pronouncements 1996/97 Edition - Accounting Standards as of June 1, 1996, Volume II, New York (USA), 1996, S. D-3

1075 Vgl. AICPA: Derivatives - Current Accounting and Auditing Literature, New York (USA), 1994, S. 25

1076 Vgl. Gut, Alexander: Buchführung und Ausweis von derivativen Finanzinstrumenten im internationalen Vergleich, Der Schweizer Treuhänder, 11/1995, S. 963

1077 Vgl. Duangploy, Orapin; Cheung, Joseph: Foreign Currency Swaps Accounting: GAAP Versus Practice, Journal of International Accounting Auditing & Taxation, vol. 4 no. 2, 1995, S. 147

1078 Vgl. Choi, Frederick; Singleton, Matthew: Accounting for Derivative Products, in: Choi, Frederick (Hrsg.): Handbook of International Accounting, New York (USA), 1991, S. 21-7

ausgetauscht wird, erfolgt keine Aufblähung der Bilanz, sondern die Beträge durchlaufen nur das Kassa- bzw. das Nostro-Konto.[1079]

3.3.2. Behandlung der Gebühreneinnahmen bei Arranger bzw. Intermediary

Wenn die Aufgabe der Bank lediglich darin besteht, die beiden Swap-Partner zusammenzubringen und während der Laufzeit des Swap keinerlei weiteren Dienste von ihr in Anspruch genommen werden, so kann jegliche vereinnahmte Gebühr sofort als Ertrag verbucht werden, sobald die Aufgabe der Bank ausgeführt ist.[1080]

Wenn dagegen die Bank als Intermediary fungiert, müssen detaillierte Überlegungen angestellt werden. Wenn zu Beginn des Swap eine hohe Gebühr und während der Laufzeit des Swap keine Zinsmarge vereinnahmt wird, so erscheint die ertragswirksame Vereinnahmung zumindest eines Teils der Gebühr während der Laufzeit p. r. t. naheliegend, da auch das Bonitätsrisiko durch die Bank über die Laufzeit hinweg aufgefangen wird.[1081] Choi/Singleton[1082] verfolgen diesen Gedanken noch weiter und differenzieren die Gegenleistungen für die Vereinnahmung der Gebühr in

1. das Arrangieren des Swaps,
2. die Verwaltung der Swapzahlungen zwischen den Swap-Partnern während der Laufzeit und
3. die Übernahme des Kreditrisikos, daß einer der beiden Partner ausfallen könnte.

Allerdings ist fraglich, wie die Anfangsgebühr in die Bestandteile für die drei Komponenten zerlegt werden kann.

Von einigen Seiten wird die Aufteilung der Gebühr in die verschiedenen Bestandteile als nicht durchführbar angesehen, da es sich um einen zu subjektiven Prozeß handelt. Andere befürworten die Aufteilung in der Form, daß die gesamten Einnahmen aus dem Swap abzüglich der Einnahmen zum Ausgleich für die Übernahme des Bonitätsrisikos, abzüglich der direkten Kosten für die Verwaltung der Swap-Transaktionen die Arrangement fee ergeben, die sofort vereinnahmt werden sollte. Damit wird klar, daß sich diese Diskussion, die sich ursprünglich aus der Situation einer hohen Anfangsgebühr für die Bank entwickelt hat, letztlich auf die erfolgswirksame Vereinnahmung der Gesamteinnahmen aus einer Swap-Vermittlung - unabhängig davon wann bzw. in welcher Form (als Einmalgebühr, als Zinsmarge, als mehrmalige Gebühr) sie zahlungswirksam sind - ausgedehnt hat. Die Diskussion scheint mehr und mehr zu dem Ergebnis zu kommen, daß die errechneten Gesamteinnahmen in die drei Bestandteile aufgeteilt werden sollten und zu Beginn des

---

1079 Vgl. KPMG: Accounting for Swaps and Financial Derivatives, in: Das, Satyajit (Hrsg.): Swap & Derivative Financing, Chicago (Illinois, USA), 1994, S. 1272; ähnlich auch auf S. 1275

1080 Vgl. Choi, Frederick; Singleton, Matthew: Accounting for Derivative Products, in: Choi, Frederick (Hrsg.): Handbook of International Accounting, New York (USA), 1991, S. 21-8; Herz, Robert; Tancer, Joel: Accounting for Derivative and Synthetic Instruments, in: Haight, Timothy (Hrsg.): Derivatives Risk Management Service, Boston (Massachusetts, USA), 1996, S. 9A-17; Herz, Robert; Coopers & Lybrand: Accounting and Financial Reporting for Derivatives and Synthetics, in: Klein, Robert; Lederman, Jess (Hrsg.): The Handbook of Derivatives & Synthetics, Chicago (Illinois, USA), 1994, S. 847

1081 Vgl. KPMG: Accounting for Swaps and Financial Derivatives, in: Das, Satyajit (Hrsg.): Swap & Derivative Financing, Chicago (Illinois, USA), 1994, S. 1272; ähnlich auch auf S. 1276

1082 Vgl. Choi, Frederick; Singleton, Matthew: Accounting for Derivative Products, in: Choi, Frederick (Hrsg.): Handbook of International Accounting, New York (USA), 1991, S. 21-8 f.

Swap ein Teil für den Arbeitsaufwand des Arrangements des Swaps erfolgswirksam werden sollte und die Teile für die Aufrechterhaltung des Service während der Laufzeit des Swap sowie für die Übernahme des Bonitätsrisikos mit der Deferral-Methode verteilt werden sollten.[1083]

3.3.3. Zinsswaps

Es werden für die Bewertung von Zinsswaps grundsätzlich zwei Methoden diskutiert:

1. Accrual Methode
2. Mark-to-Market Methode.

Die erste Methode wird normalerweise bei Swaps verwendet, die als Hedge-Instrumente eingesetzt sind. Die zweite Methode wird typischerweise für den Handel eingesetzt bzw. bei den Swaps, denen eine Anerkennung als Hedge-Instrument versagt wird.[1084] Dieses Procedere wird aus den Vorschriften des SFAS 80 abgeleitet. Bei Bewertung nach der Mark-to-Market-Methode sollten die unrealisierten Gewinne und Verluste in der gleichen Periode erfolgswirksam werden.[1085] Obwohl bei Heranziehung des SFAS 80 diese Rechnungslegung anerkannt sein müßte, setzt sich die Diskussion zu EITF Issue 84-36 genau mit der Frage der erfolgswirksamen Vereinnahmung der Bewertungsgewinne bzw. -verluste aus Handels-Swaps auseinander und kommt zu keinem eindeutigen Ergebnis, d. h. spricht keine Empfehlung hinsichtlich der Behandlung von Swaps, die nicht zu Hedge-Zwecken eingesetzt sind, aus.[1086]

Für Hedge-Swaps gibt das EITF dagegen eine eindeutige Empfehlung. Bei diesen sind die Swap-Zinszahlungen gemäß Periodenzugehörigkeit erfolgswirksam zu vereinnahmen, d. h. für die gesamte Hedge-Konstruktion ergibt sich im Ergebnis die Vereinnahmung der gewünschten und durch den Swap ermöglichten Verzinsung. Irgendwelche Gebühren oder sonstige Einmalzahlungen sollen über die Laufzeit p. r. t. als Anpassung des mit Hilfe des Swaps erzielten Zinsergebnisses erfolgswirksam verteilt werden.[1087]

Die neuere Literatur differenziert noch stärker. Wenn sich der Zinsswap aus Hedge-Zwecken im Portefeuille der Bank befindet, so soll sich die Bewertung des Zinsswap zunächst grundsätzlich nach der für das Hedge-Objekt angewandten Bewertungsmethode

---

[1083] Vgl. Choi, Frederick; Singleton, Matthew: Accounting for Derivative Products, in: Choi, Frederick (Hrsg.): Handbook of International Accounting, New York (USA), 1991, S. 21-9

[1084] Vgl. Choi, Frederick; Singleton, Matthew: Accounting for Derivative Products, in: Choi, Frederick (Hrsg.): Handbook of International Accounting, New York (USA), 1991, S. 21-3 f.

[1085] Vgl. Herz, Robert; Tancer, Joel: Accounting for Derivative and Synthetic Instruments, in: Haight, Timothy (Hrsg.): Derivatives Risk Management Service, Boston (Massachusetts, USA), 1996, S. 9A-17; Herz, Robert; Coopers & Lybrand: Accounting and Financial Reporting for Derivatives and Synthetics, in: Klein, Robert; Lederman, Jess (Hrsg.): The Handbook of Derivatives & Synthetics, Chicago (Illinois, USA), 1994, S. 847; dieser Meinung schließen sich auch an: Choi, Frederick; Singleton, Matthew: Accounting for Derivative Products, in: Choi, Frederick (Hrsg.): Handbook of International Accounting, New York (USA), 1991, S. 21-9

[1086] Vgl. Weiss, Judith: GAAP from the Emerging Issues Task Force 1996/97, New York (USA), 1996, S. 11.28

[1087] Vgl. Weiss, Judith: GAAP from the Emerging Issues Task Force 1996/97, New York (USA), 1996, S. 11.28

richten. Sollte das Hedge-Objekt nach MTM bewertet werden, so wird in diesem Ausnahmefall auch der Swap nach MTM bewertet, obwohl er als Hedge-Instrument eingesetzt ist. Im Normalfall wird das Hedge-Objekt jedoch nicht nach MTM, sondern nach Deferral- bzw. Accrual-Accounting bewertet, so daß ein Hedge-Swap üblicherweise nach der Accrual-Accounting-Methode bilanziert wird.[1088] In letzterem Fall werden die Swapzahlungen und die Einnahmen bzw. Ausgaben aus dem gehedgten Finanzinstrument gemäß dem matching principle periodengleich erfolgswirksam.[1089]

Die Swapzahlungen werden netto im Jahresabschluß ausgewiesen.[1090] Dies gilt sowohl für spekulative wie auch für Hedge-Swaps. Bei einem Hedge werden nicht die Swapzahlungen mit den Zahlungen aus dem gehedgten Instrument verrechnet, d. h. Swapzahlungen und Zahlungen des gehedgten Instruments werden brutto in der GuV ausgewiesen.

Auch wenn die Bank lediglich als Arranger auftritt und die Zahlungen der beiden Swap-Partner nur durchleitet, werden die Zahlungen an einen Partner netto ausgewiesen ebenso wie die Nettozahlungen an den zweiten Partner. Die beiden Nettosummen werden nicht in einem weiteren Aggregationsschritt miteinander verrechnet, sondern jede wird separat ausgewiesen.[1091]

3.3.4. Währungsswaps

Die Laufzeit von Swaps und insbesondere von Währungsswaps kann sich im Gegensatz zu Futures, Forwards und Optionen über mehrere Jahre erstrecken. Der Markt für langlaufende Futures, Forwards und Optionen ist sehr dünn, wogegen lange Laufzeiten bei Währungsswaps durchaus üblich sind.[1092]

Ebenso wie für Zinsswaps gilt auch für Währungsswaps, daß sie off-balance geführt werden. Zwar schlägt sich die anfängliche Kapitaltransaktion als Aktivtausch (Kasse und liquide Fremdwährungsmittel) in der Bilanz nieder, aber der zukünftige Rücktausch erscheint nicht. Begründet wird dies damit, daß die Partner bei einem Währungsswap das Recht auf Aufrechnung haben, d. h. im Falle des Ausfalls eines Partners verliert der ande-

---

[1088] Vgl. Herz, Robert; Tancer, Joel: Accounting for Derivative and Synthetic Instruments, in: Haight, Timothy (Hrsg.): Derivatives Risk Management Service, Boston (Massachusetts, USA), 1996, S. 9A-17; Herz, Robert; Coopers & Lybrand: Accounting and Financial Reporting for Derivatives and Synthetics, in: Klein, Robert; Lederman, Jess (Hrsg.): The Handbook of Derivatives & Synthetics, Chicago (Illinois, USA), 1994, S. 847

[1089] Vgl. KPMG: Accounting for Swaps and Financial Derivatives, in: Das, Satyajit (Hrsg.): Swap & Derivative Financing, Chicago (Illinois, USA), 1994, S. 1273

[1090] Vgl. GAO: Financial Derivatives - Actions Needed to Protect the Financial System, Report to Congressional Requestors, Washington (USA), 5/1994, S. 96; Herz, Robert; Tancer, Joel: Accounting for Derivative and Synthetic Instruments, in: Haight, Timothy (Hrsg.): Derivatives Risk Management Service, Boston (Massachusetts, USA), 1996, S. 9A-17; Herz, Robert; Coopers & Lybrand: Accounting and Financial Reporting for Derivatives and Synthetics, in: Klein, Robert; Lederman, Jess (Hrsg.): The Handbook of Derivatives & Synthetics, Chicago (Illinois, USA), 1994, S. 847

[1091] Vgl. Choi, Frederick; Singleton, Matthew: Accounting for Derivative Products, in: Choi, Frederick (Hrsg.): Handbook of International Accounting, New York (USA), 1991, S. 21-9

[1092] Vgl. Herz, Robert; Tancer, Joel: Accounting for Derivative and Synthetic Instruments, in: Haight, Timothy (Hrsg.): Derivatives Risk Management Service, Boston (Massachusetts, USA), 1996, S. 9A-21

re Partner die Verpflichtung, den Betrag am Ende der Laufzeit des Swap zurückgeben zu müssen. Daher wird die Rücktauschverpflichtung aus dem Währungsswap nicht als Kredit im herkömmlichen Sinne verstanden und wird daher auch nicht als Forderung bzw. Verbindlichkeit bilanziert. Diese Verpflichtung wird nur außerhalb der Bilanz als eine langlaufende Vereinbarung, Währungsbeträge in der Zukunft zurückzutauschen, offengelegt.[1093]

Wie bereits eingangs erwähnt, richtet sich die Bewertung von Währungsswaps nach SFAS 52. Danach hängt die Rechnungslegung für Währungsswaps ebenfalls davon ab, zu welchem Zweck der Swap von dem Kreditinstitut eingesetzt wird. Ein zu Handelszwecken eingesetzter Währungsswap wird nach MTM bewertet und die unrealisierten Gewinne und Verluste werden sofort erfolgswirksam. Bei einem Swap, der als Hedge eingesetzt ist, werden dagegen die unrealisierten Gewinne und Verluste nur auf der Basis der Veränderungen des zugrundeliegenden Wechselkurses bestimmt. Die Differenz zwischen Kassakurs und dem Kontraktkurs des Swaps wird grundsätzlich als Agio oder Disagio behandelt und über die Laufzeit des Swaps p. r. t. vereinnahmt. Im Falle eines Hedge-Swap werden sowohl die unrealisierten Gewinne bzw. Verluste und auch die laufzeitbezogene Vereinnahmung des Anfangsagio bzw. -disagio in ihrer Erfolgswirksamkeit verschoben und in die Bewertung der zugehörigen gehedgten Position einbezogen. Im Issue Nr. 86-25 hat sich die EITF darauf verständigt, daß die Zahlungseingänge bzw. -ausgänge aus dem Währungsswap nicht mit denen der gesicherten Fremdwährungsposition aufgerechnet werden dürfen, da es sich um zwei getrennte Geschäfte handelt.[1094]

Die Regelung, daß die unrealisierten Gewinne und Verluste bei einem Hedge in die Bewertung der gesicherten Position einbezogen werden müssen, ist ebenfalls SFAS 52[1095] entnommen. Dieser Standard bezieht explizit Währungsswaps in seinen Regelungskreis mit ein und daher ist ebenso wie bei Währungsforwards festzustellen, daß auch Währungsswaps zu Sicherungszwecken bewertet werden, daß aber die Bewertungsgewinne und -verluste mit den Bewertungsgewinnen und -verlusten der gehedgten Position gegengerechnet werden. Bei einem perfect Hedge gleichen sich diese aus. Bei einem nonperfect Hedge (z. B. wenn die zugrundeliegenden Währungsbeträge unterschiedlich hoch sind) werden überschießende Gewinne oder Verluste sofort erfolgswirksam. Wird mit einem Währungsswap eine zukünftige Transaktion gehedgt, so fließen die unrealisierten Bewertungsgewinne bzw. -verluste aus dem Swap zum Zeitpunkt des späteren Geschäftsabschlusses in die bilanzielle Bewertung dieses Geschäfts ein.

1093 Vgl. Choi, Frederick; Singleton, Matthew: Accounting for Derivative Products, in: Choi, Frederick (Hrsg.): Handbook of International Accounting, New York (USA), 1991, S. 21-14 f.

1094 Vgl. Herz, Robert; Tancer, Joel: Accounting for Derivative and Synthetic Instruments, in: Haight, Timothy (Hrsg.): Derivatives Risk Management Service, Boston (Massachusetts, USA), 1996, S. 9A-21; Duangploy, Orapin; Cheung, Joseph: Foreign Currency Swaps Accounting: GAAP Versus Prac-tice, Journal of International Accounting Auditing & Taxation, vol. 4 no. 2, 1995, S. 149 f.; Delaney, Patrick, et al.: GAAP 96 - Interpretation and Application of Generally Accepted Accounting Principles, New York (USA), 10. Aufl. 1996, S. 145

1095 Vgl. FASB: Original Pronouncements 1996/97 Edition - Accounting Standards as of June 1, 1996, Volume I, New York (USA), 1996, S. 506

3.3.5. Zins-/Währungsswaps

Da Wechselkurse neben anderen Faktoren auch durch unterschiedlich starke Veränderungen des Zinsniveaus determiniert werden, ergeben sich besondere Probleme bei der Bewertung von cross-currency Swaps im Hinblick darauf, daß der Marktwert dieser Swaps beeinflußt wird durch Veränderungen des Kassa-Wechselkurses und der Entwicklung des variablen Zinssatzes im Verhältnis zum fixen Zinssatz bzw. auch der Entwicklung der Zinsstrukturkurven zwischen den beiden beteiligten Währungen, die selbst wiederum eine Einflußgröße auf die Wertentwicklung des Kassa-Wechselkurses darstellen. Stichhaltig werden diese Zusammenhänge im Rahmen der nach SFAS 52 gültigen Vorschrift, daß Währungsswaps und damit im Analogieschluß auch Zins-/Währungsswaps zum Tageswert bewertet werden müssen. „What complicates the accounting treatment for this instrument is that its value is affected by both interest rate and foreign currency fluctuations. How to separate out these two effects appropriately is no easy matter, evidenced by the absence of formal accounting pronouncements which specifically address this reporting dilemma.“ [1096] Choi/Singleton als die einzig vorgefundenen etwas neueren Autoren in den USA zeigen ein Beispiel für die Rechnungslegung von cross-currency Swaps in einer perfect Hedge Situation. In diesem Fall wird der anfangs eingetauschte Fremdwährungsbetrag gemäß SFAS 52 am Bilanzstichtag zur 'year-end spot rate' bewertet und alle Wertveränderungen in der GuV erfolgswirksam realisiert. Da ebenfalls das entsprechende gehedgte Fremdwährungsgrundgeschäft zur spot rate bewertet und alle Wertänderungen erfolgswirksam werden, saldiert sich die GuV-Wirkung auf Null.[1097] Die Wertveränderungen aufgrund der unterschiedlichen Entwicklung von fixen und variablen Zinsen werden dann genauso wie bei einem Zinsswap, der als Hedge eingesetzt wird, in die Rechnungslegung einbezogen. Diese Problematik ist in Deutschland übrigens nicht gegeben, da hier vorgeschlagen wird, daß Wertveränderungen aufgrund von Wechselkursänderungen nicht berücksichtigt werden sollen, da es sich bei dem Währungshin- und -rücktausch um eine geschlossene Position handelt.

3.3.6. Vorzeitige Beendigung des Swap

Happe führt hierzu aus: „In den USA kann in dem Fall, daß das Grundgeschäft zu Anschaffungskosten bewertet wird, der Verlust aus dem Sicherungsgeschäft in einem Abgrenzungsposten aktiviert werden. Dieser Aktivposten wird über die Restlaufzeit des Grundgeschäfts amortisiert.“ [1098]

Die tatsächlichen Rechnungslegungsempfehlungen gehen jedoch weiter; nicht nur Verluste können auf die Restlaufzeit verteilt werden, sondern auch Gewinne, denn im Falle eines Hedge gilt, daß bei vorzeitiger Beendigung des Swap die realisierten Ergebnisse weiterhin mit der gesicherten Position verbunden bleiben und über die verbleibende Restlaufzeit p. r. t. verteilt werden. Bei der Bestimmung der Restlaufzeit ist zu prüfen, ob die ursprüngliche Restlaufzeit des Swap oder die Restlaufzeit der gesicherten Position

---

[1096] Choi, Frederick; Singleton, Matthew: Accounting for Derivative Products, in: Choi, Frederick (Hrsg.): Handbook of International Accounting, New York (USA), 1991, S. 21-18

[1097] Vgl. Choi, Frederick; Singleton, Matthew: Accounting for Derivative Products, in: Choi, Frederick (Hrsg.): Handbook of International Accounting, New York (USA), 1991, S. 21-20

[1098] Happe, Peter: Grundsätze ordnungsmäßiger Buchführung für Swapvereinbarungen, Düsseldorf, 1996, S. 207

kürzer ist. Der jeweilige kürzere Zeitraum ist auszuwählen. Diese Regelung wurde seitens der EITF im Issue 84-7 verabschiedet und orientiert sich an den Vorschriften des SFAS 80.[1099] Im Ergebnis bedeutet dies, daß die Ertragswirksamkeit der realisierten Gewinne und Verluste aus dem beendeten Swap pro rata temporis ein „adjustment of the basis and yield on the hedged item“ [1100] nach sich zieht. Letztlich wird ein Hedge-Swap so behandelt, als sei er gar nicht vorzeitig beendet worden.

Die Begründung für diese Regelung liegt darin, daß die Entscheidungsträger des FASB verhindern wollten, daß

1. manche Unternehmen Hedge-Swaps beenden, um den Ergebnisbeitrag des Swap sofort in der GuV realisieren zu können;
2. in dem Fall, daß die gesicherte Position vorzeitig beendet wird und daraufhin die Unternehmung auch den Swap glattstellt, das Swapergebnis über die gesamte Restlaufzeit des Swap p. r. t. aufgeteilt werden muß.[1101]

Anders ausgedrückt: Es sollte verhindert werden, daß ein Unternehmen sich gezwungen fühlt, den Swap aufrecht zu erhalten, obwohl die gesicherte Position bereits frühzeitig beendet wurde, nur weil aufgrund der Rechnungslegungsvorschriften eine Vereinnahmung des Ergebnisses aus dem Swap mit dem Zeitpunkt der Beendigung des gesicherten Geschäfts nicht möglich wäre.

Aus diesen Gründen wurde geregelt, daß grundsätzlich die Ergebnisbeiträge aus einem vorzeitig beendeten Swap als Anpassung des Buchwertes der gesicherten Position behandelt werden und über die zeitverteilte Vereinnahmung dieser Buchwertveränderung über die kürzere Laufzeit von Swap oder gesicherter Position wird eine Synchronisation der Ergebnisvereinnahmung mit dem Grundgeschäft erreicht, wobei bei einer gleichzeitigen Beendigung des Grundgeschäfts diese ‘Laufzeit’ zählt und somit eine gleichzeitige Ergebnisvereinnahmung aus Swap und Grundgeschäft stattfindet.

Die Rechnungslegung bei vorzeitiger Beendigung eines nicht zu Hedge-Zwecken eingesetzten Swap hat die EITF im Rahmen des Issue 84-7 ebenfalls diskutiert, kam aber zu keinem Ergebnis.[1102] Da sich inzwischen die h. M. darauf geeinigt hat, Handels-Swaps mit der MTM-Methode zu bilanzieren, ist damit auch die Frage nach der Behandlung realisierter Ergebnisbeiträge aus vorzeitig beendeten Swaps gelöst. Diese werden -

---

1099 Vgl. Herz, Robert; Tancer, Joel: Accounting for Derivative and Synthetic Instruments, in: Haight, Timothy (Hrsg.): Derivatives Risk Management Service, Boston (Massachusetts, USA), 1996, S. 9A-17; Herz, Robert; Coopers & Lybrand: Accounting and Financial Reporting for Derivatives and Synthetics, in: Klein, Robert; Lederman, Jess (Hrsg.): The Handbook of Derivatives & Synthetics, Chicago (Illinois, USA), 1994, S. 847; Choi, Frederick; Singleton, Matthew: Accounting for Derivative Products, in: Choi, Frederick (Hrsg.): Handbook of International Accounting, New York (USA), 1991, S. 21-7; Delaney, Patrick, et al.: GAAP 96 - Interpretation and Application of Generally Accepted Accounting Principles, New York (USA), 10. Aufl. 1996, S. 146

1100 Weiss, Judith: GAAP from the Emerging Issues Task Force 1996/97, New York (USA), 1996, S. 11.30

1101 Vgl. Weiss, Judith: GAAP from the Emerging Issues Task Force 1996/97, New York (USA), 1996, S. 11.27

1102 Vgl. Weiss, Judith: GAAP from the Emerging Issues Task Force 1996/97, New York (USA), 1996, S. 11.27

ebenso wie die unrealisierten Bewertungsergebnisse bei einem noch bestehenden Handels-Swap - sofort erfolgswirksam vereinnahmt.

3.3.7. Regelungen nach dem geplanten neuen Standard

Ebenso wie die anderen behandelten Derivate sind auch Swaps in den FASB-Proposal einbezogen[1103] unabhängig vom jeweiligen Basiswert. Swaps werden zum Fair value in der Bilanz ausgewiesen. Bei einem Zinsswap (bei dem keine Kapitalbeträge getauscht werden) wird damit auch der zugrundeliegende Kapitalbetrag nicht in der Bilanz ausgewiesen. Bei einem Währungsswap (bei dem die Währungsbeträge normalerweise ausgetauscht werden) könnte dieser (ebenfalls zum Marktwert) zusätzlich zum Fair value des Swaps in der Bilanz separat bilanziert werden. Die zweite Möglichkeit besteht darin, den Fair value des Swap direkt mit dem Fremdwährungsbetrag zu verrechnen. Der Proposal enthält keinerlei Hinweise, in welcher Weise verfahren werden soll. Letztlich ist in dem Proposal gar kein Hinweis auf die Rechnungslegung von Währungsswaps enthalten, obwohl gerade dieses Instrument aufgrund des damit in Verbindung stehenden Kapitaltransfers und der somit bedingten Abgehobenheit von den 'klassischen' off-balance Derivaten im Hinblick auf die Hereinnahme in die Bilanz mittels Fair value des derivativen Bestandteils eines Währungsswap einer ausdrücklichen Klärung bedürfte.

Eindeutige Aussagen lassen sich daher nur für Zinsswaps treffen. Vor allem deren geplante Rechnungslegung wird im folgenden aufgezeigt.

3.3.7.1. Rechnungslegung bei Einsatz zu non-hedge-Zwecken

Das FASB gibt zwar kein explizites Beispiel für die Behandlung eines non-hedge Zinsswaps in der Rechnungslegung, aber aus den allgemeinen Vorschriften kann die Rechnungslegung abgeleitet werden. Auch für Zinsswaps gilt, daß der Fair value in der Bilanz auszuweisen ist. Die Gegenposition für die Einbuchung des Zinsswaps zum Fair value ist die direkte erfolgswirksame Vereinnahmung im Rahmen der GuV.

In den Folgejahren wird die Differenz zwischen Fair value in t_2 und t_1 erfolgswirksam. Da in diese Berechnung die tatsächliche (erhaltene oder gezahlte) Swap-Zahlung einfließt[1104], erscheint diese nicht gesondert in der GuV. Es wird also die gesamte Wertdifferenz, die die tatsächlichen Swapzahlungen berücksichtigt, in einer GuV-Position ausgewiesen. Nach dieser Methode ist bei spekulativen Swaps die tatsächliche Zahlung nicht mehr identifizierbar.

Eine andere Methode könnte darin bestehen, die Swapzahlungen als Zinszahlungen in der GuV gesondert auszuweisen und die Wertänderungen des Swaps ohne Berücksichtigung der inzwischen geflossenen Swapzahlungen (also quasi 'netto') auszuweisen. In der

---

1103 So z. B. explizit im Rahmen der Anhangbeispiele - Vgl. FASB: Task Force Draft - Statement of Financial Accounting Standards No. 13X - Accounting for Derivative Instruments and for Hedging Activities, September 12, 1997 Version, Appendix A, Example 1- 3, S. 85 ff.

1104 Vgl. FASB: Task Force Draft - Statement of Financial Accounting Standards No. 13X - Accounting for Derivative Instruments and for Hedging Activities, September 12, 1997 Version, Appendix A, S. 83

Summe aus Wertänderungen des Swaps mit Swapzahlungen ergäbe sich unter dem Strich dasselbe erfolgswirksame Ergebnis. Es käme dadurch zwar zu einer Aufblähung der GuV, allerdings würde damit für den Bilanzleser die Summe der tatsächlich geflossenen Swapzahlungen (getrennt in erhaltene und gezahlte) offengelegt. Da jedoch nichts im Proposal auf die Anwendung dieser alternativen Methode hinweist, ist anzunehmen, daß die erstere Methode einzusetzen ist.

Hinweise auf die Rechnungslegung bei vorzeitiger Beendigung des Swaps finden sich im FASB-Proposal nicht. Es ist jedoch zu vermuten, daß die Close-out Zahlung verrechnet wird mit dem Fair value, zu dem der Swap noch in der Bilanz steht, und ein möglicherweise sich noch ergebender Saldo in der GuV sofort erfolgswirksam vereinnahmt wird.

3.3.7.2. Rechnungslegung bei Einsatz zu Hedge-Zwecken

3.3.7.2.1. Cash flow-Hedge

Ein Cash flow-Hedge mit Hilfe eines Zinsswaps bedeutet, daß der Zinszahlungsstrom einer variabel verzinslichen Bilanzposition (Aktiva oder Passiva) fixiert wird, d. h. es handelt sich immer um einen 'receive-variable, pay-fixed' Zinsswap. Dies ist der 'klassische' Cash flow-Hedge, bei dem zukünftige Zahlungsströme vorhersehbar gemacht - also fixiert - werden.

In einem Beispiel beschreibt das FASB das Procedere der Rechnungslegung für einen Cash flow-Zinsswap-Hedge. Danach wird ein Swap, der z. B. die variablen Zinseinnahmen aus der Anlage in einer Floating Rate Note fixieren soll, so beurteilt, daß es sich um eine Serie von Absicherungen von geplanten Einnahmen aus der Anlage handelt. Die Wertänderungen des Fair value des Swap werden im 'other comprehensive income' gespeichert und dann in den Perioden in die GuV übernommen, in denen die gesicherten einzelnen geplanten Einnahmen erfolgswirksam werden. Voraussetzung für die Anwendung dieser Methode ist die Einhaltung der in Kapitel 3 Abschnitt 2.3.5. genannten Bedingungen zur Anerkennung eines Cash flow-Hedge.[1105]

Die Verbuchungsmethode gestaltet sich dabei so, daß der Fair value des Zinsswaps aktiviert und der passivische Gegenausweis im 'other comprehensive income' erfolgt. Die Wertänderung inklusive der möglicherweise zwischenzeitlich erfolgten Swapzahlung wird ebenfalls zunächst in voller Höhe dem 'other comprehensive income' zugeordnet. Diese Summe bleibt hier gespeichert bis zu dem Zeitpunkt, an dem die Zinszahlung bei der gesicherten Position erfolgt. Dann wird dem 'other comprehensive income' der Betrag erfolgswirksam entnommen, der benötigt wird, um die Cash flow-Schwankungen der gehedgten Position auszugleichen, und in die GuV überführt. Obwohl dies eigentlich keine Zinsposition ist, fließt sie dennoch (zusammen mit den variablen Zinsen aus der gesicherten Bilanzposition) in das Zinsergebnis und bewirkt so per Saldo die angestrebte fixe Zinsbelastung. Der Vorteil dieser Regelung liegt vor allem darin, daß dem matching-principle problemlos entsprochen werden kann, da ohne bilanztechnische Konstruktionen (Periodenabgrenzung sowohl bei Swap- wie auch bei Zinszahlung) aus dem Speicher

1105 Vgl. FASB: Task Force Draft - Statement of Financial Accounting Standards No. 13X - Accounting for Derivative Instruments and for Hedging Activities, September 12, 1997 Version, Appendix A, S. 97

'other comprehensive income' zum richtigen Zeitpunkt die notwendigen Beträge zur guv-mäßigen Abbildung der mit dem Hedge beabsichtigten Zinszahlungsströme entnommen werden können. Gleichzeitig ist zu beachten, daß die - in Deutschland übliche - strikte Periodenabgrenzung und damit die möglicherweise notwendige Aufteilung von Swap- und Zinszahlungen auf die alte und die neue Rechenperiode nicht durchgeführt wird.

In Deutschland wird im Rahmen von Swap-Portfolios etwas ähnliches versucht mittels des Profit Takeouts, wobei dieser über die Dauer der Portfolio-Rechnung geglättet wird. In den USA wird (da die Betrachtung des Mikro-Hedge im Vordergrund steht) die exakt benötigte Summe für den Hedge-Ausgleich entnommen.

3.3.7.2.2. Fair value-Hedge

Ein Fair value-Hedge mittels eines Zinsswap wird so definiert, daß ein 'receive-fixed, pay-variable interest rate swap' die Zinszahlungen einer festverzinslichen Bilanzposition in variable Zinszahlungen umwandelt, so daß im Normalfall der Marktwert bzw. Fair value der gehedgten Position festgezurrt wird.

Der Zinsswap wird für die Rechnungslegung nach Fair value bewertet und die Wertänderungen, die wie bei der Rechnungslegung im Rahmen eines Cash flow-Hedge um die Swapzahlungen berichtigt werden, werden direkt in der GuV erfolgswirksam. Vergleichbares gilt für die gehedgte Bilanzposition. Alle Wertänderungen, die durch das gehedgte Risiko - in dem Fall dem Marktzinsänderungsrisiko - entstehen, berichtigen den Buchwert der gehedgten Position und werden ebenfalls in der GuV sofort erfolgswirksam vereinnahmt.[1106]

Bei einem perfect Hedge gleichen sich beide Erfolgsbeiträge vollkommen aus und der Fair value der abgesicherten Position (soweit er auf das gehedgte Risiko zurückzuführen ist) wird in der Bilanz ergebnisneutral festgehalten.

[1106] Vgl. FASB: Task Force Draft - Statement of Financial Accounting Standards No. 13X - Accounting for Derivative Instruments and for Hedging Activities, September 12, 1997 Version, Appendix A, S. 83

5. Kapitel
Auswertung

Um Aussagen zur optimalen Weiterentwicklung deutscher Vorschriften vor dem Hintergrund des internationalen Vergleichs treffen zu können, ist eine Beurteilung der vorgefundenen Unterschiede bei der Rechnungslegung von Finanzderivaten notwendig. Mit Hilfe der objektivierten Beurteilung kann die Wertigkeit der vorgefundenen Lösungen anhand nachvollziehbar abgeleiteter Kriterien festgestellt werden. Diese Beurteilung kann nur dann objektiviert erfolgen, wenn die eingenommene Perspektive offengelegt wird. Die Perspektive bestimmt die Zielsetzungen, aus denen die Beurteilungskriterien abgeleitet werden können, anhand derer schließlich ein Urteil hinsichtlich der Vor- bzw. Nachteilhaftigkeit der Rechnungslegungsvorschriften möglich ist.

Damit nachvollziehbare, wertende Aussagen über die vorgefundenen Unterschiede in den Rechnungslegungsvorschriften bzw. -standards getroffen werden können, wird es zunächst nötig, die Perspektive bzw. die Perspektiven auszuwählen, unter der bzw. unter denen die Beurteilung durchgeführt werden sollte.

1. Perspektivenwahl

1.1. Potentielle Perspektiven

Potentielle Perspektiven für die Beurteilung von Rechnungslegungsvorschriften sind grundsätzlich alle Adressatengruppen der Rechnungslegung von Unternehmen, bzw. konkret von Banken. Potentielle Rechnungslegungsadressaten sind grundsätzlich alle am Unternehmensprozeß beteiligten Personen. In typisierenden Betrachtungen der Literatur[1107] werden folgende Gruppen genannt (die Reihenfolge stellt keine Rangfolge dar!):

a) Manager
b) Mitarbeiter
c) Eigenkapitalgeber (Eigentümer)
d) Fremdkapitalgeber (Gläubiger)
e) Kunden
f) Lieferanten
g) Fiskus
h) 'interessierte Öffentlichkeit'; hierunter fallen z. B. Konkurrenten, Interessenverbände, Forschung und Lehre, Wirtschaftspresse

Diese sehr allgemein gehaltene Auflistung, die zwar grundsätzlich für alle Unternehmungstypen zutrifft, muß - soll sie im Rahmen der Problematik dieser Untersuchung weiterhelfen - auf die konkreten Gegebenheiten der hier zur Untersuchung stehenden Objekte spezifiziert werden. Da es sich bei den Untersuchungsobjekten um Banken handelt, sind bei einigen der Adressatengruppen folgende Einschränkungen zu beachten:

1107 Vgl. stellvertretend für andere: Schmidt, Lutz: Massgeblichkeitsprinzip und Einheitsbilanz, Heidelberg, 1994, S. 102 f.

- In der Regel verteilen sich bei Banken die Eigentumsrechte auf mehrere Personen, so daß Anteilseignerverhältnisse vorliegen; der Begriff 'Eigenkapitalgeber' könnte somit näher spezifiziert werden auf 'Anteilseigner'.

- Speziell für Banken gilt, daß normalerweise größere Teile der Gläubiger gleichzeitig auch Kunden der Bank sind in der Form, daß sie Passivgeschäfte bei der Bank tätigen, d. h. Einlagen geben; dennoch ist es ebenso möglich, daß Nichtkunden Gläubigerstellung erreichen, indem sie am Kapitalmarkt gehandelte Gläubigerpapiere der Bank (z. B. Anleihen bzw. Schuldverschreibungen) kaufen. Grundsätzlich gilt für jede der o. g. Personengruppen, daß einzelne Personen - wie z. B. Manager oder Mitarbeiter mit Aktienbesitz - mehreren der bezeichneten Gruppen zugeordnet werden können[1108]; dennoch gilt in herausragendem Maße für Banken die enge Verknüpfung zwischen der Gruppe der Kunden und der Gruppe der Gläubiger.

- Lieferanten im herkömmlichen industriellen Sinne kommen bei Banken im Rahmen ihres eigentlichen Unternehmensprozesses, also der Erstellung von Bankdienstleistungen, nur in sehr untergeordneter Bedeutung vor; diese können daher bei der weiteren Betrachtung vernachlässigt werden.

- Normalerweise findet sich bei den unter dem Überbegriff 'interessierte Öffentlichkeit' zusammengefaßten Einzelgruppierungen kein Hinweis auf die Wirtschaftspolitik oder den Gesetzgeber; dies könnte damit erklärt werden, daß diese normalerweise kein Interesse an einzelnen Unternehmungen, sondern an makroökonomischen Aggregationen von Unternehmensgruppen hegen; im Falle von Banken liegt dagegen ein besonderes Interesse auch an einzelnen Unternehmungen vor. Dieses Interesse gründet sich auf der Überlegung, daß sich bereits im Falle des Zusammenbruchs einer einzigen Bank weitreichende Folgen für die Gesamtwirtschaft eines Landes ergeben können (z. B. Verlust des Vertrauens der 'Kleinsparer' bzw. Destabilisierung der Wirtschaft); daher stehen die Banken unter der besonderen Überwachung des Staates (z. B. über die Institution des Bundesaufsichtsamtes für das Kreditwesen), so daß bei einer auf Banken spezifizierten Liste von potentiellen Rechnungslegungsadressaten auch die staatliche Aufsichtsbehörde (die letztlich die Ziele der auf Stabilität ausgerichteten Wirtschaftspolitik bzw. des Gesetzgebers umsetzen) aufzunehmen ist.

Die auf Bankunternehmungen spezifizierten potentiellen Adressatengruppen der Rechnungslegung ergeben sich daher wie folgt:

a) Manager
b) Mitarbeiter
c) Eigenkapitalgeber
d) Gläubiger
e) Kunden
g) Fiskus
h) 'interessierte Öffentlichkeit'; hierunter fallen z. B. Bankenaufsicht, Konkurrenten, Interessenverbände, Forschung und Lehre, Wirtschaftspresse

1108 Vgl. Schmidt, Lutz: Massgeblichkeitsprinzip und Einheitsbilanz, Heidelberg, 1994, S. 102

1.2. Ausgewählte Perspektiven

Im nächsten Schritt ist zu fragen, welche der o. g. potentiellen Rechnungslegungsadressaten ausgewählt werden sollten, um aus deren Perspektive eine Beurteilung der Unterschiede in der Rechnungslegung von Finanzderivaten vorzunehmen. Bei der Auswahl ist auf die in Kapitel 1 Abschnitt 2.3. hingewiesene Redundanzfreiheit und die Einnahme gegensätzlicher Standpunkte zu achten.

1.2.1. Erstes Ausschlußkriterium: Recht auf Information

Eine Hilfestellung für die Auswahl könnte zunächst die Beantwortung der Frage ergeben, aus welchem Grunde die Rechnungslegung entstanden bzw. welchem primären Zweck sie verpflichtet ist.

„Unternehmerisches Tätigsein bedeutet stets Umgang mit knappen Mitteln, Bewältigung der Unsicherheit des Wirtschaftsprozesses und Handhabung der Arbeitsteiligkeit des Wirtschaftens.“ [1109] Eine periodisierte Rechenschaftslegung ist ein Hilfsmittel, das diese Aufgaben bewältigen hilft. Mit Hilfe der Rechenschaftslegung kann der Nachweis erbracht werden, inwieweit sorgsam mit den knappen Ressourcen gewirtschaftet wurde. Ebenso wird der Erfolg offengelegt, mit dem es der Unternehmensleitung gelungen ist, im Rahmen der Unsicherheit des Wirtschaftsprozesses richtige Entscheidungen zu treffen und im Wertschöpfungsprozess unternehmerischer Tätigkeit Erträge zu erwirtschaften.

Insbesondere hinsichtlich der ‘Handhabung der Arbeitsteiligkeit des Wirtschaftens’ wird deutlich, wie notwendig eine periodische Rechenschaftslegung ist. Bei Banken ist es in der Regel so, daß Manager die Aufgabe der unternehmerischen Disposition übernehmen und ihnen hierzu die Anteilseigner das notwendige Eigenkapital zur Verfügung stellen. „Die mit der Geschäftsführung eines Unternehmens betraute Verwaltung arbeitet in der Regel nicht mit eigenem, sondern mit fremdem Geld, denn Eigentümer des Unternehmens sind die Anteilseigner. Dieser Umstand bedingt überhaupt erst die Verpflichtung zur Rechenschaftslegung.“ [1110] Einerseits ist die Unternehmensleitung bestrebt, daß sie sich nach der Ausübung der unternehmerischen Aufgabe gegenüber allen weiteren Teilnehmern, aber insbesondere gegenüber ihren ‘Auftraggebern’, also den Anteilseignern der Bank, von der dadurch übernommenen Verantwortung zu entlasten sucht und zum anderen werden allen voran die Anteilseigner kontrollieren, aber auch die übrigen am Bankprozeß beteiligten Gruppen sich informieren wollen und daher die Rechenschaftslegung von den beauftragten Managern verlangen. „Externe Rechenschaftslegung in Gestalt einer Rechnungslegung verfolgt unter diesen Bedingungen das Ziel, seitens der Unternehmensleitung einen Beleg über die Erfüllung der (vornehmlich) finanziellen Zielvorstellungen aller anderen am Unternehmensprozeß teilnehmenden Personen zu geben.“ [1111] Oder anders formuliert: „Rechenschaftslegung bedeutet zugleich auch Information des Berechtigten.“ [1112]

[1109] Schmidt, Lutz: Massgeblichkeitsprinzip und Einheitsbilanz, Heidelberg, 1994, S. 105

[1110] Budde, Wolfgang; Steuber, Elgin: Rechnungslegung im Spannungsfeld zwischen Gläubigerschutz und Information der Gesellschafter, Die Aktiengesellschaft, 12/1996, S. 543

[1111] Schmidt, Lutz: Massgeblichkeitsprinzip und Einheitsbilanz, Heidelberg, 1994, S. 106

[1112] Budde, Wolfgang; Steuber, Elgin: Rechnungslegung im Spannungsfeld zwischen Gläubigerschutz und Information der Gesellschafter, Die Aktiengesellschaft, 12/1996, S. 542

Unter diesem ersten Aspekt - Information für die Berechtigten und Kontrolle des Managements - fällt aus der Liste der potentiellen Rechnungslegungsadressaten die Gruppe des Managements als zu wählende Beurteilungsperspektive heraus, da gerade diese mit Hilfe der Rechnungslegung kontrolliert werden soll und somit die Informationsberechtigten die Aufgabe haben, die Maßstäbe für die Informationsoffenlegung zu setzen.

1.2.2. Zweites Ausschlußkriterium: Recht auf Einkommensbezug

In einem nächsten Schritt ist zu prüfen, wer von den verbleibenden Gruppen der potentiellen Informationsadressaten tatsächlich berechtigt ist, die Maßstäbe für die Informationsoffenlegung zu setzen. Denn nur aus deren Perspektive erscheint die Beurteilung der vorhandenen Maßstäbe für die Bankenrechnungslegung sinnvoll. Um diese Gruppen herausfinden zu können, ist es notwendig, weitere Ausschlußkriterien zu finden.

Neben das Interesse an der Information über den Erfolg der Tätigkeit des Managements tritt der „Wunsch nach Erfüllung von Einkommensansprüchen“ [1113]. Grundsätzlich kann man unterscheiden zwischen residualberechtigten Gruppen und kontraktberechtigten Gruppen.[1114] Kontraktberechtige Einkommensbezieher sind diejenigen, die mit dem Unternehmen in Rechtsbeziehungen stehen, die auf synallagmatischen Schuldverhältnissen beruhen.[1115] Zu den kontraktberechtigten Einkommensbeziehern gehören somit Mitarbeiter, Gläubiger, Kunden und das Management (letztere Gruppe, soweit es sich um erfolgsunabhängige Vergütungsbestandteile handelt). Residualberechtige Einkommensempfänger sind dagegen berechtigt, am Erfolg des Unternehmens teilzuhaben in Form von Zahlungen, die von der Höhe des Ertrags abhängen. Auf der Ebene der Erfolgsermittlung ist daher sicherzustellen, daß kontraktbestimmte Einkommensansprüche - etwa fest vereinbarte Entgelte für die Überlassung von Kapital oder Arbeitskraft - befriedigt werden, „noch bevor eine Abgeltung residualabhängiger Zahlungen erfolgt.“ [1116] Zu den residualberechtigen Einkommensbeziehern gehören vor allem die Anteilseigner und im Hinblick auf die Ertragssteuern auch der Fiskus.

In Deutschland und in Japan wird im Rahmen der Rechnungslegung die Informationsfunktion des Jahresabschlusses verbunden mit der Funktion der Zahlungsbemessung. Dies erscheint sinnvoll, denn da aufgrund der umfassenden Informationsfunktion alle kontraktberechtigten Zahlungsflüsse der Bank enthalten sind, sollte an dieses Instrument auch die Entscheidung über die Höhe der residualberechtigten Zahlungen geknüpft werden. „Jahresabschlüsse nach den verschiedenen angelsächsischen Standards dienen ausschließlich der Information Externer. Der Betrag, der aus dem Ergebnis des abgelaufenen Jahres oder aus anderen Quellen mindestens und höchstens an die Eigner ausgeschüttet werden darf, bemißt sich nach anderen Grenzen, die überwiegend in Kreditverträgen vereinbart werden.“ [1117] Wenn hier auch keine so unmittelbare Verknüpfung zwischen Ergebnisausweis und Ausschüttung vorhanden ist wie in Deutschland und Japan, so bildet

---

[1113] Schmidt, Lutz: Massgeblichkeitsprinzip und Einheitsbilanz, Heidelberg, 1994, S. 104

[1114] Vgl. Schmidt, Lutz: Massgeblichkeitsprinzip und Einheitsbilanz, Heidelberg, 1994, S. 111

[1115] Vgl. Budde, Wolfgang; Steuber, Elgin: Rechnungslegung im Spannungsfeld zwischen Gläubigerschutz und Information der Gesellschafter, Die Aktiengesellschaft, 12/1996, S. 544

[1116] Schmidt, Lutz: Massgeblichkeitsprinzip und Einheitsbilanz, Heidelberg, 1994, S. 112

[1117] Schildbach, Thomas: Rechnungslegungsideale, Bilanzkulturen, Harmonisierung und internationaler Wettbewerb, Betriebs-Berater, 51-52/1995, S. 2642

dennoch die Ergebnisfeststellung die Ausgangsbasis für die Ausschüttung. Grundsätzlich wird die Relevanz der Ergebnisfeststellung im Rahmen der Rechnungslegung und die damit verbundene Zahlungsbemessung nicht in Frage gestellt und im Rahmen dieser Arbeit wird somit neben der reinen Informationsfunktion des Jahresabschlusses auch die Zahlungsbemessungsfunktion als Zweck der Rechnungslegung erachtet.

Zieht man diese weitere Funktion des Jahresabschlusses als Ausschlußkriterium heran, so fallen aus den o. g. potentiellen Jahresabschlußadressatengruppen die unter der Rubrik 'interessierte Öffentlichkeit' genannten Gruppen Bankenaufsicht, Konkurrenten, Interessenverbände, Forschung und Lehre und Wirtschaftspresse aus der zur Festlegung von Maßstäben für die Rechnungslegung berechtigten Adressatengruppen heraus, da sie weder einen kontrakt- noch residualberechtigten Zahlungsanspruch besitzen. Allerdings ist zu beachten, daß sich da bankaufsichtliche bzw. auch das gesetzgeberische Interesse letztlich an den Interessen großer Gruppen orientiert und somit entweder am Gläubiger- oder am Anteilseignerschutz (vgl. Kapitel 2 Abschnitt1.). Bei Heranziehung dieser beiden Perspektiven wird damit auch ein Teil der Interessen der Bankaufsicht bzw. des Gesetzgebers abgedeckt.

Es verbleiben somit als Perspektiven für eine Beurteilung der Unterschiede in der Rechnungslegung die Gruppe der Anteilseigner und die Gruppe der Gläubiger sowie der Fiskus. Darüber hinaus sind in der Liste noch die Gruppen der Mitarbeiter und Kunden genannt. Es wurde bereits oben ausführlicher dargelegt, daß ein größerer Teil der Bankkunden gleichzeitig der Gruppe der Gläubiger zugerechnet werden kann. Der weitere Teil der Bankkunden, die entweder einen Dienstleistungsvertrag mit der Bank abgeschlossen haben oder selbst in einem Kreditverhältnis zu ihr stehen, haben normalerweise keine Zahlungsansprüche gegen die Bank und fallen somit nach diesem Kriterium aus dem Kreis der zu berücksichtigenden Perspektiven heraus. Der Teil der Bankkunden, der gleichzeitig auch eine Gläubigerposition einnimmt, wird im Rahmen der Perspektive der Gläubiger erfaßt. Die Bankkunden müssen somit als eigenständige Beurteilungsperspektive nicht gesondert behandelt werden. Ähnliches gilt auch für die Gruppe der Mitarbeiter. Deren Informationsinteressen beziehen sich „auf die Beurteilung der Sicherheit der Abgeltung des entstandenen und des zukünftig entstehenden Leistungsentgelts“.[1118] Damit ist deren Position vergleichbar mit der der übrigen Gläubiger der Bank und kann im Rahmen der allgemeinen Gläubigerperspektive subsumiert werden und fällt als eigenständige Beurteilungsperspektive weg.

Abschließend stellt sich die Frage, inwieweit eine Beurteilung der vorgefundenen Rechnungslegungsunterschiede bzw. deren Folgewirkungen aus Sicht des Fiskus erfolgen sollte. Dabei ist zu beachten, daß sich der Fiskus ganz wesentlich von allen übrigen Zahlungsempfangsberechtigten eines Unternehmens bzw. einer Bank unterscheidet, denn ihm steht „als ohnehin 'permanenter Teilhaber' an der Koalition Unternehmung eine Entscheidung über die Teilnahme am oder über den Austritt vom Unternehmensprozeß“ [1119] nicht offen. Alle anderen nutzen die Information nicht nur zur Kontrolle, sondern eben auch für 'Eintritts- bzw. Austrittsentscheidungen'. Da sich die Interessen des Fiskus somit zwangsläufig an anderen Maßstäben ausrichten, wurde neben der Handelsbilanz ein separates Instrument einzig zu Steuerzwecken geschaffen: Die Steuerbilanz. Dies gilt

[1118] Schmidt, Lutz: Massgeblichkeitsprinzip und Einheitsbilanz, Heidelberg, 1994, S. 104
[1119] Schmidt, Lutz: Massgeblichkeitsprinzip und Einheitsbilanz, Heidelberg, 1994, S. 104

nicht nur für Deutschland, sondern auch für Japan und die USA. Da im Rahmen dieser Arbeit ausschließlich handelsbilanzielle Regelungen betrachtet wurden, ergibt sich zwangsläufig die Schlußfolgerung, diese Regelungen nicht aus Perspektive der von vornherein ausgegrenzten Sicht des Fiskus zu beurteilen.

Es verbleiben als Beurteilungsperspektiven die beiden in der Literatur häufig als Antipoden aufgefaßten Gruppen der **Anteilseigner** und der **Gläubiger**, wobei Gläubiger im weiteren Sinne aufzufassen sind. Gläubiger stehen auch für die Bankkunden mit Gläubigerstellung bzw. für Mitarbeiter, die ebenfalls ein 'Quasi-Gläubigerinteresse' an der Bank haben.

2. Wertung der vorgefundenen Unterschiede

2.1. Zusammenstellung der Beurteilungskriterien

Bevor die Beurteilungskritierien selbst zusammengestellt werden können, müssen die Rahmenbedingungen hierfür festgelegt werden. Zunächst ist als Prämisse der rationale Anteilseigner bzw. der rationale Gläubiger zu setzen. Damit wird abstrahiert von Mentalitäts- bzw. Kulturunterschieden zwischen den betrachteten Ländern. Diese Prämisse wird letztlich dadurch gestützt, daß von einem globalen Kapitalmarkt ausgegangen wird, auf dem die Banken bereits heute schon und in Zukunft noch stärker eingebunden sein werden. Kultur- und Mentalitätsunterschiede spielen auf diesem internationalen Kapitalmarkt keine Rolle mehr.

Zum anderen ist zu entscheiden, auf welche Art und Weise die Ziele eines rationalen Anteilseigners und eines rationalen Gläubigers gefunden werden können, aus denen die Beurteilungskriterien abgeleitet werden können. Es werden hierzu - soweit vorhanden - Aussagen aus der Literatur herangezogen, die auf modelltheoretischen Überlegungen beruhen.

2.1.1. Beurteilungskriterien aus der Perspektive des Anteilseigners

Die zur Ableitung von Beurteilungskriterien benötigten Ziele eines rationalen Anteilseigners lassen sich aus dem Shareholder Value-Ansatz gewinnen. Die Auswahl dieses Ansatzes ist damit begründet, daß es sich hier um den aktuellsten wissenschaftlichen Diskussionsansatz handelt, dessen theoretische Untermauerung auf zunehmende allgemeine internationale Akzeptanz stößt. Dieser Ansatz beschäftigt sich mit der Gestaltung von Anforderungskatalogen für Managemententscheidungen, welche sich aus den seitens der Shareholder mit der Investition in ein Unternehmen verfolgten Zielsetzungen ergeben. Aus denselben Zielsetzungen können auch die seitens der Anteilseigner geforderten Maßstäbe bzw. Beurteilungskriterien an das Kontrollinstrument über diese Managemententscheidungen, nämlich die Rechnungslegung, abgeleitet werden.

Folgende Aussagen trifft der Shareholder Value-Ansatz im Hinblick auf die Handlungsanleitungen für die Unternehmensführung:
„Der Wert eines Unternehmens bestimmt sich nach seinem von den Anteilseignern (Shareholdern) erwarteten Nutzen. Bei rein finanzieller Zielsetzung besteht der erwartete

Nutzen für die Anteilseigner aus den künftigen Mittelzuflüssen, d. h. den Ausschüttungen sowie realisierbaren Kurssteigerungen. ... Ziel des Managements ist es, durch unternehmerisches Handeln die Ertragskraft, d. h. die Ausschüttungserwartungen und damit den Wert des Unternehmens zu steigern. Der Preis, der am Markt für eine Alternativanlage aufgewendet werden müßte, die den Anteilseignern denselben Nutzen wie eine Investition in das zu bewertende Unternehmen stiftet, determiniert dann den Unternehmenswert für die Anteilseigner. Die von den Anteilseignern geforderte Rendite bemißt sich somit an den Opportunitätskosten der Alternativinvestition. Demgemäß stellt der Kapitalbarwert der mit der Renditeforderung der Anteilseigner abgezinsten künftigen Einnahmenüberschüsse des Unternehmens, die aus unternehmensinternen Daten prognostiziert werden, den Unternehmenswert dar. Das Shareholder Value-Konzept bezieht in diese Renditebetrachtung der Anteilseigner nicht nur die effektiven Ausschüttungen, sondern auch die bei Veräußerung der Anteile zu realisierenden Wert-/Kurssteigerungen ein, die z. B. aus Thesaurierungen resultieren können." [1120]

Basis des Shareholder Value-Konzeptes ist also die Überlegung, daß die Marktwertsteigerung im Rahmen einer kapitalmarktorientierten Unternehmensführung oberstes Unternehmensziel sein muß. Im Anschluß daran entsteht die Frage, in welcher Weise das Rechnungswesen dafür instrumentalisiert werden kann.[1121] Obwohl diese Frage in letzter Zeit immer häufiger auch in der deutschen Literatur gestellt wird, finden sich bisher keine Ansätze für eine systematische Erarbeitung von Anforderungskatalogen für die Neuausrichtung der Rechnungslegung bzw. Beurteilungskriterien-Kataloge als Entscheidungshilfen bei ungelösten Problemen und offenen Fragen der Rechnungslegung. Busse von Colbe, der zumindest erste Hinweise in dieser Richtung gibt, beschränkt sich nur auf eine unsystematische Aufzählung von Ideen, wie verschiedene Teile des Rechnungswesens (internes Rechnungswesen, kurzfristige Kosten- und Erlösrechnung sowie externe Rechnungslegung) dem Shareholder Value-Konzept Rechnung tragen können. Im Hinblick auf die externe Rechnungslegung führt er aus: „Die externe Rechnungslegung (im Original kursiv gedruckt, Anm. des Verf.) läßt sich in den Dienst einer kapitalmarktorientierten Unternehmensführung stellen, wenn sie nicht nur oder primär auf die Ermittlung eines ausschütt- und besteuerbaren Gewinns ausgerichtet ist, sondern zumindest auch einer fairen Information des Kapitalmarktes (im Original kursiv gedruckt, Anm. des Verf.) dient." [1122] Der Autor gibt keinerlei Hinweise, wie diese 'faire Information' zu interpretieren ist bzw. operationalisiert werden kann.

Aus dem bisher Gesagten läßt sich ableiten, daß im Rahmen des Shareholder Value-Konzepts der Rechnungslegung eine wesentliche Funktion zugesprochen wird, nämlich die Information über den aktuellen Wert des Unternehmens, der sich vor allem aus den zu erwartenden zukünftigen Cash Flows ergibt, vom Management zum Anteilseigner zu

1120 Wagner, Wolfgang: Shareholder-Value als Managementinstrument und Aspekte des Konzeptes für die Unternehmensbewertung, in: Baetge, Jörg (Hrsg.): Rechnungslegung und Prüfung 1996, Düsseldorf, 1996, S. 329

1121 Vgl. Busse von Colbe, Walther: Das Rechnungslegung im Dienste einer kapitalmarktorientierten Unternehmensführung, in: Schmalenbach-Gesellschaft - Deutsche Gesellschaft für Betriebswirtschaft e. V. (Hrsg.): Globale Finanzmärkte - Konsequenzen für Finanzierung und Unternehmensrechnung, Stuttgart, 1996, S. 17

1122 Busse von Colbe, Walther: Das Rechnungslegung im Dienste einer kapitalmarktorientierten Unternehmensführung, in: Schmalenbach-Gesellschaft - Deutsche Gesellschaft für Betriebswirtschaft e. V. (Hrsg.): Globale Finanzmärkte - Konsequenzen für Finanzierung und Unternehmensrechnung, Stuttgart, 1996, S. 17

transportieren. Diese Informationsfunktion ist vergleichbar mit der eingangs erwähnten Aufgabe der Rechnungslegung. Allerdings wird sie ganz wesentlich dadurch ergänzt, daß sie nicht allein Kontrolle über die in der Vergangenheit erwirtschafteten Erfolge des Managements ermöglichen soll, sondern auch Aussagen darüber liefert, wie sich die Wertentwicklung des Unternehmens in Zukunft darstellen wird. Damit muß die Rechnungslegung Informationen für Entscheidungen des Anteilseigner im Hinblick auf Investition oder Desinvestition in das Unternehmen liefern. (Dies entspricht letztlich der Aufgabe, die in den US-GAAP als wichtigste Funktion des Jahresabschlusses in den SFAC festgelegt wurde - siehe Kapitel 2 Abschnitt 4.3.1.).

Das Shareholder Value-Konzept beinhaltet eine weitere sehr wesentliche Aussage dergestalt, daß nur dann wirklich ein Mehrwert durch das Unternehmen für den Anteilseigner geschaffen wird, wenn die Rendite aus dieser Aktienanlage höher ist als die Rendite aus einer alternativen Anlage. Wie bereits oben ausgeführt wurde, bemißt sich die von den Anteilseignern geforderte Rendite an den Opportunitätskosten der Alternativinvestition oder anders ausgedrückt: Übersteigt die Eigentümerrendite die Rendite alternativer Anlagen bzw. den vom Kapitalmarkt geforderten Kapitalkostensatz, so entsteht zusätzlicher Anteilseignerwert.[1123] Aus dieser Zielsetzung der Wertschaffung im Rahmen des Shareholder Value-Konzepts ergeben sich drei wesentliche Schlußfolgerungen:

1. Das Management muß in der Lage sein, die Rentabilität existierender Geschäfte zu steigern.
2. Anteilseignerwert kann dadurch geschaffen werden, daß das Geld in Geschäfte investiert wird, deren Rentabilität über den Kapitalkosten liegt, d. h. eine optimale Allokation der finanziellen Ressourcen erfolgt.
3. Es wird eine disziplinierte Ausschüttungspolitik verlangt. Erwirtschaftete Cash flows sollen an die Anteilseigner ausgeschüttet werden, sobald keine Investitionsmöglichkeiten bestehen, deren Rentabilität über den Kapitalkosten liegt.[1124]

Dieser Hinweis knüpft letztlich auch an eine bereits eingangs genannte Aufgabe des Jahresabschlusses, nämlich die Zahlungsbemessungsfunktion an. Aber ebenso wie bei der Informationsfunktion verbindet das Shareholder Value-Konzept bei der Frage der Zahlungsbemessung mit dem **Vergangenheits-** ('erwirtschaftete Cash flows') auch den **Zukunftsaspekt** - nämlich auszuschütten, wenn keine Investitionsmöglichkeiten bestehen, deren Rentabilität über den Kapitalkosten liegen. Die Entscheidung über die Höhe der auszuschüttenden Dividende bzw. die Höhe der Gewinnthesaurierung liegt wieder beim Anteilseigner, wozu er zukunftsgerichtete Informationen benötigt, die ihn in die Lage versetzen, die Investition in das Unternehmen mit einer Investition in ein anderes Unternehmen zu vergleichen. Dadurch gewinnt die Notwendigkeit der Vergleichbarkeit der Jahresabschlüsse zwischen den Banken an Gewicht. So schreiben auch Bormann/Ordenthal: „Der Ausgangspunkt für ein wertorientiertes Management ist die Forderung der Kapitalmärkte nach Verständlichkeit und Transparenz.“ [1125]

[1123] Vgl. Bormann, Michael; Odenthal, Stefan: Rechnungslegung nach internationalen Standards als strategische Bedingung im Value Management, Deutsche Steuerzeitung, 11/1997, S. 362

[1124] Vgl. Bormann, Michael; Odenthal, Stefan: Rechnungslegung nach internationalen Standards als strategische Bedingung im Value Management, Deutsche Steuerzeitung, 11/1997, S. 362

[1125] Bormann, Michael; Odenthal, Stefan: Rechnungslegung nach internationalen Standards als strategische Bedingung im Value Management, Deutsche Steuerzeitung, 11/1997, S. 365

Aus dieser Situation der Frage nach der Investitionsentscheidung leitet sich eine weitere Anforderung ab, die der Anteilseigner an den Jahresabschluß der Bank stellen muß. Diese weitere Anforderung ist Ausfluß der Investitionsentscheidung, die der Anteilseigner nach dem Shareholder Value-Konzept ständig anstellen muß; sie wird aber in dem Konzept selbst nicht weiter thematisiert. Bekanntermaßen orientieren sich Investitionsentscheidungen nicht nur an der potentiellen Rendite, sondern auch an dem mit der Investition in Verbindung stehenden Risiko. Oder anders ausgedrückt: Der Anteilseigner wird bei gleicher Renditeerwartung bei Kauf von Aktien der Bank A oder der Bank B sich im Normalfall für die Investition entscheiden, bei der ein geringeres Risiko vorliegt. Für die Investitionsentscheidung benötigt der Anteilseigner also auch Informationen über das zukünftige Unternehmens- bzw. Renditerisiko.

In diesem Zusammenhang sei auf den 'Comprehensive Report' der AICPA verwiesen, der sich mit den Verbesserungsmöglichkeiten der US-amerikanischen GAAP auseinandergesetzt hat, die - wie bereits erwähnt wurde - bereits sehr stark auf die Bedürfnisse der 'Investoren' ausgerichtet sind und in dem weiter verbesserte Informationen über das Unternehmensrisiko gefordert werden. In dem Comprehensive Report werden Empfehlungen gegeben über Art und Umfang der Informationen, die ein Unternehmen seinen Anteilseignern und Kreditgebern bereitstellen soll. Ein zentrales Anliegen dieses Berichts ist die Sicherung der Relevanz der klassischen Unternehmensberichterstattung angesichts umwälzender wirtschaftlicher Entwicklungen und eines sich ständig verändernden Umfelds, da sie eine zentrale Stellung im Prozeß der effizienten Kapitalallokation in einer Volkswirtschaft einnimmt. Um weiterhin relevant für die Adressaten zu bleiben, fordert das AICPA, daß sich die Rechnungslegung den entgegengebrachten Informationswünschen anpaßt, indem sie u. a. mehr Informationen über zukünftige **Risiken** und enthaltene Unsicherheiten bereitstellt.[1126]

Aus den bisher gefundenen Anforderungen, die an einen Jahresabschluß unter Beachtung des Shareholder Value-Konzepts gestellt werden, muß im nächsten Schritt ein auf die Belange der Rechnungslegung operationalisierten Kriterienkatalog deduziert werden. Im Überblick ergibt sich damit folgendes Bild:

[1126] Vgl. Berndlmaier, Alexander; Klein, Georg: Kundenorientierung in der US-amerikanischen Rechnungslegung: Der Comprehensive Report des Special Committee on Financial Reporting des AICPA, Der Betrieb, 22/1997, S. 1090

Informationsfunktion

Ziele	aus den Zielen abgeleitete Beurteilungskriterien	Operationalisierung im Hinblick auf die Rechnungslegung von Derivaten
1. Entscheidungsunterstützung (zukunftsgerichtet)	• Vergleichbarkeit der Jahresabschlüsse zwischen Banken	• Gleichheit der Ansatz- und Bewertungsregeln für alle Banken • keine Wahlrechte bzw. Auslegungsspielräume
	• Vollständigkeit aller verfügbaren Informationen über die zukünftige Entwicklung der Bank	• alle laufenden und absehbaren zukünftigen Geschäfte im Jahresabschluß enthalten
	• Transparenz bzw. intersubjektive Nachvollziehbarkeit / Nachprüfbarkeit der zur zukünftigen Entwicklung der Bank gemachten Angaben (Zuverlässigkeit)	• höchstmöglicher Grad an Willkürfreiheit: - keine Wahlrechte bzw. Auslegungsspielräume - objektivierbare Bewertungsmaßstäbe
a) zu erwartende Rendite (Die in zukünftigen Zeitpunkten zu erwartende Höhe der Cash Flows)	• informationsverlustfreie Umsetzung in stichtagsbezogene Werte	• Verwendung von Barwerten bzw. Marktwerten
b) Risiko	• Eintrittswahrscheinlichkeiten der zu erwartenden Rendite und deren Varianz	• Offenlegung von Risikokennzahlen (z. B. VAR)
2. Kontrolle (vergangenheitsorientiert)	• Vollständigkeit der Information über die Geschäftstätigkeit der Bank seit letztem Jahresabschluß	• alle bisherigen Geschäfte in Bilanz enthalten
	• Transparenz bzw. intersubjektive Nachvollziehbarkeit / Nachprüfbarkeit der Angaben zur bisherigen Geschäftsentwicklung	• höchstmöglicher Grad an Willkürfreiheit: - keine Wahlrechte bzw. Auslegungsspielräume - objektivierbare Bewertungsmaßstäbe

Abbildung 15: Informationsfunktion aus Anteilseignersicht

Zahlungsbemessungsfunktion

Ziel	Kriterien	Operationalisierung im Hinblick auf die Rechnungslegung von Derivaten
Renditemaximierung	Dividendenausschüttung oder Kurssteigerung	Gewinn möglichst hoch ausweisen (d. h. auch schwebende Gewinne ausweisen)

Abbildung 16: Zahlungsbemessungsfunktion aus Anteilseignersicht

Folgende Erläuterungen ergänzen obenstehende Tabellen:

Zunächst ist festzuhalten, daß die hier aufgelistete Reihenfolge der Ziele bzw. Beurteilungskriterien und der operationalisierten Aussagen keine Aussage über die Rangfolge zuläßt. Eine Hierarchisierung der Ziele und damit einhergehend der abgeleiteten Kriterien wird intersubjektiv stark abweichen und könnte nur durch empirische Erhebungen erhellt werden. Dazu ist zu beachten, daß die subjektiv empfundene Wichtigkeit der einzelnen Ziele im Zeitablauf stark schwanken kann. Daher wird hier keine Hierarchisierung der Ziele vorgenommen, wobei dies sowieso nur dann notwendig ist, wenn konfliktäre Ziele auftreten. Inwieweit sich überhaupt konfliktäre Ziele mit der Rechnungslegung von Banken aus Sicht der Anteilseigner verbinden, wird sich bei den folgenden Betrachtungen zeigen.

Die Betrachtung der einzelnen Ziele ergibt, daß sich der Wunsch nach Entscheidungsunterstützung in zwei Untergruppen aufteilt. Zum einen benötigt der Anteilseigner Informationen über die zukünftige Rendite aus seiner Aktienanlage und zum anderen braucht er die Information über das Risiko, mit dem die Rendite möglicherweise nicht realisiert werden kann.

Die Entscheidung des Anteilseigner bezieht sich letztlich auf die Frage nach Investition oder Desinvestition in dieses spezielle Unternehmen bzw. diese spezielle Bank oder in ein anderes Unternehmen oder eine andere Bank. Daher steigt der Wert von Rechnungslegungsvorschriften für ihn dann, wenn diese die Vergleichbarkeit der Jahresabschlüsse verschiedener Banken erhöhen. Dieses Kriterium der Vergleichbarkeit gilt sowohl für die beiden Unterpunkte 'a) zu erwartende Rendite' und 'b) Risiko'. Vergleichbarer werden Jahresabschlüsse, wenn alle Banken gleiche Ansatz- bzw. Bewertungsregeln benutzen müssen und wenn den Bankmanagern keine Wahlrechte eingeräumt werden bzw. Gesetzeslücken Auslegungsspielräume zulassen.

Selbstverständlich sind die beiden anderen Punkte, die im Rahmen der Informationsfunktion für eine optimale Entscheidungsunterstützung gewährleistet sein müssen: 'Vollständigkeit' und 'Transparenz'. Im Rahmen der Vollständigkeit muß gewährleistet werden, daß dem Anteilseigner alle verfügbaren Informationen zur Verfügung gestellt werden, aus denen sich Hinweise zur zukünftigen wirtschaftlichen Entwicklung der Bank (sowohl im Hinblick auf die zu erwartende Rendite wie auch bezüglich des Risikos) ergeben. Operationalisiert für die Rechnungslegung von Derivaten bedeutet dies, daß alle laufenden ('schwebenden') Geschäfte und auch die absehbaren zukünftigen Geschäfte in der

Bilanz berücksichtigt werden. Das Beurteilungskriterium der 'Transparenz' soll gewährleisten, daß die Informationen über die zukünftige Entwicklung mit einem höchstmöglichen Grad an Willkürfreiheit (also unbeeinflußt durch bilanzpolitische Entscheidungsmöglichkeiten der Bankmanager) gegeben werden. Dies bedeutet den Verzicht auf Wahlrechte bzw. die Eindämmung von Auslegungsspielräumen in den Rechnungslegungsvorschriften und die Vorgabe von objektivierbaren Bewertungsmaßstäben. Im Hinblick auf die Ausschaltung von Wahlrechten und Auslegungsspielräumen zeigt sich eine Doppelpräsenz: Dies wird ebenso im Rahmen der Vergleichbarkeit der Jahresabschlüsse zwischen verschiedenen Banken gefordert.

Objektivierbare Bewertungsmaßstäbe sind dann gegeben, wenn sie fest vorgegeben und die Werte eindeutig aus nachvollziehbaren Daten ableitbar sind. Dies sagt noch nichts über die Art des Maßstabs aus. Objektivierbar ist z. B. die Vorgabe 'immer nach historischen Anschaffungs- bzw. Herstellungskosten', 'immer nach dem strengen Niederstwertprinzip' oder 'immer nach Marktwerten' zu bewerten.

Die Beurteilungskriterien 'Vergleichbarkeit', 'Vollständigkeit' und 'Transparenz' gelten jeweils für die beiden im folgenden näher zu untersuchenden Unterpunkte der Entscheidungsunterstützung 'zu erwartende Rendite' und 'Risiko'.

Hinsichtlich der vom Anteilseigner benötigten Informationen über die zu erwartende Rendite aus seiner Investition kann erneut der Rückgriff auf die Theorie des Shareholder Value-Konzepts genommen werden, denn dieses Konzept hat es sich zum Ziel gesetzt, mit Hilfe von Rendite- bzw. Bewertungsüberlegungen Hinweise für Investitionsentscheidungen in Unternehmen zu geben. Nach Rappaport[1127] bemißt sich der Shareholder Value aus dem Corporte Value abzüglich der Schulden. Der Corporate Value selbst wird in zwei Schritten errechnet:

1. Der Barwert der Cash Flows aus den Unternehmensaktivitäten der vorherzusagenden Perioden zuzüglich
2. dem 'Restwert', welcher den Barwert der Unternehmung darstellt, der den Perioden jenseits der vorherzusagenden Perioden zuzuordnen ist.

Nach dem Shareholder Value-Konzept erfolgt die Abzinsung der zukünftigen Cash Flows mit Renditeforderung der Anteilseigner, d. h. einem Zinssatz, in dem ein Risikoäquivalent bereits enthalten ist.[1128] Dieser um das Risikoäquivalent erhöhte Abzinsungs-Zinssatz wird allerdings nur dort herangezogen, wo im Unternehmensprozeß (Geld-Ware-Mehrgeld) höhere Risiken als die 'risikofreie Kapitalmarktrendite' für vergleichbare Laufzeiten erwartet werden. Bei geldnahen Bilanzpositionen dagegen wird der Marktwert herangezogen. Rappaport schreibt: „For a more precise estimation of corporate value, a third component must also be included: the current value of marketable se-

1127 Vgl. Rappaport, Alfred: Creating Shareholder Value - The New Standard for Business Performance, New York (USA), 1986, S. 51

1128 Vgl. Rappaport, Alfred: Creating Shareholder Value - The New Standard for Business Performance, New York (USA), 1986, S. 57; Wagner, Wolfgang: Shareholder-Value als Managementinstrument und Aspekte des Konzeptes für die Unternehmensbewertung, in: Baetge, Jörg (Hrsg.): Rechnungslegung und Prüfung 1996, Düsseldorf, 1996, S. 329

curities and other investments that can be converted to cash ...“ [1129] Da geldnahe Bilanzpositionen als nicht mit dem sonstigen Unternehmensrisiko behaftet angesehen werden, erfolgt somit die Bewertung nach dem Marktwert, d. h. letztlich mit dem vom Markt im Rahmen einer Barwertbewertung festgesetzten Wert eines Finanzinstruments. Hierbei handelt es sich normalerweise um eine Barwertberechnung mit Hilfe risikopräferenzfreier Zinssätze. Insofern unterscheiden sich die Barwertberechnungen sonstiger Unternehmens-Cash Flows von den Cash Flows von Finanzinstrumenten. Offen bleibt, ob nicht auch die sonstigen Unternehmens-Cash Flows mit einem risikopräferenzfreien Zinssatz abgezinst werden könnten und von dem so errechneten Barwert erst ein Risikoabschlag vorgenommen werden sollte.

Aus dieser Betrachtung des Shareholder Value-Konzepts ergibt sich die Ableitung des Kriteriums, mit dessen Hilfe der Wunsch des Anteilseigner nach Informationen über die zu erwartenden zukünftigen Cash Flows aus seiner Investition erfüllt werden kann: Die zu erwartenden zukünftigen Cash Flows müssen aus dieser zwangsläufigen Zeitraumbetrachtung informationsverlustfrei umgesetzt werden in stichtagsbezogene Werte, um sie im Rahmen des Jahresabschlusses integrieren zu können. Dies ist durch die Verwendung von Marktwerten bzw. ersatzweise von Barwerten - berechnet mit Hilfe risikopräferenzfreier Zinssätze - möglich.

Zurückgreifend auf die Forderung nach objektivierbaren Bewertungsmaßstäben zeigt sich, daß sich diese (noch unspezifizierte) Forderung und die Forderung nach Markt- oder Barwerten zu bewerten in gewisser Weise widersprechen, insbesondere, wenn die unspezifizierte Forderung mit dem strengen Niederstwertprinzip oder dem Prinzip der Bewertung nach historischen Kosten ausgefüllt wird. Dabei darf nicht übersehen werden, daß eine Spezifizierung auch mit dem Markt- bzw. Barwert erfolgen kann. Insofern kann festgehalten werden, daß durch die Forderung in 1.a) (‘Bar- bzw. Marktwert’) eine festgesetzte Spezifizierung der Forderung in 2. (‘objektivierbare Bewertungsmaßstäbe’) darstellt und ein andere Auslegung somit nicht mehr möglich ist. Dadurch werden diese beiden Forderungen komplementär.

Aus den bisherigen Ausführungen wird deutlich, daß gerade bei Finanzinstrumenten der Ansatz zu risikopräferenzfreien Barwerten bzw. Marktwerten erfolgen soll. Damit wird evident, daß der Anteilseigner noch keine Information über die Risiken der Bank aus ihren Derivatgeschäften hat. Risiken können dann erfaßt werden, wenn Eintrittswahrscheinlichkeiten bekannt sind, wobei sich diese konkret auf die zu erwartende Rendite beziehen, da die Beurteilungskriterien auf die Rechnungslegung abzielen. Notwendig wird daher, daß der Anteilseigner Informationen über Risikokennzahlen hinsichtlich des Derivatgeschäfts der Bank erhält. Verbindet man diese Forderung mit der o. g. Forderung nach Gleichheit der Ansatz- und Bewertungsregeln, so wird klar, daß aus der Kombination dieser beiden Forderungen einheitliche Offenlegungsvorschriften bzgl. Risikokennzahlen nötig werden. Damit wird deutlich, daß insbesondere auch die Kombination verschiedener Forderungen eindeutige Aussagen z. B. gegenüber der notwendigen Gestaltung von Rechnungslegungsvorschriften beinhalten.

[1129] Rappaport, Alfred: Creating Shareholder Value - The New Standard for Business Performance, New York (USA), 1986, S. 51

In einem nächsten Schritt soll die vergangenheitsorientierte Informationsfunktion eines Jahresabschlusses, also die Kontrolle näher untersucht werden. Kontrolle wird dann ermöglicht, wenn Vollständigkeit der zu prüfenden Sachverhalte und intersubjektive Nachvollziehbarkeit gegeben ist. Diese Beurteilungskriterien ergeben sich auch aus dem Wunsch des Anteilseigners nach zukunftsgerichteten Entscheidungsinformationen. Die Operationalisierungen sind damit vergleichbar. Vollständigkeit operationalisiert sich durch die Forderung, daß alle Geschäfte einer Bank - insbesondere auch Derivate - in der Bilanz enthalten sein müssen. Intersubjektive Nachvollziehbarkeit ist dann gewährleistet, wenn ein höchstmöglicher Grad an Willkürfreiheit erreicht wird. Damit verbindet sich - in völliger Übereinstimmung mit der Operationalisierung im Rahmen der zukunftsgerichteten Informationen - die Forderung nach Ausschaltung von Wahlrechten bzw. Auslegungsspielräumen und die Vorgabe objektivierbarer Bewertungsmaßstäbe.

Auf der Ebene der Zahlungsbemessungsfunktion ergibt sich aus Sicht der Anteilseigner lediglich ein einziges Ziel, das der Renditemaximierung. Diese kann sowohl durch Dividendenausschüttung wie auch durch Kurssteigerungen erfolgen. Operationalisiert bedeutet dies die Forderung nach einem möglichst hohen Gewinnausweis, wobei hier zu beachten ist, daß Gewinnausweis noch nicht gleich Ausschüttung bedeutet, da sich bei Thesaurierung dieser in Wert- bzw. Kurssteigerungen ausdrückt. Strenggenommen müßte es dem Anteilseigner reichen, daß Gewinne ausgewiesen werden, da er den Renditezufluß auch über die Kurssteigerung realisieren kann; dies gilt aber nur so lange, wie die Bank bei der Reinvestition der nicht ausgeschütteten Dividende Übermarktrenditen erzielt, denn nur dann würde auch der Anteilseigner wieder in das Unternehmen investieren. Wenn allerdings nur Untermarktrenditen erwirtschaftet werden, wird der Wert / Kurs des Eigentümeranteils in Zukunft sinken. Der Anteilseigner wird dies nicht hinnehmen, da er nicht über die Reinvestition entscheiden konnte. Daher ist der Anteilseigner auch an Dividendenzahlungen interessiert, um zu entscheiden, wie er reinvestieren will.

2.1.2. Beurteilungskriterien aus der Perspektive des Gläubigers

Bisher ist die h. M. in Deutschland davon überzeugt, daß sich - zumindest auf Ebene der Rechnungslegung - die Interessen der Anteilseigner und der Gläubiger diametral entgegenstehen. Anteilseigner wollten eine möglichst hohe Dividende ohne Rücksicht darauf, ob dadurch das Unternehmen auf Dauer in seinem Fortbestand gefährdet wird (indem durch die Dividendenzahlung Substanz aus dem Unternehmen gezogen wird). Gläubiger dagegen seien (offensichtlich) die Einzigen, die auf die Haftkapitalerhaltung des Unternehmens bedacht und daher an der Legung stiller Reserven interessiert sind, mit deren Hilfe Dividendenausschüttungen vermieden werden. So schreibt z. B. Schmitt: „Die mittels Rechnungslegung zu befriedigenden Interessen werden typischerweise als nicht deckungsgleich angesehen. Als Beleg sei der mögliche Wunsch der Festanspruchsberechtigten (etwa der Gläubiger oder der Arbeitnehmer) angeführt, zum Schutz ihrer aktuellen und zukünftigen Ansprüche solle die Unternehmensleitung auf Gewinnausschüttungen an Residualberechtigte (wie etwa Anteilseigner) weitgehend verzichten. Deutlich wird anhand dieses Beispiels, daß Mehr- oder Minderleistungen an eine Gruppe von Teilnehmern in vielen Fällen für die jeweils anderen Gruppen eine umgekehrte Wirkung entfalten: Der 'Mehrschutz' einer Gruppe kann einen 'Minderschutz' anderer Gruppen bewirken und vice versa.“ [1130] Diese Denkweise erscheint einer näheren Untersuchung wert.

So lassen manche Autoren eine andere Meinung anklingen. Es schreiben Budde/Steuber: „Der Dualismus zwischen Gläubigerschutz und Aktionärsschutz ist nicht recht nachvollziehbar. Im amerikanischen Bilanzrecht werden Anleger und Gläubiger als nicht zu trennende Gruppen mit widerstreitenden Interessen betrachtet; auch Investoren und Anteilseigner sind Gläubiger. Aus der verfassungsrechtlichen Eigentumsbindung des Unternehmens ist nicht ableitbar, warum außenstehende Gläubiger, wie Lieferanten oder Abnehmer, einen höheren Schutz genießen müssen oder sollen als die Anteilseigner. Die Rechte und Ansprüche außenstehender Gläubiger ergeben sich ausschließlich aus der Art des Rechtsverhältnisses, in dem sie zur Gesellschaft stehen. Der zivilrechtliche Leistungsaustausch basiert auf der höchst individuellen Entscheidung, sich vertraglich zu binden, wobei die vertragliche Gestaltung stets disponibel, d. h. dem Willen der Parteien unterworfen ist. Es gibt Gläubiger, die ein Schuldverhältnis nur dann eingehen, wenn sie entsprechend abgesichert sind, wie z. B. Banken und andere, wie z. B. Arbeitnehmer, die es eingehen müssen zur Existenzerhaltung. Grundsätzlich steht aber den starken und den schwachen Gläubigern gleichermaßen das Recht zu, für ihre Entscheidung möglichst präzise Informationen über den finanziellen Zustand der Gesellschaft zu erhalten.“ [1131] Aber selbst aus der Sicht der so bezeichneten 'starken Gläubiger', also den Banken, die sich zusätzlich absichern können, wird die Meinung geäußert, daß Rechnungslegungsvorschriften, die in informative Jahresabschlüsse münden, anderen Rechnungslegungsvorschriften vorzuziehen sind, die eine stille-Reserven-Bildung ermöglichen. So schreibt Nahlik[1132]: „In einem HGB-Jahresabschluß kommen Informationsbedürfnisse der Kapitalgeber (gemeint sind Gläubiger, Anm. des Verf.) und das Shareholder-Value-Prinzip zu kurz, da das Gläubigerschutzprinzip die betriebswirtschaftlichen Anfordernisse überlagert. ... Von ertragsschwachen Unternehmen werden gute Bilanzen für die Gläubiger schlechten für das Finanzamt vorgezogen und stille Reserven zur Ergebnisglättung eingesetzt. So wird für Gläubiger und Anteilseigner ein verzerrter Unternehmenszustand abgebildet.“ [1133]

Es muß auch noch auf einen anderen Aspekt hingewiesen werden, der in der herrschenden deutschen Meinung offensichtlich übersehen und der gerade durch das Shareholder Value-Konzept deutlich wird. Solange das Unternehmen Investitionen tätigen kann, deren Rendite über der Rendite liegt, die die Anteilseigner als Opportunitätskosten ansetzen, so lange sind die Anteilseigner interessiert, daß der Gewinn im Unternehmen verbleibt (entweder über Gewinnthesaurierung oder über Reinvestition der Dividende in dasselbe Unternehmen). Eine Aushöhlung der Substanz des Unternehmens durch den 'unstillbaren Hunger' der Anteilseigner auf Dividendenausschüttungen kann nach dem Shareholder Value-Konzept nicht eintreten, zumindest nicht bei entsprechend ertragsstarken Unternehmen.[1134]

1130 Schmidt, Lutz: Massgeblichkeitsprinzip und Einheitsbilanz, Heidelberg, 1994, S. 106

1131 Budde, Wolfgang; Steuber, Elgin: Rechnungslegung im Spannungsfeld zwischen Gläubigerschutz und Information der Gesellschafter, Die Aktiengesellschaft, 12/1996, S. 545

1132 Wolfgang Nahlik arbeitet im Zentralen Stab Kredit, Commerzbank AG, Frankfurt/Main

1133 Nahlik, Wolfgang: Ein neues Zeitalter im Konzernbilanzrecht, Kreditpraxis, 6/1996, S. 5

1134 Wagner, Wolfgang: Shareholder-Value als Managementinstrument und Aspekte des Konzeptes für die Unternehmensbewertung, in: Baetge, Jörg (Hrsg.): Rechnungslegung und Prüfung 1996, Düsseldorf, 1996, S. 313

Im Hinblick auf die US-amerikanische Sichtweise bestätigt Mauritz: „Die amerikanischen Rechnungslegungsnormen stehen im Ruf, in besonderer Weise dem Informationsbedürfnis aktueller bzw. potentieller Investoren entgegenzukommen. Dabei stellen die Normen nicht auf die Art des investierten Kapitals (Eigen- oder Fremdkapital) ab. Die scheinbare - in der deutschen Diskussion aber betonte - Interessendivergenz zwischen Anteilseignern und Schuldnern wird nicht mit Hilfe des Informationsinstruments zu lösen versucht: Es herrscht die Überzeugung, daß beide Interessengruppen zunächst an möglichst zutreffenden und nicht möglichst „vorsichtigen Informationen“ interessiert sind.“ [1135]

Diese Aussagen deuten darauf hin, daß zumindest im Bereich der Informationsfunktion des Jahresabschlusses keine unterschiedlichen Zielsetzungen zwischen Anteilseigner und Gläubiger auftreten. Dies soll im folgenden näher untersucht werden.

Zunächst wird als Prämisse gesetzt, daß es sich bei dem Gläubiger ebenfalls um einen Geldgeber handelt, der die von ihm benötigten Informationen ebenfalls wie der Anteilseigner ausschließlich aus den veröffentlichten Informationen der Bank, also in diesem Falle aus dem handelsrechtlichen Jahresabschluß bezieht. Es handelt sich also z. B. um den Käufer einer Bankanleihe auf dem freien Kapitalmarkt oder um den Bankkunden, der eine Einlage bei der Bank unterhält oder um den einzelnen Arbeitnehmer, der keine besonderen Einblicke in unternehmensinterne Informationen erhält. Insbesondere beim Anleihekäufer auf dem freien Kapitalmarkt gilt, daß speziell auch dieser Gläubiger entscheiden kann, ob er die Anleihe weiterhin hält oder ob er diese verkauft und die Anleihe eines anderen Unternehmens kauft. Er steht somit vor ähnlichen Investitionsentscheidungen wie der Anteilseigner, wobei neben der Verzinsung der Anleihe vor allem auch die Bonität des Schuldners für seine Entscheidung wichtig ist.

Auch der Gläubiger benötigt zukunftsbezogene Informationen, da er ebenso wie der Anteilseigner entscheiden muß, ob die Bank in der Lage sein wird, seine Ansprüche (Zinszahlung und Kapitalrückzahlung) in Zukunft zu leisten. Er ist zwar nicht direkt an der Rendite interessiert, aber an der Bonitätsentwicklung, die eng an die Leistungsfähigkeit geknüpft ist. Diese wiederum manifestiert sich in der Erwirtschaftung von Überschüssen über die kontraktberechtigten Ansprüche hinaus oder anders ausgedrückt: Je mehr die Bank Überschüsse über die vom Gläubiger zu fordernden kontraktberechtigten Ansprüche erwirtschaftet, desto sicherer wird sie in der Lage sein, die kontraktberechtigten Ansprüche zu befriedigen. Eine höhere Rendite gibt dem Gläubiger mehr Sicherheit, daher will er die zukünftige Rendite genauso wie der Anteilseigner möglichst gut einschätzen können. Die Zielsetzungen im Rahmen der zukunftsgerichteten Informationsfunktion können damit weitgehend mit den Zielen der Anteilseigner vergleichbar festgehalten werden. Die daraus abgeleiteten Beurteilungskriterien sowie die Operationalisierung ergibt sich in völlig vergleichbarer Weise, da die Zielsetzungen zwar aus anderen Beweggründen entstehen, aber die Ziele selbst auf dasselbe Informationsergebnis gerichtet sind.

Im Hinblick auf die vergangenheitsorientierte Informationsfunktion, d. h. die Kontrolle gilt, daß diese solange kein unmittelbares Ziel des Gläubigers darstellt, solange er seine vom Schuldner zu erhaltende Zahlungen pünktlich und in voller Höhe bekommen hat.

1135 Mauritz, Peter: Konzepte der Bilanzierung und Besteuerung derivativer Finanzinstrumente, Wiesbaden, 1997, S. 140

Damit sind seine Ansprüche an die Bank befriedigt und eine Kontrolle, inwieweit die Bank in der Vergangenheit hätte noch besser wirtschaften können, erübrigt sich damit normalerweise.

Eine andere Situation ergibt sich jedoch, wenn vom Gläubiger Schuld- oder Zinsverzichte oder Zahlungsstreckungen erbeten werden. In diesem Fall wird auch der Gläubiger kontrollieren wollen, inwieweit er durch unwirtschaftliche bzw. für das Unternehmen schädliche Handlungen des Schuldners (z. B. zu hohe Mittelabflüsse mittels Dividendenausschüttung) um seine rechtmäßigen Ansprüche gebracht wird. Die vergangenheitsorientierte Kontrolle ist aus Gläubigersicht somit situationsabhängig. Die Beurteilungskriterien sollen jedoch einen umfassenden Bewertungskatalog darstellen, der alle Situationen umfaßt; daher wird die Kontrolle als Zielsetzung als in diesem Fall situationsabhängiges Bewertungskriterium auch beim Gläubiger aufgenommen.

Im Ergebnis kann festgehalten werden, daß die Ziele der Gläubiger auf Ebene der Informationsfunktion mit den Zielen der Anteilseigner weitgehend vergleichbar sind und die Operationalisierung deckungsgleich ist. - Lediglich im Punkt 1.a) wird die Formulierung gewählt: ‘zu erwartende Bonitätsentwicklung (Information über die zu verschiedenen zukünftigen Zeitpunkten zu erwartende Höhe der Cash Flows, die über die kontraktbezogenen Zahlungen hinaus erwirtschaftet werden)’.

Auf Ebene der Zahlungsbemessungsfunktion stellt sich die Frage nach den Zielen der Gläubiger.

Einziges Ziel des Gläubigers ist dabei, daß das Haftkapital der Unternehmung erhalten bleibt. Dieses Ziel wird dann am besten erreicht, wenn Geldabflüsse vermieden werden. Kontraktbezogene Zahlungen können nicht verhindert werden, aber residualberechtigte Zahlungen sind in ihrer Höhe beeinflußbar. Den höchsten Grad an Zielerreichung im Rahmen der Zahlungsbemessungsfunktion aus Gläubigersicht wird durch Rechnungslegungsvorschriften dann erreicht, wenn residualberechtige Geldabflüsse völlig vermieden werden. Da im Rahmen der Informationsfunktion der Ausweis eines ‘richtig’ ermittelten Gewinns auch im Sinne des Gläubigers ist, kann die Operationalisierung der Vermeidung von residualberechtigten Zahlungsabflüssen nur dadurch im Sinne des Gläubigers konfliktfrei[1136] mit den Informationszielsetzungen erfolgen, wenn die Rechnungslegungsvorschriften Auszahlungssperren für den ausgewiesenen Gewinn vorsehen.

[1136] Die Operationalisierung könnte auch dadurch erfolgen, daß bereits auf der Ebene der Gewinnermittlung alles getan wird, damit möglichst gar kein Gewinn ausgewiesen wird, da dieser dann für die Zahlungsbemessung gar nicht erst zur Disposition steht. Hier sollte jedoch beachtet werden, daß Informationsziele und Zahlungsbemessungsziele des Gläubigers gleichberechtigt nebeneinander stehen und daß eine konfliktfreie Lösung gefunden werden kann, mit deren Hilfe der Bank-Jahresabschluß beide Ziele erfüllen kann.

Zahlungsbemessungsfunktion

Ziel	Kriterien	Operationalisierung im Hinblick auf die Rechnungslegung von Derivaten
Haftkapitalerhaltung	Vermeidung von residualberechtigten Geldabflüssen	Auszahlungssperre für ausgewiesenen Gewinn (d. h. sowohl für realisierte wie auch für schwebende Gewinne)

Abbildung 17: Zahlungsbemessungsfunktion aus Gläubigersicht

2.1.3. Zusammenfassung in einen Beurteilungskatalog

Aus den aus Anteilseigner- und Gläubigersicht gefundenen operationalisierten Beurteilungskriterien soll im folgenden ein für die Beurteilung der Rechnungslegungsunterschiede bei Derivaten handhabbarer Beurteilungskatalog erstellt werden.

Die Beurteilungskriterien im Rahmen der Informationsfunktion aus Sicht des Anteilseigners und des Gläubigers werden in einen Katalog zusammengenommen.

In einer Zusammenfassung zu einem redundanzfreien Katalog genügt es, das Kriterium 'keine Wahlrechte bzw. Auslegungsspielräume' nur einmal aufzuführen. Ebenso kann das Kriterium 'objektivierbare Bewertungsmaßstäbe' entfallen, da dieses - wie bereits weiter oben ausgeführt - konkretisiert wird durch das Kriterium 'Verwendung von Barwerten bzw. Marktwerten'. Folgender endgültiger Katalog ergibt sich somit:

Beurteilungskriterien im Rahmen der Informationsfunktion (gültig für Anteilseigner und Gläubiger)
1. Gleichheit der Ansatz- und Bewertungsregeln für alle Banken
2. keine Wahlrechte bzw. Auslegungsspielräume
3. alle laufenden und absehbaren zukünftigen Geschäfte im Jahresabschluß enthalten
4. alle bisherigen Geschäfte im Jahresabschluß enthalten
5. Verwendung von Barwerten bzw. Marktwerten
6. Offenlegung von Risikokennzahlen (z. B. VAR)

Im Rahmen der Zahlungsbemessungsfunktion ergibt sich aus der Zusammenfassung der Beurteilungskriterien von Anteilseigner und Gläubiger folgendes Bild:

Beurteilungskriterien im Rahmen der Zahlungsbemessungsfunktion
• **Anteilseignersicht**: Gewinn möglichst hoch ausweisen (d. h. auch schwebende Gewinne ausweisen)
• **Gläubigersicht**: Auszahlungssperre für ausgewiesenen Gewinn (d. h. sowohl für realisierte wie auch für schwebende Gewinne)

Bei der Zahlungsbemessungsfunktion zeigt sich, daß zwischen der Zielsetzung des Anteilseigners und der des Gläubigers konfliktäre Ausprägungen bestehen. Der Anteilseigner möchte möglichst bereits schwebende Gewinne in den ausschüttbaren Gewinn einbezogen sehen, der Gläubiger möchte möglichst selbst realisierte Gewinne in der Unternehmung halten. Hier muß ein Kompromiß gefunden werden, der dahingehend lauten könnte, daß realisierte Gewinne zur Disposition für die Ausschüttung stehen, schwebende Gewinne dagegen mit einer Ausschüttungssperre versehen werden.

2.2. Verknüpfung der Beurteilungskriterien mit den Rechnungslegungsunterschieden

2.2.1. Gleichheit der Ansatz- und Bewertungsregeln für alle Banken

Für **Deutschland** gilt, daß im Hinblick auf die Bilanzierung von Derivaten die vorhandenen Regelungen von allen Banken gleich anzuwenden sind. Die Anwendung der Rechnungslegungsvorschriften ist auch unabhängig von in anderen Bereichen zu erfüllenden Bedingungen der jeweiligen Bank. Dieses Beurteilungskriterium kann daher als voll erfüllt gelten.

Eine andere Situation ergibt sich in **Japan**. Die bisherigen Rechnungslegungsvorschriften waren ebenfalls von allen Banken in gleicher Form anzuwenden und somit galt das Kriterium bisher als erfüllt. In Zukunft soll jedoch die Anwendung bestimmter Bewertungsprinzipien (Mark-to-Market) den Banken vorbehalten bleiben, die ein entsprechendes Risikomanagementsystem gegenüber dem MOF nachweisen können. Damit wird eine Zwei-Klassen-Gesellschaft geschaffen, die der Vergleichbarkeit der Jahresabschlüsse zwischen den Banken nicht förderlich ist. In Zukunft kann das Kriterium als nicht mehr erfüllt gelten.

In den **USA** stellt sich die Situation wie in Deutschland dar. Auch hier sind die bisherigen und auch die geplanten Rechnungslegungsvorschriften für Derivate von allen Banken - ja sogar von allen Unternehmen, die Derivatgeschäfte betreiben - in gleicher Form anzuwenden. Das Kriterium kann daher ebenfalls als voll erfüllt gelten.

2.2.2. Keine Wahlrechte bzw. Auslegungsspielräume

In **Deutschland** sind umfangreiche Wahlrechte bzw. Interpretationsspielräume vorhanden. Bei der bilanziellen Bewertung der Wertpapiere besteht das Wahlrecht zunächst darin, welcher der drei Klassen (Handelsbestand, Liquiditätsreserve, wie Anlagevermögen behandelte Wertpapiere) das jeweilige Papier zugeordnet werden soll. Im Rahmen des Bestandes der Wertpapiere, die wie Anlagevermögen behandelt werden, verfügt der Bilanzersteller über den Ermessensspielraum im Rahmen des gemilderten NWP zu entscheiden, ob eine voraussichtlich dauernde Wertminderung vorliegt oder nicht. Bei der Bewertung der Derivate geht die h. M. vom Imparitätsprinzip unter Anwendung des strengen NWP aus, so daß damit grundsätzlich kein Wahlrecht bzw. Ermessensspielraum vorliegt - dies gilt aber nur so lange, als das konkrete Derivatgeschäft nicht im Rahmen eines Hedges eingesetzt wird. Im Hinblick auf die weiteren Planungen zur Bewertung von Derivaten in Zukunft lassen sich heute noch keine Aussagen dahingehend treffen, ob diese zukünftigen Regelungen Wahlrechte bzw. Interpretationsspielräume enthalten werden, da die Planungen noch zu wenig konkret sind.

Weitere umfangreiche Interpretationsspielräume existieren bei den Fragen der Hedge-Rechnungslegung, da seitens des Gesetzgebers keine eindeutigen Regelungen getroffen sind. Bei dem von der h. M. fraglos anerkannten Mikro-Hedge ist die Einhaltung der durch die Kommentarliteratur vorgegebenen Bedingungen wählbar seitens des Bilanzerstellers. Ein weiteres Wahlrecht steht ihm beim Bilanzausweis zur Verfügung. Dadurch leidet die zwischenbetriebliche Vergleichbarkeit der Bank-Jahresabschlüsse. Die Anerkennung von Makro-, Portfolio- und antizipativen Hedges ist derzeit noch völlig ungesichert, wodurch sich ebenfalls sehr weite Auslegungsspielräume ergeben. Im Hinblick auf Planungen zur Aufstellung von Regeln bzgl. einer Hedge-Rechnungslegung gilt das oben Gesagte; auch hier sind die zukünftigen Vorschriften noch viel zu wenig konkret, um Aussagen hinsichtlich des Vorhandenseins von Wahlrechten bzw. Auslegungsspielräumen treffen zu können.

Bei Fragen des Risikoausweises im Geschäftsbericht zeigen sich ebenfalls weitgehende Wahlrechte für den Bilanzersteller, da der Gesetzgeber die Offenlegung nicht vorgegeben, sondern nur angeraten hat. Auch die Form der Offenlegung ist nicht explizit vorgegeben; der Bilanzersteller kann sich zwar an Empfehlungen von Verbänden orientieren, aber auch hier ist er frei, sich daran zu halten.

Insgesamt zeigen sich in Deutschland in fast allen wichtigen Bereichen der Rechnungslegung von Derivaten umfangreiche Wahlrechte bzw. Ermessensspielräume bei der Auslegung der Gesetze.

Auch in **Japan** sind einige Wahlrechte vorhanden. Zunächst zeigt sich bei der Ausgestaltung des NWP, daß im Hinblick auf die Interpretation der Bedingungen 'wesentliche und endgültige Wertminderung' Ermessensspielräume vorliegen. Darüber hinaus besteht bei der Bewertung eines größeren Teils der vorgegebenen Wertpapierklassen das Wahlrecht zwischen Bewertung zu Anschaffungskosten oder zu dem zweifach gemilderten Niederstwertprinzip. Zudem kann der Bilanzersteller wählen, welcher der beiden Klassen ('trading account' oder 'investment account') er das konkrete Papier zuordnen will. Bei der Bewertung der Derivate sind die bisherigen Vorschriften eindeutig und somit bietet sich keine Einflußnahmemöglichkeit des Bilanzerstellers. Auch im Hinblick auf die Neugestaltung der Bewertungsvorschriften zeigt sich, daß durch eine umfassende Einführung des MTM für alle Derivate des trading accounts keine Ermessensspielräume vorhanden sein werden. Ein Wahlrecht liegt dann nur insoweit vor, als daß das konkrete Derivatgeschäft auch tatsächlich in das trading account oder in den non-trading-Bereich eingeordnet wird. Ein besonders bedeutsamer Hinweis, daß in Japan auf die Vergleichbarkeit der Bewertung zumindest der Währungsgeschäfte und damit auch der Währungsderivate größter Wert gelegt wird, zeigt sich in der Tatsache, daß die anzusetzenden Wechselkurse für die Umrechnung von einer staatlichen Stelle einheitlich vorgegeben werden.

Im Rahmen der Hedge-Rechnungslegung sind so lange keine Wahlrechte gegeben, so lange die seitens der momentanen Gesetzeslage vorgegebene Situation befolgt wird, daß eine zusammenfassende Bewertung nie durchgeführt wird. Allerdings ist fraglich, ob dies in der Praxis auch tatsächlich so durchgehalten wird, nachdem ein Rechnungslegungsvorschlag des BADC vorliegt. Dieser Diskussionsvorschlag sieht ein Wahlrecht im Hinblick auf die Anwendung der Einheits- oder der Trennungstechnik vor. Ebenso gibt es weite Ermessensspielräume und Wahlrechte bei der Anwendung von Makro- bzw. Portfolio-Hedges unter dem Begriff 'Gesamthedge' und der Ausgestaltung der Bilanzierung. Bei antizipativen Hedges liegt es beim Bilanzersteller zu beurteilen, inwieweit das zukünftige, abzusichernde Geschäft sehr wahrscheinlich stattfinden wird. Bei den Planungen für zukünftige Hedge-Rechnungslegungsregelungen zeigt sich, daß bei dem angestrebten Hybrid Approach die Wahlrechte, die bei der Bewertung der abgesicherten Position vorhanden sind, automatisch auf die Bewertung des Derivats übertragen werden.

Bei der Risikooffenlegung sind in Japan einige definitive Vorgaben vorhanden, allerdings auch wieder einige Wahlrechte. Insofern ist es als sehr positiv zu beurteilen, daß überhaupt einheitliche Muß-Vorschriften im Hinblick auf die Risikooffenlegung existieren, allerdings ist bei den Vorschriften zu hinterfragen, inwieweit sie geeignet sind, über das wirtschaftliche Risiko tatsächlich in hinreichendem Umfang zu informieren.

Die **USA** kommen ebenfalls nicht ohne Wahlrechte bzw. Ermessensspielräume aus. Ebenso wie in Deutschland liegt es beim Bilanzersteller zu entscheiden, in welche der drei Wertpapierklassen ein Wertpapiergeschäft zugeordnet wird. Die Bewertungsregeln für die Wertpapiere sind dann allerdings eindeutig und ohne Beinflussungsmöglichkeiten seitens des Bilanzerstellers vorgegeben. Die einzige Ermessensmöglichkeit liegt darin zu entscheiden, ob das NWP aufgrund einer Bonitätsverschlechterung des Wertpapieremittenten angewandt werden sollte. Die Bewertung der Derivate ist dagegen nach derzeitigem Recht (mit Ausnahme von nicht-währungsbezogenen Futures, deren Bewertungsvorschrift (MTM) eindeutig vorgegeben ist) völlig offen und bietet daher Ermessensspielräume auf breitester Ebene. Nach den Planungen im Rahmen des FASB-Proposal wird es für die Zukunft jedoch eine eindeutige Bewertungsregelung geben (Fair value), nach der bilanzerfolgsbeeinflussende Entscheidungen seitens des Bilanzerstellers ausgeschaltet sind - sieht man von der Möglichkeit ab, daß bei der Erhebung der Daten zur Ermittlung des Fair value eines Derivats eventuell noch Ermessensspielräume verbleiben könnten.

Derzeit sind erhebliche Ermessensspielräume bei der Anwendung der Hedge-Rechnungslegung vorhanden. Zum einen finden sich Regelungen überhaupt nur zu Währungsgeschäften und zu Futures - für die anderen Derivate gibt es keine expliziten Regelungen. Zum anderen sind auch innerhalb der vorhandenen Regelungen die Ermessensspielräume groß, denn für Währungshedges werden überhaupt keine Bedingungen genannt, die für die Anerkennung zum Hedge erfüllt werden müssen und für Future-Hedges ist die Einhaltung der vorgegebenen Bedingungen kaum zu überprüfen (der Wirtschaftsprüfer steht vor der Aufgabe zu überprüfen, ob durch den Future das Risiko auf Gesamtunternehmensebene reduziert wird!). Im Hinblick auf antizipative Hedges liegt es ebenfalls im Ermessen des Bilanzerstellers, ob das abgesicherte zukünftige Geschäfte wahrscheinlich stattfinden wird. Für die Zukunft werden durch den FASB-Proposal zwar wenigstens umfassende Hedge-Regelungen vorgegeben, aber dennoch verbleiben erhebliche Ermessensspielräume, z. B. im Hinblick darauf, mit welcher Methode die Effektivität der Hedge-Strategie überprüft werden soll oder welche Wertbestandteile eines Derivats in die Hedge-Konstruktion eingerechnet werden.

Bei der Offenlegung von Risiken aus den Derivatgeschäften hat der Bilanzersteller weitreichende Wahlrechte, da derzeit nur Kann-Vorgaben und Empfehlungen seitens des

FASB erlassen sind. Der Bilanzersteller ist somit völlig frei in der Gestaltung der Offenlegung von Risikoinformationen und hat umfangreiche Wahlrechte bei der Entscheidung zu der von ihm angewandten Risikomeßmethode. Auch in dem geplanten neuen FASB-Standard sind nach wie vor nur Empfehlungen hinsichtlich der Offenlegung quantitativer Informationen zum Risikopotential aus Derivatgeschäften enthalten und die Wahl der angewandten Risikomeßmethode ist ebenfalls völlig offengelassen.

2.2.3. Alle laufenden und absehbaren zukünftigen Geschäfte sind im Jahresabschluß enthalten

Für **Deutschland** gilt das Prinzip der Nichtbilanzierung schwebender Geschäfte. Da Derivate grundsätzlich als schwebende Geschäfte eingestuft werden, finden sich weder laufende noch die absehbaren zukünftigen Geschäfte in der Bilanz. Der Bilanzleser kann auf die Existenz von Derivatgeschäften nur durch eventuell gebildete Rückstellungen für drohende Verluste aus schwebenden Geschäften schließen bzw. durch bei bestimmten Derivatarten vorhandene Zahlungen während der Laufzeit des Geschäfts, die in der Bilanz abgebildet sein müssen (z. B. gezahlte bzw. erhaltene Optionsprämien, Margin-Zahlungen bei Futures, Swap-Differenzausgleichzahlungen). Eine weitere Möglichkeit auf indirektem Wege auf die Existenz von Derivatgeschäften zu schließen, wäre die Überlegung der Beeinflussung des Wertausweises einer gehedgten Bilanzposition durch den noch unrealisierten Ergebnisbeitrag aus dem Derivat. Eine direkte Entnahme der Information über Derivatgeschäfte aus der Bilanz ist jedoch nicht möglich. Sollten sich die Überlegungen durchsetzen, die Derivate im Rahmen der Bilanzierung zu MTM bzw. Fair value zu bewerten, so wäre damit sehr wahrscheinlich ein Bilanzausweis verbunden. Dies würde entweder die Aufgabe der Klassifikation von derivativen Finanzinstrumenten als schwebende Geschäfte bedeuten oder die Abschaffung des Bilanzierungsprinzips der Nichtbilanzierung schwebender Geschäfte.

In **Japan** finden sich derzeit nur währungsbezogene Derivate im Jahresabschluß, da nur diese zu MTM bewertet werden. Alle anderen Derivate sind ebenfalls nicht dem Jahresabschluß zu entnehmen. Im Hinblick auf die bevorstehende Einführung des MTM für Derivate des trading account werden in Zukunft zumindest diese einem Bilanzleser zugänglich sein.

In den **USA** existiert das Prinzip der Nichtbilanzierung schwebender Geschäfte nicht, somit ist es grundsätzlich möglich, alle Derivate in der Bilanz auszuweisen. Allerdings kann sich der Bilanzleser nicht darauf verlassen, da es oben besagte Wahlrechte in der Bewertung und für den Ausweis gibt, so daß bisher eine Bank auch völlig legitim vollkommen (mit Ausnahme von Futures) darauf verzichten konnte, Derivate in der Bilanz auszuweisen. Für die Zukunft wird durch den FASB-Proposal explizit vorgegeben, daß alle Derivatgeschäfte (unabhängig davon, ob sie als spekulatives oder als absicherndes Instrument genutzt werden) mit dem Fair value in der Bilanz auszuweisen sind. In Zukunft wird damit die USA dieses Kriterium in vollem Umfang erfüllen.

2.2.4. Alle bisherigen Geschäfte sind im Jahresabschluß enthalten

In **Deutschland** sind die abgwickelten Derivatgeschäfte mit ihrem Ergebnisbeitrag in der GuV spätestens zum Realisiationszeitpunkt enthalten. Eine Verschiebung von realisierten Ergebnisbeiträgen über den Realisationszeitpunkt hinaus in die Zukunft ist in Deutschland nicht erlaubt. Somit erhält der Bilanzleser spätestens zum Zeitpunkt der Realisation die Information über abgewickelte Geschäfte und kann damit ein gewisse Kontrolle der Vergangenheit ausführen. Diskutiert wird die Möglichkeit der Ergebnisverschiebung aus Derivatgeschäften im Rahmen der Anerkennung von antizipativen Hedges und die Einbeziehung des Ergebnisbeitrages aus dem Derivat z. B. in die Anschaffungskosten des gehedgten Vermögensgegenstandes. In diesem Fall würde die GuV-Wirksamkeit des Derivatgeschäfts auf eine Zeit nach der Realisation verschoben. Auch bei der vorgeschlagenen Konstruktion des 'Profit-Takeout' im Rahmen von Swap-Portfolios verschwimmt die zeitliche Grenze des Ausweises realisierter Erfolgsbeiträge. In diesen Fällen stellt sich die Frage, inwieweit die Kontrolle der Wirtschaftlichkeit der Managemententscheidungen der abgelaufenen Periode möglicherweise beeinträchtigt wird.

In **Japan** gelten grundsätzlich dieselben Aussagen wie für Deutschland mit Ausnahme der Regelungen für antizipative Hedges. Hier ist explizit ein Verschieben realisierter Erfolgsbeiträge aus Derivatgeschäften erlaubt. Da zudem keine genauen Regelungen vorgegeben sind, für welche Zeiträume die Ergebnisbeiträge aus Derivatgeschäften abgegrenzt gehalten werden dürfen, erscheint die Kontrollfunktion durch diese Regelung eingeschränkt.

In den **USA** werden normalerweise abgewickelte Derivatgeschäfte ebenfalls spätestens zum Realisationszeitpunkt erfolgswirksam und damit der Wirtschaftlichkeitskontrolle zugänglich gemacht. Aber ebenso wie in Japan gilt für Währungsgeschäfte und für Futures, daß bei antizipativen Hedges die Ergebnisbeiträge aus Derivatgeschäften in die Zukunft verschoben werden können, ohne jegliche zeitliche Begrenzung. Sowohl Gewinne wie auch Verluste erscheinen somit nicht unbedingt bei deren Realisation in der GuV. Im Rahmen des FASB-Proposals wird diese Möglichkeit dadurch ausgeweitet, daß bei Cash flow-Hedges auch realisierte Gewinne und Verluste in die Zukunft verschoben werden durch Nutzung der Bilanzposition des 'other comprehensive income'. Ein spätester Endzeitpunkt für den GuV-Ausweis aus einem (abgeschlossenen) Derivatgeschäft verschwimmt somit völlig.

2.2.5. Verwendung von Bar- bzw. Marktwerten

In **Deutschland** werden Marktwerte im Nicht-Hedge-Fall nur in eine Richtung verwendet - nämlich bei Marktwerten, die unter den Anschaffungskosten liegen bei Anwendung des Niederstwertprinzips. Dies erfolgt auch nur zu dem Zeitpunkt, an dem der niedrigste Marktwert erreicht wird, da eine Wertaufholung faktisch nicht angewendet werden kann. In Hedge-Situationen findet das Marktwertprinzip eher Eingang, allerdings maximal bis zum gegenläufigen Verlust der abgesicherten Position. Im Rahmen der Diskussion um die zukünftige Ausgestaltung der Rechnungslegung von Derivaten bzw. Finanzinstrumenten insgesamt werden auch Konstruktionen erwogen, die auf eine grundsätzliche Marktbewertung für Derivate und für die Wertpapiere des Handelsbestandes abstellen.

Da diese Überlegungen (noch) nicht umgesetzt sind, kann von einer Erfüllung dieses Kriteriums in Deutschland nur in Ausnahmefällen ausgegangen werden.

In **Japan** wird die Marktbewertung derzeit durchgängig bei währungsbezogenen Derivaten angewandt. In Zukunft wird die Marktbewertung dann durchgängig bei allen Derivaten, die dem trading account zugewiesen sind, herangezogen werden.

In den **USA** werden bereits die Wertpapiere des trading accounts und im Normalfall auch die Wertpapiere, die als 'available-for-sale' geführt werden, zu Fair value bewertet. Bei den Derivaten ist derzeit nur die Bewertung von Futures eindeutig nach Marktwerten geregelt. Im Rahmen des neuen Proposal werden dann alle Derivate nach Fair value bewertet werden. In Zukunft wird dieses Beurteilungskriterium in den USA wie bisher bereits für die beiden dem Umlaufvermögen nahestehenden Wertpapierkategorien auch für alle Derivate nahezu vollständig erfüllt werden.

2.2.6. Offenlegung von Risikokennzahlen

In **Deutschland** wird grundsätzlich keine Risikoart von der Offenlegung ausgeschlossen. Insbesondere sollten auch Informationen zum Liquiditätsrisiko gegeben werden - eine Risikoart, die in den beiden anderen Ländern keine Beachtung findet. In den Empfehlungen wird die Art der Informationsaufbereitung (Unterteilung nach Risikoarten, nach Derivatarten und Basiswerten etc.) in einheitlicher Form empfohlen. Es wird empfohlen, VAR-Werte zu verwenden, wobei die Ermittlung der VAR-Werte in einheitlicher Form vorgegeben ist. Im Hinblick auf die Offenlegung der VAR-Werte werden ebenfalls diverse Größen zur Offenlegung in einheitlicher Form empfohlen. Die Risikooffenlegung soll dabei vollkommen unabhängig von den Informationen erfolgen, die bereits aus der Bilanz zu entnehmen sind.

Diese Empfehlungen stellen insgesamt eine sehr gute Basis für eine für den Bilanzleser informative Offenlegung von wirtschaftlichen Risiken aus den Derivatgeschäften einer Bank dar. Leider handelt es sich jedoch nur um Empfehlungen und nicht um feste Vorgaben.

In **Japan** werden grundsätzlich dieselben Risikoarten wie auch in Deutschland und den USA zur Offenlegung vorgegeben - unter Ausschluß des Liquiditätsrisikos. In Japan sind die Banken gezwungen, zumindest das Kreditrisiko in quantitativer Form offenzulegen. Für Marktrisiken besteht ebenfalls nur die Empfehlung diese in quantitativer Form offenzulegen, wobei die Wahl des Berechnungsmodells nicht einheitlich vorgegeben ist. Ebenso wie in Deutschland wird kein Bezug genommen auf eventuell schon in der Bilanz enthaltene Informationen über die Risikosituation aus den Derivatgeschäften.

Positiv zu vermerken ist, daß sich der Bilanzleser darauf verlassen kann, mit Sicherheit wenigstens einige Daten über das Kreditrisiko bei den Derivatgeschäften zu erhalten. Bedauerlich ist auch hier, daß die anderen zu veröffentlichenden Werte nur als Empfehlung vorgegeben sind.

In den **USA** werden die gleichen Risikoarten zur Offenlegungen angesprochen wie in Japan und Deutschland mit Ausnahme des Liquiditätsrisikos, welches sogar sehr deutlich seitens des FASB von der Offenlegung ausgenommen wird. Ebenso soll in den USA gem. SFAS 105 darauf geachtet werden, daß nur off-balance-sheet-Risiken offengelegt werden. Es soll also nicht das erneut im Anhang aufgegriffen werden, was bereits aus der Bilanz zu lesen ist. Im Rahmen des Kreditrisikos wird im Gegensatz zu Deutschland und Japan auch die Offenlegung von Informationen über Kreditrisikokonzentrationen verlangt, wobei keine genaue Definition gegeben wird, ab wann eine Konzentration anzunehmen ist. Durch SFAS 119 werden darüber hinaus Empfehlungen gegeben, über die Derivatrisiken umfassender und vor allem unter Verwendung aussagekräftigerer Risikomeßmethoden zu informieren (SFAS 105 sieht nur die Nominalbeträge zur Offenlegung im Rahmen der Information über Risiken vor!). Allerdings wird auch hier das konkret anzuwendende Risikomeßverfahren nicht eindeutig vorgegeben.

Im Rahmen des FASB-Proposals wird weiterhin die Offenlegung von Kreditrisikokonzentrationen vorgegeben - allerdings immer noch ohne eine genaue Definition, ab wann eine Konzentration vorliegt. Die bereits im Rahmen von SFAS 119 ausgesprochene Empfehlung zur Offenlegung quantitativer Informationen über alle angesprochenen Risikoarten wird aufrechterhalten, ohne daß sie in eine Muß-Vorschrift umgewandelt wird und ohne daß ein einheitliches Risikomeßverfahren vorgegeben wird.

2.2.7. Beurteilung im Rahmen der Zahlungsbemessungsfunktion aus Anteilseignersicht

Unter dem Aspekt, daß ein Anteilseigner Rechnungslegungsvorschriften dann als besonders günstig beurteilt, wenn diese dazu führen, daß der Gewinn möglichst hoch ausgewiesen wird, läßt sich im Vergleich der drei Länder aussagen, daß in **Deutschland** tendentiell unrealisierte Verluste im Erfolgsausweis vorgezogen und Gewinne tendentiell später (spätestens mit Realisierung) ausgewiesen werden. In **Japan** werden nach aktueller Rechtslage (mit Ausnahme der währungsbezogenen Derivate) weder unrealisierte Verluste noch unrealisierte Gewinne erfolgswirksam, sondern erst bei deren Realisation. Dennoch können im Rahmen von antizipativen Hedges sowohl realisierte Gewinne wie auch realisierte Verluste in ihrer Erfolgswirksamkeit in die Zukunft verlagert werden. Im Rahmen der neuen Rechnungslegung von Derivaten werden zumindest bei denen des trading accounts sowohl unrealisierte Verluste wie auch unrealisierte Gewinne sofort erfolgswirksam. In den **USA** werden tendentiell sowohl unrealisierte Gewinne wie auch unrealisierte Verluste sofort erfolgswirksam, wobei antizipative Hedges dieselbe Wirkung haben wie in Japan. Zu berücksichtigen ist aber, daß aufgrund der Bedeutung des matching principle in den USA bei Hedge-Situationen grundsätzlich sowohl unrealisierte wie auch realisierte Gewinne und Verluste in ihrer Erfolgswirksamkeit in die Zukunft verschoben werden können. Dies wird erneut deutlich im Rahmen des FASB-Proposal, der Gewinne und Verluste aus Derivatgeschäften, die für einen Cash flow-Hedge verwendet werden sollen, in eine Eigenkapitalkomponente einstellen läßt. Dabei ist zu beachten, daß damit die Information über die Gewinne zwar der Bilanz entnommen werden kann, dennoch erreichen sie erst später ihre Erfolgswirksamkeit.

Sehr stark vergröbert kann man festhalten, daß in **Deutschland** tendentiell unrealisierte Verluste, aber nur realisierte Gewinne erfolgswirksam werden und damit der Gewinnausweis tendentiell nach unten korrigiert wird. In **Japan** werden derzeit Gewinne und

Verluste erst bei ihrer Realisation erfolgswirksam und somit der Gewinnausweis noch während der Laufzeit der Geschäfte nicht beeinflußt. In der Umsetzung befindet sich die Neuregelung in Japan, daß Derivate im trading-account mit ihren unrealisierten Verlusten und unrealisierten Gewinnen sofort erfolgswirksam werden (wie in den USA). In den **USA** werden tendentiell sowohl unrealisierte Verluste wie auch unrealisierte Gewinne sofort in voller Höhe erfolgswirksam und der Gewinnausweis damit weder in eine positive noch ein negative Richtung systembedingt beeinflußt.

2.2.8. Beurteilung im Rahmen der Zahlungsbemessungsfunktion aus Gläubigersicht

Der Gläubiger, der ebenfalls an einem möglichst unbeeinflußten und aussagekräftigen Einblick in die Ertragslage des Gläubigerunternehmens interessiert ist, ist jedoch genauso daran interessiert, die Gewinne zur Stärkung der Haftkapitalbasis im Unternehmen zu halten. Für ihn sind daher Rechnungslegungsvorschriften dann besonders vorteilhaft, wenn sie diese Zielsetzung durch möglichst restriktive Ausschüttungssperren unterstützen. In **Deutschland** existieren im Hinblick auf die aus Derivatgeschäften erwirtschafteten Gewinne derzeit keinerlei Ausschüttungssperren. Diskutiert werden u. a. die Ansätze, bei einer Einführung einer grundsätzlichen Marktbewertung für Derivate entweder die unrealisierten 'Nettogewinne' mit einer Ausschüttungssperre zu belegen oder einfach grundsätzlich gläubigerschützende Ausschüttungssperren einzuführen bzw. zu erhöhen, die dann allerdings an andere Bezugsgrößen geknüpft werden als an den unrealisierten Nettogewinn. In **Japan** waren bisher Ausschüttungssperren für Derivatgeschäftsgewinne ebenfalls nicht in der Anwendung. Allerdings werden nach neuem Recht die unrealisierten Nettogewinne aus Derivatgeschäften des trading accounts von einer Ausschüttung ausgenommen. In den **USA** wurde bisher weder das Instrument der Ausschüttungssperren eingesetzt, obwohl bereits schon bisher unrealisierte Gewinne erfolgswirksam wurden, noch wird dies im Rahmen der Umsetzung des neuen FASB-Proposals angesprochen. Dies hängt damit zusammen, daß in den USA die Ausschüttung nicht unmittelbar mit dem Erfolgsausweis im Rahmen der GuV verknüpft ist. Dennoch haben auch in den USA die Gewinnausweise eine gewisse Signalfunktion für die Dividendenbemessung, denn ansonsten wäre gerade in den USA die Befürchtung nicht nachzuvollziehen, daß durch einen umfassenden Einsatz der Marktbewertung (für alle Finanzinstrumente) die Volatilität der Ergebnisausweise stark zunehmen wird.

In einer sehr groben Zusammenfassung kann damit festgehalten werden, daß derzeit **Japan** als einziges Land unstrittig den Weg beschreitet, einen Gewinnausweis nach dem Marktbewertungsprinzip für Derivate vorzunehmen (und damit die Informationsinteressen von Anteilseigner und Gläubiger gleichermaßen befriedigt) und gleichzeitig zum Schutz der Gläubiger eine Ausschüttungssperre in Höhe der die unrealisierten Verluste übersteigenden unrealisierten Gewinne einzuführen.

3. Gesamturteil und Vorschlag für eine verbesserte Rechnungslegung in Deutschland

Diese Arbeit sollte durch den Vergleich der Rechnungslegungsvorschriften für Derivate dazu führen, für Deutschland Ideen abzuleiten, wie die hier diskutieren Probleme gelöst werden könnten und wie eine zukünftige Konzeption systematisiert gestaltet werden sollte. Aus dem Vergleich und insbesondere aus der Beurteilung im Rahmen dieses letzten Kapitels zeigt sich, daß keines der drei betrachteten Länder-Modelle als absolut richtiges und fehlerfreies Modell den beiden anderen immer und überall überlegen ist. Jedes Konzept - sowohl die existierenden wie auch die in den USA bzw. Japan geplanten bzw. in der Umsetzung begriffenen neuen - hat einige sehr gute Ansätze und dennoch auch wieder in anderen Teilen Systembrüche oder fehlende Stringenz. Die zukünftig zu entwerfende Konzeption für die Derivat-Rechnungslegung in Deutschland sollte sich daher Anleihen aus beiden Ländern holen.

Die verwendeten Beurteilungskriterien zeigen, daß ihre umfassende Erfüllung mit keinem gegenseitigem Widerspruch zu kämpfen hat. Der Gesetzgeber in Deutschland kann daher nur aufgefordert werden, die im Rahmen der Informationsfunktion gefundenen Kriterien zu beherzigen und die Rechnungslegung entsprechend auszurichten. Die Gleichheit der Ansatz- und Bewertungsregeln sollte in Deutschland auch in Zukunft beibehalten und nicht wie in Japan aufgegeben werden. Die Wahlrechte bzw. Auslegungsspielräume für Bewertung und Bilanzansatz der Derivate sollten auf ein nicht weiter reduzierbares Mindestmaß beschränkt werden. Alle laufenden Derivatgeschäfte sollten zu Bar- bzw. Marktwert in die Bilanz aufgenommen werden. Absehbare zukünftige Geschäfte im Rahmen von antizipativen Hedges sollten in der Bilanz Berücksichtigung finden, allerdings sollten genaue und - um Manipulationen vorzubeugen - auch sehr restriktive Vorgaben gemacht werden, wie lange realisierte Ergebnisbeiträge in die Zukunft verschoben werden dürfen. Die bereits sehr guten Ansätze zur Offenlegung der wirtschaftlichen Risiken aus Derivatgeschäften sollten aus dem Empfehlungsstatus in eine Muß-Vorschrift umgewandelt werden. Um eine Hedge-Verknüpfung zu anderen Wertpapieren bzw. Finanzinstrumenten zu vereinfachen, sollten auch die übrigen Wertpapiere des Handelsbestandes und die Wertpapiere der Liquiditätsreserve marktbewertet werden. Die wie Anlagevermögen behandelten Wertpapiere können mit ihren bisherigen Bewertungsvorschriften weitergeführt werden, allerdings stellt sich dann die Frage nach der Sinnhaftigkeit eines gemilderten NWP. Dieses sollte abgeschafft werden (wobei für die Berücksichtigung von sicheren Wertminderungen aufgrund der Bonitätsverschlechterung des Emittenten eine Lösung gefunden werden sollte). Damit müßte definitiv die Anerkennung eines Hedges mit dieser Wertpapierkategorie ausgeschlossen werden.

Mit der Marktbewertung aller Finanzinstrumente (mit Ausnahme der wie Anlagevermögen behandelten Wertpapiere) wird sicherlich der Ergebnisausweis der Banken an Volatilität zunehmen. Damit wird jedoch auch gleichzeitig ein aktuellerer und objektiverer Einblick in die Ertragslage der Banken gegeben. Somit wird die zunehmende Volatilität zumindest von Seiten der Anteilseigner und der Gläubiger kein Problem im Hinblick auf die umfassende Einführung der Marktbewertung darstellen. Im übrigen beklagen auch eher die Bankenvertreter, d. h. das Management der Banken, die Problematik der zunehmenden Volatilität - wohl auch deshalb, weil sie damit einen höheren Erklärungs- und Begründungsaufwand vor allem in den Jahren mit schlechten Ergebnisausweisen fürchten.

Im Rahmen der Zahlungsbemessung sollte sich Deutschland die zukünftige Regelung in Japan aneignen, da dadurch die möglicherweise gegenlaufenden Interessen von Anteilseignern und Gläubigern ausgeglichen werden können. Unrealisierte 'Nettogewinne' sollten den Anteilseignern nicht zur Disposition stehen für eine Dividendenausschüttung. Hierdurch wären die berechtigten Interessen der Gläubiger im Hinblick auf die Erhaltung der Liquidität der Bank und damit auf Ausschluß eines Konkursgrundes unnötigerweise gefährdet.

Ein letztes soll dem Gesetzgeber mit auf den Weg gegeben werden. Die Einführung der Marktbewertung wurde in Japan vor allem auch unter dem Aspekt der Stärkung bzw. Erhaltung der Wettbewerbsfähigkeit der heimischen Banken auf den internationalen Kapitalmärkten vorgenommen. Nicht zuletzt unter diesem Aspekt[1137] sollte der deutsche Gesetzgeber die Einführung entsprechender Rechnungslegungsvorschriften unterstützen.

[1137] Schildbach schreibt hierzu: „Der sich verschärfende Wettbewerb zwischen den verschiedenen Ländern der Welt läßt es ... immer weniger zu, Rechnungslegungsvorschriften als ökonomisch irrelevant zu vernachlässigen und entsprechend den verfestigten Traditionen einfach beizubehalten." - Schildbach, Thomas: Rechnungslegungsideale, Bilanzkulturen, Harmonisierung und internationaler Wettbewerb, Betriebs-Berater, 51-52/1995, S. 2643

Literaturverzeichnis

Aeberli, Werner: Risikopolitische Analyse der Ausserbilanzgeschäfte, Stuttgart, 1989

AICPA: Derivatives - Current Accounting and Auditing Literature, New York (USA), 1994

Akatsu, Ryou; Kimura, Takashi: Untersuchung der Offenlegung der Informationen über Derivate, Keiei-zaimu (Finanzmangement), 29.08.1994, S. 9 – 13

American Accounting Association: A Statement of Basic Accounting Theory, o. O., 1966

Amaya, Tomoko: Einführung des Mark-to-Market Accounting für das Trading-Geschäft von Finanzinstituten, Kinyu kyokumen (Finanzsituation), 19.02.1996, S. 22 – 25

Andou, Hideki: Methode des on-balance-Ausweises, Kigyo-kaikei (Rechnungslegung in den Unternehmungen), 7/1996, S. 4 – 10

Arai, Kiyomitsu: Accounting in Japan, IRBA (Institute for Research in Business Administration, Waseda University) Series No. 25, Tokio (Japan), 1994

Araki, Kazuo: A Methodological Approach to Comparative Accounting, Englischer Redebeitrag für den deutsch-japanischen Workshop „Rechnungslegung und Analyse japanischer Unternehmen" am 10./11.10.1996 in Berlin, Redemanuskript

Ausschuß für Bilanzierung des Bundesverbandes deutscher Banken: Bilanzpublizität von Finanzderivaten, Die Wirtschaftsprüfung, 1/1995, S. 1 – 6

Ausschuß für Bilanzierung des Bundesverbandes deutscher Banken: Bilanzielle Behandlung von DTB-Futures, Die Bank, 2/1991, S. 105 – 108

Ausschuß für Bilanzierung des Bundesverbandes deutscher Banken: Marktrisikopublizität, Die Wirtschaftsprüfung, 2/1996, S. 64 – 66

Baetge, Jörg: Bilanzen, Düsseldorf, 4. Auflage 1996

Baetge, Jörg: Grundsätze ordnungsmäßiger Buchführung, in: Küting, Karlheinz; Weber, Claus-Peter (Hrsg.): Handbuch der Rechnungslegung, Stuttgart, 3. Auflage 1990, S. 193 – 232

Baetge, Jörg; Happe, Peter: Risikomanagement und Bankenpublizität, Bankinformation und Genossenschaftsforum, 10/1996, S. 22 – 29

Baetge, Jörg; Roß, Heinz-Peter: Was bedeutet „fair presentation"?, in: Ballwieser, Wolfgang (Hrsg.): US-amerikanische Rechnungslegung - Grundlagen und Vergleiche mit dem deutschen Recht, Stuttgart, 2. Aufl. 1996, S. 29 – 45

Barth, Mary: Discussion: „Banks, Risk, and FAS105 Disclosures", Journal of Accounting, Auditing & Finance, Summer 1996, S. 491 – 495

Barth, Mary; Elliott, John; Collins, Daniel; Crooch, Michael; Frecka, Thomas; Imhoff, Eugene; Landsman, Wayne; Stephens, Ray: Response to the FASB Discussion Document „Accounting for Hedging and Other Risk-adjusting Activities: Questions for Comment and Discussion", Accounting Horizons, 3/1995, S. 87 – 91

Beckmann, Reinhard: Zur Bilanzierung von Kurssicherungsgeschäften durch Termingeschäfte, RIW, 5/1993, S. 387 – 395

Beine, Frank: Scheinkonflikte mit dem True and Fair View, Die Wirtschaftsprüfung, 14/1995, S. 467 – 475

Belkaoui, Ahmed: Multinational Financial Accounting, New York (USA), 1991

Bernard, Victor; Merton, Robert; Palepu, Krishna: Mark-to-Market Accounting for Banks and Thrifts: Lessons from the Danish Experience, Journal of Accounting Research, Spring 1995, S. 1 – 32

Berndlmaier, Alexander; Klein, Georg: Kundenorientierung in der US-amerikanischen Rechnungslegung: Der Comprehensive Report des Special Committee on Financial Reporting des AICPA, Der Betrieb, 22/1997, S. 1089 – 1095

Bertsch, Andreas; Kärcher, Ralph: Derivative Instrumente im Jahresabschluß und in der Steuerbilanz, in: Eller, Roland (Hrsg.): Handbuch Derivativer Instrumente: Produkte, Strategien und Risikomanagement, Stuttgart, 1996, S. 649 – 688

BFA: Entwurf einer Verlautbarung: Bilanzierung und Prüfung von Financial Futures und Forward Rate Agreements, Die Wirtschaftsprüfung, 6/1993, S. 182 – 183

BFA: Stellungnahme 2/1987: Zur bilanziellen Behandlung von Optionsgeschäften, Die Wirtschaftsprüfung, 22/1987, S. 682 – 683

BFA: Stellungnahme 2/1993: Bilanzierung und Prüfung von Financial Futures und Forward Rate Agreements, Die Wirtschaftsprüfung, 16/1993, S. 517 – 518

BFA: Stellungnahme 2/1995: Bilanzierung von Optionsgeschäften, Die Wirtschaftsprüfung, 12/1995, S. 421 – 422

BFA: Stellungnahme 3/1995: Währungsumrechnung bei Kreditinstituten, Die Wirtschaftsprüfung, 21/1995, S. 735 – 737

Blanz, Friedrich: Fachbegriffe Wirtschaft und Finanzen - Deutsch-Japanisch-Englisch / Japanisch-Deutsch-Englisch, Wiesbaden, 1993

Bloom, Robert; Long, Susan; Collins, Marilynn: Japanese and American Accounting - Explaining the Differences, Advances in International Accounting, Vol. 6, 1994, S. 265 – 284

Bormann, Michael; Odenthal, Stefan: Rechnungslegung nach internationalen Standards als strategische Bedingung im Value Management, Deutsche Steuerzeitung, 11/1997, S. 361 – 366

Brackert, Gerhard; Prahl, Reinhard; Naumann, Thomas: Neue Verfahren der Risikosteuerung und ihre Auswirkungen auf die handelsrechtliche Gewinnermittlung, Die Wirtschaftsprüfung, 16/1995, S. 544 – 555

Breker, Norbert: Optionsrechte und Stillhalterverpflichtungen im handelsrechtlichen Jahresabschluß, Düsseldorf, 1993

Brüggen, Andreas: Japanische Rechnungslegung, in: Gräfer, Horst; Demming, Claudia (Hrsg.): Internationale Rechnungslegung, Stuttgart, 1994, S. 511 – 566

Budde, Wolfgang; Steuber, Elgin: Rechnungslegung im Spannungsfeld zwischen Gläubigerschutz und Information der Gesellschafter, Die Aktiengesellschaft, 12/1996, S. 542 – 550

Bullen, Halsey; Porterfield, Laura: Derivative Financial Instruments: Time for Better Disclosure, The CPA Journal, 7/1994, S. 18 – 24

Busse von Colbe, Walther: Das Rechnungslegung im Dienste einer kapitalmarktorientierten Unternehmensführung, in: Schmalenbach-Gesellschaft - Deutsche Gesellschaft für Betriebswirtschaft e. V. (Hrsg.): Globale Finanzmärkte - Konsequenzen für Finanzierung und Unternehmensrechnung, Stuttgart, 1996, S. 15 – 34

Busse von Colbe, Walther: Zur Anpassung der Rechnungslegung von Kapitalgesellschaften an internationale Normen, Betriebswirtschaftliche Forschung und Praxis, 4/1995, S. 373 – 391

Carpenter, Jennifer: Current Issues in Accounting for Derivatives, The Journal of Derivatives, Spring 1996, S. 65 – 71

Choi, Frederick; Mueller, Gerhard: Globalization of Financial Accounting and Reporting, Morristown (New Jersey, USA), 1993

Choi, Frederick; Mueller, Gerhard: International Accounting, Englewood Cliffs (New Jersey, USA), 2nd edition, 1992

Choi, Frederick; Singleton, Matthew: Accounting for Derivative Products, in: Choi, Frederick (Hrsg.): Handbook of International Accounting, New York (USA), 1991, S. 21.1 - 21.27

Coenenberg, Adolf: Jahresabschluß und Jahresabschlußanalyse, Landsberg a. Lech, 15. Aufl. 1994

COFRI: Accounting Standards for Option Transactions, Supplemental Report - COFRI (Corporation Finance Research Institute, Japan), Tokio (Japan), 09/1994, S. 6 – 7

COFRI: Bericht der Arbeitsgruppe „Publizität bei Kreditinstituten“ des COFRI - Publizität des Derivat-Handels bei Kreditinstituten, COFRI-Letter Nr. 104, 16.05.1995, S. 1 – 14

COFRI: Einführung des Marktpreisprinzips für Trading-Geschäfte bei Wertpapierhäusern, COFRI-Letter Nr. 121, 13.02.1996, S. 1 – 13

COFRI: Offenlegung von Informationen zum Derivate-Handel bei Finanzinstitutionen - Bericht der Arbeitsgruppe „Publizität bei Finanzinstitutionen" des COFRI vom 15.05.1995, Keiei-zaimu (Finanzmangement), 12.06.1995, S. 33 – 39

Cooke, Terence; Kikuya, M.: Financial Reporting in Japan - Regulation, Practice and Environment, Oxford (UK), 1992

Coopers & Lybrand: Bank accounting rules, Accountancy - International Edition, 3/1996, S. 86

Coopers & Lybrand: Derivative transactions, Accountancy - International Edition, 4/1996, S. 84

Coopers & Lybrand: Review of accounting rules for securities companies, Accountancy - International Edition, 1/1996, S. 74

Daigo, Satoshi: Mark-to-Market und japanische Wirtschaft, Tokio (Japan), 14.07.1995

Delaney, Patrick; Epstein, Barry; Adler, James; Foran, Michael: GAAP 1996 - Interpretation and Application of Generally Accepted Accounting Principles, New York (USA), 10. Aufl. 1996

Demming, Claudia: US-amerikanische Rechnungslegung, in: Gräfer, Horst; Demming, Claudia (Hrsg.): Internationale Rechnungslegung, Stuttgart, 1994, S. 229 – 306

Dreissig, Hildegard: Bilanzsteuerrechtliche Behandlung von Optionen, Betriebs-Berater, 10.08.1989, S. 1511 – 1517

Duangploy, Orapin; Cheung, Joseph: Foreign Currency Swaps Accounting: GAAP Versus Practice, Journal of International Accounting Auditing & Taxation, vol. 4 no. 2, 1995, S. 147 – 162

Eilenberger, Guido: Lexikon der Finanzinnovationen, München, 3. Aufl., 1996

Eilenberger, Guido: Überblick über produktbezogene Finanzinnovationen unter Gesichtspunkten der Rechnungslegung, BFuP, 2/1995, S. 125 – 145

Eisele, Wolfgang; Knobloch, Alois: Offene Probleme bei der Bilanzierung von Finanzinnovationen, DStR, 17/1993, S. 617 – 623

Eisele, Wolfgang; Knobloch, Alois: Offene Probleme bei der Bilanzierung von Finanzinnovationen, DStR, 15-16/1993, S. 577 – 586

Elkart, Wolfgang: Die Finanzinstrumente in der (externen) Rechnungslegung oder A Black Hole in the Balance Sheet, in: IDW (Hrsg.): Neuorientierung der Rechenschaftslegung - Bericht über die Fachtagung 1994 des Instituts der Wirtschaftsprüfer, Düsseldorf, 1995, S. 365 – 389

Euler, Roland: Das System der Grundsätze ordnungsmäßiger Bilanzierung, Stuttgart, 1996

Euler, Roland: Grundsätze ordnungsmässiger Gewinnrealisierung, Düsseldorf, 1989

FASB: Exposure Draft - Proposed Statement of Financial Accounting Standards - Accounting for Derivative and Similar Financial Instruments and for Hedging Activities; Financial Accounting Series, No. 162-B, June 20, 1996

FASB: Original Pronouncements 1996/97 Edition - Accounting Standards as of June 1, 1996, Volume I, New York (USA), 1996

FASB: Original Pronouncements 1996/97 Edition, Accounting Standards as of June 1, 1996, Volume II, New York (USA), 1996

FASB: Task Force Draft - Statement of Financial Accounting Standards No. 13X - Accounting for Derivative Instruments and for Hedging Activities, September 12, 1997 Version

Federation of Bankers' Associations in Japan: Ansichten der Banken hinsichtlich der Rechnungslegung für derivative Finanzinstrumente; Arbeitspapier vom Juli 1995, Tokio (Japan)

Ferstl, Eberhard; Hader, Jochen: Finanzinnovationen - Instrumente des Zinsmanagements - Der Zinsswap -;. Broschüre der Bayerischen Landesbank, o. O., o. J.

Financial Economists Roundtable: Statement on Accounting Disclosure about Derivative Financial Instruments, The Journal of Derivatives, Spring 1996, S. 72 – 74

Fitzner, Volker; Freiling, Andreas; Liedtke, Jens-Uwe: Derivatepublizität deutscher Kreditinstitute, Die Wirtschaftsprüfung, 6/1997, S. 177 – 193

Fleischer, Lothar: Bewertungsrechtliche Behandlung von DTB-Optionsscheinen und DTB-Futures, Der Betrieb, 08.09.1995, S. 1780 – 1785

Fox, Justin: FASB Drops Mark-to-Market Plan for Derivatives Accounting; New Approach Also Criticized; American Banker, 16.01.1996, S. 2

Fröschle, Gerhart, Kroner, Matthias, Mandler, Udo. Internationale Rechnungslegung. US-GAAP, HGB und IAS, Bonn, 1994

GAO: Financial Derivatives - Actions Needed to Protect the Financial System, Report to Congressional Requesters, Washington (USA), 5/1994

Gastineau, Gary: Some Derivatives Accounting Issues, The Journal of Derivatives, Spring 1995, S. 73 – 78

Gebhardt, Günther: Berichterstattung deutscher Unternehmen über den Einsatz derivativer Finanzinstrumente, Die Wirtschaftsprüfung, 18/1995, S. 609 – 617

Gebhardt, Günther: Probleme der bilanziellen Abbildung von Finanzinstrumenten, BFuP, 5/1996, S. 557 – 584

Glaab, Wolfgang; Werneth, Cynthia; Zimmer, Manfred: Eurodollar Deposit Futures als Prüfungsgegenstand der Internen Revision, ZIR 1984, S. 95 – 173

Glaum, Martin; Mandler, Udo: Rechnungslegung auf globalen Kapitalmärkten, Wiesbaden, 1996

Godwin, Joseph; Goldberg, Stephen; Tritschler, Charles: Understanding Foreign Currency Derivative Measurements as FASB Moves Toward Fair Value Reporting, The Journal of Corporate Accounting and Finance, Spring 1996, S. 75 – 84

Göttgens, Michael: Hedge Accounting, BFuP, 2/1995, S. 146 – 165

Göttgens, Michael; Prahl, Reinhard: Bilanzierung und Prüfung von Financial Futures und Forward Rate Agreements, Die Wirtschaftsprüfung, 16/1993, S. 503 – 513

Göttgens, Michael; Schmelzeisen, Hans-Michael: Bankbilanzrichtlinie-Gesetz, Düsseldorf, 2. Auflage 1992

Gräfer, Horst; Demming, Claudia (Hrsg.): Internationale Rechnungslegung, Stuttgart, 1994

Gräfer, Horst; Demming, Claudia: Harmonisierung und Standardisierung der Rechnungslegung, in: Gräfer, Horst; Demming, Claudia (Hrsg.): Internationale Rechnungslegung, Stuttgart, 1994, S. 1 – 22

Greenspan, Alan: Brief an Edmund L. Jenkins vom 31. Juli 1997 (veröffentlicht im Internet)

Grünewald, Andreas: Finanzterminkontrakte im handelsrechtlichen Jahresabschluß - Ansatz, Bewertung und Ausweis von Zinstermin- und Aktienindexterminkontrakten, Düsseldorf, 1993

Gut, Alexander: Buchführung und Ausweis von derivativen Finanzinstrumenten im internationalen Vergleich, Der Schweizer Treuhänder, 11/1995, S. 959 – 966

Haight, Timothy: Derivatives Risk Management Service, Boston (Massachussets, USA), 1996

Hall, Charles; Hamao, Yasushi; Harris, Trevor: A Comparison of Relations Between Security Market Prices, Returns and Accounting Measures in Japan and the United States, Journal of International Financial Management and Accounting, 1.5.1994, S. 47 – 73

Haller, Axel: Wesentliche Ziele und Merkmale US-amerikanischer Rechnungslegung, in: Ballwieser, Wolfgang (Hrsg.): US-amerikanische Rechnungslegung - Grundlagen und Vergleiche mit dem deutschen Recht, Stuttgart, 2. Aufl. 1996, S. 1 – 27

Handelsgesetzbuch (HGB) vom 10.05.1897 (Reichsgesetzblatt S. 219), zuletzt geändert durch Gesetz vom 05.10.1994 (Bundesgesetzblatt I/1994, S. 2911) und vom 28.10.1994 (Bundesgesetzblatt I/1994, S. 3210)

Happe, Peter: Grundsätze ordnungsmäßiger Buchführung für Swapvereinbarungen, Düsseldorf, 1996

Havermann, Hans: Internationale Entwicklungen in der Rechnungslegung, in: Ballwieser, Wolfgang; Böcking, Hans-Joachim; Drukarczyk, Jochen; Schmidt, Reinhard (Hrsg.): Bilanzrecht und Kapitalmarkt - Festschrift zum 65. Geburtstag von Professor Dr. Dr. h.c. Dr. h.c. Adolf Moxter, Düsseldorf, 1994, S. 657 – 677

Hayashi, Yuji; Kikuya, Masato; Matsui, Yasunori: Accounting Terminology in English, Japanese, French and German, Tokio (Japan), 1994

Heisler, Ethan: Derivatives III: As The Margin Turns, Publikation von Salomon Brothers, 10.01.1995

Heisler, Ethan: Derivatives IV: Or How I Learned to Stop Worrying and Live with Risk, Publikation von Salomon Brothers, 03.08.1995

Heisler, Ethan: Derivatives: New Disclosures Still Fall Short, Publikation von Salomon Brothers, 16.05.1994

Herz, Robert; Coopers & Lybrand: Accounting and Financial Reporting for Derivatives and Synthetics, in: Klein, Robert; Lederman, Jess (Hrsg.): The Handbook of Derivatives & Synthetics, Chicago (Illinois, USA), 1994, S. 821 – 875

Herz, Robert; Elmy, Frederick; Bushee, Brian: Derivatives: Were 1994 Disclosures Adequate?, The Journal of Corporate Accounting and Finance, Winter 1995-96, S. 21 – 34

Herz, Robert; Tancer, Joel: Accounting for Derivative and Synthetic Instruments, in: Haight, Timothy (Hrsg.): Derivatives Risk Management Service, Boston (Massachusetts, USA), 1996, S. 9A-1 – 9A-36

Höffner, Dietmar: Die Bilanzierung von Futures in Deutschland und den USA, Recht der internationalen Wirtschaft, 9/1996, S. 745 – 754

Horikawa, Hitoshi: Probleme und Regelungen der Rechnungslegung, Offenlegung und Besteuerung von Optionen in Japan, JICPA-Journal, 2/1995, S. 34 – 39

Inohana, Takao: Japan, in: Ernst; Whinney (Hrsg.): International Bank Accounting, London (UK), 2nd Edition 1987, S. 347 – 375

Ishikawa, Kinya: Offenlegungsrahmen für den Derivate-Handel von Finanzinstitutionen, Keiri-jofo (Bilanzierungsinformation), 20.06.1995, S. 22 – 27

Ishioumaru, Norio: Die Rechnungslegung der Währungsoption, Keiri-jofo (Bilanzierungsinformation), 10./20.01.1996, S. 54 – 59

Ishioumaru, Norio: Die Rechnungslegung von Zero cost options, JICPA-Journal, 6/1995, S. 68 – 73

Izumimoto, Sayoko: Die Rechnungslegung von Zins-Forwards (FRA) und Devisen-Forwards (FXA), Keiei-zaimu (Finanzmangement), 12.12.1994, S. 9 – 14

Jenkins, Edmund: Brief an Alan Greenspan vom 11. August 1997 (veröffentlicht im Internet)

Jensen, Daniel; Coffman, Edward; Stephens, Ray; Burns, Thomas: Advanced Accounting, New York (USA), 3rd Edition 1994

JICPA: Einführung in die Derivate, Tokio (Japan), 25.04.1996

Johnston, Mary: FASB's proposals on derivatives, comprehensive income challenged at hearings, FEI Briefing: December '96 – January '97 (veröffentlicht im Internet)

Jutz, Manfred: Bilanzierung und Bewertung von Financial Futures, Betriebs-Berater, 10.08.1990, S. 1515 – 1521

Jutz, Manfred: Swaps und Financial Futures, in: Küting, Karlheinz; Weber, Claus-Peter (Hrsg.): Handbuch der Rechnungslegung, Stuttgart, 3. Auflage, 1990, S. 365 – 407

Kaizuka, Masaaki: Die Einführung des MTM beim Trading von Effektengesellschaften, Zeikeitsushin, 4/1996, S. 186 – 191

Kaizuka, Masaaki: Die Einführung des MTM beim Trading von Effektengesellschaften, Kinyu kyokumen (Finanzsituation), 04.03.1996, S. 33 – 35

Kaizuka, Masaaki: Die Einführung des MTM beim Trading von Effektengesellschaften, Keiei-zaimu (Finanzmanagement), 11.03.1996, S. 22 – 27

Kakitsuka, Masakatsu: Eine praktische Untersuchung bezogen auf die Rechnungslegung und das Steuerwesen bei derivativen Finanzinstrumenten, Zeikeitsushin, Sonderheft 1/1995, S. 149 – 156

Kaltenhauser, Helmut: Risiko-Management von derivativen Finanzinstrumenten, Zeitschrift für das gesamte Kreditwesen, 8/1993, S. 346 – 350

Katagi, Haruhiko: Einführung des Tageswertprinzips in das HGB, Zeikeitsushin, 3/1997, S. 161 – 167

Kimura, Shigeki; Oono, Hideaki: Bericht über die Erweiterung der Offenlegung beim Derivate-Handel, Shoji-homu (HGB-Zeitschrift), 15.03.1996, S. 8 – 14

Kishida, Masao: Derivate - deren Gesetze und Rechnungslegung, Investment, 12/1994, S. 1 – 20

Kitamura, Keiko: Erneute Untersuchung des Anschaffungskostenprinzips - Rechnungslegung und Bewertung von Derivaten, Kigyo-kaikei (Rechnungslegung in den Unternehmen), 1/1995, S. 59 – 65

Koga, Chitoshi: Accounting for derivatives, Tokio (Japan), 20.01.1996

Koga, Chitoshi: MTM als Rechnungslegungsmaßstab für das trading-Konto, Kigyo-kaikei (Rechnungslegung in den Unternehmungen), 4/1997, S. 23 – 29

Komiyama, Satoshi: Off Balance Sheet Transaction, Tokio (Japan), 18.03.1996

Kommission für Bilanzierungsfragen des Bundesverbandes deutscher Banken: Behandlung von DTB-Aktienoptionen im Jahresabschluß von Banken, Die Bank, 4/1990, S. 211 – 216

Kommission für Bilanzierungsfragen des Bundesverbandes deutscher Banken: Zur Rechnungslegung von Swap-Geschäften, Die Bank, 3/1988, S. 158 – 165

KPMG: Accounting for Swaps and Financial Derivatives, in: Das, Satyajit (Hrsg.): Swap & Derivative Financing, Chicago (Illinois, USA), 1994, S. 1271 – 1304

KPMG: Financial Instruments - Einsatzmöglichkeiten * Risikomanagement und Risikocontrolling * Rechnungslegung * Besteuerung, Frankfurt am Main, 1995

KPMG: International Accounting Standards, Eine Einführung in die Rechnungslegung nach den Grundsätzen des IASC, Düsseldorf, 1995

Krumnow, Jürgen: Anteilseigner und Investoren wollen mehr Transparenz, Handelsblatt, 28.11.1994, S. 26

Krumnow, Jürgen: Das derivative Geschäft als Motor des Wandels für das Bankcontrolling, Manuskript zum Vortrag im Rahmen des Symposiums „Erste Erfahrungen mit den neuen Rechnungslegungsvorschriften für Kreditinstitute“ in Frankfurt, 19.09.1994

Krumnow, Jürgen: Die deutsche Rechnungslegung auf dem Weg ins Abseits? Ein Ausblick nach der vorläufig abgeschlossenen EG-Harmonisierung, in: Ballwieser, Wolfgang; Böcking, Hans-Joachim; Drukarczyk, Jochen; Schmidt, Reinhard (Hrsg.): Bilanzrecht und Kapitalmarkt - Festschrift zum 65. Geburtstag von Professor Dr. Dr. h.c. Dr. h.c. Adolf Moxter, Düsseldorf, 1994, S. 679 – 698

Krumnow, Jürgen; Sprißler, Wolfgang; Bellavite-Hövermann, Yvette; Kemmer, Michael; Steinbrücker, Hannelore: Rechnungslegung der Kreditinstitute - Kommentar zum Bankbilanzrichtlinie-Gesetz und zur RechKredV, Stuttgart, 1994

Kupsch, Peter: Ansatz und Bewertung von Rückstellungen im amerikanischen Jahresabschluß - eine vergleichende Betrachtung aus deutscher Sicht, in: Ballwieser, Wolfgang (Hrsg.): US-amerikanische Rechnungslegung - Grundlagen und Vergleiche mit dem deutschen Recht, Stuttgart, 2. Aufl. 1996, S. 107 – 131

Kuroda, Akio; Kotani, Masataka; Ogawa, Marie: Features and Problems of Bank Accounting System in Japan, Bank of Japan Monetary and Economic Studies, 7/1994, S. 35 - 75

Küting, Karlheinz; Weber, Claus-Peter: Internationale Bilanzierung - Rechnungslegung in den USA, Japan und Europa, Berlin, 1994

Lamprecht, Karl: Fragen zur Marktbewertung für derivative Finanzinstrumente, Österreichisches Bankarchiv, 2/1991, S. 71 - 84

Leffson, Ulrich: Die Grundsätze ordnungsmäßiger Buchführung, Düsseldorf, 6. Auflage 1992

Limathe, Georg: Aspekte der Prüfung von Derivaten (II): Fragen der Rechnungslegung, Bankinformation / Genossenschaftsforum, 2/1996, S. 56 – 61

Mandler, Udo: Harmonisierung der Rechnungslegung: Bridging the GAAP?, Zeitschrift für Betriebswirtschaft, 6/1996, S. 715 – 734

Matsumura, Naoki: Die Rechnungslegung, die Offenlegung und das Steuerwesen der Derivate, Kigyo-kaikei (Rechnungslegung in den Unternehmen), 5/1995, S. 56 – 64

Matsushige, Tadayuki: Situation und Problematik der Rechnungslegung, Offenlegung und Besteuerung von Devisenswaps in Japan, JICPA-Journal, 2/1995, S. 27 – 33

Mauritz, Peter: Konzepte der Bilanzierung und Besteuerung derivativer Finanzinstrumente, Wiesbaden, 1997

McAnally, Mary: Banks, Risk, and FAS105 Diclosures, Journal of Accounting, Auditing & Finance, Summer 1996, S. 453 – 490

Menninger, Jutta: Financial Futures und deren bilanzielle Behandlung, Frankfurt am Main, 1993

Menninger, Jutta: Spekulative Zins-Futures im Jahresabschluß großer Kapitalgesellschaften, Betriebs-Berater, 3/1994, S. 175 – 183

Mizumori, Masatomo: Funktionsweise und Rechnungslegung von Zinsswap-Geschäften, Keiei-zaimu (Finanzmanagement), 09.01.1995, S. 10 – 15

Molvar, Roger; Green, James: The Question of Derivatives, Journal of Accountancy, 3/1995, S. 55 – 61

Montesi, Corliss; Lucas, Timothy: Toward Improved Accounting for Derivatives and Hedging Activities, The CPA Journal, 10/1996, S. 20 – 49

Mori, Toru (Translator), Akiya, Masayoshi (Publisher): Securities and Exchange Law - Law No. 25 of 1948 (As amended to 1992); Law on Foreign Securities Firms (Law No. 5 of 1971 (As amended to 1992), Capital Markets Research Institute, Tokio (Japan), 1993

Morikawa, Yasuo: Die Beeinflussung der Bewertungsmaßstäbe der Rechnungslegung durch die Einführung des MTM, Kigyo-kaikei (Rechnungslegung in den Unternehmungen), 11/1996, S. 18 – 23

Morita, Tetsuya: Erneute Überprüfung der Rechnungslegung nach dem Anschaffungskostenprinzip; Kigyo-kaikei (Rechnungslegung der Unternehmung), 1/1995, S. 25 – 30

Moxter, Adolf: Anlegerschutz durch Rechnungslegung bei Kapitalgesellschaften, in: Gebauer, Wolfgang (Hrsg.): Öffentliche Finanzen und moderne Ökonomie, Festschrift für Karl Häuser, Frankfurt a. M., 1985, S. 257 – 272

Moxter, Adolf: Der Einfluß von Publizitätsvorschriften auf das unternehmerische Verhalten, Köln, 1962

Nahlik, Wolfgang: Ein neues Zeitalter im Konzernbilanzrecht, Kreditpraxis, 6/1996, S. 4 – 7

Nakamura, Keiichi: Accounting for derivative financial products for banks under Japanese GAAP, Broschüre von Arthur Andersen, Tokio, 25.11.1993

Nakane, Fukio; Suenobu, Sanji; Yuasa, Kyozo; Blakemore, Thomas; Rabinowitz, Richard: The Commercial Code & The Audit Special Exceptions Law of Japan - Japanese Law in English Version - EHS Law Bulletin Series, Tokio (Japan), 1995

Nakazato, Minoru: New Financial Instruments: the Japanese Perspective, Manuskript vom 16.01.1997 zur geplanten Veröffentlichung eines Artikels in: Tax Notes International

Narisawa, Kazumi: Future-Handel (Nr. 3 der Artikelserie „Rechnungslegung und Besteuerung von derivativen Finanzinstrumenten"), Zeikeitsushin, 1/1995, S. 234 – 243

Narisawa, Kazumi: Optionen (Nr. 2 der Artikelserie „Rechnungslegung und Besteuerung von derivativen Finanzinstrumenten"), Zeikeitsushin, 12/1994, S. 213 – 220

Narisawa, Kazumi: Rechnungslegung, Offenlegung und Besteuerung von zinsbezogenen Derivaten - Zinsswap, Swaption, Zinsfuture, FRA -, JICPA-Journal, 2/1995, S. 19 – 26

Narisawa, Kazumi: Zinsswaps (Nr. 4 der Artikelserie „Rechnungslegung und Besteuerung von derivativen Finanzinstrumenten"), Zeitkeitsushin, 3/1995, S. 194 – 203

Naumann, Thomas: Bewertungseinheiten im Gewinnermittlungsrecht der Banken, Düsseldorf, 1995

Nishikawa, Ikuo: Die Einführung des MTM - Hintergründe und Perspektiven, Keieizaimu (Finanzmangement), 23.09.1996, S. 8 – 15

Nishizawa, Sigeru: „Substance over Form" and Accounting Recognition on Executory Contracts - especially on Future Contracts and Forward Contracts, Kaikei (Accounting), 3/1995, S. 92 – 106

Nobes, Christopher; Parker, Robert: Comparative International Accounting, New York (USA), 4th edition, 1995

o. V.: Accounting News - Die Neuregelung über die erweiterten Offenlegungsvorschriften für den Handel mit derivativen Finanzprodukten, Kigyo-kaikei (Rechnungslegung in den Unternehmungen), 9/1996, S. 11

o. V.: Banken arbeiten hart an der Bewältigung der Problemkredite, Handelsblatt, 24.11.1997, S. 20

o. V.: Bankers` forum on disclosure, World Accounting Report, 8-9/1996, S. viii - ix

o. V.: Einführung des Marktwertprinzips im Handel, Keiei-zaimu (Finanzmangement), 26.02.1996, S. 3

o. V.: Konkrete Offenlegungsbeispiele aus dem Derivategeschäft, Keiei-zaimu (Finanzmangement), 8.8.1994, S. 19 – 31

o. V.: Marktwert-Bewertung im Derivatehandel, Keiei-zaimu (Finanzmangement), 11.09.1995, S. 6

o. V.: Meinungen zum Thema: Finanzinnovationen im Jahresabschluß, BFuP, 2/1995, S. 230 – 248

o. V.: MOF: Introduction of Mark to Market Valuation in 1997 for Trading Accounts for Banks, Nikkin, 26.01.1996, o. S.

Ogawa, Marie; Kubota, Takashi: Bank Accounting and Market Valuation in Japan: An Overview of Accounting Issues of Financial Instruments; Bank of Japan Monetary and Economic Studies, 7/1995, S. 69 – 85

Ordelheide, Dieter (Hrsg.): Transacc - Transnational Accounting, London, 1995

Ossadnik, Wolfgang: Materiality als Grundsatz externer Rechnungslegung, Die Wirtschaftsprüfung, 2/1995, S. 33 – 42

Otsuka, Muneharu: Bedeutung der Einführung des MTM für das trading-Konto bei Kreditinstituten, Kigyo-kaikei (Rechnungslegung in den Unternehmungen), 4/1997, S. 18 – 22

Otsuka, Muneharu: Die Rechnungslegung der Finanzprodukte - Schwerpunkt: Rechnungslegung des Trading bei Banken; Monatszeitschrift der Chihoginko, 2/1996, S. 2-13

Palmer, Richard; Schwarz, Thomas: Improving the FASB`s Requirements for Off-Balance-Sheet Market Risk Disclosures, Journal of Accounting, Auditing & Finance, Summer 1995, S. 521 – 540

Parks, James: FASB 115: It`s back to the Future for Market Value Accounting, Journal of Accountancy, 9/1993, S. 49 – 56

Pfeffer, Andreas: Publizitätspflichten für derivative Finanzinstrumente nach US-GAAP, Die Wirtschaftsprüfung, 12/1995, S. 411 – 415

Prahl, Reinhard: Informationen über Derivate für externe Adressaten; in: Krumnow, Jürgen (Hrsg.): Risikosteuerung von Derivaten, Wiesbaden, 1996, S. 135 – 163

Prahl, Reinhard; Naumann, Thomas: Die Bewertungseinheit am Bilanzstichtag - und was dann?, ZBB, 1/1994, S. 1 – 9

Prahl, Reinhard; Naumann, Thomas: Geheimniskrämerei um Bewertung ist nicht mehr zeitgemäß, Handelsblatt, 22.09.1994, S. B 9

Prahl, Reinhard; Naumann, Thomas: Moderne Finanzinstrumente im Spannungsfeld zu traditionellen Rechnungslegungsvorschriften: Barwertansatz, Hedge-Accounting und Portfolio-Approach, Die Wirtschaftsprüfung, 23/1992, S. 709 – 719

Prahl, Reinhard; Naumann, Thomas: Zur Bilanzierung von portfolio-orientierten Handelsaktivitäten der Kreditinstitute, Die Wirtschaftsprüfung, 23/1991, S. 729 – 739

Rabenhorst, Dirk: Anschaffungskosten bei der effektiven Erfüllung von Finanzterminkontrakten und bilanzielle Risikoberücksichtigung, Der Betrieb, 15.04.1994, S. 741 – 746

Radebaugh, Lee; Gray, Sidney: International Accounting and Multinational Enterprises, New York (USA), 1993

Rappaport, Alfred: Creating Shareholder Value - The New Standard for Business Performance, New York (USA), 1986

Rohardt, Michael: Publizität von „zusätzlichen Angaben" im Jahresabschluß von Kreditinstituten vor dem Hintergrund einer Internationalisierung der Rechnungslegung, Die Wirtschaftsprüfung, 6/1996, S. 213 – 225

Rost, Peter: Der internationale Harmonisierungsprozeß der Rechnungslegung - Theorie, Praxis, Perspektiven - , Frankfurt/Main, 1991

Rubinstein, Mark: Derivative Assets Analysis, The Journal of Economic Perspectives, Fall 1987, S. 73 ff.

Ruffert, Dietmar: An der Rechnungslegung scheiden sich die „Kulturen", Sparkasse 4/1996, S. 166 – 167

Sack, Robert; Boatsman, James; Fell, Robert; Krogstad, Jack; Spencer, Martin; Niles, Marcia: American Accounting Association`s Securities and Exchange Commission Liaison Committee - Mountaintop Issues: From the Perspective of the SEC, Accounting Horizons, 3/1995, S. 79 – 86

Saito, So: Vom Risiko-Hedge zum High Return (Nr. 2 der Artikelserie „Rechnungslegung und Besteuerung von Finanzderivaten"), zaimu-kouhou (Finanzinformationen), 9/1995, S. 134 – 141

Saito, So: Währungsoptionen und Optionsprämie (Nr. 5 der Artikelserie „Rechnungslegung und Besteuerung von Finanzderivaten"); zaimu-kouhou (Finanzinformationen), 7/1995, S. 133 – 139

Scharpf, Paul: Derivative Finanzinstrumente im Jahresabschluß unter Prüfungsgesichtspunkten - Erfassung, Abwicklung und Bildung von Bewertungseinheiten -, BFuP, 2/1995, S. 166 - 208

Scharpf, Paul; Epperlein, Joachim: Rechnungslegung und interne Kontrolle von derivativen Finanzinstrumenten, in: Rudolph, Bernd (Hrsg.): Derivative Finanzinstrumente, Stuttgart, 1995, S. 131 – 170

Scharpf, Paul; Luz, Günther: Risikomanagement, Bilanzierung und Aufsicht von Finanzderivaten, Stuttgart, 1996

Scheffler, Jan: Hedge-Accounting - Jahresabschlußrisiken in Banken, Wiesbaden, 1994

Schildbach, Thomas: Rechnungslegungsideale, Bilanzkulturen, Harmonisierung und internationaler Wettbewerb, Betriebs-Berater, 51-52/1995, S. 2635 – 2644

Schmekel, Helmut: Die Bilanzierung von Terminkontrakten in den USA, Der Betrieb, 19.07.1985, S. 1495 – 1496

Schmidt, Lutz: Massgeblichkeitsprinzip und Einheitsbilanz, Heidelberg, 1994

Schroeder, Harold; Swegle, Robert: United States, in: Ernst; Whinney (Hrsg.): International Bank Accounting, London (UK), 2nd Edition 1987, S. 37 – 78

Schwartz, Donald: The Future of Financial Accounting: Universal Standards, Journal of Accountancy, 5/1996, S. 20 – 21

Schwarze, Armin: Ausweis und Bewertung neuer Finanzierungsinstrumente in der Bankbilanz, Berlin, 1989

Shimizu, Tsuyoshi: Einflußnahme der Einführung von MTM bei dem trading-Konto von Banken auf die Rechnungsprüfung, Kigyo-kaikei (Rechnungslegung in den Unternehmungen), 4/1997, S. 45 – 51

Sieber, Sebastian: Derivate: Ein Ende des Versteckspiels?, Versicherungswirtschaft, 24/1995, S. 1694 – 1701

Solomon, Lanny; Walther, Larry;Vargo, Richard; Plunkett, Linda: Accounting - The Foundation for Business Success, Cincinnati (Ohio, USA), 5. Aufl. 1996

Sonou, Hiroyuki: Währungsoptionen (Nr. 3 der Artikelserie „Rechnungslegung und Offenlegung von derivativen Finanzinstrumenten"), Keiei-zaimu (Finanzmangement), 17.06.1996, S. 18 – 23

Sprißler, Wolfgang: Das Derivategeschäft und seine Bilanzierung bei deutschen Kreditinstituten; in: Ballwieser, Wolfgang (Hrsg.): Rechnungslegung - Warum und Wie, Festschrift für Hermann Clemm zum 70. Geburtstag, München, 1996, S. 365 – 388

Staudt, Anton; Weinberger, German: Cross-Hedging von Währungspositionen und deren bilanzielle Bewertung am Beispiel von Devisentermingeschäften, Die Wirtschaftsprüfung, 2/1997, S. 44 – 62

Steiner, Manfred; Tebroke, Hermann-Josef; Wallmeier, Martin: Konzepte der Rechnungslegung für Finanzderivate, Die Wirtschaftsprüfung, 16/1995, S. 533 – 544

Streim, Hannes: Die Generalnorm des § 264 Abs. 2 HGB - Eine kritische Analyse, in: Ballwieser, Wolfgang; Böcking, Hans-Joachim; Drukarczyk, Jochen; Schmidt, Reinhard (Hrsg.): Bilanzrecht und Kapitalmarkt - Festschrift zum 65. Geburtstag von Professor Dr. Dr. h.c. Dr. h.c. Adolf Moxter, Düsseldorf, 1994, S. 393 – 406

Strobl, Elisabeth: Matching Principle und deutsches Bilanzrecht, in: Ballwieser, Wolfgang; Böcking, Hans-Joachim; Drukarczyk, Jochen; Schmidt, Reinhard (Hrsg.): Bilanzrecht und Kapitalmarkt - Festschrift zum 65. Geburtstag von Professor Dr. Dr. h.c. Dr. h.c. Adolf Moxter, Düsseldorf, 1994, S. 407 – 432

Suzuki, Yoshihiko: Währungsswaps (Nr. 2 der Artikelserie „Rechnungslegung und Offenlegung von derivativen Finanzinstrumenten"), Keiei-zaimu (Finanzmangement), 03.06.1996, S. 14 – 23

Swenson, Dan; Buttross, Thomas: A Return to the Past: Disclosing Market Values of Financial Instruments, Journal of Accountancy, 1/1993, S. 71 – 77

Szymanski, Michael; Brezovec, Richard: FASB`s New Direction in the Hedging Project - Another Step toward Fair Value Accounting, Bank Accounting & Finance, Spring 1996, S. 22 – 36

Takita, Terumi; Yumoto, Kenji: Japan - Individual Accounts, in: Ordelheide, Dieter (Hrsg.): Transacc - Transnational Accounting, Vol. 1, London (UK), 1995, S. 1805 – 2048

Tanaka, Kenji: Disclosure von Derivaten, Kigyo-kaikei (Rechnungslegung in der Unternehmung), 2/1996, S. 106 – 107

Tate, Christine: Derivatives Accounting & Disclosure: What`s Next?, Bank Management, 5-6/1995, S. 16/22/24

Taylor, Francis: Keeping Hedges In Trim, Accountancy - International Edition, 8/1996, S. 50 – 52

Verordnung über die Rechnungslegung der Kreditinstitute (RechKredV) vom 10.02.1992, zuletzt geändert durch Verordnung vom 18.06.1993 (Bundesgesetzblatt I/1993, S. 924)

Wagner, Wolfgang: Shareholder-Value als Managementinstrument und Aspekte des Konzeptes für die Unternehmensbewertung, in: Baetge, Jörg (Hrsg.): Rechnungslegung und Prüfung 1996, Düsseldorf, 1996

Walter, Robert: Portfolio-Bewertung im Risikocontrolling und im Jahresabschluß, Wiesbaden, 1995

Weber, Claus-Peter: Was kann Deutschland von Japan hinsichtlich der Rechnungslegung lernen?, Vortragsmanuskript zu einem Redebeitrag für den deutsch-japanischen Workshop „Rechnungslegung und Analyse japanischer Unternehmen" am Japanisch-Deutschen Zentrum Berlin am 10./11.10.1996

Weiss, Judith: GAAP from the Emerging Issues Task Force 1996/97, New York (USA), 1996

Wendell, Paul: FASB Agrees on Accounting Approach for Derivatives and Hedging Instruments, SEC Accounting Report, 11/1995, S. 7

Westphal, Thomas: Rechnungslegung und Analyse japanischer Unternehmen, Vortragsmanuskript zu einem Redebeitrag für den deutsch-japanischen Workshop „Rechnungslegung und Analyse japanischer Unternehmen" am Japanisch-Deutschen Zentrum Berlin am 10./11.10.1996

Wiedmann, Harald: Bewertungseinheit und Realisationsprinzip, in: IDW (Hrsg.): Neuorientierung der Rechenschaftslegung - Bericht über die Fachtagung 1994 des Instituts der Wirtschaftsprüfer, Düsseldorf, 1995, S. 101 – 122

Wiedmann, Harald: Die Bewertungseinheit im Handelsrecht, in: Ballwieser, Wolfgang; Böcking, Hans-Joachim; Drukarczyk, Jochen; Schmidt, Reinhard (Hrsg.): Bilanzrecht und Kapitalmarkt - Festschrift zum 65. Geburtstag von Professor Dr. Dr. h.c. Dr. h.c. Adolf Moxter, Düsseldorf, 1994, S. 453 – 482

Williams, Jan: GAAP Guide - A comprehensive restatement of current promulgated Generally Accepted Accounting Principles, New York (USA), 1996

Wilson, Arlette; Stanwick, Sarah: Alternatives to current accounting for derivative instruments, The CPA Journal, 12/1995, S. 48 – 49

Windmöller, Rolf; Breker, Norbert: Bilanzierung von Optionsgeschäften, Die Wirtschaftsprüfung, 12/1995, S. 389 – 401

Wöhe, Günter: Bilanzierung und Bilanzpolitik, München, 8. Auflage 1992

Woodward, Steven; Siegel, Joel; Qureshi, Anique: FASB 119 & Derivative Financial Instruments: Disclosure & Fair Value, National Public Accountant, 1/1996, S. 18 – 21 und S. 44

Worth, John: Another cut at sharpening the treatment, Accountancy, 4/1995, S. 94

Wüstemann, Jens: US-GAAP: Modell für das deutsche Bilanzrecht?, Die Wirtschaftsprüfung, 11/1996, S. 421 – 431

Yamada, Tatsumi: Bedeutung der Einführung des MTM beim trading-Konto von Banken, Kigyo-kaikei (Rechnungslegung in den Unternehmungen), 11/1996, S. 25 – 29

Yamada, Tatsumi: Die Rechnungslegung des Optionshandels – Teil 1, (Nr. 9 der Artikelserie: „Rechnungslegungskriterien für Finanzinstrumente"), Keiri-jofo (Bilanzierungsinformation), 01.03.1995, S. 20 – 27

Yamada, Tatsumi: Die Rechnungslegung des Optionshandels – Teil 2, (Nr. 10 der Artikelserie: „Rechnungslegungskriterien für Finanzinstrumente"), Keiri-jofo (Bilanzierungsinformation), 01.04.1995, S. 16 – 23

Yamada, Tatsumi: Die Rechnungslegung für FRA und Caps bzw. Floors, (Nr. 11 der Artikelserie: „Rechnungslegungskriterien für Finanzinstrumente"), Keiri-jofo (Bilanzierungsinformationen), 01./10.05.1995, S. 68 – 81

Yamada, Tatsumi: Die Rechnungslegung von Finanzswaps, (Nr. 8 der Artikelserie: „Rechnungslegungskriterien für Finanzinstrumente"), Keiri-jofo (Bilanzierungsinformation), 10./20.01.1995, S. 42 – 54

Yamada, Tatsumi: Grundlagen der IAS und der Rechnungslegung in Japan - im Mittelpunkt der Betrachtung: E 48 und Hedge-Bilanzierung in Japan, Kigyo-kaikei (Rechnungslegung in der Unternehmung), 10/1994, S. 113 – 120

Yamamoto, Hajime: Rechnungslegung nach MTM zum Zeitpunkt der Beantragung der Genehmigung seitens der Banken, Kigyo-kaikei (Rechnungslegung in den Unternehmungen), 4/1997, S. 30 – 37

Yoshida, Mikihiro: Änderung der Verordnung zum Bankgesetz - Einführung des MTM beim Tradinggeschäft der Banken, JICPA-Journal, 5/1997, S. 13 – 17

Yoshii, Kazuhiro: Änderung der Offenlegung bei Derivatgeschäften, Keiri-jofo (Bilanzierungsinformation), 20.08./01.09.1996, S. 61 – 65

Yuichi, Ikeda: Die Ausweitung der Offenlegung des Derivat-Handels bei Unternehmen, Shoji-homu (HGB-Zeitschrift), 25.03.1996, S. 8 – 13

Zielke, Wolfgang: Internationale Aspekte der Bilanzierung derivativer Geschäfte im Jahresabschluß von Industrieunternehmen, in: Ballwieser, Wolfgang; Bökking, Hans-Joachim; Drukarczyk, Jochen; Schmidt, Reinhard (Hrsg.): Bilanzrecht und Kapitalmarkt - Festschrift zum 65. Geburtstag von Professor Dr. Dr. h.c. Dr. h.c. Adolf Moxter, Düsseldorf, 1994, S. 507 – 528

GPSR Compliance

The European Union's (EU) General Product Safety Regulation (GPSR) is a set of rules that requires consumer products to be safe and our obligations to ensure this.

If you have any concerns about our products, you can contact us on ProductSafety@springernature.com

In case Publisher is established outside the EU, the EU authorized representative is:

Springer Nature Customer Service Center GmbH
Europaplatz 3
69115 Heidelberg, Germany

Batch number: 10815964

Printed by Printforce, the Netherlands